Joe McGinniss
Die Unschuld des Mörders

Ins Deutsche übertragen
von Uwe Anton

TRUE CRIME
Der wahre Kriminalfall

BASTEI-LÜBBE-TASCHENBUCH
Allgemeine Reihe
Band 13323

Erste Auflage: Juni 1991
Zweite Auflage: Juli 1991

© Copyright 1983 by Joe McGinniss
Copyright des Nachworts 1985 by Joe McGinniss
All rights reserved
Deutsche Lizenzausgabe 1991
Bastei-Verlag Gustav H. Lübbe GmbH & Co.,
Bergisch Gladbach
Originaltitel: Fatal Vision
Titelfoto: Associated Press GmbH, Frankfurt
Umschlaggestaltung: Erik Glake
Satz: KCS GmbH, 2110 Buchholz/Hamburg
Druck und Verarbeitung:
Brodard & Taupin, La Flèche, Frankreich
Printed in France
ISBN 3-404-13323-4

Der Preis dieses Bandes versteht sich
einschließlich der gesetzlichen Mehrwertsteuer.

FÜR NANCY

Ist das ein Dolch, was ich vor mir erblicke,
Der Griff mir zugekehrt? Komm,
Laß dich packen —
Ich faß dich nicht, und doch seh ich dich immer.
Bist du, Unglücksgebild, so fühlbar nicht
Der Hand gleich wie dem Aug'? Oder bist du nur
Ein Dolch der Einbildung, ein nichtig Blendwerk
Das aus dem heiß gequälten Hirn erwächst?

Macbeth, 2. Aufzug, 1. Szene

Im Interesse des Schutzes der Privatsphäre einiger Personen, deren tatsächliche Identität für die hier erzählten wirklichen Begebenheiten nicht ausschlaggebend ist, wurden mehrfach Namen und andere beschreibende Einzelheiten geändert.

DANKSAGUNGEN

Fünfzehn Jahre und fünf Bücher lang war mein Agent, Sterling Lord, *die* Konstante in meinem Berufsleben. Ich möchte ihm für seinen Anstand und Einfallsreichtum, seine Kraft und Großzügigkeit während der schwierigen Zeit danken, die ich an diesem Buch arbeitete.

Für ihre gewaltige Zuversicht, ihren außerordentlichen und ansteckenden Enthusiasmus und ihre beträchtlichen lektorischen Fähigkeiten möchte ich Phyllis Grann vom Verlag G. P. Putnam's Sons danken, ohne die – und dies ist durchaus vorstellbar – dieses Buch niemals erschienen wäre.

Darüber hinaus möchte ich David Frost danken, der dieses Manuskript so gut wie keins meiner anderen bearbeitet und weit über den Ruf der Pflicht hinaus Geduld und Nachsicht gezeigt hat.

Der Autor möchte auch der Edward-J.-Doherty-Stiftung für ihre großzügige finanzielle Unterstützung sowie jenen Beamten der amerikanischen Regierung danken, die mir in Übereinstimmung mit dem Freedom of Information Act verschiedenes Material zugänglich gemacht haben, das sich von beträchtlichem Wert erwies.

EINFÜHRUNG

He's full of fun, plus noise and vim.
There's really no one quite like him.

(Er ist voller Spaß sowie Lärm und Mumm.
Es gibt wirklich keinen anderen wie ihn.)

> Inschrift unter
> dem Foto in
> Jeffrey Robert MacDonalds
> High-School-Jahrbuch

Ich begegnete Dr. Jeffrey MacDonald erstmals an einem warmen, wolkenlosen Samstagmorgen im Juni 1979.

Er wohnte in einer 350 000 Dollar teuren Eigentumswohnung direkt am Pacific Coast Highway, achtzig Kilometer südlich von Los Angeles und fünfzehn Kilometer vom St. Mary's Hospital in Long Beach entfernt, in dem er als Chefarzt der Notaufnahme arbeitete. Hinter dem Haus gab es Parkplätze für Autos, vor dem Haus Anlegeplätze für Boote, und Dr. MacDonald besaß sowohl das eine wie auch das andere: In seiner Hauszufahrt stand ein seltener Citroën-Maserati mit dem Nummernschild JRM-MD, und direkt hinter den gläsernen Schiebetüren seines Wohnzimmers lag eine Zehnmeteryacht, die *Recovery Room*.

Er war fünfunddreißig Jahre alt, einen Meter und achtzig groß, muskulös und gebräunt. Er trug ein enges, kurzärmeliges Hemd. Er hatte einen starken Händedruck und ein schnelles Lächeln. Er trug goldene Ringe an den Fingern, eine goldene Armbanduhr und eine Goldkette um den Hals. Sein blondes Haar wurde an den ersten Stellen grau.

Auf der Patchogue High-School in Long Island war er Vorsitzender des Schülerrats, Quarterback des Football-Teams und Hahn im Korb beim Abschlußball gewesen. Seine Abschlußklasse hatte ihn nicht nur zum beliebtesten Schüler gewählt, sondern auch zu dem, der im Berufsleben am wahrscheinlichsten Erfolg haben würde. Er hatte die Princeton University und die Northwestern University Medical School besucht. Sein Pflichtjahr als Assistenzarzt hatte er im Presbyterian Medical Center in New York City geleistet. Nach seinem Abschluß hatte er sich bei der Army verpflichtet und sich freiwillig zu den Green Berets gemeldet.

Es war fast zehn Jahre her, daß seine Frau und seine beiden Töchter in der Wohnung in Fort Bragg im Bundesstaat North Carolina ermordet worden waren, und er beschuldigt wurde, sie getötet zu haben. In kaum einem Monat würde er sich in North Carolina dem Prozeß stellen.

Er lud mich zum Mittagessen in ein kleines Restaurant ein, das nur ein kleines Stück den Highway entlang lag, an dem er wohnte.

Wir saßen draußen an einem großen Tisch, umgeben von frischen Blumen und Hängepflanzen. Die Kellnerin bemühte sich sehr um Dr. MacDonald — er war anscheinend Stammgast hier —, und er tätschelte sie und gab ihr kostenlose ärztliche Ratschläge.

Er bestellte für uns beide einen üppigen Brunch, wie er in Los Angeles üblich ist. Frisch gepreßter Orangensaft, frische Melone, *huevos rancheros*, Bratkartoffeln, Kaffee, Weißwein. Er sagte, der Prozeß würde vor dem Bundesgericht in Raleigh, North Carolina, stattfinden.

Von Anfang an hatte er behauptet, die Morde seien von einer Bande Manson-ähnlicher Eindringlinge begangen worden, die im Februar 1970 mitten in der Nacht in die Wohnung eingebrochen seien, ihn mit einem Messer verletzt und bewußtlos geschlagen und dann seine schwangere Frau und die beiden kleinen Töchter umgebracht hätten.

Die Army hatte ihn neun Monate nach dem Verbrechen, nach der längsten Militärgerichts-Anhörung der Geschichte, von allen Vorwürfen freigesprochen, doch der Stiefvater seiner toten Frau — zuerst sein leidenschaftlicher Verteidiger — hatte sich, so behauptete MacDonald, verbittert gegen ihn gestellt und in den folgenden Jahren nicht mehr von ihm abgelassen.

Nach einer Anklageerhebung im Jahre 1975 waren die Beschuldigungen erneut abgewiesen worden — diesmal von einem Bundesberufungsgericht, mit der Begründung, daß ihm bereits sein verfassungsmäßiges Recht auf einen schnellen Prozeß verweigert worden sei —, doch das Oberste Bundesgericht hatte dieses Urteil vor kurzem aufgehoben und damit den bevorstehenden Prozeß ermöglicht, bei dem es sich, so Mac-Donald, um ›eine obszöne Scharade‹ handelte.

»Für mich ist es unvorstellbar«, sagte er bei der zweiten Kanne Kaffee, »daß ich über neun Jahre, nachdem meine Familie getötet und ich beinahe selbst umgebracht wurde, noch immer eine Zeitung aufschlage und in der Schlagzeile als Mordverdächtiger bezeichnet werde. Mein einziger Trost ist, daß es in ein paar Wochen endgültig vorbei sein wird. Neun Jahre lang hat es mich heimgesucht — sowohl der Verlust meiner Familie als auch die lächerliche Beschuldigung, ich hätte sie aus irgendeinem Grund umgebracht. Normalerweise geht man davon aus, daß so etwas mit der Zeit leichter wird. Aber ich will Ihnen was sagen. Das wird es nicht. Es ist immer da. Man spricht auf einer Medizinertagung, und es ist da. Man geht mit einem Mädchen aus, und es ist da. Man fragt sich: ›Wieviel weiß sie? Wieviel soll ich ihr bei unserer ersten Verabredung sagen?‹ Und seit den letzten drei Monaten — seit ich weiß, daß es endgültig zum Prozeß kommen wird — stehe ich unter größerem Streß als irgendwann seit 1970. Ich kann nicht mehr schlafen, ich kann nicht mehr richtig essen« — er deutete auf seinen halbvollen Teller —, »ich bin bei der Arbeit gereizt. Es wird schrecklich sein, nach North Carolina zurückzukehren, alles noch mal zu durchleben, aber im Augenblick freue ich mich gewissermaßen schon auf den Prozeß. Vielleicht wird er endgültig die Luft reinigen.«

Nach dem Mittagessen kehrte ich mit Jeffrey MacDonald in seine Eigentumswohnung zurück. Direkt vor seinem Schlafzimmer befand sich ein Whirlpool; sie war mit Teppichboden ausgelegt, und es gab sehr viel Glas dort. Tische mit Glasplatten, Glasschiebetüren und große Spiegel an den Wänden. Ich hatte noch nie zuvor eine Wohnung gesehen, in der so viele Wandflächen mit Spiegeln verkleidet waren.

Auf dem Wasser hinter der Anlegestelle funkelte gleißendes Sonnenlicht, doch die Klimaanlage hielt die Wohnung kühl. Er schenkte mir ein Glas Fruchtsaft ein und fragte, ob ich ihn nach North Carolina begleiten wolle, um ein Buch über den Fall zu schreiben.

Jahrelang, sagte er, habe er sich dieser Vorstellung widersetzt und alle Buch- oder Filmvorschläge abgelehnt. Jedwede Öffentlichkeit in bezug auf den Tod seiner Frau und Töchter bereite ihm Schmerzen. Er habe hart darum gekämpft, die Vergangenheit hinter sich zu lassen. Doch nun, da sein Alptraum sich langsam dem Höhepunkt nähere, sei das nicht mehr möglich, und er habe es sich anders überlegt. Er sei frustriert. Er sei wütend. Er halte den Prozeß für einen Fehler. Vielleicht sei es nun doch an der Zeit, daß jemand die ganze Geschichte erzählte.

Ein paar Tage später erhielt ich die Einladung zu einer Party. Sie stammte von der Long Beach Police Officers Association, der Vereinigung der Polizisten von Long Beach.

> Lieber Freund,
> wie Sie vielleicht wissen, steht der Prozeß der Vereinigten Staaten von Amerika gegen Jeffrey R. MacDonald kurz bevor.
> Eine Gruppe von ›Jeffs Freunden‹ hat sich gebildet, um ihm während dieser schlimmen Zeit sowohl finanziellen als auch emotionalen Beistand zu leisten. Wir haben für Montag, d. 18. Juni, ein Abendessen und eine Tanzveranstaltung mit Tombola geplant. Nach einem Gourmet-Dinner im Restaurant Bogart's in Marina Pacifica um 19 Uhr, bitten wir zur Abrundung des Abends ab 20 Uhr in Bogart's Disco zum Tanz.
> Eintrittskarten für das Dinner kosten $ 100 pro Person, worin der Eintritt für die Disco enthalten ist. Wer mehr spenden möchte, sitzt an Jeffs Tisch. Die Kosten hierfür

betragen $ 500, der Eintritt für die Disco ist ebenfalls darin enthalten. Während der Tanzveranstaltung werden wir ungewöhnliche, einzigartige Gegenstände und Dienstleistungen versteigern (bringen Sie Ihr Scheckheft mit). Wir werden auch den Gewinner der Reise nach Hawaii für zwei Personen ziehen und verkünden.
Erleben Sie einen schönen Abend mit guten Freunden und viel Spaß. Streichen Sie also den 18. Juni auf Ihrem Kalender rot an und helfen Sie uns, Jeff in einem gefühlsmäßigen Hoch nach North Carolina zu schicken.

Es war in jeder Hinsicht ein angenehmer Abend. Das Essen war hervorragend, es gab guten Wein, und an Jeffs Tisch floß der Sekt im Übermaß. Für drei Dollar konnte man sogar einen leuchtend gelben Sticker mit der Aufschrift ›BEFREIT DEN GEFANGENEN VON FORT BRAGG‹ kaufen.

Jeder, mit dem ich sprach — Ärzte, Polizisten, ehemalige Freundinnen, sogar ein alter Zimmerkamerad von Princeton —, drückte seine Bewunderung und seinen Respekt für Dr. MacDonald aus. Für diesen Abend waren Superlative angesagt. Er war der Beste und der Klügste, der Stärkste und der Sanfteste, der Lebhafteste und der Liebenswürdigste. Jeder hielt von Jeff nur das Beste. Er schien fast zu gut für diese Welt zu sein.

Ich beobachtete, wie das Objekt dieser hingebungsvollen Lobhudelei langsam von Tisch zu Tisch ging, mühelos Gespräche führte und unentwegt lächelte. Seine neue Freundin, Candy Kramer, strahlte sanft an seiner Seite. Sie war zweiundzwanzig, blond und fröhlich und hatte gerade eine Stellung als Stewardeß angetreten.

MacDonald trug einen makellos geschnittenen beigen Anzug, beeindruckte jeden, mit dem er sprach, und wirkte fast wie Robert Redford in *Bill McKay — Der Kandidat —* mit vielleicht schwachen, fernen Anflügen eines Gatsby.

Er war nicht nur Chef der vierzehnköpfigen Ärztegruppe der Notaufnahme des St. Mary's, sondern auch Dozent an der medizinischen Fakultät der Universität von Kalifornien in Los Angeles, Verfasser eines demnächst erscheinenden Lehrbuchs über medizinische Notfalltechniken, Gründer und Leiter der

Long Beach Paramedical Squadron, medizinischer Direktor des Long Beach Grand Prix-Autorennens, ehemaliger Vorsitzender der südkalifornischen Sektion der Heart Association, der erste Mensch, dem je die lebenslange Ehrenmitgliedschaft der Long Beach Police Officers Association verliehen worden war, und ein landesweit bekannter Dozent über die Erkennung und Behandlung von Kindesmißbrauch.

Was immer er war, Opfer oder Täter — und dazwischen schien es nichts zu geben —, Jeffrey MacDonald war es eindeutig gelungen, die Ereignisse des 17. Februar 1970 räumlich und zeitlich weit hinter sich zu lassen.

In Südkalifornien, dem Land des süßen Nichtstuns, hatte er sich mit Wohlstand, Prestige, Annehmlichkeiten und persönlichem Erfolg umgeben. Doch nun hatte ihn die Vergangenheit über diese zeitliche und räumliche Entfernung eingeholt. Fast ein Jahrzehnt alte, 5000 Kilometer weit entfernte Stimmen riefen ihn zurück.

Zurück zu den dunkelsten Stunden einer kalten, verregneten Februarnacht und der engen, kleinen Wohnung im Haus 544 Castle Drive, in der seine Frau und Töchter die letzten, schrecklichen Augenblicke ihres Lebens verbracht hatten.

Jeffrey MacDonald hatte keine Wahl. Er mußte gehen. Noch bevor die Reise nach Hawaii verlost wurde, entschloß ich mich, ihn zu begleiten: zurück nach North Carolina, um während des Prozesses bei ihm zu wohnen. Und dann vielleicht noch weiter zurück, in die Vergangenheit, zu den verworrenen Pfaden, die ich entdecken mochte, und dorthin, wohin auch immer sie mich führen würden.

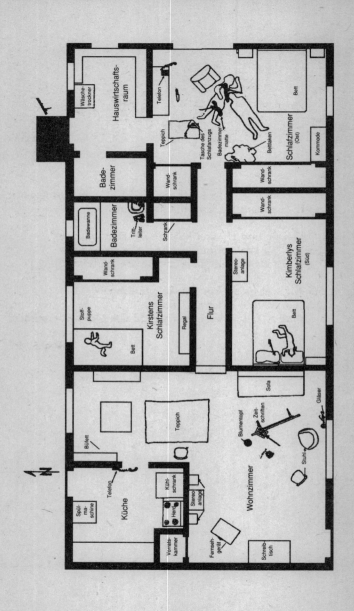

ERSTER TEIL

DER SCHATTEN DES TODES

*Derselbe Tag müsse finster sein,
und Gott von oben herab müsse nicht nach ihm fragen;
kein Glanz müsse über ihn scheinen!*

*Finsternis und Dunkel müssen ihn überwältigen,
und dicke Wolken müssen über ihm bleiben,
und der Dampf am Tage mache ihn gräßlich!*

*Die Nacht müsse ein Dunkel einnehmen;
sie müsse sich unter den Tagen
des Jahrs freuen, noch in die Zahl der Monden kommen!*

Hiob 3, 4-6

1

Am 31. Mai 1963 schrieb Colette Stevenson, 20 Jahre alt und im zweiten Jahr am Skidmore College in Saratoga Springs im Bundesstaat New York, in der Wohnung ihrer Mutter und ihres Stiefvaters am Washington Square in New York City einen Brief an ihren Freund, Jeffrey MacDonald, der kurz vor dem Abschluß seines zweiten Jahrs in Princeton stand.

> Mein Schatz,
> nur eine kurze Nachricht, um Dir zu schreiben, was ich in aller Kürze sagen könnte (d. h., ich brauche Dich), und wofür ich ein Leben lang brauchen werde — ich liebe Dich.
> Wann immer ich niedergeschlagen oder ungeduldig bin, hole ich Deine Briefe hervor. Dann begreife ich, daß meine Langeweile, mein Drang, in einen Bus zu steigen und zu Dir zu fahren, im Augenblick für mich wichtig sind, weil ich nicht bei Dir bin — aber da wir noch den ganzen Sommer und unser ganzes Leben zur Verfügung haben werden, kann ich wenigstens so lange von dir getrennt bleiben, bis Du bei Deinen Prüfungen gute Noten bekommen hast.
> Es ist nur das Wissen, daß Du so nahe bist — nur anderthalb Stunden entfernt. Das ist viel schlimmer, als in Skidmore zu sein. Du bist mir so nahe, aber ich will nicht zu Dir fahren. Natürlich *will* ich dich sehen, aber diesmal darf ich meinem Egoismus nicht folgen. Ich sage mir, daß es nicht mehr lange dauern wird, aber das ist kein Trost, Liebling, weil ich Dich vermissen werde, bis ich wieder in Deinen Armen bin.
> Diese Sätze Deiner schüchternen, spröden Freundin klingen vielleicht etwas plump, doch genau in diesem Augenblick wünschte ich, ich hätte meine Zunge in Deinem

Mund. Ich wünschte, ich könnte bei Dir sein, Dich mit jedem Teil von mir lieben. Ich vermisse dich so sehr, mein Schatz.
Ich habe eine Menge über diesen Sommer nachgedacht und darüber, wieder mit Dir in einem Wagen herumzufahren und bei Dir zu sein und Dich (noch) (immer) (auf ewig) zu lieben und freue mich sehr...
Ach ja, übrigens, auf die Gefahr hin, wieder ultra-exzessiv zu klingen — ich liebe Dich sehr.
Auf ewig die Deine
Colette

P. S.: Hoffentlich verlaufen Deine Prüfungen gut. Ich denke den ganzen Tag an Dich, jeden Tag.
P. P. S.: Du *mußt* einfach *Herr der Fliegen* lesen. Wirklich ein tolles Buch.

Colette wurde in diesem Sommer schwanger, und die beiden heirateten im September in einer kleinen katholischen Kirche in Greenwich Village. Sie ging von Skidmore ab, und die beiden mieteten ein Haus in Princeton, wo Kimberly, ihre erste Tochter, im April 1964 geboren wurde.

Er ging nach der Beendigung des Junior Colleges von Princeton ab, um Medizin zu studieren. Ihre zweite Tochter, Kristen, wurde während seines dritten Jahrs auf der Northwestern geboren.

Er schloß sein Praktikum im Juni 1969 ab und wurde am 1. Juli zum Militärdienst eingezogen. Im September, nach einem Stabsarztlehrgang in Fort Sam Houston in Texas und einer Fallschirmspringerausbildung in Fort Benning, Georgia, wurde er als Stabsarzt zum Hauptquartier der Green Berets, einer Eliteeinheit, nach Fort Bragg versetzt.

Colette und die Kinder zogen ebenfalls dorthin. Sie bekamen eine kleine Wohnung mit Garten, ein Endreihenhaus in einem Viertel mit Wohnungen für verheiratete Offiziere, den Corregidor Courts. Die Adresse war 544 Castle Drive.

Weihnachten schrieb Colette auf einer Karte an Freunde von der Northwestern:

> Es ist, als hätten wir hier einen tollen bezahlten Urlaub. Jeff wird wohl die gesamten zwei Jahre in North Carolina stationiert sein, womit mir eine gewaltige Last von den Schultern fällt. Das Leben war nie so normal oder glücklich. Jeff ist jeden Abend um fünf Uhr zu Hause und kommt an den meisten Tagen sogar zum Mittagessen her. Übrigens, uns ging es in letzter Zeit so gut, daß wir im Juli einen Sohn erwarten.

Am Abend des Montags, dem 16. Februar 1970, und in den frühen Morgenstunden des Dienstags regnete es in Fayetteville, North Carolina. Es regnete schon seit einer Woche, ein kalter, trübselig stimmender Februarregen, der den Boden aufweichte, aber dem braunen Wintergras noch kein neues Leben gebracht hatte.

In Fort Bragg, keine fünfzehn Kilometer vom Stadtzentrum von Fayetteville entfernt, hatte der Abend ohne besondere Ereignisse begonnen. Die Militärpolizisten, die im Wohnviertel Corregidor Courts Streife fuhren, hatten lediglich auf einen um halb zwölf in der Zentrale eingehenden Anruf reagieren müssen: ein Captain hatte Ärger mit seinem Ölofen. Die Zwei-Mann-Streife war mindestens ein halbes Dutzendmal am Haus 544 Castle Drive vorbeigefahren und hatte nichts Außergewöhnliches gesehen oder gehört. An einem Montagabend im Februar reichten Kälte und Regen anscheinend aus, daß die Leute zu Hause blieben.

Dann, um 3 Uhr 40, nahm eine Telefonistin in Fayetteville einen Anruf von einem Mann entgegen, der mit sehr schwacher Stimme bat, die Militärpolizei und einen Krankenwagen zum Castle Drive 544 zu schicken.

»Ist das dienstlich oder privat?« fragte die Telefonistin.

Sie bekam keine Antwort; in der Leitung blieb alles still. Sie stellte den Anruf an das Hauptquartier der Militärpolizei in Fort Bragg durch.

Um 3 Uhr 42 hörte der wachhabende Sergeant, wie der

Anrufer sagte: »Fünf vierundvierzig Castle Drive ... Hilfe ...
Fünf vierundvierzig Castle Drive ... Messerstecherei ...«

Dann ließ der Anrufer anscheinend den Hörer fallen. Der Sergeant vernahm ein dumpfes Geräusch, als sei der Hörer gegen eine Wand oder auf den Boden geprallt.

Dreißig Sekunden lang, vielleicht auch sechzig, herrschte Stille. Dann meldete sich der Anrufer wieder, diesmal mit einer Stimme, die der Sergeant als ›fast zu schwach für ein Flüstern‹ beschrieb.

»Fünf vierundvierzig Castle Drive ... Messerstecherei ... *Schnell!* ...«

Dann war wieder Stille in der Leitung.

Innerhalb von zehn Minuten waren ein Dutzend Militärpolizisten vor Ort, warteten auf der Treppe oder schritten auf der Zufahrt auf und ab. Das Blaulicht ihrer Jeeps und Streifenwagen blitzte in der nebligen Dunkelheit.

Die Haustür war abgeschlossen, die Rollos heruntergelassen. Im Haus war alles dunkel und still. Ein Lieutenant klopfte. Niemand antwortete. Er klopfte lauter.

Ein MP schlug vor, die Tür aufzubrechen. Der Lieutenant lehnte ab. Es handelte sich schließlich um die Wohnung eines Offiziers. Er versuchte es noch einmal und hämmerte so laut wie möglich gegen die Tür. Dann kehrte er zu seinem Wagen zurück, um den Kommandeur der Militärpolizei anzurufen und ihn zu bitten, einen Hausdurchsuchungsbefehl zu beantragen. Dabei sagte er: »Jemand soll die Hintertür überprüfen.«

Ein Sergeant trottete um das Haus. Zwei andere MPs folgten ihm. Sie waren jedoch erst auf halber Strecke – und der Lieutenant erst auf halber Strecke zu seinem Wagen –, als der Sergeant zurückkam. Diesmal trottete er nicht, sondern lief, so schnell er konnte.

»Benachrichtigen Sie Womack! ASAP!«

Womack ist der Name des Krankenhauses von Fort Bragg. ASAP ist ein Militärakronym mit der Bedeutung ›as soon as possible‹ – ›so schnell wie möglich‹. In diesem Zusammenhang bedeutete es: ›*Notfall!*‹

Die Hintertür stand auf, wenngleich eine Drahtmaschentür zum Schutz gegen Insekten geschlossen war. Der Hintereingang führte durch einen kleinen Abstellraum direkt ins Elternschlafzimmer.

Colette MacDonald, die zum Zeitpunkt ihres Todes sechsundzwanzig Jahre alt war, lag mit gespreizten Beinen neben dem Bett auf dem Rücken. Ein Auge war geöffnet, eine Brust entblößt und ein Arm über dem Kopf abgewinkelt.

Sie war blutverschmiert. Eine zerrissene, blaue, blutbefleckte Schlafanzugjacke lag über einem Teil ihres Brustkorbs. Ihr eigener, rosafarbener Pyjama war dunkel vor Blut. Gesicht und Kopf wiesen zahlreiche Prellungen auf und waren blutverschmiert, und noch mehr Blut war in den Teppich gesickert, auf dem sie lag — oder sickerte vielleicht noch immer.

Ihre Ehemann, Captain Dr. med. Jeffrey R. MacDonald, ebenfalls sechsundzwanzig Jahre alt, lag bewegungslos neben ihr. Er trug nur eine blaue Schlafanzughose. Sein Kopf lag auf ihrer Brust, und er hatte einen Arm um ihren Hals gelegt.

»Genau wie bei einer Freundin«, beschrieb der Militärpolizist das Bild später. »Als weine er sich an ihrer Schulter aus.«

Ein kleines Schälmesser lag neben einer Kommode auf dem Teppich. Ein Bettuch und eine Decke — beide blutgetränkt — lagen zusammengeknüllt neben dem Gang, der zur Diele führte. Auf dem Kopfbrett des Doppelbettes hatte jemand in fünfundzwanzig Zentimeter großen Buchstaben mit Blut das Wort PIG — Schwein — geschrieben.

Jeffrey MacDonald begann zu stöhnen. Ein MP lief zu ihm.

»Sehen Sie nach meinen Kindern«, flüsterte MacDonald. »Ich habe meine Kinder weinen hören...«

Ein MP lief in die Diele. Er machte zwei Schritte in ein dunkles Schlafzimmer zu seiner Linken und leuchtete mit der Taschenlampe auf das Bett.

Kimberly MacDonald, fünf Jahre alt, lag auf der linken Seite. Decke und Laken waren bis zu ihren Schultern hochgezogen und unter ihr zerwühlt. Blut auf Matratze und Kissen. An ihrer Wange befand sich eine tiefe Wunde, durch die man den Knochen sehen konnte, und ihr Hals wies zahlreiche Stichverletzungen auf.

Der MP machte kehrt und trat zu einer Türöffnung am entgegengesetzten Ende der Diele. Als er mit der Taschenlampe in dieses Zimmer leuchtete, sah er die Leiche eines noch kleineren Kindes.

Kristen MacDonald, zwei Jahre alt, lag ebenfalls auf der linken Seite. Sie hatte den linken Arm ausgestreckt. Neben ihrem Mund lag eine fast leere Babyflasche. Ein großer Stoffhund stand neben dem Bett, mit den großen Augen auf sie gerichtet.

Ihr blondes Haar, ihr Kopf und das Gesicht waren unverletzt, doch sie wies zahlreiche Stichwunden in Brust und Rücken auf. Ihr Schlafanzug, Bettlaken und Matratze waren blutgetränkt, und weiteres Blut war an ihrem Bett hinabgetropft und bildete auf dem Boden eine breite Lache.

Ein Stück vor dieser Lache, zur Tür hin, befand sich ein blutiger Umriß, der vom nackten Fuß eines Erwachsenen zu stammen schien.

Im Elternschlafzimmer versuchte Jeffrey MacDonald zu sprechen. »Es waren vier... sie sagten immer wieder ›LSD ist groovy... bringt die Schweine um‹...«

Er schien um Atem zu ringen.

»Warum haben sie mir das angetan?... Ich kann nicht atmen... ich brauche einen Tubus...«

Er zitterte, seine Zähne schlugen aufeinander, die Muskulatur schien völlig verkrampft zu sein. Plötzlich schlossen sich seine Augen, und er erschlaffte. Ein Militärpolizist begann mit einer Mund-zu-Mund-Beatmung. MacDonald kam wieder zu sich und versuchte, den MP zur Seite zu stoßen.

»Ich muß nach meinen Kindern sehen!«

»Machen Sie sich keine Sorgen, Sir. Jemand kümmert sich schon um sie.«

»Lecken Sie mich doch! Ich muß nach meinen Kindern sehen! Mich um meine Kinder kümmern! Lassen Sie mich in Ruhe!«

Er stieß heftiger und setzte sich auf. Dann sah er auf Colettes Leiche hinab.

»*Gott im Himmel!*« schrie er. »*Sehen Sie sich meine Frau an!*«

Dann murmelte er: »Ich bringe diese verdammten Rauschgiftsüchtigen um. Ich weiß nicht, warum, zum Teufel, ich mich mit ihnen abgebe. Ich werde ihnen nicht mehr helfen.«

Es wären vier gewesen, erzählte MacDonald den MPs. Zwei weiße Männer, ein Schwarzer und eine Frau mit langen blonden Haaren. Sie hätte einen Schlapphut und hohe Stiefel getragen und eine Kerze in der Hand gehalten. Er sagte den Militärpolizisten auch, er sei Arzt, habe einen Messerstich abbekommen und glaube, er werde in einen Schock fallen. Wenn das geschehe, sagte er, sollten sie seine Beine hochlegen, ihn warmhalten und darauf achten, daß er nicht an seiner Zunge ersticke.

Ein Krankenwagen kam. Zwei Sanitäter rollten eine Trage durch das Wohnzimmer und den Gang zum Schlafzimmer und legten MacDonald darauf.

Als er durch den Gang gerollt wurde, vorbei am Zimmer seiner älteren Tochter Kimberly, griff er plötzlich nach dem Türrahmen, hielt sich daran fest und schaffte es, sich halbwegs aufzurichten, obwohl die beiden Sanitäter und ein Militärpolizist ihn festhielten.

»Verdammte MPs!« rief er. »Laßt mich meine Kinder sehen!«

Unter Schwierigkeiten gelang es dem MP und den Sanitätern, ihn zu beruhigen. Dann eilten sie durch den Gang, die beiden Stufen hinab, die zum Wohnzimmer führten, und verließen das Haus.

Draußen blieb Jeffrey MacDonald ganz ruhig liegen. Seine Augen waren geschlossen, das Laken bis zum Kinn hochgezogen. Er wurde durch die kalte, neblige Dunkelheit gerollt, vorbei an einer kleinen Gruppe von Nachbarn, die sich eingefunden hatte, hin zum blitzenden Blaulicht des wartenden Krankenwagens.

Jeffrey MacDonalds Stimme

Ich kann mich noch erinnern, wie ich Colette das erste Mal gesehen habe. Wir waren in der achten Klasse der Junior High-School an der South Ocean Avenue in Patchogue, und sie ging mit ihrer besten Freundin, June Desser, durch die Halle.

June war schlank, größer als Colette und sehr attraktiv, doch ich hielt Colette für attraktiver; sie wirkte viel weiblicher und irgendwie verletzlich.

Ich stand auf der Schwelle meines Klassenzimmers in der fünften Etage der Patchogue Junior High-School, und sie gingen vorbei, und Colette drehte sich um und sah mich an, und ich erwiderte den Blick, und sie gingen weiter. Aber ich hatte den Eindruck, daß sie interessiert war und mir etwas sagen wollte, sich aber davor scheute.

Ich weiß noch, daß ich etwa eine Woche lang herauszufinden versuchte, wer die gutaussehende Blondine bei der anderen Blondine war. Einige Schüler meinten, es seien Schwestern, andere bestritten dies. Doch sie waren bekannt dafür, daß sie sich ziemlich abseits hielten. Und Colette stammte natürlich aus einer nach dortigen Maßstäben ziemlich wohlhabenden Familie, gehörte irgendwie der Oberschicht an, und ich konnte kaum etwas über sie herausfinden.

Ich traf sie zwei Wochen später zufällig wieder und erfuhr, wie sie hieß und wo ihr Klassenzimmer war. Wir trafen uns danach immer wieder, und schließlich belegten wir gemeinsam einen Kurs — Geschichte oder Englisch, glaube ich. Und wir unterhielten uns, und schließlich fand ich heraus, wo sie wohnte, und ich fuhr eines Tages mit den Fahrrad hinüber.

Das waren — in der Rückschau — scheinbar beschwerliche Zeiten. Ich fuhr immer wieder mit dem Fahrrad an ihrem Haus vorbei, bis sie mich bemerkte und winkte, und dann standen wir vor dem Haus und unterhielten uns unbeholfen. Ich versuchte, nicht zu aufdringlich zu sein, mich einfach mit ihr zu treffen und zu unterhalten und sie besser kennenzulernen.

Im Haus neben dem ihrer Eltern wohnte Timmy Cohane, ein Junge, der Kinderlähmung hatte und nur mit einer Beinschiene gehen konnte. Er war einer von Colettes besten Freunden. Ich wurde auch ein guter Freund von ihm, und wir spielten zusammmen Basketball, doch hauptsächlich besuchte ich ihn, damit ich Colette sehen konnte.

Sie kam dann herüber, setzte sich auf den Zaun, und wir unterhielten uns, und schließlich lud ich sie ins Kino ein. Ich war entweder am Ende der achten oder am Anfang der neunten Klasse, als wir ins Rialto gingen, in der Loge saßen, Händchen hielten und *A Summer Place* mit Troy Donahue sahen; ich glaube, die Blondine in dem Film war Connie Stevens.

Wir sahen uns den Film zweimal an, weil wir ihn so schön fanden; auch später sahen wir uns immer wieder solche Filme an. Colette und ich stellten uns immer vor, die Hauptdarsteller zu sein, die sich ineinander verlieben. In der neunten Klasse war das wunderschön.

Und dieses Lied — ›Theme from *A Summer Place*‹ — war immer ein sehr schöner Song für uns. Wir verliebten uns bei diesem Lied ineinander, und immer, wenn wir es hörten, erinnerte es uns daran. Es war ein etwas melancholisches Lied, wie es alle Liebeslieder für junge Leute sind, wenn sie sich verlieben, doch es war eine schöne Melancholie, und wenn dieses Lied im Radio gespielt wurde, stellten wir es immer lauter.

Jetzt natürlich, bis zu diesem Tage, empfinde ich große Traurigkeit und Wehmut, wenn ich diesen Song höre, und er erinnert mich an Colette und ihre warmen Augen und ihr blondes Haar und ihre Wärme, und daran, wie ich sie als Neuntkläßler im Kino umarmte.

2

Im Krankenwagen, auf dem Weg zum Krankenhaus, sagte Jeffrey MacDonald dem Sanitäter, daß er Flüssigkeit brauche und in einen Schock fallen und ohnmächtig werden würde. Er sprach erneut von dem Überfall: die Frau habe ›Prima, schlag ihn noch mal!‹ gesagt. Er sprach auch kurz von seiner Frau. Sie habe ›Hilf mir, Jeff! Hilf mir, Jeff!‹ gerufen, doch man habe ihn angegriffen, bevor er zu ihr konnte. Dann rief er: »Mein Gott, sie war schwanger!«

In der Notaufnahme legte ein Sanitätsunteroffizier einen Verband über eine kleine Wunde in der rechten Seite von MacDonalds Brust, aus der Blut trat. Das war die einzige Verletzung, die sofort versorgt werden mußte.

»Er wollte wissen, wo seine Familie sei«, sagte der Sanitätsunteroffizier später den Ermittlern. »Warum sie nicht bei ihm sei? Er sagte etwas von zwei Negern, einem Weißen und einer Frau — sie trug einen weißen Hut und weiße Stiefel. Sie hatte eine Kerze in der Hand und sagte: ›LSD ist groovy‹ und ›Bringt die Schweine um!‹.« Dem Sanitätsunteroffizier zufolge sagte MacDonald, die Einbrecher hätten ›Hippie-Kleidung‹ getragen.

»Er sagte, er sei in der Diele aufgewacht und habe seine Frau gesehen. In ihrer Brust steckte ein Messer, und er kroch zu ihr und sagte, er habe das Messer herausgezogen und gesehen, daß sie nicht atme. Er sagte, die Kinder hätten ›Daddy, Daddy!‹ gerufen. Dann fragte er: ›Warum haben sie ihr das angetan? Meine Frau hat nie jemandem etwas getan.‹«

Der diensthabende Arzt in der Notaufnahme untersuchte MacDonald schnell und stellte neben der Brustwunde drei Verletzungen fest: eine Prellung links auf der Stirn (die Haut war nicht aufgeplatzt) und oberflächliche Stichwunden am Bauch und linken Oberarm. Keine der Wunden mußte genäht werden.

Sein Blutdruck war 120 zu 70, sein Puls 78, die Atemfrequenz

26, die Temperatur 37,2 Grad — alle Funktionen im Normalbereich. Als er jedoch MacDonalds Brust abhörte, stellte er rechts verminderte Atemgeräusche fest, was auf einen teilweise kollabierten Lungenflügel schließen ließ, eine Diagnose, die später durch Röntgenaufnahmen bestätigt wurde.

Wesentlich größere Sorgen als der physische bereitete ihm MacDonalds psychischer Zustand. Während der ersten Augenblicke im Krankenhaus weinte er und war gleichzeitig wütend und der Hysterie nahe.

Schreiend und fluchend schimpfte er eine Schwester aus, die ihn nach seiner Sozialversicherungsnummer fragte, und es war zu befürchten, daß er von dem Bett aufsprang — genau, wie er versucht hatte, sich von den Militärpolizisten und Sanitätern zu befreien, die ihn zum Krankenwagen gebracht hatten.

»Komme ich wieder in Ordnung, Doc? Komme ich wieder in Ordnung?« fragte MacDonald den Arzt.

»Ja«, antwortete er, »ich glaube schon.«

»Was ist mit meiner Frau und den Kindern?«

Der Arzt — den man bereits informiert hatte, daß die Familie seines Patienten ermordet worden war — wollte ihn nicht unnötig aufregen. »Ihnen geht es gut«, sagte er.

»Was soll das heißen, ihnen geht es gut?« sagte MacDonald. »Sie sind tot, oder?«

Der zweite Arzt, der MacDonald untersuchte, war der diensthabende Chirurg, Benjamin Klein. Er stellte dieselben Verletzungen fest wie der erste Arzt, und zusätzlich auf der linken Brustseite vier ›stichwundenähnliche Verletzungen in einer geraden Linie und im Abstand von je etwa zwei bis drei Zentimetern‹.

Der Militärpolizist, der MacDonald beatmet hatte, hatte dieselben Verletzungen bemerkt. Sie kamen ihm wie Kratzer vor, ›als hätte jemand seine Fingernägel in die Haut gegraben‹.

Wiederholt fragte MacDonald, warum seine Frau und Kinder noch nicht ins Krankenhaus eingeliefert worden seien. »Warum sind sie nicht hier? Wieso dauert das so lange? Der Krankenwagen müßte doch längst hier sein.« Mehrmals sagte er über

Colette: »Sie hat nie jemandem etwas getan!« und fügte hinzu, daß »die Kinder lieb waren«.

»Er sagte, er sei aus dem Schlaf gerissen worden«, sagte Dr. Klein. »Ich glaube, er war im Wohnzimmer und schlief auf dem Sofa. Er sagte, er sei wach geworden, weil jemand auf ihn eingeschlagen habe, und seine Frau habe geschrien, und eine blonde Frau mit einer Kerze habe neben ihm gestanden und so etwas wie ›Bringt die Schweine um!‹ gesagt, und es seien drei Männer gewesen, einer davon ein Neger. Ein Mann hatte einen Baseballschläger, einer ein Messer — oder irgendeinen spitzen Gegenstand —, und der Mann mit dem Baseballschläger habe auf ihn eingedroschen, und jemand habe ihn mit dem spitzen Gegenstand angegriffen, und er habe versucht, ihnen auszuweichen, während seine Frau noch immer schrie. Er erwähnte seine eigenen Verletzungen. Er habe eine kleine Blase aus seiner rechten Brust hervortreten sehen, und — ich habe den genauen Ablauf nicht mitbekommen, doch er hat gesagt, er habe seine Kinder untersucht. Sie hätten keinen Puls gehabt, und er habe nach seiner Frau gesehen. Sie war blutverschmiert. Er sagte, sie habe sehr schlimm ausgesehen. Das waren seine genauen Worte: ›Sie sah sehr schlimm aus.‹ Er sagte auch: ›Vergessen Sie nicht, der MP und dem CID (der Criminal Investigation Division der Armee) zu sagen, daß ich das Messer aus ihrer Brust gezogen habe. Sagen Sie den MPs und dem CID, daß ich das Messer aus der Brust meiner Frau gezogen und zu Boden geworfen habe.‹«

Der dritte Arzt, der MacDonald untersuchte, war Merrill Bronstein, ein Chirurg, der Bereitschaftsdienst hatte und um 4 Uhr 45 aus dem Bett geklingelt wurde. Bronstein kannte MacDonald von ihren gemeinsamen Nachtschichten in einem Krankenhaus in Fayetteville und war sehr beeindruckt von ihm, sowohl menschlich als auch beruflich. Ihre Beziehung war noch nicht zu einer engen persönlichen Freundschaft gediehen, doch einmal hatte MacDonald seinem Kollegen ein Bild von einer seiner Töchter auf einem Pony gezeigt, das er ihnen zu Weihnachten geschenkt hatte, und vor nicht einmal zehn Tagen hatte er Bronstein, dessen Frau schwanger war, gefragt, ob er ihm einen Geburtshelfer für Colette empfehlen könne.

Schockiert von der Nachricht über die Morde, traf Bronstein um kurz nach fünf Uhr morgens im Krankenhaus ein und übernahm Jeffrey MacDonalds medizinische Versorgung.

»Er lag auf der Intensivstation«, sagte Bronstein. »Er weinte und war sehr erregt, erkundigte sich ständig nach seiner Familie. Er sprach ziemlich zusammenhanglos, aber sehr wütend. Wie konnte man ihm so etwas antun? Wie konnte das nur geschehen? Was war aus diesem Land geworden? Sein gefühlsmäßiger Zustand machte mir große Sorgen. Es bereitete mir die größten Schwierigkeiten, als Chirurg richtig darauf zu reagieren. Er war sehr erregt, und da er meines Erachtens kurz vor einem hysterischen Anfall stand, wollte ich ihn unter Beruhigungsmittel setzen. Ich wollte ihm ein Narkotikum geben, damit er sich beruhigte, und ein Barbiturat, damit er schlafen konnte. Also untersuchte ich ihn gründlich, hauptsächlich am Kopf, und prüfte seine Reflexe. Das ist die übliche Routine bei Kopfverletzungen – er hatte eine Prellung und behauptete, mehrmals das Bewußtsein verloren zu haben. Danach verabreichte ich ihm die Medikamente, und zwar in beträchtlichen Mengen. Vielleicht habe ich sie ihm hauptsächlich meinetwegen verabreicht. Ich meine ... na ja, ich sehe nicht gern zu, wenn ein erwachsener Mann weint.«

Zweihundert Milligramm des Sedativums Nembutal – eine tatsächlich nicht unbeträchtliche Dosis – wurden intravenös um 5 Uhr 30 verabreicht. Jeffrey MacDonald war den Krankenhausunterlagen zufolge zu diesem Zeitpunkt ›hysterisch und weinte‹. Fünfzehn Minuten später bekam er 100 Milligramm des Beruhigungsmittels Vistaril. Laut Krankenbericht war MacDonald um 6 Uhr ruhiggestellt.

MacDonald beschrieb auch Merrill Bronstein, was sich zugetragen hatte. An eine Einzelheit erinnerte sich Bronstein besonders deutlich. »Er sagte, er habe gesehen, wie ein Mann einen Eispickel hielt. Er bat mich, ihn zu erinnern, dem FBI zu sagen, es sei ein Eispickel gewesen. Er wiederholte das mehrmals.«

MacDonald bat Bronstein, seine Mutter und seine Schwiegereltern in Long Island anzurufen und sie zu bitten – ohne ihnen zu sagen, was geschehen sei —, sofort nach Fort Bragg zu kommen.

»Ich mußte ihm versprechen, bei ihm zu bleiben und bei ihm zu sein, wenn er ihnen erzählte, was passiert war. Andererseits wollte er wissen, was passiert war. Er war ... in einem Augenblick bat er mich, bei ihm zu sein, wenn er ihnen erzählte, was passiert war, und im nächsten fragte er *mich*, was passiert sei. Er fragte ständig nach seiner Frau und seinen Kindern. Waren sie tot? Warum waren sie nicht hier? Warum sei ich nicht bei ihnen? Er wollte, daß ich bei ihm blieb, und bat mich gleichzeitig, mich nach ihnen zu erkundigen. Mit anderen Worten, ich fragte mich, ob er wußte, daß seine Frau und Kinder tot waren.«

Kurz nach halb sechs klingelte im Haus von Colette MacDonalds Mutter und Stiefvater, Mildred und Freddy Kassab, das Telefon. Mildred Kassab nahm den Hörer ab. Der Anrufer identifizierte sich als Arzt am Womack Hospital und verlangte, ihren Mann zu sprechen.

»Er steht unter der Dusche«, sagte Mildred Kassab, »aber Sie können auch mir sagen, was los ist. Ich bin nicht vom hysterischen Schlag.«

»Wenn das so ist«, sagte Merrill Bronstein, »informieren Sie am besten Captain MacDonalds Mutter und kommen so schnell wie möglich hierher.«

Der erste Beamte der Criminal Investigation Division der Armee, also der Ermittlungsstelle für Verbrechen, der am Morgen des 17. Februar in der Wohnung 544 Castle Drive eintraf, hieß William Ivory. Er kam gerade an, als Jeffrey MacDonald hinausgerollt wurde.

Ivory hatte in dieser Nacht Bereitschaftsdienst. Er war dreißig Jahre alt und in Somerville, Massachusetts, aufgewachsen, einem Vorort von Boston. Bevor Ivory zur Army gegangen war, hatte er als Lastwagenfahrer und dann als Sicherheitsbeauftragter einer Elektronikfirma in Sylvania gearbeitet. Er war verheiratet und hatte zwei Kinder.

Ivory hatte auf einer Pritsche im CID-Hauptquartier gedöst, als er kurz vor vier Uhr Stimmen im Militärpolizeifunk hörte, die höher als normal und sehr dringlich klangen. Als Ivory das Wort *Messerstecherei* vernahm, ging er zum Funkgerät in seinem Büro und erkundigte sich bei den MPs am Tatort, ob es Tote gegeben habe. Als er die Bestätigung bekam, packte er die nötigen Hilfsmittel zur Spurensicherung zusammen, klingelte einen CID-Fotografen aus dem Bett und fuhr zum Castle Drive.

Die Straßen waren leer. Es regnete leicht. Der Boden war naß von den heftigen Regenfällen, und die Temperatur betrug kaum fünf Grad.

Ivory traf um 4 Uhr 10 in der Wohnung ein. In der Nachbarschaft herrschte ›ein beträchtlicher Aufruhr, Schaulustige hatten sich vor dem Haus versammelt‹.

In der Wohnung hielten sich noch über ein Dutzend MPs auf. Ivory trat ins Wohnzimmer und wurde von dem diensthabenden Lieutenant über die Ereignisse unterrichtet.

Ivory konnte Colette MacDonalds Leiche auf dem Boden des Elternschlafzimmers sehen. Er ging zu ihr und untersuchte die Verletzungen; sie bluteten nicht mehr. Es ließ sich auch keine Atmung mehr feststellen. Colette MacDonald war nur noch ein übel zugerichteter, blutiger Leichnam.

Ivory bemerkte die zerrissene, blutbefleckte blaue Schlafanzugjacke auf ihrer Brust und eine weiße Bademattte mit der Aufschrift ›Hilton Hotel‹ auf ihrer Brust.

Auf dem Kopfbrett des Bettes stand das Wort ›PIG‹, mit Blut geschrieben.

Neben der Leiche lag das Schälmesser — ein kleines Messer der Marke ›Geneva Forge‹ mit hölzernem Griff und gebogener Klinge. Neben ihren Füßen sah er die Tasche der blauen Schlafanzugjacke. Sie war nur leicht mit Blut befleckt.

Er bemerkte einen großen Fleck — der nach Urin aussah — auf dem freiliegenden Bezug des Doppelbetts. Und er sah, in einer Ecke zusammengeknüllt, das blutgetränkte Bettlaken und die Bettdecke.

»Jetzt zeige ich Ihnen die Kinder«, sagte der Lieutenant.

Kimberly MacDonalds Schlafzimmer war dunkel. Der Lieutenant richtete seine Taschenlampe auf das Bett. Mit der Spitze eines Kugelschreibers — um keine eventuellen Fingerabdrücke zu verwischen — betätigte Ivory den Lichtschalter.

Er sah ein Bücherregal, gefüllt mit Büchern und Spielen. Auf einem Tisch ein Kinderplattenspieler und Puppen. Eine Rosaroter Panther-Spardose auf einem Fensterregal. Und die Leiche der fünfjährigen Kimberly MacDonald in ihrem Bett. Ihr Schädel war eingeschlagen, ein Stück Wangenknochen ragte aus dem Gesicht, zahlreiche klaffende Stichwunden am Hals.

In Kristen MacDonalds Schlafzimmer verfuhr Ivory ähnlich. Dort bemerkte er unter anderem den blutigen Abdruck eines nackten Fußes, der vom Bett des Mädchens fortführte.

Ivory ging in ein Nebenhaus, um zu telefonieren. Er rief ein halbes Dutzend CID-Agenten an und beauftragte sie, weitere Agenten aufzutreiben. Er benachrichtigte auch Franz Joseph Grebner, den Chef der CID in Fort Bragg. Dann fragte er die Nachbarn — einen Offizier, seine Frau und drei Kinder im Teenageralter —, ob sie irgendwelchen Lärm gehört hätten.

Sie verneinten.

Ivory bat den Offizier, ihn nach nebenan zu begleiten und die Leichen zu identifizieren. »Es ist ein ziemlich unerfreulicher Anblick«, sagte er, »aber ich würde es wirklich zu schätzen wissen.«

In Bademantel und Pantoffeln begleitete der Nachbar von Jeffrey MacDonald den CID-Agenten. Der Nachbar hatte MacDonald im September kennengelernt, als MacDonald sich seinen Rasenmäher geborgt hatte. Zum letzten Mal war er Weihnachten in der Wohnung gewesen, als MacDonald ihn und seine Frau zu einem Drink eingeladen hatte. Seine sechzehnjährige Tochter war bei den MacDonalds oft als Babysitter gewesen. Er folgte Ivory von Zimmer zu Zimmer.

»Ja«, sagte er, »das ist Kristy.«

»Ja«, sagte er, »das ist Kim.«

»Ja«, sagte er, »das ist Mrs. MacDonald.«

In diesem Augenblick traf der CID-Fotograf ein. Er blieb jedoch nicht lange. Beim Anblick der Leichen wurde ihm schlecht, und Ivory mußte ihn hinausbegleiten. Ivory ging erneut zu dem Nachbarn, um den Chef des Fotolabors der CID anzurufen und zu bitten, persönlich zu kommen.

Mittlerweile trafen weitere Agenten ein. Der Kommandeur der Militärpolizei von Fort Bragg kam mit seinem Assistenten. Trotz der Kälte wuchs die Zahl der Schaulustigen. Als Franz Joseph Grebner um kurz nach fünf eintraf, waren bereits so viele Neugierige da, daß er keinen Parkplatz fand.

In der Wohnung ließ sich Grebner von Ivory informieren. Sie wußten nur, was sie gesehen hatten und was MacDonald der Militärpolizei gesagt hatte: daß er von Hippies überfallen worden sei, als er auf dem Wohnzimmersofa schlief.

Franz Joseph Grebner sah sich im Wohnzimmer um. Er war seit neunzehn Jahren bei der CID und hatte viele Tatorte untersucht, doch dieser sah nicht aus, wie er erwartet hätte. Wenn man bedachte, daß hier ein Kampf auf Leben und Tod zwischen einem Green Beret und vier Einbrechern stattgefunden hatte, die in einer Art Mordrausch gewesen waren, zumindest einer von ihnen bewaffnet, gab es bemerkenswert wenig Unordnung.

Neben dem Sofa war ein Beistelltisch umgekippt; die Unterkante ruhte nun auf einem Stapel Zeitschriften. Ein leerer Blumentopf stand aufrecht auf dem Boden; die Pflanze lag daneben. Eine Brille mit einem Blutfleck auf der Außenseite eines Glases lag in einer Ecke.

Das war alles. Das war die ganze Unordnung.

Und in der Eßecke direkt neben dem Wohnzimmer war gar nichts in Unordnung geraten. Teller standen in einem wackligen Schrank noch aufeinander, und auf dem Tisch standen aufgeklappte Grußkarten zum Valentinstag.

Grebner rief im CID-Labor in Fort Gordon an und bat, ein Techniker-Team der Spurensicherung zu schicken.

Um sechs Uhr, als das erste graue Licht den regnerischen Himmel erhellte, wurden drei Waffen gefunden. Ein blutbefleckter Knüppel mit den Ausmaßen 78 x 3,2 x 3,2 Zentimeter lag draußen an der Hintertür. Zwei blaue Fäden klebten an ihm. Sechs Meter entfernt lagen ein Eispickel und ein zweites Schälmesser (der Firma ›Old Hickory‹) mit gerader, nicht gebogener Klinge unter einem Busch. Die Klingen beider Waffen — wie auch die des Messers im Schlafzimmer — schienen abgewischt worden zu sein.

Um acht Uhr holten Sanitäter die Leichen von MacDonalds Frau und Töchtern ab. Kristens Leiche wurde vom Bett gehoben und in der Diele auf eine Bahre gelegt. Die Leiche ihrer Schwester wurde auf dieselbe Bahre gelegt. Ein katholischer Priester schlug das Kreuzzeichen und sprach ein kurzes Gebet. Dann trugen die Sanitäter die Bahre hinaus und kehrten mit einer zweiten für Colette zurück.

Mit einer Zange entfernte Ivory die Badematte von ihrem Leib und steckte sie in einen Plastikbeutel. Dann hob er, erneut mit einer Zange, die zerrissene, blutige Schlafanzugjacke von ihrer Brust. Dabei sah er, daß die Jacke nicht nur vorn eingerissen, sondern auch hinten von kleinen, runden Löchern durchbohrt war — insgesamt achtundvierzig, wie sich später herausstellte —, die von einem Eispickel zu stammen schienen.

Drei Stunden zuvor hatte Ivory zugesehen, wie Jeffrey MacDonald, anscheinend bewußtlos, zum Krankenwagen gerollt wurde. Dutzende Eispickellöcher hinten in seiner Schlafanzugjacke bedeuteten, nahm Ivory an, daß er auch Dutzende von Eispickellöchern im Rücken haben müßte.

Ivory schickte einen Agenten zum Womack-Hospital, der MacDonald so früh wie möglich befragen sollte, um eine bessere Beschreibung der Einbrecher und des Überfalls zu bekommen. Insgeheim befürchtete er jedoch, daß es bereits zu spät sein würde. Er hielt es nicht für wahrscheinlich, daß ein Mann mit so vielen Verletzungen lange überleben würde.

Nachdem Ivory die Schlafanzugjacke ebenfalls in einen Plastikbeutel gesteckt hatte, sah er zu, wie die Sanitäter Colette MacDonalds Leiche vom Boden hoben. Sie war mittlerweile schon so lange tot, daß die Leichenstarre eingesetzt hatte. Ihr Hals und der obere Teil ihres Körpers waren schon steif.

Als die Sanitäter sie an Schultern und Beinen hochhoben, sackte der Kopf nicht zurück, und Ivory bemerkte direkt unter ihrem Kopf einen dunklen, etwa faustgroßen Blutfleck, aus dem steif ein Faden nach oben ragte. Ein blauer Faden.

Er entfernte den Faden mit einer Pinzette und schob ihn in eine Plastikhülle. In dem mit einem gelben Markierungsstift auf dem Teppich gezogenen Umriß der Leiche bemerkte er dann weitere Fäden, insgesamt vielleicht zwei Dutzend, von zweieinhalb bis sechs Zentimetern Länge. Sie schienen von der blauen Schlafanzugjacke zu stammen, die auf Colette MacDonalds Brust gelegen hatte.

Das kam William Ivory augenblicklich merkwürdig vor. Er verstand nicht, wieso — da die blaue Schlafanzugjacke offensichtlich erst auf Colette MacDonalds Brust gelegt worden war, nachdem sie auf dem Boden lag — so viele Fäden daraus unter ihren Körper geraten waren.

Während der nächsten Stunde entdeckte Ivory weitere blaue Fäden, insgesamt einundachtzig, wie sich später herausstellte, im gesamten Raum verstreut. Zwei fand er sogar unter dem Kopfteil ihres Bettes, auf das mit Blut das Wort ›PIG‹ geschrieben worden war.

Ivory entdeckte des weiteren zwei Stückchen Latexgummi auf dem Teppich, eins von der Größe eines Zehn-, das andere von der eines Fünfpfennigstücks. Sie schienen von einem Gummihandschuh zu stammen.

Als er ein paar Minuten später das blutige Bettzeug zurückschlug, das in der Ecke des Schlafzimmers lag, fand er den Finger eines Wegwerfhandschuhs, wie Chirurgen sie benutzen. Er war unten abgerissen, als hätte jemand den Handschuh hastig ausgezogen. Und er wies Blutspuren auf, als hätte jemand, der solch einen Handschuh trug, den Finger in Blut getaucht — vielleicht, um mit Blut etwas auf das Kopfteil des Bettes zu schreiben.

Jeffrey MacDonalds Stimme

Im Sommer, während der High-School, besuchte Colette ihre Freundin Bonnie Brown, die in Fire Island wohnte. Bonnies Vater besaß eine große Baufirma und einen Anteil vom Davis Park oder dem Leisure Beach auf der Insel. Ein sehr wohlhabender Bursche mit großem politischem Einfluß. Und eines Sommers — entweder nach unserem ersten oder zweiten Jahr auf der High-School — verabredete sie sich mit einem Jungen, der im zweiten oder dritten College-Jahr war.

Ich hatte sie länger nicht mehr gesprochen und fuhr eines Tages mit der Fähre hinüber, und ich weiß noch genau, wie ich auf Deck stand und Colette sah, wie sie mit Bonnie Brown auf dem Dock saß.

Ich ging von der Fähre und zu ihnen hinüber, und Bonnie schaute verlegen drein und Colette wie versteinert. Sie begrüßte mich; dann folgte eine unheilschwangere Pause, und schließlich meinte sie, sie müsse mir etwas sagen, und ich sagte, was denn, und sie erzählte mir, daß sie sich mit einem anderen Jungen treffe und wir nicht mehr zusammen gingen.

Und ich weiß noch, wie meine Welt auseinanderbrach. Ein schrecklich leeres Gefühl, als wäre ich am Boden zerstört. Ich versuchte, mir vor Colette nichts anmerken zu lassen, doch es war wirklich verheerend.

Ich wanderte ziellos herum, ging kurz darauf wieder auf die Fähre und fuhr nach Patchogue zurück, und das war dann das Ende, bis wir anfingen, uns wieder zu verabreden, als ich gerade nach Princeton und sie nach Skidmore gegangen war.

Ich glaube, ihre Beziehung zu Dean Chamberlain war zu dieser Zeit schon beendet. Dean war ein großer, ziemlich hagerer, nicht schlecht aussehender, linkshändiger Junge, der Sohn eines

Kunstlehrers an der Patchogue-Junior-Senior-High-School. Sie trafen sich ziemlich regelmäßig.

Um ehrlich zu sein, was mich betraf, war Dean ein Arschloch. Ich hielt ihn immer für einen Schwachkopf. Er war damals größer als die anderen Jungs. Ich glaube, er war nur einen Meter und achtzig oder fünfundachtzig groß, aber er war sehr schnell gewachsen, und als wir in der neunten Klasse waren, war er ein sehr großer Junge, aber er war nicht hartgesotten oder so – nur ein Arschloch.

Ich verstand nie, wieso sich Colette für ihn interessierte, denn er konnte ihr kaum etwas bieten. Und sie trieben ständig diese dummen Spielchen wie ›Wenn du mich verläßt, kann ich nicht mehr leben‹, und so weiter. Sie wissen schon, dummes Kinderzeug. Ich habe nie viel von ihm gehalten. Ich mochte ihn nicht, habe ihn nie gemocht.

Als ich nach Princeton ging, veränderte sich alles. Seltsam, ich weiß nicht wieso, aber auf einmal wollte ich Arzt werden. Ich gelangte ganz plötzlich zu der Auffassung, daß Medizin das Richtige für mich sei. Ich teilte dies bei einem Telefongespräch ziemlich beiläufig meinen Eltern mit. Sie reagierten verblüfft und hielten es für eine unüberlegte Entscheidung, und doch war ich mir ganz sicher.

In dieser ersten Woche auf Princeton, mit der neuen, herrlichen Erfahrung, auf einer Eliteschule zu sein, auf der ich alle möglichen aufregenden Menschen kennenlernte, faßte ich diesen Entschluß. Als Arzt konnte ich selbständig arbeiten und aus mir machen, was ich wollte. Es gab eine Menge aufregende Gebiete, auf die ich mich spezialisieren konnte – damals dachte ich besonders an die Chirurgie. Komisch, da die meisten Jungs, mit denen ich aufwuchs, Cops, Tankstellenbesitzer, Fischer, Schreiner oder so wurden.

In der Rückschau glaube ich, daß unser Hausarzt etwas damit zu tun hatte. Er kam mir sehr weltmännisch vor mit seinen weichen Stiefeln, braunen Hosen und der Tweedjacke, obwohl er noch jung und, hm, ziemlich attraktiv war. Und ich hielt ihn immer für einen hervorragenden Profi. Einen ganzen

Sommer lang mähte ich sogar seinen Rasen, und wir sprachen darüber, und er ermutigte mich immer, Medizin zu studieren.

Unser vorheriger Hausarzt, Dr. Swenson, war ein ziemlich großer, grober Mann, der mir auch immer etwas grob vorkam. Er hatte ein pockennarbiges Gesicht und ... ich erinnere mich daran, wie er einmal meine Mutter untersuchte. Ich war dabei, und ich erinnere mich sehr deutlich daran, weil sie die Bluse auszog und ich meine Mutter noch nie nackt gesehen hatte, und er führte eine Brustuntersuchung durch, und ich dachte: ›Hoffentlich tut er ihr dabei nicht weh‹, und erinnere mich noch, daß ich sie ohne Kleider gesehen habe.

Auf jeden Fall dachte ich ein oder zwei Wochen später an Colette. Seltsam, am 12. Oktober hatte ich Geburtstag, und am 5. oder 7. oder so schrieb ich ihr einen Brief. Ich dachte einfach an meinen bevorstehenden Geburtstag und schrieb ihr aus blauem Himmel.

Ich schrieb ihr einen langen, ziemlich gefühlvollen Brief. Wir studierten jetzt und hätten uns früher so gut verstanden, die Zeiten änderten sich, und das Leben ginge weiter, und ... o je, es ist ziemlich peinlich. Ich schrieb ihr, wieviel sie mir bedeutet hatte und wiederholte, es sei einfach phantastisch, wenn wir wieder zusammenkommen könnten, und schloß ihn sogar mit einem vierzeiligen Gedicht ab. Herrje, ich denke nicht gern daran zurück.

Sie antwortete mir. Allerdings nicht sofort, erst nach vierzehn Tagen, drei oder vier oder fünf Tage nach meinem Geburtstag. Ich bekam eine Geburtstagskarte, auf der sie sich für die Verspätung entschuldigte, weil sie soviel zu tun habe, und einen Brief. Und in diesem Brief offenbarte sie sich mir so ähnlich wie zuvor ich ihr. Sie fühlte sich wohl etwas einsam auf dem College; ich glaube, das geht in den ersten paar Monaten jedem so. Weit weg von den Eltern und der Heimat, draußen in der großen Welt und so weiter.

Aber es war ein toller Brief. Und ich erinnere mich ... o ja, ich weiß es jetzt wieder ganz genau. Ich saß in meinem Zimmer in der Witherspoon Hall, im fünften Stock von Princeton, und hielt diesen Brief Colettes mit ihrer wunderschönen Schrift in der Hand, und mein Herz machte einen Satz.

Sie schrieb nicht etwa ›Ich liebe Dich!‹, eher, wir hätten uns gut verstanden, es fiele ihr schwer, weg von Zuhause zu sein, mein Brief sei eine Überraschung gewesen, und sie hätte sich sehr darüber gefreut, und sie sei überrascht, daß ich mich ihr so offenbart hatte.

Ich erinnere mich besonders daran, daß sie auf unsere Beziehung zu sprechen kam und sich eine Tür offenhielt. ›Es wäre schön, wieder von Dir zu hören. Vielleicht besuchst Du mich mal.‹ So etwas in der Art.

Und ich erinnere mich daran, wie ich voll darauf abfuhr. Der Brief klang nach viel mehr, als die Worte eigentlich ausdrückten, und ich schwebte wie auf einer Wolke und dachte die nächsten Tage nur daran, wie toll es wäre, uns vielleicht wieder zu sehen.

Nicht lange danach fuhr ich zum ersten Mal nach Skidmore. Ich weiß nicht mehr genau, an welchem Wochenende, aber es war im Herbst. Ich nahm einen Bus, saß mit schweißnassen Händen und hämmerndem Herzen darin und dachte: Was wird passieren? Wie wird es laufen?

3

Um 7 Uhr 30 hatte sich der Zustand von Jeffrey MacDonalds rechtem Lungenflügel verschlechtert. Er kam seiner Aufgabe nicht mehr mit 80, sondern nur noch mit 60 Prozent nach, und der Chefarzt im Womack Hospital entschloß sich, als Vorsichtsmaßnahme einen Tubus einzuführen. MacDonald bekam intravenös 50 Milligramm Demerol und eine Stunde später noch einmal dieselbe Dosis, um die durch diese Prozedur hervorgerufenen Unannehmlichkeiten zu lindern, doch er blieb bei Bewußtsein und fragte gegen acht Uhr sogar, ob ein Freund ihn besuchen dürfe.

Der Freund war ein lediger Lieutenant der Green Berets namens Ron Harrison, der im Herbst und Winter häufig bei den MacDonalds zu Gast gewesen war.

Im Gegensatz zu MacDonald hatte Harrison Kampferfahrung in Vietnam gemacht und erzählte oft, an Geheimoperationen teilgenommen zu haben. Von Anfang an schien MacDonald — der gerade erst einberufene Arzt — äußerst stolz darauf zu sein, daß ein ›echter‹ Green Beret wie Ron Harrison ihn als Gleichberechtigten betrachtete. Harrison war MacDonalds bester Freund in Fort Bragg geworden.

Harrison war auch der letzte gewesen, der die Familie MacDonald lebend gesehen hatte. Am Samstag, dem Valentinstag, war Jeff mit Colette und den Kindern nach Hamlet gefahren, einer hundert Kilometer von Fort Bragg entfernten Kleinstadt, und hatte ihnen das Krankenhaus gezeigt, in dem er nebenbei noch arbeitete. Nach dem Abendessen hatte Harrison noch bei ihnen vorbeigeschaut, wie er es zwei- bis dreimal die Woche tat. Colette hatte Gebäck serviert, und die drei Erwachsenen hatten sich im Wohnzimmer unterhalten, während Kimberly und Kristen fernsahen.

Harrison war gegen zweiundzwanzig Uhr gegangen. Um vier Uhr am nächsten Morgen war MacDonald zurück zum Hamlet

Hospital gefahren, wo er von Sonntagmorgen sechs Uhr bis Montagmorgen sechs Uhr in der Notaufnahme gearbeitet hatte. Es war eine verhältnismäßig ruhige Schicht mit nur durchschnittlich einem Patienten pro Stunde gewesen, und am Sonntagabend hatte er sogar ein paar Stunden auf einer Pritsche schlafen können.

Am Montagmorgen war er gegen sechs Uhr zurückgefahren, hatte geduscht, kurz gefrühstückt, die Uniform angezogen und war zur Arbeit gefahren. MacDonald arbeitete in der Vorsorgeabteilung der Special Forces in Fort Bragg. Es war zum größten Teil ein Schreibtischjob: Er war für die Sauberkeit der Mensa und Latrinen verantwortlich und mußte die monatlichen Berichte über eventuell aufgetretene Geschlechtskrankheiten der Soldaten ausfüllen.

Der Monat war ruhig und ohne besondere Ereignisse verlaufen. Am Spätnachmittag hatte er in der Turnhalle eine Stunde lang Basketball gespielt, war dann nach Hause gefahren und hatte mit seinen Töchtern das Pony gefüttert, das er ihnen zu Weihnachten geschenkt hatte.

Danach hatte er noch einmal geduscht und dann einen alten, blauen Schlafanzug angezogen.

Nach einem schnellen Abendessen — Colette mußte zum Abendunterricht an der North Carolina University in Fort Bragg — hatte er Kristen um sieben Uhr zu Bett gebracht und war dann im Wohnzimmer eingeschlafen. Um acht Uhr hatte Kimberly ihn geweckt, damit er sich mit ihr *Laugh-In* ansah. Das war ihre Lieblingssendung, und sie sah sie besonders gern mit ihrem Vater.

Um neun war Kimberly zu Bett gegangen. Colette war etwa vierzig Minuten später nach Hause gekommen; sie hatte nach dem Unterricht noch eine Freundin abgesetzt und einen Liter Milch für das Frühstück gekauft.

Sechs Stunden später war in der Vermittlung in Fayetteville der erste Notruf eingegangen.

Auf dem Weg zur Arbeit hatte Harrison im Autoradio gehört, daß sich im Wohnviertel Corregidor Courts eine Tragödie ereignet hatte, und nach seiner Ankunft im Büro hatte er herausgefunden, daß Jeffrey MacDonalds Frau und Kinder ermordet worden waren. Um acht Uhr morgens teilte man ihm mit, daß MacDonald ihn ins Hospital bat.

Harrison traf kurz nach dem Einsetzen des Tubus im Krankenhaus ein. MacDonald kam ihm — wie allen anderen, die ihn an diesem Morgen gesehen hatten — äußerst verwirrt und erregt vor. Er warf sich in seinem Bett mit solcher Kraft von einer Seite zur anderen, daß Harrison befürchtete, der Tubus könne sich lösen.

Harrison trat ans Bett. »Beruhige dich, Jeff«, sagte er. »Beruhige dich.«

MacDonald sah auf und fing an zu weinen. »Sie haben mich niedergeschlagen, Ron«, sagte er. »Sie haben mich zusammengeschlagen, und ich konnte ihr nicht helfen.« Er griff nach Harrisons Arm und drückte ihn so fest, daß Harrison an diesem Abend, als er das Uniformhemd auszog, blaue Flecke dort bemerkte.

Den Morgen und Nachmittag über wurde MacDonald von Agenten der CID und des FBI verhört. Der CID-Agent erklärte später, MacDonald habe überraschend wenig Gefühl gezeigt, als er den Überfall und seine Folgen beschrieb — außer, als er erzählte, wie er Kristens Leiche entdeckte. »Er sprach über die Frau und das ältere Kind«, sagte der Agent. »Über Kristen wollte er einfach nicht sprechen.«

MacDonald berichtete beiden Agenten, daß sie nach der Rückkehr seiner Frau gemeinsam ferngesehen hätten. Sie saßen auf dem Sofa, tranken ein Glas und sahen die Bob-Hope-Show, Glen Campbell und die Elf-Uhr-Nachrichten. Kurz nach dem Anfang der Johnny-Carson-Show war Colette, im fünften Monat schwanger, zu Bett gegangen. MacDonald hatte sich den Rest der Sendung angesehen. Als er um ein Uhr noch nicht müde war, hatte er die letzten fünfzig Seiten eines Taschenbuchs gelesen. Irgendwann hatte er gehört, wie seine jüngere Tochter, Kristen, weinte, und ihr eine Flasche Kakao gebracht. Nachdem er um zwei Uhr mit dem Roman fertig war, hatte er noch den Abwasch erledigt und wollte dann ins Bett gehen, mußte jedoch feststellen, daß seine jüngere Tochter bei seiner

Frau im Bett lag und ins Bett gemacht hatte. Er hatte sie in ihr Zimmer zurückgetragen und in ihr Bett gelegt. Da er seine Frau nicht wecken wollte, um das Bettzeug zu wechseln, hatte er aus Kristens Zimmer eine Decke geholt, war ins Wohnzimmer zurückgekehrt und augenblicklich auf dem Sofa eingeschlafen.

Er wußte nicht, wie lange er geschlafen hatte, doch das nächste Geräusch, das er hörte, war ein Hilfeschrei seiner Frau: ›Jeff, Jeff, Hilfe!‹ Und: ›Jeff, Jeff, *warum tun sie mir das an?!*‹ Gleichzeitig hatte er gehört, wie seine ältere Tochter, Kimberly, ›Daddy, Daddy, Daddy, Daddy, Daddy!‹ rief.

Als er die Augen öffnete, sah er, wie vier Menschen über ihm standen: ein Schwarzer, der eine Armyjacke mit den Streifen eines Sergeants am Ärmel trug, zwei weiße Männer, von denen einer einen Schnurrbart hatte und ein Sweatshirt mit roter Kapuze trug, und die blonde Frau mit dem Schlapphut, die eine Kerze vor ihrem Gesicht hielt. Sie trug hohe Stiefel und einen kurzen Rock. Er konnte sich nicht an die genaue Farbe der Stiefel erinnern, sagte jedoch, sie wären so naß gewesen, daß sie schwarz zu sein schienen. »Sie waren ganz naß«, sagte er. »Das Wasser tropfte noch von ihnen, als sei sie gerade aus dem Regen gekommen.«

»LSD ist groovy«, sagte die Frau. »Tötet die Schweine...«

Als er sich aufsetzen wollte, schlug der Schwarze ihm mit einem Baseballschläger gegen die Schläfe. Als er nach dem Schläger griff, war er schlüpfrig, wie in Blut getaucht.

Während MacDonald mit den Einbrechern kämpfte, spürte er plötzlich einen scharfen Schmerz in der rechten Brust. Zuerst dachte er: ›Dieser Bursche hat ja einen verdammt harten Schlag!‹ Doch dann schaute er nach unten und sah eine schimmernde Klinge — die eines Eispickels.

Er sagte, er habe es noch bis zum Ende des Sofas und zu den beiden Stufen geschafft, die vom Wohnzimmer in den Dielengang führten, und sei dort zusammengebrochen und ohnmächtig geworden. Als er wieder zu Bewußtsein kam — er hatte keine Ahnung, wieviel Zeit verstrichen war —, sei das Haus ruhig und dunkel gewesen, und er habe so sehr gezittert, daß seine Zähne aufeinander schlugen. Seine blutige und zerrissene

Schlafanzugjacke sei um seine Handgelenke gewickelt gewesen. Er sei von Zimmer zu Zimmer gegangen und habe die Leichen seiner Frau und der Kinder entdeckt. Er habe nach Puls und Herzschlag gefühlt und bei allen eine Mund-zu-Mund-Beatmung versucht, aber nur gurgelnde Geräusche vernommen, was darauf hindeutet, daß Blut und Luft durch die Lungen entweichen.

Er habe ein kleines Messer aus der Brust seiner Frau gezogen. Er habe sie mit seiner zerrissenen Schlafanzugjacke bedeckt. Er sei zur Hintertür gegangen, um nach den Eindringlingen zu suchen. Er sei ins Badezimmer an der Diele gegangen, um nach dem Ausmaß seiner Verletzungen zu sehen. Er habe zuerst das Telefon im Schlafzimmer und dann das in der Küche benutzt, um Hilfe zu rufen. Die Telefonistin, sagte er, habe seinen Anruf erst weiterleiten wollen, nachdem er ihr seine Sozialversicherungsnummer nannte.

Einer der Weißen, der kleinere, habe dünne Handschuhe getragen. Es hätten Chirurgenhandschuhe sein können. Er bewahrte mehrere Paar davon zu Hause auf; Colette benutzte sie zum Geschirrspülen.

Zwei Stockwerke tiefer, in der Leichenhalle im Keller, wurden Autopsien durchgeführt.

Colette war mit einem Messer neunmal in den Hals und siebenmal in die Brust gestochen worden.

Eine der Stichwunden hatte die Lungenschlagader durchbohrt, die das Blut vom Herz in die Lungen bringt. Dadurch war es zu massiven inneren Blutungen in der Brusthöhle und im Herzbeutel gekommen. Das hatte sie getötet — sowohl innere wie äußere Blutungen.

Sie wies auch einundzwanzig Einstiche mit einem Eispickel in der Brust auf. Die Schläge waren so wuchtig gewesen, daß die Klinge bis ans Heft in die Brust eingedrungen war.

Ihr war mindestens sechsmal auf den Kopf geschlagen worden, je einmal gegen die Schläfen, bei denen Haut und Fleisch bis zum Schädelknochen aufgerissen waren; einmal auf die Stirn, was zu einem Schädelbruch geführt hatte; einmal oben auf den Kopf; einmal am Kinn; und einmal über dem rechten Ohr, bei dem auch die Haut aufgerissen war.

Überdies waren beide Arme gebrochen. Der Pathologe beschrieb diese Brüche als ›typische Verteidigungsverletzungen‹. Colette MacDonald habe sie sich anscheinend zugezogen, als sie die Arme vor den Kopf hob, um die Schläge abzuwehren. Beide Knochen im rechten Unterarm waren gebrochen, einer des linken Unterarms zweimal.

Während der Autopsie wurde ein vier bis fünf Monate alter Fötus entfernt; ein blondes Haar von etwa zwanzig Zentimeter Länge wurde in dem Blut gefunden, das an einer Handfläche klebte, und ein Stück menschliche Haut unter einem ihrer Fingernägel wurde entfernt.

Kimberly war an mindestens zwei Schlägen mit einem harten Gegenstand gegen die rechte Kopfseite gestorben.

Die Schläge hatten den Schädel zerschmettert und massive Gehirnquetschungen verursacht. Der größte Riß erstreckte sich über fast die gesamte rechte Schädelseite; daneben wurden zahlreiche weitere, kleinere Frakturen festgestellt. Die Schläge waren so heftig gewesen, daß sie ein Koma und wahrscheinlich den unmittelbaren Tod verursacht hatten.

Offensichtlich war sie schon bewußtlos und dem Tode nahe gewesen, als man ihr noch Messerstiche in die rechte Halsseite versetzt hatte. Der Pathologe erkannte dies an der relativ geringen Menge ausgetretenen Blutes, was darauf hindeutete, daß sie nur noch einen niedrigen oder gar keinen Blutdruck mehr aufwies, als ihr diese Verletzungen zugefügt wurden.

Die Halswunden hatten ihre Luftröhre durchtrennt; einige durchbohrten den gesamten Hals. Da sie sich überlappten, war es nicht möglich, sie genau zu zählen, doch es schienen zwischen acht und zehn verschiedene Einstiche zu sein.

Kimberly hatte auch einen Schlag mit einem harten Gegenstand auf die linke Gesichtsseite abbekommen. Dieser Schlag war so kräftig gewesen, daß er mehrere Brüche des Backenknochens und der Nase hervorgerufen hatte. Ein Teil des Wangenknochens drang durch die Haut hervor.

Kristens Leiche wies dreiunddreißig verschiedene Einstiche auf.

Man hatte ihr mit einem Messer zwölfmal in den Rücken, viermal in die Brust und einmal in den Hals gestochen. Zwei der Einstiche waren so tief, daß sie in ihr Herz eingedrungen waren.

Darüber hinaus fand man etwa fünfzehn flachere Wunden in ihrer Brust, wie sie von einem Eispickel verursacht sein könnten, wenn die Person, die die Waffe geschwungen hatte, nur mit geringer Kraft zugestoßen hatte.

Kristens Hände wiesen zahlreiche Schnitte auf; einer davon ging bis auf den Fingerknochen, was darauf hindeutete, daß sie, wie ihre Mutter, die Hände vors Gesicht gehoben hatte, um sich zu schützen.

Unter einem ihrer Fingernägel wurde ein blauer Faden gefunden.

Ein Ermittler wurde in Jeffrey MacDonalds Büro geschickt, um den Inhalt seiner Schreibtischschublade zu untersuchen. Er fand einen Umschlag ohne Absender, der am 14. Februar – dem Valentinstag – in Honolulu aufgegeben worden war. Darin befand sich eine Valentinskarte mit einem Dutzend Abbildungen von Frauenlippen: hellrot, leicht geöffnet, zum Kuß gespitzt. Der gedruckte Gruß lautete: ›Ich denke an Dich.‹ Die Karte war mit ›In Liebe, Jo‹ unterzeichnet.

Im Umschlag befand sich auch ein Artikel, den Joan Didion vor kurzem im *Life* veröffentlicht hatte. ›Die Schwierigkeit, Verbindungen zu schaffen‹ war der Artikel überschrieben, und darin schilderte die Didion, wie sie und ihr Mann zum Urlaub nach Hawaii geflogen waren, statt sich scheiden zu lassen.

Am frühen Nachmittag trafen Jeffrey MacDonalds Mutter und Colettes Mutter und Stiefvater im Krankenhaus ein. Sie wußten noch immer nicht, weshalb man sie gebeten hatte, hierher zu kommen.

Als MacDonald sie sah, rief er: »Sie sind alle tot! Colette und Kimmy und Kristy sind tot! Sie haben sie alle umgebracht!«

Colettes Mutter trat an sein Bett. Er sah zu ihr hoch und fing an zu weinen. »Ich konnte sie nicht beschützen«, sagte er. »Sie war so gut, und ihr habt sie mir anvertraut, und ich konnte sie nicht beschützen.«

Jeffrey MacDonalds Stimme

An diesem Wochenende übrigens, dem ersten Wochenende in Skidmore, haben Colette und ich zum ersten Mal miteinander geschlafen. Auf der High-School war nichts gelaufen. Colette war sehr schüchtern, und es dauerte lange, einen ersten Kuß an der Hintertür zu bekommen.

Bis heute glaube ich, daß sie noch Jungfrau war. Vielleicht hat sie aber auch mit Dean Chamberlain geschlafen. Oder in jenem Sommer am Strand mit dem Studenten auf Fire Island, aber das ist nicht sicher. Ich wollte mehr Zeit mit ihr verbringen und auch körperlich aktiver werden, andererseits jedoch ihre Ansprüche erfüllen und nicht darauf drängen, mit ihr zu schlafen, weil sie es vielleicht nicht für richtig hielt oder noch Hemmungen hatte.

Ich hatte auf der High-School mit ein paar Mädchen geschlafen, doch nur mit Penny Wells war ich länger zusammen. Ich glaube, es war im ersten Jahr... nein, im zweiten. Penny hatte einen neuen Wagen, ich hatte keinen, und sie nahm mich manchmal in ihrem neuen Chevy mit — ihr Vater war Chevrolet-Händler.

Wir hatten eine schöne Zeit zusammen, besonders körperlich. Wir schliefen miteinander, und es war... na ja, sehr inbrünstig, was unsere körperlichen Begierden betraf. Wir trieben es spontan, lange und sehr häufig miteinander. Überall. In ihrem Wagen, im Autokino, auf Partys, bei ihr zu Hause, bei mir, überall. Und wir trieben es endlos, konnten einfach nicht aufhören.

Penny war ein — ist ein sehr schönes Mädchen. Sie war so eine Art Plastik-Prinzessin. Ich meine das nicht abwertend — sie sah außerordentlich gut aus. Ich weiß nicht, ob sie noch immer so gut aussieht, aber damals bestimmt. Sie war vielleicht ein Luftikus, aber sehr von mir abhängig, und das gefiel mir.

Ich habe Penny immer gemocht. Ich weiß nicht, ob ich sie je geliebt habe, wie ich die Liebe heute sehe, aber sie war meine High-School-Liebe, was immer das heißen mag. Ich dachte oft an sie. Wir haben miteinander gewaltige sexuelle Erfahrungen gemacht; sie war zwar nicht die erste Frau, mit der ich geschlafen habe, aber die erste, mit der ich ein echtes Verhältnis hatte. Und es war zweifellos Pennys erste Erfahrung.

Im Herbst kam Penny für zwei Wochenenden nach Princeton, doch es war klar, daß in unserer Beziehung nun etwas fehlte. Penny wirkte in Princeton fehl am Platz. Ich will nicht etwa arrogant klingen, aber irgendwie war es so.

Ihr war unbehaglich zumute, sie kam nicht mit meinen Freunden zurecht und verstand nicht, daß wir jedes zweite Wochenende per Anhalter nach New York fuhren, nach Greenwich Village, und uns dort die Beatniks und Joan Baez, Bob Dylan und so weiter ansahen.

Sie kam aus der Arbeiterklasse von Patchogue und schien sich nicht ändern zu können. Sie wollte Zahntechnikerin werden — mir kam das wie eine ganz andere Welt vor. Ich glaube, plötzlich trat der Unterschied in unserer Lebensauffassung ganz deutlich hervor. Wir hatten uns nicht mehr viel zu sagen.

Wir schliefen miteinander. Endlos. Ich weiß noch, daß wir es ganz toll in ... äh ... im Bett in meinem kleinen Zimmer im fünften Stock der Witherspoon Hall trieben. Und Penny kam bis zum Frühling fast jedes Wochenende.

Doch ihre Briefe waren eine unglaubliche Enttäuschung. Wir hatten uns nichts zu sagen, schrieben nur über das Wetter oder unser Studium, doch es steckte nichts dahinter, wohingegen ich diese brillanten Briefe von Colette bekam, in denen sie soviel schrieb und zwischen den Zeilen ungesagt ließ. Und ihr Leben in Skidmore klang so aufregend. Obwohl Penny und ich es unglaublich toll und leidenschaftlich und oft hintereinander trieben — wir hatten die Kraft und Leidenschaft von äußerst geilen Siebzehnjährigen —, hatten wir geistig einfach nichts gemeinsam, ganz im Gegensatz zu mir und Colette.

Auf jeden Fall gingen Colette und ich beim ersten Mal sehr behutsam miteinander um, zögerlich, Colette besonders, aber ich auch, was gar nicht meiner Natur entspricht. Es geschah in dem Hotelzimmer in Saratoga Springs, in dem ich wohnte. Und so seltsam es klingt, sie — ich glaube, es war als Scherz gemeint, sie lachte später immer darüber — hatte im Grand Union ein Zimmer für mich reserviert (was wörtlich übersetzt ›Die große Vereinigung‹ heißt — Der Übersetzer). Wir haben zum ersten Mal in diesem Hotel zusammen geschlafen.

Sie hatte große Angst und war mit dem Akt selbst völlig unvertraut. Ich war sehr zärtlich und sanft und mußte große Geduld aufbringen. Ich will mir nicht selbst auf die Schulter klopfen, doch es schien Stunden über Stunden zu dauern, bis sie sich endlich entspannte. Sie hatte solche Angst, daß ihre Beine zitterten.

Danach weinte sie leise — genau wie im Film, so peinlich mir das auch ist. Und ich weiß noch, daß ich sie lange getröstet und im Arm gehalten und gefragt habe, warum sie weinte, und sie sagte nachdrücklich, es habe nicht weh getan, das ganz und gar nicht — sie weine vor Glück, sei so erfüllt.

Es war ein äußerst romantisches Wochenende. Wir gingen spazieren, aßen in Restaurants. Ich weiß noch, wie ich sie einmal abholte und im Wartesaal von Skidmore saß und mich ganz erhaben und verliebt fühlte, und ihre Zimmergenossin und Freundinnen kamen nacheinander herein und musterten mich kichernd, und einige begrüßten mich sogar. Und ich erinnere mich an die diskreten und nicht so diskreten Blicke, als sie wieder gingen und über mich sprachen.

Aber ich war stolz darauf, Colette zur Freundin zu haben, und es war eine neue und aufregende Zeit für uns, und ich weiß noch, daß wir dreimal ins Hotel zurückgingen, um uns zu lieben. Es war gar nicht einfach. Wie ich schon sagte, wir waren sehr behutsam und vorsichtig und zärtlich, und ich wollte sie nicht verletzen, und sie wirkte ja so verletzbar. Sie wirkte äußerst zart und femininer denn je, und das verstärkte meine Gefühle für sie ums Zehnfache.

4

FRAU UND KINDER EINES OFFIZIERS IN FORT BRAGG
ERMORDET, lautete die Schlagzeile mit den größten Lettern
seit John F. Kennedys Ermordung einer in Fayetteville erscheinenden Zeitung. OPFER EINES HIPPIE-KULTS?

Der Bericht besagte, daß die Frau und die beiden Töchter
Jeffrey MacDonalds anscheinend von Mitgliedern eines ›rituellen Hippie-Kults‹ ermordet worden seien. Sie seien durch die
Hintertür eingebrochen und hätten ›LSD ist toll! LSD ist toll!‹
gerufen, während die Familie schlief.

Es fand sich auch ein Zitat des Befehlshabers der Militärpolizei: ›Während des Kampfes schaffte es der Captain noch bis ins
Schlafzimmer, wurde dann aber mehrmals niedergestochen
und nach einem oder mehreren Schlägen auf den Kopf bewußtlos.‹

Fort Bragg ist die größte Militärbasis der USA. Es handelt sich
um ein offenes Lager, was bedeutet, daß der Zutritt nicht überwacht wird. Auch trennen keine Zäune die über 50 000 Bewohner von den umliegenden zivilen Wohngebieten ab.

Von Ausfallpisten für Panzer abgesehen, führen über dreißig
Straßen durch Fort Bragg. Mindestens die Hälfte davon ist
stark befahren. Ein vierspuriger Highway führt keine hundert
Meter vom Castle Drive entfernt an dem Lager vorbei. Daher
war es nicht ganz einfach, nach vier vermeintlichen Mördern
zu suchen, deren Beschreibung sie nur als zwei Weiße, einen
Schwarzen und eine weiße Frau mit langen blonden Haaren,
hohen Stiefeln und einem Schlapphut auswies, und ein Sprecher der Army gab bekannt, den Tätern sei die Flucht gelungen,
obwohl man nur ein paar Minuten nach der Entdeckung der
Leichen Straßensperren errichtet habe. Es sei jedoch eine Großfahndung eingeleitet worden, und man rechne damit, die Täter

schnell zu fassen. Captain MacDonalds Zustand wurde als
›zufriedenstellend‹ bezeichnet.

Ein weiterer Artikel beschrieb das sich rapide verschlimmernde Drogenproblem im Gebiet Fayetteville, das seine Ursache darin habe, daß amerikanische Soldaten große Mengen Rauschgift aus Vietnam einschmuggelten. Der Bezirkssheriff wurde mit der Behauptung zitiert, in den sechs Monaten vor den Morden seien mehr Personen wegen Heroinbesitz festgenommen worden als in den fünfzehn Jahren zuvor. Er schätzte, daß bis zu zweitausend ›Hippies‹ in ›heruntergekommenen Unterkünften‹ in und um Fayetteville wohnten.

»Sie tun sich zusammen«, sagte der Sheriff. »Sie leben wie die Tiere. Sie haben keine Betten, schlafen auf Decken auf dem Boden. Sie malen alle möglichen Bilder und Dekorationen.« Daß solche Individuen auch zu grotesken Gewalttaten fähig waren, war kaum sechs Monate zuvor von den Mitgliedern des Charles-Manson-Kults bewiesen worden.

Während die Manson-Morde entsetzlich waren und zweifellos — für einige Menschen — auch einen gewissen Nervenkitzel darstellten, wirkten sie jedoch nicht besonders *bedrohlich*. Wenn Mitglieder eines Satankults ein Hollywood-Starlet in ihrem Haus in Beverly Hills umbrachten, rief das zweifellos fette Schlagzeilen und eine ausführliche Berichterstattung hervor, schien jedoch Lichtjahre von der Welt entfernt zu sein, in der die meisten Amerikaner lebten.

Dieser neue Ausbruch von mörderischer Gewalt war in mancher Hinsicht viel beunruhigender. Sharon Tate war eine prominente Schauspielerin gewesen, deren Ruhm, Schönheit und Lebensstil es viel verständlicher machte — wenn ein solcher Wahnsinn jemals verständlich sein kann —, daß sie die pathologische Aufmerksamkeit der Teufelsanbeter erregte, die den Manson-Kult gebildet hatten.

Colette MacDonald andererseits war die Jugendfreundin eines typisch amerikanischen Jungen gewesen. Ihr Mann war kein *outré* Regisseur, sondern Princeton-Absolvent, Arzt und engagierter junger Armeeoffizier. Einer der besten und klügsten: ein Green Beret. Wenn man sie und ihre Kinder — die im größten Militärlager der Vereinigten Staaten in ihren eigenen

Betten schliefen — nicht vor drogenverrückten Dämonen der Nacht schützen konnte, war man nirgendwo mehr sicher. Amerika verlor nicht nur den Krieg in Vietnam, im Land selbst war es kaum besser. Zuerst wurden die MacDonald-Morde — abgesehen davon, daß sie so scheußlich und entsetzlich waren — als weiteres, besonders eindrucksvolles Zeichen für die Auflösung der amerikanischen Gesellschaft gesehen, die Mitte und Ende der 60er Jahre so schnell begonnen hatte und sich — in noch destruktiverer Form — im gerade begonnenen Jahrzehnt fortsetzte.

Nachdem zwei Tage ohne Verhaftungen verstrichen waren, berichteten die örtlichen Zeitungen, daß Fort Bragg und besonders das Viertel Corregidor Courts von einer ›Welle der Angst‹ heimgesucht werde. Ehemänner traten ihre Nachtschicht nicht mehr an. Doppel- und Dreifachschlösser wurden in Türen eingebaut. Bei dem Versuch, die Nachbarn zu verhören, stellte die Militärpolizei fest, daß Frauen Angst hatten, die Tür zu öffnen, sogar am hellichten Tag, sogar auf Bitte von uniformierten Soldaten. In den zwei Tagen nach dem Mord gingen über neunzig neue Anträge auf Ausstellung eines Waffenscheins ein, und die Geschäfte in Fayetteville meldeten einen noch nie dagewesenen Run auf Pistolen und Gewehre.

Die offensichtlichen Ähnlichkeiten mit den Manson-Morden — Einbrecher in der Nacht, die ›LSD ist groovy‹ riefen, das mit Blut geschriebene Wort SCHWEIN, die Tatsache, daß Colette MacDonald, wie Sharon Tate, schwanger gewesen war — lockten Dutzende Reporter nach Fayetteville. Da es kaum etwas Neues zu melden gab (am 18. Februar gab die Armee lediglich bekannt, ein ›besonders ausgebildetes Team von Kriminologen‹ sei aus Fort Gordon eingetroffen), veröffentlichten Zeitungen, wie die in New York erscheinende *Daily News*, allgemeine Beiträge über die Stadt.

›Junge Mädchen aus dem ganzen Land lassen sich vom Ruhm der Green Berets und dem Glanz der gewichsten Fallschirmspringerstiefel in diese Stadt locken‹, begann ein Artikel. Sie wohnten in ›alten Holzhäusern in den Vororten‹, deren Miete von ›jungen Männern aus Fort Bragg, die Abwechslung zum Kasernenleben wünschten‹, bezahlt würden.

›Speed, Haschisch, Pot, Pillen — hier gibt es alles. Die Wohngemeinschaften werden von Vietnamveteranen versorgt, die jede Menge erlebt haben und schon mit 18 oder 19 Jahren alles hinter sich lassen wollen.‹

Der Drang nach Informationen über Jeffrey MacDonalds Hintergrund — der Green-Beret-Arzt von der Elite-Universität, der irgendwie einen bizarren, verrückten Überfall überlebt hatte — wurde fast unstillbar.

Ein Interview mit seinem direkten Vorgesetzten ergab, daß MacDonald ein ›ungewöhnlich guter Soldat‹ war, ›der auch schon mal achtzehn oder zwanzig Stunden am Tag arbeitete‹.

MacDonalds jüngere Schwester, die aus Schenectady im Bundesstaat New York anreiste, beschrieb ihn als ›athletischen Intellektuellen‹, der ›Princeton unglaublich schnell, in nur drei Jahren‹, absolviert hatte und der gern liest — ›besonders Spannungsromane, Philosophie und Gedichte‹. Sie sagte, er sei aus Hingabe an das menschliche Leben Arzt geworden. »Er sieht es einfach nicht gern, wenn etwas stirbt.«

Am 19. Februar — es waren noch immer keine Verdächtigen ermittelt — stellte die Army auf beträchtlichen Druck der Medien Lt. Ron Harrison zu einer Pressekonferenz zur Verfügung, bei der er — als Green Beret, der die Familie am besten gekannt hatte — einen intimeren Einblick in das Familienleben in Fort Bragg geben sollte.

Harrison sagte, Jeffrey MacDonald sei ›ein in jeder Hinsicht herausragender Mensch. Eine sehr intelligente, sehr aufmerksame Person, sehr freundlich und, da bin ich mir sicher, ein hervorragender Vater. Er helfe gern Menschen‹, fuhr Harrison fort. »Man konnte ihn immer um Rat fragen. Er interessiere sich auch für viele Themen: Die Eliteeinheit, Fallschirmspringen, Baseball, Football, Boxen, das Pferd der Kinder, was Kimmy gestern nachmittag getan hat, Colettes Abendschule.«

Colette sei ›ganz einfach toll‹ gewesen. ›Eine unschuldige, sehr, sehr liebe Frau.‹ Sie und ihr Mann hätten sich sehr auf das dritte Kind gefreut.

Dann beschrieb er der Presse seinen letzten Besuch im Haus 544 Castle Drive, am Abend des Valentinstags. Es habe sich nichts Außergewöhnliches ereignet — nur eins käme ihm in der

Rückschau ›seltsam‹ und ›ironisch‹ vor. MacDonald habe gerade die neueste Ausgabe des *Esquire* zugeschickt bekommen. Das Titelbild zeigte Lee Marvin, und der Aufmacher lautete: ›Das Böse lauert in Kalifornien — Lee Marvin hat Angst.‹

Ein Großteil der Ausgabe widmete sich Hexenkulten, Drogenorgien und der Gewalt in Kalifornien. MacDonald habe Harrison unter anderem einen Artikel gezeigt, der beschrieb, wie eine ›Acid-Queen‹ mit langem blondem Haar in Anwesenheit vier weiterer Personen eine LSD-Orgie bei Kerzenschein abgehalten habe, bei der sie auch mit einem schwarzen Schwan kopulierte.

Eine weitere Story beschäftigte sich mit dem Mord an Sharon Tate. Darin wurde erwähnt, daß die Tote zum Zeitpunkt ihres Todes schwanger war und man das Wort SCHWEIN mit Blut an das Kopfteil ihres Bettes geschrieben hatte.

Am Samstag, dem 21. Februar, fand eine Trauerfeier statt. ›Gebückt vor Schmerzen von der Stichwunde in der Brust‹, so Zeitungsberichte, betrat Jeffrey MacDonald ›mit trockenen Augen und gesenktem Kopf‹ die John F. Kennedy Memorial Chapel in Fort Bragg. Green Berets in Ausgehuniform trugen die drei Silbersärge — einen großen, zwei kleine — in die Kirche.

MacDonald saß in der ersten Reihe, neben Colettes Mutter und Stiefvater. Seine Mutter saß direkt hinter ihm. Der Kaplan las aus dem Buch Hiob vor. »Auch Hiob«, sagte er, »hat einige seiner Kinder verloren.«

MacDonald schien sich bis zum Ende des Gottesdienstes unter Kontrolle zu haben. Dann, so die Zeitungen, ›erschütterte ein Schluchzen seine Schultern‹, und er verließ die Kapelle, ›während Tränen sein stattliches Gesicht hinabrannen‹, und kehrte direkt ins Krankenhaus zurück.

Ganz früh am Morgen des 22. Februar — dem Sonntag nach der Trauerfeier — fuhr Freddy Kassab in MacDonalds weißem 65er Chevrolet Impala zum Haus in der Castle Street.

Er parkte vor der Wohnung. Sie war leer und versiegelt und

wurde als Schauplatz eines Verbrechens von einem MP bewacht. Über zwei Stunden saß Kassab im Auto und sah zu dem Haus hinüber.

Er war fünfzig Jahre alt, in Montreal als Sohn wohlhabender syrischer Eltern geboren und auf europäischen Privatschulen ausgebildet worden. Er sprach fließend Französisch und hatte mit sechs Jahren seinen ersten Smoking getragen.

Mit achtzehn hatte er sich bei der kanadischen Armee verpflichtet und war zum Aufklärungsdienst gekommen. Er hatte als Verbindungsmann zur französischen Résistance gedient und war hinter den feindlichen Linien ein halbes Dutzend Mal mit dem Fallschirm abgesprungen. Während des Krieges war er viermal verwundet worden, und als er sich in Italien im Einsatz befand, waren seine junge schottische Frau und seine kleine Tochter bei einem deutschen Bombenangriff auf London umgekommen.

Kassab war nach dem Krieg nach Nordamerika zurückgekehrt, hatte sich in New York niedergelassen, wieder geheiratet und eine Stellung in einem Warenhaus als Waschmaschinenverkäufer bekommen.

1957 lernte er in Long Island die Innenarchitektin Mildred Stevenson kennen. Sie hatte zwei Kinder; ihr Mann hatte ein Jahr zuvor Selbstmord begangen. Kassabs zweite Ehe, aus der keine Kinder hervorgegangen waren, stand kurz vor der Scheidung. Ein Jahr später heiratete er Mildred Stevenson und wurde Stiefvater ihres siebzehnjährigen Sohnes Bobby und ihrer dreizehnjährigen Tochter Colette. Die Kassabs unternahmen eine ausgedehnte Hochzeitsreise nach Europa und lernten in den Kasinos von Monte Carlo unter anderem König Faruk kennen.

Im darauffolgenden Jahrzehnt erging es ihnen finanziell jedoch nicht so gut wie erwartet. Mildreds Laufbahn als Innenarchitektin erwies sich als nicht profitabel, und ein Modegeschäft, das sie in ihrer Heimatstadt Patchogue eröffneten, mußten sie mit Verlust verkaufen. Schließlich kehrten sie nach Long Island zurück, wo Freddy als Vertreter für eine Firma arbeitete, die Flüssigei an Hersteller von Makkaroni, Backwaren und Mayonnaise verkaufte.

Während dieser Zeit der finanziellen Schwierigkeiten gab es

in Freddy Kassabs Leben zwei Konstanten. Die eine war seine Frau Mildred, die andere seine Stieftochter Colette. Zwischen ihnen entstand eine sehr tiefe Beziehung, und er sprach immer von ihr, als sei sie seine Tochter — die Reinkarnation des Kindes in London, das er kaum einmal gesehen hatte. Und für Colette war er kein Stiefvater, sondern ein Vater, der den ersetzte, der sich das Leben genommen hatte.

Freddy Kassab hatte sich schnell mit Jeffrey MacDonald angefreundet. Colette war anscheinend besessen von diesem klugen, energischen und außerordentlich netten Klassenkameraden. Sie schrieb seinen Namen — JEFF — überall in Druckbuchstaben nieder: in ihren Schulbüchern, den Kochbüchern ihrer Mutter und auf der Schreibtischunterlage im Wohnzimmer der Kassabs.

Als sie während ihrer High-School-Zeit miteinander gingen, fuhr Kassab sie oft ins Kino. Auch als sie auseinander waren — nach Colettes Sommerflirt —, besuchte Jeff die Kassabs. Unaufgefordert mähte er im Sommer den Rasen und schaufelte im Winter die Auffahrt frei. Mehr als einmal legte er ein Geschenk für Colette auf die Schwelle der Hintertür, klingelte und war verschwunden, bevor jemand aufmachte.

Als die beiden Kinder auf die Universität gingen und ihre Beziehung wieder aufnahmen, freuten sich sowohl Freddy als auch Mildred über die Vorstellung, ihre Tochter könne eines Tages einen Arzt heiraten. Sie waren jedoch nicht auf den Anruf vorbereitet, den sie am Nachmittag des 30. August 1963 bekamen — einen Anruf von Mildreds Schwester in Patchogue, bei der Colette den Sommer über gewohnt hatte. »Regt euch nicht auf«, sagte Colettes Tante Helen, »aber Jeff und Colette waren gerade bei mir, und sie ist schwanger. Sie sind auf dem Weg zu euch.«

Die Kassabs standen am Fenster und sahen, wie Jeff und Colette den Wagen abstellten und dreimal Hand in Hand um das Haus gingen, um sich den Mut zu verschaffen, mit den Kassabs zu sprechen.

Besonders Mildred zeigte sich über die Nachricht entsetzt. Nicht darüber, daß Colette mit Jeff geschlafen hatte; als Mutter und Tochter hatten sie offen darüber gesprochen, und nach Mildreds Ansicht (die der konservativere Freddy nicht ganz teilte) war Colette mit zwanzig Jahren — drei Jahre älter, als Mildred bei ihrer ersten Ehe gewesen war — imstande, in dieser Hinsicht eigene Entscheidungen zu treffen. Nein, Mildred regte sich über die Dummheit, die Achtlosigkeit und die Konsequenzen auf, die die Schwangerschaft mit sich brachte. Colette hatte erst die Hälfte ihrer Collegezeit hinter sich, und Jeff standen noch vier Jahre Medizinstudium bevor.

Mildred schlug eine Abtreibung vor, doch weder Jeff noch Colette wollten etwas davon wissen. Sie würden heiraten. Als die Kassabs versuchten, sie davon abzubringen, rief Jeff seine Mutter an. Sie kam sofort von Long Island her und unterstützte Jeff und Colette.

Weder Freddy noch Mildred hatten Dorothy MacDonald zuvor kennengelernt, doch beide waren von ihrer starken Persönlichkeit beeindruckt. Sie warf alle Einwände der Kassabs nieder. Ihr Sohn würde sich durch solch einen Betriebsunfall nicht die Zukunft zerstören lassen. Nichts würde ihn aufhalten; er war zu stark. Wenn er sich erst einmal ein Ziel gesetzt hätte, würde er es auch verwirklichen. Er würde Medizin studieren und wie geplant Arzt werden. Nun konnte Colette ihn bei jedem Schritt des Weges begleiten und auch die Freuden der Elternschaft mit ihm teilen.

Vierzehn Tage später heirateten sie. Einhundert Gäste waren eingeladen. Da Jeffrey katholisch war, fand die Trauungsfeier in einer katholischen Kirche statt, und der Empfang im Fifth Avenue Hotel. Das alles kostete mehr, als Freddy Kassab sich eigentlich leisten konnte, doch alle Gäste stimmten überein, daß sie ihn noch nie strahlender oder glücklicher gesehen hatten.

Die folgenden Jahre verliefen genauso, wie Jeffrey MacDonalds Mutter es vorausgesagt hatte, mit der Ausnahme, daß sich bald ein zweites Kind einstellte. Freddy Kassab blieb stets in engem Kontakt mit Colette, und als Jeff im September 1969 von Fort Benning nach Fort Bragg versetzt wurde, fuhr er Colette und die Kinder zu ihrem neuen Heim.

Während er weinend im Wagen saß, erinnerte er sich an den letzten Weihnachtsmorgen. Er und Mildred hatten die Feiertage in Fort Bragg verbracht, und als er — er war Frühaufsteher — gegen sechs Uhr morgens in der Küche Kaffee kochte, war Jeff aus dem Schlafzimmer gekommen. »Ich habe eine Überraschung für die Kinder«, sagte er. »Sieh sie dir mal an.«

Sie hatten sich schnell und leise angezogen und waren zu dem Mietstall gefahren, in dem das Pony stand, das Jeff gekauft hatte. Nachdem sie in die Wohnung zurückgekehrt waren, sagte Jeff seiner Frau, er habe ein Geschenk für die Kinder bestellt, doch das Kaufhaus habe alles verdorben. Sie könnten jedoch hinfahren und es sich zumindest im Schaufenster ansehen.

Sie fuhren den Bragg Boulevard in Richtung Fayetteville ab, bogen jedoch ziemlich bald auf eine Nebenstraße ein. Als Colette fragte, was sie hier wollten, sagte Jeff ausweichend: »Ach, ich muß hier nur etwas abholen.«

Am Mietstall hielten sie an, und er und Freddy führten sie zu dem Pony.

Seit Jahren hatten Jeff und Colette Freunden erzählt, ihr Traum sei es, irgendwann einmal eine Farm in Connecticut zu besitzen, mit fünf Kindern, Pferden und vielen Hunden. Jeff würde an einer Uniklinik praktizieren — wahrscheinlich Yale — und Colette als Lehrerin arbeiten. Dieses Pony war der erste sichtbare Schritt — abgesehen von den Kindern, das dritte würde im Juli kommen.

Colette war so glücklich gewesen, daß sie fast eine halbe Stunde geweint hatte.

Die Anwohner des Castle Drive tauchten allmählich aus ihren Häusern auf, um ihre Sonntagszeitungen hereinzuholen. Es war an der Zeit, daß Freddy Kassab zu seiner trauernden Frau zurückkehrte. Doch er blieb trotzdem noch ein paar Minuten. Hier hatte er Colette und Kimberly und Kristen zum letzten Mal lebend gesehen, und näher würde er ihnen nie wieder kommen.

Die Leichen wurden am Sonntag nach New York geflogen. Freddy und Mildred Kassab und Jeffrey MacDonalds Mutter waren ebenfalls an Bord der Maschine.

Fünf Tage zuvor waren sie gemeinsam hergeflogen; ihre nervöse Neugier war dabei immer mehr einem überwältigenden Gefühl von Entsetzen gewichen. Als sie nun gemeinsam zurückflogen, war nur noch Entsetzen geblieben. Das Schlimmste war geschehen — das Schlimmste, das jemals jemandem passieren konnte —, und seine Auswirkungen würden den Rest ihres Lebens bestimmen.

Mildred Kassab sah aus dem Fenster. Am meisten quälte sie die Erinnerung an ihr letztes Gespräch mit Colette.

Sie hatte sie am Sonntagnachmittag angerufen, keine sechsunddreißig Stunden vor Colettes Tod. Jeff hatte seine 24-Stunden-Schicht im Hamlet Hospital absolviert, und Colette, im fünften Monat schwanger, hatte mit den beiden gelangweilten, ruhelosen Kindern — da es regnete, konnten sie nicht draußen spielen — in der Wohnung bleiben müssen.

Sie hatte sie gefragt, ob sie sie mit Kimberly und Kristen besuchen könne. Mildred hatte auf den Hinterhof hinausgesehen. Im Herbst hatten die Kassabs mit dem Bau eines Swimmingpools begonnen. Wenn er erst fertig war, würden die Kinder jahrelang ihre Freude daran haben. Jetzt aber war er nur ein tiefes Loch im Boden. Anstatt ›Nehmt die nächste Maschine!‹ zu sagen, hatte sie die Worte ausgesprochen, die sie den Rest ihres Lebens verfolgen würden.

›Wartet bis zum Frühling‹, hatte sie gesagt.

Nun, im Flugzeug, kam ihr plötzlich der unwillkommene Gedanke, daß Colette schließlich doch nicht bis zum Frühling warten mußte. Und daß sie und die Kinder nun nicht zu Besuch kamen, sondern für immer bleiben würden.

Jeffrey MacDonalds Stimme

Während meines ersten Jahres auf Princeton wurde Colette zur Liebe meines Lebens. Daran bestand kein Zweifel. Das war das Jahr, in dem unsere Liebe erblühte.

Ich weiß noch, wie mein Herz einen Satz machte, wenn das Telefon klingelte oder wenn ich ihre Adresse auf einem Umschlag sah. Freitags hatte ich mittags frei und fuhr aufgeregt per Anhalter oder mit dem Bus nach Skidmore.

Es war eine äußerst aufregende, aber auch schwierige Zeit, da Colette ganz anders als meine vorherigen Freundinnen war. Sie war sehr fröhlich und warmherzig, aber auch ziemlich zurückhaltend, was manche für Arroganz hielten, aber das war es ganz und gar nicht. Wenn, dann eher Ängstlichkeit. Als ich sie besser kennenlernte, begriff ich, daß es keine echte Zurückhaltung war, sondern eher ein Zögern und eine leichte Angst vor der Welt im allgemeinen.

Im Prinzip war sie sehr schüchtern und hatte kein großes Selbstvertrauen. Sie ging mit den Menschen nicht so locker um wie ich oder auch mein Bruder oder meine Schwester. Sie stützte sich gewissermaßen auf mein Selbstvertrauen — ihr gefiel meine Führungsrolle, und mir gefielen ihre Verletzlichkeit und Weiblichkeit.

Sie stellte unentwegt Fragen, war intelligent und intuitiv und wachsam, zeigte aber stets diese unterschwellige ... Angst, und es war sehr schön, ihr Freund und Beschützer zu sein.

Wir schrieben uns ständig. Ich weiß noch, wie ich ihr ein langes ... na ja, Gedicht schrieb, und sie hielt es für sehr romantisch. Es war wahrscheinlich schrecklich, aber sie behielt es. Ja, wir waren jung und verliebt.

Ich hatte gelegentlich auch noch andere Mädchen. Ich fuhr nach New York, um dort eins aufzureißen, oder Penny Wells besuchte mich über ein Wochenende, doch es war nichts von Bedeutung. Nur Colette war von Bedeutung.

Sie sagte, sie treffe sich gelegentlich auch mit anderen Männern, und ich glaube schon, daß das der Wahrheit entsprach. Ich weiß noch, wie ich sie im Winter anrief — ich wollte sie kurzfristig besuchen —, und sie entschuldigte sich, weil ihre Zimmergenossin eine Verabredung für sie getroffen hatte.

Der Mann, den sie nicht kannte, kam für das Wochenende von Dartmouth herüber, und ich weiß noch, wie ich die ganze Zeit über eifersüchtig, wütend und verletzt war und auf einen Brief wartete, der dann am Freitag der folgenden Woche kam. Sie schrieb, das Wochenende sei ein Reinfall gewesen.

Ob das nun eine Lüge war oder nicht, es hob mit Sicherheit meine Stimmung. Ich verliebte mich neu in sie, als ich las, der Bursche aus Dartmouth sei ein — Zitat — Tier gewesen.

Ich erinnere mich noch an das Erntedankfest dieses ersten Jahrs. Colette wollte nicht herunterkommen, was mir sehr seltsam erschien; es läge daran, daß sie knapp bei Kasse sei. Und das, obwohl Freddy und Mildred in Greenwich Village offensichtlich in Luxus lebten.

Ich weiß, daß es lächerlich klingt, aber ich schickte ihr das Geld für die Busfahrkarte nach New York. Sie rief mich an, bedankte sich und lud mich dann zu sich nach Hause ein. Ich blieb über Nacht in der Wohnung in Greenwich Village, am Washington Square.

Ich erinnere mich hauptsächlich an zwei Dinge während meines Besuchs. Das erste war ein Spaziergang durchs Village. Es war ein wunderschöner Herbsttag, und wir gingen Hand in Hand durch den Park an der Fifth Avenue, beobachteten die Orgelspieler, lauschten den Gitarrenspielern und dachten, Greenwich Village ist ganz toll, all diese Künstler und so weiter, und wir hatten einen sehr schönen Tag.

Am Abend aßen wir in der Wohnung. Mildred war eine hervorragende Köchin, und die Mahlzeiten verliefen immer viel formeller, als ich es von zu Hause gewohnt war. Bei Mildred hatte jeder seinen Platz, und man blieb hinter dem Stuhl stehen, bis alle da waren, und dann setzten wir uns, und es gab immer Wein zum Essen.

Das gefiel uns irgendwie schon. Colette und ich lernten viel dabei, und es kam uns sehr elegant vor, obwohl wir uns manchmal darüber lustig machten und Freddy und Mildred für etwas snobistisch hielten.

Ich erinnere mich genau an diesen Abend. Mildred und Freddy gingen zu Bett, Colette und ich blieben noch sitzen. Ich sollte auf dem Sofa im Wohnzimmer schlafen. Es war eine große, alte und sehr teure Couch. Colette hatte sie bezogen, und wir blieben sitzen und knutschten, und Colette ... äh ... errötete etwas und sagte, hier bei ihren Eltern sollten wir das wirklich nicht tun.

Sie wollte nicht, daß Freddy oder Mildred uns überraschten, und ich sagte, in Ordnung, und sie ging ins Bett, und ich erinnere mich so genau daran, weil es ziemlich untypisch für Colette war: etwa zwanzig Minuten später kam sie zurück, legte sich neben mich aufs Sofa, und wir knutschten weiter.

Schließlich liebten wir uns. Es war wunderbar, weil wir leise sein mußten und Colette vielleicht auch befürchtete, daß Mildred oder Freddy jeden Augenblick auftauchen könnten, aber das machte es nur um so aufregender. Sie gab sich mir irgendwie hin; schließlich war sie ja wieder aus ihrem Zimmer gekommen, und es war das erste Mal, daß wir es auf diese Art machten. Es war wirklich unglaublich aufregend. Wir sprachen noch jahrelang später darüber.

Wir diskutierten niemals, ob sie oder ich vorher schon mit jemandem geschlafen hatte. Dem Thema Penny Wells wich sie immer aus. Sie war eigentlich nicht eifersüchtig auf Penny, empfand sie nicht als Bedrohung. Ich glaube, sie fragte sich, wieso ich mich so stark zu Penny hingezogen fühlte, aber wir sprachen niemals darüber. Ich erzählte ihr auch nie, daß es rein körperlich zwischen mir und Penny ganz toll war.

Wir sprachen allerdings über die Gefühle, die sie Dean entgegenbrachte. Niemals darüber, ob sie mit Dean geschlafen hatte. Ich habe sie niemals gefragt, auch nicht, ob sie noch Jungfrau war. Das kam mir zu eifersüchtig, zu unreif vor.

Wir haben es allerdings an einigen ganz irren Orten getrieben. Ich weiß noch, daß wir eines Samstags zur Pferderennbahn in Saratoga gefahren sind. Es fanden gerade zwar keine

Rennen statt, doch die Stallknechte führten die Pferde aus, und es waren vielleicht fünfzig oder hundert Leute da. Sie mähten den Rasen, schnitten Hecken, fegten und so weiter.

Colette und ich hatten eine Decke für ein Picknick dabei, und schließlich schliefen wir bei hellichtem Tag unter der Decke miteinander, sehr langsam und sanft. Wir hatten uns zwar ein abgeschiedenes Fleckchen ausgesucht, doch jeder, der sich uns vielleicht auf zweihundert Meter genähert hätte, hätte uns genau beobachten können.

Und eines Abends in diesem Sommer gingen wir in einen Park in Patchogue – wir wollten uns ein Softball-Spiel ansehen. Ich spielte Softball, und Colette sah gern zu. Aber das waren Profis der ersten Liga, und wir langweilten uns schließlich, verdrückten uns hinter den Zaun und liebten uns wieder unter unserer Decke, während das Spiel weiterging – genau am Rand des Flutlichts. Und ich dachte, wie toll das war, und Colette empfand genauso – wir liebten uns nur hundertzwanzig Meter von den ganzen Leuten entfernt, die sich dieses große Softball-Spiel ansahen.

5

Die Kriminologen aus Fort Gordon untersuchten die Wohnung vier Tage lang.

Neben den einundachtzig blauen Fäden im Elternschlafzimmer fanden sie neunzehn im Zimmer von Kimberly MacDonald, die Mehrzahl davon unter dem Bettzeug, in das das tote Mädchen eingepackt gewesen war. In Kristens Zimmer fanden sie zwei Fäden, doch im Wohnzimmer, wo laut Aussage von Jeffrey MacDonald der Kampf stattgefunden hatte, bei dem er sich seinen Schlafanzug zerrissen hatte, keinen einzigen.

Die Ermittler fanden nicht nur Fasern, sondern auch Splitter. Diese blutverschmierten Splitter, die von dem Knüppel abgebrochen zu sein schienen, den man draußen in der Nähe der Hintertür gefunden hatte, lagen im Elternschlafzimmer und in beiden Kinderzimmern, auch Kristens, obwohl Kristen nicht mit dem Baseballschläger angegriffen worden war. Obwohl Jeffrey MacDonald behauptete, im Wohnzimmer von den Einbrechern niedergeschlagen worden zu sein, fand man dort keinen Splitter.

Sowohl im Elternschlafzimmer als auch in den Kinderzimmern wurde natürlich viel Blut gefunden. Im Elternschlafzimmer fand man Blutflecke auf dem Teppich, dem Bettuch- und -laken, darüber hinaus mehrere Blutstropfen – die einen Kreis von etwa fünfzehn Zentimeter Durchmesser bildeten – neben der Tür zum Korridor.

Auch an den Wänden fanden sich Blutstropfen, und an einer Stelle der Decke eine blutverschmierte Einkerbung, was darauf hindeutete, daß ein schon blutverschmierter Knüppel von dem Täter hoch über den Kopf gehoben wurde, damit er besonders kraftvoll zuschlagen konnte. Eine ähnliche Delle es fand sich in der Decke von Kimberlys Zimmer, und hoch an der Wand über ihrem Bett entdeckte man Blutstropfen. Darüber hinaus bildeten größere Blutstropfen in der Diele eine Spur zwischen ihrem Zimmer und dem Elternschlafzimmer.

Gegenüber, in Kristens Zimmer, wurden Blutstropfen an der Wand über ihrem Bett gefunden, Blut in großen Mengen auf der Bettdecke, Blutflecke an der Bettseite und ein großer Fleck auf dem Boden neben dem Bett. Hinzu kam natürlich der Fußabdruck in Blut, der von ihrem Bett zur Tür deutete.

Man fand auch an anderen Stellen der Wohnung Blut, auch an der Tür eines Dielenschrankes, der unter anderem verschreibungpflichtige Medikamente, Einwegspritzen, Injektionsnadeln und Skalpellklingen enthielt. Im Badezimmer an der Diele fanden sich mehrere Tropfen an der rechten Seite des Abflusses, und, wie Ivory schon festgestellt hatte, fünf Tropfen, jeweils von der Größe eines Zehnpfennigstücks, auf dem Küchenboden, direkt vor einem Schrank. Als Ivory die Schranktür öffnete und niederkniete, fand er in der hinteren linken Ecke, versteckt hinter einer Dose Ajax, einem Sack Kartoffeln, einigen Bürsten und alten Putzlappen, eine angebrochene Schachtel, die mehrere Packungen Wegwerf-Chirurgenhandschuhe der Marke Perry Pure Latex enthielt.

An gewissen Stellen fand sich jedoch kein Blut.

Zum Beispiel an keinem der beiden Telefone (dort fanden sich auch keine Fingerabdrücke), mit denen Jeffrey MacDonald seiner Aussage zufolge Hilfe gefunden hatte, nachdem er seine blutverschmierten Familienmitglieder untersucht und Wiederbelebungsversuche durchgeführt hatte.

Es fand sich auch kein Blut auf dem Boden der Diele, wo MacDonald bewußtlos zusammengebrochen sein wollte, nachdem er einen Stich in die Brust bekommen hatte. Und − mit zwei kleinen Ausnahmen − fand sich kein Blut im gesamten Wohnzimmer, in dem MacDonald überfallen worden sein wollte. Die beiden Ausnahmen bildeten der Fleck außen am Glas von MacDonalds Brille und eine Blutspur, etwa von der Form eines Fingers, auf der *Esquire*-Ausgabe − der mit Lee Marvin auf dem Titel.

Die Untersuchung des Worts PIG — Schwein — auf dem Kopfteil des Bettes ergab, daß es von einer rechtshändigen Person mit voller Beherrschung der motorischen Fähigkeiten geschrieben worden war, deren Finger in einer dünnen Umhüllung gesteckt hatten, wie zum Beispiel einem Chirurgenhandschuh, und die mindestens einmal zur Quelle des Blutes zurückgekehrt war, um das Wort zu Ende schreiben zu können. Jeffrey MacDonald war Rechtshänder.

Die Untersuchung des Blutes auf dem Küchenboden führte die CID zum Schluß, daß es aus einer Höhe von fünfzig bis fünfundsiebzig Zentimetern hinabgetropft war — einer Höhe, die der Brustverletzung eines Erwachsenen entspricht, wenn er vor dem Schrank kniet, um etwas herauszunehmen.

William Ivory sprach noch einmal mit Jeffrey MacDonalds direkten Nachbarn. Er fragte erneut, ob sie während der frühen Morgenstunden des 17. Februars bestimmt nichts in der Wohnung 544 Castle Drive gehört hätten. Die Frau des Offiziers sagte, nein, sie sei sich keineswegs sicher. Sie sei sich in der Tat nun sicher, *doch* Geräusche gehört zu haben, aber im ersten Schock habe sie nichts darüber erzählen wollen.

Die Wohnungen waren so angelegt, daß diese Nachbarn eigentlich über den MacDonalds wohnten, wenngleich sich die Wohnungstüren nebeneinander befanden. Das Elternschlafzimmer der oberen Wohnung lag daher direkt über dem der MacDonalds. Die Frau des Offiziers behauptete nun, sie wäre vom Klang von Colette MacDonalds lauter, wütender Stimme wachgeworden. Sie könne sich nicht an die genauen Worte erinnern, doch es seien auf jeden Fall zornige Worte gewesen.

Ivory sprach auch noch einmal mit ihrer sechzehnjährigen Tochter. Ihr Zimmer lag direkt über dem Wohnzimmer der MacDonalds. In der Vergangenheit hatte sie oft Gespräche aus der Wohnung unten mitbekommen, oder die Geräusche des Plattenspielers oder Fernsehgeräts. Irgendwann, nachdem sie Montagabend zu Bett gegangen sei, habe ein Geräusch von unten sie geweckt. Es sei weder der Plattenspieler noch der Fernseher gewesen. Noch seien es Kampfgeräusche zwischen

Jeffrey MacDonald und vier Einbrechern gewesen. Sie habe nichts Derartiges gehört.

Es sei der Klang einer männlichen Stimme gewesen — sie glaubte, Jeffrey MacDonalds Stimme, die entweder laut geschluchzt oder hysterisch gelacht habe.

Als man den Befehlshaber der Militärpolizei von Fort Bragg auf einer Pressekonferenz fragte, ob MacDonald ein Tatverdächtiger sei, antwortete er: »Es gibt zahlreiche Verdächtige. Captain MacDonald ist mit Sicherheit ein Zeuge.«

Jeffrey MacDonalds Stimme

Seltsamerweise glauben Colette und ich, daß wir ganz genau wissen, wann sie mit Kimberly schwanger wurde. Es war irgendwann Ende Juli oder Anfang August nach dem zweiten Studienjahr. Ich erinnere mich nicht mehr an das genaue Datum, aber ganz genau an den Augenblick.

Wir waren bei ihrer Tante Helen, bei der Colette diesen Sommer über wohnte. Ich blieb immer bis zwölf oder ein Uhr nachts und ging dann nach Hause. Wir schliefen mittlerweile ziemlich oft miteinander, paßten aber nicht immer auf — wir benutzten gelegentlich Kondome oder verließen uns auf die Zyklus-Methode.

Wir sprachen schon darüber, wann wir heiraten wollten. Niemals allein von meinem Standpunkt aus — ich fragte sie nie: ›Colette, willst du du mich heiraten?‹ Wir überlegten uns gemeinsam, wann es möglich wäre, wirklich zusammenzuziehen.

Aber wir waren uns ganz sicher, daß Kimberly an einem ganz bestimmten Abend gezeugt wurde. Helen war zu Bett gegangen, und wir saßen vor dem Haus im Auto und küßten uns, küßten uns immer länger, und gingen schließlich in den Hinterhof. Wir zogen uns immer weiter aus, und mittlerweile war es schon Mitternacht, und Colette sagte ganz leise, nein, es geht nicht, wir haben keine Vorsichtsmaßnahmen getroffen, und ich sagte, wir müssen einfach, ich verspreche dir, ich ziehe ihn raus, und wir liebten uns besonders leidenschaftlich, und... wir explodierten gewissermaßen, lagen uns in den Armen und taten etwas Außergewöhnliches. Normalerweise liebten wir uns einmal, in den Flitterwochen auch mehrmals am Tag, aber in dieser Nacht lagen wir da und liebten uns zwanzig Minuten später wieder, und wir lagen bis zwei Uhr morgens im Garten, umarmten uns, und ich habe deshalb niemals... äh... Schuldgefühle gehabt.

Wir waren zu diesem Zeitpunkt wirklich sehr verliebt. Es war einfach so gewaltig, daß sowohl Colette als auch ich der Meinung waren, daß sie in dieser Nacht schwanger geworden war. Colette behauptete es immer steif und fest.

Auf jeden Fall kam sie keine zwei Wochen später zu mir, sagte, ihre Periode habe vier oder fünf Tage Verspätung, und sie wolle zum Frauenarzt. Ich sagte zuerst, mit mehr Hoffnung als Wissen, das sei Blödsinn, ihre Periode käme zu spät, weil sie Angst habe. Und ... ja, wir hatten Angst, keine Frage. Wir wußten nicht, was es für ihre und meine Ausbildung bedeutete, für unser Leben, und doch waren wir plötzlich ganz gespannt, aufgeregt.

Ich will nicht behaupten, daß wir stolz darauf waren. Wir erzählten es zuerst mit einiger Furcht meinen Eltern und waren sehr erleichtert, als sie es so ... würdevoll hinnahmen. Es gab noch nicht einmal Krach. Sie sagten, wir hätten drei Möglichkeiten: erstens heiraten, zweitens das Kind zur Adoption freigeben, drittens eine Abtreibung.

Eine Adoptionsfreigabe kam für uns überhaupt nicht in Frage. Wir spielten einen oder zwei Tage mit dem Gedanken an eine Abtreibung, gaben ihn dann aber endgültig auf. Colette und ich liebten uns zu sehr, und sie war entschieden dagegen. Ich hatte zuvor nie großartig darüber nachgedacht, doch als ich mich jetzt damit befassen mußte, kam mir der Gedanke häßlich vor. Wir wußten, wir würden uns nach einer Abtreibung nicht mehr in die Augen sehen können. Na ja, wir liebten uns doch schließlich, und warum sollten wir nicht einfach heiraten?

Freddy und Mildred andererseits sprachen sich ziemlich eindeutig für eine Abtreibung aus. Sie glaubten, eine Schwangerschaft und Ehe zu dieser Zeit würde meiner Karriere schaden; mit dieser Meinung hielten sie nicht hinter dem Berg. Doch sobald wir uns zur Heirat entschlossen hatten, machte Mildred keinen Hehl daraus, daß sie gern einen Arzt als Schwiegersohn sehen würde.

Unser Hochzeitstag war ein wenig bewölkt. Wir hatten Angst, daß es kein schöner Tag werden würde, aber das erwies sich als unnötig. Es war zwar etwas windig und kalt, aber ein wunderschöner Tag für New York im September, und die Hochzeit lief glatt über die Bühne. Es war eine wirklich hervorragende Feier.

Wir blieben die Nacht im Hotel Pierre am Central Park South, und obwohl wir gerade erst vom Empfang gekommen waren, wollten wir toll einen draufmachen, und so bestellten wir um zehn Uhr abends beim Zimmerservice Steaks und Champagner, und als wir die Rechnung bekamen, fielen wir vor Schreck bald um.

Aber es war eine sehr aufregende, schöne Nacht, obwohl wir schon seit über einem Jahr miteinander schliefen und sie schwanger war. Es hört sich vielleicht etwas komisch an, aber es war wirklich eine Hochzeitsnacht. Wir waren sehr zärtlich, und diese Nacht war gewissermaßen der Anfang unseres wirklichen gemeinsamen Lebens.

Unsere Flitterwochen verliefen etwas bekümmert, da Colette schon schwanger war. Andererseits fing für uns das große Abenteuer unseres gemeinsamen Lebens an, und seit wir in der achten Klasse miteinander gingen, hatten wir gewußt, daß es so kommen würde.

Sie müssen bedenken, daß wir das Jahr 19... äh... 1963 schrieben, und damals war es nicht üblich, daß College-Studenten, besonders in Princeton, plötzlich heirateten und ein Kind bekamen. Wir mußten die Universität damals sogar um eine Heiratserlaubnis bitten. Es war eine ziemlich verwirrende Angelegenheit.

Wir fuhren nach Cape Cod und... um ehrlich zu sein, ich erinnere mich nicht mehr genau an diese Woche. Wir gingen wohl in Provincetown spazieren und stöberten in den Geschäften. Die Hauptsaison war natürlich schon vorbei, und wir hatten zwei oder drei Regen- und nur zwei oder drei Sonnentage, aber es war wunderschön. Wir gingen Arm in Arm, frühstückten spät und aßen immer ganz toll zu Abend.

Auf dem Hochzeitsempfang hatte ich jede Menge Umschläge bekommen. Die Gäste gratulierten uns und gaben uns Umschläge wie auf polnischen oder italienischen Hochzeiten.

Wir saßen in unserem Hotelzimmer in Provincetown und packten die Koffer aus — wir hatten all diese Karten und Umschläge in der Hochzeitsnacht in den Koffer geworfen, ohne sie uns wirklich anzusehen — und öffneten die Umschläge und hatten schließlich fast 3000 Dollar vor uns, was zu dieser Zeit — 1963 — eine beträchtliche Summe war.

Ich weiß es noch ganz genau. Wir saßen auf der Bettkante und sahen uns nach den ersten paar Umschlägen an, und Colette jauchzte jedesmal vor Freude, und ich ließ sie die meisten Umschläge öffnen, weil es mir solche Freude machte, ihr dabei zuzusehen, und dann kam diese Summe zusammen, und wir waren wie benommen. Wir wußten einfach nicht, was wir mit soviel Geld anfangen sollten. Also verschnürten wir die Scheine und legten sie wieder in den Koffer.

Ein Abendessen während unserer Flitterwochen war besonders gut. Wir hatten ein portugiesisches Restaurant gefunden und bestellten portugiesischen Wein und portugiesische Gerichte — was genau, weiß ich nicht mehr, aber alles war scharf gewürzt —, und wir probierten alles, Vorspeise, Suppe, Salat und dann den Hauptgang; wir hatten uns beide für Fisch entschieden, und es war wirklich sehr gut gewürzt.

Wir verlebten einen wundervollen Abend, einen der besten, an den ich mich entsinne. Wir lachten und kicherten die ganze Zeit über und tranken mindestens eine Flasche Sekt, und dann kehrten wir ins Hotel zurück und hatten eine ganz tolle Nacht.

Ich glaube, es war am dritten Tag der Flitterwochen, daß wir fühlten, wir könnten gewissermaßen die Welt erobern. Daß unsere Ehe so wunderbar und freudvoll sein und soviel Versprechen und Erfüllung für uns beide enthalten würde.

6

Colette MacDonald und ihre beiden Töchter wurden am 23. Februar auf einem Friedhof in Long Island beigesetzt. Direkt nach der Beerdigung kehrten Freddy und Mildred Kassab nach Hause zurück. Sie hatten die Jalousien heruntergezogen und die Telefonnummer ändern lassen, damit niemand anrufen konnte. In ihrer Trauer wollten sie völlig allein sein.

Jeffrey MacDonalds Mutter hatte keine Zeit, sich vollständig der Trauer hinzugeben. Sie fuhr nach der Beerdigung direkt nach New Hope in Pennsylvania, um dort mit einem Psychiater über Probleme ihres älteren Sohns Jay zu sprechen.

Im letzten November hatte Jay, der anderthalb Jahre älter als Jeffrey war, anscheinend nach übermäßigem Drogenkonsum einen schizophrenen Schub erlitten. Nachdem er seine Mutter auf offener Straße angefallen hatte, war er verhaftet und in eine Heilanstalt eingewiesen worden.

Laut Polizeibericht hatte ›Jay seine Mutter mehrmals heftig geschlagen‹ und auch Widerstand gegen die Polizei geleistet. Er war auf die zuständige Wache gebracht und von einem Polizeipsychiater untersucht worden, der eine Einweisung in das Central Islip State Hospital empfohlen hatte.

Jeff hatte daraufhin Sonderurlaub erhalten und war von Puerto Rico, wo er mit seiner Green-Beret-Einheit ein Manöver durchführte, nach Hause geflogen.

Jay war nach einer Woche aus dem Krankenhaus entlassen worden und hatte seinen Teilzeitjob als Barkeeper in einem Lokal in Greenwich Village wieder aufgenommen. Am Morgen des 17. Februar, nach Freddy Kassabs ominösem Anruf, hatte Dorothy MacDonald vergeblich versucht, Jay telefonisch zu erreichen. Am nächsten Tag erfuhr sie in Fort Bragg, daß Jay im Radio von den Morden gehört, einen Rückfall erlitten hatte und wieder in ein Krankenhaus eingewiesen worden war. Ein enger Freund der Familie namens Bob Stern, der in der Computerbranche arbeitete und Zugang zu einem Privatflugzeug hatte, hatte Jay aus dem Krankenhaus geholt und war mit ihm zur Trauerfeier nach Fort Bragg geflogen. Danach war er mit ihm nach New Hope in Pennsylvania zurückgekehrt, wo sich Jay als Gast der Sterns einer ambulanten Psychotherapie unterziehen sollte.

Dorothy MacDonald war eine energische Frau von fünfzig Jahren, die als Krankenschwester in einer Schule arbeitete. Seit dem plötzlichen Tod ihres Mannes vier Jahre zuvor hatte sie eine ständige Verschlechterung des Geisteszustands ihres älteren Sohnes festgestellt, und seit seinem Zusammenbruch bemühte sie sich um seine Wiederherstellung. Nun hatte er einen Rückfall erlitten, und ihr jüngerer Sohn lag wegen Verletzungen im Krankenhaus, die er sich bei der Attacke zugezogen hatte, die zur Ermordung seiner Frau und Kinder geführt hatte.

Am 28. Februar kehrte sie an Jeffreys Krankenbett zurück. Jeffrey war seit neun Tagen im Krankenhaus, sah bleich aus und sagte, er fühle sich erschöpft. Er litt unter schweren Kopfschmerzen und Schlaflosigkeit. Ein bewaffneter Posten vor seiner Tür sollte ihn vor weiteren Angriffen der vier Einbrecher schützen. Der Tubus in seiner Lunge arbeitete nicht richtig, man mußte einen zweiten einsetzen. Er wurde zweimal von einem Psychiater der Green Berets besucht. »Der normale Trauerprozeß hält an«, stellte der Major nach seinem zweiten Besuch fest.

Nachdem am 26. Februar seine Lunge ohne weitere Komplikationen abgeheilt war, wurde MacDonald entlassen und bekam ein Zimmer im Junggesellenheim für Offiziere zugewiesen. Der bewaffnete Wächter wurde abgezogen.

Nachdem MacDonalds Mutter das erfahren hatte, wandte sie sich an seinen Vorgesetzten. Sie wollte wissen, warum der Wachposten abgezogen worden war, besonders, da ihr Sohn in diesem unbewachten Heim gefährdeter sei als in einem Krankenhaus. Daraufhin teilte man ihr mit, daß die Behörden nicht davon ausgingen, daß ihr Sohn in Gefahr schwebe.

»Das klingt ja so«, sagte Dorothy MacDonald, »als verdächtigen Sie Jeff.«

Der Vorgesetzte versicherte ihr, ohne den Widerspruch zu erklären, dies sei nicht der Fall. Captain MacDonald sollte jetzt erst einmal Urlaub nehmen, und Mrs. MacDonald könne, so lange sie wolle, in der Wohnung bleiben, die die Army für Besucher zur Verfügung stellte, damit sie bei ihrem Sohn bleiben könne.

An diesem Abend sagte Jeffrey MacDonald, er hielte es in seinem Zimmer nicht aus, werde mit der Einsamkeit noch nicht fertig. Er schlief die Nacht auf dem Sofa seiner Mutter.

MacDonald war zu diesem Zeitpunkt tatsächlich ein Verdächtigter. Noch vor seiner Entlassung aus dem Krankenhaus waren die Militärbehörden — ohne eine öffentliche Erklärung abzugeben — zum Schluß gekommen, er sei der *Haupt*verdächtige.

In einem niemals veröffentlichten Bericht gelangte der Kommandant der Militärpolizei von Fort Bragg zum Schluß, ›die Genauigkeit, Ähnlichkeit und Beschaffenheit der Verletzungen deutet auf einen Täter hin, der genau weiß, wie man einen Menschen so schnell und schmerzlos wie möglich tötet, ohne dabei Lärm zu machen.‹

Er fügte hinzu, die Messerstiche seien ›tief und beschränken sich auf relativ geringe Körperflächen‹, und daß es keine ›Verstümmelungen‹ und keine ›sexuellen Belästigungen‹ gegeben habe, deute darauf hin, daß nicht Hippies im Drogenrausch, sondern der Mann, der sich am Tatort in der Wohnung aufhielt — Ehemann, Vater und Arzt mit ausgeprägtem Interesse für die Chirurgie —, der Täter sein könne.

Die Meinung des MP-Kommandanten wurde von den beiden Ermittlern der CID — William Ivory und Robert Shaw —, die den Tatort genau untersucht hatten, geteilt. Sie waren gemeinsam zur Auffassung gelangt, Jeffrey MacDonald habe — aus unbekannten Gründen — seine Frau und Kinder getötet und dann im Versuch, den Tathergang zu verschleiern, die Morde als das Werk von Einbrechern im Drogenrausch hingestellt und sei dabei sogar soweit gegangen, seine Lunge zu durchbohren.

Schon am Montag, 23. Februar, informierte der MP-Chef das FBI, es könne die Großfahndung nach den vier Killer-Hippies einstellen. Es lägen keine Anzeichen dafür vor, daß Zivilisten beim Tathergang beteiligt seien.

Trotzdem bekam Dorothy MacDonald Anfang März die Erlaubnis, mit ihrem Sohn zur Erholung ein paar Tage an die See zu fahren. Später erinnerte sich MacDonald an diese Reise nach Myrthle Beach in South Carolina:

»Wir fuhren in meinem weißen Chevy, einem wirklich schönen, bequemen Wagen. Ich fuhr, und die Autobahn schien sich schier endlos zu erstrecken. Die Fahrt dauerte vier Stunden.

Wir sprachen über alles Mögliche, aber niemals über Colette, Kim, Kristy oder diese Nacht. Ich wußte, daß Jay Probleme hatte, aber nicht, wie groß diese Probleme waren.

Wir wohnten in einem ziemlich miesen Hotel, und das Wochenende war ziemlich schlecht — grau, bewölkt, windig, kalt, was genau meiner Stimmung entsprach. Die Wolken am Himmel schienen meine Gedanken besser auszudrücken als ein klarer Himmel. Wir waren sehr deprimiert.

Auch das Essen war schlecht. Wir gingen aber ziemlich oft am Strand spazieren. Meine Mutter war frustriert und ängstlich, weil die Dinge nicht den Verlauf nahmen, den sie erhofft hatte. Sie hatte auf warmes, sonniges Wetter gehofft. Es erging ihr wie mir: auch ich *brauche* die Sonne. In der Sonne zu braten, stellt mich geistig und körperlich wieder her. Ein langes, sonniges Wochenende ist die beste Medizin für mich.

Meine Mutter versuchte, mich aufzuheitern, doch weil sie so frustriert war, mußte ich schließlich zu ihr sagen: ›Schon gut, reg dich nicht auf. Wir ... wir gehen einfach am Strand spazieren.‹ Und das taten wir dann auch. Aber es half mir nicht. Es machte mich melancholisch. Ich gehe nicht gern spazieren, bin eher ein aktiver Mensch. Und so mußte ich ständig sowohl an meinen Vater als auch an meine Familie denken, während ich versuchte, die Tragödie zu vergessen, und mußte mich immer wieder von meiner Mutter abwenden, damit sie nicht sah, wie ich weinte.«

Und MacDonalds Mutter erinnerte sich: Die paar Tage verliefen sehr ruhig. Wir frühstückten gemächlich, gingen früh zu Bett und ruhten uns aus. Er beklagte sich über Kopfschmerzen, und ich gab ihm Aspirin. Wir sammelten Muscheln. Er ging stundenlang am Strand entlang. Ich stellte ihm keine Fragen, bedrängte ihn nicht. Ich konnte ihm keine Fragen stellen; das hatten schon andere getan. Ich war die Mutter eines jungen Mannes, dessen Frau und Kinder ermordet worden waren, und ich wollte ihn trösten und ihm etwas von seiner quälenden Last abnehmen. Wenn er weinte, versuchte ich ihm zu sagen, es sei wirklich hart, und ich verstünde es, und das Leben ginge einfach weiter. Und manchmal weinte er und sagte: ›Ich habe sie so geliebt, Mom. Du weißt, daß ich sie so geliebt habe.‹

Zurück in Fort Bragg, schrieb Jeffrey MacDonald am 6. März den Kassabs einen Brief:

> Lieber Fred, liebe Mildred!
> Anscheinend war es nicht nur ein schlechter Traum – unser Verlust ist so groß, daß ich ihn noch immer nicht fassen kann.
> Ich weiß, daß es euch in eurer Trauer nicht helfen wird, doch ihr sollt wissen, daß ich Colette mehr als alles andere auf der Welt geliebt habe. Ich weiß, daß sie mit mir glücklich war, und ich werde ohne sie nie wieder derselbe Mensch sein.
> Obwohl ich keine Familie mehr habe, hilft mir die Erinnerung ein wenig, daß Colette und Kim und Kristy und ich in den wenigen Jahren, die wir gemeinsam verbringen konnten, glücklicher waren als die meisten Familien während eines ganzen Lebens. Colette hat euch beide sehr geliebt und würde wollen, daß ihr euch an die glücklicheren Zeiten erinnert.
>
> In Liebe,
> Jeff

Jeffrey MacDonalds Stimme

Das Jahr in Princeton war unglaublich toll. Ich war sehr in Colette verliebt und freute mich auf Kimberly, und wir schmiedeten zahlreiche Pläne. Wir waren gerade in ein Haus an der Bank Street gezogen, in der Nähe der Universität, und es war sehr schön dort. Colette und ich luden all unsere Freunde zum Abendessen ein (wir kochten meist Spaghetti, aber auch anderes), und unser Haus ähnelte allmählich dem meiner Eltern in Patchogue, die immer Gäste bewirteten. Colette und ich übernahmen diese Rolle gewissermaßen in Princeton. Wir waren *die* Adresse auf dem Campus.

Das war natürlich das Jahr, in dem Bill Bradley ein großer Star wurde, doch wir waren mit Cosmo Iacavazzo befreundet, dem damals besten Football-Spieler von Princeton, und ich weiß noch, daß er oft zu uns zum Abendessen kam und wir eine tolle Zeit verlebten.

Ich war so stolz darauf, in Princeton zu sein, und Mitglied des Tiger Inn Club. Es war nicht Ivy oder Cottage, die Klubs der reichen Jungs, aber bestimmt einer der besten fünf – Cosmo Iacavazzi war Mitglied –, und Colette war stolz, daß ich dazugehörte.

Wir hatten auch einige Probleme. Eines Wochenendes hatten wir meine Eltern eingeladen, Karten für Football-Spiele besorgt und so weiter, aber mein Vater war immer ein Rätsel – man wußte nie, was er als nächstes tun würde. Er war zwar stolz darauf, daß ich in Princeton studierte, hielt den Ort aber auch für etwas zu pseudo-intellektuell und zu links. Mein Vater war zwar ein ungebildeter Mensch, aber äußerst intelligent, er verschlang Bücher, verbarg jedoch seine intellektuellen Neigungen. Die Welt sollte glauben, daß er hartgesotten und grob war, ein Arbeiter, und er gab gelegentlich abfällige rassistische oder abfällige Kommentare über religiöse Gruppen wie die Presbyterianer und die Methodisten von sich.

Er war bei seiner Urgroßmutter in Gardner, Massachusetts aufgewachsen. Seine Mutter hatte mit fünfzehn geheiratet und war nach New York gezogen, als mein Vater noch sehr klein war. Er wurde Elektriker und schaffte nicht die Technikerprüfung. Er bedauerte immer, daß er weniger verdiente als ein Techniker, obwohl er im Prinzip doch die gleiche Arbeit leistete.

Zweifellos war er der Tonangeber in unserer Familie. Er hatte eine magnetische Anziehungskraft, eine unglaubliche Ausstrahlung. Er beherrschte die Familie, bestimmte, beeinflußte unser Leben, was besonders für meinen Bruder und meine Schwester galt, aber wohl auch für mich. Mein Bruder war eindeutig sein Liebling, ganz einfach, weil er der Erstgeborene war. Er geriet schnell in Wut und war auch nicht unbedingt ein liebevoller Vater. Er umarmte oder küßte uns nie – das war unmännlich. Er konnte seine Liebe für uns nicht ausdrücken und verlangte absoluten Gehorsam und Strebsamkeit. Wenn wir bei irgend etwas nicht die Besten waren, legte er das als Schwäche aus.

Wie dem auch sei, meine Eltern besuchten uns jedenfalls übers Wochenende in Princeton, und ein Höhepunkt dieses Wochenendes war ein Abendessen im Klub. Mein Vater war schon krank und konnte nicht viel laufen, und wir waren schon zu Fuß zum Stadion und wieder zurück gegangen, und er war ziemlich kurzatmig und schlecht gelaunt.

Ich werde nie vergessen, wie wütend er wurde, daß wir dort farbige Kellner beschäftigten. Wir gerieten in Streit darüber, obwohl ich nicht mehr weiß, wie die Diskussion verlief, aber mir war sein Benehmen peinlich.

Von Zeit zu Zeit nahm ich Colette in den Tiger Inn Club mit, und sie reagierte ... hm ... etwas zwiespältig darauf. Ihr gefielen die Klubs in Princeton nicht, sie waren ihr zu elegant, zu steif, aber andererseits genoß sie die Abende auch, und sie war stolz, daß ich Mitglied war.

Kimmys Geburt war traumatisch, keine Frage. Colette kommt – kam – nicht gut mit Schmerzen zurecht. Wir hatten schon ziemlich lange Scherze über die natürliche Geburt gemacht, und Colette hatte sogar einen Kurs belegt, obwohl ihr Arzt und auch ich ihr davon abrieten. Ich kannte Colette sehr gut und wußte, sobald die ersten Wehen einsetzten, würde sie ihr Vorhaben aufgeben. Und so war es auch.

Colette ist eine sehr weibliche, sanfte Person. Sie war keine stämmige Pionierfrau. Sie war ... sehr mütterlich. Besonders später, mit zwei Kindern, war sie eine unglaublich gute Mutter. Doch damals war sie sehr zerbrechlich.

Also hielt ich ihre Hand, redete ihr gut zu, und wir atmeten gemeinsam — Sie wissen schon, die Atemübungen. Es beruhigte sie sehr, daß ich dabei war. Sie vertraute mir völlig, und es war ihr sehr wichtig, daß ich ihre Hand hielt.

Ich mußte einmal fort, eine Unterrichtsstunde absagen, kam aber sofort zurück, und dann kam der Arzt, untersuchte sie mehrmals und runzelte nach der zweiten oder dritten Untersuchung besorgt die Stirn. Es hatte sich herausgestellt, daß das Baby zu groß für Colettes Becken war.

Wir sagten es ihr gemeinsam. ›Es läuft nicht gut, und wir werden wahrscheinlich einen Kaiserschnitt machen müssen.‹ Der Arzt und ich erörterten, ob ich dabei sein sollte. Ich wollte eigentlich nicht, nicht, weil ich etwa zimperlich war, sondern ... ich sah einfach keinen Grund dafür. Und ich wollte mich dem Arzt nicht aufdrängen.

Also wartete ich draußen, blätterte ein *Reader's Digest* und ein *Look* durch, schritt etwas auf und ab, trank einen Becher Kaffee und so weiter, die übliche Routine.

Schließlich kam der Arzt aus dem OP — es schien übrigens eine Ewigkeit gedauert zu haben — und sagte, alles sei in Ordnung, wir hätten ein ... äh ... ein Mädchen, und das Kind sei gesund, und auch Colette ginge es gut, doch sie sei sehr erschöpft.

Ich sah das Baby vielleicht eine Stunde später, und — ganz ehrlich — es kam mir nicht besonders hübsch vor. Alle sagen, was für ein hübsches Baby Kimmy war. Sie war niedlich, aber nicht ... na ja, besonders schön.

Auf jeden Fall war sie gesund. Und auch Colette schien es gut zu gehen, obwohl sie mir sehr blaß vorkam. Aber sie war glücklich, daß alles gut verlaufen war.

Mildred war gekommen, um im Haus zu helfen, und während dieser Zeit verstand ich mich besser als je zuvor oder je danach mit ihr. Wir gingen essen, ich zeigte ihr Princeton, sie lernte unsere Freunde kennen. Sie wohnte bei uns im Haus. Sie rümpfte ein wenig die Nase darüber; es war ihr nicht sauber genug. Ihre Tochter hatte etwas Besseres verdient. Aber ich hielt mich in diesen Tagen gut, und das gefiel ihr.

All meine Freunde kamen vorbei, und wir qualmten dicke Zigarren. Auch Cosmo Iacavazzi, der Football-Spieler, kam. Wir planten eine Willkommens-Party für Colette, wenn sie aus dem Krankenhaus entlassen wurde, doch sie war sehr erschöpft. Sie hatte Blut verloren und brauchte noch eine Weile, um wieder auf die Beine zu kommen, und so verschoben wir die Sache. Zwei oder drei Wochen später luden wir all unsere Freunde ein, und *ich* kochte Spaghetti. Ich weiß noch, wie stolz ich darauf war, nun ja ... Vater zu sein.

7

Freddy und Mildred Kassab besuchten im März das Grab täglich und brachten jedesmal frische Blumen mit. Sonst gingen sie nirgendwo hin, sie sprachen mit niemandem. Niemand rief an, niemand besuchte sie; Beileidsbekundungen blieben unbeantwortet.

Obwohl beide keinen Appetit hatten, verspürte Mildred plötzlich den unerklärlichen, aber unwiderstehlichen Drang zu backen. Sie backte Kuchen, Torten, Plätzchen und Brot, tagaus, tagein. Ständig lag Backgeruch in der Luft. Bald war der Kühlschrank voll, dann die Gefriertruhe. Doch sie backte weiter, und schließlich stapelten sich die Brotlaibe in der Küche.

Mildred sprach kaum mit ihrem Mann; er sprach kaum mit ihr. Es gab nichts zu sagen. Worte konnten weder trösten noch heilen noch die Todesfälle ungeschehen machen, und so lebten die Kassabs Seite an Seite in einer stummen Dunkelheit jenseits von Worten.

Jeffrey MacDonald schickte ihnen die Kleidung von Colette und den Kindern. Mildred saß allein im Schlafzimmer, sortierte sie aus und verspürte bei jedem Kleidungsstück, das sie erkannte, einen neuerlichen Schmerzensstich. Am schlimmsten war es, Colettes Still-Büstenhalter und Schwangerschaftskleidung auszusortieren. Das neue Baby wäre im Juli gekommen.

Wenn Mildred bei Einkäufen eine Schwangere sah, fing sie zu weinen an. Wenn sie einen bärtigen, langhaarigen Hippie sah, verspürte sie einen fast unbändigen Haß. Sie begriff nicht, warum die Mörder noch nicht gefaßt waren. Mildred war körperlich keine kräftige Frau — nur einsfünfundfünfzig groß und sehr zierlich —, aber ihre Trauer und ihr Haß waren gewaltig. Im Womack Hospital hatte sie am ersten Nachmittag zu Jeffrey gesagt: »Wenn ich die Blondine mit dem Schlapphut je finde, reiße ich ihr die Augen und die Zunge heraus.« Neben Trauer und Schmerz verspürte sie nur noch Rachedurst.

Schließlich hörte sie zu backen auf. Sie bekam die Backwaren nirgendwo mehr unter. Dennoch aßen weder sie noch ihr Mann jemals ein Stück Kuchen, jemals eine Scheibe Brot davon.

Auf dem Friedhof flüsterte sie Colette zu: »Hilf uns... hilf uns...« Dann kehrten sie und Freddy wieder nach Hause zurück.

Mit siebzehn Jahren hatte Mildred Kassab einen zehn Jahre älteren Mann namens Cowles Stevenson geheiratet. Sie hatte sofort ein Baby haben wollen: ein Mädchen, das sie schön anziehen konnte. Als sie schwanger wurde, richteten die beiden in ihrem kleinen, gemieteten Haus sofort ein Kinderzimmer ein, eine wahre Puppenstube mit silbernen Sternen auf hellblau gestrichenen Wänden und gelben Enten auf dem Boden. Mildred wollte das Kind, wenn es ein Mädchen war, nach ihrem Vater Colette nennen.

Das Kind war ein Mädchen, aber eine Totgeburt. Das war die erste Colette.

Eine zweite Schwangerschaft führte ebenfalls zu einem Mädchen — und ebenfalls zu einer Totgeburt.

Ein Jahr später wurde die dritte Colette geboren. Sie starb jedoch ein paar Wochen später nach einer Darmoperation.

Mildred bekam einen gesunden Jungen, und dann, vier Jahre später, am 10. Mai 1943, die vierte Colette — die, die überlebte und Jeffrey MacDonald heiraten würde.

An einem Freitagabend im Frühjahr 1955 kehrte Mildred nach Hause zurück, nachdem sie ihren Sohn bei Freunden abgeholt hatte. Als sie die Garagentür öffnete, waren die Wagenscheinwerfer eingeschaltet und erhellten den Bademantel ihres Mannes, der an Deckenbalken hing. Im selben Augenblick begriff sie, daß ihr Mann im Bademantel steckte. Cowles Stevenson hatte keinen Abschiedsbrief hinterlassen. Er hatte keine Depressionen gehabt, kein plötzliches Trauma. Mildred erzählte Freunden, sie habe keine Ahnung, was ihren Mann zum Selbstmord getrieben habe.

Colette, die damals zwölf Jahre alt war, hatte die Nacht bei einer Freundin geschlafen. Ihre Tante Helen teilte ihr die Nachricht mit; Mildred war dazu nicht imstande gewesen. Später sprach Colette niemals über den Tod ihres Vaters; nicht mit ihrer Mutter, nicht mit Freundinnen, nicht einmal mit ihrem Mann. Als sie ein Jahr später Freddy Kassab kennenlernte, sagte sie sofort zu ihrer Mutter, sie hoffte, die beiden würden heiraten, ›damit alles wieder so sein kann wie früher‹. Nach der Hochzeit redete Colette Freddy sofort als Vater an, niemals als Stiefvater.

Mildred besuchte Colette einen Tag nach Kimberlys Geburt im Krankenhaus. Colette gab dem Baby gerade die Brust, als ihre Mutter hereinkam. Sie sah auf und gab Mildred das Kind.

»Hier, Mom«, hatte Colette mit feuchten Augen gesagt. »Hier ist eins der kleinen Mädchen, die du verloren hast.«

Nun hatte sie sie alle verloren, endgültig — und gefangen in ihrem Schmerz, umgeben vom winterlichen Grau, wünschte sich Mildred Kassab, nie mehr mit einem anderen Menschen sprechen zu müssen.

Die Einsamkeit der Kassabs wurde nur einmal gestört: Am 19. März besuchte sie CID-Agent William Ivory, um ihnen Fragen über Colettes Beziehung zu Jeffrey MacDonald zu stellen.

Ivory war seit einer Woche in Long Island und sprach mit Bewohnern von Patchogue, die MacDonald seit seiner Kindheit gekannt hatten. Er trug ihre Kommentare in ein Notizbuch ein.

›Der beste Schüler, den ich je hatte‹, sagte ein ehemaliger Englischlehrer.

›Wahrscheinlich der beste Junge, der je die Patchogue HighSchool absolviert hat‹, sagte ein anderer. ›Bis heute gab es keinen zweiten wie ihn.‹

›Er ist auf keinen Fall zu so etwas imstande.‹

›Er ist zu solch einer Tat nicht fähig.‹

›Jeff und Colette kamen wunderbar zurecht. Mich beeindruckte besonders, wie stolz sie auf ihre Kinder waren und wie Jeffrey seine Liebe zu ihnen zeigte.‹

›Der Junge, den ich kannte, kann damit nichts zu tun haben.‹
›Der Jeffrey MacDonald, den ich kannte, hat nichts damit zu tun.‹
›Nicht Jeff. Auf keinen Fall Jeff.‹

Freddy und Mildred Kassab sangen in ihrer Trauer und Einsamkeit sein Loblied mit besonderer Inbrunst. Colettes Mutter sagte Ivory, sie habe von Anfang an die Beziehung ihrer Tochter mit MacDonald gefördert. Sie sagte, sie habe keinen gekannt, der ihr als Schwiegersohn lieber gewesen wäre. Wegen Colettes Schwangerschaft sei es zwar früher zur Hochzeit gekommen als geplant, doch es wäre vom ersten bis zum letzten Tag eine ideale Ehe gewesen. Die Kassabs erklärten Ivory, sie hätten äußerst engen Kontakt mit Colette gehalten, und sie habe sich niemals unzufrieden über ihr Familienleben geäußert.

Während ihres Besuchs über Weihnachten sei die Stimmung sehr gelöst gewesen. Und noch am Sonntagnachmittag, dem 15. Februar, sechsunddreißig Stunden vor ihrem Tod, habe Colette wie immer geklungen: ruhig, zufrieden mit sich und ihrem Leben und voller Vorfreude auf die Geburt ihres dritten Kinds im Juli. Vielleicht, hatte sie zu ihrer Mutter gesagt, würde das der Sohn sein, den Jeff immer gewollt hatte.

Jeffrey MacDonalds Stimme

Ich glaube, wenn es einen Tiefpunkt in unserer Ehe gab, dann im Sommer nach unserem Jahr in Princeton. Das war ein schlechter Sommer. Wir wohnten im Haus meiner Eltern — ich glaube, wir hatten ihr Schlafzimmer bekommen, und sie waren nach oben gezogen —, und meine Schwester Judy wohnte auch noch da, und mein Bruder Jay ging ein und aus, und es war ziemlich beengt.

Außerdem war ich ziemlich oft weg. Ich arbeitete von Montag bis Freitag in Montauk, beaufsichtigte den Bau von dreihundert Häusern und hatte so etwas noch nie zuvor gemacht. Ich war völlig überfordert. Mit achtzehn oder neunzehn Jahren hatte ich über ein paar hundert Arbeiter zu bestimmen, aber ich verdiente vielleicht vierhundert Dollar die Woche, was damals sehr viel Geld war.

Und an den Wochenenden fuhr ich in Fire Island Taxi. Ich machte ungefähr dreihundert bis vierhundert Dollar an einem Wochenende, verdiente insgesamt also über siebenhundert Dollar — in einer Woche sogar einmal achthundertfünfzig —, aber es war ein langer, harter Sommer, und es lief nicht so gut zwischen Colette und mir, weil ich so selten zu Hause war, und wenn, dann war ich zu müde, um mich großartig um sie zu kümmern.

Wir brauchten das Geld für das nächste Schuljahr, aber da wir bei meinen Eltern wohnten und das kleine Baby hatten... na ja, vielleicht war es mir einfach lieber, auch an den Wochenenden zu arbeiten.

Ich sah Colette und Kimberly jedenfalls nicht oft, und Colette fühlte sich bei meinen Eltern auch nicht unbedingt wohl. Aber der absolute Tiefpunkt kam, als wir im September nach Chicago fuhren. Ich begann dort mein Medizinstudium, und wir fuhren in einem 59er Chevy-Kombi, den wir bis obenhin vollgepackt hatten. Der Wagen war überladen, und wir zogen noch einen Anhänger, und ich war voller Optimismus über die neue Herausforderung, doch Colette hatte wohl ein wenig Angst. Wir hatten Kim dabei, und die Fahrt dauerte lange und war ermüdend, es war heiß, und meine Beziehung zu Colette und Kim war ... na ja, etwas gespannt.

Wir fuhren endlose Stunden lang durch Mais- und Weizenfelder, und dann sahen wir in der Ferne diesen häßlichen Pilz aus graubraunem Rauch vor uns, der den Anfang des Industriegebiets von Indiana markierte: East Gary, East Chicago, Gary und das südliche Ende des Michigan-Sees. Und von dort aus waren es noch sechzig oder siebzig Kilometer, und dreißig davon führten durch den Süden Chicagos, durch die Slums.

Ich hatte mir in den wildesten Träumen nicht vorstellen können, daß es eine Stadt mit buchstäblich dreißig Kilometern Slums geben könnte. Und natürlich verfuhren wir uns mehrmals, kamen auf die falsche Autobahn, der Wagen war überladen, es regnete, und ... ich sah zu Colette hinüber, und sie weinte. Dieser Augenblick war wahrscheinlich der Tiefpunkt unserer Beziehung.

Ich wurde zuerst wütend: Warum weinte sie, wo doch ein tolles neues Abenteuer begann? Aber dann überlegte ich es mir und begriff, daß sie es auch nicht leicht gehabt hatte. Und ich sah zu ihr hinüber, und Kimberly weinte auch, und ich hielt an einer Tankstelle, erkundigte mich dort nach dem Weg und ging zum Wagen zurück.

Und ich nahm Colette in die Arme, was ich damals nicht oft tat, und sprach mit ihr. Sie beruhigte sich sofort, und ihre Stimmung besserte sich zusehends. Viel mehr, als ein paar tröstende Worte eigentlich bewirken konnten. Es lag wohl daran, daß ich angehalten hatte und ihr sagte, daß alles in Ordnung kommen würde. Daß wir es finanziell schaffen und wieder zueinander finden würden und das Medizinstudium ein Klacks sei.

Es war wirklich seltsam, aber irgend etwas floß zwischen uns hin und her, und in zwanzig Minuten fiel ein Großteil des Sommers von uns ab, und Colette lachte schließlich wieder und sagte: ›Ja, das wollen wir. Das Studium und den Doktortitel, und dann machen wir von dort aus weiter.‹

Das erste Studienjahr war wirklich hart; anders kann man es nicht beschreiben. Ich mußte viel lernen und arbeitete fast rund um die Uhr. Das traf natürlich für alle Medizinstudenten zu, doch ich war Medizinstudent Jeffrey MacDonald, und so arbeitete ich härter als die meisten. Es war eindeutig ein Jahr der Prüfungen.

Unsere Wohnung war winzig – wir hatten Kims Laufstall im Wohnzimmer aufgebaut, damit wir das Schlafzimmer für uns hatten. Die Küche war so klein, daß Colette nie viele Lebensmittel auf einmal kaufen konnte, und wegen Kim mußte Colette oft in der Wohnung bleiben, so daß sie immer etwas frustriert und unzufrieden war. Um ehrlich zu sein, meine eindringlichste Erinnerung an diese Wohnung besteht darin, daß Colette fieberhaft in der winzigen Küche hantierte, um Mahlzeiten für uns zuzubereiten.

Das zweite Jahr war wohl unser schwierigstes. Man kündigte uns das Apartment nahe der Uni, und wir mußten uns eine andere Wohnung suchen. Ich fand eine in unserer Preisklasse, die mehrere Kilometer von der Universität entfernt in einem schlechten weißen Wohnviertel lag. Innen war die Wohnung in Ordnung, aber Colette fühlte sich nie wohl dort. Allein mit Kim in einem heruntergekommenen Viertel, während ich auf der Uni war oder nebenbei Geld verdiente.

Als wir Weihnachten meine Eltern besuchten, stellte ich fest, daß es meinem Vater immer schlechter ging. Es war kein Ephysem und schien auch kein Lungenkrebs zu sein, und niemand wußte, warum sich sein Zustand so radikal verschlechterte. Schließlich stellte sich heraus, daß er unter dem Hammond-Rich-Syndrom litt, einer Lungenfibrosis unbekannter Ursache. Wir unterhielten uns viel, und ich baute im Schlafzimmer ein paar Bücherregale und ein Regal für ein Radio auf, damit er es heller und etwas bequemer hatte, und wir schlossen gewissermaßen Frieden miteinander.

Ich werde immer dankbar sein für dieses Weihnachtsfest, denn ich glaube, mein Vater und ich lernten einander besser kennen als je zuvor. Ich glaube, in diesen Ferien besiegelten wir unsere Liebe und Freundschaft endgültig. Er kannte mich gut und liebte mich, und wenn ich nur öfter mit ihm gesprochen und mehr Zeit mit ihm verbracht und ihm deutlicher gesagt hätte, daß ich ihn liebte, hätte er mir vielleicht auch gesagt, daß er mich ebenfalls liebe. Wer weiß? Auf jeden Fall starb er kurz darauf, am 5. März 1966.

Das dritte Jahr verlief besser für uns. Wir zogen in ein wirklich schönes Haus in einem Vorort, einem Zweifamilienhaus in einem Mittelklasseviertel mit Bäumen im Vor- und Hinterhof. Ich wurde Sportvorsitzender der Bruderschaft Nu Sigma Nu, der ich im ersten Jahr in Chicago beigetreten war. Wir hatten Football-, Softball- und Basketballmannschaften, und ich spielte in allen.

Die Leute, die unter uns wohnten, kamen aus Thailand. Er war Chirurg, ein sehr guter Arzt. Wegen ihm machte ich meine erste Blinddarmoperation.

Ich hatte ihm bei mehreren Operationen zugesehen. Ihm gefielen die Antworten, die ich ihm auf seine Fragen gab, und auch meine Zielstrebigkeit. Eines Abends traf ich ihn zufällig im Wesley Memorial Hospital, in dem ich ein Praktikum absolvierte, und er fragte mich: »Haben Sie schon mal einen Blinddarm herausgenommen?«

Es stellte sich heraus, daß er einen Patienten in der Notaufnahme hatte, und so sagte ich: »Klar, hab' ich schon gemacht«, und er sah mich an und lächelte und meinte: »Na schön, dann los. Sie fungieren als mein erster Assistent, und vielleicht machen Sie die Operation.«

Tja, das ist eine große Sache für einen Medizinstudenten. Ich sprang sofort darauf an, und wir gingen nach oben, zogen uns um und gingen in den OP. Der Patient war ein Junge von vierzehn oder fünfzehn Jahren, und ich führte die Operation tatsächlich durch. Sie schien ewig zu dauern. Als die Schwestern erfuhren, daß ich operieren würde, lächelten sie sich an und stöhnten und sagten: »O nein, ein blutiger Anfänger.«

Ich versicherte ihnen, es sei nicht meine erste Operation, doch anderthalb Stunden später — normalerweise dauert die Sache zwanzig bis dreißig Minuten — wußten sie, daß es doch meine erste gewesen war. Aber der Patient überstand sie hervorragend. Sein Blinddarm war tatsächlich entzündet, und wir nahmen ihn heraus.

Auf jeden Fall rief ich vor der Operation Colette an und sagte ihr, daß ich später zum Abendessen kommen würde, und sie sagte: »Was für ein Abendessen? Du wolltest doch um sechs hier sein.« Es war schon acht oder halb neun, und ich sagte ihr, ich wäre wohl nicht vor Mitternacht zu Hause, und Colette wartete auf mich, und wir tranken ein Glas Likör, und sie hatte ihre helle Freude daran, wie aufgeregt ich nach meiner ersten Erfahrung als operierender Chirurg war.

Das war das Jahr, in dem wir erfuhren, daß Colette mit Kristy schwanger war. Wir waren überglücklich. Kimmy war sozusagen ein Betriebsunfall gewesen, der dazu geführt hatte, daß wir heirateten und so weiter, doch bei Kristy hatten wir niemals den Eindruck, daß die Schwangerschaft eine Katastrophe sei. Ich verbrachte mehr Zeit zu Hause mit Kim, und wir bereiteten uns in aller Ruhe auf die Entbindung vor. Kristy wurde im Mai geboren, und obwohl wir sehr glücklich waren, hätte es für Colette beinahe tragisch geendet.

Colette hatte mit Kimmy ihre Schwierigkeiten gehabt — man hatte sie mit einem Kaiserschnitt holen müssen — und bei Kristy verliefen die Wehen normal, doch dann wurden die Herztöne des Kindes plötzlich schwächer, und der Arzt mußte operieren.

Ich war während der Wehen bei ihr, aber nicht bei der Operation. Sie schien sie gut überstanden zu haben, und auch Kristy war gesund, und so ging ich nach Hause. Als ich sie am nächsten Morgen besuchte, sah sie schrecklich aus. Sie war kreidebleich und schweißnaß, und als ich sie fragte, wie es ihr ging, sagte sie, sie spüre ein Herzflattern und glaube, sterben zu müssen.

Ich fühlte nach ihrem Puls, fand ihn aber nicht und sah nach ihrer Nährlösung, aber die Infusionsflasche war leer, und sie zeigte eindeutig die ersten Anzeichen eines Schocks. Also rief ich nach einer Schwester, und als sie kam, fragte ich: »Was, zum Teufel, ist mit ihrer Infusion?« Und die Schwester sagte: »Der Arzt ist schon unterwegs!« Und ich sagte: »Mir ist ganz egal, wo der Arzt ist. Ich will wissen, wo ihre Infusion ist und was für einen Blutdruck sie hat!« Ich griff mir das Krankenblatt und sah, daß ihr Blutdruck seit einigen Stunden ständig gefallen und ihr Puls schneller geworden war, und sagte: »Was, zum Teufel, ist hier los? Kümmern Sie sich überhaupt nicht um ihre Patienten? Da drinnen liegt meine Frau!«

Und sie sagte: »Beruhigen Sie sich. Sie dürfen da nicht mehr rein!« Und ich sagte: »Ich darf da nicht mehr rein? Von jetzt an werde ich sie behandeln!« Ich ging wieder zu Colette, und die Schwester kam mit einer Infusion, konnte sie aber nicht anbringen, und ich riß sie ihr aus der Hand und sagte, sie solle eine andere Schwester auftreiben, die verdammt noch mal wisse, was hier Sache sei.

Und sie ging – sehr wütend, übrigens –, und ich brachte die Infusion an, und kurz darauf kamen eine sehr aufgeregte Schwester und der Arzt, und ich ging mit ihm hinaus – oder besser, er ging mit mir hinaus – und sagte ihm, sie habe einen Schock und Bauchschmerzen, einen sehr schnellen Puls und sehr niedrigen Blutdruck, und sie sähe schrecklich aus.

Und er meinte, sie hätte wahrscheinlich innere Blutungen von der Operation, und so war es auch. Sie operierten sofort ein zweites Mal und fanden eine abgebundene Arterie, deren Abbindungsschnur abgerutscht war und Blut in ihren Unterleib gepumpt hatte. Es war wirklich sehr knapp; sie hatte in akuter Lebensgefahr geschwebt.

Aber diese Episode verstärkte unsere Gefühle füreinander noch. Ich hätte sie fast verloren, und sie wurde noch wichtiger für mich. Und als sie aus dem Krankenhaus kam, verspürte sie eine noch stärkere Abhängigkeit von mir. Sie war nie eine besonders selbständige Frau gewesen, doch jetzt lehnte sie sich noch stärker an mich, und wir wuchsen noch enger zusammen.

Im letzten Studienjahr hatten wir das schöne Haus, wir hatten Kim und Kris, die beiden wuchsen und gediehen, Colette hatte sich mittlerweile erholt, und ich war von Alpha Omega Alpha aufgenommen worden, der Ehrenvereinigung der besten zehn Prozent Medizinstudenten, und das war wirklich eine große Ehre für mich.

Um diese Zeit mußten wir uns auch um Praktikanten – oder

Assistenzarztstellen bemühen, und das Northwestern Hospital hätte mich wegen meiner guten Zensuren gern genommen, doch Colette und ich wollten Chicago gern verlassen, und so sah ich mich mit zwei Studienkollegen und guten Freunden an der Westküste um, in Los Angeles, San Diego und San Francisco.

Ich war nicht sonderlich beeindruckt, aber unsere Reise machte großen Spaß. Einer der Jungs war verheiratet, der andere nicht, und wir gingen jeden Abend aus, tranken ziemlich viel, und ich war überrascht, wie offenherzig die Striptease-Läden in Los Angeles und San Francisco waren. So etwas hatte ich noch nie gesehen.

Was die Krankenhäuser betrifft, gefiel mir das San Francisco General am besten. Es war am dynamischsten und bot den Chirurgen die besten Arbeitsmöglichkeiten, aber es hatte nicht den besten Ruf, und so entschied ich mich schließlich für das Columbia Presbyterian. Abgesehen vom Massachusetts General in Boston war es das beste Krankenhaus, und nach Boston wollte ich nicht. Also bewarb ich mich, hatte ein gutes Vorstellungsgespräch, und es gefiel mir dort, obwohl es ein riesiges, geradezu überwältigend großes Krankenhaus ist, und ich wurde angenommen. Ich weiß nicht, ob Colette mit meiner Entscheidung sehr glücklich war, aber andererseits war es nicht einfach, überhaupt eine gute Stelle als Assistenzarzt zu bekommen.

Auch im letzten Studienjahr arbeiteten wir schwer. Colette tippte Doktorarbeiten und so weiter ab, mußte sich um Kimmy und Kristy kümmern, verdiente sich Geld als Babysitter und belegte noch Englischkurse an der Uni, und ich hatte alle möglichen Jobs – ich arbeitete im Belegschaftskrankenhaus der *Chicago Tribune* und führte in einem anderen Krankenhaus Autopsien durch.

Aber wir fanden trotzdem noch Zeit füreinander und für die Kinder und gingen auch oft aus, in die Nachtklubs auf der Rush Street und sogar ein paar Mal in Jazzklubs an der South Side. Wir gingen in griechische, mexikanische und italienische Restaurants, ins Kino und in den Playboy-Club, und wir luden auch häufig Freunde zu uns ein.

Die Kinder gediehen prächtig, und unsere Sportmannschaften waren erfolgreich. Besonders das Basketball-Team schlug sich in der Wintersaison hervorragend.

8

Nach der Rückkehr von Myrthle Beach nahm sich Jeffrey Mac-Donalds Mutter auf unbestimmte Zeit Urlaub und blieb bei ihrem Sohn in Fort Bragg. Sie frühstückten jeden Morgen und aßen jeden Abend gemeinsam, fuhren – häufig von Ron Harrison begleitet – zum Einkaufen nach Fayetteville oder gingen abends ins Kino.

Mehrmals erkundigten sich MacDonald und seine Mutter bei Franz Joseph Grebner nach den Fortschritten der Ermittlungen. Dabei wartete der junge Captain der Green Berets stets im Vorzimmer, während seine Mutter mit Grebner sprach. Dem CID-Chef kam die dominante Rolle, die sie einnahm, schließlich merkwürdig vor. »Sie führt ihn herum«, sagte Grebner einmal zu Kollegen, »wie ein kleines Kind, das sich gerade in die Hosen gemacht hat.«

Grebner hatte jedoch nicht viel Zeit, um über die Beziehung zwischen Jeffrey MacDonald und seiner Mutter nachzudenken. Schon vor den MacDonald-Morden hatte er unter beträchtlichem Streß gestanden. Obwohl die CID in Fort Bragg vierundvierzig Planstellen für Ermittler hatte, arbeiteten im Frühjahr 1970 aufgrund von allgemeiner Unterbesetzung dort nur siebzehn Beamte, und das, obwohl es ständig etwa 250 ungelöste Kriminalfälle im Bezirk gab.

Durchschnittlich ereigneten sich im Gebiet Fort Bragg/Fayetteville monatlich vier Morde. Und neben anderen Todesfällen wie Selbstmorden, Arbeits- und Verkehrsunfällen, gab es Vergewaltigungen, Einbrüche und – wie auch schon der Sheriff des Bezirks Cumberland festgestellt hatte – ein Drogenproblem von geradezu epidemischem Ausmaß.

Die Ermittlungen im Fall MacDonald waren nicht so glatt verlaufen, wie es eigentlich der Fall hätte sein sollen. Obwohl Grebner persönlich, wie auch die Ermittler Ivory und Shaw und der Kommandant der MP von Fort Bragg, kaum einen

Zweifel hatte, daß Jeffrey MacDonald der Täter und die Geschichte mit den Hippies im Drogenrausch eine Erfindung war, drohten zahlreiche ungeklärte Einzelheiten den ganzen Fall scheitern zu lassen.

Zum Beispiel waren im Gegensatz zu den Worten des Militärpolizei-Kommandanten gar keine Straßensperren errichtet worden. Als offener Posten, den man über mehr als ein Dutzend stark befahrene Durchgangsstraßen verlassen konnte, ließ sich Fort Bragg gar nicht so dicht abschotten, daß man die Täter — falls es welche gab — an der Flucht hindern könnte. Nach der Entdeckung der Leichen waren die MP-Streifen lediglich angewiesen worden, nach dem Zufallsprinzip Autos zu überprüfen und nach einem Fahrzeug mit zwei Weißen, einem Schwarzen und einer Blondine mit Schlapphut Ausschau zu halten. Schon um sechs Uhr früh war auch dieser unwirksame Versuch wegen des starken Verkehrs wieder aufgegeben worden.

Dennoch hielt Grebner den ersten Eindruck, der sich nach seiner Ankunft beim Tatort gebildet hatte, noch immer für zutreffend: Es gab keine Hippies, es gab nur Jeffrey MacDonald, den Green-Beret-Arzt, der aus noch unbekannten Gründen in eine mörderische Wut geraten und dann schnell genug wieder zur Vernunft gekommen war, um alles herzurichten, sich eine Geschichte auszudenken und dabei zu bleiben.

Der Fall gegen MacDonald beruhte allein auf Indizien. Selbst unter den günstigsten Umständen (d. h., einem genau untersuchten Tatort und fehlerfreien Ermittlungen) ließen sich solche Fälle nur schwer gewinnen, und zu seinem wachsenden Unbehagen mußte Grebner feststellen, daß dieser Fall nicht einmal annähernd diese Kriterien erfüllte.

Zum Beispiel hatte man MacDonald im Krankenhaus die Schlafanzughosen — ein möglicherweise entscheidendes Beweisstück — ausgezogen und später verbrannt. Der Militärpolizist, der die Wohnung bewachte, hatte zugesehen, wie die Müllabfuhr die Mülltonnen der MacDonalds geleert hatte, bevor sie nach möglichen Beweisstücken durchsucht worden waren — zum Beispiel nach einem blutverschmierten Paar Gummihandschuhen.

Diese Handschuhe hätte man natürlich auch die Toilette hinabspülen können. Doch bevor dieser Gedanke den Ermittlern am Tatort kam (vier Tage nach den Morden), hatten sie die Toilette so oft benutzt, daß alle möglichen Beweisstücke mittlerweile endgültig in die Hauptkanalisation hinabgespült und für immer verloren waren.

Das waren beileibe nicht alle Fehler der Spurensicherung gewesen. Als ein Techniker versuchte, den blutigen Fußabdruck auf dem Boden von Kristens Zimmer mit einer Säge zu entfernen, hatte er die Bretter, auf denen der Abdruck war, getrennt und den Abdruck damit vernichtet.

Selbst im Labor waren unentschuldbare Fehler begangen worden. Zum Beispiel war das Stück Haut, das man unter Colettes Fingernagel gefunden hatte, auf unerklärliche Art und Weise verschwunden. Und auch die Plastiktüte mit dem blauen Faden, der sich unter Kristens Fingernagel befunden hatte, war abhanden gekommen.

Nichtsdestotrotz gab es Funde, die nach Grebners Meinung eindeutig für Jeffrey MacDonalds Schuld sprachen. Eine Mikroskopanalyse zum Beispiel ergab, daß die Fasern, die man im Elternschlafzimmer und den beiden Kinderzimmern gefunden hatte, in der Zusammensetzung identisch mit denen waren, die bei der Herstellung von Jeffrey MacDonalds (zerrissener) blauer Schlafanzugjacke verwendet worden waren. Und das Teil des Gummihandschuhs, das man im Elternschlafzimmer gefunden hatte, entsprach in der chemischen Zusammensetzung denen, die man in der Küche der MacDonalds gefunden hatte.

Darüber hinaus erwies sich, daß das blonde Haar, das man in Colette MacDonalds Hand gefunden hatte, ihr eigenes und nicht etwa das einer blonden Einbrecherin war.

Die Ermittler der CID wurden auch informiert, daß man auf dem Griff des Schälmessers der Marke Geneva Forge – von dem Jeffrey MacDonald behauptete, er habe es seiner Frau aus der Brust gezogen – keinerlei Fingerabdrücke gefunden hatte, weder die seinen noch andere. Das gleiche galt für die anderen Waffen. Auf dem Knüppel fand man jedoch Farbspuren, die in der chemischen Zusammensetzung identisch mit der Farbe auf einem selbst geschreinerten Regal in Kimberly MacDonalds Schlafzimmer waren.

Das bei weitem wichtigste Ergebnis beruhte jedoch auf einer Blutanalyse. Während die Untersuchung von Blut- und Urinproben, die man Jeffrey MacDonald entnommen hatte, ›auf keinerlei gefährliche Drogen‹ hinwies und ergab, daß er ›nicht unter dem Einfluß von Alkohol gestanden hatte‹, stellte sich gegen jede statistische Wahrscheinlichkeit heraus, daß alle vier Mitglieder der Familie MacDonald verschiedene Blutgruppen gehabt hatten.

Colette MacDonald hatte die Blutgruppe A.
Jeffrey MacDonald hatte die Blutgruppe B.
Kimberly MacDonald hatte die Blutgruppe AB.
Kristen MacDonald hatte die Blutgruppe 0.

Daher konnten die Ermittler Mitte März sagen, wo in der Wohnung man Blut von welchem Familienmitglied gefunden hatte. Die sich daraus ergebenden Folgerungen schienen für William Ivory, Franz Joseph Grebner und Robert Shaw darauf hinzudeuten, daß Jeffrey MacDonalds Geschichte nicht stimmen konnte. Die Spurensicherung identifizierte schließlich jeden einzelnen Blutstropfen innerhalb der Wohnung und an den Waffen draußen:

Die Blutstropfen, die den zwanzig Zentimeter durchmessenden Kreis am Eingang zum Elternschlafzimmer bildeten, entsprachen der Blutgruppe AB und stammten folglich von Kimberly MacDonald. Ihr Blut wurde auch auf der Bettdecke und der zerrissenen blauen Schlafanzugjacke im Elternschlafzimmer gefunden und bildete die Tropfenspur zwischen dem Elternschlafzimmer und ihrem Zimmer, in dem man ihre Leiche gefunden hatte.

Blut der Gruppe A — von Colette MacDonald — fand man in Kristens Schlafzimmer, an der Wand über dem Bett; auch der große Blutfleck auf Kristens Bettdecke stammte von ihr. Das Blut des Fußabdrucks, der vom Bett wegführte — ein Abdruck des nackten Fußes Jeffrey MacDonalds — stammte nicht von Kirstens Blutgruppe 0, sondern von der Gruppe A ihrer Mutter. Colettes Blut fand man auch in großen Mengen auf dem Bettbezug und der Decke, die zusammengeknüllt auf dem Boden des Elternschlafzimmers lagen. Die Gruppe B, Jeffrey MacDonalds Blut, fand man in größeren Mengen nur an zwei Stellen der

Wohnung: auf dem Küchenboden vor dem Schrank, in der sich die Schachtel mit den Gummihandschuhen befunden hatte, und rechts am Waschbecken des Bads an der Diele, in einem Muster, das darauf hindeutete, es könne von der rechten Seite der Brust einer Person getropft sein, die vor dem Waschbecken stand, während sie sich einen sauberen Schnitt zwischen zwei Rippen zufügte – ein vielleicht ein Zentimeter langer Schnitt, der gerade tief genug war, ein Loch in einen Lungenflügel zu bohren, ohne weitere Schäden anzurichten.

Während sich in den ersten Tagen nach den Morden Hysterie in Fort Bragg ausbreitete (ohne daß es zu weiteren Gewalttaten kam), ging Grebner sehr vorsichtig vor. Er wollte so viele Beweise wie möglich sammeln, bevor er MacDonald offiziell verhörte.

Er ging davon aus, daß MacDonald nicht fliehen würde, da eine Flucht ein Schuldeingeständnis wäre. Und da die Morde – davon war er überzeugt – die Folge eines Wutanfalls gewesen waren, stellte MacDonald auch keine Bedrohung für andere dar. Der junge Arzt hatte seinen Dienst wieder aufgenommen, und Grebner ließ die Sache ruhen, obwohl seine Vorgesetzten eine schnelle Festnahme forderten. Er hoffte, daß die schlimmsten Fehler bereits gemacht waren und die Indizien sich verdichteten.

Außerdem erfuhr Grebner um so mehr, je länger er wartete. Er erfuhr zum Beispiel, daß die Grußkarte zum Valentinstag, die man in MacDonalds Schreibtisch gefunden hatte, von Josephine Kingston stammte, der Frau von Colonel Robert Kingston, MacDonalds erstem befehlshabendem Offizier, der im Herbst nach Vietnam versetzt worden war.

Am Samstag, 4. April, fand Jeffrey MacDonald eine unmöblierte Wohnung nicht weit von Fort Bragg und in der Nähe eines zivilen Krankenhauses in Fayetteville, in dem er in seiner Freizeit in der Notaufnahme arbeitete. Er beschloß, sie zu mieten. Einen Tag später kehrte seine Mutter nach Long Island zurück. Am Morgen des Montag, 6. April, wurde er von Franz Joseph Grebner ins Hauptquartier der CID in Fort Bragg bestellt.

Sechs Wochen waren seit den Morden vergangen, und der Druck von oben war immer stärker geworden. Die Unfähigkeit der Army, den Fall zu lösen, wurde von den Zeitungen als nur ein weiteres Beispiel der allgemeinen Inkompetenz dargestellt, die dazu führte, daß der Krieg in Vietnam verlorenging und die Öffentlichkeit völlig das Vertrauen ins Militär verloren hatte.

Schließlich mußte der CID-Chef handeln. Er lud William Ivory und Robert Shaw, die den Großteil der Ermittlungen geführt hatten, zu dem Gespräch. Die beiden nahmen neben dem Schreibtisch Platz. Ein armloser Stuhl wurde vor den Schreibtisch gestellt, Grebner gegenüber. Er holte ein Tonband aus dem Schreibtisch und bat MacDonald herein.

MacDonald trat in Uniform — er hatte in sein Büro fahren wollen — direkt vor Grebners Schreibtisch. Er lächelte und musterte dann die unbekannten — und nicht lächelnden — Gesichter von Ivory und Shaw. Er hatte noch immer keine Ahnung, daß die Ermittler der Army ihn für den Hauptverdächtigen hielten.

Grebner bat MacDonald, auf dem Stuhl Platz zu nehmen, und schaltete das Tonband ein. »Bevor wir beginnen«, sagte er, während das Lächeln aus Jeffrey MacDonalds Gesicht wich, »möchte ich Sie auf Ihre Rechte hinweisen.«

Jeffrey MacDonalds Stimme

Das Jahr als Assistenzarzt am Columbian Presbyterian war sehr hart und brutal. Es gab Monate, in denen ich jeden Tag arbeitete und jede zweite Nacht. Das bedeutete eine Sechsunddreißig-Stunden-Schicht im Krankenhaus und nur zwölf Stunden Freizeit, wenn überhaupt, in denen ich nach Hause fahren, mit den Kindern spielen, mit Colette sprechen konnte und dann um vier oder fünf Uhr wieder aufstehen mußte, weil um sechs die nächste Schicht begann.

Es war ein furchtbares Jahr, was die Arbeit, den Mangel an Familienleben und meine völlige körperliche Erschöpfung betrifft. Aber so erging es eben einem Assistenzarzt in einem der besten Krankenhäuser der Welt.

Und unsere Wohnung in Bergenfield, New Jersey, war heiß und klein und nicht annähernd so schön wie das Haus in Chicago; auch das Viertel war nicht so gut. Beruflich war es natürlich eine sehr aufregende Zeit. Ich lernte unglaublich viel und war einer der besten Assistenzärzte. Ich war auch an Operationen am offenen Herzen beteiligt, was für die damalige Zeit – wir schrieben das Jahr 1969 – noch eine große Sache war. Es waren sehr schwierige Operationen, und die verschiedenen Chirurgen gingen sehr unterschiedlich damit um.

Am lebhaftesten erinnere ich mich, wie ich bei solch einer Operation einem ziemlich rücksichtslosen Arzt assistierte, der den Ruf hatte, mit seinen Assistenten hart umzuspringen. Und ich tat bei der Operation etwas, das ihm nicht gefiel, und er stauchte mich zusammen. Ich sagte nichts, tat nur meine Arbeit, und hinterher stellte er mir ein paar Fragen, und ich beantwortete sie, und irgendwas paßte ihm gar nicht, er wollte mich aus dem Weg haben und versetzte mir einen ziemlich harten Ellbogenstoß gegen die Brust, und ich stieß zurück, wenn auch nur leicht, und sagte: »Ich muß mir das nicht gefallen lassen. Sie haben mich angefordert, und ich scheine Ihnen im Weg zu stehen, aber ich stehe Ihnen nicht im Weg, also behandeln Sie mich bitte wie einen Arzt.«

Plötzlich herrschte Totenstille im Raum, und ich brach wahrscheinlich in Schweiß aus, aber ich war so wütend, daß ich einfach dastand und dachte, ich bin im Recht, und der Chirurg sagte nichts.

In den nächsten vierzehn Tagen behandelte er mich mit ausgesuchter Höflichkeit, und dann fragte er mich, ob ich seinem Herzteam beitreten wolle. Ich hielt das für phänomenal. Ich dachte, er würde mich als Assistenzarzt rauswerfen, und er lud mich ein, mit ihm zusammenzuarbeiten. Einfach phänomenal.

Aber insgesamt verlief das Jahr nicht erfreulich. Wir gingen nur ein paar Mal aus; an einen Abend erinnere ich mich besonders. Mein Bruder Jay führte uns zu meinem Geburtstag aus, und wir trafen uns irgendwo in Brooklyn. Wir stiegen in seinen Cadillac um und fuhren los. Die Fahrt kam mir endlos vor, und die Gegend wurde immer schlechter, bis wir schließlich mitten in einem Slum mit leerstehenden Häusern und am Straßenrand aufgebockten Autos waren.

Vor dem Restaurant stand ein Bursche mit weißem Hemd ohne Krawatte, und die Ärmel waren hochgerollt und entblößten dicke Muskelpakete. Jay hatte mir schon gesagt, daß es sich um ein eigenwilliges Restaurant handelte – die Gäste trugen zumeist Waffen und waren hohe Mafia-Typen. Wir wurden jedoch ausgezeichnet bedient, bekamen ein italienisches Menü mit neun oder zehn Gängen, drei oder vier davon verschiedene Pasta, und aßen von halb acht bis Mitternacht. Und das in einem kleinen Restaurant mitten in Brooklyn, im schäbigsten Viertel, das ich jemals gesehen habe.

Gelegentlich fuhren wir nach Greenwich Village, bummelten herum, saßen in den Cafés und lauschten den Sängern und Gitarrenspielern, und es erinnerte uns daran, wie wir es früher immer gemacht hatten, in meinem letzten Jahr auf Princeton.

Greenwich Village hatte sich jedoch verändert. Die Antikriegs-Bewegung hatte es übernommen, und wir sahen oft, wie Wehrpässe und rote Soldatenmützen verbrannt wurden. Wir waren keineswegs ultrakonservativ, standen eher in der Mitte und glaubten, daß all dieser Aufruhr mit verhinderte, den Krieg in Südostasien einigermaßen ehrenvoll zu beenden.

Ich war schon ziemlich rechts angesiedelt, glaubte dem Präsidenten und hielt es gewissermaßen für die Pflicht der Bürger unseres Landes, das zu tun, was der Präsident anordnete. Das lag wohl an meiner Erziehung. Mein Vater war immer der Meinung gewesen, es sei nicht nur die Pflicht, sondern das Recht eines jungen Menschen, zur Armee zu gehen und für sein Land zu kämpfen. Wenn es keine Kriegserklärung gegeben hatte, dann nur, weil es einigen linken Liberalen im Kongreß an der Fähigkeit mangelte, die Dinge so zu sehen, wie mein Vater, wie andere Väter und wir alle sie sahen: daß Vietnam verteidigt werden mußte und wir die einzigen waren, die das Land verteidigen konnten.

Der Krieg war auf seinem Höhepunkt, und junge Ärzte wurden zumeist direkt nach ihrem Jahr als Assistenzarzt eingezogen. Die meisten versuchten, sich davor zu drücken, doch Colette und ich hatten kein gutes Jahr gehabt. Ich war nicht oft zu Hause, und wenn, dann war ich müde und gereizt, und Colette war müde und gereizt, und wir hatten nicht mehr soviel Sex wie früher und standen unter ziemlichem Druck, und irgendwann im Verlauf dieses Jahres kam ich zur Erkenntnis, daß ich gar nichts dagegen hatte, meinen Militärdienst zu beginnen.

Zweifellos war Colette über meine Entscheidung unglücklich, aber wir haben uns niemals darüber gestritten. Es war seltsam, ich freute mich tatsächlich auf die neue Herausforderung. Ich betrachtete den Wehrdienst als Abenteuer, während Colette nur sah, daß ich die Familie ein Jahr allein ließ und vielleicht fallen könnte.

Damals störte mich das überhaupt nicht. Es klang verlockend, den Druck, dem ich in den letzten fünf Jahren ausgesetzt gewesen war — vier Jahre Medizinstudium und ein schreckliches Jahr als Assistenzarzt —, für ein oder zwei Jahre entfliehen zu können.

Ich war erschöpft, daran bestand kein Zweifel, und Colette war körperlich und geistig erschöpft, weil sie mit zwei Kindern in einer viel zu kleinen Wohnung zurechtkommen mußte. Es lag eine gewisse Spannung in der Luft; Colette hätte es lieber gesehen, wenn ich nicht zur Army gegangen wäre.

Zwischen dem Ende meiner Zeit als Assistenzarzt und dem Antritt des Dienstes in Fort Sam Houston blieben mir noch etwa fünfzehn Tage, und Colette und ich machten Urlaub, um das Jahr zu verdauen, das wir gerade hinter uns hatten, und wieder zueinander zu finden. Wir flogen auf eine karibische Insel, Aruba, glaube ich, aber ich weiß es nicht mehr genau. Auf jeden Fall nicht die Bahamas, auf denen wir ein paar Jahre vorher gewesen waren.

Auf den Bahamas war es wunderbar gewesen, sehr warm. Wir tauchten, schnorchelten, liebten uns auf dem Strand, und ich weiß noch genau, wie wir einmal das Spielkasino von Nassau besuchten und uns in der Glitzeratmosphäre etwas unbehaglich zumute war, wahrscheinlich, weil wir noch so jung waren.

Aber diese zweite Reise verlief anders. Wir waren geistig und körperlich ziemlich erschöpft und erholten uns einfach. Es war eine ruhigere Reise, wir frühstückten spät, aßen gemütlich zu Abend, sahen uns die Insel an und gingen spazieren. Und ständig lag diese Spannung in der Luft, zweifellos, weil ich zur Army gehen würde. Colette war damit nicht einverstanden, aber sie respektierte es andererseits auch. Ich hatte als Familienvorstand die Entscheidung getroffen, und dabei blieb es. Aber ihr war nicht wohl zumute. Schließlich war ich ja ihr Mann und der Vater ihrer Kinder und würde sie nun für eine unbestimmte Zeit allein lassen, und das beunruhigte sie.

9

Es war neun Uhr dreißig. Draußen fuhren Lastwagen vorbei. Ein Radio auf einem Schreibtisch neben dem von Grebner spielte Pop-Musik. Grebner belehrte MacDonald darüber, daß er das Recht habe zu schweigen, einen Anwalt hinzuzuziehen, und auch, wenn er Fragen beantworten wolle, könne er jederzeit damit aufhören. Grebner fügte jedoch hinzu, daß alles, was MacDonald sagte, später in Gerichtsverfahren gegen ihn verwendet werden könne.

Das Mikrofon stand einen halben Meter von Jeffrey MacDonalds Ellbogen entfernt, der auf Grebners Schreibtischkante ruhte. Ivory und Shaw saßen stumm neben dem Schreibtisch. Beide Männer würden niemals vergessen können, was sie in der Wohnung 544 Castle Drive gesehen hatten und waren wie Grebner mittlerweile überzeugt, daß Jeffrey MacDonald der Mörder war. Nun sahen sie ihn zum ersten Mal aus der Nähe.

MacDonald schielte zur Decke, dann zum Boden. Er räusperte sich, sah aus dem Fenster und sagte, er habe verstanden, was Grebner ihm erklärt hatte, und sei bereit, alle Fragen der Beamten zu beantworten.

»Na schön«, sagte Grebner. »Dann erzählen Sie uns mal Ihre Geschichte.«

MacDonald räusperte sich erneut und fing an. Schnell und sachlich gab er zum ersten Mal die Einzelheiten seines Kampfes mit den Einbrechern zu Protokoll. MacDonald wußte nicht, wieviel – oder was – die CID wußte. Er kannte die gegen ihn sprechenden Indizien nicht. Und so konnte er an diesem ersten Montagmorgen im April 1970 nicht ahnen, daß diese Aussage noch jahrelang wie Pech an ihm kleben würde, trotz seiner zahlreichen Versuche, sich davon zu säubern, nachdem sein Erkennen der Indizien und ihrer Folgen allmählich gewachsen war.

»Mal sehen, Montagabend ging meine Frau zu Bett, und ich las noch etwas und ging — irgendwann gegen zwei Uhr — auch zu Bett. Ich weiß es wirklich nicht mehr genau, ich hatte auf dem Sofa gelesen, und meine kleine Tochter Kristy war zu meiner Frau ins Bett gegangen.

Sie hatte ins Bett gemacht, und ich trug sie in ihr Zimmer. Ich weiß nicht mehr, ob ich sie noch umzog oder nicht — ich gab ihr ein Fläschchen und legte mich dann auf dem Sofa schlafen, weil mein Bett ja naß war.

Dann weiß ich nur, daß ich einen Schrei hörte — meine Frau schrie, aber ich glaubte, auch Kimmy, meine ältere Tochter, gehört zu haben, und setzte mich auf. In der Küche brannte Licht, und ich sah einige Leute am Fuß des Bettes *(sic)*.

Ich weiß nicht, ob ich etwas sagte, es geschah zu schnell. Wissen Sie, wenn man es erzählt, scheint es ewig gedauert zu haben, aber das hat es nicht.

Ich setzte mich also auf und dachte zuerst, es sei... Ich konnte nur drei Leute sehen, und ich weiß nicht, ob ich... ob ich das Mädchen zuerst hörte oder sah. Ich glaube, zwei Männer standen neben meinem Sofa, und ich... ich sah einfach nur ein paar Leute.

Und dieser Bursche kam auf mich zu und hob etwas über den Kopf, und dann... dann sah ich kurz dieses Mädchen, das ein Licht vor ihr Gesicht hielt. Ich weiß nicht, ob es eine Taschenlampe oder eine Kerze war, aber ich dachte instinktiv: ›Sie hat eine Kerze in der Hand. Warum, zum Teufel, hat sie eine Kerze in der Hand?‹ Und sie sagte — bevor ich den ersten Schlag abbekam — ›Tötet die Schweine. LSD ist groovy.‹ Das ist alles, was ich hörte, bevor dieser Bursche mich auf den Kopf schlug. Ich fiel auf die Couch zurück und wollte wieder aufstehen und konnte dann alles hören. Nun weiß ich nicht, ob ich für mich selbst nur wiederholte, was sie gerade gesagt hatte, oder ob ich es noch einmal von ihr hörte, aber ich hörte unentwegt: ›LSD ist groovy. Tötet die Schweine.‹«

MacDonalds Stimme war klar, er sprach schnell. Seine Worte klangen wie das Geräusch von Würfeln, die in einem Becher klapperten.

»Und ich kämpfte mich hoch und sah jetzt drei Männer, und

ich glaube, das Mädchen stand hinter ihnen, entweder auf den Stufen oder am Ende der Couch. Der Mann links von mir war ein Farbiger. Er schlug mich erneut, und gleichzeitig versuchte ich mich zu wehren. Die beiden anderen Männer, glaube ich, schlugen auch auf mich ein. Ich erinnere mich, daß ich daran dachte, wie gut, daß ich manchmal mit Boxhandschuhen geübt habe. Aber ich dachte auch: ›Mein Gott, hat der einen verteufelt harten Schlag‹, weil er mich gegen die Brust geschlagen hatte und es furchtbar weh tat.

Ich bäumte mich auf und bekam einen Schlag auf die Schulter oder die Schläfe und drehte mich um und ergriff den ... was immer es war.

Ich dachte damals, es sei ein Baseball-Schläger. Und ich hielt ihn fest. Das war nicht ganz einfach.

Mittlerweile schlugen beide Männer auf mich ein, und ich hörte die ganze Zeit über Schreie. Das bekomme ich nicht ganz in die Reihe. Mal sehen, ich hielt ... ich sah Streifen an einer Army-Jacke, und die trug der Farbige, und die beiden Männer — anderen Männer — waren weiß, und an ihnen ist mir kaum was aufgefallen.

Ich ließ den Baseball-Schläger los und kämpfte mit ihm und hielt seine Hand fest und sah ... na ja, eine Klinge. Ich weiß nicht genau, was es war, es sah nur wie eine Klinge aus.

Und dann konzentrierte ich mich auf ihn. Wir rangen in der Diele miteinander, am Ende der Couch, und ich sah ... ein Paar Beine, nackte Beine, und die Ränder von Stiefeln. Und im Fallen glaubte ich auch Knie zu sehen. Ich sah Knie über den Stiefeln, und ich glaube, ich habe den Ermittlern schon gesagt, daß sie braun waren.

Dann weiß ich wieder, wie ich am Ende der Diele lag, und mir war entsetzlich kalt, und es war alles sehr still, und meine Zähne klapperten aufeinander, und ich ging ... ins Schlafzimmer.«

MacDonalds Stimme wurde plötzlich leiser, seine Kadenz langsamer. »Und ... äh ... ich war benommen, nicht richtig bei mir, und ich ... äh ... meine Frau lag auf dem ... auf dem Boden neben dem Bett, und in ihrer ... in ihrer Brust steckte ein Messer.«

Er schluchzte jetzt mehr, als daß er sprach, und versuchte wiederholt, seine Kehle freizubekommen.

»Ich zog es heraus und versuchte, sie künstlich zu beatmen, doch die Luft drang aus ihrer Brust, und so ... hmm ... sah ich nach ... den Kindern ... und ...«

Es folgte eine lange Pause, während der MacDonald weinte. Grebner, Ivory und Shaw warteten schweigend ab. Das lauteste Geräusch im Zimmer war Al Hirts Trompete im Radio.

»Und sie waren ... äh ... überall war Blut. Also ging ich ins Badezimmer und ... Ich konnte kaum noch atmen und ...« Er seufzte schwer. »Ich war benommen. Ich griff nach dem Telefon und sagte diesem Arschloch in der Vermittlung, es sei ... äh ... mein Name sei Captain MacDonald, und sie sollte die MP und einen Arzt und einen Krankenwagen zum Castle Drive 544 schicken, und sie fragte, ob das dienstlich sei oder nicht, und ich schrie sie an, es sei dienstlich, und sie sagte, dann müßte ich die Militärpolizei anrufen.

Ich ließ das Telefon fallen und sah wieder nach meiner Frau und ... ich weiß nicht, ich glaube, ich hoffte, daß ich nicht gesehen hätte, was ich gesehen hatte, und ich ... ich dachte jetzt wieder mehr wie ein Arzt.

Also suchte ich nach ihrem Puls, fand aber keinen, und ich war ... mir war speiübel, ich bekam keine Luft, und meine Zähne klapperten, weil mir so kalt war. Ich glaube, ich fiel in einen Schock ... das ist ein Symptom, man bekommt Schüttelfrost.

Ich sank auf Hände und Knie und atmete eine Weile durch, bis ich begriff, daß die Vermittlung keine Hilfe schicken würde. Also sah ich noch mal nach meiner Frau und den Kindern, und ich konnte nicht atmen und glaubte, ich würde einen Schock ...

Na ja, ich ... jetzt im Nachhinein weiß ich, daß diese Kurzatmigkeit nur ein Symptom war. Es war gar nicht so schlimm. Aber bei einem Pneumothorax glaubt man einfach, keine Luft zu bekommen.

Und ... ich weiß nicht, ob ich die Kinder jetzt zum ersten oder zum zweiten Mal untersuchte, aber ich hatte Blut an den Händen, und mein Kopf tat weh, und als ich nach meinem

Kopf griff, hatte ich Blut an der Hand, und ich ging ... äh ... ins Badezimmer und sah in den Spiegel und ... na ja, ich konnte nicht einmal einen Schnitt oder so sehen.

Und ich ging wieder in die Diele und bekam keine Luft, und ich kroch auf Händen und Knien in die Küche, nahm das Telefon ab und hatte direkt die Vermittlung — ich hatte den anderen Apparat ja nicht aufgelegt. Und die Frau war noch dran und sagte: ›Ist dort Captain MacDonald?‹, und ich bejahte, und sie sagte: ›Einen Augenblick‹, und es klickte, und dann meldete sich dieser Sergeant und sagte: ›Kann ich Ihnen helfen?‹ und ich sagte, er solle einen Krankenwagen schicken, es habe eine Messerstecherei gegeben, und daß ich glaubte, sterben zu müssen.

Und er sagte, sie kämen sofort, und ich ... äh ... ich wollte noch einmal nach meiner Frau sehen, und dann weiß ich nur noch, daß ein MP mir Mund-zu-Mund-Beatmung gab und ich ... äh ... neben meiner Frau lag.

Jetzt fällt mir wieder ein, daß ich ... ich weiß nicht, als ich beim ersten oder zweiten Mal ins Schlafzimmer ging, sah ich, daß die Hintertür offenstand, aber das ... äh ... ist wohl unwichtig.«

MacDonald hielt inne. Grebner, Ivory und Shaw blieben stumm. Im Radio sang Nat King Cole ›Ramblin' Rose‹.

»Als Sie aufwachten«, sagte Grebner nach über dreißig Sekunden Schweigen, »da waren drei Männer da?«

»Beim ersten Mal? Sie meinen, als ich auf dem Sofa lag?«

»Ja.«

»Richtig. Ja, ich ... Nun, Sir«, — in MacDonalds Stimme schien jetzt eine Spur Unruhe zu liegen — »na ja, als das passierte, dauerte es kaum acht oder zehn Sekunden.

Wissen Sie, bei Gott, jetzt hört es sich an, als hätte es eine Ewigkeit gedauert, aber es waren nur ein paar Sekunden, und ich wachte auf, und es war dunkel, und ... ich glaube, es waren drei Männer, ja, genau, ich erinnere mich genau daran, mit drei Männern vor mir gekämpft und eine vierte Person gesehen zu haben ... das Mädchen. Und ... wirklich, ich habe nur langes, strähniges blondes Haar und einen großen Hut von ihr gesehen.«

»Sie sagen, dieser Mann mit den Sergeant-Streifen sei auf Sie zugekommen. Wohin hat er Sie zuerst geschlagen? Gegen den Kopf?«

»Ja, genau. Ich meine, ich saß gerade ... ich saß auf dem Bett *(sic)*. Ich wollte gerade so etwas sagen wie: ›Was, zum Teufel, machen Sie da? Was geht hier vor?‹, als ich Schreie hörte, und ... na ja, er ist nicht auf mich zugerannt oder so, es war nur ein Schritt. Er stand mir näher als die anderen, und ich glaube, ich habe gesehen, wie er etwas hochhob, und ... ich konnte mich gar nicht verteidigen. Es ging zu schnell. Ich setzte mich auf, sah die Leute, und im selben Augenblick schlug er mich auch schon.

Und, äh ... ich meine, sie haben nicht geschrien oder so. Ich meine, sie sprang nicht auf und ab und rief ›Bringt ihn um!‹ oder so. Es schien irgendwie ... Sie wissen schon, wie im Film *Easy Rider*. Ich bekam immer nur ganz kurz mit, was passierte. Wie in Ausschnitten.«

»Captain MacDonald«, sagte Shaw so trocken und nüchtern wie ein Pilot, der sich an seine Passagiere wendet, »Sie haben einem der anderen Ermittlern erzählt, Sie hätten eine Schlafanzugjacke getragen, die man Ihnen über den Kopf oder so gezogen hat.«

»Richtig. Nun, ich weiß nur, daß ... na ja, als ich mit ihnen kämpfte ... ich weiß nicht, ob sie sie mir abgerissen oder über den Kopf gezogen haben. Ich glaube nicht, daß sie sie mir über den Kopf gezogen haben. Ich erinnere mich nicht daran.

Aber plötzlich war sie um meine Hände gewickelt, und ich hielt die Hand dieses Burschen fest, und sie behinderte mich dabei irgendwie. Und dieser Mann, er schlug mich gegen die Brust und in den Magen, und ich ... ich bekam hier einen Schlag ab (deutet wieder auf die Mitte seines Körpers).

Ich glaube, ich habe damit alles verpatzt. Und ich bekam die Hände nicht frei. Und ich weiß noch, als ich auf dem Boden lag — das habe ich vergessen zu sagen —, als ich aufwachte, war sie immer noch um meine Hände gewickelt, und ich nahm sie ab, als ich ins Schlafzimmer ging. Und nachdem ich meiner Frau das Messer aus der Brust gezogen hatte, wollte ich ... verstehen Sie ... äh ... sie warmhalten. Sie wissen schon, Schockbehandlung ... Beine hochlegen und warmhalten.«

»Lebte Colette da noch?« fragte Shaw.

»Ich ... ich glaube nicht, Sir, medizinisch gesehen ... als ich die Mund-zu-Mund-Beatmung versuchte, kamen die Blasen aus ihrer Brust, das weiß ich noch ganz genau. Sie lag leblos da und reagierte überhaupt nicht. Anfangs habe ich nicht nach ihrem Puls gefühlt. Ich habe sie gesehen und« – er räusperte sich – »das Messer aus ihrer Brust gezogen und ... in ihren Mund geatmet. Ich weiß es also wirklich nicht. Ich glaube aber nicht. Sie war ... wissen Sie ... ich habe schon viele Tote gesehen.«

»Haben Sie sie bewegt?«

»Himmel, das weiß ich wirklich nicht mehr. Ich glaube nicht. Oder vielleicht ... Im Zimmer steht ein grüner Stuhl. Vielleicht lehnte sie dagegen. Ich erinnere mich nicht mehr genau, ehrlich, aber ich glaube es nicht.«

»Wo genau in der Diele lagen Sie?« fragte Ivory.

»Ursprünglich?«

»Ja.«

»Äh, am Ende. Beim Sofa.«

»Wo genau hat der Kampf stattgefunden?« fragte Grebner. »Genau ... Am Fußende des Sofas, ja.«

»Genau am Fußende des Sofas?«

»Es war keine große Sache. Ich bin kein James Bond ... es war nicht wie in den Büchern. Ich konnte mich nicht befreien, habe nur nach etwas gegriffen und festgehalten. Und ich weiß noch, als ich den ... den Knüppel losließ, habe ich versucht, dem Mann mit dem Knüppel einen Schlag zu verpassen, aber er war wohl nicht sehr hart. Nichts Spektakuläres.«

Im Lauf des Morgens ließen die drei Agenten der CID MacDonald Schritt für Schritt seine Geschichte erzählen, wobei Shaw die meisten Fragen stellte.

»Im Womack Hospital«, so MacDonald, »hat man eine ganze Reihe kleiner Einstiche an meinem Leib festgestellt, vierzehn oder so«. In den Krankenhausunterlagen fand sich allerdings nichts darüber.

»Stammten diese Verletzungen«, fragte Shaw mit seiner trockenen, nüchternen Stimme, »von den Einbrechern? Von den Leuten, die in Ihrem Haus waren?«

»Nun, das nehme ich an«, sagte MacDonald.

Dann, ohne den Tonfall zu verändern, ließ Shaw die Katze aus dem Sack, die Krallen ausgefahren: »Sie haben sie sich nicht selbst zugefügt?«

»Nein.«

Fast ohne Pause, wenn auch mit größerer Nervosität, fuhr MacDonald mit einer langen, gewundenen Geschichte fort, daß er die Ärzte im Krankenhaus überzeugt habe, sein Lungenflügel sei durchbohrt, und er brauche einen Tubus. Fast fünf Minuten sprach er ununterbrochen, als ob er durch einen Berg Worte Shaws freundlich gestellte, aber unheildrohende Frage zuschütten könnte.

Shaw zeigte jedoch deutlich, daß er noch skeptisch war, wenngleich er das Thema wechselte. »Was haben Sie gemacht, bevor Colette ins Bett ging? Was ereignete sich an diesem Abend? Sie fuhr zur Schule?«

»Richtig. Die Kinder und ich sahen fern, und als sie zu Bett gingen, las ich noch eine Weile. Ich glaube, einen Krimi, einen Mike-Hammer-Roman.« Kein Gedichtband und auch keine Philosophie, die er laut seiner Schwester so gern las, sondern *Kiss Me Deadly* von Mickey Spillane

»Wann kam Colette nach Hause?«

»Etwas später als sonst. Normalerweise kommt sie gegen zehn nach neun. Ich glaube, es war fünf nach halb zehn oder so. Ich weiß es nicht genau. Sie mußte eine Schülerin oder so nach Hause bringen. Ich weiß nicht...«

»Waren die Mädchen noch auf?«

»Nein, ich glaube, sie waren gerade zu Bett gegangen. Es war spät, ich weiß, aber Kimmy blieb manchmal länger mit mir auf.«

»Was ist also an diesem Abend passiert?«

»Nichts Besonderes. Sie kam nach Hause und... und trank wie immer einen Brandy oder einen Likör, während wir uns unterhielten. Wissen Sie, das war gewissermaßen unsere Zeit des Tages, wir saßen im Wohnzimmer, sahen fern oder lasen oder so.«

»Haben Sie an diesem Abend auch etwas getrunken?«

»Ich weiß es nicht mehr, ehrlich. Ich trinke normalerweise nicht allein. Vielleicht habe ich einen Likör mit ihr getrunken.«

»Wissen Sie, wann das war? Ich brauche einen Zeitplan. Sie kam gegen fünf nach halb zehn nach Hause?«

»Ja, so ungefähr.«

»Und die Kinder waren im Bett?«

»Genau. Sie kam etwas später, das weiß ich, weil sie die erste Hälfte einer Sendung verpaßt hat, die um neun Uhr anfing. Nicht Tom Jones. Irgendeine Sendung, die montags um neun anfängt.«

»Glen Campbell?«

»Wir sehen entweder Glen Campbell, Tom Jones oder Johnny Cash. Eine dieser drei Sendungen, ich weiß nicht, welche montags läuft. Sie sagte, sie hätte den besten Teil verpaßt, weil sie jemanden absetzen und noch einkaufen mußte.«

»Haben Sie sonst noch irgendwelche Sendungen gesehen?«

»Äh, wahrscheinlich nicht. Nur bis zu den Nachrichten, dann habe ich den Apparat ausgeschaltet. Ich sehe mir normalerweise nur diese drei Sendungen oder Sport an.«

»Denken Sie nach. Haben Sie die Johnny ...«

»Ah, ja. Ich habe mir Johnny Carson angesehen.«

»Johnny Carson?«

»Genau.«

»Colette auch?«

»Nur den Anfang, dann ging sie zu Bett. Ich habe mir die Sendung bis zum Schluß angesehen.«

»Irgendein besonderer Grund, warum sie nicht aufblieb?«

»Sie war schwanger und ziemlich müde.«

»Na schön, sie ging zu Bett. Wann?«

»Na, gegen halb zwölf ... nein, gegen Mitternacht, denn jetzt, wo Sie es sagen, fällt mir ein, daß sie den Anfang der Johnny Carson Show noch gesehen hat.«

»Zog sie sich um, bevor sie zu Bett ging?«

»Ja. Sie setzte sich im Schlafanzug dann noch einen Augenblick zu mir. Ich meine, das macht sie jeden Abend. Ich erinnere mich nicht, daß sie im Schlafanzug hereinkam, denn ich habe ja gelesen. Wie bei den meisten Ehemännern — sie vergessen, bestimmte Dinge zu bemerken. Aber normalerweise machte sie das immer so.«

»Sie war um Mitternacht also im Bett. Haben Sie sich die Johnny Carson Show bis zum Ende angesehen?«

»Ja.«

»Und was haben Sie dann gemacht?«

»Meinen Mike-Hammer-Krimi gelesen.«

»Was sonst noch?«

»Nichts.«

»Haben Sie abgespült?«

»Ja, doch, ich habe den Abwasch für sie erledigt. Sie haßt das Spülen. Nur das Bügeln haßt sie noch mehr. Und wenn das Geschirr stehengeblieben wäre, hätte sie es am nächsten Morgen erledigen müssen, und dann wäre es vielleicht wieder bis zum Abend stehengeblieben. Dann und wann, wenn ich gut drauf bin, erledige ich den Abwasch, und am nächsten Morgen feiert sie mich wie einen Helden.«

Allmählich, fast unmerklich, wurden die Fragen schärfer. Shaw zog Fotos der Waffen hervor, die man in der Wohnung gefunden hatte. »Dieses Messer, das Sie Ihrer Frau aus der Brust gezogen haben, hat eine gebogene Klinge. Ich glaube, die Klinge ist gebogen, weil jemand versucht hat, damit etwas aufzubrechen. Oder weil einer daraufgetreten ist. Gehört dieses Messer Ihnen? Ein Schälmesser vielleicht?«

»Mit gebogener Klinge?«

»Ja.«

»Nein. Ich meine, nicht, daß ich wüßte. Wir hatten einige Schälmesser, aber ich erkenne es nicht wieder. Aber wir hätten ein beschädigtes Messer nicht behalten, wir hätten es weggeworfen. Äh... nun, meine Frau hätte es wohl behalten. Nein, ich kenne das Messer nicht.«

»Sie sagen, Sie hatten ein paar Messer.«

»Ja. In der Küche.«

»Wie viele Schälmesser hatten Sie?«

»Das weiß ich nicht, ganz ehrlich. In den Schubladen liegt alles mögliche Zeug. Wenn ich mal ein Messer brauchte, nahm ich ein Steakmesser. Ich habe nie ein Schälmesser gesehen.«

»Wir haben noch ein Messer gefunden«, sagte Shaw und zeigte ihm das Foto. »Sehen Sie das Etikett? ›Old Hickory‹?«

»Ich kenne das Messer nicht. Wenn es uns gehörte, hätte ich das Etikett ›Old Hickory‹ schon mal gesehen.«

»Sie können mit Bestimmtheit sagen, daß es nicht Ihnen gehört?«

»Ja, außer, sie hätte erst neulich ein Messer gekauft, wovon ich nichts wußte, aber das glaube ich nicht. Ich hätte es bestimmt gesehen. Nein, das Messer gehört uns nicht.«

»Sie haben im Haus einige Regale und so gebaut?«

»Ja, aber ich bin kein großer Handwerker.«

»Sie hatten einige Holzreste im Haus.«

»Ja.«

»Nun, wir glauben, daß dieser Knüppel, den Sie für einen Baseball-Schläger hielten, aus Ihrem Haus stammt. Hier ist das Foto. Ich weiß nicht, ob Sie so ein Holzstück wiedererkennen, aber es ist Farbe darauf. Daher dachten wir, Sie hätten es im Haus benutzt.«

»Ich habe es nie gesehen. Ich hatte hinter dem Haus Holz liegen, aber ... wie lang ist es? Etwa knapp einen Meter?«

»Ja, knapp einen Meter.«

»Nein, ich erkenne es nicht.«

»Haben Sie das Regal in Kimmys Schrank gebaut?«

»Ja.«

»Dort findet sich Holz, das dem hier sehr ähnlich ist.«

»Vielleicht lag es hinter dem Haus. Ich ... ich weiß es nicht, ich erkenne es nicht.«

»Hatten Sie einen Eispickel?«

»Da lagen einige Bretter, aber ich weiß nicht, ob das dabei war.«

»Hatten Sie einen Eispickel im Haus?« wiederholte Shaw und zeigte MacDonald ein anderes Foto. »Ist das Ihr Eispickel?«

»Nein, ich hatte keinen Eispickel.«

»Sie hatten keinen Eispickel im Haus?«

»Nicht, daß ich wüßte, nein.«

Es folgte eine kurze Pause. Dann übernahm Ivory und stellte Fragen über die Tropfen von Jeffrey MacDonalds Blut am Küchenausguß. »Waren Sie an diesem Morgen an dem Schrank mit dem Tafelsilber?«

»Am Morgen? Ach, Sie meinen, am Morgen, als es passiert ist?«

»Ja.«

»Nicht, daß ich wüßte.«

»Haben Sie sich in der Küche gewaschen?«

»Ich glaube nicht. Ich erinnere mich, daß ich mir das Blut von den Händen waschen wollte, aber ich glaube, das war im Badezimmer und nicht in der Küche. Ich habe dort nur telefoniert, aber...«

»Wie weit sind Sie in die Küche gegangen?«

»Mein Gott, das weiß ich nicht. Ich... bis zum Telefon, wahrscheinlich. Ich... erinnere mich nur, telefoniert zu haben.«

»Gehen wir noch einmal zurück«, sagte Ivory. »Sie haben ganz am Anfang Schreie gehört. Waren das einfach Schreie, oder waren es...«

»Worte?«

»Ja.«

»Ja.«

»Welche.«

»Äh, meine Frau hat gesagt...« Er räusperte sich. »›Jeff, warum tun die mir das an?‹«

»Sie lagen da noch auf dem Sofa?«

»Genau.«

»Hielten diese Schreie an, oder brachen sie ab?«

»Äh, ich weiß nicht, das hat man mich im Krankenhaus auch schon gefragt, und ich... ich erinnere mich nicht genau, ob ich sie noch hörte, während ich mit den Einbrechern kämpfte. Ich setzte mich auf und hörte sie. Meine Frau sagte: ›Jeff, warum tun die mir das an? Hilf mir!‹ Ich hörte sie schreien, und ich glaube, ich hörte Kristy... Kimmy, die ältere, sagte, ›Daddy, Daddy, Daddy, Daddy‹...«

»Sie kämpften sich zur Diele durch?«

»Das haben Sie mich schon fünfzehnmal gefragt. Ja.«

»Konnten Sie sehen, was am Ende der Diele geschah?«

»Nein.«

»Brannte im Haus Licht?« fragte Shaw. »In der Küche?«

»Das Küchenlicht brannte. Ich habe es angelassen. Und normalerweise lassen wir das Licht im großen Badezimmer und in der Diele für die Kinder an. Wenn sie in der Nacht mal aufwachen. Und...«

»Sie haben gesagt, als Sie aufwachten, konnten Sie Ihre Frau sehen«, fuhr Shaw fort.

»Nun, ja . . .«

»Sie konnten Ihre Frau sehen. Weil das Licht an war?«

»Nein, ich . . . ich habe nicht gesagt, daß ich meine Frau sehen konnte, als ich aufwachte.«

»Ich will Sie nicht . . .«

»Nein.«

». . . in die Enge treiben. Ich will es nur wissen.«

»Als ich aufwachte, dachte ich . . . ich schäme mich, es zu sagen . . . Ich dachte, ›Mein Gott, ich falle in einen Schock.‹ Und ich hörte, daß alles still war, und . . . mir fiel ein, daß ich Schreie gehört hatte, und . . . ich sah nicht nach vorn. Ich ging ins Badezimmer, und dann sah ich meine Frau.

Ich lag also nicht auf dem Boden und sah auf, ich lag da und dachte: ›Mein Gott, ich falle in einen Schock.‹ Und meine Zähne klapperten aufeinander, und das Licht brannte, und . . . das Licht im Badezimmer ist nicht gerade hell.

Im Krankenhaus sagte man mir, dieses Zittern und der Schüttelfrost kämen nicht vom Schock. Also muß es an der Temperatur gelegen haben. Mein Körper muß abgekühlt sein. Ich muß lange dort gelegen haben, wenn ich fror und meine Zähne klapperten. Wenn es nicht der Schock war, dann muß es die Kälte gewesen sein.«

»Weil die Tür offen war?« fragte Shaw.

»Genau. Das wollte ich sagen.«

»Als wir dort ankamen, war es ziemlich warm.«

»Oh«, sagte MacDonald. »Mein Gott, ich . . . nun, die Heizung läuft ständig. Wir stellen sie nur ab, wenn es zu warm wird.«

»Na schön«, sagte Shaw. »Sie lagen auf dem Wohnzimmersofa, Captain MacDonald, wachten auf, sahen vier Menschen und hörten Ihre Frau.«

»Ja.«

»Und Sie haben auch Ihre Tochter gehört?«

»Ja. Das ist es, was . . . was ich nicht auf die Reihe bekomme. Ich habe hundert Mal darüber nachgedacht, nächtelang buchstäblich, und es gibt so viele Fragen, auf die ich keine Antworten habe. Wenn sie ... ich nehme an, sie kamen durch die Hintertür. Sie mußten durch die Hintertür gekommen sein. Durch unser Schlafzimmer. Und ich verstehe nicht, wieso ich noch Schreie hörte, als sie schon im Wohnzimmer waren. Oder waren es mehr als vier?«

»Vier sind eine Menge«, sagte Shaw. »Vier Fremde ...«

»Ich weiß.«

»... in einem Haus dieser Größe sind es eine Menge.«

»Ich weiß.«

»Es müßte ...«

»Ich weiß.« MacDonald lachte.

Shaw lachte nicht. »Meiner Erfahrung zufolge und seiner und seiner«, er deutete auf Grebner und Ivory, »müßte es in Ihrem Haus ein ziemliches Durcheinander gegeben haben.«

»Zerbrochene Möbel und Spiegel, Löcher in den Wänden und ...«

»Tja, da haben Sie mehr Erfahrung als ich«, sagte MacDonald, »aber ich würde normalerweise ... ich meine, ich würde nicht unbedingt davon ausgehen. Wenn jemand im Schlaf überfallen wird ... vielleicht wird nichts zerschlagen ...«

»Die Einrichtung war unbeschädigt.«

»Na ja, ich weiß nicht. Was ...«

»Was schließen Sie daraus? Daß diese Leute ...«

»Sich vielleicht im Haus auskannten? Oder ... ja, sicher, sie waren vorsichtig.«

»Können Sie uns eine bessere Beschreibung der Einbrecher geben?« fuhr Shaw fort.

»Ich hatte leider keine Polaroid griffbereit. Ich kann nur sagen, daß sie von durchschnittlicher Größe waren. Hören Sie, ich weiß, das klingt lächerlich, aber alle waren von durchschnittlicher Größe. An besondere Kennzeichen erinnere ich mich nicht. Ich erinnere mich nicht, daß sie langes Haar hatten, was man bei Hippies ja annehmen sollte. Aber wer LSD nimmt, muß nicht unbedingt ein Hippie sein. Ich meine, ich habe eine Menge Soldaten der Special Forces mit kurzen Haaren gesehen ...«

»Wie reagieren Hippies?« fragte Shaw. »Nein, nicht Hippies,

sondern Menschen, wenn sie unter dem Einfluß von LSD stehen?«

»Nun, jeder...«

»Könnten sie so etwas durchführen? Ausgerechnet in Ihr Haus einbrechen...«

»Ah, jetzt kommen Sie darauf... hm... warum sie bei uns eingebrochen haben. Wenn Sie...«

»Nein, ich will im Augenblick nicht darauf hinaus, warum sie ausgerechnet bei Ihnen eingebrochen haben. Sagen wir einfach, es sei Schicksal gewesen.«

»Na schön.«

»Irgendein Haus mußte es ja sein.«

»Genau.«

»Warum nicht Ihres? Warum nicht...«

»Na schön. Mit anderen Worten, waren sie dazu imstande?«

»Genau. Konnten sie die Sache durchziehen?«

»Ich habe viele Patienten gehabt, bei denen ich dachte... ich meine, man weiß nicht immer, was sie genommen haben.«

»Gehen wir davon aus, es sei LSD gewesen.«

»Gut. Also, wenn jemand in die Notaufnahme kommt und sagt, er habe LSD genommen, und er habe eine akute Angstreaktion, Paranoia, und er sieht Menschen, vor denen er Angst hat... Das könnte LSD sein, aber auch Speed, Mesc – alle Amphetamine, aber auch Meskalin. Und sehr oft wissen die Jungs nicht, was sie genommen haben, behaupten aber immer, es sei LSD gewesen.

Vorgestern habe ich jemanden in Cape Fear behandelt... nein, nicht vorgestern, letzte Woche, und der Junge war besonders ängstlich und wild. Man mußte sich nur bewegen, und er sprang auf und reagierte sehr paranoid. Sie wissen schon, man greift ihn an, und er muß sich verteidigen.«

»Nehmen die meisten... na schön, belassen wir es für den Augenblick dabei«, sagte Shaw. »Diese Menschen, die Amphetamine nehmen, Aufputschmittel...«

»Ja.«

»Vier davon sind in Ihrem Haus. Sie haben etwas genommen. Das Mädchen sprach von LSD...«

»Genau, LSD.«

»Es könnte aber alles mögliche gewesen sein, sogar Peyote-Kaktus...«

»Ja. Äh, ich kenne dessen Wirkung nicht. Doch, ich habe davon gehört.«

»Sie sind aufgeregt, tun etwas Aufregendes. Sie würden doch wild herumspringen, oder?«

»Tja, bei den meisten... da haben Sie recht. Sie wären nicht ruhig und gelassen, sondern paranoid und ängstlich und...«

»Wenn Sie etwas tun, dann in einer Art Rausch, oder?«

»Tja, ich weiß nicht. Das ist... keine Ahnung.«

»Was mir ebenfalls Kopfzerbrechen bereitet«, sagte Shaw, »ist das Motiv.«

»Ja.«

»Wir sehen kein Motiv. Es fehlt nichts aus Ihrem Haus, ist noch nicht einmal zu Vandalismus gekommen.«

»Ja.«

»Captain MacDonald, es fehlt nichts. In Ihrem Haus gibt es eine Menge, das sich zu stehlen lohnt.«

»Sie waren nett. Ich weiß.«

»Sie haben eine Menge... Medikamente in Ihrem Haus.«

»Ich weiß.«

»Warum?«

»Oh, nur für den Fall, daß mich jemand um Rat fragt. Ich kümmere mich um die halbe Nachbarschaft, und — nichts davon war verschreibungspflichtig. Darauf habe ich genau geachtet.«

»Wenige Medikamente waren es ja nun wirklich nicht«, sagte Shaw und warf einen Blick auf eine Liste, die aufführte, daß MacDonald in seinem Schrank nicht nur zahlreiche Medikamente, Spritzen und Einwegskalpellklingen, sondern auch achtzehn 50-Milligramm-Fläschchen Thorazine aufbewahrte, ein Medikament, mit dem man geistig aufgewühlte Patienten ruhigstellt. »Eine wirklich umfangreiche Liste. Ich bin genauso offen zu Ihnen, wie Sie hoffentlich zu mir offen sind.«

»Tja...«

»Haben Sie damit Ihre Bekannten behandelt?«

»Nur meine Mutter und Schwiegereltern. Diätpillen und Schilddrüsen- und Blutdruck-Medikamente.«

»Na schön, wenn Sie die Leute in der Gegend behandeln, würde das bedeuten...«

»Hm-hm.« MacDonald schüttelte den Kopf.

»Können Sie uns da gar nicht weiterhelfen?«

»Ich wünschte, ich könnte es. Ich kann mir aber nicht vorstellen, daß ich jemanden so sehr beleidigt habe... wenn es sich nicht um einen Psychioten handelt.«

»Und dann hätte diese Person noch mindestens drei andere zum Mitmachen überreden müssen.«

»Mindestens. Genau. Und... und niemand hat sich gemeldet, weil er in der Zeitung davon gelesen hat, und gesagt: ›Mein Gott, ich kenne da ein paar Leute, und ich habe sie Dienstagmorgen gesehen, und sie waren voller Blut!‹ oder so. Sie haben recht. Ich weiß es nicht. Ich würde ruhiger schlafen, wenn ich es wüßte, das kann ich Ihnen sagen.«

»Captain MacDonald«, fuhr Shaw fort; er wollte das Verhör nun etwas schärfer durchführen. »Wir haben einige andere Dinge im Haus gefunden und noch einige andere Fragen an Sie. Wir werden sie Ihnen stellen, und wenn Sie sie erklären können, gut. Wenn nicht, müssen wir uns eben den Kopf darüber zerbrechen. Aber ich möchte, daß sie uns helfen, weil es wirklich wichtig für Sie ist.

Fangen wir mit der Schlafanzugjacke an, die Sie getragen haben, ja? Wir haben sie im Labor untersucht, wissen, woraus sie besteht, welche Fäden und Fasern sie hat.«

»Gut.«

»Na schön. Wir haben an zahlreichen Stellen des Hauses Fasern und Fäden gefunden. Verwirrend ist, daß wir Fasern dieser Jacke unter Colettes Leiche gefunden haben. Mich interessiert, wie sie dorthin kamen.«

»Abgefallen? Oder... keine Ahnung. Vielleicht lösen sich diese Fasern von der Jacke? Lagen sie überall im Haus? Ich meine... keine Ahnung. Waren es große Fasern?«

»Ja.«

»Nicht...«

»Nicht mikroskopisch kleine.«

»Kein Durcheinander«, warf Ivory ein.

»Kein Durcheinander?«

»Nein«, sagte Shaw. »Fasern und Fäden.«

»Keine Ahnung. Das kann ich nicht beantworten.«

»Na schön«, sagte Shaw. »Wie kommt es, daß an der Tasche dieser Schlafanzugjacke etwas Blut von Ihrer Frau war — eine winzige Menge —, sie aber im Schlafzimmer lag? Der Rest der Jacke war mit ihrem Blut getränkt ...«

»Ich hatte sie über sie gelegt.«

»Und mit Kimmys Blut. Wie erklären Sie sich das?«

»Na ja, ich hatte Blut von allen an den Händen, als ich nach dem Puls und so weiter fühlte. Und als ich wieder nach meiner Frau sah ... Wenn ich Blut an den Händen hatte und die Schlafanzugjacke berührte ... vielleicht ist es so drangekommen.«

»Wie ich schon sagte, das ist sehr wichtig«, fuhr Shaw fort. »Wir haben die Tasche Ihrer Schlafanzugjacke an einer Stelle gefunden, und es waren ein paar Tropfen von Colettes Blut daran. Der Rest der Schlafanzugjacke, einschließlich der Stelle, wo sich die Tasche gefunden hatte, ist mit Blut getränkt. Aber die Tasche war in einem anderen Teil des Schlafzimmers, nicht bei Colette.«

»Könnte man mir sie während des Kampfes abgerissen haben?«

»Das glauben wir auch ... Sie wurde während des Kampfes abgerissen. Aber wie kommt sie dann ins Schlafzimmer?«

»Keine Ahnung. Vielleicht hat sie jemand ... oder sie hing noch am Schlafanzug, und als ich ins Schlafzimmer ging, löste sie sich. Ich meine ... es gibt da mehrere Möglichkeiten. Hmm ... angenommen, sie wurde abgerissen, als ich mit den Einbrechern kämpfte ...«

»Ja, gehen wir davon mal aus.«

»... und als der Einbrecher hinausging, fiel sie zu Boden. Ist das möglich?«

»Nun, alles ist möglich«, sagte Shaw.

»Na gut.«

»Es klingt allerdings unwahrscheinlich.«

Es folgte eine kurze Pause. Dann fuhr Shaw fort: »Darüber hinaus fanden wir Fasern dieser Jacke sowohl in Kristys wie auch in Kimmys Zimmer.«

»Großer Gott.«

»Und Sie haben uns gesagt, daß Sie sie im Schlafzimmer auszogen.«

»Ja, aber was ist mit meinen Händen und so? Vielleicht habe ich diese Fasern an den Händen gehabt. Ich weiß es nicht. Als ich... ich meine, vielleicht klebten sie an den Haaren meiner Arme und so...«

»Wir sprechen hier nicht über eine oder zwei Fasern«, sagte Ivory. »Wir sprechen über eine ganze Menge.«

»Tja, das ergibt für mich keinen Sinn. Eine ganze Menge... ich kann nur sagen, Sie wissen ja, wie zerrissen die Jacke war. Ich erinnere mich nicht mehr daran, um Ihnen die Wahrheit zu sagen. Ich weiß nur noch, daß ich sie... von den Händen wickelte.«

»Darüber hinaus«, sagte Shaw, wobei er die Namen von MacDonalds Töchtern verwechselte, »fanden wir eine Faser der Jacke unter Kimmys Fingernagel, und es befand sich Blut daran, was darauf hindeutet...«

»Unter Kimmys Nagel?«

»... daß sie Sie...«

»Keine Ahnung. Ich weiß, worauf Sie hinauswollen.« MacDonald lachte. »Keine Ahnung.«

»Nun«, sagte Shaw, »wir müssen diese Dinge mit Ihnen besprechen, Captain MacDonald...«

»Ja.«

»... weil Sie der einzige sind, der weiß, was in diesem Haus passiert ist.«

»Hören Sie, das weiß ich, und... ich kann nur sagen, diese Fasern können bei dem Kampf auf jeden übertragen worden sein, und... Ich wünschte, ich könnte Ihnen eine Antwort darauf geben, aber ich kann nur allgemeine Schlußfolgerungen ziehen.«

Abrupt wechselte Shaw das Thema. »Haben Sie irgendwann während der Nacht, während Sie vor dem Eintreffen der Militärpolizei nach Ihrer Familie sahen, Handschuhe getragen?«

»Ob ich Handschuhe getragen habe?«

»Ja. Sie.«

»O ja, beim Abwasch.«

»Was für Handschuhe waren das?«

»Sie hatte normalerweise zwei Paar dort liegen. Dicke gelbe Handschuhe sowie ein Paar meiner Chirurgenhandschuhe. Ich weiß nicht mehr, welches ich benutzt habe.«

»Aber Sie haben beim Abwasch Handschuhe getragen?«

»Ja.«

»Gut. Haben Sie später noch einmal Handschuhe getragen? Nach dem Überfall, nachdem Sie wußten, daß etwas passiert war?«

»Nein.«

»Um nach dem Puls zu fühlen, oder so?«

»Nein.«

»Na schön. An einigen Stellen, wo Blut sein sollte, haben wir keins gefunden, Captain MacDonald. An den Telefonen im Schlafzimmer und in der Küche. Sie haben den Hörer abgehoben, aber es ist kein Blut daran. Warum nicht? Haben Sie sich die Hände irgendwo abgewischt?«

»Vielleicht am Bademantel meiner Frau oder an meiner Schlafanzughose. Ich weiß es nicht mehr. Vielleicht waren meine Hände relativ trocken, als ich telefonierte, aber ... ich weiß es nicht mehr.«

»Sie arbeiten oft in der Notaufnahme«, sagte Shaw.

»Ja.«

»Das ist Ihr Beruf. Und Sie kommen dabei mit Blut in Berührung und wischen sich nicht jedesmal die Hände ab. Wenn Sie also das Telefon anfassen, hätten Sie es mit Blut verschmieren müssen.«

»Richtig — außer, es war schon eingetrocknet. Als ich auf dem Boden aufwachte, hatte ich eine Weile dort gelegen, und es war vielleicht schon eingetrocknet.«

»Als wir dort eintrafen, war es noch nicht eingetrocknet.«

»Na gut, damit ist diese Möglichkeit ausgeschlossen. Dann weiß ich es nicht.«

»Wissen Sie«, fuhr Shaw fort, »ich habe auch über den großen Urinfleck auf dem Bett nachgedacht. Gab es ...«

»Das passierte häufig«, unterbrach MacDonald. »Das ... ist nicht ungewöhnlich. Kristy kam fast jede Nacht zu uns ins Bett. Ich habe versucht, meiner Frau zu sagen, wir müßten das abschaffen, auch wenn sie dann einen Abend mal weint. Bei

Kimmy haben wir es so gemacht, und es hat funktioniert. Sie kam danach nie wieder zu uns ins Bett.

Aber Colette meinte, sie würde lieber jede Nacht eine Minute lang aufstehen, anstatt zwei oder drei Abende herumzuschreien und zu schimpfen. Also kam sie immer wieder zu uns ins Bett. Sie war zweieinhalb und nahm noch immer das Fläschchen, wissen Sie.«

»Das ist ziemlich ungewöhnlich, oder?«

»Wir haben keinen Druck ausgeübt. Wenn Kristy ihr Fläschchen wollte, hat sie es eben bekommen. Kimmy hat auch lange das Fläschchen genommen, und es hat ihr nicht geschadet. Sie war ein gutes Mädchen, machte keine Probleme.«

»Kristy wurde wohl ziemlich behütet.«

»Das wurden sie beide. Ich glaube nicht, daß wir eine vorgezogen haben. Sie waren völlig verschieden. Kimmy war wirklich ... weiblich, wissen sie. Und Kristy war ein richtiger Racker. Sie waren völlig verschieden, aber wir haben sie beide geliebt und gleich behandelt.

Man konnte Kristy schon mal anschreien, ohne daß es ihr viel ausmachte. Das war bei Kimmy nicht möglich. Ich meine, es nahm sie sehr mit, wenn man sie ausschimpfte.«

»Was für einen Kurs hatte Colette belegt?« fragte Shaw.

»Verdammt, was war das für einer? Keine Ahnung. Irgend etwas mit Literatur. Ich weiß es wirklich nicht. Sie hatte gerade eine Eins im Kurs Englische Literatur des Siebzehnten Jahrhunderts bekommen. Es war ... irgendwas mit englischer Literatur.«

»Hatte sie es auf einen Abschluß abgesehen?«

»Ja, in Englisch. Sie wollte ... wenn ich nach Yale ging, wollte sie ... sie wollte es mit Yale oder einem College in der Nähe versuchen. Yale nimmt jetzt Frauen an, und sie brauchte nur noch ein Jahr. Sie hatte zwei Jahre in Skidmore studiert und eine Menge Kurse belegt, nachdem wir geheiratet hatten. Und sie wollte ein Bakkalaureat in Englisch machen.«

»Weshalb?«

»Keine Ahnung. Sie ... sie hätte gern als Lehrerin gearbeitet, an einem College. Ich wollte an eine Universität gehen, um dort zu praktizieren, und sie hätte dort gern Kurse gegeben, als Teilzeitkraft.

Ich wollte nicht, daß sie arbeitete, da wir doch die Kinder hatten. Und sie wollte keinen Vollzeitjob. So hätten wir das schön unter einen Hut bringen können.«

Shaw ließ diese Tagträume auf sich beruhen. »Kimmy war in Ihrem Schlafzimmer«, sagte er, »und sie wurde dort verletzt.«

»Verletzt?«

»Ja.«

»Sie meinen, an diesem Abend?«

»Das sage ich ja.«

»Wenn sie nicht zu meiner Frau ins Bett gegangen ist ... das tat sie kaum noch. Sie stand kaum noch des Nachts auf, schlief jetzt immer öfter durch. Sie kam sehr selten zu Colette und mir ins Bett. Einmal im Monat vielleicht.«

»Wenn sie etwas gehört hätte«, fragte Shaw, »und wachgeworden wäre, hätte sie nachgesehen, was los ist?«

»Ja, Kristy schon. Selbst mit zweieinhalb Jahren. Aber bei Kimmy bin ich mir nicht so sicher. Sie hatte Angst vor dem neuen Pony, das ich ihnen geschenkt habe, und sie war nicht ... sie war ziemlich sanft und weiblich, und ... ich weiß es nicht.

Aber wenn sie einen Alptraum hatte ... wenn sie weinend aus einem Alptraum erwachte, dann blieb sie sitzen und brüllte, bis Colette kam, wohingegen Kristy sofort ins Schlafzimmer und ins Bett gekommen wäre.

Wissen Sie, sie ... reagierten ganz unterschiedlich. Wenn Kimberly Schreie gehört hätte, hätte sie wohl kaum nachgesehen. Sie ist intelligent und neugierig, aber auch sehr schüchtern.«

»Sie glauben es also nicht?«

»Na ja, vielleicht doch. Wie kann man schon sagen, was eine Fünfjährige tun würde? Wenn Sie mich fragen, ob ich es erwartet hätte ... bei Kristy ja. Auch, weil sie noch so jung war, daß sie vor nichts Angst hatte. Aber bei Kimmy nicht.

Sie war immer so ... wissen Sie, man mußte sie immer an der Hand nehmen. Ich meine, sie lernte schon früh lesen und schreiben und so, aber sie würde ... andere Kinder schubsten sie herum, während Kristy ... sie verteidigt hat, ob Sie es glauben oder nicht.

Kimmy kam weinend nach Hause gelaufen, während Kristy zurückschlug. Hmm... das ist das erste, was ich höre. Ich wußte nicht, daß Kimberly im Elternschlafzimmer... verletzt wurde. Hmm.«

Es folgte eine lange Pause.

»Ich glaube, ich habe Kimmy gehört«, sagte MacDonald schließlich. »Colette auf jeden Fall, denn nur sie würde mich Jeff nennen, und ich kenne ihre Stimme. Ich glaube, die andere war Kimberly. Sehen Sie, ich wußte nicht... was Sie gerade gesagt haben.«

»Verstehen Sie mich nicht falsch«, sagte Shaw, »aber wären Sie bereit, sich einer Befragung unter einem Lügendetektor zu unterziehen?«

»Klar. Auf jeden Fall.«

»Sehr schön. Sie wissen, daß Sie nicht dazu verpflichtet sind.«

»Klar. Ich habe nichts dagegen.«

»Vielleicht bitten wir Sie darum. Nur, um uns Klarheit zu verschaffen.«

Mittlerweile war es 11 Uhr 20. »Hätten Sie jetzt gern eine Tasse Kaffee?« fragte Shaw.

»Ja. Wir haben uns lange unterhalten.«

»Bill, kümmerst du dich darum?« sagte Shaw zu Ivory. »Zeig dem Captain, wo der Kaffeeautomat steht.«

Jeffrey MacDonalds Stimme

In Fort Sam Houston war es zu meiner Überraschung sogar recht angenehm. Zuerst dachte ich, es würde ziemlich schwierig werden, aber wir kamen nicht in eine Kaserne, sondern in ein Hotel, und ich lernte diesen Arzt vom Williams College kennen, der jetzt als orthopädischer Chirurg auf Maui arbeitet, und wir waren in der sechswöchigen Ausbildung ziemlich oft zusammen.

Wir hatten doch einen unterschiedlicheren Lebensstil, als ich ursprünglich glaubte. Anfangs liefen wir gemeinsam oder spielten Handball oder Basketball zusammen. Auch während des Medizinstudiums und meines Jahres als Assistenzarzt hatte ich versucht, zumindest mehrmals die Woche zu laufen und mich bei Ballspielen fit zu halten.

Kurz nach Dienstantritt trommelte man uns in einer Halle zusammen, und mehrere Spezialisten der einzelnen Waffengattungen hielten uns Vorträge und versuchten, uns zu überreden, uns länger zu verpflichten, eine ziemlich lahme Sache. Doch dann kam ein Colonel von den Green Berets in Ausgehuniform mit Fallschirmspringerstiefeln und Orden auf der linken Brust und sprach etwa zwei Minuten lang. »Na ja, ihr könnt jetzt eine fünfzig Meter lange Schlange von GIs behandeln, die den Krieg und die Army hassen und von denen die Hälfte eine Geschlechtskrankheit und die andere Hälfte gar nichts hat, oder ihr könnte zwei Jahre lang etwas wirklich Vernünftiges tun: wir bilden euch als Fallschirmspringer aus, und danach seid ihr bei der besten Truppe auf der ganzen Erde, den Green Berets der United States. Wenn ihr Mut dazu habt«, sagte er, »dann kommt zu mir«, und er ging von der Bühne.

Mein Freund und ich sahen uns an. »Mein Gott, das klingt ja ziemlich gut«, sagte er, und wir lachten. »Gehen wir«, sagte ich. Ich brauche nicht extra zu betonen, daß wir die beiden einzigen von etwa vierhundert Soldaten waren, die zu ihm gingen.

Dieser Colonel, Einar Himma, war Norweger oder Schwede,

hatte sich im Zweiten Weltkrieg auf die Seite der Alliierten geschlagen, in den vierziger oder fünfziger Jahren wieder Medizin studiert und war schließlich bei den Green Berets gelandet. Er hatte einen starken nordischen Akzent, war ein Soldat vom alten Schlag und beeindruckte meinen Freund und mich sehr. Es war furchtbar heiß – in San Antonio herrschten im Juli über vierzig Grad –, aber wir liefen ein paar Kilometer, machten unsere Liegestütze und unsere Sit-ups und so weiter, und mir gefiel die Vorstellung, ein Green Beret zu sein. Ich rief Colette an und sagte ihr, man hätte mir angeboten, mich als Fallschirmspringer auszubilden und zu den Green Berets zu gehen.

Am anderen Ende der Leitung war erst einmal Schweigen. Dann fragte Colette: »Warum, zum Teufel, willst du Fallschirmspringer werden und zu den Green Berets gehen?« Und ich erklärte ihr wohl ziemlich enthusiastisch, anstatt zwei Jahre damit zu verschwenden, nicht sehr kranke Menschen zu behandeln, würde ich eine volle Kampfausbildung bekommen, und wenn ich nach Vietnam käme, dann vielleicht als Green-Beret-Arzt.

Colette gefiel die Entscheidung nicht, doch sie respektierte sie – sie legte gewissermaßen ihr volles Vertrauen in mich. Und um ehrlich zu sein, der Colonel hatte uns auch gesagt, wenn wir die Aufnahmeprüfung bestünden und die richtigen Papiere unterzeichneten, kämen wir wahrscheinlich nicht nach Vietnam, sondern nach Fort Benning in Georgia, und würden von dort aus wahrscheinlich nach Fort Bragg versetzt. Das war der wichtigste Köder – daß wir nicht nach Vietnam kämen. Und ich dachte zum ersten Mal darüber nach und begriff, daß Colette und meine Eltern – nein, nur meine Mutter – wohl Angst davor hatten, daß ich nach Vietnam käme.

Dabei hatte ich voll damit gerechnet, nach Vietnam versetzt zu werden. Und später bat ich sogar zwei meiner befehlshabenden Offiziere darum, nach Vietnam geschickt zu werden, ohne vorher mit Colette darüber gesprochen zu haben. Ich hielt es für meine Pflicht und wollte es auch.

Also waren wir im heißen, trockenen Fort Sam Houston, stellten uns dem Eignungstest und bestanden mit wehenden Flaggen.

In Fort Benning wurde ich als Fallschirmspringer ausgebildet, und meinen ersten Sprung werde ich natürlich niemals vergessen.

Ich weiß noch genau, wie ich ausstieg. Ich hatte eindeutig Angst, aber als es dann soweit war, schien sich meine Furcht zu legen, und sie mußten mich nicht hinausstoßen. Es war sehr verwirrend, als ich ins Nichts sprang und herumwirbelte. Ich war darauf nicht vorbereitet und unglaublich erleichtert, als ich nach oben schaute und sah, wie sich der Fallschirm öffnete. Es war ... na ja, als hätte der Herzschlag eine Minute lang ausgesetzt. Unglaubliche Erleichterung durchströmte einen, und dann eine wahnsinnige Freude, daß man es tatsächlich getan hat — daß man gesprungen ist. Und der Himmel war voller neuer Fallschirmspringer, und man hörte, wie sie vor Freude jauchzten, und erinnerte sich vielleicht auch an die Anweisungen, die die Ausbilder einem vor dem Sprung gegeben hatten. Ich werde dieses erhebende Gefühl niemals vergessen.

Im Herbst wurde ich nach Fort Bragg versetzt. Das ist die schönste Jahreszeit dort. Der Himmel ist blau, die Bäume sind sehr schön, und das Gras ist noch nicht braun geworden. Fort Bragg war das Militärlager des 18. und des 82. Luftlandekorps; auch des JFK Center for Special Warfare — die Green Berets — war dort angesiedelt. Es war also eine Elitebasis mit einer Menge Elitetruppen.

Darüber hinaus bekam ich ziemlich schnell die Wohnung im Haus 544 Castle Drive, und Freddy fuhr Colette und die Kinder hin.

Ein Umzug ist immer ein Alptraum, aber bei uns lief es reibungslos ab. Colette freute sich, wieder einige Zeit mit Freddy verbringen zu können, und für die Kinder war es ganz hervorragend, da wir eine sehr gute Schule am Ort hatten. Wir würden keine Schwierigkeiten haben, Babysitter zu bekommen, hatten ein geregeltes Einkommen und eine vernünftige Wohnung — jedes Kind hatte ein Zimmer für sich.

Und wir waren wieder zusammen. Trotz der Junggesellenatmosphäre in Fort Sam Houston war es schön, wieder mit

Colette zusammenzusein. Mein Job kam mir ziemlich einfach vor. Ich sprang ziemlich viel und lernte jede Menge. Ich konnte trainieren – ich trat der Boxmannschaft bei – und trotzdem jede Menge Zeit mit den Kindern und Colette verbringen. Und Colette war sehr erleichtert, daß ich nicht nach Vietnam kommen würde.

Sobald wir uns jedoch eingerichtet hatten, ging ich zu meinem befehlshabenden Offizier, Colonel Kingston, und sagte ihm, ich hätte nichts dagegen, nach Vietnam zu kommen, und wolle es sogar. Bob Kingston war Befehlshaber der Third Special Forces in Fort Bragg und machte mich eine oder zwei Wochen nach meiner Versetzung zum Regimentschirurgen. Mit anderen Worten – ich war der wichtigste Arzt unter Colonel Kingston.

Ich kannte all die Legenden über ihn. Er hatte in Nordkorea ein Jahr hinter den feindlichen Linien gekämpft. Erstaunlich, wenn man bedenkt, daß er wohl zehn oder fünfzehn Zentimeter größer und dreißig oder vierzig Pfund schwerer als ein durchschnittlicher Koreaner ist und trotzdem nicht aufflog.

Er hatte während des Koreakriegs auch eine nordkoreanische Piratendschunke gekapert, auf der man Gold im Wert von ein paar Millionen Dollar fand. Er war zu der Zeit bei der CIA und übergab das Gold dem Geheimdienst, und ich werde es nie vergessen. Seine Frau hat ihm nie vergeben, daß er nicht etwas für sich abzweigte. Er hat eine sehr nette Frau, eine Engländerin namens Jo, und eine tolle Tochter, Leslie.

Kingston war ein echter Soldat, der sich auch mal die Hände schmutzig machte. Und als ich ihm sagte, ich würde gern in Vietnam dienen, sagte er mir, ihm gefiele mein Stil, ich sei sein Mann, und wenn er nach Vietnam zurückkehrte, womit er im Lauf des nächsten Jahres rechnete, würde er mich als seinen Regimentsarzt mitnehmen.

Ich erinnere mich, als ich sein Büro verließ, daß dieser echte Green Beret, der später General und dann der erste Kommandant der neuen Rapid Deployment Force werden würde, mich so gelobt hatte. Und ich erzählte Colette davon, und sie war zwar nicht begeistert, aber stolz auf mich.

Ihre Augen funkelten immer in diesem schönen Braun, wenn

ich aufgeregt oder begeistert war. Manchmal hielt sie meine Begeisterung für etwas kindisch, aber sie war stolz, daß Colonel Kingston mich für einen so guten Offizier hielt.

Ich weiß noch, wie ich Colette eines Samstagmorgens zu einer Exerzierübung mitnahm. Ich hatte gerade die grüne Mütze bekommen (nach der die Green Berets ihren Namen haben), konnte sie aber nicht mit vollen Abzeichen tragen, weil ich meine Ausbildung noch nicht beendet hatte. Doch ich war trotzdem stolz darauf, die grüne Mütze, die Fallschirmspringerstiefel und die Ausgehuniform zu tragen, und ich werde diesen Augenblick niemals vergessen.

Es war Ende September, Anfang Oktober, die Flagge wehte, die Soldaten waren aufmarschiert, und Colonel Kingston hielt eine Rede. Es war neblig, man konnte kaum das Ende des Paradeplatzes sehen, und er erzählte ein paar Anekdoten, um uns daran zu erinnern, daß er andere Zeiten, andere Orte gesehen hatte, wo der Nebel heranrollte, und gute Truppen dabeigehabt und viele Soldaten davon verloren hatte, und daß einige dieser Männer nun Orden trugen, Silver Stars, oder wie sie hießen, und daß wir Green Berets wären und unser Bestes geben müßten.

Damals gab es natürlich eine Menge Aufruhr in Fort Bragg. Die Antikriegsbewegung hatte begonnen, und ein paar Monate später würde Jane Fonda über Fort Bragg herfallen, doch diese Rede erzeugte mit ihrer Schönheit und ihrem Patriotismus wirklich eine Gänsehaut, und auch Colette war beeindruckt.

Als wir nach Hause gingen, sprachen wir darüber, was für ein beeindruckender Mann er war, und ich erzählte ihr ein paar der Legenden über Bob Kingston.

Ich machte eine wirklich aufregende Übung mit, unten auf Vieques, einer Insel vor Puerto Rico. Es war eine Navy-SEAL-Übung (Sea, Air and Land — See-, Luft- und Landstreitkräfte) unter Mitwirkung von U-Booten und der Green Berets.

Wir hatten jede Menge Übungspläne; wir sollten in puertoricanische Städte einsickern, Studentenrevolten beobachten und, wenn es zum Wohl unserer Länder war, Pläne entwickeln, wie man die betreffenden Studentenführer beseitigen könne. Die SEAL-Teams und die Green Berets lagen natürlich im Wettstreit miteinander, und ich spielte Kingstons Stabsarzt. Teil meiner Aufgabe war es, die Prostituierten in der Nähe unserer Basis zu untersuchen, und dabei spielte sich eine bizarre Episode ab. Ich saß mit einem Sergeanten in der Bar, und er machte ein Mädchen an, und auf einmal gab es eine schreckliche Prügelei, die Tür wurde ausgehebelt, die papierdünnen Wände brachen ein, und es stellte sich heraus, daß das Mädchen, das er sich ausgesucht hatte, gar kein Mädchen war, sondern ein verkleideter Kerl.

Er hatte zehn Minuten mit ihm herumgemacht, bevor er ihm dann zwischen die Beine faßte und einen Penis fühlte, und da drehte er durch, hätte ihn fast umgebracht. Ich mußte den Sergeanten festhalten — und die Geschichte zum Wohl der Army vertuschen...

Das Traurige an dieser Übung war, daß man mich nach Hause rief, weil ich Jay helfen mußte. Ich hatte gedacht, alles sei in Butter. Ich war ein Green Beret, Colette wartete einigermaßen zufrieden in Fort Bragg auf mich, die Kinder machten sich gut — Kristy war in einem Hort, und Kimmy, glaube ich, im Kindergarten. Ich dachte also, alles sei in bester Ordnung, als ich auf Vieques dieses Telegramm bekam, in der Familie läge ein Notfall vor.

Colette war von der Army benachrichtigt worden, ich sei auf dem Weg nach Hause, und hatte mir schon eine Tasche gepackt. Ich zog meine Ausgehuniform an und flog nach New York, und neben mir saß ein Priester, der mir sagte, wie sehr er Uniformen bewundere, und auf einmal lag seine Hand auf meinem Schenkel.

Um eine lange Geschichte kurz zu fassen, Jay war ausgeflippt. Er hatte anscheinend einen psychotischen Zusammenbruch. Später stellte sich heraus, daß er wochen-, wenn nicht gar monatelang Amphetamine genommen hatte. Er war Barkeeper in Greenwich Village, war gerade ausgezogen, wohnte nun mit einem Matrosen zusammen, und anscheinend war der

Streß zu groß geworden. Er hatte bei seinem Job zuviel getrunken, Amphetamine genommen, um die ganze Nacht über wach zu bleiben, war auf Parties gegangen. Er hatte LSD genommen und war durchgedreht, hatte seine Mutter — anscheinend unabsichtlich — niedergeschlagen, und die Polizei hatte ihn in Handschellen und einer Zwangsjacke in eine staatliche Geistesheilanstalt auf Long Island gebracht, wo er dann versucht hatte, im zweiten Stock aus dem Fenster zu springen. Eine wirklich schreckliche Sache. Man hatte ihn mit Thorazine ruhiggestellt.

Ich ging mit meiner Mutter in das Krankenhaus, eine unglaublich bedrückende Anstalt, in der die Tobenden in ihrer Thorazine-Trance wie die Zombies herumliefen, und fand meinen Bruder übergewichtig, ungepflegt und geistig verwirrt vor. Die ganze Sache nahm mich unheimlich mit.

Ich konnte verstehen, daß er Amphetamine genommen hatte. Das war schließlich nicht so schlimm — man blieb nur etwas länger wach. Aber für das LSD hatte ich kein Verständnis. Jay versicherte mir natürlich, er habe nicht gewußt, daß es LSD gewesen sei. Alle anderen hätten ihn hereingelegt, und wenn ich ihn nur aus dem Krankenhaus holte, käme er wieder in Ordnung.

Nun, er war eindeutig nicht in Ordnung. Es stand außer Frage, daß er Mafia-Typen kannte. Und Jay hatte offenbar Spielschulden bei ihnen, vielleicht 15 000 Dollar, und meine Mutter hatte mich einmal angerufen, als einige Schuldner ihr einen Besuch abstatteten. »Tja«, sagte ich, »wenn du das Geld hast, mußt du bezahlen«, weil ich nicht wußte, was sie sonst tun konnte. Ich wollte nicht, daß man meiner Mutter die Arme und Beine brach, und so verwendete sie eine beträchtliche Summe, wohl die Lebensversicherung meines toten Vaters, um ein paar Krediṭhaie zu bezahlen.

Dieser schizophrene Zusammenbruch hatte also mit Mafia-Typen zu tun. Es gab sie wirklich, aber als dieser psychotische Zusammenbruch kam, nahmen sie natürlich völlig irreale Züge an, und das Buch *Der Pate* wurde zu einer Art Bibel für ihn. Er ging mit dem Buch herum, glaubte, er sei eine Person daraus, oder das Buch sei Wirklichkeit geworden, und man sei hinter ihm her.

Ich muß Ihnen sagen, es war schrecklich, ihn in einem staatlichen Krankenhaus zu sehen. Ich hatte während meiner Ausbildung einige gesehen und wußte, wie schlecht die Versorgung dort war. Ich sah mir also seine Wohnung in New York an, sah mich in der Bar um, in der er arbeitete, und fand einen Burschen, der ihm wahrscheinlich die Drogen besorgt hatte — er versorgte jede Menge Barkeeper in der Umgebung —, holte ihn heraus und machte einen Riesenkrach. Dann mußte ich nach Fort Bragg zurück.

Das überwältigendste Gefühl, das ich mit Fort Bragg verbinde, war das neue Zusammengehörigkeitsgefühl, das sich zwischen Colette und mir entwickelte. Colette hatte ja bei meiner Mutter wohnen müssen, und sie war erleichtert, daß wir wieder zusammen wohnten, ein geregeltes Einkommen hatten und sie wieder zur Schule gehen konnte. Und auf mir lastete kaum Druck. Ich konnte mit Colette zusammensein und mit den Kindern spielen. Es gab keine anderen Frauen, ich verabredete mich nicht mit Krankenschwestern oder so. Wir fanden wirklich wieder zueinander, und es war ein schönes Gefühl. Unsere Beziehung wurde stärker, es bildete sich neues Vertrauen. Einige Eskapaden der Vergangenheit verblichen. Kleine Affären, Schäferstündchen in Motels und so, weil ich eben von meiner Frau getrennt lebte, aber sie hatten nicht die geringste Rolle gespielt. Colette war so glücklich wie niemals zuvor. Die Kinder gediehen prächtig, und es gab keine Probleme zwischen uns. Ich war stolz darauf, Vater zu sein, und die Kinder waren aus dem Gröbsten raus. Kristy trug zwar noch Windeln, aber sie war kein Baby mehr. Sie konnte schon sprechen und so weiter.

Es war besonders angenehm, jeden Tag mit einem Frühstück mit den Kindern zu beginnen; ich hatte meine helle Freude daran. Und sonntags frühstückten wir immer spät. Oft standen entweder Colette oder ich auf und schlichen hinaus, während der andere noch schlief, und fuhren zur Bäckerei. Und sehr oft gingen wir nach dem Frühstück dann wieder ins Bett zurück und knutschten eine Weile herum. Unsere Ehe lebte richtig auf, denn wir hatten Zeit, und ich war nicht müde, hatte nicht die ganze Nacht durchgearbeitet und mußte nicht wieder zur Arbeit, und Colette war so entspannt wie nie zuvor, und wir liebten uns mit größerer Hingabe denn je.

Wenn Colette und ich uns liebten, ging es nicht ums Bumsen oder Vögeln, oder wie man es nennen will. Immer war Liebe im Spiel, und es war viel schöner so. Colette verlangte niemals offen körperliche Liebe von mir. Sie sagte nie ›Heute abend könnten wir mal vögeln!‹ oder so. So lief das nie zwischen uns. Es war nicht dieser unglaubliche körperliche Sex, den ich mit Penny Wells gehabt hatte. Es war eindeutig eher Liebe als Sex, da besteht gar keine Frage.

Wir gingen so sanft vor, daß es für uns beide aufregend war. Und es dauerte lange, etwas Neues auszuprobieren − neue Positionen, neue Techniken. Wir waren bei der Liebe immer sehr sanft und gemäßigt, nicht leidenschaftlich oder heftig, eher ganz ruhig. Wie sich herausstellte, hatte Colette Angst davor. Ich hielt sie anfangs für sehr verletzbar und etwas naiv, doch sie hatte wirklich Angst. Ich weiß nicht, woran es lag; hatte sie mit Dean Chamberlain geschlafen, ihrem Freund auf der High-School? Und war er grob gewesen − was sehr gut möglich war, denn Dean war wirklich ein Arschloch.

Oder war es der Freund, den sie in Purdue gehabt hatte? Oder die Tatsache, daß sie noch Jungfrau war − daß sie die beiden in Schach gehalten hatte und ich der erste war, mit dem sie geschlafen hat? Ich weiß es nicht.

Es dauerte viele, viele Monate − ja, sogar Jahre − bis Colette ihre Hemmungen bei der Liebe verlor. Erst als ich schon längst Medizin studierte, machte es ihr nichts aus, sich mir nackt zu zeigen. Aber sie blieb immer etwas zurückhaltend, und das war natürlich sehr aufregend.

In Fort Bragg hatten wir viel mehr Zeit füreinander, und ich war in wesentlich besserer Stimmung als im vorherigen Jahr in Bergenfield. Wir gingen viel entspannter miteinander um, und es war wichtig für uns, daß auch der andere zufrieden war. Und wir begriffen allmählich, daß die Außenwelt, die Welt der Zivilisten, uns grenzenlose Möglichkeiten bot, und wir hatten diesen großen Traum, den wir nun verwirklichen konnten. Draußen wartete eine Welt darauf, daß wir sie eroberten. Ich würde an der Universität Yale lehren und als Chirurg praktizieren, wir würden eine Farm haben, Pferde und ein Boot, wir hatten zwei wunderbare Kinder, und ein drittes war unterwegs, Colette freute sich wirklich auf die Zukunft, und Colette und ich waren wieder sehr ineinander verliebt.

10

Anstatt im Gang einfach eine Tasse Kaffee zu trinken, verließ Jeffrey MacDonald das CID-Hauptquartier für neunzig Minuten. Als er um ein Uhr zurückkehrte, spielte das Radio nicht mehr. Franz Joseph Grebner ergriff das Wort.

»Ich habe mir heute morgen Ihre Geschichte angehört«, sagte er. »Ich bin seit vielen Jahren Ermittler, und wenn Sie ein junger, unerfahrener Mensch wären, würde ich versuchen, Sie zu bluffen. Aber Sie sind ein sehr gebildeter Mann, Doktor ... Captain ... und ich will ehrlich sein.

Ihre Geschichte klingt nicht wahr. Es gibt zu viele Unstimmigkeiten. Sehen Sie sich zum Beispiel dieses Foto an.« Grebner deutete auf eine Aufnahme des Wohnzimmers. »Kommt Ihnen daran etwas komisch vor?«

»Nein.«

»Es ist mir sofort aufgefallen, als ich an diesem Morgen die Wohnung betrat. Sehen Sie den Blumentopf?«

»Er steht aufrecht.«

»Genau. Sehen Sie die Zeitschriften?«

»Ja.«

»Sehen Sie die Tischkante dort?«

»Ich verstehe nicht, worauf Sie hinauswollen.«

»Na schön. Die Spurensicherung, ich selbst, Mr. Ivory, Mr. Shaw und einige andere Ermittler haben diesen Tisch umgestoßen. Er kommt niemals so zu liegen. Er ist toplastig und wäre ganz umgekippt, hätte sogar den Stuhl daneben umgestoßen. Die Zeitschriften hätten auch nicht unter dieser Tischkante liegen können.«

»Kann der Tisch nicht während des Kampfes umgestoßen worden sein?«

»Das wäre möglich, aber dann läge er mit der Fläche nach unten. Und die Pflanze wäre aus dem Topf gefallen, was hier nicht der Fall ist.«

»Na ja, was ... wollen Sie damit sagen?«
»Daß der Tatort inszeniert wurde.«
»Daß ich den Tatort inszeniert habe?«
»Genau.«
»Glauben Sie, ich hätte den Topf aufrecht hingestellt, wenn ich den Tatort inszeniert hätte?«
»Jemand hat ihn so hingestellt.«
»Ich sehe darin keinen Sinn. Sie haben mir gerade gesagt, ich sei gebildet und sehr intelligent.«
»Der Meinung bin ich.«
»Glauben Sie dann, ich würde den Tatort so dumm herrichten, wenn ich ihn inszeniert hätte?«
»Und Ihre Brille, die unter den Vorhängen lag. Sie haben Sie nicht getragen, als Sie ins Schlafzimmer und in die Kinderzimmer gingen. Und die Außenseite des Brillenglases lag auf dem Boden, und doch befindet sich an dieser Außenseite Blut.«
»Vielleicht hat sie jemand dorthin getreten?«
»Aber wie ist dann das Blut darauf gekommen?«
»Wohl von der Person, die sie hinübergetreten hat.«
»Und noch etwas. Dort liegt eine Zeitschrift, eine *Esquire*. Es liegt eine Schachtel darauf. Und direkt unter der Schachtel ist Blut an den Seitenrändern. Die ganze Sache wurde inszeniert.«
»Das ist eine ziemlich folgenschwere Behauptung, die alles verändert, nicht wahr?«
»Ja.«
»Nun, ich kann Ihnen nicht helfen«, sagte MacDonald. »Was soll ich sagen? Sie behaupten, ich hätte die Szene inszeniert. Das ist doch lächerlich.«
»Sie müssen verstehen«, sagte Grebner, »daß ich die Sache mit meiner Erfahrung als Ermittler sehe.«
»Das verstehe ich.«
Grebner deutete auf ein anderes Foto. »Sehen Sie den Teppich dort drüben?«
»Ja.«
»Er rollt sich sehr leicht zusammen und verschiebt sich. Wo er liegt, hat angeblich Ihr Kampf mit den drei Männern stattfinden müssen.«
»Ja, zwischen dem Fußende des Betts (*sic*) und der Diele.«

(Das war das dritte Mal, daß MacDonald ›Bett‹ sagte, während er anscheinend ›Sofa‹ meinte.)

»Der Teppich lag unverrutscht an Ort und Stelle.«

»Nun, was soll ich dazu sagen? Ich bin kein Ermittler. Sie behaupten, ich hätte den Schauplatz in Szene gesetzt, und ich behaupte, daß es sich so zugetragen hat, wie ich es gesagt habe.«

»Wir beide«, sagte Grebner, »Sie als Arzt und ich als Ermittler, wir haben schon ziemlich viele Schwerverletzte gesehen, die in die Notaufnahme eingeliefert wurden.«

»Ja.«

»Ich habe Menschen gesehen, denen man aus über hundert Metern Entfernung mit einem .38er ins Herz geschossen hat. Sie haben eine Verletzung von einem Eispickel — angeblich — davongetragen, der Ihren Lungenflügel durchdrang. Er brach zu zwanzig Prozent zusammen. Sie hatten eine kleine Prellung am Kopf.«

»Nein, zwei.«

»Zwei? Na schön, zwei. Keine Verletzungen oder Prellungen, die man mit einem Knüppel hervorrufen könnte, wie er in Ihrem Fall benutzt wurde, wenn man ihn kräftig schwingt.«

»Na ja, medizinisch gesehen kann ich Ihnen da nicht zustimmen. Ich habe Patienten behandelt, die nur eine kleine Schramme an der Stirn hatten und gestorben sind.«

»Das mag zwar stimmen, aber es geht um Sie. Sie haben zwei Schläge bekommen und waren nach eigener Aussage nicht ohnmächtig. Jetzt wird das gute alte Adrenalin in Ihren Körper gepumpt — Sie kämpfen um Ihr Leben und Ihre Kinder — und doch werden Sie ohnmächtig.«

»Ich wurde nicht so eben mal ohnmächtig, Mr. Grebner, ich bekam mehrere Schläge auf den Kopf.«

»Aber diese Schläge bewirkten nicht, daß Sie das Bewußtsein verloren. Sie kämpften noch gegen diese Leute...«

»Anscheinend raubten sie mir doch das Bewußtsein.«

»...und wurden aus einem nicht erklärten Grund ohnmächtig.«

»Nein, ich wurde nicht ohnmächtig. Anscheinend wurde ich bewußtlos geschlagen.«

»Mit einem dritten Schlag?«

»Ich... weiß nicht, wie viele Schläge es waren.«

»Aber diese Waffe wurde auch bei Colette und Kim benutzt. Drei Menschen wurden brutal ermordet. Und trotzdem ließ man Sie am Leben. Warum hat man Ihnen nicht einen oder zwei mit dem Knüppel übergezogen, während Sie in der Diele lagen, und sie endgültig erledigt?«

»Na ja, vielleicht war ich...«

»Sie haben sie gesehen. Sie wußten nicht, daß Sie sie später nicht würden identifizieren können. Warum haben sie Sie am Leben gelassen?«

»Ich weiß es nicht. Vielleicht dachten sie, daß... ich tot sei, und ihr Blutrausch wurde immer schlimmer. Ich... weiß es nicht. Ich habe auch schon darüber nachgedacht. Wissen Sie, ich habe in den letzten sechs Wochen viele schlaflose Nächte gehabt.«

»Dann fanden wir die Fasern von Ihrer Schlafanzugjacke direkt unter dem Körper Ihrer Frau.«

»Sir, ich habe Ihnen gesagt, daß ich... nicht erklären kann, was es mit einigen dieser Fasern auf sich hat. Ich habe Ihnen gesagt, was ich weiß, und wenn das gegen mich spricht, kann ich nichts daran ändern. Ich habe keine Ahnung, wie ich es erklären soll.«

»Und im Schlafzimmer fanden wir auf dem Teppich Kimberlys Blut. Rechts von der Tür lag Bettzeug. Auf dem Laken befand sich sowohl Colettes wie auch Kimberlys Blut, und auf der Bettdecke Colettes Blut, in großen Mengen. Das läßt darauf schließen, daß Kimberly in diesem Laken in ihr Bett zurückgetragen wurde. Und wir konnten nicht den geringsten Beweis davon finden, daß sich eine fremde Person in dem Haus aufhielt, obwohl die Spurensicherung fünf Tage lang alles auf den Kopf gestellt hat. Wenn so viele Menschen in einer so kleinen Wohnung sind, muß man einfach Spuren von ihnen finden.«

»Ich weiß nicht, was ich dazu sagen soll.«

»Dieser Knüppel«, fuhr Grebner fort. »Sie behaupten, ihn nie zuvor gesehen zu haben. Wissen Sie, daß sich daran dieselbe Farbe befindet wie auf einem Regal im Haus?«

»Hören Sie, äh...«

»Dieselbe Farbe wie auf Holzsplittern in Ihrem abgeschlossenen Vorratsraum. Dieselbe Farbe wie auf einem Paar Gummihandschuhe, die wir in diesem abgeschlossenen Vorratsraum fanden. Dieses Stück Holz kam aus dem Haus.«

»Kann schon sein«, sagte MacDonald. »Ich habe es nach dem Foto nicht erkannt. Mein Gott, worauf läuft das hinaus? Wie heißt das noch? Auf Indizienbeweise? Machen Sie nur weiter«, sagte MacDonald sarkastisch. »Was haben Sie sonst noch?«

»Ich zähle nur einige Fakten auf.«

»Sie behaupten, ich hätte meine Frau und Kinder getötet! Das ist... unglaublich. Mein Gott, was sollte ich für ein Motiv gehabt haben?«

»Wir wüßten eine Menge mögliche Gründe.«

»Ich war glücklich verheiratet.«

»Ich bin auch glücklich verheiratet. Trotzdem bin ich manchmal ziemlich wütend auf meine Frau. Besonders, als ich noch jünger und leicht aufzubringen war.«

»Glauben Sie, ich könnte so wütend werden, daß ich jemandem so etwas antue?«

»Es ist schon vorgekommen.«

»Großer Gott! Ich will Ihnen sagen, wie es aussieht. Es sieht danach aus, daß Sie nicht weiterkommen und... und nach der leichtesten Möglichkeit greifen. Damit Sie den Fall geknackt haben, wenn am Ende des Jahres die Statistik über die gelösten Fälle veröffentlicht wird.«

»Nein«, sagte Grebner. »Ich arbeite seit zwanzig Jahren als Ermittler und habe noch einige Jahre bis zur Pensionierung vor mir. Ich habe also Zeit. Es deutet einfach alles darauf hin, daß Sie der Täter sind und es keine vier Einbrecher gab, die zufällig Ihre Wohnungstür offen vorfanden. Ich habe einige Erfahrung und kann Ihnen eins sagen: Bei den vielen Hunden, die es hier gibt, sucht man nicht einfach nach einer Tür, die zufällig nicht abgeschlossen ist, und bringt dann grundlos drei Menschen um. Und zu dieser Morgenstunde hätten die Streifenwagen bestimmt vier oder fünf Menschen bemerkt, die sich hier herumtreiben...«

»Das sind doch nur Spekulationen«, unterbrach MacDonald.

»... oder durch die Gegend fahren.«

»Ich habe nachts nie einen Streifenwagen gesehen, und ich wohnte seit dem letzten August dort.«

»Ich kann Ihnen versichern, sie fahren regelmäßig Streife. Sie haben wahrscheinlich nie auf sie geachtet.«

Es folgte eine Pause.

»Und was machen wir nun?« fragte MacDonald schließlich.

»Das hängt von Ihnen ab.«

»Nein, nicht von mir. Ich habe Ihnen gesagt, was ich weiß. Sie haben mir einige Fotos gezeigt, behauptet, ich hätte den Tatort hergerichtet und ... sei der Täter.«

»Lassen Sie mich etwas sagen«, warf Shaw ein. »Ich will hier nicht aus der Reihe treten, und wenn doch, bitte ich um Entschuldigung. Ich weiß nicht, ob Sie es waren, Captain MacDonald. Das weiß ich keineswegs. Aber meine Erfahrung sagt mir, daß Ihre Geschichte nicht stimmt.«

»Sie meinen, weil es sich um ein ungewöhnliches, bizarres Verbrechen handelt?« fragte MacDonald.

»Nein. Wegen der Spuren, die wir in der Wohnung fanden.«

»Und der Spuren, die wir nicht fanden«, fügte Ivory hinzu.

Es folgte eine weitere, lange Pause. »Himmel«, flüsterte MacDonald. »Zuerst verliert man seine Familie«, fügte er dann hinzu. »Dann bekommt man die Schuld in die Schuhe geschoben. Ist ja toll. Klasse.«

»Sie haben als einziger überlebt«, sagte Grebner.

»Klar«, sagte MacDonald, und der Sarkasmus in seiner Stimme war nun unverkennbar, »das ist natürlich ein wichtiges Indiz.«

»Im Zusammenhang mit den anderen auf jeden Fall.«

»Und wie bin ich zu meinen Verletzungen gekommen?«

»Sie können sie sich selbst zugefügt haben.«

»Ein paar Schläge auf den Kopf, eine Menge kleine Einstiche, ein kleiner Schnitt am Unterleib, ein paar Stichwunden im Arm und ein durchgebohrter Lungenflügel. Völlig klar. Oder ich habe jemanden angeheuert. Das wäre auch noch eine Möglichkeit. Ich weiß nicht, was Sie von mir hören wollen. Ich habe nicht mehr viel zu verlieren, oder? Ich habe gerade alles verloren. Ein Großteil dieser Indizien läßt sich bestimmt erklären, das kann ich Ihnen sagen.«

»Deshalb führen wir sie ja auch an«, sagte Grebner. »Um zu sehen, ob Sie sie erklären können.«

»Ich meine... bei einem Kampf ist doch alles möglich, oder?« Eine Pause. »Großer Gott, seit wann sind Sie schon dieser Ansicht?«

»Das Wohnzimmer kam mir sofort merkwürdig vor«, sagte Grebner.

»Und Sie... Sie... Sie... haben *sechs Wochen* gebraucht, bis Sie mich danach fragen? Oh, Mann«, sagte MacDonald leise. »Großer Gott. Das ist ein Alptraum. Wie in einer Geschichte von Edgar Allan Poe.«

Eine weitere Pause. »Anscheinend wissen Sie nicht viel über meine Familie und mich«, sagte er dann, »um zu solch einer Schlußfolgerung zu kommen.«

»Was für ein Mensch sind Sie, Captain?« fragte Shaw. »Sie sagen, wir wüßten nicht viel über Sie. Was für ein Mensch sind Sie?«

»Na ja, ich bin klug, ehrgeizig, arbeite hart, hatte eine tolle Familie und liebte meine Frau sehr. Und das ist das Blödsinnigste, was ich je im Leben gehört habe. Es ist fast so schlimm wie am nächsten Morgen, als ich dachte, alles sei nur ein Traum gewesen.« Plötzlich fing er zu schluchzen an. »Mein Gott... Sie können jeden Patienten fragen, den ich behandelt habe. Ich habe mein ganzes... meine ganze Laufbahn als Mediziner... sie ist noch nicht so lang, aber ich habe nie ein Problem mit einem Patienten gehabt. Habe immer Überstunden gemacht, den Menschen immer geholfen.

Ich liebte meine Frau mehr als irgendein anderer Ehemann, den ich kenne. Ich kenne kein Ehepaar, das... das so glücklich wie unsere Familie war, und Sie kommen mir mit so einem Scheißdreck. Gottverdammt!«

Er hielt inne und fing zu weinen an. Fast eine Minute verstrich.

»Gottverdammt, wie können Sie nur auf so was kommen? Wir wollten uns sogar eine Farm in Connecticut kaufen.«

Eine weitere lange Pause, während der MacDonald laut schluchzte. Dann sagte er wütend: »Das ist reiner Blödsinn. Ausgemachter Quatsch!«

»Jeff«, sagte Grebner, »die Indizien sagen etwas anderes.«

»Ja, Scheißdreck! Sie sehen sich ein paar Indizien an und machen aus einer Mücke einen Elefanten.«

»Während der Ermittlungen«, sagte Grebner, »müssen wir auf die Indizien achten ... die Beweise. Und wir versuchen nicht, aus einer Mücke einen Elefanten zu machen.«

MacDonald schluchzte weiter. Dann sagte er: »Was ... was ... niemand hatte je ein so gutes Leben wie ich. Warum, zum Teufel, sollte ich es zerstören? Mein Gott, ich bin Arzt. Mein Gott, ich hatte eine schöne Frau, die mich liebte, und zwei Kinder, die einfach toll waren. Wir waren gerade aus dem Gröbsten raus. Es ... es ergibt einfach keinen Sinn.« Er weinte wieder.

Dann hatte er seine Stimme wieder in der Gewalt, und er sah dem CID-Chef zum ersten und einzigen Mal am ganzen Tag in die Augen. »Hören Sie, Mr. Grebner, ich habe Ihnen gesagt, woran ich mich erinnere, und das ist die Wahrheit. Ich kann Ihnen nur sagen, daß ich wegen meiner Aufregung vielleicht etwas durcheinandergeworfen habe, aber ich habe Ihnen gesagt, was ich weiß. Mit anderen Worten – es gibt einige kleine Einzelheiten, die vielleicht etwas nebulös und verwirrend sind. Aber ich habe Ihnen gesagt, wie es passiert ist, nach meinem besten Wissen, und mehr kann ich nicht sagen. Ich meine ... das ist alles. Der Rest ist reiner Blödsinn.«

Es folgte ein weiteres ausgedehntes Schweigen, das schließlich wieder von Jeffrey MacDonald gebrochen wurde. »Was ... was hätte ich damit gewinnen können? Ich meine – großer Gott, was hätte ich für ein Motiv?«

Langsam griff Franz Joseph Grebner in seinen Schreibtisch und zog einen Umschlag hervor, der weitere Fotos enthielt. Er öffnete den Umschlag und gab MacDonald Bilder einer Armee-Krankenschwester namens Tina Carlucci.

Eine weitere lange Pause. Als MacDonald schließlich wieder das Wort ergriff, klang seine Stimme dumpf. »Sie kommt mir bekannt vor, aber ... Tina. Die Nase kommt mir bekannt vor. Warten Sie mal ... ja. Sie sieht aus wie ein Mädchen, das ich in San Antonio kannte. Ich war eine Nacht mit ihr zusammen, hatte keinen Geschlechtsverkehr, keine große Sache. Sie hat mir einen Brief geschrieben, und ich habe ihn zerrissen und weggeworfen. Das ist sie.«

Es folgte eine kurze Pause.

»Sie sind gründlicher, als ich dachte«, sagte MacDonald fast unhörbar.

»Was?«

»Sie sind gründlicher, als ich dachte.«

Am 20. März hatte sich eine Armeeangestellte bei der CID von Fort Bragg gemeldet. Während sie im letzten Dezember in Fort Sam Houston in Texas stationiert gewesen war, waren sie und eine Freundin namens Tina Carlucci in einer Bar im Stützpunkt von zwei Green Berets angesprochen worden, die sie zu einer Party im Westerner Motel in San Antonio eingeladen hatten. Die beiden Offiziere sagten, sie wären nur das Wochenende über in Fort Sam Houston und würden an einer Fallschirmspringerübung teilnehmen. Einer davon — der, den ihre Freundin Tina begleitet hatte — war Captain Jeffrey MacDonald.

Anfang April hatte man Tina Carlucci in Fort Leonard Wood in Missouri ausfindig gemacht. Sie erinnerte sich genau an den Vorfall. Es war am Samstag, 6. Dezember gewesen. Sie und MacDonald hatten sich am Nachmittag ein Footballspiel im Fernsehen angeschaut. Am Abend waren sie mit einigen anderen in das Restaurant Valerio's essen gegangen. MacDonald hatte augenblicklich das Kommando übernommen, ›Wein und so weiter bestellt‹. Er war ihr ›sehr intelligent und höflich‹ vorgekommen und ›wußte mit fremden Frauen gut umzugehen‹.

Er erwähnte, daß er jedesmal, wenn er auf Reisen war, mit anderen Frauen ausging. Seine Frau, sagte er, wisse von diesen Abenteuern. Sie habe ihm nie gesagt, sie wisse es, doch er ›wüßte‹ einfach, daß sie es ahnte. Er bezog sich insbesondere auf eine Party im Sheraton Hotel in San Antonio im letzten Sommer, als er zur Grundausbildung der Ärzte in Fort Sam Houston stationiert war.

Schwester Carlucci erinnerte sich daran, daß MacDonald seine Frau angerufen hatte, nachdem die Gruppe nach dem Abendessen ins Hotel zurückgekehrt war.

»Er sagte ihr, er würde am nächsten Abend zu Hause sein. Sagte ihr, er vermißte und liebte sie. Dann fragte er sie nach dem Schwangerschaftstest. Er wollte wissen, ob er positiv oder negativ ausgefallen sei. Sie sagte ihm, sie sei schwanger.«

Später am Abend, während MacDonald duschte, machte einer der anderen Partyteilnehmer ein Foto von Tina auf dem Motelbett; sie trug MacDonalds grüne Mütze.

»Ich war an diesem Abend krank«, sagte sie. »Ich hatte eine schlimme Erkältung und fühlte mich nicht wohl. Er versuchte einmal, mit mir zu schlafen, und ich sagte ihm, daß mir der Kopf nicht danach stünde. Er zwang sich mir nicht auf. Wir zogen uns aus und streichelten uns, hatten jedoch keinen Geschlechtsverkehr. Wir waren bis sechs Uhr morgens zusammen, als er zu dem Fallschirmsprung mußte. Er gab mir Tetracycline und riet mir, mich Montag morgen krank zu melden.«

Nachdem Jeffrey MacDonald das Foto von Tina Carlucci gesehen hatte, war er sich wegen des Lügendetektortests nicht mehr so sicher. »Jetzt habe *ich* einige Fragen an Sie. Wie zuverlässig sind diese Polygraphen? Sie wissen schon, mit Ihren Indizienbeweisen... was ist mit den normalen Gefühlen?«

»Die werden natürlich berücksichtigt. Bei so einer Befragung ist man natürlich nervös.«

»Ich will nur... äh... verhindern, daß es zu weiteren Mißverständnissen kommt. Ich kann mir vorstellen, was passiert, wenn die Linie ausschlägt. Sie und der Kommandant der Militärpolizei werden aufspringen und sagen: ›Aha! Das ist unser Mann!‹«

»Weder ich werde die Ergebnisse auswerten noch der Kommandant der Militärpolizei. Wir lassen einen Spezialisten kommen, der nichts mit dem Fall zu tun hat, wahrscheinlich aus Washington, einen sehr kompetenten und unparteilichen Mann.«

»Was verrät Ihnen so ein Test?«

»Er verrät im Prinzip, was jemand für die Wahrheit hält.«

»Wie zuverlässig ist er?«

»Na ja, das Gerät selbst mißt nur körperliche Veränderungen.«

»Das weiß ich auch.«

»Die Fehlerquote liegt bei unter einem Prozent«, sagte Grebner.

»Bei Tausenden und Abertausenden statistisch erfaßten Fällen. Und bei vier Zehnteln dieses einen Prozents spielen menschliche Unzulänglichkeiten eine Rolle.«

»Klingt ziemlich gut«, sagte MacDonald. »Und was passiert, wenn dieser Test alle meine Aussagen bestätigt und Sie trotzdem noch diese bescheuerten Indizien haben?«

»Dann bin ich der erste, der Ihnen die Hand schüttelt und sich entschuldigt.«

»Und wenn die Sache schiefgeht? Wenn ich einer derjenigen bin, die... äh... etwas stärker schwitzen als gewöhnlich? Dann wandere ich sofort ohne Verhandlung nach Leavenworth.«

»Nein. Zuerst einmal kann ein Lügendetektor-Test nicht gegen Sie verwendet werden.«

»Nicht?«

»Nein. Der Lügendetektor ist eine Hilfe bei unseren Ermittlungen. Wirklich.«

»Sie meinen, er ist nicht vor Gericht zugelassen? Warum nicht?«

»Aus verschiedenen Gründen. Aber hauptsächlich, weil ein Geschworenengericht nicht wüßte, wie es diese Art Beweis gegenüber anderen Beweisen bewerten sollte. Wenn man den Geschworenen erklären würde, der Test deutet an, daß der Befragte nicht die Wahrheit gesagt hat, würden sie diesen Beweis überschätzen – und da sind immer noch diese vier Zehntel Prozent.«

»Wenn ich also den Test ablege, und es stellt sich heraus, daß ich die Wahrheit gesagt habe, dann kann ich... äh... dann ist diese Sache vom Tisch?«

»Wie ich schon sagte, dann werde ich mich bei Ihnen entschuldigen.«

»Klingt ziemlich gut«, sagte MacDonald.

»Wenn Sie also bereit sind, sich dem Test zu unterziehen«,

sagte Grebner, »werde ich telefonieren und alle Vorkehrungen treffen.«

»Warum nicht? Wann soll der Test stattfinden?«

»Innerhalb der nächsten beiden Tage.«

»Sie meinen, jemand wird hierher kommen, um den Test durchzuführen?«

»Heute abend noch.« Grebner verließ das Büro, um im CID-Hauptquartier in Washington anzurufen. William Ivory ging auch, und MacDonald blieb mit Robert Shaw allein zurück.

»Mein Gott«, sagte MacDonald, »das wird in ein paar Stunden in den Zeitungen stehen. Ich muß meine Mutter herkommen lassen — und meine Schwiegereltern. Das hatte ich mir nicht so vorgestellt. Das gefällt mir nicht. Verstehen Sie ... mein Gott, die Sache macht mir angst.«

Shaw antwortete nicht.

»Irren die Dinger sich nicht?« fragte MacDonald. »Ich meine, das ist ja nur eine Maschine. Und ich meine ... na ja, Sie legen soviel Wert auf ziemlich oberflächliche Details. Wenn ich ehrlich bin, fürchte ich mich davor am meisten. Ich meine, Sie nennen mich hier den Mörder meiner Familie. Ich verlange ja gar nicht ... Ich meine, das sind doch alles nur kleine Einzelheiten, die man leicht erklären kann, wenn Sie wissen, was ich meine.«

Shaw sagte noch immer nichts.

»Ich meine«, fuhr MacDonald fort, »wenn ich die Ermittlung durchführte, würde ich sagen, mein Gott, na schön, der Tisch ist toplastig. Was, wenn ihr Knie auf dem Tisch war, als er umstürzte. Na ja, man ... kann aus so einer Sache doch niemandem einen Strick drehen. Das hält einfach nicht stand. Und sonst haben Sie doch nichts. Ich meine ... großer Gott.«

»Na ja«, sagte Shaw, »wie Sie wissen, haben wir hart an dem Fall gearbeitet. Jedes größere CID-Büro in den USA hat uns unterstützt. Die meisten FBI-Büros haben für uns gearbeitet. Wir haben alles versucht, Captain MacDonald. Und wir finden diese Leute einfach nicht, die Sie gesehen haben wollen. Es hat ... keine Verhaftungen gegeben, aber wir haben Tausende Leute im ganzen Land überprüft.«

»Dann gibt es zwei Möglichkeiten«, sagte MacDonald. »Sie

haben sie noch nicht gefunden, oder Sie haben sie gefunden, und sie haben Ihre Fragen zufriedenstellend beantwortet. Wäre das nicht möglich? Ich meine . . . Ihre besten Leute können doch nicht jeden einzelnen Verdächtigen überprüft haben. Ich will damit nichts über Ihre Beamten sagen, aber . . .«

»Das ist wahr.«

»Es ist doch vorstellbar, daß Sie die Täter bereits verhört haben, und jetzt brauchen Sie nur noch einen Tip. Einen Glückstreffer. Eine Frau, die sich bei Ihnen meldet und sagt, ich kenne da ein Mädchen, die hat immer solche Sachen gesagt und benahm sich ganz komisch. Wissen Sie, was ich meine? Na ja, vielleicht hoffe ich auf ein Wunder, aber ich glaube . . .«

»Es ist nicht unvorstellbar«, sagte Shaw.

»Ja. Ich meine . . . vielleicht müssen Sie die Aussagen noch mal überprüfen oder so, ob jemand Gelegenheit oder ein Motiv hatte, und . . . na ja, das ist ein großes Land, und es leben viele Menschen darin.«

»Das stimmt«, sagte Shaw.

»Sie wissen ja besser als ich, wie es ist, jemanden finden zu müssen . . .«

»Ich hoffe, daß es so kommt«, sagte Shaw. »Wirklich.«

»Ich auch«, sagte MacDonald.

Grebner kam ins Büro zurück und sagte, der Mann, der den Lügendetektor-Test durchführen würde, träfe heute abend ein, und der Test würde entweder morgen oder übermorgen stattfinden.

»Na schön«, sagte MacDonald. »War's das?«

»Ja.«

»Na schön.«

Um 15 Uhr 30 verließ Jeffrey MacDonald das CID-Hauptquartier. Zehn Minuten später rief er an, um zu sagen, er habe es sich anders überlegt: Er würde sich dem Lügendetektor-Test doch nicht unterziehen.

Grebner entschloß sich, den Spezialisten trotzdem kommen zu lassen und am nächsten Morgen noch einmal mit MacDonald zu sprechen. Dann informierte er den Befehlshaber der Militärpolizei, daß MacDonald verhört worden sei. Danach ging er zum Klub der Offiziere, wo er sich nach der Arbeit oft mit seiner Frau traf.

Der Tag war nach Grebners Ansicht nicht schlecht gelaufen. Wenn MacDonald eine Nacht lang darüber brütete, daß die CID ihn für den Mörder hielt, würde er vielleicht doch noch gestehen. Das wäre auf jeden Fall besser als der Versuch, einen Green-Beret-Arzt aus Princeton allein aufgrund von Indizienbeweisen wegen dreifachen Mordes vor das Kriegsgericht zu bringen.

Zumindest hatte sich MacDonald nicht geweigert, die Fragen zu beantworten. Mit seiner genauen Aussage und den zahlreichen Widersprüchen war der Fall jetzt viel stärker, als er es gewesen wäre, wenn MacDonald sich einfach auf sein verfassungsmäßiges Recht berufen hätte, die Aussage zu verweigern.

Nun kam es darauf an, ihn am Sprechen zu halten und die Tatsache auszunutzen, daß er sich für soviel klüger als alle anderen hielt. Von den nächsten vierundzwanzig Stunden hing sehr viel ab. Grebner wollte nur nicht, daß MacDonald plötzlich einen Anwalt verlangte und keine Fragen mehr beantwortete.

Grebner betrat die Bar des Officers Club und bestellte einen Drink. Noch bevor er ihn bekam, rief ein Bekannter: »Herzlichen Glückwunsch!«

Verwirrt fragte Grebner, wozu.

»Na, MacDonald natürlich. Im Radio kam gerade die Erklärung des MP-Chefs.«

»Was für eine Erklärung?« fragte Grebner beunruhigt. Sie befanden sich noch mitten im Verhör. Es hätte keine Erklärung geben dürfen.

»Daß ihr endlich zum Schluß gekommen seid, daß MacDonald es doch war.«

Grebner ließ seinen Drink stehen und stürmte ins Büro zurück. Es stimmte. Der Befehlshaber der Militärpolizei hatte die Presse aus Gründen der Öffentlichkeitsarbeit informiert, daß ›wir nach sechs Wochen sorgfältiger Ermittlungen und Überprüfungen aller Beweise Dr. MacDonald nun als Verdächtigen sehen‹. Er fügte hinzu, es sei zwar noch keine Anklage erhoben, doch MacDonald sei von seinen Pflichten entbunden und unter Aufsicht gestellt worden.

Die Erklärung erzielte den gewünschten Zweck: die Abendnachrichten der CBS berichteten sogar darüber. Franz Joseph Grebner wußte jedoch augenblicklich, daß er nie wieder Gelegenheit haben würde, Jeffrey MacDonald auch nur noch eine Frage zu stellen.

Jeffrey MacDonalds Stimme

Ich kehrte an diesem Nachmittag in mein Büro zurück, kam dort kurz vor Dienstschluß an, und die Atmosphäre war sehr gespannt, denn alle wußten natürlich, wo ich gewesen war.

Ich versuchte, mir nichts anmerken zu lassen. Meine Uniform saß völlig korrekt, und ich ging sofort in mein Büro und schloß die Tür. Gegen fünf Uhr beschloß ich, daß ich heute abend nicht in einem normalen Restaurant oder so, sondern in der Offiziersmesse essen würde.

Das tat ich dann auch. Ich stand mit meinem Tablett an der Kasse, und es lief Musik über einen Lautsprecher, und ich werde niemals vergessen, wie ich mich gerade setzen wollte, als im Radio die Nachricht durchgegeben wurde, Captain Jeffrey MacDonald, der Green-Beret-Offizier aus Fort Bragg, der vor sechs Wochen behauptet hatte, seine Frau und Kinder seien brutal von vier Hippies erschlagen und erstochen worden, sei heute als Hauptverdächtiger genannt worden.

Und ich erinnere mich — ich will jetzt keine Klischees verbreiten, aber ich weiß wirklich nicht, wie ich es sonst erklären soll —, daß sich der Raum plötzlich drehte. Es war ein unglaublich seltsames Gefühl, wie mich alle ansahen und die meisten versuchten, sich nichts anmerken zu lassen.

Und die Nachricht ging endlos weiter. Der Arzt, der wegen zahlreicher Verletzungen im Krankenhaus behandelt worden war, sei gerade als der Hauptverdächtige benannt worden und stünde unter Hausarrest oder so.

Ich erinnere mich, wie ich dort saß und dachte: Was mache ich jetzt? Ich lauschte einer Nachricht über mich selbst, hundert oder zweihundert Leute in der Messe beobachteten mich, und ich stand keineswegs unter Hausarrest. Und doch war die ganze Sache unglaublich bizarr.

Und ich war auch wütend, weil ich gerade bei der CID gewesen war und sie nichts davon gesagt hatten. Ich hatte den Eindruck gehabt, daß sie den Fall für nicht gelöst ansahen und ein paar Antworten von mir brauchten, weil die Idioten vorher nicht mit mir gesprochen hatten, und nun wurde ich im Radio als *der* Verdächtige genannt.

Ich aß nicht zu Ende. Ich stand auf, stellte das Tablett zurück, fuhr zu meinem Quartier und fand dort mehrere Militärpolizisten vor dem Haus und einen im Haus an meiner Wohnungstür vor.

Es war eine sehr schlimme Nacht. Ich fühlte mich absolut niedergeschlagen und depressiv und ... kam mir vor wie tot, nur, daß der Tod wohl etwas friedlicher sein muß. Ich war unglaublich aufgewühlt und schien eine Ewigkeit über Selbstmord nachzudenken, sah mir tatsächlich die Rohre an der Decke an und überlegte, ob ich mich mit einem Bettuch oder meinem Gürtel aufhängen könne, doch es kam mir melodramatisch vor, und ändern konnte ich damit sowieso nichts, und klappen würde es wahrscheinlich auch nicht. Ich stellte mir vor, wie der Posten vor meiner Tür hereinstürmte und mich losschnitt, und dann hätte ich am Tag, an dem man mich des Mordes an meiner Familie bezichtigte, einen Selbstmordversuch unternommen, was natürlich jeder als Schuldeingeständnis sehen würde.

Ich ließ die ganze Nacht über das Licht brennen, sah zur Decke hoch und dachte nach, besonders über Colette, Kim und Kristy. Und — es klingt lächerlich und ist sogar peinlich — ich dachte, wie wütend Colette auf mich sein würde, wenn sie hören könnte, daß diese Vollidioten mich jetzt für einen Verdächtigen hielten. Es war, als würde ich mit Colette sprechen, und sie sagte: *Ich weiß, du hast es versucht, und mehr verlange ich auch gar nicht.* Und ich sagte ihr, wie leid es mir täte, und sie sagte: *Aber du konntest es nicht verhindern, und viel schlimmer ist, daß diese Trottel jetzt behaupten, du wärst es gewesen. Ich könnte die Sache aufklären, und Kimmy und Kristy auch, also mache dir keine Sorgen.*

Und dann, als ich unglaublich einsam und deprimiert war und versuchte, damit fertigzuwerden, dämmerte es. Es war wie eine Wiedergeburt, ein Gefühl, das ich schon oft gehabt hatte, zum Beispiel, als ich in Fire Island nachts Taxi fuhr. Und als die

Dämmerung kam, gab sie mir neue Kraft, obwohl ich vierundzwanzig Stunden lang nicht geschlafen hatte.

Plötzlich schmolzen Niedergeschlagenheit und Selbstmordgedanken einfach weg. Das Tageslicht brachte mir ... Zorn. Es war fast, als würde die Sonne mir neue Kraft zum Kämpfen geben. Und ich weiß noch, wie ich laut sagte, zumindest aber dachte: »Zum Teufel mit ihnen! Die kriegen mich nicht unter. Die schaffen es nicht, daß ich Selbstmord begehe, damit sie mir dann etwas in die Schuhe schieben können, was ich nicht getan habe. Das ist doch lächerlich. Ich werde kämpfen!«

Und gegen halb neun ging ich in frisch gebügelten Khaki-Hosen und meinen Fallschirmspringerstiefeln zum Chef des Militärjustizwesens. Er hatte ein langes, schmales Vorzimmer mit mehreren Schreibtischen, und ich ging zu einer Sekretärin und sagte: »Ich bin Captain MacDonald, und ich möchte mit einem Anwalt sprechen.«

Und die ganze Welt schien stehenzubleiben. Alle drehten sich zu mir um und schienen zu erstarren, und man hörte keine Schreibmaschine mehr.

Und ich weiß noch, wie ich mich ganz gerade hinstellte und dann sagte: »Vielleicht haben Sie mich nicht verstanden. Ich bin Captain MacDonald, und ich möchte mit einem Anwalt sprechen.«

ZWEITER TEIL

DIE HOFFNUNG DES HEUCHLERS

*Denn was ist die Hoffnung des Heuchlers,
wenn Gott es mit ihm ein Ende machte
und seine Seele hinreißet?*

Hiob 27, 8

1

Fünf Minuten, nachdem Jeffrey MacDonalds Mutter am Montag, 6. April 1970, nachmittags von der Arbeit nach Hause kam — ihrem ersten Arbeitstag seit dem 16. Februar —, erhielt sie einen Anruf von einem Captain in Fort Bragg, der sie informierte, ihr Sohn sei des Mordes an seiner Familie verdächtig und stehe unter Arrest.

Eine halbe Stunde später rief Bob Stern aus New Hope an; er hatte die Nachricht gerade im Fernsehen gehört. Er riet Dorothy MacDonald, sofort einen Anwalt für Zivilrecht einzuschalten. Sie sagte, sie kenne keinen Anwalt, und Stern rief seinen Firmenanwalt an und erkundigte sich bei ihm nach einem Kollegen, der sich auf Strafrecht spezialisiert hatte. Eine halbe Stunde später rief er Dorothy wieder an und sagte, er hätte für morgen früh einen Termin mit Bernard L. Segal aus Philadelphia getroffen.

Mit achtunddreißig Jahren bekam Bernie Segal eine Glatze und hatte etwas Fett angesetzt. Das Haar, das er noch hatte, war dick und lockig und fiel hinten bis fast auf die Schultern. Mit seiner randlosen Brille hatte er mehr als eine nur flüchtige Ähnlichkeit mit einem Benjamin Franklin mittleren Alters, was als Anwalt in Philadelphia nicht unbedingt von Nachteil war.

Segal war Absolvent der Temple University und der Universität von Pennsylvania, hatte Anfang der sechziger Jahre für die American Civil Liberties Union gearbeitet, sich dafür eingesetzt, daß Farbige in den Südstaaten wählen durften, und erzählte oft, wie er einmal drei Tage in Mississippi im Gefängnis gesessen hatte.

In letzter Zeit war Segal bekannt (manche würden berüchtigt sagen) geworden, weil er Kriegsgegner, Wehrdienstverweigerer und Deserteure verteidigt hatte. Darüber hinaus vertrat er häufig Personen, denen man einen Verstoß gegen das Betäubungsmittelgesetz vorwarf. Er trat im Prinzip genau für die Leute ein, für die Jeffrey MacDonald die größte Verachtung empfand.

Politisch sympathisierte er mit der Linken und der Gegenkultur. Er war verheiratet und hatte selbst drei kleine Kinder. Auf den ersten Blick schien er kaum der geeignete Mann zu sein, einen Green-Beret-Offizier zu verteidigen, den man beschuldigte, seine Frau und Kinder umgebracht zu haben, und der behauptete, Drogensüchtige hätten das Verbrechen begangen. Jeffrey MacDonalds Mutter jedoch handelte spontan, unter großem Druck und nur auf den Rat eines einzigen Freundes.

Nicht weniger seltsam mutet es an, daß Segal bereit war, den Fall zu übernehmen. Die vier Einbrecher — hätte man sie verhaftet und angeklagt — wären eher typische Klienten für Bernard Segal gewesen als ein Green-Beret-Arzt von Princeton, die Personifikation des Establishments, das Segal so häufig herausforderte. Doch Bernie Segal war der Auffassung, daß zu seinem Beruf auch eine gewisse Schauspielkunst gehörte. Das Rampenlicht gab ihm Kraft; er scheute die Öffentlichkeit nicht. Ein Fall, der schon nationale Schlagzeilen gemacht hatte, stellte eine große Verlockung dar. Außerdem fühlte er sich wie so viele, die im Februar von den schrecklichen Einzelheiten gehört hatten, persönlich betroffen.

»Von Anfang an«, sagte er, »rief die Geschichte sehr schmerzhafte Gefühle hervor. Ich weiß noch, daß ich wirklich erschauderte, als ich zum ersten Mal davon las. Meine Kinder waren nur etwas älter als die Jeffs — Zwillingstöchter, sieben Jahre, und ein Sohn, fünf — so daß ich als Vater natürlich sehr stark auf die Tragödie des Todes eines Kindes reagierte. Dann war da noch das häßliche Manson-Syndrom. Vom Umgang mit zahlreichen meiner Klienten war mir die Wirkung von LSD vertraut, und ich sagte: ›Diese gottverdammte Droge!‹ Eine Droge, die so etwas hervorrufen konnte.

Kurz darauf las ich, daß die Staatspolizei von Alabama zwei Männer und eine Frau in einem Lieferwagen wegen des Verdachts der Beteiligung an den MacDonald-Morden angehalten hatte, und ich dachte: ›Mein Gott, jetzt überprüfen sie alle Hippies und langhaarigen Amerikaner, die in Gruppen reisen.‹ Ich befürchtete, daß dieser Fall einem restriktiveren Polizeiverhalten Tür und Tor öffnete, wogegen ich immer schon angegangen bin.«

Am Abend des 6. April erhielt Segal einen Anruf von John Ballard, einem Kollegen einer Kanzlei in Philadelphia. Ballard sagte, er riefe im Auftrag eines Klienten der Firma an, der der ›Pate‹ des Green-Beret-Offiziers in Fort Bragg sei, den man für den Mörder seiner Frau und Töchter hielt. Segal stimmte zu, den Fall zu übernehmen.

»Sie müssen verstehen«, sagte er, »vor meiner Begegnung mit seiner Mutter am 7. April — selbst noch während und nach dieser Begegnung — hatte ich allen Grund zur Annahme, daß Jeffrey MacDonald die Morde begangen hatte. Die Polizei nimmt nur eine Verhaftung vor, wenn sie sich ziemlich sicher ist. Aber wenn man einen Strafprozeß übernimmt, reagiert man zuerst einmal gewissermaßen wie auf einen Notruf und macht sich erst später Gedanken über Schuld oder Unschuld.

Ich muß sagen, daß Mrs. MacDonald mich sehr beeindruckt hat. Sie war natürlich sehr erregt, hatte die Krise aber bewundernswert im Griff. Ich mochte sie sofort. Und natürlich stimmte ich zu, alles Menschenmögliche zu versuchen.«

Zuerst rief Segal in Fort Bragg an. Am Nachmittag des 7. April sprach er mit Jeffrey MacDonald und erklärte ihm, wie er zu dem Fall gekommen sei.

MacDonald sagte, er habe bereits einen Militäranwalt, einen großen, langsam sprechenden Mann aus Virginia. »Sind seine Schuhe geputzt?« fragte Segal am Telefon.

»Was?!« MacDonald klang ungläubig. Man hatte ihn des Mordes an seiner Frau und an seinen Kindern bezichtigt, und der Anwalt aus Philadelphia, der die Sache klären sollte, fragte zuerst nach den Schuhen seines Kollegen.

Segal wiederholte die Frage. »Und diesmal«, sagte er später, »konnte ich Jeff fast am Telefon lächeln hören. Da wußte ich, daß ich einen Klienten hatte, der nicht nur intelligent, sondern auch schnell von Begriff war. Er sagte, nein, die Schuhe des Militäranwalts seien eigentlich ziemlich schäbig. ›Wenn das so ist‹, sagte ich, ›können Sie ihm vertrauen. Arbeiten Sie mit ihm zusammen, bis ich bei Ihnen bin.‹ Ich wollte darauf hinaus, daß ein Militäranwalt, dessen Schuhe picobello waren, das System beeindrucken wollte. Und wenn er in solch einer Situation das System beeindrucken wollte, das bereits ein Interesse daran bekundet hatte, seinen Klienten verurteilt zu sehen, würde er Jeff wohl kaum helfen. Die ungeputzten Schuhe bedeuteten vielleicht, daß ihm sein Beruf als Anwalt wichtiger war.«

Am Freitag, 10. April, flog Segal nach Fort Bragg, wo man ›mit beträchtlicher, und nicht unbedingt freundlicher, Neugier auf sein langes Haar reagierte‹, und lernte dort Jeffrey MacDonald kennen.

»Mich überraschte sein Aussehen«, sagte Segal. »Ich weiß nicht genau, was ich erwartet hatte, doch er hatte ein nettes Gesicht. Ein sehr offenes Gesicht. Der Mann gefiel mir. Ich mochte ihn augenblicklich, mit seinem starken Händedruck und forschen Auftreten. Er schien klug und aufmerksam zu sein. Ein Mann, mit dem sich angenehm zusammenarbeiten läßt.«

Abgesehen vom Honorar wurde kaum etwas besprochen. »Ich war hauptsächlich da, um ihn wissen zu lassen, daß die Marines gelandet waren. Jemand würde ihm helfen und die nötigen Schritte einleiten.«

Als er am Abend wieder nach Philadelphia zurückflog, formulierte Segal die ersten dieser Schritte.

»Erstens, die Army muß einige Beweise haben. Ansonsten hätte sie niemals diese Erklärung herausgegeben. Zweitens, zu einem hohen Prozentsatz findet sich der Mörder unter den Familienangehörigen, so daß ich trotz des guten Eindrucks, den er auf mich gemacht hatte, seine Schuld in Betracht ziehen mußte. Und drittens, falls er es getan hatte, mußte er — bei der Natur des Verbrechens — ein sehr kranker Mensch sein.

So geradeheraus erklärte ich ihm das natürlich nicht. Als ich ihn am Wochenende anrief, drückte ich es etwa so aus: ›Erstens, der Mörder muß ein sehr kranker Mensch sein. Zweitens, ich möchte beweisen, daß Sie es nicht gewesen sein können, da Sie nicht geisteskrank sind. Daher möchte ich, daß Sie hierher kommen und sich so schnell wie möglich einer psychiatrischen Untersuchung unterziehen, denn Ihre geistige Gesundheit wird eine sehr wichtige Rolle bei Ihrer Verteidigung spielen.‹

Insgeheim dachte ich natürlich, daß ich wahrscheinlich auf geistige Unzurechnungsfähigkeit plädieren mußte.«

Am 14. April schrieb Jeffrey MacDonald einen Brief an Colettes Mutter und Stiefvater, Mildred und Alfred Kassab.

> Das ist völlig unwirklich. Ich komme mir vor wie bei Edgar Allan Poe oder zumindest bei Alfred Hitchcock. Ich warte darauf, daß ich entweder aufwache oder jemand hereinkommt und mir sagt, es sei alles ein Irrtum gewesen, und ich sei frei.
> Die Vorstellung ist so unglaublich — ich habe sie so sehr geliebt, daß mir schlecht wird, wenn ich auch nur an sie denke. Ich würde gern ins Gefängnis gehen, wenn ich sie damit zurückholen könnte — auch wenn ich nur noch einen Tag mit Colette, Kim und Kristy verbringen könnte. Aber ich begreife nicht, wie sie darauf kommen, daß ich sie getötet haben könnte.
> Anscheinend habe ich mehrere Fehler gemacht. Es war dumm zu glauben, daß man keinen Anwalt braucht, wenn man nichts getan hat. Und dann habe ich die Idioten beleidigt, als sie mich am Montag verhörten. (Man darf *niemals* einen kleingeistigen Menschen in einer Machtposition beleidigen.)
> Als ich meine Familie verlor, gab ich zuerst nichts mehr um mich. Dann fing ich allmählich wieder mit der Arbeit an und war gerade so weit, mich wieder für die Medizin zu interessieren. Und jetzt das. Aber ich nehme an, es wird vorübergehen, und die Wahrheit wird ans Licht kommen, selbst wenn sie den Fehler machen, es auf einen Prozeß ankommen zu lassen. Das ist mir jetzt auch egal, weil das Wenige, was mir noch blieb (die Medizin), durch die Ereignisse des 6. April zerstört wurde. Aber natürlich

belastet diese Sache jetzt wieder meine Mutter und Euch
beide — nach allem, was Ihr durchmachen mußtet. Es tut
mir so leid — ich wünschte, ich könnte Euch all das ersparen.
Ich hoffe, daß Mildred mehr unter die Leute geht und Ihr
wieder Boden unter die Füße bekommt. Ich bin Euch für
Eure Hilfe viel dankbarer, als Ihr ahnt. Ihr seid wunderbare Menschen. Ich habe die Mädchen (Eure Mädchen —
meine Mädchen) mehr geliebt, als Ihr Euch vorstellen
könnt.

In Liebe,
Jeff

Am 18. April antwortete Mildred

Danke für Deine Zeilen. Ich bin gerade vom Friedhof
zurückgekommen, habe Blumen aufs Grab gelegt. Kims
6. Geburtstag. Es ist noch immer unvorstellbar, die
Namen auf dem Stein zu sehen. Als hätte man einfach
eine Tafel abgewischt.
Diese Verschwendung. Ich habe Colette großgezogen, sie
hat zuerst Kim, dann Kristy bekommen, unter großen
Schmerzen, Eure Bemühungen, Euch unter solchen finanziellen Schwierigkeiten ein Heim zu schaffen, eine Karriere, alles umsonst.
Wie wütend mich die Dummheit dieser Leute macht, die
zwei Monate verstreichen lassen und damit jede Chance,
diese Ungeheuer zu fassen, und statt dessen Dich aufs
Korn nehmen.
Jeff, Du mußt wissen, daß Freddy und ich keinen Augenblick daran zweifeln, wie idiotisch diese Schlußfolgerung
ist. Gott im Himmel! Wenn jemand seine Familie geliebt
hat, dann Du. Und sie haben Dich auch geliebt und Dir
vertraut, genau wie wir. Die schreckliche Lage, in der Du
Dich nun befindest, trägt vielleicht wenigstens dazu bei,
daß Du nicht ständig an sie denkst.
Mittlerweile können die Schuldigen das Land verlassen,
wenn sie wollen. Man muß sie fassen! Jemand muß für

diese schreckliche Tat bezahlen, und zwar mit dem Leben. Freddy wird alles tun, um an diejenigen heranzukommen, die wirklich dafür verantwortlich sind. Er hat Colette und die Kinder noch mehr geliebt, als er dachte. Er ißt und schläft nicht mehr. Wir beide laufen nachts durch das Haus, nehmen Schlaftabletten und warten auf den Morgen.
Du mußt wissen, daß wir ständig an Dich denken und allen sagen, wie sehr Du Deine Familie geliebt hast. Wenn Dein Rechtsanwalt die richtigen Schritte einleitet, kann er Dich vollständig rehabilitieren und Deine Zukunft wieder sicherstellen.

Dir gilt unsere gesamte Liebe, Jeff. Wir kennen Dich.

Am Montag, 20. April, suchte Jeffrey MacDonald in Begleitung eines bewaffneten Wachtpostens Bernie Segal in seinem Büro in Philadelphia auf. Dort sprach er zum ersten Mal mit seinem Anwalt ausführlich über die Ereignisse des 17. Februar.

Segal fiel auf, daß MacDonald fast ohne jedes Gefühl das Wochenende und den Montag vor den Morden beschrieb und dann genauso nüchtern fortfuhr, wie er die Schreie seiner Frau und älteren Tochter gehört, erfolglos mit den Einbrechern gekämpft und das Bewußtsein verloren hatte und schließlich wieder zu sich gekommen war und die Leichen seiner Frau und Kinder gefunden hatte.

»Mein Gott, dachte ich, der Bursche erzählt seine Geschichte völlig sachlich. Womit habe ich es hier zu tun? Aber dann sprach er von Kristen, der jüngsten Tochter. Und seine Stimme veränderte sich einen Augenblick lang fast unmerklich. Aha, dachte ich, jetzt verstehe ich: Er konzentriert sich nicht auf das entsetzliche Geschehen. Er beschreibt, *wie er mit der Situation fertig wurde*, sieht die Leichen als Leichen, nicht als seine Frau und Tochter. Er reagiert wie ein Arzt, der versucht, bei einem Notfall ein Menschenleben zu retten. Weil der Schmerz zu groß wäre, beschreibt er sein Vorgehen berufsmäßig, klinisch. Nur so kann er die Geschichte überhaupt erzählen.

Ein völlig verständliches Verhalten. Als später eins meiner

Kinder einen Unfall hatte, reagierte ich genauso: Ein Notfall macht ein gewisses Verhalten erforderlich; das und das tat ich. Indem sich MacDonald auf diesen Aspekt konzentrierte, konnte er an seinem Schmerz vorbeisehen. Nun verstand ich seinen anscheinenden Mangel an Gefühlen. Seine Reaktion kam mir ehrlich vor. Besonders, als ich mich an diese kleine Veränderung im Tonfall erinnerte, mit der er beschrieb, wie er ins Kinderzimmer ging. Das soll nicht heißen, daß ich auf einmal von seiner Unschuld überzeugt war. Ich wußte ja noch nicht genau, wie die sogenannten Beweise gegen ihn aussahen. Aber nach diesem Gespräch hielt ich es für durchaus möglich, daß er unschuldig war, und dachte: Jetzt bin ich gespannt, was Bob Sadoff, der Psychiater, dazu zu sagen hat.«

Am Dienstag, 21. April, sprach MacDonald drei Stunden lang mit Dr. Sadoff. Er sagte dem Psychiater, er sei unschuldig und wisse, daß er unschuldig sei. Die Beweise gegen ihn seien fadenscheinig, und man würde ihn freisprechen. Seine Freunde und Schwiegereltern hätten Vertrauen zu ihm, und ›alle‹ stünden auf seiner Seite, obwohl ›die Götter‹ vielleicht gegen ihn seien.

Dr. Sadoff machte sich Notizen des Gesprächs, die er später vor dem Schwurgericht wiederholte. MacDonald habe wiederholt gesagt, er sei nicht paranoid, »obwohl die Leute flüstern: ›Da geht er!‹, wenn sie mich auf der Straße sehen«. MacDonald fügte hinzu, es gäbe viele Gerüchte über ihn — zum Beispiel, er habe eine homosexuelle Beziehung zu Ron Harrison, und Harrison habe Colette und die Kinder aus Eifersucht ermordet. Das sei natürlich lächerlich.

Er stritt ab, jemals Marihuana geraucht oder andere Drogen genommen zu haben. Vor dem 17. Februar habe er 12 Pfund abgenommen; er habe 198 Pfund gewogen, doch sein Normalgewicht sei 186, ›hauptsächlich Muskeln‹, da er viel Sport treibe.

Als er Dr. Sadoff erklärte, was vor den Morden geschehen war, sagte er — wie auch in seiner Aussage gegenüber der CID vom 6. April —, Colette habe einen ›Literaturkurs‹ besucht. Und er sagte, sein Bruder Jay habe ›in einem seltsamen Zufall‹

in der Nacht der Morde einen psychotischen Zusammenbruch erlitten. Jay habe Spielschulden bei der Mafia, und der Überfall auf ihn und seine Familie könne als Vergeltung gegen seinen Bruder gemeint sein, sähe aber nicht aus wie ein ›Mafia-Job‹.

Er sagte, einer der ›vier oder fünf‹ Einbrecher könne ein Mädchen mit blondem Haar und Schlapphut, aber auch ein langhaariger Mann gewesen sein. Während des Kampfes habe er einen scharfen Schmerz in der Brust gespürt und Blut gesehen; dann habe man ihm die Schlafanzugjacke über den Kopf gezogen. Er sagte Dr. Sadoff auch, seine Lunge sei an vierzehn Stellen durchbohrt worden.

MacDonald beklagte sich, die Leute schienen zu erwarten, daß er zusammenbreche und mehr Gefühl zeige, und hielten ihn für ›kaltherzig‹. Er sagte, er sei wütend auf Menschen, die erwarteten, daß er vor ihnen weine. Er gestand ein, eine Art von Erleichterung zu verspüren, daß seine Frau und Kinder ›fort‹ wären, behauptete aber, sich dieses Gefühls zu schämen. Er sagte, manchmal vermisse er die Kinder mehr als seine Frau.

»Er sprach mit wohlgesetzten Worten«, sagte Dr. Sadoff später, »wie er sich auf seine Laufbahn vorbereitete, dann als Arzt arbeitete, mit drei bis vier Stunden Schlaf pro Nacht auskam, ein Green Beret wurde, Sport trieb. Es war sehr wichtig für ihn, dem Bild nachzueifern, das er von sich hatte – der Super-Macho, die Vorstellung, ein Held zu sein –, doch als es darauf ankam, seine Familie zu retten, war er nicht dazu imstande.

Ich glaube, er hatte einige unerfüllte maskuline Sehnsüchte, in die sich – vielleicht – latente homosexuelle Konflikte mischten. Ich würde es nicht latente Homosexualität nennen, nicht einmal die Furcht davor; vielmehr soll diese supermaskuline Einstellung normalerweise Unzulänglichkeiten maskieren, die er an sich bemerkt hatte, wenn auch nicht unbedingt irgendein anderer.

Also hatte er eine... sagen wir einmal, Achillesferse, das narzißtische Bedürfnis, berühmt zu sein. Er sagte mir, nach den Morden sei er ziemlich bekannt geworden, er habe vierhundert Briefe aus dem ganzen Land erhalten, einige davon Heiratsanträge, sonst meist Briefe von Mädchen, die ihn kennenlernen wollten. Er sagte, es gefiele ihm, diese Post zu bekommen.

In meinen Augen war er ein Mann, der nach gewissen Erwartungen, Stereotypen, gelebt hatte, und sich und anderen in dieser Lage, die für einen Durchschnittsmenschen vielleicht verheerend gewesen wäre, beweisen mußte, daß er übermenschliche Kräfte hatte. Daß er über dem Durchschnitt stand und mit dem Schicksalsschlag fertig werden würde.

Nach dem Gespräch war ich mir ziemlich sicher, daß er mit den Morden an seiner Familie direkt nichts zu tun hatte, sich aber schuldig fühlte, weil er sie nicht hatte retten können.«

Am nächsten Tag begab sich MacDonald ins Norristown State Hospital außerhalb von Philadelphia und unterzog sich einer sechsstündigen psychologischen Untersuchung. Er absolvierte den Shipley-Intelligenztest; einen Test, der einen allgemeinen Überblick über die Persönlichkeit eines Menschen gibt; den Rorschach-Test und einen Assoziationstest, die beide Informationen über Aspekte der Persönlichkeit geben, die das Versuchsobjekt vielleicht bewußt verbergen will.

Während MacDonald nach Fort Bragg zurückkehrte, rief Bernie Segal, zu ungeduldig, um auf den schriftlichen Bericht zu warten, Dr. Sadoff an, um sich nach dem Verlauf der Untersuchung zu erkundigen.

»Es war Sonntagmorgen, und ich war allein im Büro. ›Ich glaube nicht, daß Ihr Klient seine Familie getötet hat‹, sagte Dr. Sadoff. ›Er scheint nicht geisteskrank zu sein. Ich halte ihn sogar für ziemlich ausgeglichen und gesund.‹ Nun hatte ich zum ersten Mal einen bestätigten Grund zur Annahme, daß er das Verbrechen nicht begangen hatte.

Ich war natürlich noch nicht hundertprozentig überzeugt — die Army hätte Jeff nicht beschuldigt, wenn sie nicht über gewisse Beweise verfügte, die auf ihn hindeuten —, doch nun galt es, nicht auf geistige Unzurechnungsfähigkeit zu plädieren, sondern die Fakten des Falles genau zu untersuchen.«

Segals Annahme, daß er einen Unschuldigen verteidigte, wurde durch den schriftlichen Bericht über die psychologische

Untersuchung noch bekräftigt. »Captain MacDonald weist weder eine Psychose noch psychopathische Tendenzen auf, die ihn dazu bringen könnten, solch ein Verbrechen zu begehen. Auf der Grundlage der psychologischen Untersuchung kann nicht vollständig beantwortet werden, bis zu welchem Ausmaß er eine tatsächliche Schuld erfolgreich verbergen könnte, doch die Natur des Verbrechens deutet darauf hin, daß es entweder von einem Psychoten oder einem kriminellen Psychopathen begangen wurde, und es steht fest, daß auf Captain Mac-Donald eine solche Beschreibung nicht zutrifft.«

Bernie Segal leitete Zusammenfassungen der psychiatrischen und psychologischen Untersuchungen an die Army weiter, in der Hoffnung, die Behörden ließen sich überzeugen, Mac-Donald sei zu solch einem Verbrechen nicht fähig. Diese Hoffnung stellte sich als naiv heraus.

Am 1. Mai hielt Freddy Kassab um dreizehn Uhr in New York City eine Pressekonferenz ab, um dagegen zu protestieren, daß die Army seinen Schwiegersohn seit über drei Wochen unter Hausarrest hielt, ohne ihn formell eines Verbrechens beschuldigt zu haben. »Ich hatte den Eindruck, daß man nur in kommunistischen Ländern einen Menschen so behandeln kann«, sagte Kassab. Um sechzehn Uhr erklärte die Army, Jeffrey MacDonald sei offiziell des Mordes in drei Fällen angeklagt worden.

An diesem Abend erklärte Bernie Segal der Presse gegenüber, sein Klient sei von der Entwicklung ›sehr erschüttert und verwirrt‹. »Er kann nicht glauben, daß es dazu gekommen ist«, sagte Segal.

In Long Island sagte Mildred Kassab: »Die gesamte Army der Vereinigten Staaten muß völlig verrückt geworden sein.«

Fünf Tage später schrieb MacDonald den Kassabs erneut einen Brief:

Ich komme allmählich über den Schock hinweg, tatsächlich angeklagt worden zu sein. Obwohl man mich gewarnt hat, daß es dazu kommen könnte, war es ein ziemlicher Tiefschlag, daß dieser Wahnsinn so weit geht.
Ihr wißt sicher, daß die Army die Ergebnisse meiner Untersuchungen einfach ignoriert. Typisch Army – sie weigert sich, die Beweise für meine Unschuld in Betracht zu ziehen. Selbst wenn mir der Papst an diesem Abend in Rom die heilige Kommunion gegeben hätte, würde die Army seine Zeugenaussage einfach abtun.
Mein Anwalt hat mich von Anfang an davor gewarnt. Er hat gesagt, sie würden niemals eingestehen, sich geirrt zu haben. Es sei jetzt unwichtig, ob ich unschuldig sei – viel wichtiger seien Dinge wie Publicity und die Karrieren von Offizieren und unfähigen Ermittlern.
In meiner Unschuld habe ich natürlich immer gehofft, daß jemand kommen, mich freilassen und sagen würde: ›Entschuldigen Sie den Fehler – Sie sind jetzt frei und können um die trauern, die Sie am meisten geliebt haben.‹ Ich sehe viele Dinge ganz nüchtern, doch nun muß ich eingestehen, wie naiv ich war, was diese Beschuldigungen betrifft. Zum Glück können sie bei mir ruhig die Vergangenheit umgraben. Ich habe nichts zu verbergen, und sie können in den Zeugenstand rufen, wen sie wollen, um etwas über meine Familie oder mein privates oder berufliches Verhalten zu erfahren. Sollen sie nur ›weitermachen‹, sie werden nur herausfinden, daß ich meine Familie geliebt habe. Ich glaube, sie sind diejenigen, die sich einer psychiatrischen Untersuchung unterziehen sollten.
Wenn es einen Himmel gibt, wie Colette und Kim es immer geglaubt haben, dann sind Colette, Kim, Kristy und unser ungeborener Sohn nun dort. Was werden sie wohl sagen, wenn sie auf diesen Wahnsinn hinabsehen? Haben sie jetzt eine unendliche Geduld und ein besseres Verständnis der Fehler und Vorgehensweisen bloßer Sterblicher? Oder sind sie dieser Sache genauso überdrüssig wie ich? Ich wünschte, ich wäre in diesem Augenblick bei ihnen, wo immer sie sind.

Diesmal verstrich fast ein Monat, bevor Mildred Kassab es über sich bringen konnte, ihm zu antworten.

> Lieber Jeff,
> wie sich die Tage dahinziehen! Jeden Tag betrachte ich einen Stapel Briefe, Deiner ganz oben, und sage mir: heute! Am Muttertag und Colettes Geburtstag habe ich zum letzten Mal versucht, einen Brief zu schreiben. Die verdammten Tränen verwischten die Schrift, und ich gab es wieder auf. Ich hoffe, daß ich eines Tages zu weinen aufhören werde; ich weiß, es ist eine schreckliche Schwäche, aber die ganze Sache ist so entsetzlich, solch ein Elend.
> Weißt Du, daß es diesen Monat erst zehn Jahre her ist, daß wir Deinen und Colettes High-School-Abschluß gefeiert haben? Du bist gegen die ganze Welt angetreten und hattest so viele Pläne für die Zukunft — alles zunichte gemacht von diesen mörderischen Ratten.
> Ich denke ständig daran, wie ich jemanden dazu bringen kann, die kranken Sadisten zu suchen, die meine Lieblinge getötet haben. Ich werde niemals ruhen, bis diese Leute — oder sollte ich sagen, Tiere? — gefaßt und bestraft sind. Da wir so menschlich geworden sind, gibt es allerdings keine passende Strafe mehr.
> Ich habe viele von Colettes Briefen verwahrt und lese sie immer wieder. Dann habe ich fast den Eindruck, es sei nie geschehen. Aber es ist geschehen.
> Der Swimmingpool ist wunderbar, ganz blau und weiß, mit Zementmauern, einem Patio und einem neuen Rasen. Das Ding sieht aus, als stünde es in Hollywood. Ich hasse es. Wir haben es nicht für uns gebaut.
> Wir lieben Dich und wünschen Dir nur das Beste, Jeff. Wenn wir doch nur alles ungeschehen machen könnten. Wir können es aber nicht, und wenn Du alles durchgestanden hast, ist Dir noch immer nichts geblieben.

2

Der Artikel 32 des Militärstrafgesetzbuchs, das für alle Mitglieder der Streitkräfte der Vereinigten Staaten gilt, sieht vor, daß vor der Anklageerhebung durch Militärbehörden eine Anhörung durch einen Offizier stattzufinden hat, die ›den Wahrheitsgehalt der vorgebrachten Sache klären‹ und Empfehlungen ›über die Weiterbehandlung des Falles‹ aussprechen soll.

Colonel Warren V. Rock, ein Infanterieoffizier mit dreißigjähriger Dienstzeit, der als Leiter der Psychologischen Abteilung im John F. Kennedy Institute of Military Assistance in Fort Bragg fungierte, wurde beauftragt, laut Artikel 32 die Anhörung im Mordfall MacDonald durchzuführen. Sollte sich ergeben, daß die Vorwürfe begründet waren, konnte Colonel Rock empfehlen, MacDonald vor ein Militärgericht zu stellen. Sollte sich ergeben, daß sie unbegründet waren, konnte er die Einstellung des Verfahrens anordnen.

Normalerweise galt eine Anhörung laut Artikel 32 als bloße Formalität, bei der die Anklage lediglich den Fall umriß und gerade so viele Beweise vorlegte, daß der untersuchende Offizier die Empfehlung aussprach, den Fall an ein Militärgericht weiterzugeben. Bernie Segal jedoch hatte nicht vor, dieser üblichen Routine zu folgen. Seine bisherigen Erfahrungen mit der Militärjustiz führten ihn zu der Auffassung, daß es fast unmöglich war, einen Fall zu gewinnen, wenn er erst einmal vor ein Militärgericht gekommen war — dann entschied eine ›Jury‹ über das Schicksal des Beklagten, die aus Offizieren bestand, die von denselben Militärbehörden ausgewählt worden waren, die die Anklage vorgebracht hatten. In diesem Stadium hatte die Anklage einfach zuviel Einfluß, und für zu viele Beteiligte — zum Beispiel für Berufsoffiziere, die sich um ihre Beförderung Sorgen machten — stand einfach zuviel auf dem Spiel: bei einem Spruch, der auf ›nicht schuldig‹ lautete, hatten sie zuviel zu verlieren und zuwenig zu gewinnen.

Segal entschloß sich, bereits bei der Anhörung laut Artikel 32 aus vollen Rohren zu schießen.

Die Anhörung fand am Morgen des 6. Juli unter großer Beteiligung von Öffentlichkeit und Presse statt. Zuerst sagte der Lieutenant der Militärpolizei aus, der während der ersten hektischen Stunden nach Entdeckung der Leichen den Befehl im Haus 544 Castle Drive gehabt hatte.

Im Kreuzverhör gestand er ein, daß er nicht wußte, wie viele Militärpolizisten die Wohnung betreten hatten; daß er niemals versucht hatte, eine Namensliste zusammenzustellen; daß er niemandem die Befehlsgewalt übertragen hatte, um sicherzustellen, daß keine Beweise vernichtet wurden, als er die Wohnung verlassen hatte, um einen Krankenwagen zu bestellen und den Chef der Militärpolizei von dem Verbrechen zu unterrichten; daß einer seiner Männer den nicht aufgelegten Telefonhörer im Schlafzimmer angefaßt hatte, um das Hauptquartier von der Ankunft der Militärpolizei zu unterrichten; daß er, nachdem MacDonald ihm die vier Täter beschrieben hatte, versäumt hatte, die Errichtung von Straßensperren anzuordnen, obwohl mehrere seiner Männer dies vorgeschlagen hatten; und daß er kurz nach seiner Ankunft an verschiedenen Stellen der Wohnung 544 Castle Drive frisches, von draußen hereingetragenes Gras bemerkt hatte, und er nicht wußte, ob es von seinen Männern stammte — mindestens ein Dutzend davon waren durch den schmalen, dunklen Flur der Wohnung gelaufen, einige von dem, was sie gesehen hatten, der Hysterie nahe — oder vielleicht von den vier Einbrechern, die eine halbe Stunde zuvor Jeffrey MacDonalds Frau und Kinder ermordet hatten.

Die anwesenden Militärs zeigten sich von Segals aggressivem, scharf geführtem Kreuzverhör anscheinend verblüfft. Sie begriffen, daß sie möglicherweise eine ungünstige Presse bekommen würden, und erklärten nach der Mittagspause, die Anhörung würde nun unter Ausschluß der Öffentlichkeit stattfinden.

Freddy Kassab begab sich augenblicklich nach Washington und hielt eine Pressekonferenz ab. Er sagte dabei: »Ich bin heute lediglich hier, um in dem mir möglichen kleinen Rahmen zu versuchen, die Waagschalen der Justiz auszugleichen. Meine

Bitte ist nicht parteilich, nicht illegal, nicht ungewöhnlich: Ich verlange lediglich, daß mein Schwiegersohn, Captain Jeffrey MacDonald, dasselbe Recht gewährt bekommt wie jeder andere amerikanische Bürger: eine öffentliche Anhörung. Die Entscheidung, die Anhörung unter Ausschluß der Öffentlichkeit durchzuführen, muß aufgehoben werden. In diesem großen Land muß Captain MacDonald — auch wenn er in der Army ist — eine faire und gerechte Behandlung widerfahren. Meine Frau und ich haben das Recht, dem ganzen Land zu zeigen, daß die Beschuldigungen gegen Captain MacDonald falsch sind. Wir haben drei Gräber zu besuchen, und jedesmal, wenn wir auf dem Friedhof sind, fühlen wir, daß wir alles tun müssen, um den Mann, den die drei Toten am meisten geliebt haben, vor Unrecht zu schützen.«

Obwohl eine Kolumne des bekannten Journalisten Jack Anderson das Vorgehen der Army barsch kritisierte, fand die weitere Anhörung unter Ausschluß der Öffentlichkeit statt. Als einzige Zuschauerin wurde Jeffrey MacDonalds Mutter zugelassen, nachdem das Foto einer Presseagentur sie zeigte, wie sie auf der Treppe vor dem Anhörungssaal saß und sie erklärt hatte, als Zeichen ihres Vertrauens in die Unschuld ihres Sohnes würde sie dort bis zum Ende der Anhörung sitzen bleiben, oder bis die Militärpolizei sie entfernte.

Hinter geschlossenen Türen fand Bernie Segal — zu seinem Erstaunen und der Freude seines Klienten — heraus, wie schlampig, fehlerhaft und voller Verfahrensfehler der Fall war, den die Army gegen MacDonald zusammengetragen hatte. Segals gründliche Kreuzverhöre von Zeugen der Anklage brachten eine Reihe von Ermittlungsfehlern zutage, die viel umfassender und bedeutsamer waren, als er es je zu hoffen gewagt hätte.

Von den ersten Augenblicken am Tatort, als der Sergeant der Militärpolizei nach dem nicht aufgelegten Telefonhörer gegriffen hatte, bis zu den späteren Laborfehlern, die zum Verlust der blauen Faser unter Kristens Fingernagel und dem Hautstück unter Colettes Fingernagel geführt hatten, waren die Ermittlungen der Army, wie Franz Joseph Grebner es schon seit Februar wußte, völlig inkompetent verlaufen.

Zum Beispiel stellte sich heraus, daß der Blumentopf, dessen aufrechte Position Grebners Argwohn erregt hatte, von einem Sanitäter aufgesetzt worden war, der alle Anweisungen ignoriert hatte, am Tatort nichts zu verändern. Derselbe Krankenwagenfahrer hatte — laut der Aussage eines Militärpolizisten, der ihn beobachtet hatte —, während am Tatort noch Spuren gesichert wurden, Jeffrey MacDonalds Brieftasche von einem Schreibtisch gestohlen.

Der Arzt, der zum Tatort gerufen worden war, um den Tod der Opfer festzustellen, sagte aus, er habe Colette MacDonald auf die Seite gerollt, um ihre Verletzungen am Rücken zu begutachten, und dabei die blaue Schlafanzugjacke von ihrer Brust entfernt. Er wisse nicht mehr, wohin er sie gelegt hatte, konnte die Möglichkeit aber nicht ausschließen, daß dabei Fasern von der Jacke neben der Leiche zu Boden gefallen sein könnten.

Die Pathologen, die die Autopsien durchgeführt hatten, hatten vergessen, den Leichen Fingerabdrücke wie auch Haarproben abzunehmen, und als ein Labortechniker später in die Trauerwohnung geschickt wurde, um das nachzuholen, waren Kimberly und Kristen schon aufgebahrt. Sie hätten ›ausgesehen wie zwei kleine Engel‹, und er habe es nicht über sich bringen können, ihnen die Fingerabdrücke abzunehmen, womit viel mehr ›unidentifizierte‹ Fingerabdrücke am Tatort zurückblieben, als das sonst vielleicht der Fall gewesen wäre.

Die CID hatte erst gemerkt, daß sie über keine Haarproben verfügte, als die Leichen schon beerdigt waren. Um ›bekannte Haarproben‹ mit dem blonden Haar in Colettes Hand zu vergleichen, mußte der CID-Chemiker auf Haare zurückgreifen, die man von ihrem Mantelkragen und nicht von ihrem Kopf genommen hatte. Der Sinn dieses Vorgehens geriet in starken Zweifel, als sich — sehr zum Verdruß der Anklage — herausstellte, daß sich ›eine bekannte Haarprobe‹, die man einem Pullover Jeffrey MacDonalds entnommen hatte, gar nicht als sein Haar, sondern als das seines Ponys erwies.

Jede neue Zeugenaussage, selbst die von Zeugen der Anklage, enthüllte immer mehr Fehler der CID, anstatt Mac-

Donald mit dem Verbrechen in Zusammenhang zu bringen. Die weggeworfene Schlafanzughose, die entleerte Mülltonne, die abgezogenen Toiletten, der vernichtete Fußabdruck, der bei einer oberflächlichen Untersuchung mit dem von Jeffrey Mac-Donalds linkem Fuß übereinzustimmen schien — wären die Konsequenzen nicht so ernst gewesen, hätte man über diese Aneinanderreihung von Irrungen nur lachen können.

Segal erfuhr zum Beispiel, daß nach Ron Harrisons Pressekonferenz vom 19. Februar Ermittler und Labortechniker gleichermaßen in die Wohnung geeilt waren, um die *Esquire*-Ausgabe in MacDonalds Wohnzimmer zu lesen. Als man endlich den Blutfleck auf den Seiten bemerkt und die Zeitschrift eingestaubt hatte, um ihr Fingerabdrücke zu entnehmen, fand man nur noch die von CID-Technikern und Militärpolizisten.

Der Film mit den Aufnahmen von Fingerabdrücken, die man in der Wohnung gefunden hatte, erwies sich als so verschwommen, daß mehr als fünfzig Fotos unbrauchbar waren. Vielleicht, so überlegte der Techniker, hatten vorbeifahrende Lastwagen oder Schüsse von einem nahegelegenen Schießübungsgelände die Kamera vibrieren lassen. Als er jedoch in die Wohnung zurückkehrte, um neue Aufnahmen von den fraglichen Abdrücken zu machen, hatte die Feuchtigkeit die Schutzabdeckung durchdrungen, und über vierzig Abdrücke ließen sich endgültig nicht mehr identifizieren, womit die Anklage nicht mehr behaupten konnte, in der Wohnung seien keine Spuren von Einbrechern gefunden worden.

Aufgrund dieser zahlreichen Patzer behauptete Bernie Segal immer schärfer, am Tatort seien irreparable Ermittlungsfehler begangen worden, die jeden Zusammenhang seines Klienten mit dem Verbrechen ins Reich wildester Spekulation verwiesen. Er informierte die Journalisten über jedes neue Fiasko der Anklage, die die strikte Anweisung hatte, zu dem Verfahren keinen Kommentar abzugeben. Während die Army im Verlauf der Anhörung immer törichter und unfähiger dastand, wandelte sich der ursprüngliche Zynismus, mit dem die meisten Reporter Mac-Donalds Schilderung begegnet waren, immer stärker zur Einstellung, der stattliche Green-Beret-Arzt von der Elite-Universität könnte vielleicht doch die Wahrheit gesagt haben.

Der Glaube der Öffentlichkeit, MacDonald könne unschuldig sein, nahm weiterhin zu, als im August deutlich wurde, worauf Segal mit seiner Verteidigung hinauswollte. Er rief einen Militärpolizisten namens Kenneth Mica in den Zeugenstand, einen der ersten, die den Tatort erreicht hatten. Mica sagte aus, unterwegs, an einer Kreuzung, die nicht ganz einen Kilometer vom Castle Drive entfernt lag, habe er eine junge Frau im Schatten stehen sehen. Es sei ihm ungewöhnlich vorgekommen, daß um zehn vor vier an einem kalten, regnerischen Morgen im Februar eine Frau allein an solch einer Kreuzung stand, und hätte er keinen Einsatzbefehl gehabt, hätte er angehalten, um mit ihr zu sprechen.

Ein paar Minuten später, so Mica, sei ihm diese Beobachtung nicht mehr nur seltsam, sondern von entscheidender Bedeutung vorgekommen. Denn die Frau an der Ecke habe außer einem Regenmantel einen Schlapphut getragen.

Nachdem Mica MacDonalds Beschreibung der Einbrecherin gehört hatte, habe er den MP-Lieutenant über seine Beobachtung informiert. Er habe den Lieutenant gedrängt, sofort eine Streife loszuschicken, um die betreffende Frau zum Verhör zu bringen. Der Lieutenant jedoch habe auf diesen Vorschlag nicht reagiert (bei der Anhörung sagte er aus, er habe nicht verstanden, was Mica ihm sagte). Die Frau an der Ecke wurde nie gefunden.

Als Mica dann den Militäranklägern von der Frau mit dem Schlapphut berichtete, wurde er angewiesen, bei seiner Zeugenaussage während der Anhörung nichts davon verlauten zu lassen. Doch das Gewissen habe Mica keine Ruhe gelassen, und er habe die Verteidigung darüber informiert.

Nachdem Segal damit nicht nur ein weiteres außerordentliches Beispiel für die Inkompetenz der Militärpolizei (und ein eindeutiges Fehlverhalten der Anklage) geliefert hatte, sondern auch eine erste — wenn auch indirekte — Bestätigung von MacDonalds Geschichte, konzentrierte er sich nun darauf, seinen Klienten als Menschen darzustellen, der zu einem Verbrechen, wie man es ihm vorwarf, völlig unfähig war. Segal rief eine Reihe von Zeugen auf, die Jeffrey und Colette MacDonald zu verschiedenen Zeiten ihrer Ehe gekannt hatten und die ohne

Ausnahme überzeugt waren, MacDonald sei ein ehrenwerter Mann und habe seine Frau und Kinder sehr geliebt.

Ein Arzt des Columbia-Presbyterian-Krankenhauses, unter dem MacDonald als Assistent gearbeitet hatte, sprach von seiner ›Ausdauer und Gelassenheit‹ und seiner außerordentlichen Fähigkeit, ›Streß auszuhalten‹. Ein Freund von der Northwestern nannte die Ehe der MacDonalds ›ideal‹ und fügte hinzu, er habe Anfang Februar noch mit Colette telefoniert, und sie habe ihre Monate in Fort Bragg ›die glücklichste Zeit unserer Ehe‹ genannt. Ein Green Beret sagte aus, MacDonald habe sich mit Colette ›außergewöhnlich gut‹ verstanden und eine ›sehr große‹ Zuneigung zu seinen Kindern gehabt. Mac-Donalds Nachbar sagte, die Ehe zwischen Jeff und Colette sei ›einfach toll‹ gewesen. MacDonalds ehemaliger Vorgesetzter in Fort Bragg, Robert Kingston, der auf Hawaii einen kurzen Erholungsurlaub von seinem Einsatz in Vietnam verbrachte, beschrieb MacDonald telefonisch als ›einen der besten, aufrichtigsten, außergewöhnlichsten jungen Soldaten‹, den er je gesehen habe, und fügte hinzu, MacDonald sei ›seiner Frau und auch seinen Kindern sehr zugetan‹ gewesen.

Auch Robert Kingstons Frau sagte aus. Sie kenne die Mac-Donalds ungewöhnlich gut, weil ihre eigene Tochter in deren Alter sei und manchmal mit Jeff und Colette ausgegangen sei. MacDonald sei ein ›sehr liebevoller‹ Vater gewesen, und sowohl er als auch Colette hätten sich sehr auf ihr drittes Kind gefreut. Sie habe sogar einmal zu ihrer Tochter gesagt: ›Hoffentlich führst du einmal so eine Ehe wie sie.‹ Sie wurde nicht nach der Valentinskarte gefragt, die sie MacDonald geschickt hatte, und ging auch nicht von sich aus darauf ein.

Sehr vielsagend und emotionell war Freddy Kassabs Aussage. Er kenne Jeffrey MacDonald seit dessen zwölftem Lebensjahr, habe ihn heranwachsen sehen und hielte ihn für einen so guten Menschen, wie er keinen zweiten kenne. Vom ersten Tag ihrer Ehe an seien Jeff und Colette ›sehr glücklich‹ gewesen. MacDonald habe auch seine Kinder sehr geliebt. »Ständig beschäftigte er sich mit den Mädchen.«

In Fort Bragg, so Kassab, ›waren sie glücklich wie nie zuvor. Sie hatten keine finanziellen Probleme, Jeff war die meisten

Abende zu Hause, hatte mehr Zeit für Colette und die Kinder. Sie war ganz begeistert.‹ Sie sei auch ›ganz begeistert‹ über das dritte Kind gewesen.

Als Kassab den Zeugenstand verließ, weinte er. Er wandte sich an Colonel Rock und fragte: »Sir, darf ich noch etwas hinzufügen?«

»Natürlich.«

»Wenn ich noch eine Tochter hätte«, sagte Freddy Kassab, »wollte ich denselben Schwiegersohn für sie.«

Nachdem Kassab den Anhörungssaal verlassen hatte, erklärte er der Presse gegenüber: »Wir wissen genau, daß Jeffrey MacDonald über jeden Schatten eines Zweifels hinaus unschuldig ist. Ich behaupte, daß die Army keinerlei Anstrengungen unternommen hat, nach den wirklichen Mördern zu suchen, und genau weiß, daß Captain MacDonald *jeden* Verbrechens unschuldig ist, bis auf das, seinem Land gedient zu haben.« Dann erklärte er, er und seine Frau hätten eine Belohnung von fünftausend Dollar für Informationen ausgesetzt, die zur Verhaftung der wirklichen Mörder führten.

Segal rief zuletzt Robert Sadoff in den Zeugenstand, den Psychiater aus Philadelphia, der MacDonald im April untersucht hatte. »Meiner Untersuchung und allen mir vorliegenden Fakten zufolge«, sagte Dr. Sadoff, »bin ich der Meinung, daß Captain MacDonald gefühlsmäßig nicht imstande ist, solch eine Tat zu begehen. Mit anderen Worten, ich glaube nicht, daß er es getan hat.«

Zu diesem Punkt der Anhörung ergab sich eine jener dramatischen Wendungen zum Positiven, auf die manche Strafverteidiger ihr ganzes Leben lang hoffen.

Bernie Segal wohnte im Motel Heart of Fayetteville. Eines Morgens im August sprach ihn ein Lieferant der Firma an, die das Motel mit Handtüchern und Bettlaken versorgte. Der Name des Mannes war William Posey, er war zweiundzwanzig Jahre alt und wohnte im Fayetteviller Stadtteil Haymount, das als

Hippieviertel berüchtigt war. Er hatte Segal aufgrund eines Fotos in einer Zeitung erkannt (und von der Belohnung gelesen, die die Kassabs ausgesetzt hatten) und erzählte Segal von einer ehemaligen Nachbarin von ihm, von der er nur ihren Vornamen kannte, Helena.

Im Februar hatte er auf der Clark Street gewohnt. Er wußte, daß Helena Drogen nahm, mit Drogen handelte und Mitglied eines Hexenkultes war. Sie war, laut Posey, etwa siebzehn Jahre alt, trug häufig Stiefel, eine blonde Perücke und einen Schlapphut.

Gegen vier Uhr am Morgen des 17. Februar war Posey auf die Toilette gegangen. Als er aus dem Badezimmerfenster schaute, hatte er einen Wagen gesehen, der »sehr schnell« auf die Einfahrt des Hauses fuhr, in der Helena mit zwei Freundinnen wohnte. Es waren mindestens zwei, vielleicht auch drei Männer im Wagen gewesen. Sie hatten großen Lärm gemacht, gelacht und gekichert. Dann war Helena ausgestiegen und ‹schneller als üblich› zum Haus gegangen, und der Wagen habe die Auffahrt wieder verlassen und sei die Straße entlanggebraust.

Posey hatte Helena erst am Tag der Beerdigung der MacDonalds wiedergesehen. An diesem Tag, so behauptete er, habe sie Schwarz getragen und ganz, als sei sie in Trauer, nicht mit ihm gesprochen, als er sie grüßte. Nach dem 17. Februar habe Helena nie wieder ihre Stiefel, die blonde Perücke und den Schlapphut getragen.

Etwa zwei Wochen später, so Posey, habe sie ihm in einem beiläufigen Gespräch gesagt, sie werde Fayetteville verlassen, weil die Polizei sie wegen ihrer möglichen Verwicklungen in die Morde ›belästige‹. Sie habe soviel LSD und Meskalin genommen, daß sie sich nicht mehr erinnere, wo sie in dieser Nacht gewesen sei.

Sie hatte Fayetteville kurz darauf verlassen, und Posey habe sie erst im August wiedergesehen. Die Anhörung machte zu dieser Zeit Schlagzeilen in den örtlichen Zeitungen, und Posey fragte sie, ob sie glaube, daß sie mit den Morden etwas zu tun habe. Sie habe erwidert: »Ich erinnere mich nicht, was ich in jener Nacht gemacht habe.« Doch als er sie fragte, wie sie denn mit ihrem Freund zurechtkäme, habe sie auch gesagt: »Tja, wir können erst heiraten, wenn wir noch ein paar Leute umgebracht haben.«

Nach Poseys aufsehenerregenden Aussage gelang es William Ivory, Helena ausfindig zu machen und zu befragen. Ihr voller Name, sagte er, sei Helena Stoeckley. Sie sei die Tochter eines Lieutenant Colonel im Ruhestand, der in Fort Bragg stationiert gewesen sei, und der Polizei von Fayetteville wohlbekannt; sie habe als Drogeninformantin für sie gearbeitet. Sie sei in der Tat über die Morde befragt worden, wie zahlreiche andere Hippies in Fayetteville auch.

Laut Ivorys Aussage könne die Stoeckley jedoch keine weiteren sachdienlichen Informationen geben. Sie erinnere sich nur, an diesem Abend allein in einem Wagen herumgefahren zu sein, wisse aber nicht, wo sie gewesen sei oder was sie getan habe.

Aus Ivorys verdrossenen, einsilbigen Antworten auf Bernie Segals Fragen wurde offensichtlich, daß er die ganze Sache bestenfalls für Zeitverschwendung und schlimmstenfalls für eine falsche Spur hielt, die der Anklage gegen Jeffrey MacDonald schaden könnte.

Genauso offensichtlich war die Verachtung, die Bernie Segal für William Ivory empfand. Er hielt Helena Stoeckley für den Schlüssel zu diesem Fall. Sie lieferte die zweifelsfreie Bestätigung der Geschichte, die sein Klient erzählt hatte: eine Drogensüchtige, die in Hexerei machte und Kleidung trug, auf die MacDonalds Beschreibung zutraf; die kurz nach dem Verbrechen in männlicher Begleitung gesehen worden war und nicht erklären konnte, wo sie sich zur Tatzeit aufgehalten hatte; die *am Tag der Beerdigung Schwarz getragen hatte*, dann Fayetteville verlassen hatte, weil sie befürchtete, die Polizei verdächtige sie der Mittäterschaft, *und die davon gesprochen hatte, noch einmal töten zu müssen!*

Und was hatte die CID mit ihr gemacht? Sie hatte Ivory beauftragt, mit ihr zu sprechen — nachdem Poseys Aussage solch einen Schritt unumgänglich gemacht hatte —, und der Ermittler konnte nun lediglich sagen, sie könne den Fall nicht weiter aufhellen.

Nie zuvor hatte Bernie Segal ein Kreuzverhör mit solch einer treffenden Mischung aus Sarkasmus und Ungläubigkeit geführt.

»Mr. Ivory«, sagte er, »ich glaube, ich verstehe nicht ganz. Als sie sagte, sie sei allein in dem Wagen gewesen, gingen Sie davon aus, sie habe ihn auch gefahren?«

»Ja, das hat sie gesagt.«

»Ich verstehe. Und wem gehörte dieser Wagen?«

»Sie kannte den Besitzer nur dem Vornamen nach. Den Nachnamen kannte sie nicht. Es war ein Bekannter von ihr.«

»Und wie lautet dieser Vorname?«

»Bruce.«

»Bruce?« Segal hielt inne. Dann fragte er: »Haben Sie sich beim Gespräch mit Miß Stoeckley Notizen gemacht?«

»Nein.«

»Gibt es einen besonderen Grund, warum Sie sich *keine* Notizen gemacht haben?«

»Nein, keinen.«

»Ist es nicht üblich, sich Notizen zu machen, wenn man ein Verhör durchführt, das im Zusammenhang mit einem dreifachen Mord steht?«

Ivory sagte nichts.

»Mr. Ivory, warum wurden von dem Verhör keine Notizen gemacht?«

»Ich hatte kein Notizbuch dabei«, sagte Ivory. »Ich wollte mir Notizen machen, aber sie wurde so nervös, daß ich Notizbuch und Kugelschreiber beiseite legte.«

»Haben Sie überhaupt nichts in Ihr Notizbuch eingetragen?«

»Ich glaube, ich schrieb ihren Namen oben auf die Seite.«

»Und was hat sie gesagt oder getan, daß Sie Ihr Notizbuch wegsteckten?«

»Sie sagte etwas wie: ›Was machen Sie da? Warum schreiben Sie mit?‹«

»Und was haben Sie gesagt?«

»Ich habe gesagt: ›Ich schreibe nicht mit.‹ Und ich habe das Notizbuch eingesteckt.«

»Haben Sie sie gefragt, warum sie etwas dagegen hat, daß Sie sich Notizen machen?«

»Nein.«

»Warum nicht?«

»Ich wollte lieber das Gespräch führen, anstatt sie so nervös zu machen, daß sie mir überhaupt nicht antwortete.«

»Was war denn so schrecklich daran, sie nervös zu machen, indem Sie sie fragten, wo sie am Morgen des 17. Februar war?«

»Das wußte ich nicht. Deshalb steckte ich das Notizbuch weg. Damit ich es herausfinden konnte.«

»Haben Sie herausgefunden, wo sie am 17. Februar zwischen zwei und vier Uhr morgens war?«

»Nein.«

»Haben Sie sie danach gefragt?«

»Ja.«

»Was hat sie gesagt, wenn überhaupt?«

»Daß sie sich nicht daran erinnern kann.«

»Hat sie gesagt, warum sie sich nicht erinnern kann?«

»Ja, das hat sie.«

»Und warum nicht?«

»Weil sie Marihuana genommen hat.«

»Marihuana?«

»Ja.«

»Sind das ihre Worte?«

»Weil sie wegen Marihuana high gewesen wäre.«

»Mr. Ivory, hat sie gesagt, sie könne sich nicht erinnern, weil sie *Marihuana* genommen hat?«

»Genau.«

»Mr. Ivory, Sie haben schon Fälle bearbeitet, bei denen *Cannabis sativa* genommen wurde, nicht wahr?«

»Ja.«

»Ist Ihren Kenntnissen zufolge Gedächtnisverlust eine medizinisch anerkannte Folge von Marihuanakonsum?«

»Meines Wissens nicht.«

»Ihres Wissens nicht. Wußten Sie, daß Mr. Posey ausgesagt hat, Miß Stoeckley habe gesagt, sie habe ... einmal hat sie gesagt, sie habe LSD genommen, ein anderes Mal, Meskalin. War Ihnen das bekannt?«

»Sie hat gesagt, sie habe Marihuana genommen.«

»Ich will wissen, ob Ihnen bekannt war ...«

»Nein, war mir nicht.«

»Haben Sie Miß Stoeckley gefragt, warum sie sich nicht erinnern könne, da von Marihuanakonsum nicht bekannt ist, daß er zu Gedächtnisverlust führt?«

»Ja, das habe ich.«

»Und was hat sie gesagt?«

»Sie wisse es nicht. Sie könne sich nicht erinnern.«

»Haben Sie sie nach einer blonden Perücke gefragt?«

»Ja.«

»Und hat sie eingestanden, bis zum 17. Februar eine blonde Perücke besessen zu haben?«

»Sie hat gesagt, sie habe gelegentlich eine getragen, aber sie gehöre nicht ihr, sondern einer Freundin.«

»Und hat sie gesagt, wann sie diese blonde Perücke zurückgegeben hat?«

»Nein.«

»Haben Sie sie gefragt, ob es kurz nach dem 17. Februar 1970 gewesen sein könnte.«

»Es war danach, aber an das genaue Datum konnte sie sich nicht erinnern.«

»Und hat sie Ihnen den Namen des Mädchens gegeben?«

»Nein.«

»Haben Sie sie nach dem Namen gefragt?«

»Ja.«

»Hat sie sich geweigert, Ihnen den Namen zu nennen?«

»Nein, sie hat gesagt, sie könne sich einfach nicht erinnern, welchem der Mädchen sie gehöre.«

»Hat sie Ihnen gesagt, wo sie die Perücke zurückgegeben hat? Auf der Straße oder in der Wohnung des anderen Mädchens?«

»Nein.«

»Haben Sie sie danach gefragt?«

»Nein.«

»Haben Sie sie gefragt, ob sie einen großen Schlapphut hat?«

»Ja.«

»Was hat sie darauf geantwortet?«

»Ja, sie besäße einen Schlapphut.«

»Hat sie gesagt, wo dieser Schlapphut jetzt ist?«

»Sie hat gesagt, sie habe ihn verschenkt, könne sich aber nicht an den Namen der betreffenden Person erinnern.«

»Hat sie erwähnt, ob sie den Schlapphut kurz nach dem 17. Februar 1970 verschenkt hat?«

»Sie hat den Tag nicht genannt, und ich habe auch nicht danach gefragt.«

»Gab es einen Grund, warum Sie sie nicht gefragt haben, seit wann sie den Schlapphut nicht mehr trägt oder wann sie ihn verschenkt hat?«

»Keinen besonderen Grund.«

»Haben Sie sie gefragt, ob Sie irgendwelche Stiefel hat?«

»Ja.«

»Und was hat sie gesagt?«

»Ja, sie habe Stiefel besessen.«

»Hat sie gesagt, ob sie Mitte Februar 1970 ein Paar Stiefel verschenkt oder weggeworfen hat?«

»Ja.«

»Und was hat sie gesagt?«

»Daß sie sie weggeworfen habe.«

»Konnte sie sich erinnern, wo sie sie weggeworfen hat?«

»Ja, sie warf ... sie hat gesagt, ein Absatz sei abgebrochen, und sie habe sie in eine Mülltonne geworfen.«

»Haben Sie Miß Stoeckley gefragt, ob sie bereit wäre, zu dieser Anhörung zu kommen und uns zu sagen, was Sie über Ihren Aufenthaltsort vom 17. Februar 1970 weiß?«

»Ja.«

»Und was hat sie dazu gesagt?«

»Nein, sie würde nicht kommen.«

»Haben Sie sie gefragt, warum sie nicht kommen wolle?«

»Sie hat angedeutet, sie wolle nicht in die Sache verwickelt werden.«

Der Vorsitzende einer Anhörung hatte — im Gegensatz zu dem eines Militärgerichts — nicht die Vollmacht, unwillige Zeugen zum Erscheinen zu zwingen.

»Hat sie Ihnen die Namen der anderen jungen Damen genannt, mit denen sie im Haus neben der Wohnung Mr. Poseys wohnte?« fragte Segal.

»Nein, sie hat gesagt, sie erinnere sich nicht an ihre Namen.«

»Haben Sie Miß Stockley gefragt, wer ihre männlichen Bekannten seien?« fuhr Segal fort.

»Ja.«

»Und war ihre Antwort darauf so verschwommen wie die anderen? Vornamen?«

»Ja, Vornamen.«

»Hat sie Ihnen gesagt, was das letzte ist, woran sie sich vor vier Uhr morgens am 17. Februar erinnern kann?«

»Ja. Sie habe allein das Haus verlassen, in dem sie wohnte, und sei mit dem Wagen herumgefahren. Ziellos, sagte sie.«

»Wußte sie, wann sie das Haus verlassen hat?«

»Irgendwann ... um Mitternacht oder danach.«

»Hat sie erwähnt, wieso sie den Zeitpunkt noch weiß?«

»Nein, nur daß es Mitternacht oder später gewesen sei.«

»Meinen Sie, daß sie das annahm oder nicht mehr sagen wollte?«

»Na ja, das hat sie gesagt.«

»Haben Sie sie um eine Beschreibung des Wagenbesitzers gebeten?«

»Ja.«

»Und was hat sie Ihnen daraufhin gesagt?«

»Ein Weißer, ehemaliger Soldat, mehr wisse sie nicht. Ich bat sie, den Mann so gut wie möglich zu beschreiben, und sie sagte, er sei zwanzig Jahre alt oder jünger und habe dunkles Haar.«

»Haben Sie sie nach besonderen Kennzeichen gefragt?«

»Ja, aber sie konnte mir nur eine allgemeine Beschreibung geben.«

»*Konnte* oder *wollte* sie Ihnen nur eine allgemeine Beschreibung geben?«

»Ich kann keine Gedanken lesen. Sie hat mir diese Beschreibung gegeben.«

»Wie würden Sie ihr Verhalten bezeichnen?« fragte Segal. »Kam sie Ihnen aufrichtig, ehrlich und offen vor?«

»Ja, sie kam mir aufrichtig vor.«

»Ehrlich und offen, ist das richtig?« fragte Segal, dabei die Stimme hebend.

»Ja.«

»Und Sie hielten eine Person, die die Namen der Personen

nicht kennt, mit denen sie zusammen gewohnt hat, für ehrlich, aufrichtig und offen?«

»Ja.«

»Und Sie hielten sie für ehrlich, aufrichtig und offen, als sie behauptete, sie könne Ihnen den Namen des Autobesitzers nicht nennen, dessen Wagen sie in der Nacht gefahren hat?«

»Ja.«

»Und Sie hielten sie für ehrlich, aufrichtig und offen, als sie behauptete, sie könne sich an ungefähr vier Stunden nicht erinnern, weil sie Marihuana geraucht habe?«

»Sie hat mir diese Antwort gegeben. Ich bekam keine andere und mußte sie hinnehmen.«

»Nun, da Sie wissen, daß Marihuanakonsum nicht zu Gedächtnisverlust führt, muß diese Antwort gelogen sein.«

»Das weiß ich nicht. Ich habe nie Marihuana geraucht.«

»Das habe ich auch nicht angedeutet. Ich habe gefragt, hielten Sie sie aufgrund Ihrer Erfahrung als Ermittler für ehrlich, aufrichtig und offen, als sie sagte, sie könne sich nicht erinnern, wo sie war, weil sie Marihuana geraucht habe?«

»Was konnte ich sonst sagen?«

»Sie hätten sagen können, sie habe gelogen, und ihr genauere Fragen nach ihrem Aufenthaltsort stellen können.«

»Vielleicht.«

»Aber das haben Sie nicht?«

»Nein.«

»Haben Sie versucht, den Wagen zu finden, von dem sie sprach?«

»Sie sagte, der Mann sei nicht mehr bei der Army und habe die Gegend verlassen.«

Segal hielt inne und musterte den Zeugen eindringlich. »Mir fällt es schwer, Mr. Ivory«, sagte er dann, »die Vorstellung zu akzeptieren, daß Sie die Aussage dieser Dame einfach hingenommen und sie als Verdächtige in diesem Fall abgeschrieben haben. Die Annahme, eine Ermittlung könne auf diese Art durchgeführt werden, verstößt gegen jede Vernunft. Oder ist es üblich, eine Reihe sehr verschwommener Antworten hinzunehmen und zu sagen: ›Na ja, das war's. Wir werden nicht herausfinden können, ob diese Person in einen dreifachen Mordfall verwickelt ist.‹?

Ich hatte in meinem Berufsleben mit über fünfhundert Mordfällen zu tun. Ich habe in dreizehn Jahren siebentausend Angeklagte verteidigt und nie gehört, daß ein wahrer Verdächtiger so behandelt wird. Haben Sie in der Nachbarschaft des betreffenden Hauses weitere Erkundigungen eingezogen?«

»Ich war nie dort.«

»Hat sonst jemand Erkundigungen eingezogen, wer die Wohnung zusammen mit diesem Mädchen bewohnt hat?«

»Da bin ich mir sicher.«

»Warum sind Sie sich da sicher?«

»Weil es mir einleuchtend vorkommt.«

»Da haben Sie recht, aber meine Frage lautete...«

»Es ist mir persönlich nicht bekannt.«

»Dann *wissen* Sie also nicht, ob jemand herauszufinden versucht hat, wer diese Wohnung gemietet hat, in der das Mädchen wohnte?«

»Persönlich nicht.«

»Haben Sie mit anderen Bewohnern dieses Gebäudes oder benachbarter Gebäude gesprochen, ob jemand etwas über den Aufenthaltsort oder die Aktivitäten dieses Mädchens weiß?«

»Ich habe in dieser Gegend keine Hintergrund-Ermittlung durchgeführt.«

»Ich meine keine Hintergrund-Ermittlung. Ich frage Sie, ob jemand die Geschichte dieses Mädchens überprüft hat, indem er andere Bewohner dieses Gebäudes oder benachbarter Gebäude befragte.«

»Ich habe nichts dergleichen getan.«

»Gibt es irgendeinen bestimmten Grund dafür?«

»Tja... eine Zeitfrage. Unter anderem.«

»Hat jemand die Strom-, Gas- und Telefonrechnungen der Wohnung überprüft, in der dieses Mädchen wohnte?«

»Das ist mir nicht bekannt.«

»Auf einer Telefonrechnung werden bei Fern- oder R-Gesprächen die Nummern aufgeführt, die die betreffende Person angerufen hat, nicht wahr?«

»Das stimmt.«

»Mr. Ivory, Sie können doch nicht allen Ernstes behaupten, Miß Stoeckley sei ehrlich, aufrichtig und offen gewesen. Sie hat ihre Regeln befolgt, die besagen, keinen Außenstehenden mitzuteilen, wer ihre Freunde und Bekannte sind.«

»Sie hat mir gesagt, sie kenne nur ihre Vornamen.«

»Natürlich geben sich Telefongesellschaften, Gas- und Stromwerke und Vermieter im allgemeinen nicht nur mit Vornamen zufrieden, nicht wahr?«

»Das ist richtig.«

»Kann man auf der Grundlage dessen, was bisher geschehen ist, davon ausgehen, daß die Nachforschungen in bezug auf Miß Stoeckleys Aufenthaltsort am 17. Februar abgeschlossen sind?«

»Sie sind nicht abgeschlossen.«

»Haben Sie sich mit ihr über ihr Interesse an der Hexenkunst unterhalten?«

»Wir kamen auf dieses Thema zu sprechen.«

»Wonach haben Sie sie gefragt«

»Nun, als sie mir erklärte, wieso sie diese Kleidung trägt — manchmal schwarz, manchmal purpur — sagte sie: ›Ja, ich ziehe das an, weil ich ... weil die Leute mich für eine wohlwollende Hexe halten.«

»Haben Sie sie gefragt, was sie damit meinte?«

»Ja, sie hat gesagt, eine wohlwollende Hexe widersetze sich den Hexenpraktikern der Schwarzen Magie. Ich habe sie gefragt, ob sie das ernst meine, und sie hat gesagt: ›Nein, ich bin überhaupt keine Hexe. Die Leute glauben das nur.‹«

»Das glauben oder sagen die Leute von ihr?«

»Ja.«

»Und sie hat in aller Bescheidenheit abgelehnt, genau zu sagen, ob sie nun eine Hexe ist oder nicht?.«

»Ja.«

»Kommt Ihnen das Gespräch, das Sie mit ihr führten, nicht ziemlich ungewöhnlich vor?«

»Nein.«

»Es war nicht ungewöhnlich?«

»Nein.«

»Es war ein normales ausgeflipptes Gespräch, wie man es mit einem Hippie führt, oder?«

»Ja.«

»Sind Hippies besonders vertrauenswürdige, wahrheitsliebende Menschen?«

»Manche ja, manche nicht.«

»Haben Sie Miß Stoeckley gefragt, warum sie an dem Tag, als die MacDonalds beerdigt wurden, in schwarzer Kleidung auf ihrer Veranda saß?«

»Sie hat gesagt, sie habe einfach Schwarz getragen, weil sie manchmal Schwarz trägt. Es gäbe zwischen diesen beiden Tatbeständen keinen Zusammenhang.«

»Und wieso wußte sie dann, daß sie an dem Tag, als die MacDonalds beerdigt wurden, Schwarz getragen hat?«

»Ich glaube, sie hat gesagt, sie habe in der Zeitung davon gelesen oder im Fernsehen oder Radio davon gehört.«

»Mr. Ivory, haben Sie Miß Stoeckley gefragt, ob sie am 17. Februar in der Wohnung der MacDonalds war?«

»Ja.«

»Und was hat sie gesagt?«

»Sie hat nein gesagt.«

»Haben Sie sie gefragt, wieso sie wissen könne, daß sie nicht dort war, da sie ja keine Angaben über ihren Aufenthaltsort zwischen Mitternacht und vier Uhr morgens machen konnte?«

»Sie hat gesagt, sie wisse nicht, wo das Haus sei, sie kenne Captain MacDonald nicht, sie wisse nichts darüber, und sie sei sicher, wäre sie dort gewesen, wüßte sie es.«

»Konnte sie Ihnen erklären, wieso sie sich so sicher war, sich daran erinnern zu können, da sie sich ja überhaupt nicht daran erinnern konnte, wo sie war?«

»Ich glaube, sie hat gedacht, sei sie in die Geschehnisse dort verwickelt, würde sie sich bestimmt daran erinnern können.«

»Sie *glaubt*, sie würde sich erinnern können? Richtig?«

»Das hat sie gesagt.«

»Das hat *sie* gesagt.«

»Das hat sie gesagt.«

»Wo wohnt sie heute?«

»Ich habe nicht die geringste Ahnung, wo sie sich im Augenblick aufhält.«

Gegen Ende der Anhörung wurde Jeffrey MacDonald auf Colonel Rocks Antrag im Walter Reed Hospital in Washington von Militärpsychologen untersucht.

Der Leiter des Ärzteteams sagte dann bei der Anhörung aus. Er sagte, wenn auch eine psychiatrische Untersuchung nicht mit letzter Sicherheit bestimmen könne, ob ein Mensch zu einer gewissen Gewalttat fähig sei, habe er bei Jeffrey MacDonald keinerlei Anzeichen für eine »Geisteskrankheit oder eine Störung« gefunden und nicht den Eindruck, MacDonald habe seinen Bericht von den Morden »frei erfunden«. Seine Aussage legte nahe, daß er es für höchst unwahrscheinlich hielt, MacDonald könne die Morde begangen haben. Der Psychiater fügte hinzu, der Angeklagte sei ein sehr »warmherziger, engagierter, freundlicher junger Mann«.

MacDonald selbst sagte drei Tage lang aus. Er fügte seiner Geschichte zahlreiche neue Details hinzu und wandelte einige seiner Aussagen vom 6. April ab.

Nun erinnerte er sich zum Beispiel, daß er am Nachmittag des Montag, 16. Februar, mit dem Trainer der Boxmannschaft von Fort Bragg über eine Reise nach Rußland gesprochen hatte, die das Team bald unternehmen würde. MacDonald war gebeten worden, das Team als Arzt zu betreuen. Vielleicht hatte er nach Colettes Rückkehr von der Abendschule am Montag die Möglichkeit erwähnt, das Team zu begleiten.

Er sagte auch, er erinnere sich nun, sie habe keinen Literaturkurs, sondern einen über Kinderpsychologie besucht und an dem betreffenden Abend vielleicht mit dem Dozenten über das Problem gesprochen, daß Kirsten ins Bett machte und in letzter Zeit gelegentlich bei ihren Eltern im Bett schlafen wollte. »Das kam vielleicht einmal die Woche vor«, sagte MacDonald. »Sie kam mehrmals die Woche zu uns ins Bett, näßte das Bett aber nur einmal die Woche oder alle vierzehn Tage.

Wir gingen die ganze Sache ganz ruhig an. Einer von uns schlief auf dem Sofa, oder wir trugen Kristy zurück in ihr Bett. Meistens stand ich auf, manchmal aber auch meine Frau, um ihr noch eine Flasche zu geben.«

Ansonsten sei der Abend ohne besondere Ereignisse verlaufen.

Als MacDonald den Überfall der Einbrecher beschrieb, sagte er, nachdem der Schwarze ihn zum ersten Mal mit dem Knüppel geschlagen hatte, habe er »buchstäblich Sterne gesehen und flach auf dem Sofa gelegen«. Später habe er einen »Hagel von Schlägen« auf Brust, Schultern, Hals und Stirn gespürt und das Aufblitzen einer Klinge bemerkt. »Irgendwann hatten sich meine Hände gewissermaßen in der Schlafanzugjacke verfangen, und ich weiß ehrlich nicht, ob sie zerrissen oder über meinen Kopf gezogen wurde.«

Im Widerspruch zu seiner Aussage vom 6. April, er habe die Leiche seiner Frau nicht bewegt, sagte MacDonald nun, sie habe leicht erhöht an einem Stuhl gelehnt, und er habe sie auf den Boden gelegt.

Er beschrieb, wie er ins Badezimmer ging, um seine Verletzungen zu untersuchen, und fügte hinzu: »Ach ja, ich habe mir auch die Hände gewaschen. Fragen Sie mich nicht, warum. Wahrscheinlich, weil ich durch und durch Chirurg bin.«

Bedeutsamer war, daß er nun aussagte, er habe sich in der Küche, nachdem er dort zum zweitenmal telefonierte, eventuell noch einmal die Hände gewaschen. »Ich weiß, es klingt lächerlich, und ich habe mich selbst nach dem Grund gefragt. Ich weiß es nicht. Ich habe nur den Eindruck, daß ich mir vor oder nach dem Anruf noch einmal die Hände gewaschen habe.

Ich weiß, daß ich am 6. April gesagt habe, ich würde mich daran nicht erinnern, aber am nächsten Tag erklärte mein Anwalt mir, es sei am einfachsten, mich daran zu erinnern, wenn ich mir alles aufschreibe, und in den nächsten Tagen habe ich alles aufgeschrieben, woran ich mich erinnere, und ich glaube, die logische Abfolge der Ereignisse ist mir jetzt klarer. Ich muß sagen, daß ich mich jetzt an mehr erinnere als damals.«

Unter anderem erinnerte er sich auch daran, daß er, als er sich am Nachmittag des 17. Februar oder irgendwann am 18. Februar im Krankenhaus selbst untersuchte, zusätzlich zu den

Verletzungen, die die ihn behandelnden Ärzte festgestellt hatten, zwei Prellungen auf seinem *Hinterkopf* und zwei oder drei Einstiche in seiner oberen linken Brust feststellte (›Ich würde sagen, daß sie von einem Eispickel stammten‹), drei Stichverletzungen im oberen linken Bizeps (›Ebenfalls von einem Eispickel‹), und ›etwa zehn‹ Einstiche von einem Eispickel an seinem Leib, die alle ohne Behandlung verheilten und auch keiner medizinischen Versorgung bedurft hatten. Aus diesem Grund hatte er sie auch niemandem gegenüber erwähnt.

Er sagte, nach seiner Entlassung aus dem Krankenhaus sei er so sehr um seine Sicherheit besorgt gewesen, daß er sich eine Pistole geliehen und sie Nacht für Nacht unter seinem Kopfkissen aufbewahrt habe, bis man einen bewaffneten Posten vor seine Tür gestellt habe.

Es sei »absolut sicher«, daß keins der beiden Schälmesser oder der Eispickel aus seinem Haushalt stamme, obwohl der Knüppel vielleicht von einem Stapel Holz hinter dem Haus stammte. Er wiederholte, er habe nie einen Eispickel besessen.

Er sagte, er habe sich zur Army gemeldet, weil er seinem Land in Vietnam dienen wolle, und daß er eine Rückenverletzung verschwiegen habe, die er sich auf der High-School beim Football zugezogen hatte, um ein Green Beret werden zu können. Des weiteren sagte er aus, er habe ›sehr, sehr selten‹ sexuelle Begegnungen mit anderen Frauen gehabt. Die beiden einzigen Vorfälle, an die er sich erinnere, seien die Nacht in San Antonio mit der Army-Krankenschwester namens Tina und eine weitere Begebenheit mit einer anderen Frau gewesen, als er sich in ärztlicher Grundausbildung in Fort Sam Houston befunden habe. Colette habe von beiden Vorfällen nichts gewußt.

MacDonald schloß seine Aussage unter Tränen ab, indem er behauptete, er habe seine Frau ›mehr als alles andere auf der Welt‹ geliebt, und ihre Zeit in Fort Bragg sei ›bei weitem‹ die glücklichste, ausgeglichenste Phase ihrer Ehe gewesen.

Colonel Rock zeigte sich von Jeffrey MacDonald anscheinend beeindruckt, von seiner militärischen Korrektheit, seiner offensichtlichen Aufrichtigkeit und dem Gefühl des Verlustes und der Trauer, das er so ehrlich zu vermitteln schien.

In einem Bericht vom 14. Oktober 1970 — gut einen Monat nach Abschluß der Anhörung — schrieb er: »Nachdem ich die ausführliche Aussage des Angeklagten gehört und ihn genau bei seinen Antworten beobachtet habe, komme ich zur Ansicht, daß er die Wahrheit gesagt hat.«

Weiter schrieb Colonel Rock: »Eine große Anzahl Leumundszeugen sagte zugunsten des Angeklagten aus. Unter Berücksichtigung aller Fakten über das Leben und die Vorgeschichte des Angeklagten läßt sich kein logisches Motiv erkennen. Aufgrund der Art, wie die Opfer ermordet wurden, muß man zur Schlußfolgerung kommen, daß die Tat von Personen begangen wurde, die entweder wahnsinnig waren oder unter Einfluß von Drogen standen.

Der Beschuldigte hat sich zwei psychiatrischen Untersuchungen unterzogen. Obwohl vier Monate zwischen ihnen liegen, kamen sie zu verblüffend ähnlichen Schlußfolgerungen. Beide Untersuchungen legen nahe, daß der Angeklagte sowohl heute geistig gesund ist als auch am 16./17. Februar geistig gesund war und nicht versucht hat, irgendwelche Fakten zu verschweigen. Darüber hinaus sagte der Psychiater des Beschuldigten aus, daß der Beschuldigte nicht imstande gewesen sei, die Verbrechen begangen zu haben...

Erklärungen für Widersprüche (in MacDonalds Geschichte) sind logisch und beruhen nach Aussage der psychiatrischen Experten auf dem Zeitfaktor, dem natürlichen Versuch des Beschuldigten, den furchtbaren Anblick des 17. Februar zu vergessen, den normalen Schwierigkeiten, sich an routinemäßige Handlungen zu erinnern, und der Verwirrung, die dem Schlag auf den Kopf folgte.«

Unter Berücksichtigung der Zeugenaussagen in bezug auf Helena Stoeckley, der Fehlern, die die Spurensicherung am Tatort begangen hatte, und der gehäuft auftretenden Patzer bei der Untersuchung des Verbrechens schloß Colonel Rock seinen Bericht mit zwei Empfehlungen ab:

1. Daß alle Anklagen und Beschuldigungen gegen Captain Jeffrey MacDonald fallengelassen werden, da die vorgebrachten Punkte nicht der Wahrheit entsprechen.
2. Daß die entsprechenden Zivilbehörden das Alibi der Helena Stoeckley, Fayetteville, North Carolina, bezüglich der frühen Morgenstunden des 17. Februar 1970 überprüfen sollen.

Zwei Wochen später erklärte die Army, die Colonel Rocks Empfehlungen nicht veröffentlichen wollte, lediglich, die Anklage gegen MacDonald sei wegen ›unzureichender Beweise‹ eingestellt worden.

Jeffrey MacDonald beantragte sofort eine ehrenvolle Entlassung aus der Army. Er sagte: »Das ist kein Sieg. Meine wunderbare Familie ist tot, und die Mörder laufen noch frei herum. Ich verstehe nicht, wieso die Army nicht alles unternommen hat, sie zu fassen. Ich will sie kriegen und werde selbst Nachforschungen betreiben. Wenn man sie gefaßt hat, sollte man die Todesstrafe beantragen. Sie haben ihre Entscheidung getroffen, als sie meine Familie umbrachten. Dafür müssen sie bezahlen.«

3

Der Mord an drei Mitgliedern einer Familie führt nicht unbedingt zu einem erhöhten Interesse an dem Überlebenden. Doch wenn dieser Überlebende ein intelligenter, gutaussehender Arzt ist, Princeton-Absolvent und darüber hinaus ein Green Beret, und der Welt kaum sechs Monate nach den Manson-Morden erzählt, daß Hippies im Drogenrausch seine geliebte Familie getötet haben, überrascht es kaum, daß ihm ein gewisses öffentliches Interesse zukommt.

Es überrascht auch nicht, daß er sich von dem Presserummel eher geschmeichelt als abgestoßen fühlte, doch in den Monaten und Jahren nach der Erklärung der Army, das Verfahren gegen ihn sei eingestellt, erwies sich die Rolle der Medien als keineswegs unbedeutend.

Noch vor der Anhörung drückte MacDonald den Wunsch aus, jemand solle ein Buch über den Fall schreiben. Richtig aufgezogen, würde solch ein Buch ihn nicht nur reich, sondern auch berühmt machen. Er hatte schließlich eine Geschichte zu erzählen und konnte die Rechte daran verkaufen. Daher begann MacDonald an einem »Tagebuch« zu arbeiten, das eine rekonstruierte Darstellung seiner Sicht der Ereignisse darstellte, die zu den schrecklichen Morgenstunden des 17. Februar geführt und sich aus ihnen ergeben hatten. In der Hoffnung, dieses Material eines Tages einem Schriftsteller geben zu können, der das Buch für ihn verfaßte, begann MacDonald zu schreiben:

> Samstag, 14. Feb. 1970. Fuhr ins PX und kaufte Valentinskarten und Süßigkeiten für meine drei Mädchen — Colette, Kimberly und Kristy... Ich bin sicher, wir haben an diesem Abend miteinander geschlafen, denn das taten wir fast immer, wenn wir allein waren und ich nicht arbeiten mußte.

Montag, 16. Feb. 1970. Keine besonderen Vorkommnisse bei der Arbeit. Der Boxtrainer erzählte mir von der Reise nach Rußland, die ich als Mannschaftsarzt mitmachen soll. Colette ist fast so glücklich wie ich darüber, obwohl wir beide wünschen, sie könnte mitkommen...

Später erwähnte er gelegentlich seine Frau und Kinder. »Dachte heute besonders an die Kinder. Versuchte, ein Gedicht von Rod McKuen zu lesen, doch alles erinnert mich an die Kinder oder Colette, und ich mußte aufhören.« Doch als eigentliches Thema des Tagebuchs stellte sich bald, neben der Besorgnis über den anstehenden Prozeß gegen ihn, seine Rolle in der Öffentlichkeit heraus.

Freitag, 22. Mai... In den Nachrichten haben sie heute über die Belohnung von 5000 Dollar berichtet — klang im Fernsehen sehr gut.

Dienstag, 16. Juni... Der Raleigh *News and Observer* berichtete auf der Titelseite über mich. Eine gute Story, abgesehen davon, daß sie ein Foto von mir in meinem Auto brachten — das verharmlost eine sehr ernste Situation. Es wäre besser gewesen, nicht ausgerechnet dieses Bild zu nehmen.

Dienstag, 7. Juli... Gestern eine ziemlich gute Presse... besonders die Fernsehberichte waren ausgezeichnet.

Donnerstag, 9. Juli... Die Presse steht eindeutig hinter mir...

Dann kam es zu einem Zwischenfall, bei dem CID-Beamte versuchten, eine Haarprobe zu bekommen, die MacDonald ihnen nicht freiwillig geben wollte. Die Agenten drängten den Wagen, in dem er sich mit seinen Anwälten befand, von der Straße ab. Nach einem Handgemenge, bei dem sowohl Segal und dessen Assistent Dennis Eisman zu Boden gingen, entnahmen die CID-Agenten MacDonald die Haarprobe unter Zwang.

Segal hatte geahnt, daß es zu einer Konfrontation über diese Frage kommen würde, und Reporter und Fotografen eingeladen, ihnen in einem zweiten Wagen zu folgen. Daher wurde groß und breit über diesen Zwischenfall berichtet. In seinem Tagebuch hielt MacDonald fest:

> Die Story war die größte seit Wochen. Überall Schlagzeilen, Berichte im Fernsehen, Radio, zahllose Anrufe, Jake Andersons Kolumne in Washington. AP und UPI riefen Freddy in Long Island an und teilten ihm mit, daß die Story auch im Ausland über die Fernschreiber geht.

Die Publicity, die er erhielt, bewirkte nicht nur, daß sich der Wunsch nach mehr einstellte, sondern auch, daß sich die »Schickeria« für ihn interessierte, zu der er sich hingezogen fühlte.

Er bekam einen Brief von Gräfin Christina Paolozzi, einem Top-Model aus New York, die mit einem Schönheitschirurgen mit einer Praxis in der Park Avenue verheiratet war — mit Howard Bellin, den MacDonald von seiner Zeit als Assistenzarzt im Columbia Presbyterian her kannte. Die Gräfin informierte ihn, sie und ihr Mann hätten einen Fonds für ihn gegründet, die ›Jeff MacDonald Defense League‹.

»Wenn alles gut geht und die lächerlichen Beschuldigungen fallengelassen werden, richten wir Ihnen eine Party aus. Wir haben viel Platz in unserer Achtzehn-Zimmer-Wohnung an der Park Avenue. Sie können hier wohnen, und wir werden Ihnen zeigen, wie der Rest der Welt während dieses Jahres der Finanzkrisen lebt.«

Der Brief der Gräfin veranlaßte einen von Bernie Segals Assistenten, eine Presseerklärung herauszugeben, nun setze sich auch der ›Jet Set‹ für MacDonalds Verteidigung ein. Für Jeffrey MacDonald, der sich aus der Arbeiterstadt Patchogue zu einer Eliteuniversität hochgearbeitet hatte und nun auf der Schwelle einer äußerst vielversprechenden Karriere in der Medizin stand — und der nun, des Mordes beschuldigt, unter Bewachung in seinem Zimmer in Fort Bragg saß —, war die Verlockung, die dieses verheißene Land darstellte, gewaltig. Wenn seine Tragödie zur Folge hatte, daß er berühmt wurde, würde er sich nicht dagegen wehren.

Bernie Segal schätzte die Publicity nicht minder als MacDonald. Er hielt täglich Pressekonferenzen ab und vereinbarte für MacDonald ein langes Exclusivinterview mit der in Long Island erscheinenden Zeitung *Newsday*. Zum ersten Mal sprach MacDonald dabei öffentlich über die Ereignisse des 17. Februar. Bislang hatte er, selbst seinen engsten Freunden und Familienangehörigen gegenüber, gesagt, sie seien ›einfach zu schmerzlich, um darüber zu sprechen‹.

Doch nun beschrieb er ohne jede Zurückhaltung die Verletzungen, die er erlitten hatte, sprach von seinen Selbstmordabsichten und dem Schock, daß die CID ihn verdächtige, die Morde begangen zu haben.

Besonders ausführlich berichtete er von dem Verhör am 6. April. »Ich kam herein«, sagte er, »und Mr. Shaw und Mr. Ivory hinter mir. Mr. Grebner saß hinter seinem Schreibtisch. Es war wie in einem Dick-Tracy-Comic. Man hatte eine Lampe auf mein Gesicht gerichtet, zwei Burschen saßen mir gegenüber, und einer stand hinter mir, und wenn ich ihn sehen wollte, mußte ich mich umdrehen. Ich hatte übrigens keine Ahnung, daß das Gespräch aufgezeichnet wurde. Ich habe kein Tonband oder Mikrofon oder so gesehen.

Dann verließ Mr. Grebner den Raum, und Mr. Shaw – der den harten Bullen gespielt hatte, er war es, der gesagt hatte: ›Sie haben Ihre Frau ermordet und den Tatort hergerichtet!‹ – ging auch, und nur noch Mr. Ivory war da. Er schwieg zwei Minuten, und dann beugte er sich vor und sprach sehr freundlich mit mir. Und ich sah ihn an und sagte: ›Mr. Ivory, das ist doch kindisch. Sie spielen jetzt den freundlichen Bullen und glauben, wenn Sie den Arm um meine Schulter legen, breche ich zusammen und gestehe. Aber ich habe nichts zu gestehen. Ich habe nichts getan.‹

Später sagte Mr. Shaw zu mir: ›Würden Sie sich einem Lügendetektor-Test unterziehen?‹, und ich sagte: ›Jederzeit. Sofort.‹ Und es herrschte ein verblüfftes Schweigen. Sie saßen da und starrten mich an, und vielleicht eine Minute später sagte Mr. Grebner: ›Wirklich?‹ Und ich sagte: ›Ich habe nicht gelogen. Ich unterziehe mich dem Test. Bringen wir es hinter uns.‹

Und sie sahen mich an und sagten: ›Wir können den Test jetzt nicht durchführen.‹ Und ich sagte: ›Warum nicht? Sie haben schwerwiegende Beschuldigungen erhoben. Führen wir einen Lügendetektor-Test durch.‹ Und Mr. Grebner sagte: ›Na ja, wir müssen ihn aus Washington kommen lassen.‹ Und ich sagte: ›Lassen Sie ihn kommen. Ich unterziehe mich dem Test.‹ Dann sagte Grebner: ›Das wäre alles‹, und ich stand auf und ging.

Um sechzehn Uhr mußte ich mich dann bei meinem befehlshabenden Offizier melden, und er sagte: ›Es ist leider meine Pflicht, Sie zu informieren, daß Sie des Mordes an Ihrer Familie verdächtigt werden.‹«

Später befürchtete MacDonald, zuviel gesagt zu haben. Dieser Besorgnis gilt ein Tagebucheintrag vom 25. Juli. »Der Reporter von *Newsday*«, so schrieb er, »arbeitet seit Tagen hier im Büro Akten durch. Ich bin etwas sauer auf Bernie — er will mir nichts über die finanzielle Vereinbarung sagen, hat aber wertvolles Material preisgegeben. Wenn ich jetzt mit einem anderen Autor wegen der Geschichte verhandeln will, hat dieser Typ hier schon die besten Informationen.«

Zwei Tage später schrieb MacDonald: Der *Newsday*-Reporter fliegt heute nach Hause. Hatte ein langes Gespräch über den Artikel mit ihm. Er versichert mir, wir würden finanziell klarkommen, ich soll ihm und Bernie einfach vertrauen.

Obwohl MacDonald später mit dem Interview an sich zufrieden war — »es erscheint vielleicht auch in der *Los Angeles Times* und der *Chicago Sun-Times*« —, zeigte er sich nicht bereit, eine so wichtige Angelegenheit wie zukünftige Publicity allein Bernie Segal oder dem *Newsday*-Reporter anzuvertrauen. Im Oktober, noch bevor feststand, ob die Army ihn vor ein Kriegsgericht stellen würde oder nicht, wurde er von sich aus aktiv und schrieb an John Sack, der damals bei der Zeitschrift *Esquire* arbeitete:

Lieber Mr. Sack,
ich bin ein 27 Jahre alter Green-Beret-Arzt, der zur Zeit das offizielle Ergebnis einer Anhörung laut Artikel 32 über den Mord an meiner Frau und meinen beiden kleinen Töchtern abwartet. ... Vielleicht würde Sie ein längerer Artikel und/oder Buch über die Ereignisse der letzten neun Monate interessieren. Die Army versucht, eine verpatzte Ermittlung zu übertünchen, indem sie mir die Verbrechen zur Last legt, obwohl meine Aussagen zu den Fakten passen. Wir können den Fall und die Fehler der Army lückenlos dokumentieren ...
Meine Anwälte verhandeln zur Zeit mit dem Magazin *Look* über einen derartigen Artikel, doch mir gefällt Ihr Stil besser, und sie werden sich meiner Entscheidung fügen. In Erwartung Ihrer baldigen Antwort...

Ähnliche Briefe schrieb er an Jack Nelson von der *Los Angeles Times* und an den Reporter Jack Bass vom *Charlotte Observer*. MacDonald erwähnte, daß ›der New Yorker Arzt Dr. Howard Bellin und seine Frau, die Gräfin Christina Paolozzi‹ versuchten, Geld aufzutreiben, und ›mindestens sechs Senatoren eingehend mit dem Fall vertraut‹ seien.

Nachdem John Sack kein Interesse bekundete, wandte sich MacDonald in gleicher Sache an den Schriftsteller Robert Sherrill. In derselben Woche erhielt das *Time* Magazine einen sechsseitigen Brief, anonym, »da ich Captain der US Army in Fort Bragg bin und die Army es versteht, Leuten, die sich gegen das System erheben, Unannehmlichkeiten zu bereiten.

»Ich habe in letzter Zeit Capt. Jeffrey R. MacDonald bewacht, einen Arzt der Green Berets, den die Army beschuldigt, am 17. Februar seine Frau Collete, 26, und seine beiden Töchter Kim, 5, und Kristine *(sic)*, 2, ermordet zu haben. Ich möchte Ihnen einige wichtige Fakten über diesen Fall mitteilen...«

Der Brief beschrieb ausführlich, wie man MacDonald ›im Koma‹ in seiner Wohnung gefunden habe, erwähnte Christina Paolozzi, forderte die Zeitschrift auf, eine Geschichte über diese ›unglaubliche Ungerechtigkeit‹ zu veröffentlichen, und nannte

Freddy und Mildred Kassab als zusätzliche Informationsquellen. Er war auf einer Maschine und Papier geschrieben, das auffällig dem anderer Briefe ähnelte, die MacDonald unterschrieben hatte.

Time brachte schließlich einen positiven Artikel mit der Überschrift ›Die Prüfung des Captain MacDonald‹, und in der *Washington Post* hieß die Überschrift des MacDonald-Artikels: ›Schuldige der Green-Beret-Morde noch in Freiheit‹.

Bernie Segals Verhandlungen mit *Look* scheiterten jedoch, und auch die anderen Autoren, an die MacDonald sich gewandt hatte, wollten nicht die Geschichte schreiben, die er gedruckt sehen wollte.

Der Kongreßabgeordnete Allard Lowenstein, der mittlerweile leidenschaftlich für MacDonalds Sache eintrat, arrangierte für ihn ein Interview im Fernsehen, beim Sender CBS. Eine Woche nach Einstellung des Verfahrens erschien er dann bei Walter Cronkite in den *Evening News*.

»Captain Jeffrey MacDonald hat unter schrecklichen Umständen seine Familie verloren und kämpft nun um seine Ehre«, intonierte Cronkite. Während des Gesprächs sagte MacDonald, er habe während des Überfalls ›etwa neunzehn‹ Stichwunden abbekommen. Anschließend warf MacDonald der Army vor, sie suche nicht nach den wahren Mördern, »weil sie nun einsieht, wie völlig inkompetent die Ermittlungen geführt wurden und eine Neuaufnahme des Falles nur ihrem Image schaden würde. So einfach ist das. Sie haben Angst, sich noch einmal zu blamieren.«

Vier Abende später trat MacDonald in der Dick-Cavett-Show auf. Unter großem Applaus betrat er die Bühne, und ein mitfühlender Cavett erzählte die ›verblüffende Geschichte‹ einschließlich der ›unglaublichen Patzer der Army‹, die im Prinzip ›nur ein Alptraum ist, den dieser Mann durchlebt hat und noch immer durchlebt.‹

MacDonald beschrieb die Ereignisse der Nacht und sagte, er habe dreiundzwanzig Stichwunden erhalten, »von denen einige sehr gefährlich waren. Ich hätte leicht sterben können. Ich lag mehrere Tage auf der Intensivstation und mußte mich einer Operation unterziehen — Sie wissen, ein Tubus in meinem Lungenflügel.« Er bestätigte, daß er einen Alptraum durchlebt habe. »Alptraum ist eine sehr schwache Bezeichnung für diese Nacht. Und was seitdem geschehen ist, ist einfach unglaublich. Ich meine, es wurde schlimmer, man kann es einfach nicht beschreiben.

Es lagen keine Beweise gegen mich vor, wie Colonel Rocks sehr schöner Bericht ausführt. Er war Vorsitzender der dreimonatigen Anhörung. Ich hatte Glück, einen sehr intelligenten, starken Mann zu bekommen, der dem Druck standhalten konnte, den die Army ausübte. Es gibt Leute in der Army, die einen Prozeß vor dem Kriegsgericht wollten, obwohl keine Beweise vorlagen. Sie haben auch gegen mich ausgesagt.«

»Vielleicht, weil sie einen Täter präsentieren mußten?«

»Ja. Das spielte sicher eine große Rolle. Sie hatten eine sehr schlampige Ermittlung durchgeführt und mußten etwas unternehmen. Also klagten sie mich an.«

»Und was hat das bei Ihnen bewirkt?« fragte Cavett. »Sehen die Leute Sie an und sagen, woher sollen wir wissen, daß er es nicht doch war?«

»Ja, genau. Das heißt — äh — die meisten Menschen ... waren sehr nett zu mir, das muß ich sagen. Aber ich bin sicher nicht paranoid, wenn ich sage, daß manche Leute bestimmt ziemlich argwöhnisch sind. Einige schlagen einem auf den Rücken, als wollten sie sagen: ›Na ja, wir wissen, daß du es warst, aber es ist trotzdem in Ordnung.‹ Und andere sagen: ›Du wirst es ja nicht leicht haben, in Zukunft Patienten zu kriegen, was?‹ Und, äh, ich wurde vor zwei Jahren von Ihrer Alma mater, Yale, als orthopädischer Chirurg zugelassen, doch jetzt wird die Entscheidung noch einmal überprüft.«

»Ist Ihnen je der Gedanke gekommen, sich von einem Psychiater untersuchen zu lassen?«

»Ja, das hat mein Anwalt sofort vorgeschlagen. Er hat gesagt: ›Wir müssen Sie von einem Fachmann untersuchen lassen, und wenn er mit dem falschen Ergebnis kommt, werde ich Sie nicht verteidigen.‹ Er war sehr direkt. Er war ehrlich mit mir, und das hat mir gefallen.

Also unterzog ich mich einer langen, anstrengenden Untersuchung, und sie ergab, daß ich völlig gesund und normal war und auch nicht der Typ, der ein Verbrechen begeht, besonders nicht gegen Menschen, die ihm nahestehen. Sechs Monate später kamen mehrere Psychiater der Army zum selben Ergebnis.«

»Spielte die Tatsache eine Rolle, daß Sie ein Green Beret sind? Sagen da einige Menschen nicht: ›Diese Burschen sind zum Töten ausgebildet!‹ und so weiter?«

»Nun, ich muß sagen, ich hatte damit gerechnet, doch überraschenderweise entnehme ich vielen Briefen, daß diese Tatsache mir eher geholfen hat. Viele Leute schreiben mir, *weil* ich ein Green Beret bin. Sehr freundliche Briefe, zum Beispiel: ›Ich habe einmal einen Green Beret gekannt, und er war dazu bestimmt nicht fähig.‹«

»Dr. Jeffrey MacDonald, wir haben nur noch wenig Zeit. Was wird nun geschehen?«

»Ich glaube, der Kongreß befaßt sich mit der Angelegenheit. Wir hoffen, daß er anordnen wird, die Ermittlungen wieder aufzunehmen.«

»Der Kongreßabgeordnete Lowenstein hilft Ihnen dabei?«

»Ja, Allard Lowenstein von Long Island. Er leistet hervorragende Arbeit und ist einfach ein ganz toller Mensch.«

»Aber die ganze Sache muß Sie doch ein Vermögen gekostet haben«, sagte Cavett, »einmal ganz davon abgesehen...«

»Ja, einmal von meiner Familie und so abgesehen, haben mich die letzten neun Monate etwa dreißigtausend Dollar gekostet.«

»Ganz zu schweigen davon«, sagte Cavett, da MacDonald bislang nichts davon erwähnt hatte, »daß die wirklichen Mörder noch auf freiem Fuß sind.«

»Genau. Es laufen mindestens vier Menschen herum, die ... äh ... drei Morde begangen haben.«

»Das ist einfach unglaublich«, sagte Cavett. »Kommt es Ihnen manchmal vor, als hätte Ihr Leben an einer Stelle geendet und wieder neu angefangen wie in einer Kurzgeschichte von Kafka?«

»Genau dieses Gefühl stellt sich ein. Und man hat noch immer das Gefühl, wenn man ... wenn man morgens aufwacht, daß es in Wirklichkeit gar nicht passiert ist und meine Frau noch lebt. Es war wirklich ein schweres Jahr.«

»Mann, was für eine phantastische Geschichte. Ich weiß nicht, was ich sagen soll. Ich bin gespannt, wie sie weitergeht, und wünsche Ihnen viel Glück.«

Und Jeffrey MacDonald verließ die Bühne unter Musik und Applaus.

DRITTER TEIL

DIE VERACHTUNG DER SIPPEN

*Hab' ich meine Übertretungen nach Menschenweise
gedeckt, daß ich heimlich meine Missetat verbarg?
Hab' ich mir grauen lassen vor der großen Menge,
und hat die Verachtung der Freundschaften mich
abgeschreckt...?*

Hiob 31, 33—34

1

Für Freddy und Mildred Kassab war der Sommer 1970, genau wie der Frühling und der letzte Monat des Winters, sehr qualvoll. Nachdem Mildred ihren Drang zum Backen überwunden hatte, pflanzte sie Hunderte von Rosen in ihrem Garten, als könne sie durch die schiere Arbeit erzwingen, daß man ihr die Menschen zurückgab, die man ihr für immer genommen hatte.

Im Sommer fing sie an zu schwimmen. Jeden Abend stellte sie Stereolautsprecher in die Wohnzimmerfenster, legte Musik von Chopin, Debussy, Schumann, Mozart und Beethoven auf und sprang dann in den Pool, den sie für Colette und die Kinder gebaut hatten.

»Die Leidenschaft und der Schmerz der alten Meister«, schrieb sie in ein Tagebuch, »entfesselt meine innere Qual. Ich schwimme stundenlang im Pool auf und ab, auf und ab, bis ich schließlich so müde bin, daß ich schlafen kann.«

Ihr Mann war, wie ein Schlafwandler, schließlich wieder zur Arbeit gegangen. Die Tage blieben jedoch leer und endeten nur in neuen Nächten des Leids. Nur der Kampf, die Ehre seines Schwiegersohns wiederherzustellen, gab ihm Kraft. Nur der Zorn trieb ihn an – Zorn nicht nur gegen die namen- und gesichtslosen Mörder, sondern auch gegen die gnadenlose Militärbürokratie, die entschlossen schien, mit ihrer falschen, sadistischen Beschuldigung die eigentliche Tragödie noch zu verschlimmern.

Gelegentlich hatte Freddy Kassab kleinere Meinungsverschiedenheiten mit Jeffrey MacDonald, was ihr Vorgehen betraf. Warum unterzog sich Jeffrey nicht dem Lügendetektor-Test, wenn sie ihn anboten? Warum gab er ihnen nicht die Haarproben, wenn sie sie verlangten?

MacDonald – oder manchmal auch sein Anwalt – erinnerte Kassab dann immer daran, daß der Zeitpunkt längst verstrichen war, an dem eine Zusammenarbeit mit den Ermittlern noch von Nutzen sein konnte. Die Army hatte kein Interesse mehr daran, den Fall aufzuklären; sie wollte nur die Anklage gegen MacDonald durchbringen. Unter diesen Umständen durfte man ihr nicht entgegenkommen. Man mußte sie mit aller Macht bekämpfen. Das war ein Krieg.

Kassab hatte mit Kriegen seine Erfahrung gemacht. Er hatte vor langer Zeit Frau und Kind während eines Krieges verloren. Nachdem er nun auch noch die letzte Familie verloren hatte, die er je haben würde, wollte er sich nicht in Segals Strategie einmischen, die Anklage gegen MacDonald abzuwenden.

Ihn frustrierte jedoch sein Wissensmangel. Da sich MacDonald weigerte, die Ereignisse des 17. Februar zu beschreiben, und die Anhörung unter Ausschluß der Öffentlichkeit stattfand, stellten Kassabs einzige Informationsquellen die gelegentlichen Zeitungsartikel nach Segals Pressekonferenzen oder MacDonalds Anrufe dar, bei denen er schadenfroh beschrieb, wie die Verteidigung den nächsten Patzer der CID enthüllte.

Erst mit dem Interview in *Newsday* Ende Juli erfuhren die Kassabs genauer, was wirklich mit Colette, Kimberly und Kristen geschehen war. Es störte sie zwar, daß MacDonald diese schmerzlichen Einzelheiten, die er allen anderen gegenüber so lange zurückgehalten hatte, so bereitwillig vor einem Reporter ausbreitete; andererseits jedoch weckten diese Informationen Kassabs Appetit nach mehr. Die Einzelheiten der Tat boten zwar nur den kältesten, betäubendsten Trost, aber es schien, daß nur Informationen – jede Information – über die Tode winzige Teile des Abgrunds in ihm ausfüllen konnten.

Als ersten Schritt zur Erlangung von Wissen bat Kassab seinen Schwiegersohn Anfang Oktober telefonisch, ihm die Protokolle der Anhörung zu schicken. (Wie er es noch jahrelang tun würde, zeichnete Kassab – ohne Wissen des anderen Teilnehmers – alle Telefongespräche, die in irgendeinem Zusammenhang mit dem Fall standen, auf Band auf.)

»Wie schwer sind die einzelnen Bände denn?« fragte Kassab.

»Es sind ... äh ... dreizehn Bände, jeder etwa vier Zentimeter dick.«

»Deine Mutter kann sie mir ja mitbringen, und ich fotokopiere sie dann auf der großen Maschine im Büro.«

»Tja, ich ... Sie hat mich gerade um einen weiteren Koffer gebeten, weil sie hier unten so viele Kleider gekauft hat. Ich weiß nicht. Mal sehen, ob wir ... ob ich es hinkriege.«
»Ja. Dann kopiere ich sie am Sonntag im Büro.«
»Äh, Freddy, du weißt nicht, wie viele Seiten das sind...«
»Doch, das weiß ich, Jeff. Ich werde wohl ein paar Rollen Papier brauchen, aber ...«
»Das sind über zweitausend Seiten.«
»Ich weiß. Ich weiß. Aber, zum Teufel, ich kaufe das Papier, fahre am Sonntag ins Büro und kopiere sie.«
»Na schön, ich sag' dir was. Mal sehen, was ich noch in den Koffer kriege, den Rest schicke ich dir dann zu.«

MacDonald schickte jedoch nichts und erklärte Kassab ein paar Tage später, Bernie Segal habe ihm verboten, das Material freizugeben, bevor Colonel Rocks Bericht vorläge.

Nachdem die Kassabs alles andere verloren hatten, erhofften sie sich nur noch sehr wenig vom Leben: nur, daß Jeff, der Colette so sehr geliebt hatte, von allen Beschuldigungen freigesprochen wurde, daß sie, so schmerzlich es auch sein würde, endlich erführen, was an jenem Abend geschehen war, und daß die Mörder gefaßt würden.

Als Ende Oktober die Anklage gegen MacDonald fallengelassen wurde, konzentrierten sich die Kassabs auf den letzten Wunsch. Sie hatten angenommen, daß innerhalb von vierundzwanzig Stunden nach Zurückweisung des Falles das FBI den Fall übernehmen würde. Doch eine Woche verstrich, dann eine zweite. Der Army war die ganze Angelegenheit anscheinend so peinlich, daß sie die Ermittlungen nicht fortsetzte, während das FBI auf einen Anruf Kassabs erklärte, es habe nicht die Absicht, wieder einen Fall zu übernehmen, den man ihm vor Monaten entzogen habe.

Fred Kassab war unglaublich wütend. Die Mörder liefen noch frei herum, *und niemand versuchte auch nur, sie zu finden!* Er blieb nicht lange untätig und drängte Dutzende von Beamten, den Fall wieder aufzurollen.

Der aussichtsreichste Helfer schien Allard Lowenstein zu

sein, Kongreßabgeordneter von Long Island und Kriegsgegner, den man nicht erst davon überzeugen mußte, daß die Army zu Dummheit und Ungerechtigkeit fähig war. Doch Lowenstein war nicht wiedergewählt worden; daher schrieb Kassab an alle 500 Senatoren und Kongreßabgeordneten der USA und forderte nicht nur eine Anhörung über die Fehler, die der Army bei den Ermittlungen unterlaufen waren, sondern auch eine vom Kongreß angeordnete Wiederaufnahme der Ermittlungen.

In seinem Gespräch mit Kongreßabgeordneten – oder öfter deren Mitarbeitern – hatte Kassab schnell gelernt, daß man leichter vorankam, wenn man den Beamten mit der Öffentlichkeit drohte oder ihnen eine größere Popularität verhieß. Mitte November widmeten sowohl Kassab als auch MacDonald – wenn auch aus unterschiedlichen Gründen – der Aufgabe viel Zeit und Energie, den Fall MacDonald zu einem Thema bundesweiten Interesses zu machen.

Ohne von Bernie Segals vorherigen Anstrengungen zu wissen – bei denen er ein Honorar für Jeffrey MacDonald gefordert hatte –, vereinbarte Kassab ein Gespräch mit einem Redakteur der Zeitschrift *Look*, die beträchtliches Interesse zeigte. Erfreut über den – wie er glaubte – möglichen Durchbruch, rief Kassab MacDonald in Fort Bragg an. »Ich habe gerade zwei Stunden mit einem Redakteur von *Look* gesprochen«, sagte er.

»Ach, ja?«

»Und sie sind sehr daran interessiert, die Sache zu bringen. Ich habe ihm gesagt, mir käme es auf drei Dinge an: erstens eine vollständige Ermittlung, damit man die Leute kriegt, die das getan haben...«

»Genau.«

»Zweitens will ich, daß deine Unschuld *hundertprozentig* erwiesen wird« – nach Kassabs Meinung war das bei einer Einstellung des Verfahrens »mangels Beweisen« nicht der Fall – »und drittens will ich verhindern, daß so etwas noch mal passieren kann.«

»Hm.«

»Der Redakteur hat gesagt, sie hätten zwei Reporter, die solche Fälle besser aufrollen können als jeder FBI-Agent.«

»Wirklich?«

»Er sagt, das Problem sei, daß dir die Leute auf den Geist gehen. Die beiden werden praktisch bei dir einziehen. Sie betrachten jeden Aspekt des Falls, und es wird etwa drei Monate dauern.«

»*Drei Monate?*«

»Das hat er gesagt.«

»Na schön. Hast du ihm gesagt, wieviel Material ich habe?«

»Na klar. Übrigens, hast du noch diese Protokolle?«

»Ja.«

»Ich sag' dir was, Jeff. Wir kamen darauf zu sprechen, und er hat gesagt: ›Um Gottes willen, schaffen Sie dieses Material da raus. Und nicht nur das. Kopieren Sie jede Seite und hinterlegen Sie alle Originale in einem Bankschließfach.‹«

»Ja.«

»Weißt du was? Ich komme zu dir runter.«

»Ach, das ist doch nicht nötig.«

»Nein, ich will kein Risiko eingehen, Jeff. Für ein Flugticket von hundertfünfzig Dollar ist es das nicht wert. Wenn du die Unterlagen verlierst, bist du erledigt.«

»Ach was. Das ist doch lächerlich. Du brauchst nicht extra herzukommen. Ich schicke sie dir zu.«

»Nein, ich vertraue der Post nicht. Und der Redakteur auch nicht. Ich komme einfach und hole die Sachen ab.«

»Na schön«, sagte MacDonald, wobei seine Stimme einen ausgesprochenen Mangel an Enthusiasmus verriet.

Zehn Minuten später rief MacDonald zurück.

»Hallo, Freddy? Hör mal, ich habe geschlafen, als du gerade angerufen hast. Würdest du mir das noch mal erklären? Ich meine, es geht um eine Story, und du willst morgen kommen und so, aber ich fühle mich nicht wohl, ich bin erkältet und habe geschlafen, und ich weiß nicht, ob ich alles mitbekommen habe.«

Kassab wiederholte das Gespräch mit dem Redakteur.

»War das *Look* oder *Life*?« fragte MacDonald.

»*Look*.«

»Und sie sind interessiert?«

»Ja, ganz bestimmt.«

»Und was war nun mit diesen drei Monaten?«

»Sie wollen den Fall vollständig neu aufrollen, und er hat gesagt, so lange würde es dauern.«

»Toll. Ist ja klasse. Aber ihr habt doch sicher nicht ... äh ... über die finanzielle Regelung gesprochen?«

»Was?«

»Ihr habt nicht über Geld gesprochen?«

»Nein, nein. Daran hab ich nicht mal gedacht.«

»Na ja, verstehst du, so ein Artikel muß ein paar meiner Unkosten wieder hereinbringen.«

Ein paar Minuten später erhielt Kassab einen Anruf von Segals Assistenten. Segal müsse sämtliche Verhandlungen mit Zeitschriften führen, um zu gewährleisten, daß ›Jeffs Interessen gewahrt werden‹.

Knapp eine Stunde später rief noch einmal MacDonald an und sagte Kassab, seine Anwälte hätten ihn angewiesen, Kassab das Protokoll nicht zugänglich zu machen, da er damit riskiere, wegen Weitergabe geheimer Informationen vor das Militärgericht gestellt zu werden. Diese Mitteilung machte Kassab so wütend, daß er versehentlich sein Tonband ausschaltete.

Am nächsten Morgen rief MacDonalds Mutter an. »Freddy, ich rufe an, weil Jeff mir sagte, du hättest dich gestern abend sehr aufgeregt angehört, und das stimmt ihn traurig. Er sagte: ›Ich verstehe Freddys Position sehr gut, aber mir droht ein Militärgerichtsverfahren.‹«

»Ich bin verärgert«, sagte Kassab. »Ich bin verärgert, weil sie aus den Protokollen Geld schlagen wollen. Damit bin ich nicht einverstanden. Und daß sie mir sagen, sie könnten mir die Protokolle nicht geben, weil es sonst ein Militärgerichtsverfahren gäbe, ist Unsinn, das weiß ich, und das wissen sie.«

MacDonalds Mutter schlug dann vor, er solle mit Mildred vielleicht ein paar Tage Urlaub machen. Kassab entgegnete, er würde nicht eher Urlaub nehmen — nicht einmal für ein Wochenende —, bis man die wirklichen Mörder gefaßt habe.

Obwohl Freddy Kassab von Anfang an Jeffrey MacDonalds energischster Verteidiger war, hatte er MacDonald immer etwas nervös gemacht. Wie Bernie Segal es ausdrückte: »Freddy ist ein Fanatiker, und man weiß nie, wann ein Fanatiker gefährlich wird.«

Schon am 14. Juni trug MacDonald in sein Tagebuch ein:

> Freddy hat heute angerufen — sie wollen mich am Donnerstag oder Freitag besuchen. Ich habe gemischte Gefühle. Es macht mich nervös, sie zu sehen. Sie haben mir zwar immer geholfen, aber wie alle anderen auch fragen sie sich vielleicht, ob ich es nicht doch war. Außerdem bereitet uns Freddys Erklärung Kopfzerbrechen, ›nur ein Prozeß vor dem Militärgericht könne meine Unschuld erweisen‹. So ein Quatsch.

Fünf Tage später, nachdem die Kassabs eingetroffen waren, notierte MacDonald:

> Heute war's nicht so schlimm. Wir haben in der Offiziersmesse gut gegessen, und sie waren sehr nett und haben mir ihre weitere Unterstützung zugesagt.

Es gab allerdings auch einen Punkt, der ihm Sorge bereitete:

> Freddy möchte eine Kopie der kompletten Protokolle der Anhörung haben, aber ich glaube nicht, daß er sie bekommen sollte — ich wüßte nicht wozu.

Im November nun — das Verfahren gegen ihn war bereits eingestellt — sah MacDonald noch weniger Grund, Kassab eine Kopie des Protokolls zu geben. Der Fall war abgeschlossen. Sollten sich doch die Behörden darum kümmern, die vier Einbrecher zu finden. Sobald er aus der Army ausgeschieden war, würde MacDonald zu seinem Kreuzzug gegen die Unfähigkeit und Bösartigkeit der Militärbürokratie ansetzen, die ihm so viele unnötige Qualen bereitet hatte; es war jedoch überflüssig, daß sich Kassab tiefer in den Fall grub. Dabei würde nichts herauskommen.

Kassab — unbestreitbar ein Fanatiker, zumindest, was die

Morde an Colette und ihren Kindern betraf — wollte jedoch nicht einfach abwarten. Er wollte handeln, und um handeln zu können, mußte er vollständig informiert sein. Daher war er sehr wütend, als er von Bernie Segals Assistenten erfahren hatte, er könne keine Kopie der Niederschrift bekommen.

Wenngleich Kassab MacDonald nervös machte, wollte er jedoch verhindern, daß er sich von ihm entfremdete. Kassabs größter Wunsch war es, daß die Täter gefaßt wurden. Wenn er erfuhr, daß sich in dieser Richtung etwas getan hatte, würde er sich vielleicht beruhigen.

In der Hoffnung, seinen Schwiegervater zu besänftigen, rief MacDonald am Abend des 18. November Kassab von seinem Zimmer aus an. »Es ist etwas passiert, was ich dir am Telefon nicht sagen kann.«

»Ach?«

»Ja. Am Telefon kann ich nur sagen, da waren's nur noch drei.«

Es folgte eine kurze Pause.

»Hast du verstanden, was ich meine?«

»Ja, habe ich.«

»Es stimmt.«

»Ja. Gut. Gut.«

»Ich weiß nicht«, seufzte MacDonald. »Es ändert eigentlich nichts.«

»Ja, ich weiß, was du sagen willst. Nichts kann noch irgend etwas ändern, Jeff.«

»Ich glaube, unsere... äh... Freundin Miß Helena Stoeckley ist verschwunden«, fuhr MacDonald fort, »weil ich es erfahren hätte, wenn sie noch in der Stadt wäre. Und, äh... er hat gesagt, daß sie weg ist. Und er hat alles gesagt, was er wußte.«

Eine weitere kurze Pause. Kassab schwieg, da er vermutete, daß MacDonalds Telefon angezapft sein könnte.

»Nun«, sagte MacDonald, »es geht also voran, wenn sich auch nichts geändert hat. Ich meine... äh... Colette, Kim und Kristy sind noch immer tot.«

»Ich weiß.«

»Aber es ist nötig.«

»Ja. Hör mal, ruf mich so bald wie möglich von einem anderen Apparat aus an und erzähle mir alles.«

»Ja, ich möchte dich aber auch nicht zu Hause anrufen, das ist das Problem.«

»Ich bin morgen früh im Büro. Hast du die Nummer?«

»Ja.«

MacDonald rief Kassab am nächsten Tag im Büro an und erklärte seine rätselhafte Nachricht. Am vergangenen Freitag hätten er und ein paar Green-Beret-Freunde einen der vier Einbrecher aufgetrieben — den größeren der beiden Weißen, den ohne Schnurrbart. Nachdem sie ihn verprügelt hatten, bis er alles sagte, was er wußte, hätten sie ihn umgebracht. »Wir haben ihn tief verscharrt«, sagte MacDonald und fügte hinzu, er würde weiterhin auf die drei anderen Jagd machen. Anscheinend hoffte er, damit Kassabs Wunsch, die Mörder zur Rechenschaft zu ziehen, erfüllt zu haben.

Im Dezember 1970 flog Jeffrey MacDonald nach New York und besuchte die Kassabs, um ihnen einige Bilder von Colette und den Kindern zu bringen, um die Mildred Kassab gebeten hatte.

Die Nachricht, daß MacDonald einen der Einbrecher aufgetrieben und getötet hatte, rief widersprüchliche Gefühle in Mildred hervor: Befriedigung, daß zumindest ein Teil der Rache vollzogen war, Besorgnis, daß Jeffs Vorgehen ihm neue Probleme mit der Justiz einbringen könnte, und Frustration bei dem Gedanken, daß der Mann tot war, der die Behörden vielleicht zu den anderen Tätern hätte führen können.

Ihr Zorn auf die angeblichen Mörder ihrer Tochter war so groß, daß sie Jeff nicht vorwarf, nun ebenfalls ein Mörder zu sein. Da der Army anscheinend nichts an Gerechtigkeit lag, hatte er sie sich eben selbst verschaffen müssen, wie unorthodox die Methode auch sein mochte.

Doch hauptsächlich verspürte sie Neugier. Wer war der Mann gewesen? Was hatte er gesagt? Und was für ein Motiv hatte er gehabt? Wo waren die anderen? Was hatte Jeff nun vor? Falls MacDonald vorgehabt hatte, das Interesse der Kassabs von dem Fall abzulenken, hatte er sich offensichtlich gewaltig verrechnet. Beim Kaffee stellte sie ihre Fragen.

MacDonald erwiderte ihren Blick nicht. »Ach, dieser Kerl ist ein kompletter Idiot«, sagte er. »Er weiß nicht, was er tut.«

Augenblicklich kam es ihr seltsam vor, daß MacDonald in der Gegenwart sprach, nicht in der Vergangenheitsform. Überdies war ihr aufgegangen, daß es töricht von Jeff gewesen war, den Mann zu töten, der seine Unschuld ein für alle Mal hätte beweisen können. »Was hast du erfahren?« fragte sie. »Was hat er gesagt?«

»Als wir mit ihm fertig waren«, antwortete MacDonald, »hätte er seine eigene Mutter verkauft. Er sagt, er erinnere sich, im Haus gewesen zu sein, sei aber so high gewesen, daß er nicht mehr genau weiß, was passiert ist.«

»Was ist mit dem Mädchen? Weißt du, wer sie ist?«

MacDonald rutschte unruhig hin und her. »Ja«, sagte er, »ihr Name war Willie die Hexe, und sie ist mit dem Burschen mit dem Schnurrbart abgehauen.«

Dann sprach Mildred von ihrer Angst, daß Jeffs Aktion entdeckt werden könnte.

»Keine Angst«, sagte er. »Wir haben ihn tief verscharrt.« Er fügte hinzu, sie hätten es so gedreht, daß es nach einem Raubüberfall aussähe. Dann sagte er, er müsse gehen.

»Es war ihm schrecklich unangenehm, mit mir darüber zu sprechen«, erinnerte sich Mildred später. »Er sah mich nicht an. Er wich meinem Blick aus, und schließlich hatte ich das Gefühl, daß er vielleicht nicht die Wahrheit gesagt hatte.«

Nach seiner Rückkehr aus Washington, wo Kassab die fünfhundert Kopien seines elfseitigen Briefes persönlich unter den Senatoren und Kongreßabgeordneten verteilt hatte, sah er Jeffrey MacDonald in der Dick-Cavett-Show. MacDonalds Verhalten erzürnte ihn von neuem. Anstatt vor einem Millionenpublikum zu fordern, die Suche nach den Mördern seiner Frau und Kinder fortzusetzen, hatte sich MacDonald fast ausschließlich auf das ihm zugefügte Unrecht konzentriert. Genauso schlimm waren seine Bemühungen, Lacher aus dem Publikum zu erheischen. Jede Freude war vor zehn Monaten aus dem Leben von Freddy und Mildred Kassab gewichen, und ihnen schien es sehr unbotmäßig, daß die Geschehnisse des 17. Februar von Jeff MacDonald als Unterhaltung dargeboten wurden.

Vielleicht am folgenschwersten — obwohl es zu diesem Zeitpunkt noch nicht danach aussah — war MacDonalds Behauptung, er habe sich bei dem Überfall dreiundzwanzig Stichwunden zugezogen und sei selbst beinahe gestorben.

Beide Kassabs hatten Jeffrey MacDonald am Nachmittag des 17. Februar im Krankenhaus besucht. Seine Verletzungen waren keineswegs so schwer gewesen. »Man sah kein einziges Pflaster an ihm«, sagte Mildred. »Er saß im Bett und aß mit Appetit«, erinnerte sich Freddy.

Vielleicht, so sagten sich die Kassabs, war es eine Folge der falschen Beschuldigungen, daß ihr Schwiegersohn seine eigenen Verletzungen so unglaublich übertrieb.

Kassab rief MacDonald am Tag nach der Sendung an, sagte ihm, daß ihm der Auftritt nicht gefallen habe, und bat erneut um die Protokolle der Anhörung. Nun, da MacDonald nicht mehr in der Army war, gab es für ihn keinen Grund mehr, Kassab das Manuskript zu verweigern. Als seine Mutter die Kassabs am Heiligen Abend besuchte, brachte sie ihnen die dreizehn Bände mit. Sie könnten sie jedoch nur eine Woche behalten, dann benötige Jeff sie zurück, um die Klage vorzubereiten, die er gegen die Army einreichen wolle.

Die Kassabs lasen die Akten über Weihnachten. Es war das erste Weihnachtsfest ohne Colette; die Niederschrift war ihr einziges Geschenk. Sie unterbrachen die Lektüre nur, um zu schlafen — oder wenn ihnen Tränen in den Augen standen, so daß sie die Buchstaben nicht mehr entziffern konnten. Am Neujahrstag waren sie damit fertig.

Ein Punkt kam Freddy Kassab jedoch seltsam vor: MacDonalds Behauptung, über sechs Wochen lang mit einer Pistole unter dem Kopfkissen geschlafen zu haben, weil er Angst um sein Leben hatte. Freddy erinnerte sich an MacDonalds angebliches Erwägen, sich umzubringen. Die Rohre im Raum. Der eigene Gurt. Die Befürchtung, der Selbstmord könnte scheitern. Warum sollte jemand, der eine Pistole hatte, versuchen, sich zu erhängen?

Kassab gab die Niederschrift zurück, schrieb an die Army und bat, ebenfalls ein Exemplar zu bekommen. MacDonald mußte seine Genehmigung geben; erneut bestand kein Grund, sie zu verweigern. Im Februar erhielt er ein Exemplar. In derselben Woche suchten ihn auch zwei CID-Ermittler auf.

Im Dezember hatte die CID-Zentrale in Washington nach Anfragen von Kongreßabgeordneten, die auf Kassabs Brief hin aktiv geworden waren, und aufgrund von MacDonalds Beschuldigungen im Fernsehen eine interne Ermittlung angeordnet, um festzustellen, welche Fehler die CID von Fort Bragg und die Labortechniker von Fort Gordon begangen hatten. Am 19. Januar 1971 schließlich hatte die CID die Anweisung bekommen, ihre Aufmerksamkeit wieder auf die Morde zu richten. Acht Ermittler unter der Leitung des Colonels Jack Pruett und des Warrant Officers Peter Kearns sollten den Fall neu aufrollen. Pruett wurde jede erdenkliche Unterstützung zugesichert; er solle sehr gründlich vorgehen, und man erwarte von ihm, daß die Ermittlungen ausreichende Beweise für eine Anklageerhebung gegen den oder die Mörder von Colette, Kimberly und Kristen MacDonald ergäben.

Pruett und Kearns flogen am 11. Februar nach Long Island, um Freddy Kassab zu informieren, daß die neue Ermittlung begonnen habe. Dabei setzten sie ihn auch darüber in Kenntnis, daß sein Schwiegersohn noch immer der Tat verdächtigt werde.

2

Im Januar 1971 war Jeffrey MacDonald in die Upper East Side von Long Island gezogen. Er nahm eine Wohnung im Gebäude 321 East 69 Street und fand eine Anstellung als Notarzt auf der Baustelle des World Trade Centers.

Er fand auch Arbeit als Assistent eines Arztes auf der West Side, der unter dem Spitznamen ›Dr. Broadway‹ bekannt war — ein Mann, der sich insbesondere um die Bedürfnisse der Leute im Show-Business kümmerte. In dieser Rolle, so MacDonald zu Freunden, sei es nicht ungewöhnlich, morgens um vier Uhr aus dem Bett geklingelt zu werden, um einer aufgebrachten Schauspielerin ein Beruhigungsmittel zu geben.

In seiner Freizeit hatte MacDonald Umgang mit Freunden wie Dr. Bellin und dessen Frau, der Gräfin Paolozzi. Auf einer Party lernte er den Schauspieler Hugh O'Brien kennen, auf einer anderen stellte man ihn Walter Cronkite vor. Darüber hinaus verabredete er sich nun häufiger mit einer Frau, die als Sekretärin von Joe Namaths Anwalt arbeitete.

MacDonald ließ ein Treffen mit Allard Lowenstein in Washington platzen. Statt dessen sprach er Anfang 1971 davon, sich ein neues Leben aufbauen zu müssen. Um so größer war der Schock, als Freddy Kassab ihn telefonisch informierte, daß in diesem Augenblick zwei CID-Agenten im Wohnzimmer der Kassabs saßen und ihn als Verdächtigen bezeichneten, gegen den noch ermittelt werde.

MacDonald fuhr augenblicklich nach Patchogue und traf bei den Kassabs ein, als Pruett und Kearns gerade gehen wollten. »Er wollte wissen, was wir dort zu suchen hätten«, erinnert sich Kearns. »Er war wütend auf uns. Nicht, daß er uns mit den Fäusten gedroht hätte oder so, nur wütend. Wir teilten ihm mit, er stünde noch unter Verdacht, und wir dürften deshalb nicht mit ihm sprechen, bis sein Anwalt zugegen sei.«

Die nötigen Vorkehrungen wurden umgehend getroffen, und

am 19. Februar verhörten Pruett und Kearns Jeffrey MacDonald im Beisein Bernie Segals in der Bibliothek der Anwaltskammer von Philaldelphia.

Nach einem Verhör von drei Stunden zeigten die Ermittler MacDonald ein Bild von Helena Stoeckley und fragten ihn, ob er sie als Einbrecherin identifizieren könne.

»Nicht nach dem Foto«, sagte MacDonald. »Das kann ich einfach nicht. Von den vier Einbrechern habe ich sie am kürzesten gesehen. Das habe ich schon bei der Anhörung gesagt. Es ging alles sehr schnell, ich habe hauptsächlich nur blondes Haar gesehen. Dieses Gesicht hier... die Nase ist sehr groß. Man sollte sagen, daß man sich sofort an so eine Nase erinnern müßte. Ich habe den Eindruck, eine viel kleinere, schmalere Nase gesehen zu haben. Aber ich habe da so ein komisches Gefühl, wenn ich mir das Foto ansehe... ich weiß es wirklich nicht.«

Pruett und Kearns führten im März ein zweites Gespräch mit MacDonald. Nach dessen Beendigung fragten sie, ob er sich einem Lügendetektor-Test unterziehen würde. Er lehnte ab. Er weigerte sich auch, sich einem Verhör unter Sodium-Amytal zu unterziehen, einem Medikament, das das Erinnerungsvermögen erhöht. Sein Psychiater, Dr. Sadoff, befürchte, solch eine Prozedur könne sich nachteilig für MacDonalds geistige Gesundheit auswirken, da er sich dabei nicht nur an die Ereignisse des 17. Februar erinnern, sondern sie noch einmal durchleben würde.

»Wir wollten noch einmal mit ihm sprechen«, sagte Kearns. »Wir hatten noch längst nicht sämtliche Themen abgedeckt. Doch nach dem zweiten Treffen in Philadelphia teilte Mr. Segal uns mit: ›Solange Ihre Ermittlungen nicht einen anderen Kurs einschlagen und Sie Dr. MacDonald als Verdächtigen sehen, können Sie mit keiner weiteren Zusammenarbeit rechnen.‹«

Pruett und Kearns richteten ihre Aufmerksamkeit jedoch auf andere Aspekte des Falles, insbesondere auf Helena Stoeckley.

Einer der ersten, mit dem sie sprachen, war P. E. Beasley, ein Detektive des Rauschgiftdezernats von Fayetteville. Prince Edward Beasley kannte die Stoeckley seit 1968, seit ihrem sechzehnten Lebensjahr. Mittlerweile, im Februar 1970, hielt er sie für die zuverlässigste Informantin über die Drogenszene, mit der er je zusammengearbeitet hatte.

Sie hatte die Terry Sanford High School in Fayetteville absolviert, freiwillig in Fayetteviller Krankenhäusern gearbeitet und wollte Krankenschwester werden. Trotz ihrer zahlreichen Aktivitäten — sie hatte eine schöne Gesangstimme und war sehr sportlich — bezeichneten Mitschülerinnen sie als »ungewöhnlich still« und zurückgezogen. Einer ihrer Lehrer bezeichnete sie als »eher trauriges kleines Mädchen, das ziemlich weltfremd war«. Sie erfand Geschichten und lebte in ihrer Phantasiewelt. Nach ihrem Schulabschluß im Juni 1969 arbeitete sie im Stadtteil Haymount, in dem zahlreiche Hippies wohnten. Ihr Drogenkonsum, mit dem sie auf der High-School angefangen hatte, war im Herbst 1969 so groß geworden, daß ihre Eltern sie hinausgeworfen hatten.

Laut P. E. Beasley schien die Stoeckley ›nach Hinwendung zu hungern‹ und war bereit, ihm zu Gefallen einige ihrer besten Freunde wegen deren Drogenhandels zu verraten. »Helena hätte alles getan, damit ich ihr auf die Schulter klopfe und stolz auf sie war«, sagte Beasley.

Im Januar 1970 lebte die Stoeckley mit zwei in Fort Bragg stationierten Soldaten namens Greg Mitchell und Don Harrin in einem Wohnwagen. Zwei Wochen später war sie bei zwei männlichen Zivilisten in der Clark Street eingezogen. Ein paar Tage später zog sie nach nebenan, zu zwei jungen Frauen aus New Jersey. »Wir hingen alle zusammen rum«, erklärte eine von ihnen, »und es spielte wirklich keine Rolle, wo wir schliefen.« Helenas Drogensucht war mittlerweile so schlimm geworden, daß sie Marihuana, LSD, Meskalin und Heroin nahm — das Heroin mittlerweile intravenös.

Um 7 Uhr am Morgen des 17. Februar 1970 erhielt Prince Edward Beasley einen Anruf von der Zentrale, der ihn über die MacDonald-Morde informierte. Wie er einige Jahre später sagte, lautete sein erster Gedanke bei der Beschreibung, die

MacDonald von der Täterin gegeben hatte — so verschwommen sie auch sein mochte —, daß Helena Stoeckley und ihre Freunde die Täter sein könnten. Er wußte, daß sie einen Schlapphut, Stiefel und eine blonde Perücke trug. Er hatte sie auch in der Gesellschaft von Männern gesehen — sowohl weißen als auch schwarzen —, die Army-Jacken trugen.

Beasly fuhr zu dem Wohnwagen, in dem die Stoeckley mit Mitchell und Harris lebte. Es war niemand da. Er suchte an mehreren anderen Stellen nach ihr und fuhr dann wieder nach Hause. Am Abend fuhr er zur Clark Street und wartete vor ihrer Wohnung. Gegen drei Uhr nachts fuhr ein Wagen, in der die Stoeckley und mehrere männliche Begleiter saßen, auf die Auffahrt. Beasley sprach sie an.

»Helena«, sagte er zu ihr, »du und diese Jungs, ihr paßt auf die Beschreibung, die wir von den MacDonald-Mördern haben. Du kennst mich, und ich kenne dich. Also, sag mir die Wahrheit.«

Helena — die weder einen Schlapphut noch eine blonde Perücke oder hohe Stiefel trug — wirkte gut gelaunt. »Sie machte zuerst Witze über ihren Eispickel«, erinnert sich Beasley. »Dann sagte ich ihr, daß die Sache ernst sei und sie sich zusammenreißen solle.«

Sie trat einen Schritt zurück und senkte den Kopf. »Ich glaube, ich habe es gesehen«, sagte sie, fügte dann jedoch hinzu: »Ich hatte Meskalin genommen und war verdammt high.«

Beasley sollte später aussagen, daß er die CID von Fort Bragg über Funk verständigte, daß er Verdächtige festgenommen habe. Er wartete eineinhalb Stunden, aber als sich niemand vom CID meldete, glaubte er, Stoeckleys Kumpane nicht mehr länger festhalten zu können, und so ließ er sie frei. Bis auf Helena sah er keinen von ihnen je wieder.

Unmittelbar nach den Morden wurde die Stoeckley — wie Hunderte anderer Hippies aus Fayetteville auch — mehrmals von den Behörden verhört. »Ich war kaum wieder draußen, da schnappten sie mich schon wieder« beschwerte sie sich bei einem Reporter. »Sie belästigen mich, weil ich kein Alibi habe. In der Nacht, in der es passiert ist, war ich mit niemandem zusammen.« Ihr Kommentar wurde in einer Zeitung gedruckt.

Schließlich wurde die Stoeckley von William Ivory vom CID verhört. Bereits überzeugt, daß MacDonald der Täter sei, führte er das Gespräch sehr nachlässig. Ende Februar nahm niemand mehr Helena Stoeckley als mögliche Verdächtige ernst, trotz ihrer Bemühungen, Aufmerksamkeit auf sich zu ziehen.

Am 13. April 1970 wurde die Stoeckley ins Womack Hospital eingeliefert. Sie litt unter Schmerzen in der rechten Seite und an den Folgen ihres Drogenmißbrauchs. Am nächsten Tag sprach ein Militärpsychiater mit ihr und ihrem Vater.

»Sie gestand den Drogenmißbrauch ein«, sagte der Psychiater. »Sie nahm Seconal, Heroin und zahlreiche andere Drogen, und zwar seit fast zwei Jahren.« Der Arzt kam in seinem Bericht zum Schluß, sie fühle sich »zur Zeit schrecklich wertlos und ungeliebt und behauptet, niemand sei aufrichtig oder gäbe etwas um sie. Sie ist äußerst rebellisch und beschwört willentlich Situationen herauf, bei denen sie um Hilfe bittet, sorgt dann jedoch dafür, daß man ihr nicht helfen kann.« Er empfahl, sie zu einer »Langzeitpsychotherapie« in die Universitätsklinik von Chapel Hill, North Carolina, einzuweisen.

Sie trat die Behandlung dort am 17. April an und wurde auf Methadon-Entzug gesetzt. Dem sie betreuenden Psychiater sagte sie, sie habe »alles genommen, was ich kriegen konnte, einschließlich Heroin, Opium, LSD, Kokain, Methadon und Barbiturate«. Ab Anfang Februar habe sie sich deprimiert gefühlt und den Heroinkonsum auf acht oder neun Dosen täglich erhöht.

Der Psychiater stellte fest, daß sie sich »über Personen und Orte orientiert zeigte, aber dachte, wir hätten den 26. April, obwohl wir tatsächlich den 17. April hatten«. Sie erzählte ihm, vor zwei Tagen habe sie »ihren Körper verlassen«, und manchmal sehe sie »jemanden mit einem Messer über mir, der mich umbringen will«.

Nach Abschluß der Methadon-Behandlung wurde die Stoeckley am 11. Mai entlassen. Während ihres Krankenhausaufenthaltes benahm sie sich ›äußerst zurückhaltend und mißtrauisch‹. Die endgültige Diagnose lautete ›Drogensucht und eine schizoide Persönlichkeit‹, und die Prognose des Psychiaters für die Patientin fiel sehr negativ aus.

Kaum einen Monat später wurde die Stoeckley wieder ins Womack Hospital eingewiesen, diesmal wegen einer Hepatitis. Ihre Leber war vergrößert, und man stellte Einstiche an ihren Adern fest.

Im August war William Posey der Stoeckley im Stadtteil Haymount begegnet und hatte Bernie Segal seine Geschichte über sie erzählt. Dank Segal berichteten zahlreiche Zeitungen über Poseys Aussage bei der Anhörung, und kurz nach dem zweiten Gespräch, das Ivory mit ihr führte, verließ die Stoeckley Fayetteville.

Am 11. September schrieb sie einer ihrer ehemaligen Mitbewohnerinnen von der Clark Street, der Fall MacDonald bereite ihr Probleme.

> Ich habe *großen* Ärger mit der CID. Erinnerst Du Dich, daß ich kein Alibi für die Mordnacht habe? Unser lieber Nachbar versucht, mir die Sache wieder anzuhängen. Ich weiß, daß ich an diesem Abend Meskalin genommen und mir einen blauen Mustang geborgt habe − erinnerst Du Dich, wem er gehört? Ich weiß nur noch, daß ich losfuhr und gegen halb fünf morgens zurückkam... Sie haben genug Beweise gegen MacDonald, um ihn des Mordes anzuklagen, aber zuerst müssen sie Poseys Aussage aushebeln. Er sah mich in dem Wagen losfahren, aber ich weiß wirklich nicht mehr, wo ich war.

Die Stoeckley zog nach Nashville. Dort lernte sie eine freiberufliche Künstlerin namens Jane Zillioux kennen.

»Helena war bei einigen Hippies untergeschlüpft. Sie kam mir sehr jung vor, fast wie eine Ausreißerin, und sie war krank. Sie hatte Hepatitis, sah manchmal richtig gelb aus. Als ich sie einmal mehrere Tage lang nicht mehr gesehen hatte, wollte ich nach ihr schauen. Sie saß zitternd auf dem Bett, und ich fragte sie, ob alles in Ordnung sei.

›Ich bin krank‹, sagte sie.

›Helena, warum fährst du dann nicht nach Hause zurück?‹ fragte ich sie. Und sie sagte: ›Kann ich nicht. Ich kann nie mehr nach Hause zurück. Ich war in ein paar Morde verwickelt. Meine Familie will mich nicht mehr sehen.‹

Ich war schockiert. Damit hatte ich nicht gerechnet. Schließlich fragte ich sie: ›Und, hast du es getan?‹

Und sie sagte: ›Das weiß ich nicht. Ich habe schwer Drogen genommen, und wenn man unter Drogen steht, macht man komische Sachen. Wenn man unter Drogen steht, tut man Dinge, an die man sich nicht mehr erinnert. Und Dinge, an die man sich erinnert, hat man nie getan. Ich weiß es nicht. Ich kann mich nicht erinnern.‹

Aber dann fuhr sie fort: ›Als ich zu mir kam ... als ich zu mir kam, stand ich im Regen. Es regnete, und ich hatte entsetzliche Angst.‹ Tränen liefen ihr Gesicht hinab, und sie mußte sich die Nase putzen und wurde hysterisch. Sie schlug die Hände vors Gesicht und sagte: ›So viel Blut, so viel Blut. Ich habe nur Blut gesehen.‹

›Wer war denn bei dir?‹ fragte ich.

›Drei Jungs‹, sagte sie. ›Ich kannte sie nicht. Ich war nur mit ihnen zusammen, weil sie Drogen hatten.‹ Sie sagte mir auch, sie hätten eine Frau und zwei kleine Kinder umgebracht, und sie hätte ihre blonde Perücke und weiße Stiefel getragen. Ich weiß, daß es weiße Kunstlederstiefel waren, denn als wir vorher mal in einem Geschäft waren, zeigte sie auf solch ein Paar und sagte: ›Ich hatte mal so ein Paar Stiefel, und ich fand sie klasse, aber ich mußte sie loswerden.‹

Auf jeden Fall redete sie plötzlich ganz unzusammenhängend, und dann griff sie nach meinem Arm und sagte: ›Du wirst es doch keinem erzählen, oder?‹

›Nein, natürlich nicht‹, sagte ich und machte, daß ich so schnell wie möglich hinauskam.«

Drei Tage später rief Jane Zillious beim FBI-Büro in Nashville an, berichtete von dem Gespräch, nannte Helenas Namen und Adresse und sagte, sie glaube, die Sache habe etwas mit den MacDonald-Morden in Fort Bragg zu tun. Das FBI bedankte sich jedoch nur und unternahm nichts.

Anfang Dezember wollte ein anderer Bekannter, Red Underhill, die Stoeckley besuchen und hörte schon vor der Tür lautes Weinen. Als er eintrat, schrie sie hysterisch: »Sie haben sie und die beiden Kinder umgebracht! Sie haben die beiden Kinder und die Frau umgebracht!«

Kurz darauf kehrte die Stoeckley nach Fayetteville zurück. Am 29. und 30. Dezember wurde sie von CID-Agenten verhört, die gerade mit der neuen Ermittlung begonnen hatten. Sie wiederholte ihre Geschichte; sie habe Drogen genommen, sei losgefahren und könne sich danach an nichts mehr erinnern.

Im Januar kehrte die Stoeckley nach Nashville zurück. Am 20. Januar schrieb sie Prince Edward Beasley:

> Beasley, was will die CID von mir? Ich habe niemanden umgebracht?!! Werden sie mich weiterhin belästigen? Gibt es eine Möglichkeit, mich einem Lügendetektor-Test zu unterziehen, ob ich in der Nacht der Morde in MacDonalds Haus war oder nicht, ohne daß die CID davon erfährt? ... Haben sie mich noch unter Verdacht, oder kann ich jetzt wieder aus meinem Versteck kommen? Ich lebe in ständiger Paranoia ... Bitte, melde Dich, und *bitte* gib der CID nicht meine Adresse.

Beasley arbeitete jedoch voll mit der CID zusammen. Er gab ihr nicht nur die Adresse, sondern begleitete am 27. Februar einen CID-Agenten nach Nashville und nahm an einem weiteren Verhör teil.

»Sie sagte, sie erinnere sich an nichts, was in der Mordnacht passiert sei«, sagte er später, »nur, daß sie in einem blauen Mustang herumgefahren sei, der einem Bruce Fowler gehört habe, der damals in der Army gewesen sei. Die letzte Person, die sie am Abend des 16. Februar gesehen habe, sei Greg Mitchell, ihr damaliger Freund, und er habe ihr das Meskalin gegeben.

Als ich ihr sagte, diese Droge bewirke keinen Gedächtnisverlust, erwiderte sie, das wisse sie, und sie habe Angst, sie hätte eine Gedächtnisblockierung, weil sie in dieser Nacht etwas fürchterlich Schlimmes gesehen habe.«

Beasley fragte sie, ob sie sich die Fingerabdrücke und eine Haarprobe abnehmen lassen würde. Sie lehnte ab. Sie habe Angst, Zeugin der Morde gewesen zu sein und die Täter zu kennen. Sie habe in den letzten Wochen schlimme Träume gehabt, die andeuteten, sie könne etwas mit dem Fall zu tun haben.

»Ich fragte sie, was für Träume«, sagte Beasley, »und sie erwiderte, sie träume davon, wie Menschen miteinander kämpften, und sehe dabei viel Blut. Dann sagte sie, sie glaube, MacDonald habe vielleicht etwas mit den Morden zu tun, aber sie wisse nicht, was. Sie wisse nicht mehr genau, was passiert sei, aber sie habe den Verdacht, er sei in irgendeiner Hinsicht darin verwickelt.«

Am 25. März 1971 nahm ein großer, dunkler, stattlicher Detective der Drogenfahndung von Nashville namens Jim Gaddis an einer Hausdurchsuchung in dem Gebäude teil, in dem Helena Stoeckley wohnte.

Die Stoeckley, die nicht verhaftet wurde, sprach Gaddis an und bat darum, ihn unter vier Augen sprechen zu dürfen. Sie fragte ihn, ob er etwas über die MacDonald-Morde in North Carolina wisse. Sie sei eine Tatverdächtige und frage sich, ob er herausfinden könne, ob sie noch ›gesucht‹ werde. Sie sagte Gaddis, in Fayetteville habe sie als Polizeiinformantin gearbeitet, und das wolle sie hier auch.

Gaddis traf sich eine Stunde später mit ihr an einer Ecke, und während sie durch die Stadt fuhren, zeigte sie ihm fünf verschiedene Stellen, wo Drogen verkauft wurden, und identifizierte die Händler. Als am nächsten Tag Durchsuchungen zu zwei Verhaftungen wegen Heroinbesitz führten, gelangte Gaddis zur Ansicht, die Stoeckley könne ihm nützlich sein – besonders, wenn sie erlaubte, ihre Wohnung von der Polizei mit elektronischem Überwachungsgerät ausstatten zu lassen.

Die Stoeckley sprach weiterhin über die MacDonald-Morde. »Sie erzählte mir eine Menge über den Fall«, sagte Gaddis. »Dabei widersprach sie sich allerdings ständig.

Einmal sagte sie, sie habe am Abend der Morde LSD genommen, doch es habe keine Wirkung gezeigt. Später an diesem Abend habe ein Junge namens Greg ihr dann Meskalin gegeben. Danach erinnere sie sich an nichts mehr, nur, daß sie in einem blauen Mustang nach Hause gekommen sei.

Ein anderes Mal sagte sie, sie wisse definitiv, wer die MacDonalds umgebracht habe, könne aber keine Namen nennen. Ein anderes Mal sagte sie, sie vermute nur, wer die Mörder seien. Und einmal sagte sie mir sogar, Dr. MacDonald selbst sei es gewesen.«

Am 23. April unterzog sich die Stoeckley einem Lügendetektor-Test. Zuerst jedoch wollte sie noch einmal mit Jim Gaddis sprechen.

»Sie sagte mir erneut, sie habe nichts mit den Morden zu tun, kenne die Mörder jedoch. Ihre Namen wollte sie mir nicht nennen; sie sagte nur: ›Diese Leute leiden schon genug‹ und ›Manche Leute tun alles für einen Fix‹. Dann sagte sie, sie sei Zeugin der Morde gewesen, wollte mir aber keine Einzelheiten verraten. Sie erwähnte auch, Dr. MacDonald habe sich einmal geweigert, einem ihrer drogensüchtigen Freunde Methadon zu geben, wollte mir aber auch dessen Namen nicht nennen.«

Der erste Test dauerte von 18 Uhr 15 bis 20 Uhr 30. »Während des Gesprächs«, sagte der Techniker, »gestand Miß Stoeckley wiederholt ein, die Identität der Mörder zu kennen.«

Am nächsten Tag sagte sie Gaddis, die Täter hätten einen Anschlag auf Jeffrey MacDonald unternommen, der jedoch gescheitert sei. Weitere Erklärungen dazu gab sie nicht ab. Später an diesem Tag unterzog sie sich einem zweiten Lügendetektor-Test, bei dem sie aussagte, in den vergangenen drei oder vier Monaten habe sie häufig geträumt, auf dem Sofa in Jeffrey MacDonalds Wohnzimmer zu liegen, während MacDonald über ihr stand und mit der einen Hand auf sie zeigte, während er in der anderen einen Eispickel hielt, von dem Blut tropfte.

Sie sagte auch, sie kenne die Identität der Mörder, und wenn die Army ihr Straffreiheit gewähre, würde sie die Namen nennen und die Tatumstände schildern. Als ihr Straffreiheit verweigert wurde, sagte sie, sie habe ›bereits zuviel gesagt‹ und widerrief auch die Aussage, die Mörder zu kennen. Später wiederholte sie, MacDonald habe seine Familie selbst getötet.

An diesem Abend ging Gaddis mit Helena Stoeckley essen. Er bestellte Wein. Nach dem Abendessen wickelte er ihr Weinglas unauffällig in eine Serviette und steckte es ein. Am nächsten Tag wurden dem Glas Fingerabdrücke abgenommen. Nach dem Essen knutschte er mit ihr im Auto; dabei gelang es ihm, eine Haarprobe von ihr zu bekommen.

Die Laboruntersuchungen ergaben, daß weder das Haar noch die Fingerabdrücke identisch mit irgendwelchen waren, die man am Tatort gefunden hatte.

Am Morgen des 26. April traf die Stoeckley zu einem dritten Lügendetektor-Test ein. Sie erklärte, sie würde danach keine Fragen mehr beantworten und wolle einen Anwalt hinzuziehen. Sie entschuldigte sich, sie müsse zur Toilette, und kam nicht zurück.

Am nächsten Tag schickte sie Gaddis einen Brief:

> *Bitte* glaub mir, daß ich *nicht* in diesem Haus war!!!! Ich weiß wirklich nichts über die Sache. Es tut mir leid, daß ich verschwinden mußte, aber ich konnte sie einfach nicht mehr anlügen, besonders nicht, da Du dabei warst. Ich bitte Dich nur, mir zu glauben. Ich sage die Wahrheit. Danke für das Abendessen. Es tut mir leid, daß ich Dich enttäuscht habe. Bitte, lasse nicht zu, daß sie mich verhaften.
> Danke.
>
> In Liebe,
> Helena

Im schriftlichen Bericht führte der Lügendetektor-Techniker aus, daß ›aufgrund von Miß Stoeckleys Geisteszustand und exzessivem Drogenmißbrauch zur Tatzeit nicht festgestellt werden konnte, ob sie weiß oder nicht, wer die Morde begangen hat, oder ob sie am Tatort war‹.

In den folgenden Wochen verhörten CID-Agenten alle Personen, die die Stoeckley jemals namentlich benannt hatte, zum Teil mit Hilfe des Lügendetektors, als mögliche Teilnehmer an den Verbrechen. Alle stritten jegliche Beteiligung ab, und jedes Mal wurde diese Aussage nicht nur durch Alibis, sondern auch durch die Ergebnisse der Lügendetektor-Tests bestätigt.

Die Ermittler sprachen auch mit den beiden jungen Frauen aus New Jersey, mit denen sich die Stoeckley die Wohnung in der Clark Street geteilt hatte. Eine von ihnen sagte aus, die Stoeckley sei nicht um halb fünf morgens, sondern beträchtlich später nach Hause gekommen, womit Poseys Aussage in Frage gestellt wurde. Diese Zimmergenossin sagte auch, der Stoeckley habe es gefallen, in den Zeitungsartikeln über die Morde erwähnt zu werden.

Im Juni 1971 trieb die CID William Posey in Birmingham, Alabama, auf. Mittlerweile hatte sich herausgestellt, daß er 1968 wegen Einbruchs und 1969 insgesamt viermal wegen Trunkenheit und ungebührlichen Verhaltens verhaftet worden war.

Ein Lügendetektor-Test deutete an, daß Posey bei der Anhörung nicht die Wahrheit gesagt hatte. Als man ihn mit dem Ergebnis konfrontierte, gestand Posey ein, nicht gesehen zu haben, wie die Stoeckley am Morgen des 17. Februar 1970 aus einem Auto ausgestiegen, sondern nur, wie sie von einem Auto zu ihrer Wohnung gegangen sei. Er sagte auch, er wisse nicht, ob dieser Wagen ein Mustang gewesen sei. Einen oder zwei Monate nach den Morden habe er einen Traum gehabt, in dem ein Mustang vorgekommen sei, und deshalb habe er ausgesagt, die Stoeckley sei aus solch einem Wagen gestiegen.

Er sagte ferner, er sei sich nicht mehr sicher, ob er die Stoeckley am Morgen des 17. Februar oder eines anderen Tages gesehen habe. Ihm sei erst eine Woche nach den Morden in den Sinn gekommen, daß sie etwas damit zu tun haben könne, und zwar, weil sie ihm gesagt habe, sie hätte in der Nacht der Morde unter Drogen gestanden und könne sich nicht erinnern, was sie getan habe.

Nach diesem Geständnis schied Helena Stoeckley als Verdächtige für Pruett und Kearns aus. Die beiden Ermittler begannen nun, Jeffrey und Colette MacDonalds Hintergrund genauer zu durchleuchten.

3

Von Mitte November bis zum März seines zweiten Jahres auf der High-School hatte Jeffrey MacDonald nicht in Patchogue gewohnt. Ohne ein Wort der Erklärung zu Lehrern oder Freunden war er ganz plötzlich nach Baytown in Texas geflogen und hatte dort bei einer Familie namens Andrews gewohnt, Freunden der Familie Stern aus New Hope, Pennsylvania, aber Menschen, die MacDonald nur sehr beiläufig kannte.

Bei den Überprüfungen von MacDonalds Hintergrund kam Pruett und Kearns dieser Umstand seltsam vor: Ein herausragender Schüler und Sportler, der keine Probleme auf der High-School hatte, wurde plötzlich zweieinhalbtausend Kilometer weit weggeschickt.

Die Befragung ehemaliger Lehrer und Bekannter ergab keine eindeutige Erklärung; statt dessen kamen den Ermittlern zahlreiche Gerüchte über Schwierigkeiten innerhalb der Familie MacDonald zu Ohren, unter anderem das, Jeffrey sei von seinem Vater fortgeschickt worden, weil er seinen älteren Bruder Jay bei einer Prügelei schwer verletzt habe. MacDonalds Mutter soll sogar oft gesagt haben: »Eins von Jeffs Zielen im Leben ist es, Jay auszustechen.« So große Neidgefühle soll er seinem älteren Bruder entgegengebracht haben.

Jack Andrews jr., der Sohn des Mannes, bei dem Jeffrey MacDonald in Baytown gewohnt hatte, sagte Jahre später: »Er hat seine Familie nie erwähnt; anscheinend wollte er nicht über sie sprechen. Er und ich, wir kamen nicht gut zurecht. Eines Tages hätten wir uns im Wohnzimmer fast geprügelt. Kurz darauf kehrte er nach Hause zurück.

Am deutlichsten ist mir von Jeff in Erinnerung geblieben, daß er immer im Mittelpunkt stehen wollte; mehr noch, er mußte bei allem der Beste sein.«

Die Ermittler zogen weitere Erkundigungen über das Verhältnis zwischen Jay und Jeff ein. »Als Kinder standen sich Jay und Jeff immer nahe«, sagte eine Frau, die von Kind an besonders eng mit Colette befreundet gewesen war. »Später geriet Jay dann auf die schiefe Bahn, trieb sich mit den falschen Leuten herum.

Jeff war ein ziemlich beherrschender Mensch. Colette verehrte ihn geradezu, aber man munkelte, daß das nicht unbedingt auf Gegenseitigkeit beruhte.

Ich erinnere mich, daß er Colette einmal geschlagen hat. Es ist lange her, wir waren sechzehn, vielleicht siebzehn. Ich kann nicht mehr sagen, worum es bei der Auseinandersetzung ging.«

Die Ermittler sprachen auch mit der Frau von Colettes älterem Bruder. »Colette hat Jeff immer geliebt. Sie war einfach verrückt nach ihm. Und sie wollte immer heiraten und Kinder haben. Das war ihr wichtiger als das Studium.

Nach der Hochzeit habe ich sie nicht mehr sooft gesehen. Den letzten richtigen Kontakt hatten wir, als Jeff sich freiwillig zur Army meldete. Wir haben ein paarmal miteinander telefoniert, und sie hatte Angst, daß er nach Vietnam müsse.«

Colettes Bruder, der als Vertreter einer Computerfirma arbeitete, sagte aus, die beiden seien sehr konservativ gewesen, und Colette habe sich in ihrer Rolle als Hausfrau und Mutter wohl gefühlt. Von größerem Interesse war der Bericht eines CID-Agenten, der am 7. Mai 1970 in Schenectady, New York, mit MacDonalds Schwester gesprochen hatte. Die Schwester beschrieb MacDonald als ›Perfektionist, der schon mal wütend wurde, wenn die Dinge nicht so waren, wie er es gern hatte‹.

Besonders nahmen Pruett und Kearns die Zeit unter die Lupe, die MacDonald in Fort Sam Houston in Texas verbracht hatte. MacDonald war dort nicht in einer Kaserne stationiert gewesen, sondern wohnte im Sheraton Motor Inn in San Antonio. Kearns sprach mit einem Arzt, der sich ein Zimmer mit MacDonald geteilt hatte.

Der Arzt erinnerte sich hauptsächlich »an die Party, die wir am Wochenende nach unserer Ankunft besuchten. Sie fand im

Zimmer direkt unter unserem statt, in dem zwei Krankenschwestern wohnten.

Es waren etwa sechs oder sieben Krankenschwestern und acht oder neun Männer anwesend. Wir tranken Kalte Ente, und ich war ziemlich schnell blau. Eine der Schwestern verbrachte viel Zeit mit Jeff und schien ihn gut zu kennen.

Jeff verabredete sich häufiger mit ihr, und eines Abends fragte er mich, ob ich woanders schlafen würde, damit er das Zimmer für sich haben konnte. Ich weiß nicht, wen Jeff auf unserem Zimmer hatte, denn ich schlief unten genau bei der Schwester, mit der er sich immer verabredet hatte. Sie schien sauer auf Jeff zu sein, weil sie ihn wohl wirklich gemocht hatte.

Jeff verbrachte auch viel Zeit mit einer geschiedenen Frau, die Stewardeß bei der American Airline war. Sie sah zwar nicht besonders gut aus, hatte aber einen wirklich tollen Körper.

Ich blieb nach Ende der Ausbildung noch ein paar Tage und traf diese Stewardeß zufällig am Pool. Ich hatte den Eindruck, daß sie Jeff wirklich mochte und sehr traurig war, weil sie ihn nie wiedersehen würde.«

Ein Ermittler sprach dann mit der Krankenschwester, mit der MacDonald im Frühsommer zusammengewesen war. »Ich wußte, daß er verheiratet war«, sagte sie. »Er erzählte nichts von sich aus, aber nach zwei Wochen fragte ich ihn einfach, wie es seiner Frau ginge. Gut, sagte er. Er erwähnte auch seine beiden Kinder. Sie seien süße kleine Dinger. Das einzige Problem, das er mir gegenüber je erwähnte, war, daß seine ältere Tochter noch ins Bett machte, und er hoffe, die jüngere würde nicht auch noch damit anfangen.«

Schließlich erfuhren die Ermittler von einem Sergeant, der als Undercover-Agent der Drogenfahndung zur Zeit von MacDonalds Ausbildung an zahlreichen Parties im Hotel teilgenommen hatte, daß MacDonald sich auch mit einer ›Blondine mit einem wunderbaren Körper‹ namens Mary und einer schwedischen Austauschstudentin getroffen hatte, die ›sehr ungezwungen war und jedem Mann, der sexuelle Beziehungen wollte, entgegenkam.‹

»Im Juni«, so der Agent, »fand in dem Motel eine Party statt, die Mitglieder der Special Forces gaben. Sie geriet völlig außer

Kontrolle, und die Polizei wurde gerufen. Die Teilnehmer der Party schwammen nackt im Pool, und es war einfach alles möglich.«

Die Soldaten feierten ihren ersten Fallschirmsprung oft mit einer ›Jump Party‹, bei der ›Special-Forces-Hochzeiten‹ gefeiert wurden. Dabei befriedigte ein Mädchen einen Mann oral, während ein zweiter anal mit ihr verkehrte. »Diese Parties verwandelten sich in regelrechte Orgien, bei denen alles möglich war, von Drogen bis zu sexuellen Perversionen.«

Jeffrey MacDonald hatte im Juni natürlich nicht im Sheraton Motor Inn gewohnt, aber im Dezember an einer ›Jump Party‹ teilgenommen, und allmählich stellte sich bei Pruett und Kearns der Verdacht ein, daß er kaum aufrichtig gewesen war, als er bei der Anhörung ausgesagt hatte, er habe ›sehr, sehr selten‹ sexuelle Beziehungen mit fremden Frauen gehabt.

Die Ermittler konzentrierten sich nun auf das Leben der Familie in Fort Bragg, das MacDonald mit den Worten ›ein neues Zusammengehörigkeitsgefühl‹ beschrieben hatte. Zahlreiche Bekannte der Familie bestätigten diese Aussage, doch Stück für Stück stellte sich heraus, daß ihr Familienleben unter der Oberfläche vielleicht doch nicht so glücklich gewesen war.

Ein Green Beret erinnerte sich »an einen kleinen Streit zwischen den beiden. MacDonald und ich aßen bei ihm zu Mittag, und Colette wirkte etwas durcheinander. MacDonald sagte, es läge wahrscheinlich daran, daß sie eine Diät-Pille genommen habe.« Eine Freundin Colettes erinnerte sich, daß sie vor ihrer Schwangerschaft tatsächlich Diät-Pillen genommen, aber damit aufgehört habe, weil sie ›wilde Gefühlsschwankungen‹ bei ihr auslösten.

Die Frau des Offiziers, die direkt neben den MacDonalds wohnte, erzählte den Ermittlern von einem besonderen Gefühlsausbruch Colettes. »Wir waren im Garten, das Telefon klingelte, und sie ging hinein, und als sie zurückkam, sagte sie: ›Haben Sie gehört, wie ich Jeff angeschrien habe?‹ Er habe ihr gerade gesagt, daß er eine Stereoanlage für 700 Dollar gekauft hatte, und sie hatte ihm gesagt, sie könnten sich das nicht leisten und den Hörer aufgeknallt.« Eine andere Nachbarin sagte aus, Colette habe gesagt, sie könne Jeff wegen des Kaufs der Stereoanlage ›umbringen‹.

Als engster Freund der MacDonalds in Fort Bragg — und der letzte, der die Familie lebendig gesehen hatte — unterhielten sich die Ermittler ausführlich mit Ron Harrison. Er sagte ihnen, wie auch allen anderen, die Ehe sei gut und liebevoll gewesen. Zu Mißstimmungen sei es nur gekommen, wenn Jeff einmal zu Colette gesagt hatte: »He, was siehst du dir da an? Im anderen Programm ist ein Football-Spiel!« Oder: »Ronald hat kein Bier mehr, Colette.« Oder: »Ronald hat Hunger.« Dann, so Harrison, »sprang sie auf und kümmerte sich darum«.

MacDonald selbst sei jedoch bitter enttäuscht gewesen, als Colonel Kingston, den er sehr verehrt hatte, nach Vietnam versetzt und MacDonalds Special-Forces-Truppe aufgelöst worden war. MacDonald sei einer anderen Gruppe zugeteilt worden, in der er jedoch nicht mehr Stabsarzt, sondern nur für die Gesundheitsfürsorge verantwortlich war. Laut Harrison habe diese Entwicklung ihn verärgert, und er habe davon gesprochen, ebenfalls nach Vietnam zu wollen.

»Jeff war sehr ungeduldig«, sagte Harrison. »Er wollte etwas unternehmen. Er wollte nach Vietnam, nach Afrika oder Südamerika.« Überall hin — so stellte es sich für Pruett und Kearns dar —, nur nicht zu seiner Frau.

Privat setzte MacDonald die Tradition fort, zahlreiche Freunde zu sich einzuladen. »Colette hatte immer sehr viel zu tun, während sich Jeff um seine Gäste kümmerte«, erinnerte sich ein Gast. »Sie hatten einen neuen Farbfernseher, und wir sahen uns oft Football-Spiele an. Jeffs Mutter und Colette waren meistens in der Küche. Einmal gab es Kalte Ente. Ich weiß das noch, weil eine Flasche beim Öffnen bis zur Decke schäumte.«

Für die Kalte Ente brauchte man keinen Korkenzieher, doch Ron Harrison erinnerte sich noch an ein ausführliches Gespräch über einen Eispickel. »Das Eis klebte zusammen, und Jeff fragte jemanden — vielleicht Colette? —, wo der Eispickel sei. Er suchte in allen Schubladen danach, dann sogar draußen — vielleicht war er ja bei den Grillsachen. Aber er fand ihn nicht, und wir trennten das Eis mit einem Schraubenzieher und meinem Taschenmesser.«

Ein anderer häufiger Gast, besonders nach der Versetzung ihres Mannes nach Vietnam, war Josephine Kingston. »Ich sah Jeff und Colette ein paar Monate lang zwei-, dreimal die Woche«, sagte sie. »Wir tranken Kalte Ente zum Essen.« Mrs. Kingston erinnerte sich auch, daß »eins der Kinder oft ins Bett machte und dann ins Elternschlafzimmer und in Colettes Bett ging«.

Jeffrey MacDonald habe sie gelegentlich auch allein in ihrer Wohnung besucht. Bei diesen Gelegenheiten hätten sie sich nur unterhalten. Auf die Frage, worüber, erwiderte sie »Über alles. Über seinen Bruder, der Probleme hatte, und über Vietnam. Er hat meinen Mann sehr beneidet.

Ich glaube auch nicht, daß Jeff weitere Kinder haben wollte. Als er erfuhr, daß Colette wieder schwanger war, war er enttäuscht. Die Kinder waren gerade so alt, daß sie sie bei einem Babysitter lassen konnten, und nun war das nächste unterwegs.«

Schließlich brachten die Ermittler das Gespräch auf die Valentinskarte, die Mrs. Kingston MacDonald von Honolulu aus geschickt hatte. »Das war nur ein dummer Scherz«, sagte sie. »Als ich mehrere Wochen, nachdem mein Mann nach Vietnam versetzt worden war, nach Hawaii flog, brachten Jeff und Colette mich zum Flughafen, und ich verabschiedete mich mit einem Kuß von ihm. Es war das erste Mal, daß ich ihn geküßt hatte, seit ich ihn kannte. Diese Karte war einfach nur eine freundschaftliche Geste.«

Danach zeigten sie Mrs. Kingston eine Kopie der Kolumne von Joan Didion, die in einem Umschlag mit der Valentinskarte gelegen hatte, und fragten sie, ob sie sie schon einmal gesehen habe. In dem Artikel beklagte eine 34jährige Frau ihr Los an der Seite eines uninteressierten Ehemanns.

»Ich weiß nicht. Vielleicht hat meine Tochter den Artikel beigelegt — sie hat auch, aber statt meiner, die Karte abgeschickt.

Ich jedenfalls habe den Artikel nicht beigelegt. Meine Tochter tut so was manchmal — wenn sie nicht mehr weiß, was sie schreiben soll, schickt sie Ausschnitte aus Magazinen.«

Colonel Kingstons Tochter, damals zweiundzwanzig Jahre alt, äußerte sich zu der Karte: »Das ist eine peinliche Sache. Damals habe ich mir nichts dabei gedacht. Ich kaufte in Hawaii Valentinskarten für unsere Freunde in den Staaten, sah diese Karte und erinnerte mich daran, wie Mutter am Flughafen jedem Mitglied der Familie, auch den Kindern, einen Kuß auf die Wange gegeben hatte.

Jeff lachte darüber und hänselte sie. Ich schlug Mutter vor, wir sollten es ihm mit dieser Karte heimzahlen. Wenn ich gewußt hätte, was passiert, hätte ich sie niemals abgeschickt.«

Den Zeitungsausschnitt habe sie nie zuvor gesehen. »Ganz bestimmt nicht. Ich würde Jeff so etwas doch nicht schicken.«

Jeffrey MacDonald machte sich während der Zeit, in der er ›ein engeres Zusammengehörigkeitsgefühl‹ mit seiner Frau entwickelte, nicht nur mit der Frau seines ehemaligen Vorgesetzten und Anfang Dezember 1969 in Fort Sam Houston mit der Krankenschwester Tina Carlucci näher bekannt, sondern im Herbst 1969 auch noch mit einer Reihe weiterer junger Frauen.

Er habe, so Ron Harrison, der rothaarigen Frau eines Special-Forces-Sergeants ›geholfen‹, die Eheprobleme hatte. Er brachte der neunzehnjährigen Tochter eines anderen Kollegen das Autofahren bei. Harrison entsann sich, wie er eines Abends bei den MacDonalds vorbeischaute, als MacDonald und die junge Frau — die Carla hieß und ein paar Häuser weiter wohnte — gerade zu einer Fahrstunde aufbrachen. MacDonald sagte Harrison, er solle es sich bequem machen und ein Bier trinken, er wäre in einer dreiviertel Stunde wieder zurück.

Diese Fahrstunden fanden so häufig statt, daß Carlas Mutter schließlich vermutete, die beiden hätten eine intime Beziehung. »Er war etwas freundlicher zu ihr, als es für einen Nachbarn normalerweise üblich war«, sagte sie.

Sogar die sechzehnjährige Nachbarstochter direkt über ihnen, die gelegentlich auf die Kinder aufpaßte, kam in den

Genuß seiner Aufmerksamkeit. »Er sagte einmal zu mir, wenn er Mädchen wie mich gekannt hätte, als er sechzehn war, dann wäre er jetzt noch gern in der Schule.«

Im Januar 1970 veränderte sich MacDonalds Verhalten jedoch. »Jeff sah sehr blaß und müde und besorgt aus«, erinnerte sich ein Nachbar. »Er hatte zwei Jobs neben seinem Army-Job und wirkte sehr erschöpft.«

Die sechzehnjährige Babysitterin stellte ebenfalls eine Veränderung im Verhalten beider MacDonalds fest. »Vom Januar an sagte Colette kaum ein Wort, wenn ich zum Babysitten hinüberging. Sie lächelte nie, und Jeff war auch nicht mehr freundlich. Wenn man sie zusammen sah, merkte man einfach, daß sie nicht glücklich waren. Sie schrien sich zwar nicht an, aber sie lächelten auch nie.«

Colette wußte mittlerweile genau, daß sie schwanger war. Und obwohl sie einigen Freunden sagte, sie freue sich über das dritte Kind, wußten andere anderes zu berichten. Eine Bekannte aus Fort Bragg sagte aus: »Ich weiß nicht, wie wir auf das Thema kamen, aber sie sagte mir, sie sei versehentlich schwanger geworden, weil sie vergessen habe, eine Pille zu nehmen. Damals lachte ich nur darüber. Sie lachte auch, aber ich hatte nicht das Gefühl, daß sie allzu glücklich darüber war.«

Natürlich arbeitete MacDonald, wie er Pruett und Kearns in Philadelphia selbst gesagt hatte, ›jeden Abend‹ im Cape Fear Valley Hospital. Darüber hinaus hatte er eine zweite Aushilfsstelle — an den Wochenenden — im Hamlet Hospital angenommen. Und er war nicht nur ärztlicher Betreuer der Boxmannschaft, sondern trainierte auch mit den Boxern. Wie Pruett und Kearns erfuhren, war jedoch von einer Reise nach Rußland niemals die Rede gewesen.

Allmählich arbeiteten sich die beiden Ermittler zur Tatzeit vor. MacDonald hatte wiederholt ausgesagt, obwohl er eine Vierundzwanzig-Stunden-Schicht im Hamlet Hospital hinter sich hatte, danach einen vollen Tag im Büro gewesen war und anschließend noch eine Stunde Basketball gespielt hatte, sei er am Abend des 16. Februar nicht übermüdet gewesen.

Die Frau, die mit Colette zum Unterricht gefahren war, erinnerte sich jedoch an Colettes Bemerkung, Jeff sei völlig erschöpft gewesen. »Ich weiß nicht mehr, ob er geschlafen hat oder auf der Couch lag, als sie ging. Aber sie sagte, er sei sehr müde, weil er die ganze Nacht gearbeitet hatte und dann den ganzen Tag im Büro gewesen sei.«

Nachdem MacDonald höchstens eine halbe Stunde lang geschlafen haben konnte, bevor Kimberly ihn weckte, um sich *Laugh-In* mit ihm anzusehen, mußte er sich während der Abwesenheit seiner Frau so gut erholt haben, daß er nicht nur bis elf Uhr mit ihr fernsah, sondern danach *Kiss Me Deadly* auslas und um nachts zwei Uhr sogar den Abwasch erledigte.

Dieser plötzliche Energieausbruch verwirrte Pruett und Kearns. Da MacDonald jedoch nicht mehr bereit war, mit ihnen zu sprechen, konnten sie dieser Sache im Augenblick nicht nachgehen. Statt dessen konzentrierten sie sich auf Colettes Kurs über Kinderpsychologie. Ihre Freundin sagte, daß Colette am Montag, dem 16. Februar, eine Frage über ihre jüngste Tochter gestellt habe, die des öfteren zu den Eltern ins Bett käme.

»Colette fragte, ob sie dem kleinen Mädchen erlauben sollte, bei den Eltern zu schlafen, oder ob sie es wieder in ihr Zimmer zurückbringen sollten. Ihr Mann hatte wohl gesagt, das kleine Mädchen sollte bei ihm im Bett bleiben und Colette ... nun ja, auf dem Sofa schlafen.«

Die Kursteilnehmer diskutierten darüber und meinten schließlich, man solle das Kind in sein eigenes Bett zurückbringen und ihm klarmachen, daß es dort schlafen müsse. »Mrs. MacDonald nickte lächelnd; anscheinend stimmte sie mit der Entscheidung der Klasse überein. Dann endete der Kurs. Am nächsten Tag erfuhr ich, daß sie und ihre beiden Kinder ermordet worden waren.«

Pruett und Kearns sahen sich Colettes Notizbuch an. Am ersten Abend des Kurses hatte sie Aufzeichnungen über die verschiedenen Persönlichkeitstypen gemacht: ›Sadistisch-autoritär — die Persönlichkeit, die andere von sich abhängig machen will‹ und ›passiv-abhängig — überläßt die Selbsteinschätzung der anderen Person‹.

Danach wurden die orale, anale und phallische Phase vor dem geschlechtsreifen Alter erörtert, ›bei denen die Libido‹, wie Colette schrieb, ›völlig auf die eigene Person gerichtet ist (narzißtisch)‹ und eine ›größenwahnsinnige Einstellung‹ im Kind erzeugt, das sich für ›allmächtig‹ hält. Schließlich entwickelte sich das normale Kind über dieses Stadium hinaus bis zu dem Punkt, an dem ›sich das Ego entwickelt, während ein Teil der Libido auf andere Menschen gerichtet wird‹.

Es folgte eine Beschreibung des phallischen Stadiums bei drei- bis vierjährigen Jungen:

a. bis dahin Identifikation mit dem Vater
b. dann wird Vater ein Rivale
c. kleiner Junge will Mutti für sich allein
d. Oedipus-Komplex: Vater töten, Mutter heiraten
e. Kastrationsangst; Vater wird ihm den Penis nehmen
f. diese Phase scheint entscheidend zu sein, ob das Kind homosexuell wird oder nicht; kann es sich mit dem Vater identifizieren oder nicht; kritischste Periode im Leben des Kindes

Ob sich Colette mit ihrem Mann über diesen Kurs unterhalten hat, bleibt der Spekulation überlassen, doch da die Möglichkeit bestand, daß sie zumindest einen Teil der letzten Stunden ihres Lebens mit dem Mann, der verdächtigt wurde, sie ermordet zu haben, darüber gesprochen hatte, lasen sich die Ermittler ihre Aufzeichnungen vom Montag, dem 16. Februar, mit besonderer Sorgfalt durch.

In dieser Unterrichtsstunde hatten sie über ›menschliche Verteidigungsmechanismen‹ gesprochen, die Colette als ›Ablehnung, Störungen oder Verfälschungen der Wirklichkeit‹ bezeichnete, ›Funktionen, die auftreten, wenn das Ego sich mit infantilen Ängsten beschäftigt‹ und die sich ›immer unbewußt vollziehen‹. Weitere Notizen befaßten sich mit ›Psychosexueller Entwicklung und Psychopathologie‹ und faßten Theodor Reiks Beschreibung des Vaters in der abendländischen Gesellschaft zusammen, ›der sich unbewußt schuldig fühlt, weil er seine Frau geschwängert hat, und ebenfalls unbewußt will, daß sie die Schmerzen der Geburt erträgt. Wenn sie in den Wehen liegt, durchlebt er Höllenqualen, um sich für diese Gefühle zu bestrafen.‹

Ihre letzten Notizen beschäftigten sich mit Kategorien wie:

> Von Zwangsvorstellungen befallen: zwanghafter Sammeltrieb oder Ordentlichkeit ...
> Melancholisch: fühlen sich wegen aggressiver Impulse schuldig ...
> Paranoid-schizophren: haben hohen IQ ...
> Manischer Größenwahn, psychotisch: Jeder mag sie, glauben sie. Die Welt ist toll. Sehr aktiv.

Danach stießen Pruett und Kearns auf einen interessanten Tatbestand aus der Zeit *nach* den Morden. Während der Anhörung — während er beschuldigt wurde, seine Frau und seine beiden Kinder ermordet zu haben, hatte Jeffrey MacDonald eine sexuelle Beziehung mit einer jungen Zivilistin namens Bonnie Wood begonnen, die in Fort Bragg arbeitete.

Wie fast alle im Ort wußte sie, wer er war. Sie hatte ihn oft beim Sonnenbaden gesehen und ihm eines Tages ein Sandwich angeboten und sich zu ihm gesetzt. Kurz darauf hatte er die Militärpolizisten, die ihn bewachten, überreden können, sie in sein Zimmer zu lassen.

Miß Wood sagte, MacDonald habe eine große Anziehungskraft gehabt. »Er ist stattlich, hat einen tollen Körper und war der aufregendste Mann vor Ort.« Sie habe ihn den ganzen Sommer und Herbst über in seinem Zimmer besucht, und ihre Beziehung sei ›bestimmt kein Geheimnis‹ gewesen. Nachdem die Anklage gegen ihn fallengelassen wurde, habe er sie sogar zum Abendessen ausgeführt.

»Wenn Sie mich damals gefragt hätten«, sagte sie, »hätte ich wohl gesagt, in ihn verliebt zu sein.« Sie könne sich nicht erinnern, wie oft sie miteinander geschlafen hatten, aber es war mehr als einmal und weniger als ›ein dutzendmal‹.

Mittlerweile hatten weitere Untersuchungen in der noch immer versiegelten Wohnung neue Erkenntnisse gebracht. William Ivory hatte die Latten unter der Matratze von Kimberlys Bett im Labor untersuchen lassen. Die mikroskopische Analyse ergab, daß der Knüppel, der bei der Tötung Colettes und Kimberlys verwendet worden war, eindeutig von einer dieser Latten abgesägt worden war.

Paul Stombaugh, Chef der chemischen Abteilung des FBI Washington, untersuchte Jeffrey MacDonalds blaue Schlafanzugjacke unter dem Mikroskop. Alle achtundvierzig Löcher darin waren rund und hatten glatte Ränder, was darauf hinwies, daß die Jacke unbewegt auf dem Boden gelegen hatte, während sie durchlöchert wurde. Hätte MacDonald sie getragen, und hätte er sich bewegt, um während des Kampfes Schläge mit einem Eispickel abzuwehren, wären die Ränder der Löcher nicht kreisrund, sondern unregelmäßig gewesen.

Stombaugh fand auch heraus, daß die beiden Schälmesser — das Geneva Forge, das man im Schlafzimmer gefunden hatte und das Old Hickory, das man sechs Meter von der Hintertür entfernt neben dem Eispickel unter einem Busch gefunden hatte — unterschiedliche Klingen aufwiesen. Die Klinge des Geneva Forge war stumpf und erzeugte unregelmäßige Schnitte, die des Old Hickory war glatt und erzeugte glatte, saubere Schnitte. Die mikroskopische Untersuchung der Kleidung, die Colette, Kimberly und Kristen MacDonald getragen hatten, sowie die bei der Autopsie gemachten Fotos erwiesen, daß alle drei Opfer mit dem Old Hickory und keins mit dem Geneva Forge erstochen worden waren. Das Messer, das Jeffrey MacDonald also aus der Brust seiner Frau gezogen haben wollte, hatte niemals darin gesteckt. Die einzigen Schnitte, die vom Geneva Forge stammten, fanden sich am Oberteil von MacDonalds Schlafanzug, was Pruett und Kearn zu der Annahme führte, MacDonald habe dieses Messer benutzt, um sich oberflächliche

Verletzungen beizubringen. Die Geschichte, es aus der Brust seiner Frau gezogen zu haben, mußte er erfunden haben, um zu erklären, wieso sich eventuell seine Fingerabdrücke am Griff befanden.

Was die Wunde betraf, die zum teilweisen Zusammenbruch eines seiner Lungenflügel geführt hatte, konnte davon ausgegangen werden, daß sie von einer der Skalpellklingen stammte, die MacDonald in seinem Medizinschrank vor dem Badezimmer im Flur aufbewahrt hatte — dem Badezimmer, in dem man seine Blutstropfen an der rechten Seite des Waschbeckens gefunden hatte.

Doch der dritte Fund war am wichtigsten. Als Stombaugh die Teile der zerrissenen blauen Schlafanzugjacke wieder zusammenfügte, fügten sich auch Blutstropfen der Gruppe A auf dem Stoff wieder zu einem vollständigen Ganzen zusammen — Tropfen von Colette MacDonalds Blut. Das bewies, daß sich zumindest ein Teil von Colette MacDonalds Blut auf der Jacke befunden hatte, *bevor* sie zerrissen worden war, was nicht der Fall sein konnte, wenn die Jacke während MacDonalds Kampf mit den vier Einbrechern im Wohnzimmer zerrissen worden war, oder auch, als er sie von seinen Handgelenken entfernt hatte, nachdem er den blutverschmierten Körper seiner Frau im Schlafzimmer gefunden hatte.

Sehr wohl konnte es aber der Fall sein, wenn MacDonald — der die noch nicht zerrissene Schlafanzugjacke getragen hatte — seine Frau vielleicht bei einer Auseinandersetzung im Schlafzimmer geschlagen und sie daraufhin aus Wut — oder um sich zu verteidigen — die Jacke zerrissen hatte, wobei sich die Tasche gelöst hatte und Dutzende von Fasern auf den Teppich gefallen waren.

Als der Kampf heftiger geworden war, war vielleicht Colettes Blut auf die Jacke geraten. Und um das zu erklären, hatte MacDonald sie vielleicht vor dem Eintreffen der Militärpolizei auf Colettes Brust gelegt.

Mitte März 1971 bekamen Pruett und Kearns Unterstützung von einer Seite, mit der sie niemals gerechnet hätten: von

Freddy Kassab, MacDonalds Schwiegervater und standhaftestem Verteidiger.

Freddy Kassab hatte das Protokoll der Anhörung genau studiert. Einen vollen Monat lang hatte er kaum etwas anderes getan, als die Abschrift zu lesen. Er hatte einzelne Stellen unterstrichen und sich am Rand Notizen gemacht. Schließlich waren diese Notizen so umfangreich geworden, daß er sie auf separaten Blättern festhalten mußte – eine Auflistung von Nichtübereinstimmungen, Widersprüchen und unlogischen Fakten.

Seite 8. Er meldete sich freiwillig zur Army. *Jeff hat Colette gesagt, er wäre eingezogen worden.*

Seite 24. Er holte sich eine Decke und legte sich im Wohnzimmer schlafen. *Jeff schlief immer mit einem Kissen. Warum lag keins auf der Wohnzimmercouch?*

Seite 25. Er hörte Colette schreien. Dann sagte sie: »Hilfe, Hilfe, Jeff. Warum tun sie mir das an?« Das wiederholte sie mindestens einmal. *Colette hätte nach den tiefen Stichwunden im Hals nicht mehr schreien können – die Luftröhre war durchtrennt.*

Seite 26. Er hörte, wie Kimmy immer wieder »Daddy, Daddy!« schrie. *Colette und die Kinder wurden zuerst überfallen. Nach dem medizinischen Bericht hat man Kimmy zuerst mehrere schwere Schädelfrakturen zugefügt und dann erst die Messerstiche. Sie konnte unmöglich noch schreien, nachdem ihr Schädel mehrmals gebrochen war. Und als er sie schreien gehört haben will, befand sich der Knüppel, mit dem sie geschlagen wurde, im Wohnzimmer.*

Seite 29. Er sagt, er habe buchstäblich Sterne gesehen und flach auf der Couch gelegen. Er glaubte, ohnmächtig zu werden. *Nach dem ersten Schlag mit dem Knüppel müßte Jeff mit Sicherheit benommen gewesen sein. Warum haben die Einbrecher ihn nicht erledigt? Warum haben sie gewartet, bis er sich erholt und wieder aufsetzen kann? Und Colette und Kimmy haben schwere Schläge abbekommen, Jeff aber nur einen leichten Schlag auf die Stirn, obwohl er gerade aus einem tiefen Schlaf erwacht und noch halb gelegen haben will.*

Seite 30. Er will ›einen Hagel von Schlägen‹ auf Kopf, Nacken und Schultern bekommen haben. *Doch nur eine seiner*

Verletzungen war über einen Zentimeter tief. *Sehr seltsam, daß Jeff keine Messerstiche abbekommen hat, da seine Angreifer über ihm standen und die Messer schwangen. Auch kann ein stehender Angreifer ihn nicht 10- bis 12mal in den Leib gestochen haben, denn er saß ja und beugte sich vor, um sich aufzurichten. Auch hat man im Wohnzimmer keinen Tropfen Blut von ihm gefunden, obwohl er ja schätzungsweise dreiundzwanzig Messerstiche abbekommen haben will. Und bei dem vielen Blut im Schlafzimmer und in den Kinderzimmern müssen die Täter Blut an den Händen und Kleidern gehabt haben. Warum hat man nichts davon im Wohnzimmer gefunden, wo ja der Kampf stattgefunden haben soll?*

Seite 31. Während des Kampfes haben sich seine Hände in der Schlafanzugjacke verfangen. *Wie konnte man ihm die Schlafanzugjacke über den Kopf ziehen oder hinten zerreißen, daß sie sich um seine Arme und Hände verwickelte, wenn niemand hinter ihm stand und die Jacke vorn zerrissen wurde?*

Seite 38. Vom Schlafzimmer ging er in Kims Zimmer. Er schaltete nicht das Licht ein. *Warum schaltet ein Vater – zumal er Arzt ist – nicht das Licht ein, um zu sehen, ob er seiner schwer verletzten Tochter helfen kann?* Er konnte ihre Brust und ihren Hals sehen. *Wie konnte er das, wo doch die Decke bis zu ihrem Hals hochgezogen war?* Er hörte mit der Mund-zu-Mund-Beatmung auf, weil Luft aus ihrer Brust kam. *Kim hatte keine Brustverletzungen. Und wie kam Kimmys Blut auf Jeffs Schlafanzugjacke, wenn er sie nicht trug, als er sie in ihrem Zimmer untersuchte? Und warum fand man beide Kinder auf der Seite liegend, wenn Jeff eine Mund-zu-Mund-Behandlung bei ihnen versuchte?*

Seite 51. Er behauptet, vier schwere Schläge auf den Kopf bekommen zu haben. *Der Arzt, der ihn untersuchte, stellte nur einen Schlag an seiner linken Stirn fest, über der Braue.*

Seite 83. Er trug beim Geschirrspülen Handschuhe. *Nach bestem Wissen und Gewissen habe ich nie gesehen, daß Jeff einmal abgewaschen hat. Selbst wenn, ist er nicht der Typ, der dabei Gummihandschuhe anziehen würde.*

Seite 84. Er gab Kristen eine Flasche. Sie weinte während der Johnny-Carson-Show. Er schaltete den Apparat leiser, als er sie weinen hörte. *Warum hat Colette sie nicht gehört? Auf Seite 90 sagt er, zu 95% habe Colette und nicht er sich um die Kinder gekümmert, wenn sie weinten. Warum nicht auch diesmal, besonders, da Kris so laut weinte, daß er es bei eingeschaltetem Fernseher hörte?*

Seite 104. *Seine Beschreibung, wie er in der Diele zu sich kam, ist bemerkenswert. Und ... wie fällt man eine Treppe hinauf und um die Ecke? Und man fand kein Blut auf dem Boden. Und die Einbrecher sind nicht in Panik geraten und hinter Jeff hergelaufen, um ihn zu töten. Sie haben Kimmy in einem Laken in ihr Zimmer getragen, in ihr Bett gelegt, zugedeckt und brachten das Laken dann ins Elternschlafzimmer zurück. Sie nahmen sich sogar noch die Zeit, etwas aufs Bett zu schreiben. Warum haben sie Jeff nicht fertiggemacht, als er in der Diele lag?*

Seite 121. Er sagte, entweder bevor oder nachdem er vom Apparat in der Küche telefoniert habe, sei er am Küchenabfluß gewesen. *Wenn vorher — warum fand man kein Blut im Abfluß? Wenn nachher — warum war kein Blut am Telefonhörer?*

Seite 124. Er hat die Nachbarn nicht um Hilfe gerufen, weil er ›sie nicht so gut kannte‹. *Wie gut muß man jemanden kennen, um ihn um Hilfe zu bitten, wenn seine ganze Familie ermordet wurde? Außerdem kannte er sie gut genug, um sie zu Cocktails einzuladen, als wir Weihnachten bei ihnen waren.*

Seite 140. Streitet ab, den Eispickel jemals gesehen zu haben und sagt, sie hätten keinen Eispickel gehabt. *Mildred hat während unseres Besuchs über Weihnachten einen Eispickel gesehen und benutzt.*

Auf einem weiteren Blatt notierte Kassab weitere Fragen, wie sie ihm in den Sinn kamen, oft mitten in der Nacht, während er wachlag und über das nachdachte, was er gelesen hatte.

Ein Messer und der Eispickel wurden nebeneinander hinter der Hintertür gefunden, und der Knüppel nur ein kleines Stück weiter. Mörder, die vom Tatort fliehen, werfen doch nicht alle gleichzeitig ihre Waffen weg.

Die Gummihandschuhe wurden, abgesehen von ein paar kleinen Stücken, nie gefunden. Sie wurden entweder die Toilette hinabgespült oder mitgenommen. Warum sollten Einbrecher das tun, wenn sie ihre Waffen wegwerfen?

Wie ist Kims Blut auf die Bademattte gekommen, die über Colette lag?

Seltsam, daß Jeffs Blut auf dem Küchenboden war, da nach dem Angriff auf ihn einige Zeit verging, bis er in die Küche ging...

Es steht fest, daß Kimmy zuerst im Elternschlafzimmer angegriffen wurde, was bedeutet, daß sie die Schreie ihrer Mutter gehört haben, aufgestanden und ins Schlafzimmer gelaufen sein muß. Warum hat Jeff nicht schon da Colettes Schreie gehört, da er doch ganz in der Nähe von Kimmy lag?

Wieso wurde nichts umgestoßen, wenn mindestens 6 Personen (Colette, Kim und 4 Einbrecher) im dunklen Elternschlafzimmer miteinander gekämpft haben?

Es waren nicht nur einzelne Widersprüche; die gesamte Darstellung des Geschehens stimmte nicht. Allmählich verstand Freddy Kassab, wenn auch noch unwillig, wieso Jeffrey MacDonald der Tat verdächtigt wurde. Er dachte nun sogar das Undenkbare: was, wenn trotz aller begangenen Fehler die CID recht hatte und er, Kassab, sich in seinem blinden Vertrauen geirrt hatte?

Kassab rief Colonel Pruett an. Er beschrieb die Zweifel, die seine Analyse des Protokolls ausgelöst hatte. Er wollte zwei Dinge tun. Erstens wollte er nach Fayetteville reisen, um jeden Zeitungsartikel, Krankenhaus- und Polizeibericht zu überprüfen, der Jeffrey MacDonalds Behauptung bestätigte, er habe am Freitag, dem 16. November 1970, einen Mörder seiner Familie getötet. Zweitens wollte er in die Wohnung. In Begleitung von Ermittlern wollte er sich überzeugen, ob Jeffrey MacDonalds Geschichte der Wahrheit entsprechen konnte oder nicht.

Kassab flog am 27. März nach Fayetteville und traf sich mit Pruett und Kearns. Am ersten Tag stellten sie fest — durch Überprüfungen von Polizeiberichten und Krankenhausaufzeichnungen — daß weder Jeffrey MacDonald noch einer seiner

Green-Beret-Freunde irgendwann im November 1970 einen jungen weißen Hippie ohne Schnurrbart getötet hatten.

Am zweiten Tag gingen sie in die Wohnung.

Dreizehn Monate zuvor hatte Freddy Kassab in Jeffrey MacDonalds Wagen lange vor dem Haus gesessen. Nun betrat er es zum ersten Mal seit Weihnachten 1969. Als Tatort eines noch nicht aufgeklärten Verbrechens war die Wohnung noch immer versiegelt.

Kassab zeigte weder Entsetzen noch Trauer; darüber war er schon lange hinaus. Statt dessen machte er sich Aufzeichnungen, schritt Entfernungen ab, verglich die Örtlichkeiten immer wieder mit den Aufzeichnungen, die er mitgebracht hatte, und der Kopie von Jeffrey MacDonalds Aussage bei der Anhörung.

Der Knüppel, den die Einbrecher benutzt hatten, war knapp 80 Zentimeter lang. Kassab war in etwa so groß wie der schwarze Einbrecher, den MacDonald beschrieben hatte. Er versuchte, einen 80 Zentimeter langen Knüppel über den Kopf zu heben, wie MacDonald es beschrieben hatte. Es war unmöglich; die Zimmerdecke war nicht hoch genug.

MacDonald hatte ausgesagt, zwischen 3 Uhr 40 und 3 Uhr 42 — mit anderen Worten, zwischen seinem ersten und seinem zweiten Anruf — habe er zur Hintertür hinausgesehen, ob er die Einbrecher noch entdecken könne, er sei ins Bad gegangen, um seine Verletzungen zu untersuchen und sich die Hände zu waschen, habe im Medizinschrank nachgesehen, sei ins Elternschlafzimmer gegangen, um nach seiner Frau zu sehen, habe Mund-zu-Mund-Beatmung versucht, bei beiden Töchtern nach dem Puls gefühlt und dann in die Küche zurückgegangen — vielleicht sogar gekrochen —, wo er sich vielleicht noch einmal die Hände gewaschen habe.

Kassab vollzog diese Schritte nach. Unmöglich. Man konnte sie nicht in zwei Minuten absolvieren.

Dann ging Kassab in die obere Wohnung. Mit Erlaubnis der neuen Mieter legte er sich auf ein Bett im ehemaligen Schlafzimmer der sechzehnjährigen Tochter, direkt über dem Wohnzimmer der MacDonalds. Pruett und Kearns unterhielten sich unten mit normaler Lautstärke. Kassab vernahm die Geräusche deutlich. Wieso konnte dann ein sechzehnjähriges Mädchen die Geräusche eines Kampfes zwischen einem Green-Beret-Offizier und mindestens vier Einbrechern überhören, bei dem sich der Offizier dreiundzwanzig Wunden von Schläger, Messer und Eispickel zugezogen hatte? Das war genauso unwahrscheinlich wie die Tatsache, daß die Grußkarten auf dem Eßtisch beim Kampf nicht hinuntergefallen waren.

Auf den Stufen, die von der Diele zum Wohnzimmer führten, stapfte Kassab mit dem Fuß auf. Grußkarten auf dem Tisch fielen herunter.

Nach dem Abendessen kehrte Kassab mit Pruett und Kearns in die Wohnung zurück. Einige seiner Nachforschungen ließen sich nur im Dunkeln erledigen.

Er schaltete nur in der Küche und im Badezimmer das Licht ein. Laut MacDonald hatten bei dem Überfall nur diese beiden Lampen gebrannt.

Kassab legte sich auf die Couch, und Pruett und Kearns stellten sich über ihn. Kassab sah auf. Er konnte die beiden — ihm bereits vertrauten — Männer kaum erkennen. MacDonald, der zum Lesen und Autofahren eine Brille benötigte, hätte wohl kaum die Sergeant-Streifen auf dem Jackenärmel des Schwarzen, den Schnurrbart des Weißen, das Aufblitzen einer Klinge, die Farbe von Stiefeln oder die Farbe und Länge des Haares einer der Personen feststellen können.

Dann stellte sich Kassab vor Kristens Schlafzimmertür. Im Zimmer war es völlig dunkel. Es fiel nicht das geringste Licht herein. Jeffrey MacDonald konnte von hier aus nicht gesehen haben, daß seine jüngere Tochter blutverschmiert gewesen war.

Und doch hatte MacDonald — gegen jede Logik — darauf bestanden, das Licht nicht eingeschaltet zu haben. Kassab glaubte, nun den Grund dafür zu kennen: laut MacDonalds Aussage waren seine Hände blutverschmiert, als er diesen Raum betreten hatte. Er hatte bereits Colette und Kimberly untersucht und war noch nicht ins Badezimmer gegangen, um sich zu waschen. Aber man hatte am Lichtschalter kein Blut gefunden. Um die Geschichte den Gegebenheiten anzupassen, hatte MacDonald einfach aussagen müssen, kein Licht gemacht zu haben.

Freddy Kassab trat ans Bett, in dem Kristen MacDonald gestorben war. Er beugte sich vor, wie Jeffrey MacDonald es getan haben wollte, um eine Mund-zu-Mund-Beatmung zu versuchen. Kassab konnte noch immer kaum etwas sehen. Genau wie dreizehn Monate zuvor Jeffrey MacDonald in der Dunkelheit nicht gesehen haben konnte, daß Blutblasen aus der Brust seiner jüngeren Tochter drangen.

Kassab blieb bis Mitternacht in der Wohnung. Danach dachte er nicht nur das Undenkbare, sondern war davon überzeugt.

Mit der Überzeugung kam eine seltsame, eiskalte Ruhe. Endlich wußte Kassab, wer sein Feind war. Der Haß, der Zorn, die Frustration, die ihn seit über einem Jahr verzehrt hatten, flossen in eine neue Richtung. Diese Gefühle waren so stark, daß sie ihm für das nächste Jahrzehnt die Kraft gaben, einen besessenen und oft einsamen Kreuzzug zu führen, der nur das Ziel hatte, Jeffrey MacDonald des Mordes verurteilt und hinter Gittern zu sehen.

»Es wird nicht einfach«, sagte Pruett zu ihm, als sie vor dem Haus standen.

Der Fall, so erklärte Pruett ihm, beruhte nur auf Indizien, und bei den ursprünglichen Ermittlungen waren schwerwiegende Fehler begangen worden, wie Kassab selbst wußte. Bei der Anhörung waren diese Indizien für nicht ausreichend befunden worden, um MacDonald vor ein Militärgericht zu stellen.

Da Jeffrey MacDonald nun Zivilist war, konnte eine neue Strafverfolgung nur vom Justizministerium angeordnet werden, das bei der Komplexität des Falles, der verstrichenen Zeit und den bereits begangenen Fehlern der Sache keine hohe Priorität einräumen würde. Ganz gleich, wie überzeugend Pruetts Beweise auch sein mochten, die Aussicht auf ein Scheitern war zu groß.

»Es könnte ein langer Weg werden«, sagte der Colonel von der CID.

»Schon in Ordnung«, sagte Kassab und starrte in die Dunkelheit hinaus. »Ich bin erst zweiundfünfzig Jahre alt. Außerdem habe ich die Geduld von Hiob.«

4

Für Mildred Kassab war der Schock, daß Jeffrey MacDonald wahrscheinlich ihre Tochter und Enkelkinder getötet hatte, kaum weniger verheerend als das ursprüngliche Trauma der Todesfälle.

Zuerst wollte sie nicht auf ihren Mann hören, als er von seinem Argwohn sprach. Sie hatte bereits so viel durchgemacht; *das* würde sie nicht mehr ertragen können.

Auch, nachdem er ihr seine Aufzeichnungen und Unterlagen gezeigt und auf alle Widersprüche hingewiesen hatte, wollte sie es nicht glauben. Doch sie erinnerte sich an das Unbehagen, das sie beschlichen hatte, als Jeffrey MacDonald im vergangenen Dezember in ihrer Küche gesessen und seine Geschichte erzählt hatte. Als Freddy Kassab dann Ende März aus North Carolina anrief und ihr sagte, daß Jeffs Geschichte von den Einbrechern gelogen sei, schwankte sie allmählich.

Als er am nächsten Tag — nach seinen düsteren Stunden am Tatort — erneut anrief, um ihr zu sagen, daß die Wahrheit außer Frage stünde, fühlte Mildred, wie sie das nackte Entsetzen erfaßte.

»Die ersten Zweifel«, schrieb sie in ihr Tagebuch. »Die Weigerung, sie zu glauben. Zu entsetzlich, sie in Erwägung zu ziehen. Colette — allein mit ihrer Angst, mit ihrem Schmerz. Die Schuld, ihr Unglücklichsein nicht bemerkt zu haben ... Ihre letzten Momente voller Schmerz und Entsetzen. Ich sagte: ›Warte bis zum Frühjahr.‹ Mit dem letzten Schlag zerbrach er ihren Kopf wie eine Eierschale.«

Im Mai machte Jeffrey MacDonald auf Barbados Urlaub. Er schickte Freddy und Mildred Kassab eine Postkarte. »Es ist schön hier«, schrieb er, »aber einsam.«

Die Kassabs antworteten nicht darauf.

Nachdem sich im Juni die Anstellung an der Universität Yale endgültig zerschlagen hatte und in New York sein Ruhm allmählich verblich – und er auch wußte, daß er noch immer Hauptverdächtiger in einer nicht abgeschlossenen Morduntersuchung war, obwohl er dieses Wissen geflissentlich für sich behielt –, zog MacDonald nach Kalifornien und fand eine Anstellung in der Notaufnahme des St. Mary's Hospital in Long Beach, ein Job, den ihm ein ehemaliger Green-Beret-Arzt aus Fort Bragg anbot.

Kurz danach schickte er seinen Schwiegereltern eine Karte mit seiner neuen Adresse. »Sehr viel zu tun«, kritzelte er darunter. »Keine Neuigkeiten. Werde schreiben.«

Nachdem die Kassabs nun die Ergebnisse der neuen Ermittlung akzeptierten, tauschten Pruett und Kearns regelmäßig Informationen mit ihnen aus. Für Mildred war ein Samstag im Juni am schlimmsten, als Pruett und Kearns die Kassabs besuchten und ihnen mitteilten, daß Helena Stoeckley als Tatverdächtige nicht mehr in Frage kam.

Während sie in dem Swimmingpool badeten, den Colette nicht mehr gesehen hatte, berichteten die Ermittler den Kassabs auch von Jeffrey MacDonalds zahlreichen Ehebrüchen.

Besonders für Mildred war diese Nachricht sehr schmerzlich. »Denn da wußte ich nicht nur, daß er sie umgebracht hatte«, sagte sie, »er war ihr noch nicht einmal ein anständiger Ehemann, als sie noch lebte.«

Nun, da die Kassabs für Informationen empfänglich waren, die ein wenig schmeichelhaftes Bild von ihrem Schwiegersohn zeichneten, mußten sie feststellen, daß es daran keinen Mangel gab. Die meisten hatten mit Untreue zu tun. Bekannte informierten sie, daß MacDonald im Sommer 1964 – dem ersten Sommer nach Kimberlys Geburt – ein Verhältnis mit einer Sekretärin der Baufirma in Montauk Point gehabt hatte, bei der er damals arbeitete. Noch niederschmetternder waren die Geschichten, MacDonald habe noch nach seiner Hochzeit mit

Colette das Verhältnis mit seiner ehemaligen Freundin von der High-School, Penny Wells, aufrechterhalten.

Mildred erinnerte sich nun an einen Abend im Juni 1969, ein paar Wochen, bevor MacDonald nach Fort Sam Houston aufgebrochen war. Er, sein Bruder und seine Schwester gaben ihrer Mutter eine Party zum fünfzigsten Geburtstag, und die Kassabs kamen kurz zum Gratulieren vorbei.

»Penny Wells war auch eingeladen«, schrieb Mildred in ihr Tagebuch. »Colette zeigte sie mir und fragte, ob ich sie hübsch fände. Nachdem wir gegangen waren, bat Jeffs Mutter Penny, die Geschenke auszupacken und die Glückwunschkarten vorzulesen. Colette stand daneben, und eine ihrer Freundinnen erzählte mir später, Colette sei weggegangen und habe vor Verlegenheit und Schmerz geweint.«

Ein Bekannter erzählte den Kassabs, daß er mehrere Monate später gesehen habe, wie Jeff — in voller Green-Beret-Uniform — Penny Wells auf dem Bahnhof von Patchogue umarmte. Das war im November 1969 gewesen, ein Zeitpunkt, der mit MacDonalds Sonderurlaub, den er erhalten hatte, um seinem Bruder helfen zu können, übereinstimmte.

Pruett und Kearns fanden heraus, daß sich Miß Wells im Februar 1970 eine Wohnung in New York City genommen hatte. Das Angebot an MacDonald, die Boxmannschaft von Fort Bragg auf eine Reise nach Rußland zu begleiten, war wohl frei erfunden. Diese ›einmalige Gelegenheit‹ bestand in Wirklichkeit aus einem Trainingslager in Trenton, New Jersey, wo er sich ganz in der Nähe seiner alten High-School-Flamme befinden würde.

Im Sommer 1971 stellte Mildred einen Knoten in ihrer Brust fest. Sie sprach mit niemandem darüber und ließ sich nicht behandeln, auch nicht, als der Knoten größer wurde. In ihrem Tagebuch schrieb sie: »Ich habe die Wahrheit akzeptiert und verspüre den Wunsch zu sterben. Kein Leid mehr, keine schmerzenden Gefühle. Ich halte meinen wachsenden Krebs geheim.«

Doch als sie dann sah, wie ihr Mann von Tag zu Tag stärker

und entschlossener wurde, begriff sie, wie selbstsüchtig ihr Wunsch war. Colette war ihre einzige Tochter gewesen. Man konnte wohl von ihr erwarten, daß sie ihren Mann in seinem Kampf um Gerechtigkeit unterstützte.

Im Oktober ließ sie sich operieren, danach folgten Bestrahlungen. Im November besuchte Jeffrey MacDonald seine Familie und Freunde. Bei den Kassabs schaute er nicht vorbei. Seit der Karte mit der Adressenänderung hatten sie nichts mehr von ihm gehört.

Besonders Freddy war immer ungeduldiger geworden. Nun davon überzeugt, daß Jeff der Täter war, verdroß ihn maßlos der Gedanke, daß MacDonald ein freier Mann war und in Südkalifornien sein neues Junggesellenleben genießen konnte. Da die Ermittlungen noch im Gange waren, hatte er sich geschworen, nichts zu tun oder zu sagen, was MacDonald vorab verraten würde, wie viele Beweise die CID zusammengetragen hatte. Doch nun, da er jeden Tag die Qualen miterlebte, die seine Frau durchmachte, konnte er seine Verwirrung, daß MacDonald nicht einmal bei ihnen vorbeigeschaut hatte, nicht verbergen. Er schrieb ihm einen Brief:

> Wir haben gerade von einem Freund erfahren, daß du vor ein paar Wochen hier in Long Island warst. Wenn das stimmt, solltest Du Dich schämen, uns nicht einmal angerufen zu haben.
> Ein ganzes Jahr lang haben wir Dich fast täglich angerufen und alles Menschenmögliche getan, um Dir zu helfen. Du hingegen hast uns insgesamt nur zweimal angerufen, davon das eine Mal, um mich daran zu hindern nach Fort Bragg zu kommen und mir eine Kopie des Protokolls zu besorgen.
> Ich habe mich gerade bei der Army und beim FBI erkundigt und erfahren, daß Du kein einziges Mal um Informationen über den Verlauf der Ermittlungen gebeten hast. Vielleicht möchtest Du die ganze Sache hinter Dir lassen. Wir können und werden das nicht, bis die Täter ihre gerechte Strafe erhalten haben.

So verschwommen dieser Brief auch war, schien er Jeffrey MacDonald doch nervös zu machen. Seine Geschichte, einen der Einbrecher getötet zu haben, hatte offensichtlich nicht ausgereicht. Die Kassabs wollten noch immer nicht vergessen. Er antwortete umgehend auf Kassabs Brief:

> Ich beantworte Deinen unglaublich unhöflichen, unlogischen und teilweise unrichtigen Brief nur, weil ich tief im Innern weiß, daß Du ihn nur geschrieben hast, weil Du Colette, Kim und Kristy (und hoffentlich auch mich) sehr geliebt hast. Diese Liebe wird aus Deinem Brief nicht ersichtlich, und ich kann nur hoffen, daß Du solch einen Blödsinn nur geschrieben hast, weil Du zornig darüber bist, daß der Gerechtigkeit noch nicht Genüge getan ist.
>
> Ich *war* vor ein paar Wochen in Long Island (ein halber Tag Fahrt vom und zum Flughafen, ein halber Tag an den Gräbern, ein Tag mit Mutter/Familie/angeblichen Freunden und Verwandten). Ich war in den letzten drei Monaten mehrmals in Long Island, aber nicht, um meine Familie zu sehen, sondern um 3 (oder eigentlich 4, nach dem, was ich erfahren habe, kommt einer hinzu) Flüchtlinge zu suchen. Ich kann mehr erreichen, wenn niemand weiß, daß ich dort bin.
>
> Ich muß schon sagen, Dein anscheinendes Vertrauen in die Ermittler der Army ist verblüffend. Selbst dem beiläufigsten Beobachter ist doch klar, daß sie 1. entweder unfähig, wenn nicht gar kriminell sind, und 2., falls nicht unfähig, dann doch darauf bedacht sind, nur dem Interesse der Army zu dienen.
>
> Es tut mir leid, daß ich Euch bei meinem letzten Besuch nicht angerufen oder besucht habe. Ich habe es wirklich versucht, aber jedesmal, wenn ich die Wohnung meiner Mutter verlassen wollte, kam ein neuer Trottel zu Besuch. Und ein weiterer Grund, daß ich Euch nicht besucht habe, ist, daß ich immer häufiger den Fall durchlebe/neu erleide. Ich muß bewußt versuchen, an etwas anderes zu denken, um nicht verrückt zu werden. Manchmal ist meine Freizeit fast schlimmer als die Zeit, die ich unter

Bewachung in meinem Zimmer verbrachte — ich laufe wie ein Tiger auf und ab, denke immer an die Sache und versuche, mehrere Dinge gleichzeitig zu tun. Ich *kann* nicht über Colette & Kim & Kris sprechen, weil sie mir alles bedeutet haben, und wenn ich bei Euch wäre, würde ich genau das tun. Versteht Ihr, was ich damit sagen will?

Was das FBI und die Army betrifft, so ist es eine glatte Lüge, daß ich nicht um Informationen gebeten habe. Sowohl das FBI wie auch die CID (einschließlich der Ermittler, die Dir im letzten Frühjahr so gut gefallen haben) und das Justizministerium haben es mehrmals abgelehnt, mir Informationen zu geben.

Offensichtlich bekommen wir nur auf meine Art Gerechtigkeit. Ich werde damit weitermachen (4 Reisen nach N. Y. und Florida in den letzten drei Monaten), solange meine Kraft reicht (bei der letzten Reise — Kosten 2000 Dollar — die Hand gebrochen).

Die einzige Hilfe bekomme ich von einem Privatdetektiv, der aber auch nicht fähiger als die örtlichen Polizisten ist. Mein nächstes großes Ziel ist es, Geld aufzutreiben (ein Vorschuß von einem Verlag). Das erste Kapitel meines Buches ist fertig, das Konzept steht, aber die Verhandlungen kommen nur zäh voran.

Ich *würde gern* die ganze Sache hinter mir lassen — würde das nicht jeder? Ich würde alles darum geben, aufzuwachen und herauszufinden, daß es nur ein schlechter Traum war und Colette, Kim & Kristy noch lebten. Der einzige Unterschied zwischen mir und Dir ist, daß Du anscheinend nicht einsiehst, daß Gerechtigkeit sie nicht zurückbringen wird. Ich will Rache, vorzugsweise brutale Rache — Gerechtigkeit ist mir mittlerweile egal. Es gibt keine Gerechtigkeit, für den Fall, daß Du das noch nicht bemerkt haben solltest. Erzähle mir keinen Blödsinn, mir wäre die Sache gleichgültig. Wie haben dasselbe Ziel — laß Dich nur nicht von der Enttäuschung unterkriegen.

Es tut mir leid, falls dieser Brief zu ehrlich ist — denke nur daran, *daß* er ehrlich ist. Mir sind die Gefühle der Menschen mittlerweile gleichgültig. Auch wenn wir unsere Rache haben, werden meine drei Mädchen deshalb nicht zurückkommen. Erinnere Dich daran, daß der Verlust für mich mindestens genauso groß ist wie für Dich.

Die Kassabs hatte Jeffrey MacDonalds Mutter zuletzt im April 1971 gesehen. Am Abend des 15. Februar 1972 stattete sie ihnen jedoch einen überraschenden Besuch ab. Sie brachte ihnen ein kleines Blumengesteck mit und sagte, sie habe gerade gehört, daß Mildred operiert worden sei.

Die Kassabs boten ihr einen Drink an, und dann konnte Freddy seine wahren Gefühle nicht mehr verbergen. Zwei Stunden lang erklärte er ihr ausführlich, wovon er mittlerweile überzeugt war und was ihn zu dieser Überzeugung geführt hatte — der Überzeugung, daß Dorothy MacDonalds Sohn seine Frau und Kinder ermordet hatte.

»Sie sagte kein Wort«, erinnerte sich Kassab später. »Kein einziges Wort. Zwei Stunden lang saß sie schweigend da. Sie wurde nicht wütend und stritt nichts ab. Als ich fertig war, stand sie auf und sagte: ›Ich glaube, ich gehe jetzt.‹ Das war's. Das war das letzte Mal, daß wir mit ihr gesprochen haben.«

Monate später, im Frühsommer, fanden die Kassabs Zettel auf den Gräbern von Colette, Kimberly und Kristen. Sie erkannten Dorothys Handschrift. Die Zettel lauteten:

Liebste Colette — Du warst jeden Zentimeter eine Frau. Gott vergib mir, weil ich es Dir nie gesagt habe, aber ich habe Dich immer respektiert. Meine ganze Liebe, Mom.

Liebste Kim — Du warst mir wertvoller als das Leben selbst. Gott bewahre Dich vor weiterer Pein. Ich liebe Dich. Nana.

Liebste Kristy — Du warst immer eine Wilde. Hoffentlich bleibst Du so. Ich liebe Dich. Nana.

Die Kassabs übergaben die Zettel Pruett und Kearns. Schließlich zog Dorothy MacDonald nach Südkalifornien, wo sie ein kleines Haus kaufte, das nur zehn Minuten von der Wohnung ihres Sohns entfernt lag.

Nachdem Colonel Pruetts Ermittler Spuren in 32 Staaten nachgegangen waren — einschließlich Vietnam, Okinawa, Deutschland, der Suez-Kanal-Zone und Puerto Rico —, Dutzende von neuen Tests am Tatort durchgeführt, 34 neue Laborberichte analysiert, mit 699 Personen gesprochen, von 151 davon Eidesstattliche Erklärungen bekommen und alle wichtigen Aussagen mit dem Lügendetektor überprüft hatten — bis auf die Jeffrey MacDonalds, der sich weigerte, sich einem Lügendetektor-Test zu stellen —, schlossen sie die Untersuchung im Mordfall MacDonald am 6. Dezember 1971 ab.

5

Während CID-Agent Kearns Anfang 1972 an einem Bericht über die Ermittlungen für das Justizministerium arbeitete, wurde Jeffrey MacDonald von anderen Mitgliedern seiner Organisation beschattet.

Ein Bericht vom 17. Januar führte aus: ›MacDonald hat einen guten Ruf als Arzt. Er hält sich ständig mit den neuesten medizinischen Zeitschriften und anderer Literatur auf dem laufenden und bildet sich weiter. Seinen Patienten gegenüber verhält er sich einwandfrei.

MacDonald kleidet sich eher konservativ. Obwohl er ein paar Parties mit weiblichen Bekannten besucht hat, deutet nichts auf eine ernsthafte Beziehung zu einer bestimmten Frau hin. Mäßiger Trinker. Zurückhaltend mit sexuellen Beziehungen. Interessiert an Freiluftsport, Fischen, Jagen, Tauchen.

MacDonalds Wohnung liegt in einem exklusiven Viertel von Huntington Beach. Aufgrund der verdeckten Natur der Ermittlungen konnten wir uns nicht nach der Höhe der Miete erkundigen. Es ist unmöglich, MacDonalds Wohnung zu überwachen, ohne eine benachbarte Wohnung zu mieten oder zu kaufen.

Die Nachforschungen über seine finanziellen Verhältnisse wurden eingestellt, da laut der neuesten Gerichtsbeschlüsse der Inhaber eines Kontos von der Bank informiert werden muß, wenn man Erkundigungen über ihn einzieht.‹

Am 1. Juni 1972 wurde der 3000 Seiten umfassende Bericht der CID ans Justizministerium weitergeleitet. Alle Beweise deuteten ausschließlich auf Jeffrey MacDonald als Täter hin.

Einen Monat lang überprüften Anwälte des Justizministeriums den Bericht, dann wurde er an Warren H. Coolidge weitergeleitet, den Bundesstaatsanwalt für den östlichen Teil von North Carolina. Anfang August rief Freddy Kassab bei Coolidge an, um sich nach dem Stand der Dinge zu erkundigen. Er zeichnete das Gespräch nicht auf, war jedoch anscheinend so unzufrieden über Coolidges Einstellung, daß er ihm am 9. August schrieb und darauf drängte, Jeffrey MacDonald anzuklagen.

Am 9. September empfahl Coolidge jedoch dem Justizministerium, auf eine Anklageerhebung zu verzichten: es seien bei der ursprünglichen Ermittlung zu viele Fehler begangen worden, und man könnte noch immer nur auf Indizienbeweise zurückgreifen, wenn auch auf viel stärkere als vor der Anhörung. Die Akte MacDonald wurde nach Washington zurückgeschickt.

Am 25. September erkundigte sich Kassab schriftlich bei dem Stellvertretenden Justizminister Henry Petersen, welche Schritte er einleiten würde, und bat um ein Gespräch, das jedoch am 6. Oktober von Carl W. Belcher, dem Chef der Abteilung Verbrechensverfolgung des Justizministeriums, abgelehnt wurde. Am 14. Oktober drängte Kassab erneut mit einer leidenschaftlichen Forderung, Anklage zu erheben.

Der Brief endete:

> Meine Frau und ich sehen nur noch den einen Sinn im Leben, und das ist eine erfolgreiche Anklage. Niemand hat diesen Fall mehr studiert als ich. Ich lebe Tag und Nacht mit ihm. Niemand war so sehr von MacDonalds Unschuld überzeugt wie ich, bis ich die Protokolle der Anhörung gelesen habe... Nach zwei Jahren und acht Monaten der Ermittlungen und Überprüfungen glauben wir nicht, Unbilliges zu erwarten, wenn wir jetzt wollen, daß der Fall weitergeht. Das ist es, was wir wollen, was getan werden muß — der Schuldige soll bestraft werden.

Am 25. Oktober schrieb Kassab an Belcher, er habe in Patchogue mit vier Personen Gespräche über Jeffrey MacDonalds außereheliche Beziehungen mit Penny Wells geführt und Tonbandaufnahmen dieser Gespräche an die CID in Washington geschickt. »Dieses Material enthält zwar keine verblüffenden

Enthüllungen, zeigt jedoch, daß man dieser Spur noch einmal nachgehen sollte.«

Am 4. Dezember schrieb Kassab erneut an Henry Petersen und drohte damit, sich an die Öffentlichkeit zu wenden und ›die ganze schmutzige Geschichte aufzudecken‹. Die Kassabs erhielten zwar keine Antwort darauf, dafür aber eine Weihnachtskarte von Jeffrey MacDonald, die er kurz nach seiner Rückkehr von Tahiti abgeschickt hatte, wo er mit einer neuen Freundin Urlaub gemacht hatte.

Am 30. Januar 1973 schrieb Freddy Kassab an den Justizminister der Vereinigten Staaten. Da das Justizministerium keine Strafverfolgung einleiten wolle, werde er sich nun an die Öffentlichkeit wenden. Einen Tag später gab Kassab dem *Newsday*-Reporter Bob Keeler ein ausführliches Interview. Am 2. Februar erschien Keelers Story unter der Überschrift: ELTERN LEBEN NUR NOCH, UM EINEN MÖRDER BESTRAFT ZU SEHEN.

»Für Freddy und Mildred Kassab«, schrieb Keeler, »ist das Leben auf zwei Dinge reduziert: frische Blumen auf die Gräber ihrer Tochter und Enkelkinder, und die Regierung dazu bewegen, den Killer zu finden.

Von dem Augenblick an, in dem MacDonald als Verdächtiger benannt wurde, war Kassab sein hartnäckigster Verteidiger... Aber jetzt, nachdem er monatelang mehrmals die 2000-Seiten-Protokolle der Anhörung gelesen hat und nach einem Acht-Stunden-Besuch im immer noch versiegelten Haus in Fort Bragg, sind Kassab Zweifel gekommen.«

Der Artikel berichtete über die wiederaufgenommene Untersuchung der Army und Kassabs fruchtlose Bemühungen, das Justizministerium zu einer Anklageerhebung zu bewegen.

»Wir leben dafür«, sagt Kassab. »Es geht mir vor Essen, vor Geldverdienen, vor allem anderen.«

Mildred Kassab wurde mit der Aussage zitiert: »Wir haben keine Gäste mehr im Haus gehabt, seit das passiert ist. Wir gehen nirgendwo mehr hin. Es gibt nichts in der Welt, was mich interessiert, bis auf die Ergreifung desjenigen, der sie getötet hat.«

In seiner Wohnung in Huntington Beach sagte Jeffrey MacDonald: »Ich möchte dazu keinen Kommentar geben. Das Leben ist hart genug, ich muß mich neu einfügen und will nicht wieder in die Zeitungen kommen. Freddy ist bestürzt, weil niemand seine gerechte Strafe bekommen hat. Aber niemand kann bestürzter sein als ich.«

Am 15. Februar schrieb Carl W. Belcher an Kassab: »Wir stehen noch immer vor dem Problem, einer Jury genug Beweise liefern zu müssen, damit es zu einer Verurteilung kommt. In Rücksicht auf die Betroffenen und die Öffentlichkeit müssen wir einen Prozeß so gründlich und objektiv wie möglich vorbereiten.«

Kassab war mit dieser Antwort nicht zufrieden und wandte sich an die *New York Daily News*, die am 16. März einen Artikel mit der Schlagzeile NEUAUFNAHME EINES MORDFALLS UM EHEMALIGEN ARMY-ARZT veröffentlichte. Darin wurden ›gutunterrichtete Quellen im Justizministerium‹ zitiert, denen zufolge ›neue Beweise vorliegen und innerhalb von zwei bis fünf Wochen eine Entscheidung fallen wird, ob der Fall vor ein Schwurgericht kommen wird‹.

Obwohl sich diese Story als unzutreffend erwies, löste sie zahlreiche Aktivitäten aus. Zuerst versuchte Jeffrey MacDonald, den ehemaligen Kongreßabgeordneten Allard Lowenstein zu erreichen, mit dem er zwei Jahre zuvor den Kontakt abgebrochen hatte. Lowenstein informierte Freddy Kassab, dem zuliebe er damals aktiv geworden war, augenblicklich von dem Anruf. Wie mittlerweile auch Kassab war Lowenstein bereits vorher zu der Überzeugung gekommen, daß MacDonald der Täter sei, und rief MacDonald nicht zurück.

Zwei Tage später rief MacDonald Kassab an.

Es war das erste Mal, daß die beiden Männer sich sprachen, seit MacDonald nach Kalifornien gezogen war. MacDonalds Stimme klang oft schrill, vor allem als Kassab erwähnte, daß er von den sexuellen Eskapaden während der Anhörung wußte.

»Und das glaubst du, Fred?« rief MacDonald. »Nur, weil die CID es dir gesagt hat?« Der offene Zorn in MacDonalds Stimme war etwas, was Kassab noch nie gehört hatte.

»Ja. Ich habe die eidesstattliche Erklärung des Mädchens hier.«

»O Fred, ich bin entsetzt. Du glaubst auch alles. Du klammerst dich an jeden Strohhalm. Weißt du, wie viele Heiratsanträge ich bekommen habe, während ich im Verdacht stand, meine Frau und Kinder ermordet zu haben? Was müssen das für Frauen sein? Wenn du glaubst, daß eine eidesstattliche Erklärung eine Bedeutung hat, dann tust du mir leid.« MacDonald schrie. »Ich hoffe, du nimmst das irgendwann zurück! Denn wenn du wirklich die Unverschämtheit hast zu glauben, ich könnte mit einem Mädchen geschlafen haben, dann ist das absurd, das ist ... dann verdienst du alles, was du bekommst!«
»Jeff, ich habe mit dem Mädchen gesprochen ...«
»Das ist mir egal! Weißt du, ein Jahr lang versicherst du mir deine rückhaltlose Unterstützung, und dann, während ich versuche, mich immer noch von dem Schlag zu erholen ...«
»Glaubst du wirklich, Jeff«, unterbrach Kassab ihn, »daß du mehr leidest als Mildred?«
»Ah, ja, das tue ich, Fred. Weißt du, das brauche ich mir nicht länger anzuhören. Wenn du glaubst, ich schütte Leuten wie dir mein Herz aus, nach dem, was du eben gesagt hast, dann irrst du dich. Du verletzt unschuldige Menschen, Fred. Du machst einen Märtyrer aus dir. So geht es nicht.«
»Die Zeit wird es zeigen, Jeff.«
»Die Zeit *wird* es zeigen!« schrie MacDonald. »Aber du solltest ein bißchen mehr Mitgefühl zeigen für den, der am meisten gelitten hat!«
Einen Tag später, am 22. März, schrieb MacDonald — womöglich im Bewußtsein, daß dieser Anruf ihn noch weiter von einem Menschen entfremdet hatte, der ihm beträchtlichen Schaden zufügen konnte, zum letzten Mal einen Brief an Mildred Kassab.

Es tut mir leid, Dir unter so schmerzvollen Umständen schreiben zu müssen — müßig zu sagen, daß die neuerlichen Anfragen von Presse, Rundfunk und Fernsehen jede Möglichkeit verdorben haben, einen noch so kleinen Winkel der Abgeschiedenheit für mich zu schaffen ... Ich will den ganzen Fall nicht wieder neu diskutieren, ich durch-

lebe ihn die ganze Zeit, aber bitte, laß mich einige Dinge sagen, sie sind wahr, und sie sind mir ernst.
Zuerst — ich war ein guter Ehemann und Vater. Colette und ich teilten eine Liebe, die wahrhaftig großartig war. Nur wenige Menschen erleben die Freude und Erfüllung, die wir gemeinsam hatten.
Zweitens — ich habe kein Verbrechen (oder Sünden) begangen, ich hatte also auch nichts mit den Morden in Fort Bragg zu tun. Glaub, was Du willst, aber dies ist die Wahrheit. Ich habe Colette, Kim und Kris von ganzem Herzen geliebt.
Ich habe Fred einige Sachen gesagt, nachdem ich die Army verlassen hatte, die nicht 100% wahr sind — sie waren teilweise wahr —, ich habe sie vergröbert — glaube ich —, um meine eigenen Gefühle der Unzulänglichkeit zu kompensieren.
Unglücklicherweise hat Fred die Bedeutung dieser Kommentare falsch ausgelegt, er schlägt in eine Richtung, auf alles und jeden, ohne Gedanken daran, was wichtig ist und was nicht.
Mildred — ich schreibe und schreibe, aber ich glaube, es hat keinen Sinn. Der Brief liest sich nicht gut, ich schätze, ich kann mich nur in der Medizin richtig ausdrücken.
Ich hoffe sehr, daß diese absurden Geschichten, die Fred mir am Telefon erzählt hat, über ›Mädchen‹ und so, Tagträume sind, denn wahr sind sie keineswegs. Ich habe nie über außereheliche Verhältnisse gelogen, ich hatte nie eine Affäre, aber ich habe sehr selten ein Mädchen — gesehen, mit ihm geschlafen, weit weg von zu Hause. Der Rest ist Unsinn. Niemand hat mir etwas bedeutet außer Colette.
Ich liebe dich — auch wenn ich es nicht so gut zeigen kann. Meine Mutter beklagt das auch. Ich liebe auch Freddy — obwohl ich äußerst verärgert und verletzt darüber bin, daß er die Protokolle jedem Trottel zeigt, der sie sehen will ... Wir alle drücken unsere Trauer auf unterschiedliche Weise aus, und ich glaube, Fred hält mich für falsch, weil ich sie nicht genauso zeige wie er.
Muß ich jetzt noch eine weiteres Jahr im Fegefeuer ver-

bringen, was mich 50 000 oder 100 000 Dollar kostet, um endlich mit der Erinnerung an meine heimgegangene Familie alleingelassen zu werden? Welchen Preis muß ich zahlen, daß ich weiterleben darf?

Versuche, Fred zu sagen, daß auch ich leide. Ich glaube nur nicht, daß es in diesem Stadium hilft, die Presse einzuschalten. Ich hoffe, Deine Gesundheit ist gut.

In Liebe
Jeff

Entgegen Freddy Kassabs Hoffnungen und Jeffrey MacDonalds Befürchtungen erhob das Justizministerium keine Anklage. Die gesamten Unterlagen wurden im April 1973 nach Raleigh, North Carolina, zurückgeschickt, wo der neue Staatsanwalt der östlichen Landesteile, Thomas MacNamara, sie erneut prüfen sollte.

In den folgenden neun Monaten bombardierte Kassab Henry Petersen, Carl Belcher und den Justizminister persönlich mit Briefen und ließ sich nicht von Antwortschreiben besänftigen, der Fall sei kompliziert und die Ermittlungen seien noch im Gange. Schließlich, am 10. Januar 1974, antwortete Carl Belcher:

Wir haben sämtliche Unterlagen noch einmal überprüft und sind zu dem Schluß gekommen, daß die zur Zeit zur Verfügung stehenden Beweise für eine Anklageerhebung nicht ausreichen. Doch ich habe das Criminal Investigation Command der Army angewiesen, weitere Ermittlungen zu betreiben. Sollten sich neue Beweise ergeben, werden wir diese Entscheidung überdenken.

Am 25. Februar 1974 war William Saxbe Justizminister der Vereinigten Staaten geworden. Freddy Kassab schrieb auch ihm und am 4. März dann an den Befehlshaber der Criminal Investigation Division der Army. Im Gegensatz zum Justizministerium teilte die Army Kassabs Verbitterung und zeigte sich zur Zusammenarbeit bereit. Innerhalb von zwei Wochen bekam Kassab Antwort.

> Insgesamt gesehen lassen die vorliegenden Beweise es höchst unwahrscheinlich erscheinen, daß sich in der Nacht vom 16. zum 17. Februar 1970 Einbrecher in der Wohnung 544 Castle Drive in Fort Bragg befunden haben. Die Ermittlungen ergaben auch, daß die Aussagen mehrerer Personen aus Fayetteville, die behaupten, direkte Kenntnis von dem Verbrechen zu haben, absolut unzutreffend waren. Eine ausführliche Untersuchung der Fakten und der Möglichkeiten, die die Rechtsschreibung bietet, führt uns zu der Schlußfolgerung, daß hier ein *primafacie*-Fall vorliegt.«

Am 30. April, dem Vorabend des vierten Jahrestages der ursprünglichen Anklageerhebung der Army gegen MacDonald, erschienen Freddy und Mildred Kassab, bewaffnet mit diesem Brief und einer Eidesstattlichen Aussage Peter Kearns' über die ihm bekannten Fakten, in Raleigh, North Carolina, im Büro des Ehrenwerten Algernon T. Butler, des Obersten Richters des östlichen Bezirks von North Carolina, um eine Zivilbeschwerde zu erheben, mit dem Ziel, ihren Schwiegersohn wegen dreifachen Mordes anzuklagen.

Die Kassabs verlangten, daß Richter Butler sich Kopien von Kearns' 3000 Seiten umfassenden Bericht vom Juni 1972 und Thomas MacNamaras Memorandum vom Juli 1973 besorgte, die beide eine Strafverfolgung empfohlen hatten. Weiter verlangten sie, daß Butler, falls er nach Lektüre dieser Berichte zur Auffassung gelangte, MacDonald habe die Verbrechen begangen, einen Haftbefehl gegen den Arzt ausstelle und ihn, selbst ohne Zustimmung des Justizministeriums, vor ein Geschworenengericht stellte.

Richter Butler nahm die Beschwerde zwar nicht an, sagte jedoch, er würde den Fall im Auge behalten und sich bei der Bundesstaatsanwaltschaft und dem Justizministerium erkundigen, ob eine Anklageerhebung vorgesehen sei.

Da Kassab befürchtete, trotz der neuen Publicity (in *Newsday* erschien eine Story unter der Schlagzeile MACDONALD ERNEUT ANGEKLAGT) würde die Sache wieder im Sand verlaufen, schickte er auch einen dreizehnseitigen Brief an alle Mitglieder der Rechtsausschüsse des Kongresses und Senats, in dem er sie darüber informierte, was in den letzten vier Jahren geschehen (und nicht geschehen) war, und sie bat, sich beim Justizministerium zu erkundigen, warum es nichts unternehmen wolle.

Vorsitzender der Rechtsausschüsse des Kongresses war Peter Rodino, der im Jahr zuvor Vorsitzender des Anhörungsausschusses über die Watergate-Affäre war, der letztendlich zu Richard Nixons Rücktritt geführt hatte. Der Stellvertretende Justizminister Henry Petersen kannte Rodino recht gut, und ihm lag nichts an — öffentlichen oder privaten — Auseinandersetzungen mit Rodinos Ausschuß. Als Rodino daher sein persönliches Interesse an dem Fall bekundete und gleichzeitig die Anfrage des obersten Richters eines Bundesgerichtsbezirks eintraf, hütete sich Petersen, den Fall einfach auf Eis zu legen.

Am 21. Juni antwortete er Richter Butler, das Justizministerium würde den Fall ›überdenken‹ und habe die Akten zur Begutachtung an einen seiner ›erfahrensten Strafanwälte‹ weitergeleitet. Das Ministerium würde den Fall zum Schwurgericht weitergeben, falls dieser Anwalt zur Ansicht käme, die Beweise reichten aus, ›um eine Verurteilung zu erzielen‹.

Der Schwarze Peter, der seit zwei Jahren im Justizministerium hin- und hergeschoben worden war, lag nun also auf einem anderen Schreibtisch, dem von Victor Woerheide, einem zweiundsechzigjährigen Anwalt des Justizministeriums, der für Sonderaufgaben abgestellt war (wie der Anklage und Verurteilung des ehemaligen Gouverneurs von Illinois wegen Bestechlichkeit und Verschwörung) und ungewöhnliche schwierige Fälle oder solche von großer Bedeutung übernahm, zumeist, nachdem andere Ankläger gescheitert waren.

Er war nur dem Justizminister persönlich verantwortlich. Im Fall MacDonald gab Henry Petersen ihm absolute Befugnisse. Falls Woerheide eine Anklageerhebung für aussichtsreich hielt, würde sie erfolgen. Falls nicht, hätte, wie ein Staatsanwalt es später ausdrückte, ›Freddy Kassab sich auf dem Hof des Ministeriums verbrennen können, und Henry Petersen hätte nicht mal aus dem Fenster gesehen‹.

Für Freddy und Mildred Kassab war Victor Woerheide also die letzte Hoffnung.

Anfang Juni wurden sämtliche Unterlagen in Woerheides Büro gekarrt. Woerheide war ein großer Mann von einem Meter fünfundachtzig und 100 Kilo. Er hatte silbergraues Haar und ein rotes Gesicht, das sich ständig zu einem Stirnrunzeln zu verziehen schien.

Etwa zwei Wochen, nachdem er mit dem Studium der Akten begonnen hatte, bekam er einen Anruf eines siebenundzwanzigjährigen Army-Anwalts namens Brian Murtagh, der der CID-Kommandostelle in Washington zugeteilt war und seit dem Abschluß der zweiten CID-Ermittlung im Dezember 1971 den Fall betreute. Murtagh war aufgrund seiner Kenntnis der Akten von MacDonalds Schuld überzeugt und verstand nicht, wieso das Justizministerium keine Anklage erheben wollte.

»Allein die Schwere des Verbrechens verlangte eine Anklageerhebung, ganz gleich, wie die Aussichten auf Erfolg sein mochten«, sagte Murtagh Jahre später. Seiner Meinung zufolge war lediglich keine Anklage erhoben worden, weil sich kein Verantwortlicher in allen Einzelheiten mit dem Fall beschäftigt hatte. Stets waren lediglich Zusammenfassungen erstellt worden, die man den Verantwortlichen dann vorgelegt hatte. Und diese Zusammenfassungen hatten aus Kostengründen immer von einer Anklageerhebung abgeraten. Ob MacDonald nun schuldig war oder nicht, spielte dabei keine Rolle: Ohne ähnliche Vorstrafen, ohne ein Geständnis, ohne Zeugen und ohne ein Motiv war eine Verurteilung höchst zweifelhaft.

Brian Murtagh jedoch sah Colette, Kimberly und Kristen MacDonald nicht als reine Abstraktionen. Er dachte an die übel zugerichteten Leichen der schwangeren Frau und der beiden Kinder. Für ihn war eine Anklageerhebung keine Frage der Kosten, sondern eine der moralischen Integrität.

Murtagh war im New Yorker Stadtteil Queens aufgewachsen.

Er hatte an der Georgetown University studiert, war einen Meter und fünfundsiebzig groß, trug eine Hornbrille und wog 65 Kilo. Er besaß weder einen Sportwagen noch eine Yacht, und weder Gräfinnen noch Stewardessen suchten seine Gesellschaft.

Zwei Jahre lang hatte er – er war schließlich nur ein junger Captain – niemanden von seiner Auffassung überzeugen können. Nun erklärte er Victor Woerheide, daß er mit dem Fall genau vertraut sei, und bot ihm seine Hilfe an. Er rechnete mit der Antwort, wenn Woerheide Hilfe bräuchte – besonders die eines siebenundzwanzigjährigen Captains der Army –, würde er schon darum bitten. Statt dessen sagte Woerheide: »Treffen wir uns in einer halben Stunde an der Ecke Zehnte Straße und Constitution Avenue.«

Victor Woerheide verbrachte diesen Nachmittag im CID-Hauptquartier in Washington und hörte sich die Aufzeichnung von Jeffrey MacDonalds Aussage des 6. April 1970 an. Er sah sich Fotos an. Er flog nach Fort Bragg und verbrachte, in Begleitung Brian Murtaghs, mehrere Stunden in der Wohnung. Er studierte die Laborergebnisse. Er arbeitete sieben Tage die Woche und bis zu sechzehn Stunden am Tag und studierte die Berichte beider Ermittlungen. Er forderte Brian Murtagh als seinen Assistenten an. Und in seiner vielleicht radikalsten Abweichung vom Dienstweg bat er sogar Freddy Kassab um ein Gespräch.

Zwei Jahre lang war das Justizministerium für Kassab eine Festung gewesen, die er einfach nicht knacken konnte – eine Bastion der Untätigkeit und der lapidaren Antwort, der Fall werde noch untersucht.

Nun, am 18. Juli 1974, betrat Freddy Kassab Woerheides Büro. Der große, rotgesichtige Mann saß hinter einem Schreibtisch, auf dem sich Hunderte unbeantwortete Bitten um Rückrufe stapelten, teilweise schon einige Monate alt. Woerheide hatte einen nackten Fuß auf die Schreibtischkante gelegt und schnitt sich die Zehennägel, als Kassab eintrat. Er stand nicht auf, zog nicht einmal die Socken an. Doch er sagte Freddy Kassab, vor dessen Beharrlichkeit er Ehrfurcht und für den er – er war selbst Großvater – Mitgefühl empfand, daß er Jeffrey MacDonald des Mordes für schuldig hielt und er das Bezirksgericht von North Carolina anweisen würde, eine Vorverhandlung vor einem Großen Schwurgericht einzuberufen.

Die Geschworenen der Vorverhandlung wurden Ende Juli vereidigt. Die erste Aussage sollte Jeffrey MacDonald machen.

»Wir erwarten nicht, daß dieses Große Schwurgericht Anklage gegen Dr. MacDonald erheben wird«, sagte Bernie Segal nach seiner Ankunft in Raleigh, North Carolina, auf einer Pressekonferenz. »Er wurde als einer von etwa fünfzig Personen vorgeladen, die ihre Aussagen machen sollen.«

Um dreizehn Uhr am 12. August 1974 betrat Jeffrey MacDonald den Geschworenensaal. Er war allein. Den Vorschriften gemäß durfte er nicht einmal von seinem Anwalt begleitet werden. Es waren keine Kameras zugelassen. Es gab keine Musik. Es gab keinen Applaus. Anwesend waren lediglich Victor Woerheide, der Vertreter der Staatsanwaltschaft von Raleigh, ein Gerichtsschreiber und die dreiundzwanzig Bürger North Carolinas, die nach dem Zufallsprinzip als Geschworene ausgewählt worden waren.

Es war in der Tat ein weiter Weg von der Dick-Cavett-Show gewesen.

VIERTER TEIL

DIE ELENDE ZEIT

Nun aber gießt sich aus meine Seele über mich, und mich hat ergriffen die elende Zeit...

Hiob 30, 16

Jeffrey MacDonalds Stimme

Für mich steht außer Frage, daß ich nur wegen des Umzugs von New York nach Kalifornien überlebte. Er gab mir Luft zum Atmen. Er brachte mich von den Leuten fort, die ich kannte und die mich ständig an Colette und die Kinder erinnerten, und von Freddy und Mildred und von dem Wunsch, mich wieder mit dem Fall zu beschäftigen, um entweder ein Buch darüber zu schreiben oder nach den Einbrechern zu suchen.

Plötzlich war ich an der Westküste, ziemlich pleite und mußte schwer arbeiten, sechzig oder achtzig Stunden die Woche. Ich wurde ein bekannter Arzt, veröffentlichte Aufsätze und Artikel, Kapitel in Lehrbüchern und unterrichtete viel – ich wurde ein bekannter Dozent über Herz-Lungen-Wiederbelebungen, war einer der ersten Ausbilder der California Heart Association und wurde dann Mitglied der Amerikanischen Herzgesellschaft, und nach sechs Monaten machte man mich zum Leiter der Notaufnahme des St. Mary's.

Ich verdiente hervorragend, baute mir einen neuen Freundeskreis auf und paßte mich nach einer Weile dem neuen Lebensstil an. Die Wohnung richtete ich mit schweren Möbeln im spanischen Stil ein. Ich kaufte mir ein Außenbord-Motorboot und dann eine Neunmeteryacht, die ich später gegen eine noch größere eintauschte.

Ich verkaufte den Chevy und kaufte einen gebrauchten Mercedes, einen wirklich tollen Wagen. Er hatte einem Filmstar gehört, Dana Andrews. Hellbraun und dunkelbraun, mit Lederpolstern und einem Armaturenbrett aus echtem Holz.

Ich fuhr ihn mehrere Jahre, bis ich ihn ständig in die Werkstatt bringen mußte. Auf der Automobilausstellung in Los Angeles sah ich dann diesen Citroën SM. Zuerst dachte ich, das sei der häßlichste Wagen, den ich je gesehen hatte, doch ein paar Stunden später sah ich ihn mir noch einmal an, und da gefiel er mir plötzlich. Er war groß, luxuriös und sportlich zugleich, und zwei Tage später rief ich den Händler an, dessen Prospekte ich mitgenommen hatte, und kaufte ihn mir dann.

1972 und 1973 waren wirklich sehr gute Jahre. Mein Leben fügte sich wieder zusammen, ich war ein erfolgreicher Arzt und hatte Joy kennengelernt. Wir hatten eine wirklich tolle Beziehung, sowohl gefühlsmäßig als auch sexuell. Sie arbeitete für einen Yachthändler, und ich weiß noch genau, wie ich sie zum ersten Mal sah. Sie trug ein braunes Kleid, war schlank und adrett und hatte das Haar hochgesteckt. Von ihrer unglaublichen Schönheit, die sich später entfalten sollte, war noch nichts zu bemerken, allerhöchstens ein Funke in den Augen.

Aber ich weiß noch, wie ich sie lange ansah, und sie erwiderte meinen Blick, und von diesem Augenblick an war unser Schicksal besiegelt, so kitschig und romantisch es auch klingen mag.

Wir verbrachten viel Zeit miteinander, sahen uns jedes Wochenende und manchmal auch in der Woche. Wir gingen nie mehr ohne den anderen aus, und auf allen Reisen nahm ich Joy mit, nach Las Vegas, zum Lake Tahoo und allen Ärztekongressen. Joy verstand mich sehr gut. Sie wußte, daß ich gern Sport trieb, und forderte mich zu Bestleistungen heraus. Und es machte ihr Spaß, mir zuzusehen. Genau wie ich freute sie sich über Siege und ärgerte sich über Niederlagen.

Wir verbrachten unglaubliche Urlaube. Ich flog mit ihr sogar nach Tahiti. Ich fragte sie, was sie sich zu Weihnachten wünsche, und sie sagte, oh, vielleicht irgendwo ein tolles Abendessen, und ich sagte ihr, sie solle sich das Restaurant aussuchen. Sie dachte an einen tollen Schuppen in Beverly Hills, Las Vegas oder San Francisco, und ich sagte, weißt du was, such dir doch ein Restaurant auf Tahiti aus. Na schön, sagte sie und kicherte, und am nächsten Tag kaufte ich die Flugkarten und gab sie ihr, und sie konnte es kaum glauben. Wir waren zehn Tage auf Tahiti, drei Tage auf Bora Bora und sieben Tage auf einer anderen Insel. Ein phantastischer Urlaub.

Wir verstanden uns wirklich gut, segelten, schwammen, sonnten uns, fischten und tauchten und liebten uns. Manchmal fuhr meine Mutter mit, aber wenn wir allein auf dem Boot waren, liebten wir uns wirklich sehr oft und überall. Wir waren sehr leidenschaftlich und hemmungslos.

Unser beider Leben war bis dahin nicht sehr glatt verlaufen – meins ganz bestimmt nicht –, und wir wollten alles auskosten, wollten alles so schnell und so gut wie möglich haben. Und wir hatten ein absolut tolles Sex-Leben. Wir flogen einmal nach Las Vegas, liebten uns in der ersten Nacht mindestens fünfmal, kamen gar nicht ins Kasino und machten am nächsten Morgen da weiter, wo wir aufgehört hatten. Schließlich meinten wir, wir müßten uns Las Vegas zumindest mal ansehen, gingen ein paar Stunden raus, kehrten ins Hotel zurück und liebten uns, aßen zu Abend, gingen wieder aufs Hotelzimmer und liebten uns, spielten etwas und gingen wieder aufs Hotelzimmer und liebten uns. Wir beide wollten nicht an die Vergangenheit denken. Wir lebten nur für den Tag und dachten nur selten an die Zukunft.

Aber ich konnte ihr nicht eingestehen, daß ich sie liebte. Ich versuchte ihr zu erklären, daß wir uns in einer seltsamen Situation befanden. Es wurde noch immer wegen dreier Morde ermittelt; man hatte mich angeklagt und für unschuldig befunden, doch das war vor dem Militärgericht gewesen. Sie wollte nichts davon hören, sah den Ernst der Lage nicht, glaubt niemals, daß es eine Verhandlung vor dem Schwurgericht geben würde.

Ich sagte ihr immer wieder, wir müßten abwarten und so vernünftig wie möglich sein, denn ich konnte ja nicht verlangen, daß sie bei mir blieb, falls das Schlimmste eintreten sollte. Aber sie machte mir klar, ohne es mir zu sagen, daß sie mich liebte und mich so nahm, wie ich war.

1

Auf dem Weg zur Verhandlung vor dem Schwurgericht machte sich Jeffrey MacDonald einige Notizen. Seine Eröffnungsansprache wollte er nüchtern halten. »Bereitschaft zur Zusammenarbeit.«

»Dann schrieb er: »Erinnerungen — werde versuchen, mich an Einzelheiten zu erinnern, aber es wird schmerzlich werden. Schmerzlich wegen Geburtstagen, Hochzeitstagen, dem 17. Februar, Schlaflosigheit und *Schmerz* — einmal angeklagt, völlig entlastet und nun (?) angeklagt wegen neuer Ermittlungen der *Army*.«

Auf der nächsten Seite schrieb er: »Nicht einfach, darüber zu sprechen«, und dann eine Zeile, die er anscheinend sagen wollte: »Haben Sie Geduld mit mir, während ich mein Bestes versuche.«

MacDonald machte von Anfang an deutlich, daß er nicht erfreut über die Vorladung war, doch dann wurde sein Tonfall immer feindseliger.

»Es ist nicht leicht für mich, hier zu erscheinen«, sagte er. »Sie wissen ja, daß ich meine Familie verloren habe. Ich werde sogar beschuldigt. Man hat mich nicht einmal verhört. Man verhört mich sechs Wochen lang nicht, obwohl ich immer wieder frage: ›Haben Sie keine Frage an mich? Wollen Sie nicht mit mir sprechen?‹ Nein, nein, nein, wir haben Verdächtige in Gewahrsam. Sechs Wochen verstreichen. Vierzehn Militärposten trampeln durch das Haus. Dann muß ich das vier Jahre lang mitmachen, und jetzt sitze ich hier.«

»Captain MacDonald«, sagte Woerheide, »Sie haben Beschwerde eingelegt...«

»*Doktor* MacDonald, Mr. Woerheide.«

»Doktor MacDonald, Sie haben Beschwerde eingelegt...«

»Ich habe 1970 um eine zivile Ermittlung gebeten. Die Army hat selbst ermittelt. Man kann die erste Stunde der Tat nicht mehr rekonstruieren.«

»Doktor MacDonald, ich bitte Sie nur um Ihre freiwillige Zusammenarbeit.«

»Die sollen Sie haben, Sir. Ich habe mich niemals geweigert, über den Fall zu sprechen. Ich habe mich niemals auf den Fünften Verfassungszusatz berufen. Bis ich mit meinem Anwalt gesprochen habe, habe ich einem Lügendetektor-Test zugestimmt.«

»Würden Sie sich jetzt einem Lügendetektor-Test unterziehen, um die Arbeit des Schwurgerichts zu erleichtern?«

»Das muß ich mit meinem Anwalt besprechen.«

»Und noch etwas. 1970 wollte man Sie unter Sodium-Amytal – einem Wahrheitsserum – verhören. Bitte besprechen Sie mit Ihrem Anwalt, ob Sie sich jetzt dazu bereit erklären.«

»Was dieses Gespräch unter Sodium-Amytal betrifft«, sagte MacDonald, »hat mein Psychiater mir davon abgeraten. Bei einem Verhör unter Sodium-Amytal würde ich das Verbrechen noch einmal durchleben...«

»Und diese Erfahrung sollten Sie sich ersparen?«

»Genau.«

»Doktor MacDonald, die Tat liegt vier Jahre zurück. Sie werden mir sicher zustimmen, daß es höchste Zeit ist, diese Sache zu klären.«

»In welcher Hinsicht? Um die Fehler der CID-Ermittlung zu vertuschen?«

»Ich will hier gar nichts vertuschen.«

»Die zweite Ermittlung wurde vor anderthalb Jahren abgeschlossen. Das ist unglaublich.«

»Darauf kommen wir noch«, sagte Woerheide. »Das ist einer der Gründe, weshalb Sie hier sind.«

Fünf Tage lang sagte Jeffrey MacDonald vor dem Schwurgericht aus. Woerheide stellte ihm ununterbrochen Fragen. Selbst bei normaler Lautstärke klang seine Stimme in der Enge des Gerichtssaals wie das Horn eines Ozeandampfers.

Woerheide versuchte von Anfang an, MacDonald so viele Einzelheiten wie möglich zu entlocken. Dann wollte er Zeugen bringen, die MacDonalds Aussagen widerlegten. Zuletzt wollte er MacDonald erneut in den Zeugenstand rufen und ihn mit jedem einzelnen Widerspruch konfrontieren.

Woerheide war vorsichtig; er wußte, daß sich MacDonald jederzeit auf sein verfassungsmäßiges Recht berufen konnte, die Aussage zu verweigern, um sich nicht selbst zu belasten. Er wollte nicht — zumindest jetzt noch nicht —, daß MacDonald ihn mit Grebner, Shaw und Ivory und Pruett und Kearns gleichsetzte. Je länger er den Eindruck der Unparteilichkeit aufrechterhalten konnte, desto länger würde MacDonald aussagen, und schließlich, davon war Woerheide überzeugt, würden ihn seine eigenen Worte zu Fall bringen.

»Hatten Sie immer ein gutes Verhältnis zu Ihrem Vater, Ihrer Mutter, Ihrem Bruder und Ihrer Schwester?«

»Ja.«

»Hat es je Probleme gegeben?«

»Klar.«

»Hat es je Familienkrisen gegeben?«

»Ja, es hat Familienkrisen gegeben.«

»Hatten diese Familienkrisen Auswirkungen auf Sie und Ihr Leben?«

»Ja. Ich habe in Fort Bragg meine Familie verloren. Das hat Auswirkungen auf mein Leben gehabt.«

»Ich beziehe mich«, sagte Woerheide ruhig, »auf Ihre Eltern, Ihre Schwester und Ihren Bruder.«

»Klar. Mein Vater ist mit achtundvierzig Jahren gestorben, als ich Medizin studierte. Das hat Auswirkungen auf meine Mutter und uns gehabt. Mein Bruder hat Drogen genommen. Das hat Auswirkungen auf uns gehabt. Meine Schwester ist eine etwas ängstliche Frau und hat schon mal mitten in der Nacht angerufen.«

Woerheide bat MacDonald dann, seine Reise von Puerto Rico nach New York zu beschreiben, als sein Bruder im Herbst 1969, nur drei Monate vor den Morden, ins Krankenhaus eingewiesen worden war, und erkundigte sich in diesem Zusammenhang auch nach Penny Wells.

»Das ist eine alte Freundin von mir.«
»Haben Sie sie bei dieser Gelegenheit gesehen?«
»Nein.«
Woerheide sah seine Notizen durch. Dann fuhr er fort: »Es hat ein paar Gerüchte über diese berühmte ›Jump Party‹ in Texas gegeben. Ich möchte jetzt nicht darauf eingehen...«
»Tun Sie das ruhig«, sagte MacDonald sarkastisch.
»Nein, das spare ich mir für einen späteren Zeitpunkt auf«, sagte Woerheide. »Aber gab es während anderer Green-Beret-Ausbildungslehrgänge ähnliche Vorkommnisse?«
»Nein.«
Woerheide sah erneut einige Notizen durch, kam dann wieder auf MacDonalds Bruder Jay zurück und fragte, welche Drogen er genommen habe. Bei der Schilderung der nachfolgenden Geschehnisse in New York beschrieb MacDonald auch, wie er den Barkeeper zur Rede stellte, der Jay mit Speed versorgt hatte. »Ich sagte ihm, daß er ein Arschloch sei und Jay die Pillen gegeben habe. Er stritt es ab. Wer sei ich denn überhaupt, daß ich ihm etwas vorwerfen könne. Also wurde das Gespräch etwas hitzig, und wir prügelten uns.«
Woerheides Fragestellung hatte nur auf einen einzigen Punkt abgezielt: Er wollte aufzeigen, daß Jeffrey MacDonald ein jähzorniger Mann war, dem körperliche Gewalt nicht fremd war, und das war ihm gelungen. Fast willkürlich von Thema zu Thema springend — gelang es Woerheide, MacDonald aus dem Gleichgewicht zu bringen. »Ich habe hier einen *Newsday*-Artikel vom 20. Oktober 1970, in dem steht: ›MacDonald und seine Anwälte wollen eine eigene Ermittlung durchführen, um die Mörder zu finden.‹ Haben Sie eigene Ermittler eingestellt?«
»Nein. Meine Anwälte haben mich bis dahin dreißigtausend Dollar gekostet. Außerdem wollte ich mir ein neues Leben aufbauen, und die Sache wurde etwas... bizarr. Nein, ich habe keine Ermittler eingestellt. Das ist anscheinend eine meiner großen Sünden.«
»Haben Sie persönlich nach den Einbrechern gesucht?«
»Nur auf sehr unzureichende Art.«
»Das ist nicht sehr präzise.«
»Ich... na ja, ging zu Bars, unterhielt mich mit einigen Leu-

ten, versuchte, Helena Stoeckley aufzuspüren. Nicht wie bei *Kojak*. So funktioniert das nicht.«

»Aber Sie haben es versucht?«

»Ja.«

»Allein?«

»Ja, aber ich spreche über ... wissen Sie, es war zu dieser Zeit sehr schwierig für mich, in eine Bar in Fayetteville zu gehen und Fragen zu stellen. Diese Sache stand seit einem halben Jahr in den Schlagzeilen. Es wimmelte von Reportern. Sie waren damals überall in der Stadt.«

»Aber Sie hatten Freunde. Haben die Ihnen geholfen?«

»Nicht besonders. Nein.«

»Was meinen Sie damit?«

»Mein Anwalt hatte noch einige Spuren. Wir bekamen Anrufe und so weiter.«

»Sind Sie allein in diese Bars und Fayetteville gegangen oder in Begleitung?«

»Normalerweise allein. Manchmal waren wahrscheinlich ein paar Freunde aus der Army dabei.«

»Können Sie sich an die Namen dieser Freunde aus der Army erinnern?«

»Zur Zeit nicht, nein.«

»Aber Sie haben nach den Leuten gesucht, die Sie als die Einbrecher beschrieben haben?«

»Ja.«

»Was für Spuren hatten Sie?«

»Hören Sie, Mr. Woerheide, ich kann doch nicht vier Jahre später erzählen, ich wäre wie ein Racheengel durch Fayetteville geschritten. So war es nicht. Ich ging in Bars, stellte Fragen. Manchmal kam es zu kleineren Reibereien. Es war keine große Sache.«

»Was meinen Sie mit ›kleinen Reibereien‹?«

»Na ja, ich wurde sauer. Auf ein paar Drogenhändler.«

»Und was passierte dann?«

»Normalerweise nichts.«

»Und wenn etwas passierte?«

»Meinen Sie, ich könnte mich an jede kleine Prügelei erinnern? Wollen Sie das hören?«

»Wenn Sie sich daran erinnern können, ja. Wie viele dieser ›kleinen Prügeleien‹ gab es denn?«

»Ein paar. Ich meine, ich ... war damals ziemlich bekannt in der Stadt. Ich ging in eine Bar, und fünfzig Leute blieben stehen und sagten: ›He, das ist Captain MacDonald!‹ Man bekommt auf diese Art wirklich nicht viele Informationen.«

»Wie kam es denn zu diesen Prügeleien?«

»Ich saß in einer Bar und beobachtete, wie diese Kinder ganz offen Pillen kauften. Sie unternahmen nicht mal den Versuch, es zu verbergen. Also ging ich zu ihnen und setzte mich neben sie. Wenn ich darüber nachdenke, kommt es mir selbst dumm vor.«

»Und was passierte dann?«

»Ich stellte ein paar Fragen über Helena Stoeckley.«

»Was passierte dann?«

»Sie sagten: ›Das geht Sie nichts an.‹«

»Was passierte dann?«

»Ich sagte: ›Zum Teufel, es geht mich nichts an!‹ Und ich trat dem Burschen den Stuhl weg.«

»Und es kam zu einem kleinen Handgemenge?«

»Ja. Man verschwindet, bevor die MP kommt.«

»Das ist mehrmals passiert?«

»Ja.«

»Doktor MacDonald, über welchen Zeitraum haben sich Ihre Ermittlungen erstreckt?«

»Daran erinnere ich mich nicht genau. Es waren wohl ein paar Wochen oder Monate. An genaue Daten erinnere ich mich nicht.«

»Wann begannen Sie damit, und wann gaben Sie es wieder auf?«

»Nachdem ich im Oktober aus dem Gewahrsam entlassen wurde, bis ich im Dezember den Abschied von der Army einreichte.«

»Haben Sie diese Aktivitäten fortgesetzt, als Sie danach in New York wohnten?«

»Nein.«

»Danach sind Sie nach Kalifornien gezogen. Haben Sie diese Aktivitäten dort fortgesetzt?«

»Nein.«

»Wie sah 1970 Ihre persönliche Beziehung zum Stiefvater Ihrer Frau, Alfred Kassab, aus?«

»Sie war sehr gut. Jetzt ist sie nicht mehr so gut.«

»Hat er Sie von Zeit zu Zeit besucht?«

»Während der Anhörung, aber danach nicht mehr.«

»Haben Sie ihn angerufen und von Zeit zu Zeit mit ihm gesprochen?«

»Natürlich.«

»Hat er Sie angerufen?«

»Klar.«

»Wie oft haben Sie miteinander gesprochen?«

»Ziemlich oft, würde ich sagen.«

»Und haben Sie etwas vor ihm zurückgehalten?«

»Nein. Leider habe ich so einiges erfunden.«

»Was haben Sie erfunden?«

»Ich möchte nur sagen, daß ich versuchte, mein Leben neu aufzubauen und die Army zu verlassen. Wir — meine Anwälte, meine Mutter und ich — machten uns Sorgen über Freddy — Mr. Kassab. Er machte einen ziemlichen Wirbel über die Anhörung, hielt Pressekonferenzen ab, schrieb Briefe und schickte jede Menge Telegramme an alle, die sich dafür interessierten.«

»Meinen Sie damit Beamte?«

»An alle. Die *New York Times*, *Newsweek*, Zeitschriften, Radiosender, an wen auch immer er herankam. Und alles lief darauf hinaus, ich sei der beste Mensch, der je gelebt hätte, und die Army hätte mir übel mitgespielt.«

»Dagegen hatten Sie aber keine Einwände.«

»Nein. So war es ja auch gewesen.«

»Na schön, Fahren Sie fort.«

»Ich . . . empfand schließlich ein gewisses Unbehagen. Freddy war plötzlich richtig berühmt, rief mich häufig an und schrieb mir häufig und versuchte mir dabei immer zu sagen, in welche Richtung sich unsere private Ermittlung wenden sollten.

Na ja, schließlich sagte ich ihm, ich sei in ein paar Bars gewesen und hätte ein paar Spuren. Das war mein Fehler, damit fing es an. Ich hatte meine Familie verloren, war zu Unrecht beschuldigt worden und hatte gerade die Anhörung hinter mir.

Colonel Rocks Abschlußbericht besagte, daß die Anschuldigungen falsch seien. Er hat nichts von Mangel an Beweisen gesagt. Er hat gesagt, die Anschuldigungen sind falsch. Stimmt's? Also versuchte ich, aus der Army herauszukommen. Ich versuche, zu begreifen, was da vor sich geht. Und was mache ich jetzt? Lasse ich mich treiben? Ziehe ich mich zurück? Verbringe ich den Rest meines Lebens damit, nach diesen Leuten zu suchen? Und Freddy hämmert wegen dieser Ermittlungen auf mich ein, und dann rufen die ganzen Schriftsteller an. ›Wann machen wir ein Buch aus der Sache?‹ ›Ich habe Beziehungen zu einem wichtigen Verlag in New York.‹ Nicht buchstäblich, aber sehr häufig.

Also setzte ich mich mit meinen Anwälten zusammen und frage sie um Rat, und sie sagen: ›Tun Sie, was Sie gelernt haben. Sie sind Arzt. Gehen Sie nach Washington.‹

Also gehe ich nach Washington. Allard Lowenstein führt mich herum und stellt mich Sam Ervin vor. Kongreßabgeordnete und Anwälte raten mir, in Fernsehshows aufzutreten. Also trete ich in Fernsehshows auf, bis mir speiübel wird. Ich konnte einfach nicht mehr.

Mittlerweile treibt Freddy mich in den Wahnsinn, fragt ständig, was ich herausgefunden habe. Na ja, ich deute an, daß ich einen Täter aufgetrieben und getötet habe. Absoluter Wahnsinn. Seine Frau will Einzelheiten wissen. ›Ich kann nicht darüber sprechen‹, sage ich. Also zog ich nach Kalifornien. Was, zum Teufel, sollte ich denn machen? Aber ich spielte dieses dumme Spiel mit, bis ich es endgültig leid war und Freddy einen Brief von zehn, fünfzehn Seiten schrieb. ›Freddy, ich war's nicht. Ich habe das nicht getan‹, schrieb ich ihm.«

»Wann haben Sie diesen Brief geschrieben?«

»Ich weiß es nicht mehr. In Kalifornien. Es war verrückt.«

»Wie lange haben Sie mitgespielt?«

»Keine Ahnung. Einige Monate. Es war immer dasselbe. Mildred wollte die Einzelheiten wissen. Haben sie geschrien? Hatten sie Schmerzen?«

»Mildred ist Colettes Mutter?«

»Sogenannte Mutter. Sie benimmt sich schon seit langer Zeit seltsam. Ich machte also diesen schrecklichen Fehler, diesen gewaltigen Irrtum. Ich versuchte, Arzt zu sein, mein Leben neu aufzubauen. Und ich zog fort. Das sind meine drei Verbrechen. Freddy ist verrückt. Er ist... das ist absoluter Wahnsinn. Der Mann ist ein Fanatiker. Er saß in seinem Haus und hat vier Jahre lang jede Einzelheit des Falls nachgelesen. Das ist eine bizarre Reaktion auf eine Tragödie. Sie haben keine Freunde mehr. Wenn Freunde sie besuchen wollten, schlug Freddy ihnen die Tür vor der Nase zu. Dieser Mann ist ein Fanatiker.«

»Weshalb haben Sie in einem Brief vom 9. November 1971, also etwa ein Jahr später, geschrieben, Sie wären im letzten Vierteljahr viermal nach North Carolina und Florida gereist, würden weitermachen und hätten sich bei der letzten Reise die Hand gebrochen?«

»Das gehörte dazu. Ich habe mir nicht die Hand gebrochen.«

»Und es hat Sie zweitausend Dollar gekostet?«

»Ich habe Freddy eine Detektivgeschichte vorgelogen. Ich habe dieses dumme Spiel mitgemacht, bis ich schließlich den Mut aufbrachte, ihm einen Brief zu schreiben und die Wahrheit zu sagen.«

»Aber weshalb all diese Ausschmückungen wie die gebrochene Hand? Wollten Sie andeuten, Sie hätten sich die Hand gebrochen, als Sie jemanden geschlagen haben?«

»Ich glaube schon. Wissen Sie, Mr. Woerheide, mein Verhalten während dieser Zeit... ich entschuldige mich dafür. Mein Gott, das heißt doch nicht, daß ich meine Frau und Kinder ermordet habe. Es war dumm. Ich habe es bedauert, seit ich Freddy diesen Brief schrieb. Ich habe es schon an dem Tag bedauert, als ich damit anfing.«

»Sie haben in dem Brief etwas von einem Buch erwähnt. Haben Sie zu dieser Zeit ein Buch geschrieben?«

»Es ist niemals zustande gekommen. Ich führte zahlreiche Gespräche mit Autoren und Verlegern. Alle meine angeblich hilfreichen Freunde wollten, daß ich ein Buch schreibe. Ich wollte aber keins schreiben. Mehrere Leute schrieben Anfangskapitel und versuchten, Vorschüsse zu bekommen. Als mir klar wurde, daß ich monatelang mit dem Autor zusammenleben und die ganze Sache durchsprechen müßte, verzichtete ich darauf. Ich versuchte, mir ein neues Leben aufzubauen. Und da entschloß ich mich auch, diese Sache auszuräumen. Also schrieb ich Freddy einen Brief und gestand ihm ein, daß ich gelogen hatte.«

Woerheide las den Absatz des Briefes vor, in dem MacDonald schrieb, Gerechtigkeit würde seine Familie nicht zurückbringen, und brutale Rache forderte.

»Ich versuchte Freddy klarzumachen, daß er die ganze Zeit auf dem falschen Dampfer war. Freddy und Mildred haben nie gesagt, sie wollten Colette zurückhaben. Nie! Sie wollten nur die Täter büßen sehen. Was, zum Teufel, soll das?«

Dann las Woerheide aus dem Brief vor, den MacDonald im März 1973, nach seinem wütenden Telefongespräch mit Freddy, an Mildred Kassab geschrieben hatte. »Ist das der Brief, auf den Sie sich beziehen, wenn Sie sagen, Sie hätten Freddy alles erklärt?«

»Nein.«

Woerheide las nun einen Absatz vor, in dem MacDonald eingestanden hatte, daß einiges von dem, was er Kassab gesagt hatte, nicht hundertprozentig wahr wäre. »Erinnern Sie sich nun wieder, ob das der Brief ist oder nicht?«

»Ich dachte, ich hätte ihn an Freddy, Mildred und Colettes Tante Helen adressiert. Ich bin sicher, ihn an alle drei adressiert zu haben. Helen wohnte damals bei ihnen.«

Woerheide las dann einen Abschnitt vor, in dem MacDonald behauptete, er habe niemals eine Affäre gehabt und sich nur ›sehr selten‹ mit einem anderen Mädchen als Colette verabredet.

»Das stimmt. Das habe ich geschrieben.«

»Na schön. Warum haben Sie das ausgerechnet in diesem Brief geschrieben?«

»Freddy hatte mich angerufen. Er war betrunken. Es war mitten in der Nacht, und er tobte und ... na schön, vielleicht übertreibe ich, aber er hat gesagt, er sei gerade von Fort Bragg zurückgekommen und habe fünfzehn Aussagen vorliegen, daß die Militärpolizisten mich mit Mädchen versorgt hätten, als ich in meinem Zimmer unter Arrest stand. Also sagte ich: ›Freddy, das ist das Lächerlichste, was ich je gehört habe. Es ist obszön, pervers und unglaublich.‹ Er sagte, er hätte Eidesstattliche Aussagen von fünfzehn Mädchen in Fayetteville, daß die MP oder die CID oder wer auch immer mich mit Frauen versorgt habe, als ich unter Arrest stand. Ich sagte: ›Freddy, du bist verrückt.‹«

»Hatten Sie irgendwelche Frauen in Ihrem Zimmer?«

»Nachdem ich nicht mehr unter Gewahrsam stand, sicher.«

»Und während Sie unter Gewahrsam standen?«

»Während ich unter Gewahrsam stand? Frauen in meinem Zimmer?«

»Ja.«

»Sie meinen, abgesehen von Freundinnen und Verwandten?«

»Ich meine, ob es ein Mädchen gab, das sexuelle Beziehungen mit Ihnen hatte, während Sie unter Gewahrsam standen.«

»Nein. Danach.«

»Während dieser Zeit nicht?«

»Da war ein Mädchen, mit dem ich . . . mit dem ich draußen saß, in Anwesenheit des Militärpolizisten, der mich bewachte. Es fing damit an, daß sie vorbeikam und sagte: ›Hallo! Sind Sie nicht Captain MacDonald?‹ Einen Monat später kam sie dann vorbei und gab mir ein Thunfischsandwich, während ich draußen saß. Und danach . . . danach habe ich mich mehrmals mit ihr getroffen. Wir gingen sogar mal gemeinsam mit einem meiner Begleitoffiziere aus.«

»Während Sie unter Gewahrsam standen und bewacht wurden?«

»Nein. Mit einem meiner Begleitoffiziere freundete ich mich gewissermaßen an, nachdem ich nicht mehr unter Gewahrsam stand. Sie hatte eine Freundin, und wir gingen zu viert aus. Wir gingen ins Kino und essen oder so.«

»Wie war sein Name?«

»Weiß ich nicht mehr.«

»Wie war der Name des Mädchens?«

»Weiß ich nicht mehr.«

»Sie erinnern sich nicht an ihren Namen?«

»Nein.«

»Sagt Ihnen der Name Bonnie Wood etwas?«

»Genau, Bonnie Wood.«

»Wie oft sahen Sie sie danach?«

»Ich bin ein paarmal mit ihr ausgegangen, bevor ich im Dezember umzog.«

»Und Sie sagen, Freddy hat behauptet, Eidesstattliche Aussagen von fünfzehn Mädchen zu haben?«

»Darauf lief das Gespräch hinaus. Fünfzehn.«

»Und das ist völlig falsch?«

»Falsch?«

»Es gab keine fünfzehn Mädchen? Wollen Sie sagen, daß es keine Mädchen gab?«

»Sie meinen, ob ich mit ihnen sexuelle Beziehungen hatte, während ich unter Gewahrsam stand und ein Militärpolizist vor meiner Tür Wache hielt?«

»Ja.«

»Ja, ich würde sagen, das ist falsch.« (Was es in Wirklichkeit nicht war, wie die CID-Ermittlungen ergeben hatten.)

Im Lauf der Woche bat Woerheide, MacDonald solle ihm die Namen aller Personen nennen, denen er in den ersten Tagen nach den Morden von den Geschehnissen der frühen Morgenstunden des 17. Februar erzählt hatte, wie bruchstückhaft auch immer. Schließlich nannte MacDonald seine Anwälte. Einer seiner Militäranwälte habe ihm »einen gelben Block gegeben und mir gesagt, ich solle alles aufschreiben, woran ich mich erinnerte. Wenn ich des Nachts aufwachte und mir fiel etwas ein, solle ich es aufschreiben. Und das tat ich dann auch, etwa einen Monat lang.«

»Erinnern Sie sich, wie lang diese Aussage war — oder diese Zusammenfassung des Geschehens?«

»Nein.«

»Haben Sie diese Zusammenfassung in letzter Zeit gesehen?«

»Gesehen ja. Gelesen nicht.«

»Können Sie mir sagen, wer sie hat?«

»Meine Anwälte.«

»Haben Sie etwas dagegen, sie dem Geschworenengericht bekannt zu machen? Befürchten Sie, sich damit zu schaden?«

»Das bezweifle ich. Ich habe einige harte Sätze über die CID geschrieben.«

»Ich bitte Sie, uns diese Aufzeichnungen zugänglich zu machen.«

»Mit all den unwichtigen und bedeutungslosen Kommentaren?«

»Ja.«

»Wie ich es verstehe, handelt es sich dabei um ein allein für den Anwalt bestimmtes Protokoll.«

»Das ist richtig«, stimmte Woerheide zu, »und Sie haben das Recht, es uns vorzuenthalten.«

»Es steht nur das darin, woran ich mich erinnert habe.«

»Ich sage ja, daß Sie das Recht haben, uns diese Informationen vorzuenthalten. Sie können jedoch auf dieses Recht verzichten und sie uns zur Verfügung stellen.«

»Mr. Woerheide, halten Sie mich für einen Trottel?«

»Nein, keineswegs.«

»Ich habe meine Anweisungen von einem Anwalt, der fünfhundert Dollar pro Tag bekommt, und er sagt: ›Geben Sie niemals vertrauliche Gespräche mit Ihrem Anwalt preis.‹ Und genau das verlangen Sie jetzt.«

»Ich verlange es nicht, ich habe Sie gebeten.«

»Na schön. Aber daraus folgert...«

»Ich bitte Sie, sich mit ihm zu besprechen und uns mitzuteilen, ob Sie uns diese Aussage ganz oder teilweise überlassen wollen. Es steht Ihnen selbstverständlich frei, sie zu kopieren und Teile davon zurückzuhalten.«

»Das Problem, das Unfaire daran ist, wenn ich nach der Empfehlung meines Anwalts der Bitte nicht nachkomme...«

»Werden wir davon ausgehen, daß Sie den Rat Ihres Rechtsbeistandes befolgt haben und nicht unbedingt mit seiner Meinung übereinstimmen«, sagte Woerheide. »Es ist jedoch Ihre Entscheidung und nicht die Ihres Anwalts. Sie können seinen Rat befolgen oder zurückweisen.«

Woerheide wechselte das Thema. »Im April 1970 wurden Sie in Philadelphia von einem Psychiater untersucht. Diese Untersuchung erstreckte sich wahrscheinlich über mehrere Tage?«

»Ja. An das genaue Datum erinnere ich mich nicht mehr.«

»Aber außer diesem Psychiater haben Sie auch einen Psychologen aufgesucht, bei dem Sie sich verschiedenen Tests unterzogen haben?«

»Ja. Aber wir sollten aufhören, über Belange zu sprechen, die nur den Anwalt und seinen Klienten etwas angehen.«

»Ich frage Sie nicht danach, was Sie ihm gesagt haben.«

»Doch, das tun Sie.«

»Ich frage nicht danach, was der Psychologe Ihnen gesagt hat. Ich frage nur, ob Sie von einem Psychologen untersucht wurden, der Sie gewissen Tests unterzogen hat.«

»Ja.«

»Wie lange hat der Psychiater Sie im Gegensatz zu dem Psychologen untersucht?«

»Daran erinnere ich mich nicht.«

»War es ein halber Tag oder mehr als ein Tag?«

»Oh, mehr.«

»Wie viele Tage?«

»Ich weiß es nicht mehr. Ehrlich nicht.«

»Könnten es mehr als drei Tage gewesen sein?«

»Ich würde sagen, das war die obere Grenze. Es waren zweieinhalb oder drei Tage.« (In Wirklichkeit hatte es sich nur um ein Gespräch von drei Stunden gehandelt.)

»Haben Sie zwischen der Untersuchung durch Ihren eigenen Psychiater Ende April und der Untersuchung im Walter-Reed-Krankenhaus im August mit jemandem über die Vorkommnisse vom 16. und 17. Februar gesprochen?«

»Nur mit Reportern.«

»Mit welchen Reportern?«

»Daran erinnere ich mich wirklich nicht. Es waren Hunderte. Die ganze Stadt wimmelte von ihnen.«

»Haben Sie einem dieser Reporter die Tat ausführlich beschrieben?«

»Ich habe mit einem von *Newsday* lange gesprochen.«

»Mit Wissen Ihrer Anwälte?«

»Natürlich.«

»Wurde das Gespräch aufgezeichnet?«

»Ich glaube schon.«

»Haben Sie etwas dagegen, daß wir uns dieses Tonband anhören?«

»Es befindet sich nicht in meinem Besitz.«
»Hätten Sie persönlich irgendwelche Einwände?«
»Nur, daß ... daß meine bisherigen Erfahrungen mit Strafverfolgern der Regierung nicht sehr gut gewesen sind. Und bei dem Band handelt es sich um die Aufzeichnung eines Gesprächs mit einem Reporter.«
»Mir ist bekannt, daß Sie nicht unter Eid standen.«
»Es ist nicht einmal das. Es... Verstehen Sie, ich hatte die Pflicht, die schlimmen Sachen richtigzustellen, die meine Familie oben in Long Island und so weiter lesen mußte. Und die Kassabs. Meine Schwiegereltern.«
»Dann möchte ich Sie fragen, ob Sie während dieses Interviews etwas gesagt haben, was Sie heute zurückziehen möchten?«
»Ich müßte es noch einmal lesen.«
»Ich werde Ihnen eine Abschrift besorgen. Sie können es heute abend lesen. Ich möchte gern wissen...«
»Sir, mit anderen Worten heißt das doch, daß Sie dieses Interview als eine Aussage von mir betrachten. Ansonsten hätten Sie kein Interesse daran.«
»Nun ja, es ist eine Aussage in der Hinsicht, daß Sie sich an die Ereignisse des 16. und 17. Februar erinnern.«
»Wissen Sie, ich habe nicht wirklich darüber nachgedacht. Ich habe nur mit einem Reporter gesprochen. Es ist keineswegs... Na ja, ich könnte den Spieß umdrehen und sagen, dann lesen Sie doch mal die Zeitungsmeldungen darüber vor, was der Chef der Militärpolizei bei seinen Pressekonferenzen gesagt hat.«
»Mich interessiert nicht, was der Chef der Militärpolizei gesagt hat.«
»Das sollte es aber.«
»Mich interessiert, was Sie als Zeuge zu einzelnen Tatbeständen zu sagen haben.«
»Aber die Zeitung bringt keine Tatbestände. Das ist des Pudels Kern. Und das war ein Gespräch, das ein bekannter Strafverteidiger arrangiert hat, um die Geschichte der Öffentlichkeit bekanntzumachen. Wissen Sie, wenn es nach mir gegangen wäre, hätte ich das Interview nicht gegeben. Sie sind mir gegenüber nicht fair.«

»Nun, Sie haben eine Aussage für jeden gemacht, der sie lesen wollte, und diese Aussage stammt von Ihnen persönlich.«
»Sir, ich glaube, es gibt eine vollständigere, bessere Beschreibung, die ich unter Eid während der Anhörung gegeben habe.«
»Aber Sie haben das Interview vor der Anhörung gegeben. Sie standen unter keinem Druck.«
»Da möchte ich Ihnen widersprechen.«
»Sie haben das Interview freiwillig und über dasselbe Thema gegeben.«
»Die Unterstellung, ich hätte zu dieser Zeit meines Lebens nicht unter Druck gestanden, ist ungeheuerlich! Ich stand unter gewaltigem ...«
»Hat der Reporter Sie unter Druck gesetzt?«
»Das Interview war für mich eine Belastung.«
»Waren Sie verkrampft?«
»Ja, ich war verkrampft, Mr. Woerheide.«
»Glauben Sie, daß Sie etwas gesagt haben, was Sie nicht hätten sagen sollen?«
»Ich weiß es nicht. Ich müßte das Interview noch einmal lesen.«
Am nächsten Tag fuhr Woerheide fort: »Doktor MacDonald, ich habe Ihnen eine Abschrift der Aussage gegeben, die in *Newsday* veröffentlicht wurde, und Sie gebeten, sie zu lesen und uns heute zu informieren, ob Sie heute daran etwas ändern würden.«
»Die Antwort darauf stimmt mit dem überein, was ich gestern gesagt habe. Das ist keine Aussage unter Eid. Es ist eine Aussage gegenüber einem Reporter, die für einen Zeitungsartikel bestimmt war, und als solche muß man sie sehen. Kritisch betrachtet steht vieles darin, was nicht unbedingt genau zutrifft, aber ich sehe nicht, welche Bedeutung das hat.«
»Ich sehe hier eine wortwörtliche Abschrift von Fragen, die man Ihnen gestellt hat, und eine wortwörtliche Abschrift von Antworten, die Sie darauf gegeben haben.«
»Sir, wenn man bedenkt, was als wortwörtlich in Zeitungen zitiert wird ... zum Beispiel hat das Justizministerium vor sechs Monaten erklärt, in diesem Fall würde niemals Anklage erhoben werden. Das ist völlig irrelevant. Ein Zeitungsinterview.«

»Hat der Reporter Ihnen diese Frage gestellt, haben Sie diese Antworten gegeben?«

»Ich erinnere mich nicht an jede Frage und Antwort. Ich hatte beim Lesen das allgemeine Gefühl, daß es sich im Prinzip um das Interview handelt, das ich gab.«

»Wollen Sie damit sagen, daß es in irgendeiner Hinsicht verändert wurde?«

»Es stehen hier Dinge, die mich gar nicht an meine Worte erinnern. Ich kann mir nicht vorstellen, daß ich sie gesagt habe. Ich weiß nicht, ob das Interview abgeändert wurde oder ob ich es so gesagt habe. Können Sie mir folgen? Ich erinnere mich nicht, einige Dinge gesagt zu haben, die ich dem Reporter zufolge gesagt haben soll.«

»Ich will jetzt nicht in die Einzelheiten gehen«, sagte Woerheide, »aber auf Seite sieben ist . . .«

»Sir, darf ich etwas sagen? Wenn wir darüber sprechen, sollten die Geschworenen Abschriften bekommen, damit sie wissen, worüber wir sprechen.«

»Ich wollte Sie nur fragen«, fuhr Woerheide fort, »ob diese Zeichnung hier von Ihnen stammt.«

Woerheide deutete auf den Grundriß der Wohnung, auf den MacDonald Gestalten gezeichnet hatte. Er selbst auf dem Wohnzimmersofa und die Leichen seiner Frau und Kinder an den Stellen, an denen er sie gefunden haben wollte. Handschriftlich waren die einzelnen Zimmer markiert.

»Nein, Sir«, sagte MacDonald. »Ich glaube, diese Zeichnung hat der Kommandant der Militärpolizei der Presse zur Verfügung gestellt.«

»Dann stellt sie also in keinerlei Hinsicht Ihr Werk dar?«

»Das ist richtig«, sagte MacDonald trotz der Tatsache, daß er die Gestalten mit eigener Hand eingezeichnet hatte.

»Na schön. Ich habe hier auch die Niederschrift eines CBS-Interviews mit Captain MacDonald vom 11. Dezember 1970. Können Sie uns sagen, wie dieses Gespräch zustande kam?«

»Nein, kann ich nicht. Ich weiß nicht, welches Interview Sie meinen.«

»Ein CBS-Interview, das in einer Nachrichtensendung mit

Walter Cronkite ausgestrahlt wurde. Bob Schieffer hat Sie interviewt.«

»Fand dieses Interview in Fort Bragg statt, Sir?«

»Nun, Schieffer sagt hier: ›Wir sprechen im Büro des New Yorker Kongreßabgeordneten Allard Lowenstein mit Captain MacDonald.‹«

»Ich erinnere mich ehrlich nicht, in einem Büro in New York ein Interview gegeben zu haben. Während dieser Zeit gab ich Hunderte von Interviews. Ich erinnere mich ehrlich nicht an ein CBS-Interview mit Bob Schieffer.«

»Erinnern Sie sich, wer dieses Interview arrangiert hat, das in Mr. Lowensteins Büro stattfand?«

»Sir, ich erinnere mich ehrlich nicht an ein Interview in einem Büro. Die meisten dieser Interviews gab ich telefonisch. Ich gab in Fort Bragg eine Menge Interviews, als ich unter Gewahrsam stand. Aber am 11. Dezember war das ja nicht mehr der Fall.«

»Sie erinnern sich nicht, im Büro des Kongreßabgeordneten Allard Lowenstein gewesen zu sein, gemeinsam mit Bob Schieffer und Kameramännern und Technikern?«

»Sir, so etwas war damals nicht ungewöhnlich. Ehrlich. Ich meine, so etwas passierte damals ständig.«

»Na schön. Ich habe hier eine lange Niederschrift mit dem Titel ›Jeffrey MacDonalds Auftritt in der Dick-Cavett-Show am 15. Dezember 1970‹. Erinnern Sie sich an dieses Interview?«

»Ja.«

»Wie ist es zustande gekommen?«

»Ich glaube, das war Lowensteins Idee. Um den Kongreß dazu zu bringen, die Untersuchung durchzuführen, die wir verlangten — eine Ziviluntersuchung, keine neue der CID. Er meinte, wir wollten von allen möglichen Stellen Druck ausüben. Das war das letzte Interview dieser Art. Danach sagte ich, es würde mir zuviel, und ich wollte nicht weitermachen.«

»Na schön. Sie beziehen sich hier auf das Verhör vom 6. April durch das Militär. Sie sagen: ›Wissen Sie, es war wirklich ein Verhör. Sie richten einem die Lampe ins Gesicht und versuchen diese kleinen Tricks.‹ Erklären Sie uns bitte, was es mit dieser Lampe auf sich hat und welche Tricks Sie meinen.«

»Sir, ich wollte keine Andeutungen machen, die nicht der

Wahrheit entsprechen. Ich habe niemals... da stand eine Schreibtischlampe, und jemand rückte sie zurecht, und ich war verärgert, weil sie mir ins Gesicht leuchtete. Das ist alles.«

»Wo stand die Lampe?«

»Auf dem Schreibtisch.«

»Auf der anderen Seite des Schreibtisches?«

»Sir, das kam mir damals nicht wichtig vor.«

»Nun, es ist insofern wichtig, als daß Sie sich in zahlreichen Zeitungsartikeln, die ich gelesen habe, darauf bezogen haben.«

»Sir, wir sind nicht hier, um über Zeitungsberichte zu sprechen. Ich sage nun bereits seit drei Tagen aus, und wir sind noch nicht auf die Fakten eingegangen.«

»Wir sind hier, um über ein Fehlverhalten der CID zu sprechen«, erwiderte Woerheide. »Was meinen Sie also mit diesen ›kleinen Tricks‹?«

»Ach, diese kleinen Spielchen ›Böser Bulle — guter Bulle‹. Das kennen Sie doch sicher. Jemand knüpft Sie sich ein oder zwei Stunden hart vor und verläßt das Zimmer, und der andere legt einem gewissermaßen den Arm um die Schulter und sagt: ›Ich bin wirklich ein netter Bursche, und Sie können mir vertrauen, und wir kriegen das wieder hin.‹ Das ist eine bekannte Verhörmethode.«

»Später behaupten Sie, ein Techniker der CID habe fünfzig Fingerabdrücke zerstört. Ist das richtig?«

»Das habe ich vielleicht gesagt. Die Zahl ist anscheinend nicht richtig. Es wurden sehr viele Fingerabdrücke zerstört. Wie viele, weiß ich bis heute nicht.«

»Wenn Sie also von fünfzig Fingerabdrücken sprachen, halten Sie diese Zahl heute für nicht richtig?«

»Das war eine allgemeine Aussage, Sir. Ich wollte damit ausdrücken, daß es sich um viele handelt. Wie man eben so spricht.«

»Na schön. Erinnern Sie sich, am oder um den 11. Februar 1971 vor etwa einhundert Jura-Studenten in Philadelphia, Pennsylvania, gesprochen zu haben?«

»Ich erinnere mich, vor ihnen gesprochen zu haben, aber nicht an das genaue Thema.«

»Wer hat diesen Auftritt arrangiert, Doktor MacDonald?«

»Mr. Segal. Er ist Professor für Rechtskunde an der Universität von Pennsylvania, und es war eine seiner Klassen. Sie haben den Fall MacDonald besprochen, und er hat mich gebeten, den Studenten ein paar Fragen zu beantworten.«

»Ich habe hier einen Artikel aus dem *Daily Pennsylvanian*, in dem steht, daß ›Captain Jeffrey MacDonald behauptet, sowohl die Militärermittler als auch FBI-Agenten hätten Beweise gefälscht und vernichtet, um seine Verurteilung zu erzwingen‹. Können Sie uns etwas über das FBI sagen und uns die Behauptung erklären, es seien Beweise gefälscht und vernichtet worden?«

»Erstens verstehe ich nicht, wieso Sie Zeitungen als Beweisstücke sehen. Zweitens erinnere ich mich nicht, das jemals gesagt zu haben.«

»Na schön. Erinnern Sie sich an einen Brief von Fred Kassab vom 6. November 1971, in dem er Ihnen Vorwürfe macht, weil Sie in der Gegend waren und ihn nicht angerufen oder besucht haben? Und in Ihrer Antwort heißt es: ›Ich war in den letzten drei Monaten mehrmals in Long Island, aber nicht, um meine Familie zu sehen, sondern um drei (oder eigentlich vier, nach dem, was ich erfahren habe, kommt einer hinzu) Flüchtlinge zu suchen.‹«

»Darüber haben wir doch schon gestern gesprochen«, sagte MacDonald. »Damit habe ich versucht, Freddy zu beruhigen. Sie haben dieses Zitat aus dem Zusammenhang gerissen. Sie hätten den ganzen Brief lesen sollen. Das haben Sie wahrscheinlich auch, aber Sie wollen nicht, daß die Geschworenen ihn zu sehen bekommen.«

»Wir werden ihn den Geschworenen zur Verfügung stellen«, sagte Woerheide.

Am vierten Tag fragte Woerheide MacDonald erneut, ob er sich dem Lügendetektor- oder dem Sodium-Amytal-Test unterziehen würde.

Als Erwiderung las MacDonald eine Erklärung seiner Anwälte Segal und Michael Malley vor, einem ehemaligen Zimmergenossen MacDonalds in Princeton, der schon während der Anhörung für die Verteidigung gearbeitet hatte. Sie besagte, daß ein Lügendetektor-Test sinnlos sei, da die Methode wissenschaftlich nicht gesichert sei und die Ergebnisse nicht vor Gericht anerkannt würden.

MacDonald fuhr fort: »Mr. Malley kennt mich seit zwölf Jahren. Wir haben lange über meine Gefühle und mein gefühlsmäßiges Wohlbefinden gesprochen und...« Er hielt inne und begann zu weinen, während er die vorbereitete Erklärung vorlas. »...meine Fähigkeit, später mit der Erinnerung an die Morde fertig zu werden.

Er ist der Auffassung, daß es für mich gefährlich sein könnte, mich einem Verhör unter Sodium-Amytal zu unterziehen. Dieses Medikament bewirkt, daß man die betreffende Episode noch einmal durchlebt. Man erinnert sich nicht einfach daran, wie die meisten von uns sich an die Vergangenheit erinnern, sondern durchlebt sie mit den meisten oder allen ursprünglichen Gefühlen – Zorn, Furcht und Trauer...«

Die Intensität dieser Gefühle war anscheinend so überwältigend, daß MacDonald erneut von ihnen überkommen wurde, indem er sie einfach vorlas. Er schluchzte hörbar und konnte nicht fortfahren.

»Lassen Sie sich Zeit, Doktor, lassen Sie sich Zeit«, sagte Woerheide.

Nach einem Augenblick las MacDonald weiter. »Nach der Befragung erinnert sich die Versuchsperson daran und weist dieselben Reaktionen auf, als hätte sie alles noch einmal durchlebt.« Erneut verhinderte sein Schluchzen ein Fortfahren.

»Doktor MacDonald, Sie müssen dieses Schriftstück nicht vorlesen. Wir können es als Beweisstück aufnehmen und den Geschworenen so zugänglich machen.«

MacDonald kämpfte eine anscheinend erfolgreiche Schlacht um seine Selbstbeherrschung. »Ich glaube, es geht wieder«, sagte er mit festerer Stimme. »Ich möchte fortfahren.«

»Na schön.«

»Nach der Befragung erinnert sich die Versuchsperson daran und weist dieselben Reaktionen auf, als hätte sie alles noch einmal durchlebt. Da Mr. Malley mich so gut kennt und weiß, daß der Mord an meiner Familie das Schrecklichste ist, was ich je durchgemacht habe, ist er der Ansicht, daß ich mich an diesen Tag nicht erinnern kann, ohne einen Zusammenbruch zu erleiden.

Ich wirke normal, weil ich versuche, mich nicht daran zu erinnern, darüber zu erzählen oder die Nacht noch einmal zu durchleben. Normalerweise gelingt es mir, diese Erinnerungen nicht in allen Einzelheiten hochsteigen zu lassen, aber dieser Erfolg ist ein täglicher Kampf.

Mr. Malley und Mr. Segal sind der Ansicht, daß mich das erneute Durchleben dieser Morde bei einer Befragung unter Sodium-Amytal dermaßen aufwühlen würde, daß ich danach mein normales Leben nicht weiterführen könnte. Sie glauben, daß ein durch Drogen erzeugter Rückblick so schmerzlich wäre, daß meine normalen und bis heute zum größten Teil erfolgreichen Versuche, mit dieser Trauer zu leben, entweder endgültig oder doch zumindest für lange Zeit zerstört würden, so daß ich unfähig wäre, ein normales Berufsleben zu führen, wie es jetzt möglich ist.

Außerdem ist nicht gewährleistet, daß die extreme und gefährliche Behandlung mit Sodium-Amytal zu den gewünschten Ergebnissen führt. Sowohl Mr. Malley als auch Mr. Segal sind als Anwälte und Freunde damit beauftragt, meine Interessen zu vertreten, und können nicht empfehlen, daß ich mich dieser möglicherweise verheerenden Erfahrung aussetze.«

»Nun, das ist Ihr gutes Recht, Sir«, sagte Woerheide, »und wir werden keinerlei Schlüsse daraus ziehen, daß Sie sich geweigert haben, sich diesen Tests zu unterziehen. Statt dessen möchte ich mich erkundigen, ob Sie uns die Notizen überlassen wollen, die Sie 1970 gemacht haben.«

»Die Antwort darauf werde ich Ihnen heute nachmittag geben«, sagte MacDonald. »Als ich Ihren Wunsch Mr. Segal gegenüber erwähnte, ist er buchstäblich unter die Decke gegangen.«

Woerheide stellte MacDonald nun Fragen über seine Verbindung zu der Boxmannschaft von Fort Bragg.

»Haben Sie mit den Boxern trainiert?«

»Ja, eine Weile.«

»Ich nehme an, daß Sie sich schon immer für Boxen interessierten?«

»Richtig.«

»Und auf dem College waren Sie in einer Boxmannschaft?«

»Es war eigentlich keine Mannschaft. Wir hatten in Princeton einen Club, bei dem ich trainiert habe. Wir haben nie Wettkämpfe durchgeführt.«

»Hat es in Fort Bragg Gespräche zwischen Ihnen und dem Trainer gegeben, ob Sie als Mannschaftsarzt fungieren könnten?«

»Ja. Er hat gesagt, sie brauchten einen Arzt, und ich trainierte bei ihnen, und er erwähnte auch Wettkämpfe an anderen Orten. Ich hielt es für eine hervorragende Idee und stimmte zu. Und er erwähnte eine lange Reise nach Rußland, bei der er gern einen Arzt dabei hätte.«

»Wann sollte diese Reise stattfinden?«

»Irgendwann im Frühjahr.«

»Erinnern Sie sich, wann Sie über diese Rußlandreise gesprochen haben?«

»Nein. Wir sprachen mehrmals darüber.«

»Haben Sie sich kurz vor dem sechzehnten oder siebzehnten Februar mit dem Trainer getroffen und über diese Reise gesprochen?«

»Ich erinnere mich nicht daran, Sir. Wir haben mehrmals darüber gesprochen. Und erst im Sommer, als meine Anwälte mir diese Frage stellten, hat es bei mir geklickt, daß es vielleicht an diesem Tag gewesen sein könnte. Aber ich bin mir nicht sicher. Ich erinnere mich ehrlich nicht daran.« (Obwohl er in seinem ›Tagebuch‹ unter dem 16. Februar 1970 eingetragen hatte: *Der Boxtrainer erzählte mir von der Reise nach Rußland... Colette ist fast so glücklich wie ich darüber...*

»Haben Sie als Jugendlicher jemals länger nicht zu Hause gewohnt?«

»Ja.«

»Wollen Sie uns davon erzählen?«

»Als ich im zweiten Jahr auf der High-School war, ging ich nach Texas. Ich wohnte in Baytown, ich glaube, vom Erntedankfest bis Ostern.«

»Bei wem haben Sie gewohnt?«

»Bei Freunden von Bob und Marian Stern. Ich weiß nicht, ob es wirklich Freunde waren, vielleicht nur Geschäftspartner.«

»Und die Sterns waren Freunde Ihrer Familie?«

»Genau.«

»Wie lautete gleich noch der Name dieses Freundes?«

»Jack Andrews.«

»War er in etwa so alt wie die Sterns und Ihr Vater?«

»Etwas jünger, glaube ich. Er arbeitete damals bei Humble Oil. Mein Vater und Bob waren älter.«

»Hatte er Familie?«

»Klar.«

»Eine Frau und Kinder?«

»Eine Frau und einen Jungen, Jack.«

»Ein Junge, Jack? War er in Ihrem Alter?«

»Ja. Deshalb fuhr ich ja dorthin.«

»Aus welchem Grund haben Sie Ihr Elternhaus verlassen und eine Zeitlang in Texas gelebt?«

»Na ja, wir lernten sie zufällig kennen. Jack Andrews war ein freigiebiger Texaner, der zumindest große Worte schwang. Und er fragte mich einmal, ob ich nicht nach Texas kommen, dort leben und seinen Sohn kennenlernen wolle. Also fragte ich meine Eltern, und sie besprachen es mit Bob und Jack und gaben mir die Erlaubnis.«

»Sind Sie in Texas auf die Schule gegangen?«

»Ursprünglich nicht, da ich ja nur ein paar Wochen bleiben wollte. Aber gegen Weihnachten baten sie mich, länger zu bleiben. Also schrieb ich nach Hause, bekam die Erlaubnis und ging auf die Robert-E.-Lee-Schule in Baytown.«

»Dann lebten Sie also nicht aufgrund familiärer Probleme diesen ziemlich langen Zeitraum von Ihren Eltern getrennt?«

»Nicht, daß ich wüßte«, sagte MacDonald.

»Da Sie Arzt sind«, fragte Woerheide, »haben Sie doch sicher Medikamente zu Hause?«

»Klar.«

»Hatten Sie Pillen — und ich habe keine Ahnung, worum es sich dabei handelt —, die manche Menschen als Upper oder Downer bezeichnen? Die Körperfunktionen also aufputschen oder beruhigen?«

»Ich hatte eine Flasche Eskatrol-Diätpillen, die Amphetamine enthielten.«

Da der CID-Bericht darüber Auskunft gab, daß man in MacDonalds Blut »keinerlei gefährliche Drogen« gefunden habe, beließ es Woerheide dabei, und MacDonald gab von sich aus keine weiteren Informationen.

Langsam näherte sich Victor Woerheide den Ereignissen des 17. Februar 1970. »Ich weiß, daß Sie diese Frage schon beantwortet haben», sagte er, »und kann mir vorstellen, welche Antwort Sie geben werden, doch die Geschworenen sollten sie ebenfalls hören. Hatten Sie irgendwelche Probleme, gab es Probleme zwischen Ihnen und Colette?«

»Wir hatten keine Probleme«, sagte MacDonald. »Das wurde in der Vergangenheit durchaus übersehen.«

»Es gab keine Streitereien?«

»Keine großen.«

»Aber kleine?«

»Ja, natürlich.«

»Erinnern Sie sich an irgendwelche?«

»Ehrlich gesagt, nein.«

»Nun, hat sich Colette zum Beispiel darüber beschwert, daß Sie Dinge kaufen, ohne sie vorher zu fragen?«

»Absolut nicht.«

»Ich beschwere mich bei meiner Frau, wenn sie das macht.«

»Absolut nicht.«

»Sie haben eine Stereoanlage gekauft?«

»Das stimmt.«

»Wieviel hat sie gekostet?«

»Das weiß ich nicht mehr. Es war ein Sonderangebot, ich

habe sie zusammen mit dem Farbfernseher gekauft. Raten über zwei Jahre oder so, und insgesamt lief es auf vielleicht sieben- oder achthundert Dollar hinaus, für die Stereoanlage und den Fernseher zusammen.«

»Hat sie sich darüber aufgeregt?«

»Nein, sie hat sich gefreut. Wir haben uns zum ersten Mal eine größere Anschaffung geleistet.«

»Sie sagen also aus, daß Ihre Ehe gut und ruhig war und es keine besonderen Probleme gab?«

»Das stimmt.«

»Was ist mit den Kindern? Irgendwelche Probleme mit den Kindern?«

»Absolut nicht.«

»Das mir vorliegende Material weist darauf hin, daß sich Colette Sorgen machte, weil Ihre jüngere Tochter eine Bettnässerin war. Halten Sie das für ein Problem?«

»Nein, und Colette auch nicht. Der einzige, der es für ein Problem hielt, war der CID-Agent.«

»Haben Sie darüber gesprochen?«

»Klar.«

»Aber diese Gespräche führten nicht zu Streit oder Zwistigkeiten?«

»Absolut nicht.«

»Oder Mißverständnissen?«

»Absolut nicht. Das Problem war, daß Kristy mit zweieinhalb Jahren noch ein Fläschchen bekam, und ich war der Meinung, Colette sollte ihr die Flasche abnehmen, wenn sie sie zu Bett brachte. Das hört sich nicht wie ein großes Problem an.« Es klang aber auch nicht nach dem Gespräch, das Colette am letzten Abend ihres Lebens im Psychologiekurs besprochen hatte.

»Was ist mit Kimberly? War sie auch Bettnässerin?«

»Nein.«

»Sie war lange darüber hinaus?«

»Richtig.« Das widersprach der Aussage der Krankenschwester aus San Antonio.

Woerheide bat Jeffrey MacDonald schließlich, die Ereignisse des 17. Februar und der unmittelbar darauffolgenden Tage zu beschreiben.

»Ich glaube, Freitag war Valentinstag«, sagte MacDonald, »und am Samstagnachmittag kam Ron Harrison vorbei.« (In Wirklichkeit war Samstag Valentinstag gewesen, und Ron Harrison war an diesem Abend vorbeigekommen.) MacDonald beschrieb die Diskussion über den Artikel in *Esquire*. »Wir blätterten die Zeitschrift durch«, sagte er. »Mehr nicht. Ich weiß nicht, ob Ron bei uns aß. Ich erinnere mich nicht mal, was wir an diesem Abend machten. Ich nehme an, wir blieben zu Hause, weil ich am nächsten Morgen arbeiten mußte.«

Er beschrieb, wie er nach Hamlet fuhr, ein Steak zum Frühstück aß und einen ziemlich ruhigen Tag in der Notaufnahme hatte. »Ich aß mehrmals«, sagte er, »machte ein oder zwei Nickerchen, ging wahrscheinlich am Morgen direkt nach dem Frühstück auf mein Zimmer und schlief ein oder zwei Stunden. Ich las etwas. Und ich schlief wahrscheinlich von Mitternacht bis sechs Uhr morgens.« (Während des Verhörs vom 6. April 1970 hatte MacDonald gesagt: »Nun, wenn ich Schicht habe, schlafe ich kaum einmal. Ich meine, fragen Sie doch die Schwestern. Sie rufen mich, und ich bin da.«)

Nun, 1974, beschrieb er, wie er nach Fort Bragg zurückfuhr, frühstückte und zur Arbeit fuhr. »Hauptsächlich Büroarbeit«, sagte er. »Ich war für die medizinische Vorsorge zuständig. In den Zeitungen stand, ich hätte eine Menge Leute wegen ihres Drogenmißbrauchs behandelt, aber in Wirklichkeit mußte ich nur dafür sorgen, daß die Latrinen sauber waren.

Ich nehme an, ich war an diesem Tag die meiste Zeit über im Büro. Vielleicht bin ich zum Mittagessen nach Hause gefahren oder habe mit diesem Sergeant über die Boxmannschaft gesprochen. Ich erinnere mich wirklich nicht mehr daran. An diesem Tag war nichts außergewöhnlich, außer, daß wir gegen sechzehn Uhr dreißig noch Basketball spielten.

Die meisten Offiziere spielen entweder Volleyball oder Basketball. Ich habe sie dazu angeregt. Sie waren ständig außer Form und nicht sehr ausdauernd, aber ich habe sie dazu ermuntert.

Dann fuhr ich nach Hause, lud die Kinder in den Wagen, und wir fuhren zum Stall und fütterten das Pony. Wir aßen zu Hause, und Colette fuhr zum Unterricht. Also räumte ich wohl den Tisch ab, sorgte dafür, daß die Kinder die Schlafanzüge anzogen, und steckte Kristy kurz darauf ins Bett. Kimberly blieb noch auf. Irgendwann kurz nach dem Abendessen hielt ich wohl ein kleines Nickerchen. Kimmy und ich wollten uns *Laugh-In* ansehen.« Er beschrieb, wie Colette vom Unterricht nach Hause kam, und fuhr fort: »Als die Johnny-Carson-Show anfing, ging sie zu Bett. Ich blieb noch auf. Ich las gerade ein Buch, ich glaube, einen Krimi. Ich lese ziemlich viel Krimis. Ich hatte mit dem Buch angefangen, als Kimmy zu Bett ging. Ich ließ den Fernseher an und las dabei. Das mache ich ständig.

Ich glaube, die Carson-Show war an diesem Abend ziemlich gut. Sie interessierte mich, und ich sah sie mir bis zum Ende an. Danach erledigte ich den Abwasch und las das Buch aus. Ich hatte noch etwa zwanzig Seiten vor mir, und die las ich.

Irgendwann fing Kristy an zu weinen. Also brachte ich ihr ein Fläschchen, damit sie aufhörte. Sie wissen schon, diese Sache hält die CID für einen kritischen Streitpunkt zwischen Colette und mir. Ich gab ihr also ein Fläschchen, weil wir uns noch nicht entschlossen hatten, ihr keine Flasche mehr zu geben, wenn sie des Nachts aufwachte.«

»Wachte Kristen oft weinend auf?«

»Nein. Nein, ein paarmal die Woche.«

»Das war keine nächtliche Routine?«

»Nein.«

»Wissen Sie, ob sie in dieser Nacht aus einem besonderen Grund wach wurde?«

»Nein.«

»Im Gegensatz zu anderen Nächten?«

»Nein.«

»Haben Sie sie gefragt?«

»Nein. Es kam mir nicht ungewöhnlich vor. Kinder wachen manchmal des Nachts auf.«

»Haben Sie sie gefragt, ob sie schlecht geträumt hätte? Weshalb sie wach geworden sei?«

»Wahrscheinlich. Wahrscheinlich habe ich gesagt: ›Es ist alles in Ordnung, Kris.‹ Und sie hat gesagt, sie wolle eine Flasche, also gab ich ihr eine.«

»Aber Sie erinnern sich an nichts Außergewöhnliches?«

»Nein. Ich weiß nur noch, daß sie weinte, ich zu ihr ging, mit ihr sprach und ihr eine Flasche gab.«

»Erinnern Sie sich, worüber Sie mit ihr gesprochen haben?«

»Nein.«

MacDonald fuhr mit seiner Schilderung fort. »Nachdem ich dann gespült und das Taschenbuch ausgelesen hatte, wollte ich zu Bett gehen. Und Kristy lag bei meiner Frau im Bett und hatte ins Bett gemacht, in meine Hälfte des Bettes.

Ich weiß ehrlich gesagt nicht mehr, ob sie ihre Flasche mitgenommen hatte. Ich nehme an, sie hatte sie mitgenommen, und ich brachte sie mit ihrer Flasche wieder in ihr Bett zurück.

Sie war zweieinhalb Jahre alt. Sie trug keine Windeln mehr. Sie hatte ... sie machte nur sehr selten ins Bett. Nicht, daß sie jede Nacht oder jede zweite Nacht oder so ins Bett machte. Sie würde jetzt durchschlafen, also ließ ich sie schlafen und trug sie in ihr Bett zurück.

Ich schlug mein Bettlaken zurück, damit das Bett trocknen konnte, holte mir eine Decke und schlief auf dem Sofa. Das nächste, woran ich mich erinnere ... es war Licht im Haus. In der Küche und im Badezimmer. Ich hörte, wie meine Frau schrie, und sie sagte: ›Hilfe, Jeff!‹ Und gleichzeitig hörte ich Kristy − Kimberly − es tut mir leid, es war nicht Kristy, es war Kimberly. Sie rief: ›Daddy!‹

Colette sagte: ›Hilfe, Jeff, warum tun sie mir das an?‹ Es kam mir sehr laut vor. Es kommt mir noch immer sehr laut vor. Kimberly sagte: ›Daddy, Daddy, Daddy, Daddy, Daddy, Hilfe!‹

Und ich wollte mich aufsetzen, und es standen ein paar Leute am Ende des Sofas, von denen die CID behauptet, sie hätten sich nie in meinem Haus befunden. Und sie konnten auch keine Spuren von vierzehn Ermittlern und drei Sanitätern und der CID und der Militärpolizei und von Ärzten in meinem Haus finden, und weil sie keine Spuren von diesen Leuten finden konnten, bin ich schuldig.

Die CID kann noch nicht einmal Fingerabdrücke von einem Telefon abnehmen, mit dem ein Militärpolizist telefoniert hat und dessen Fingerabdrücke garantiert daran sind, und daher heißt es, sie hätten keine Spuren von diesen Leuten finden können, und deshalb bin ich heute hier. Deshalb.

Das ist die lächerlichste ... sie fanden keine Spuren, daß Ron Harrison in meinem Haus war, daß meine Mutter in meinem Haus war, die Kassabs, mein Bruder, sie fanden nur Spuren von mir in dem Haus, und deshalb bin ich schuldig.

Das ist doch verrückt! Ich habe nie behauptet, es seien Hippies gewesen«, fuhr MacDonald fort. »Das habe ich nie gesagt. Der Chef der Militärpolizei hat gesagt, ich hätte Hippies gesehen. Ich habe gesagt, ich hätte Leute gesehen. Eine Person mit langem blonden Haar und einem Schlapphut, und es fiel Licht auf sie.

Und ich habe auch nie gesagt, ich hätte Kerzen gesehen. Ich sah einen Lichtschein, und ich hatte den Eindruck, daß es sich um schwankendes Kerzenlicht handelte, aber das war nur ein Eindruck.

Es war dunkel, und es dauerte zehn oder zwanzig oder dreißig Sekunden, und ich habe sie nie genau gesehen. Ich habe Haar gesehen, den Umriß eines Gesichts und einen Hut, mehr nicht. Und währenddessen schrie Colette, und Kimberly rief: ›Daddy!‹, und dieser Bursche versetzte mir einen Schlag mit etwas, das ich für einen Baseballschläger hielt.«

MacDonald beschrieb den Kampf und sagte unter anderem: »Ich konnte meine Hände kaum einsetzen, weil sich meine Schlafanzugjacke um sie gewickelt hatte. Und man hat mich fünfzig Millionen Male gefragt: ›Wie ist die Schlafanzugjacke in Ihre Hände gekommen?‹ Ich erinnere mich nicht daran. Vielleicht hat man sie mir während des Kampfes über den Kopf gezogen. Vielleicht hat man sie am Rücken zerrissen. Ich weiß es einfach nicht. Ich ... Sie war plötzlich um meine Arme gewickelt, und ich wollte die Arme einsetzen, bekam sie aber nicht heraus.

Und dann weiß ich nur noch, daß ich fiel und ganz kurz ein Knie sah. Alle weiteren Angaben über Stiefel, mit Fransen und weiße und schwarze und schmutzige Stiefel, stammen vom Chef der MP.

Ich sah ein Knie und darunter das, was ich für einen Stiefel hielt, weil es zu glänzen schien. Und als man mich fragte, ob der Stiefel naß gewesen sei, sagte ich, ja, entweder das, oder ein Kunstlederstiefel oder so. Ich habe niemals gesagt, ich hätte schmutzige Stiefel gesehen.

Ich erinnere mich, daß ich auf dem Boden lag, und dann dachte ich, mein Gott, all diese Schreie, und jetzt ist es still, und ich stand auf und ging durch die Diele zum Schlafzimmer.«

Er beschrieb, wie er Colette, Kimberly und Kristen fand, dann ins Elternschlafzimmer zurückkehrte und die Vermittlung anrief, nur um die Auskunft zu bekommen, er müsse sich selbst an die Militärpolizei wenden.

»Ich weiß nicht mehr, ob ich etwas gesagt habe oder nicht. Ich ließ den Hörer fallen und sah wieder nach Colette — irgendwann hatte ich meine Schlafanzugjacke über sie gelegt, die noch um meine Arme gewickelt war, als ich das Zimmer zum ersten Mal betrat.

Colonel Rock hat sich sehr dafür interessiert, ob ich sie fallen ließ oder zu Boden warf. Zum Teufel, ich weiß es nicht mehr. Ich glaube, ich warf sie zu Boden, hob sie dann wieder auf und legte sie Colette über die Brust. Irgendwann nahm ich sie wieder weg, um nach den Verletzungen zu sehen, und legte sie wieder darauf.

Ich erinnere mich nicht an ein weißes Badetuch, für das sich die CID so stark interessierte. Ich weiß nicht, ob ich sie damit bedeckte oder nicht. Ich überprüfte ihren Puls. Und als ich vom Telefon zurückkam, glaubte ich ... zu sehen, daß die Hintertür offenstand. Ich ging hinüber und sah hinaus. Und ich sah niemanden.

Also ging ich zu Kimberly zurück und versuchte eine Mund-zu-Mund-Beatmung, und ich hatte den Eindruck, daß Luft aus der Brust kam. Und die CID sagte: ›Aha! Sie hatte gar keine Brustverletzungen.‹ Sie hatte Verletzungen am Hals und an der Brust, und ich kann mich nur an dieses Geräusch erinnern. Und so sah ich nach Kristy, und irgendwann — ich weiß, das hört sich dumm an — faßte ich mir an den Kopf, als ich aus einem Kinderzimmer herauskam, und als ich die Hand herunternahm, war Blut daran, und ich weiß noch, wie ich dachte, mein Kopf tut fürchterlich weh.

Ich dachte wohl, ich blute, und ging ins Badezimmer und musterte mich im Spiegel. Das war nicht weit, nur ein Schritt. Und im Badezimmer ... ich ... ich weiß wirklich nicht, wann das war. Wenn Sie es unbedingt wissen wollten, würde ich sagen, als ich aus Kristys Zimmer kam, und bevor ich ein zweites Mal nach Colette sah.

Dann weiß ich wieder, wie ich in der Küche telefonierte. Da war noch diese blöde Vermittlung am Apparat, und es dauerte eine Weile, bis ich mit einem Sergeant sprach. Bei der Anhörung bezogen sie sich ständig auf dieses Verhör am 6. April, wo ich gesagt habe, ich sei wieder zu meiner Frau gegangen. Ich erinnere mich aber nur an das Ende des Telefonats und dann an einen Militärpolizisten, der mich festhielt, und überall liefen MPs herum und schrien und brüllten. Ich weiß nur noch, wie ich auf einer Trage lag, und dann war ich in einem Krankenwagen. Danach erinnere ich mich nur noch, daß ich mich mit dieser Schwester über meine Sozialversicherungsnummer stritt.«

Am Morgen des fünften Tages erkundigte sich Woerheide nach MacDonalds Verletzungen. MacDonald bestritt, ordentlich untersucht worden zu sein, und behauptete, zahlreiche Verletzungen davongetragen zu haben, die der Krankenbericht nicht erwähnte.

Am Nachmittag fragte Woerheide, ob MacDonald zum Abschluß seiner Aussage noch eine Stellungnahme abgeben wolle.

»Ich bin sicher, das Geschworenengericht fragt sich«, begann MacDonald, »wieso es zu dieser unglaublichen Beschuldigung gekommen ist, wenn ich die Wahrheit gesagt habe. Dazu möchte ich kurz etwas sagen.

Ich habe den Eindruck, daß Mr. Grebner, Mr. Shaw und Mr. Ivory am Morgen des 17. Februar sehr, sehr kritische Fehler begangen haben. Sie haben sie nie überprüft, sprachen sechs Wochen später mit mir und schienen irgendwie entschlossen, mich anzuklagen.

Es klingt absurd. Absolut lächerlich. Doch Mr. Grebner hat unter Eid ausgesagt, daß er das Haus betrat und augenblicklich zum Schluß kam, der Tatort wäre inszeniert. Wir fragten ihn nach dem Grund, und er sagte, wegen des Blumentopfs.

Er hätte nur einen Militärpolizisten fragen müssen. Er hätte die MPs antanzen lassen und fragen müssen: ›Hat jemand gesehen, wie jemand etwas berührte?‹ Das hat er nicht getan. Erst sechs Wochen später wurden die MPs befragt. Das ist eine unglaubliche Polizeiarbeit.

Aber warum sollte die CID Captain MacDonald das antun? Es lag nicht daran, daß ein fieser Colonel im Hintergrund Captain MacDonald eins auswischen wollte. Es begann ursprünglich mit dummen Fehlern. Doch aufgrund dieser Fehler machten sie weiter.

Sehen Sie, ich bin ja hier, um mich ganz offensichtlich zu verteidigen. Welchen Wert hat also mein Wort? Aber zu sagen, sie hätten keine Spuren anderer Menschen im Haus gefunden, wenn die Hintertür und die Vordertür offenstanden, Leute ein- und hinausgingen, wie es ihnen paßte, niemand Kimmys und Kris' Zimmer und das Schlafzimmer bewachte – Sie müssen sich nur die Aussage des Lieutnants durchlesen. Er hatte keine Ahnung, wieviel Mann unter seinem Befehl standen. Er kannte ihre Namen nicht. Er gab ihnen keine Anweisungen, nur die, nichts anzufassen. Er stellte keine Wachen an den Türen auf. Es ist nicht bekannt, wie viele Leute durch das Haus gingen, nicht einmal, wer sich alles auf das Sofa gesetzt hat.

Es ist unmöglich, die erste Stunde nach ihrem Eintreffen zu rekonstruieren. An diesem Morgen wurden die Ermittlungen zerstört. Aber deshalb bin ich noch längst nicht des Mordes schuldig.

Und mir kommt es ungewöhnlich vor, daß die CID solch ein Aufhebens wegen ein paar Blutstropfen im Elternschlafzimmer macht, wo doch, soweit ich mich erinnere, im ganzen Haus Blut war. Warum wurden diese wichtigen Tropfen nicht eindeutig identifiziert? Ich finde es verrückt, mich deshalb zu beschuldigen. Ich bin verletzt und wehre mich, und sie tragen mich durch die Diele und das Wohnzimmer. Dann behaupten sie, ich hätte den Tatort inszeniert.«

MacDonalds Tonfall wurde zunehmend erregter. Er schien

den Geschworenen hauptsächlich vermitteln zu wollen, wie *unfair* die Sache sei.

»Sie haben den Arzt nicht gefragt, ob er die Leiche meiner Frau bewegt hat. Dabei ... dabei haben sie für sie anscheinend sehr wichtige Fasern unter ihrer Leiche gefunden. Fasern, die angeblich von meiner Schlafanzugjacke stammen. Aber der Arzt hat sie bewegt und sich ihren Rücken angesehen, und dabei hätten die Stoffetzen zu Boden fallen können. Und ich habe sie auch bewegt. Anscheinend haben sie das nicht berücksichtigt.

Ich weiß, daß es sehr schwierig für dreiundzwanzig ganz normale Menschen ist, zu sagen: ›Mein Gott, wie können wir diesem Burschen glauben, wenn die Army und all diese Ermittler und das FBI soviel Zeit und Geld aufgebracht und nichts gefunden haben?

Sie haben niemals Straßensperren errichtet! Und dann behauptet die CID, ich sei der Täter, weil die Einbrecher, die in dieser Nacht in meinem Haus waren, nie gefunden wurden. Ich bin der Ansicht, daß sie nicht gefunden wurden, weil in diesen ersten Stunden unglaubliche Fehler gemacht wurden.

Und ich behaupte, daß sie später, als sie mögliche Spuren hatten – ich behaupte nicht, daß Helena Stoeckley schuldig ist, das sage ich nicht –, daß sie diesen Spuren nicht nachgegangen sind.

Nun, ich stehe vor Gericht. Ich werde nicht ... ich meine, mein Leben wurde zerstört, Sie können sich nicht vorstellen, was ich durchgemacht habe. Und es ergibt nicht den geringsten Sinn.

Lassen Sie sich nicht von diesem Mädchen verwirren, das auf meinem Zimmer gewesen sein soll. Das war ein halbes Jahr später, nachdem ich etwas Unglaubliches durchgemacht habe. Und es spielt auch keine Rolle, ob mich jemand besucht hat, auch dann nicht, falls ich noch unter Gewahrsam gestanden habe, was ich nicht glaube.

Ich hoffe, ich konnte mich Ihnen verständlich machen. Die Behauptung, ich hätte meine Frau und Kinder ermordet, weil sie kein Gras oder keinen Schmutz in dem Haus gefunden haben, ist verrückt. Und es ist verrückt, daß ich heute hier stehe. Das ist Wahnsinn! Die zweite Ermittlung der Army vor anderthalb Jahren —, zwei Millionen Dollar und zehntausend Seiten oder dreitausend Seiten oder was auch immer —, soll nur dafür sorgen, daß wir der CID keine Fehler nachweisen können.

Deshalb wurde sie durchgeführt.

Unter dem Strich klingt es ganz toll. Zwei Ermittlungen der Army — ihren Worten zufolge die größte Ermittlung, die die Army je durchgeführt hat. Und sie haben die vier Einbrecher nicht gefunden, und deshalb bin ich schuldig.

Ich möchte nur sagen, Sir ... Sie haben mich nicht danach gefragt, aber ich habe meine Frau und Kinder nicht ermordet.«

2

Jeffrey MacDonald kehrte nach Kalifornien zurück, doch das Schwurgericht tagte bis zum Januar 1975 weiter. Über fünfundsiebzig Zeugen sagten aus.

Allmählich zeichnete sich ein deutliches Bild von Jeffrey MacDonald ab: ein Zusammenhang, in den die Geschworenen den Mann einordnen konnten, dessen Geschichte sie in seiner Woche im Zeugenstand gehört hatten.

Benjamin Klein, der Chirurg, der MacDonald 1970 in der Notaufnahme untersucht hatte, sagte aus: »Er war medizinisch gesehen nicht in Lebensgefahr. Er hatte keinen Schock, und seine Verletzungen bluteten kaum. Er konnte sich allein aufsetzen und ganz normal sprechen.«

Merrill Bronstein, der Bereitschaft gehabt hatte, sagte aus: »Er war klinisch stabil. Abgesehen vom Pneumothorax war er kaum verletzt. Er hatte keine Atemschwierigkeiten, Puls, Blutdruck und so weiter waren normal.

Er hatte eine Prellung links auf der Stirn, eine oberflächliche Stichwunde im linken Oberarm, die Stichwunde im linken Oberleib und die Stichwunde rechts in der Brust.« Diese Verletzung beschrieb Bronstein als »klein und sauber«. Sie war nur einen Zentimeter lang.

»Hatte er vierzehn Verletzungen, die von einem Eispickel stammten?«

»Er hatte nirgendwo Verletzungen von einem Eispickel, und ich habe ihn von Kopf bis Fuß untersucht. Er befand sich keineswegs in Lebensgefahr und wurde am nächsten Tag von der Intensivstation auf ein Einzelzimmer verlegt.«

»Hatte er Besuch?«

»Seine Mutter war oft bei ihm, und er stellte mir einen Freund namens Ron Harrison vor.«

»Erzählen Sie uns von Ron Harrison.«

»Ich bin kein Psychiater, aber ... er kam mir gestört vor. Er sagte zu mir, er sei ein Killer und würde die Leute killen, die dieses Verbrechen begangen hatten. Er war paranoid. Er machte sich immer Sorgen, welche Leute gerade in der Nähe seien. Eines Abends trafen wir ihn zufällig in einem Restaurant, und er machte meiner Frau richtig angst. Er sprach nur von Mord und Tod. Er machte auch mir angst. Ich weiß nicht, wie er Jeffs Freund sein konnte.«

MacDonalds unmittelbare Nachbarin, die Mutter des sechzehnjährigen Mädchens, das gelegentlich auf die Kinder der MacDonalds aufpaßte, sagte aus, daß ›MacDonald der Boß‹ gewesen sei. »Wenn er ihr etwas auftrug, tat sie es sofort. Sie war eine sehr gehorsame Frau.« Bis, so die Nachbarin, zu den frühen Morgenstunden des 17. Februar 1970. »Ich wachte aus einem tiefen Schlaf auf und hörte Colettes Stimme. Sie war furchtbar wütend.«

»Konnten Sie die Worte verstehen?«

»Nicht genau, aber ich könnte auf die Bibel schwören, daß sie in etwa gesagt hat: ›Glaubst du, daß ich einfach zusehe, während du das machst? Glaubst du, ich sehe einfach zu und tue nichts? Wenn du den Kindern oder mir auch nur ein Haar krümmst, bringe ich dich um!‹«

Auch die sechzehnjährige Tochter, nun eine junge Frau von einundzwanzig Jahren, sagte aus. Auf die Bitte, ihren Eindruck von der Beziehung zwischen Jeffrey und Colette MacDonald zu beschreiben, sagte sie: »Damals dachte ich, sie wären ziemlich glücklich, weil sie sich nie anschrien. Doch jetzt erinnere ich mich, daß sie nie gelächelt haben. Colette hat nie gelächelt, und Jeff war vom Januar an auch nicht mehr freundlich. Ab Januar begrüßte mich Colette kaum, wenn ich zum Babysitten kam. Ich weiß nicht. Wenn ich sie zusammen sah, spürte ich einfach, daß sie nicht glücklich waren.«

Was die Schlafgewohnheiten der Kinder betraf, sagte sie: »Manchmal holte Kim Kris in ihr Zimmer. Manchmal wollte Kim im Bett ihrer Eltern schlafen. Ich ließ sie schlafen, wo sie wollten. Kristen bekam des Nachts normalerweise eine zweite Flasche und wachte auf und rief danach. Kim wachte manchmal auch auf, und ich mußte zu ihr und mit ihr sprechen. Sie rief immer nur ›Mommy!‹ und sagte sonst kaum etwas. Ich sagte ihr dann, daß ihre Eltern bald nach Hause kommen würden. Sie hörte mir einfach zu.«

»Hat Kimberly jemals ins Bett gemacht?«

»Ich habe es wohl einmal miterlebt.«

»Und Kristen?«

»Sie machte ziemlich oft ins Bett.«

Die ehemalige Babysitterin sagte auch aus — nachdem sie zuvor meinte, sie könne sich nicht daran erinnern —, daß die MacDonalds einen Eispickel gehabt hätten. Er lag normalerweise auf dem Eisschrank, und sie hätten ihn benutzt, um Eis für Drinks oder Eiscreme für die Kinder zu zerkleinern.

Der Zeitungsreporter, der über die Anhörung berichtet und MacDonald an dem Morgen, da alle Anklagen gegen ihn fallengelassen wurden, interviewt hatte, sagte aus, er habe Jeffrey MacDonald während dieser Zeit gut kennengelernt. »Man verbringt fünf Monate mit jemandem, und es stellt sich heraus, ob man ihn mag oder nicht. Ich mochte Jeffrey MacDonald sehr gut leiden. Er war unglaublich. Er sah gut aus, war ganz der amerikanische Junge von nebenan, Arzt, Green Beret und so weiter.« Dennoch habe er Zweifel an MacDonalds Unschuld bekommen. Er habe oft in der Drogenszene von Fayetteville recherchiert und meinte, es hätte sich herumgesprochen, wenn vier Leute aus diesem Umkreis einen Mord begangen hätten. »Außerdem stimmte die Ausdrucksweise nicht. ›LSD ist groovy. Bringt die Schweine um.‹ Leute aus der Drogenszene würden so etwas nicht sagen, vor allem nicht *groovy*, das nicht aus ihrem Slang stammt.

Außerdem könnten vier Leute, die LSD genommen haben, kaum allein auf die Toilette gehen, geschweige denn drei Menschen ermorden. Und LSD macht normalerweise nicht gewalttätig. Die einzige Droge, die mir in dieser Hinsicht einfällt, wären Amphetamine.«

Die Geschworenen erfuhren etwas mehr über die Geschehnisse, die dem 17. Februar 1970 vorausgegangen waren, als Jeffrey MacDonalds ehemalige Freundin Penny Wells aussagte.

Sie beschrieb Jeffrey MacDonald als einen ›attraktiven, phantastischen Menschen‹, mit dem sie während der High-School eine intime Beziehung hatte. Diese Beziehung habe im Sommer 1962 – dem Sommer nach MacDonalds erstem Jahr auf Princeton – ein Ende genommen, weil sie erfahren habe, ›daß er anscheinend mit jemandem dort drüben ging oder zusammenlebte‹.

»Mit einem anderen Mädchen?«
»Genau.«
»Und das hat Sie gestört?«
»Ja. Ich sprach ihn darauf an, und er stritt es ab. Und ich ging.«
»Sie haben ihm nicht geglaubt?«
»Nein.«
»Wann haben Sie ihn das nächste Mal gesehen?«
»Irgendwann um das Erntedankfest. Jemand hatte mir gesagt, er sei in der Stadt und suche nach mir. Ich war mit einer Freundin in einem Restaurant, und als ich sah, wie er hereinkam, ging ich hinten raus. Er sah mich und holte mich ein, doch ich ignorierte ihn einfach und ging.«
»Wann haben Sie ihn danach zum ersten Mal gesehen?«
»Einen Tag, bevor er und Colette heirateten, kam er in das Büro, in dem ich arbeitete, und sagte, er würde morgen heiraten. Als ich nach Hause fuhr, steckte ein Zettel an meinem Wagen. Es stand etwas von einem Geschenk darauf.«
»Daß Sie ein Geschenk bekommen würden?«
»Ja.«
»War es ein handschriftlicher Zettel?«
»Jeff hatte ihn mit der Hand geschrieben und mit seinen Initialen unterzeichnet.«
»Haben Sie von ihm ein Geschenk bekommen?«
»Es lag in meinem Wagen. Ein Négligé. Es war rot und schwarz.«
»Rot und schwarz. Waren das die Farben Ihrer High-School?«
»Ja.«

»Kommen wir zum April 1964. Colette wurde gerade im Krankenhaus von Kimberly entbunden. Haben Sie zu dieser Zeit etwas von Jeff gehört?«

»Ja, ich glaube, er rief mich an und lud mich zum Mittagessen ein. Er wollte mir einen Wildledermantel kaufen, aber ich sagte ihm, ich könne mir meine Kleidung selbst kaufen. Es war nur ein kurzes Mittagessen. Ich erinnere mich nicht mehr, worüber wir sonst noch gesprochen haben.«

»Wann sahen Sie ihn danach wieder?«

»Auf einer Geburtstagsfeier seiner Mutter. Ich glaube, es war im Juni 1969. Ich war ein paarmal mit seinem Bruder Jay ausgegangen, und er hatte mich eingeladen. Ich hatte keine Ahung, daß Jeff und Colette auch dort sein würden. Es war mir etwas peinlich. Ich stand auf der einen Seite des Hofes, und sie auf der anderen. Mrs. MacDonald setzte sich schließlich, um ihre Geschenke auszupacken, und ich saß ihr gegenüber und reichte ihr die Geschenke an.«

»Hatten Sie im Herbst 1969 irgendeinen Kontakt mit Jeffrey MacDonald?« fragte Woerheide.

»Nein.« Sie habe ihn weder am Bahnhof Patchogue noch sonstwo getroffen.

»Wie erfuhren Sie im Februar 1970 von den Morden?«

»Es stand in der *Daily News*. Ich sah den Namen Jeffrey MacDonald und dachte, herrje, ob er das ist? Ich wußte nicht, daß er in Fort Bragg war. Also las ich den Artikel, sah den Namen Colette und wußte, daß er es sein mußte.«

»Was haben Sie als alte Freundin Jeffs und der Familie getan?«

»Eine Beileidskarte geschickt.«

»Haben Sie eine Antwort bekommen?«

»Ja. Zwei oder drei Wochen später erhielt ich einen sehr kurzen Brief, in dem er sich erkundigte, ob das FBI mich verhört habe.«

»Haben Sie darauf geantwortet?«

»Nein. Ich habe den Brief drei oder vier Tage später zerrissen.«

Im November 1970 war Penny Wells nach San Diego gezogen. Im Februar erfuhr sie, daß MacDonald wahrscheinlich nach Long Beach ziehen wollte. »Ich schrieb ihm einen ganz kurzen Brief. Wenn er je in San Diego sei, solle er mich anrufen. Gegen Ende Mai rief er dann an und sagte, er würde im Juni kommen. Ich holte ihn am Flughafen ab, und er wohnte eine Weile bei mir.«

»Berichten Sie uns darüber.«

»Ich war zuerst einmal sehr enttäuscht von seinem Aussehen. Er sah ganz anders aus, nicht mehr so gut, wie ich ihn in Erinnerung hatte, und war viel dünner. Und... na ja, ich hatte nicht das geringste Interesse an ihm. Unsere Wege hatten sich getrennt, und es war nichts mehr zwischen uns. Ich hatte nichts mehr mit ihm gemeinsam.«

»Hat er Interesse an Ihnen gezeigt?«

»Ich würde sagen, nein. Ich habe ihm aber auch keine Gelegenheit dazu gegeben.«

»Er hat also nur bei Ihnen gewohnt?«

»Ja.«

»Wann hatten Sie zum letzten Mal Kontakt mit ihm?«

»Nur eine Karte, auf der er mir seine neue Adresse in Hungtington Beach mitteilte. Darunter stand: ›Habe wahnsinnig viel zu tun. Rufe dich an.‹ Danach habe ich nichts mehr von ihm gehört.«

Als Penny Wells ihre Aussage beendet hatte, wußten die Geschworenen nicht nur, daß sie und nicht MacDonald ihre Beziehung während seines Studiums in Princeton beendet hatte, sondern auch, daß er versucht hatte, diese Beziehung am Tag vor seiner Hochzeit mit Colette und am Tag nach der Geburt seiner Tochter Kimberly wieder aufleben zu lassen. Ob er sie auch im Herbst 1969 gesehen hatte und wünschte, sie zu sehen, während er angeblich die Boxmannschaft nach Rußland begleitete, konnte nicht geklärt werden.

Von Bedeutung war jedoch, daß MacDonald, als er sich noch im Krankenhaus von dem am 17. Februar zugezogenen Verletzungen erholte, so besorgt darüber war, wie andere sein Verhältnis zu Penny Wells sahen, daß er sich bei ihr erkundigte, ob sich das FBI mit ihr in Verbindung gesetzt habe.

Und interessant war auch, daß Penny Wells MacDonald am Flughafen abgeholt hatte, als er 1971 nach Kalifornien flog.

Im Lauf der Wochen versuchte Victor Woerheide, den Geschworenen ein besseres Bild vom Charakter und der Persönlichkeit Jeffrey MacDonalds zu geben, indem er Aussagen sowohl von den Psychiatern und Psychologen als auch von Angehörigen der Familien MacDonald und Kassab präsentierte.

Mildred Kassab sagte: »Ich rief Colette zum Erntedankfest an, und sie sagte: ›Du kannst Freddy ausrichten, daß er mir die Kehle durchschneiden kann. Ich bin wieder schwanger.‹ Dieser Witz bezog sich darauf, daß er gesagt hatte, er würde ihr die Kehle durchschneiden, falls sie wieder schwanger werden sollte, weil sie zwei schwierige Kaiserschnitt-Geburten hinter sich hatte und bei der zweiten fast an inneren Blutungen gestorben wäre.

Ich fragte sie, wie sie sich fühle, und sie sagte: ›Ich weiß nicht. Ich bin etwas unglücklich darüber, aber alle anderen hier freuen sich sehr.‹ Und sie erwähnte, daß sie vierzehn Gäste zum Essen habe, eingeschlossen Jeffreys Mutter.

Weihnachten haben wir sie besucht, und Jeff war ziemlich aufbrausend und gereizt. Er fuhr sie zum Beispiel an: ›Warum hast du meinen Anzug nicht aus der Reinigung geholt?‹ Colette antwortete nie darauf, und ich fragte mich oft: Warum sagt sie nichts? Aber sie nahm alles hin, und deshalb hatten sie in meiner Gegenwart auch nie Streit.

Es gab viele Kleinigkeiten, über die ich mich ärgerte, aber Colette sagte nie etwas, behielt ihre Probleme immer für sich. Ich erinnere mich an eine Sache, als sie noch in New Jersey oder Chicago wohnten. Jeff fuhr mit dem Wagen ständig zum Krankenhaus oder zur Arbeit, und Colette mußte alle Besorgungen erledigen. Und eines Tages stolperte Jeff über ein paar Flaschen und fragte sie, warum sie sie nicht zurückgebracht habe. Und sie sagte, sie würde sie nächste Woche oder so zurückbringen. Danach sagte ich zu ihr: ›Colette, er hat den Wagen. Warum sagst du ihm nicht, er soll die Flaschen selbst zurückbringen?‹ Und sie sagte: ›Mutti, sage so etwas nie zu Jeff, denn er kann keine Kritik vertragen.‹ Und so habe ich Jeff nie etwas gesagt, nur, als wir Weihnachten dort zu Besuch waren.

Die Atmosphäre war aus irgendeinem Grund gespannt.

Schon als wir kamen, wirkte Colette irgendwie bedrückt. Ich sagte, wie gut mir ihr Weihnachtsbaum gefiele, aber sie reagierte kaum darauf. Warum, weiß ich nicht. Ich dachte zuerst, es läge an ihrer Schwangerschaft.

Am nächsten Tag zeigte Jeff uns das Pony, und natürlich freute ich mich mit den Kindern. ›Colette, das ist der Anfang eurer Farm in Connecticut‹, sagte ich, und sie fing an zu weinen. Ich dachte damals, sie habe vor Freude geweint, aber vielleicht weinte sie auch, weil sie befürchtete, es würde diese Farm nie geben.

Am Nachmittag bereitete Colette dann ein aufwendiges Abendessen vor, Ente, und Jeff wollte unbedingt die Nachbarn von oben auf einen Drink einladen. ›Bitte nicht‹, sagte sie, ›die bleiben doch immer so lange, und ich habe das Essen schon im Ofen.‹

Aber Jeff lud sie trotzdem ein. Und sie blieben tatsächlich sehr lange, und als wir dann aßen, waren die Enten trocken. Keiner sagte etwas, und wir aßen in völligem Schweigen. Und als ich fragte, was los sei, sagte Jeff: ›Ach, sie ist immer so, wenn ich jemanden einlade. Es zeugt von verdammt schlechten Manieren, einfach in der Küche zu bleiben.‹

›Aber sie hat dir doch gesagt, daß sie zu tun hat‹, erklärte ich ihm, doch Jeff stand einfach auf und ging. Die Kinder sagten nichts, und Colette weinte etwas, und ich sagte Jeff, er benehme sich sehr kindisch. Vielleicht war mir Colette deshalb so angespannt vorgekommen... sie wollte nicht, daß wir von ihrem Streit etwas mitbekamen. Sie hätte mir auch nie eingestanden, daß sie argwöhnte, Jeff könne sie betrügen.«

»Erinnern Sie sich, ob ein Eispickel im Haus war?« fragte Victor Woerheide.

»Ja. Ich habe ihn selbst benutzt, um Eis damit zu zerkleinern.«

Mildred Kassab sagte weiter aus, sie habe sich sehr darüber gewundert, daß sie in diesem Jahr weder eine Valentinskarte noch Freddy eine Geburtstagskarte von Colette bekommen hätten. »Sie muß sehr durcheinander gewesen sein, um das zu vergessen.«

»Wann haben Sie zum letzten Mal mit ihr gesprochen?«

»Ich rief sie am 14. Februar an. Sie sagte, sie sei allein, Jeff sei arbeiten. Sie sagte, sie hätten vor ein oder zwei Tagen jemanden zum Flughafen gebracht, und sie wünschte sich, sie hätte mitfliegen können. Dann sagte sie, Jeff würde vielleicht im April mit der Boxmannschaft nach Rußland fliegen und erst Ende Juli zurückkommen, und sie erwarte ja am 18. Juli das Kind. Sie ging einfach davon aus, daß Jeff nach Rußland fliegen mußte — als ob man es ihm befohlen hätte! — und fragte mich, ob ich ganz bestimmt kommen würde.

Und ich sagte: ›Ich werde kommen. Ganz egal, was passiert, ich werde kommen.‹«

Dann sagte der ehemalige Chefarzt der Psychiatrie des Walter Reed Army Hospitals aus. Er hatte bereits bei der Anhörung ausgesagt, doch vor dem Schwurgericht konnte er sich ausführlicher äußern.

»Man sagte mir, ein Psychiater habe Captain MacDonald beurteilt und sei zum Schluß gekommen, er sei zu solch einer Tat nicht imstande, und bat mich, ihn ebenfalls zu untersuchen und über den Befund auszusagen.

Zuerst nahm Captain MacDonalds Militäranwalt mit mir Kontakt auf und erzählte mir etwa anderthalb Stunden lang in Abwesenheit von Captain MacDonald seine Seite der Geschichte. Später an diesem Nachmittag suchten mich der CID-Ankläger und Mr. Ivory auf. Sie zeigten mir Bilder des Tatorts und der Leichen. Ich war ungehalten darüber und sagte ihnen das auch. Ich zitterte, als ich nach Hause fuhr, und schlief in dieser Nacht kaum.

Am nächsten Tag kam Dr. MacDonald zu mir. Ich gab ihm an der Tür die Hand.

Er war sehr herzlich und kooperativ und drückte seinen Zorn darüber aus, beschuldigt worden zu sein und all das mitmachen zu müssen, vermittelte aber gleichzeitig den Eindruck, darüber reden zu wollen.

In meinem ersten Gespräch mit ihm kam ich absichtlich nicht auf den 17. Februar zu sprechen. Ich erkundete seinen Hintergrund. Wir sprachen über seine Familie und seinen Vater, einen sehr maskulinen Mann, der der Auffassung war — und ich zitiere —, ›daß Frauen das Land übernommen haben‹.

Ich bekam den Eindruck, daß er seinem Vater gefühlsmäßig nicht sehr nahe stand. Seine Mutter beschrieb er als sehr ruhige, stille, starke Person, seinen Bruder Jay als Versager, der ständig neue Jobs und einen paranoid-schizophrenen Zusammenbruch erlitten habe. Über sein Schwester Judy äußerte er sich eher abfällig, und trotz der Beschreibung seiner Mutter drängte sich mir der Verdacht auf, daß in seiner Familie die Frauen eher heruntergemacht wurden.

Sich selbst beschrieb er als sehr ehrgeizig, sportlich und ehrlich. An dieser Stelle eines Gesprächs sage ich immer: ›Na schön, das sind die guten Seiten. Können Sie mir auch ein paar schlechte nennen?‹

Er sagte, er sei ›zwanghaft‹. Hier beschrieb er zum ersten Mal ein Gefühl. Er sagte, er könne seine Familie nicht akzeptieren. Das kam ihm selbst seltsam vor, weil er mit seinen Patienten nie Schwierigkeiten habe. Er könne allen Mist ertragen, den seine Patienten ihm erzählten.

Er sprach davon, was geworden wäre, wäre seine Familie nicht umgebracht worden. Er hätte eine engere Beziehung zu Colette und ein besseres Verhältnis zu den Kindern haben können. Er beschrieb seine Frau als die beste Mutter auf der Welt, die völliges Verständnis für die Kinder habe.

Er sagte, er kenne sie seit der achten Klasse und sei seitdem mit ihr zusammen. Sie hätten sich ein paarmal getrennt. Nach den Gründen dafür fragte ich nicht, wohl aber nach seinen Reaktionen darauf. Er sagte, er habe sich verletzt gefühlt und sei verdrossen gewesen. Es betrübte ihn, daß sie geweint habe.

Ich fragte ihn nach seinem Geschlechtsleben. Er sagte, er habe seine erste sexuelle Beziehung mit vierzehn Jahren gehabt, mit der Mutter einer seiner Freunde.

Er sprach über Kimberly, die ein sehr weibliches Kind sei. Kristy sei ein Tiger. Nun erzählte er ziemlich gefühllos. Ich war von der Gelassenheit beeindruckt, mit der er mir diese Informationen gab. Er sprach von seinen Gefühlen für die Army, die auf einen gewaltigen Zorn hinausliefen.

Er sprach über das Verhältnis seiner Familie zu seinem Bruder Jay. Seine Eltern seien Jay gegenüber ziemlich gleichgültig gewesen, und er, Jeff, habe mehr Anerkennung von ihnen bekommen. Er fühlte sich deshalb schlecht und befürchtete, er könne irgendwie die Schuld daran tragen, daß Jay auf die schiefe Bahn geraten war.

Wir sprachen über Alkohol, den er nur sehr zurückhaltend trank. Seine Frau habe eine Zeitlang Diätpillen genommen und er ebenso, als er auf dem College in der Boxmannschaft war. Er sagte, er sei ein Kämpfer, habe sich auf der High-School viermal die Nase gebrochen.

Das zweite Gespräch führte ich anfangs über seinen Vater und dessen Tod. Seine Mutter habe furchtbar geweint, und er schuf den Eindruck, er, Jeff, habe der Familie über den Tod des Vaters hinweggeholfen. Er fügte hinzu, daß Colettes Vater Selbstmord begangen habe.

Ich hatte nicht gewußt, daß Colette bei ihrer Hochzeit schon schwanger war. Er betonte jedoch, daß sie sowieso geheiratet hätten.

Er gab mir freiwillig Informationen über seinen sexuellen Hintergrund, indem er mir sagte, er habe einmal eine Affäre mir einer Stewardeß gehabt. Ich weiß nicht, ob er mich damit beeindrucken wollte. Dann sprachen wir über seinen Bruder, und er sagte, daß er sich seiner schäme.

Schließlich kamen wir auf die Nacht des 16. und den Morgen des 17. Februar zu sprechen. Er erzählte, wie er nach Hause kam und mit den Kindern das Pony fütterte, das er ihnen geschenkt hatte; er machte ein ziemlich großes Aufheben darüber.

Mir war bekannt, daß die Ermittler von einem Streit zwischen Captain MacDonald und seiner Frau über die Art und Weise wußten, wie man verhindern könnte, daß die Kinder weiterhin ins Bett machten und zu den Eltern ins Bett kamen. Nicht ich, sondern er brachte das Thema darauf. Seine Frau hatte es an diesem Abend mit ihrem Psychologielehrer besprochen. Ich suchte vorsichtig nach weiteren Konfliktpunkten zwischen ihm und seiner Frau, denn die Ermittler hatten mir gegenüber betont, daß sie darin ein mögliches Tatmotiv sahen.

Er reagierte nicht besonders stark darauf, sagte, er habe sich nicht geärgert, daß sie mit dem Professor darüber gesprochen habe. Colette würde nicht so gut damit fertig, wenn die Kinder weinten, und ließe ihnen deshalb mehr durchgehen als er.

Während wir über den eigentlichen Überfall sprachen, wurde er immer wieder gefühlsmäßig und weinte, erholte sich jedoch immer schnell. Nun stellte ich einige Zwischenfragen. Warum hatte er Kristy nicht umgezogen, da sie doch ins Bett gemacht hatte? Er sagte, er habe sie nicht wecken wollen. Ziemlich nüchtern beschrieb er, wie er die Leichen gefunden hatte, und wurde erst wieder wütend, als er erzählte, wie ihn irgendein ›Arschloch‹ im Krankenwagen nach seiner Sozialversicherungsnummer fragte. Dabei fluchte er und drückte Gefühle aus.

Ich fragte ihn, was er tun wolle, wenn das alles vorbei sei. Er sagte, er wüßte es nicht, aber er sei sein ganzes Leben lang eine Kämpfernatur gewesen.

Wir sprachen darüber, daß seine Mutter ihr Haus verkauft hatte, um die Rechtsanwaltskosten bezahlen zu können. Er sagte, das Geld sei ihm egal. Er habe das Gefühl, er würde sich erholen und wieder als Arzt arbeiten. Dann legte sich ein sehr nachdenklicher Ausdruck auf sein Gesicht, und er sagte: ›Wissen Sie, diese Arschlöcher wollen eine Siegesparty feiern, wenn das vorbei ist.‹ Er sprach von seinen Anwälten. Und er fuhr fort: ›Ich will keine Siegesfeier haben. Ich meine, das ist zwar ein Kampf, aber ich habe nicht das Gefühl, daß es einen Sieg gibt. Ich habe meine Familie verloren, und – ich werde erleichtert sein, mehr nicht.‹

Das war im Prinzip der Inhalt der beiden Gespräche, die ich mit ihm führte. Ich habe den Eindruck, daß Dr. MacDonald eine große Selbstbeherrschung hat und darauf bedacht ist, seine Gefühle nicht zu zeigen. Er mag zwar Trauer empfinden, verwandelt sie aber in Zorn über das um, was man ihm antut.«

»Na schön«, sagte Victor Woerheide. »Wie sieht denn Ihre psychologische Einschätzung von Jeffrey MacDonald aus?«

»Nun, sein hauptsächlicher Verteidigungsmechanismus, sein hauptsächlicher Mechanismus, mit Streß fertig zuwerden, ist die Verleugnung. Das erklärt zum Beispiel, wieso er sich bis zum 6. April keine Geschichte zurechtgelegt hat – zumindest behauptet er das. Er hat nicht darüber nachgedacht. Es ist für mich unvorstellbar, daß jemand nicht darüber nachdenkt und versucht, die Einzelheiten zu klären. Er ist wahrscheinlich imstande, sich davor zu verschließen.

Er benutzt auch andere Mechanismen — Aktivität. Er beschrieb mit einiger Bekümmerung, daß er mit seiner Familie nicht so gut zurechtkam, wie es eigentlich sein sollte, er aber andererseits nie Probleme mit seinen Patienten hatte. Ich glaube, es ist leichter für ihn, einen Arztkittel zu tragen, als einfach Mensch zu sein. Deshalb arbeitet er wohl auch in der Notaufnahme — weil er weiß, was er dort zu tun hat.

Ich habe nicht das Gefühl, daß er pathologisch krank ist, doch er reagiert auf jeden Fall impulsiv. Das zeigte sich, als er das Pony kaufte und zu den Special Forces ging. Und er ist sehr davon abhängig, was andere Leute von ihm halten. Es ist äußerst wichtig für ihn, daß sie einen guten Eindruck von ihm bekommen. Sie dürfen nicht sehen, wie er zusammenbricht und weint. Er hat das fast paranoid ausgedrückt: ›Sie ziehen den Nutzen daraus, wenn ich weine. Ich habe keinen Vorteil davon.‹«

»Aber Sie kommen zum Schluß«, fragte Woerheide, »daß er, was Geisteskrankheiten betrifft, als normal anzusehen ist?«

»Ja, Sir.«

»Stimmen Sie mit mir überein, daß er sich für unzulänglich hält — zum Beispiel seine Männlichkeit, wie er sie definiert?«

»Ich hoffe doch, das klar ausgedrückt zu haben. Er muß kompensieren, Leistung zeigen. Er muß sich freiwillig als Fallschirmspringer melden. Er lügt, um seine Bewerbung durchzusetzen — zum Beispiel nach der Frage, ob er jemals Probleme mit dem Rücken gehabt habe. Er verneint, weil man ihn bei all seinen Football-Verletzungen während der High-School-Zeit sonst nie akzeptiert hätte.«

»Drückt dieses Gefühl der Unzulänglichkeit, das Kompensieren, der Drang, die Fassade aufrechtzuhalten, vielleicht vorpsychotische Tendenzen aus?«

»Das würde ich nicht so sehen.«

»Ich frage nur, ob es möglich ist.«

»Möglich schon.«

»Könnte er unter extremem Streß gewalttätig reagieren?«

»Ich glaube schon.«

»Würde diese Gewalttätigkeit soweit gehen, Mitglieder seiner Familie zu töten?«

»Es wäre möglich, aber das soll unter keinen Umständen heißen, daß er es auch getan hat. Er ist nicht der strahlend erfolgreiche Mensch, als der er sich gibt, aber das würde ich nicht als krankhaft bezeichnen. Ich habe ihn auf eine Geisteskrankheit untersucht und keine Anzeichen dafür gefunden. Wir haben versucht, einer solchen Krankheit auf die Spur zu kommen, und das ist uns nicht gelungen. Haben wir dabei versagt? Das wäre möglich.

Doch wenn ich *sein* Psychiater wäre, würde ich solch einen Defekt bei der Verteidigung in den Vordergrund stellen.«

»Zeitweilige Unzurechnungsfähigkeit?«

»Ja, Sir. Wir haben keine Beweise dafür, aber andererseits haben wir auch nicht die Möglichkeiten ausgeschöpft. Ich habe ihm ein Gespräch unter Amytal vorgeschlagen. In den Zeitungen wird dieses Medikament häufig als Wahrheitsserum bezeichnet, doch das ist eigentlich nicht der Fall. Es führt dazu, daß man bis zu einem bestimmten Grad die bewußte Kontrolle über seine Gedankenprozesse verliert, und hilft einem, seine Erinnerungen zurückzugewinnen. Und ein Erinnerungsverlust beruht übrigens sehr häufig auf einem Bedürfnis, sich an etwas nicht zu erinnern, und nicht daher, daß man einfach etwas vergessen hat.

Wir haben ihm also ein Gespräch unter Amytal angeboten. Nicht, um seine Depressionen zu verstärken, sondern um seine Erinnerungen an die Oberfläche zu bekommen und behandeln zu können, damit er nicht den Rest seines Lebens mit dieser Tragödie leben mußte. Und diese Behandlung würde auch helfen – falls er unschuldig ist –, eine deutlichere Beschreibung der Täter und Ereignisse zu bekommen. Er hat sich geweigert.«

An dieser Stelle stellte einer der Geschworenen eine Frage. »Hätten Sie sich dieser Behandlung unterzogen, wenn Sie Dr. MacDonald wären?«

»Wenn ich Dr. MacDonald wäre und von meiner Unschuld überzeugt wäre?«

»Ja.«

»Ganz bestimmt. Dieser Test könnte mir nur helfen.«

»Und er könnte ihm nicht schaden? Geistig, meine ich?«

»Wie ich schon sagte, er hätte eine größere Depression hervorrufen können, aber die hätte man andererseits behandeln können. Das wäre das einzige Risiko gewesen. Aber ... ja, wenn ich Dr. MacDonald wäre, hätte ich mich dem Test unterzogen.«

»Sie haben in Ihrer Antwort noch etwas angedeutet«, sagte Victor Woerheide. »Wenn Sie in seinen Schuhen steckten und wüßten, Sie sind unschuldig, hätten Sie nicht gezögert, sich dem Test zu unterziehen?«

»Richtig.«

»Aber wenn Sie in seinen Schuhen steckten und wüßten, daß Sie die Tat begangen haben? Hätten Sie sich dann einem Gespräch unter Sodium-Amytal unterzogen?«

»Nein, Sir.«

Jeffrey MacDonalds Bruder wurde in den Zeugenstand gerufen. Er war mit schulterlangem Haar und einem Rucksack in Raleigh eingetroffen. Mit einem Meter und fünfundachtzig und über einhundert Kilo war er der einzige von fünfundsiebzig Zeugen, der in der Statur Victor Woerheide ähnelte.

»Wo leben Sie jetzt, Mr. MacDonald?« fragte Woerheide.

»Jetzt?«

»Ja.«

»Hier.«

»Wo haben Sie gelebt, bevor Sie hierher kamen?«

»Gestern?«

»Wie lautet Ihre Adresse? Wo haben Sie Ihren Wohnsitz?«

»Ich weiß ehrlich nicht, was Sie mit Wohnsitz meinen. Ich wollte schon immer erfahren, was das bedeutet.«

»Wann sind Sie ›hier eingetroffen‹?«

»Was meinen Sie mit ›hier eingetroffen‹?«

»Wann sind Sie in Raleigh eingetroffen?«

»Ach, in Raleigh, meinen Sie. Gestern abend gegen sieben Uhr.«

»Und woher kamen Sie?«

»Vom Flughafen.«
»Vom Flughafen Raleigh?«
»Genau.«
»Wie sind Sie zum Flughafen Raleigh gekommen?«
»Mit dem Flug 738 der Eastern Airlines.«
»Und wo haben Sie das Flugzeug bestiegen?«
»In Philadelphia.«
»Wie sind Sie zum Flughafen Philadelphia gekommen?«
»In einer Limousine von der George Washington Motor Lodge in der Nähe von Fort Washington.«
»Und wie sind Sie zur Fort Washington Motor Lodge gekommen?«
»In einem meiner Autos.«
»Und wo sind Sie losgefahren, als Sie in einem Ihrer Autos...«
»Von Haus 307 Aqueton Road in New Hope, Pennsylvania, Planet Erde, wohin die Vorladung zugestellt wurde.«
»Bewahren Sie Ihren persönlichen Besitz in diesem Haus auf?«
»Ich bewahre meinen persönlichen Besitz in einem Rucksack in dem Zimmer auf, aus dem ich hierher gekommen bin.«
»Abgesehen von dem, was Sie bei sich tragen... bewahren Sie anderen persönlichen Besitz in diesem Haus auf?«
»Einige.«
»Und schlafen Sie von Zeit zu Zeit dort?«
»Manchmal.«
»Und bekommen Sie Ihre Post dorthin geschickt?«
»Nur, wenn es unumgänglich ist.«
»Aber die Post liefert dort gelegentlich Briefe für Sie ab? Steht diese Adresse darauf?«
»Wie ich schon sagte, nur wenn es unumgänglich ist.«
»Gehen Sie einem Gewerbe oder einer Beschäftigung nach?«
»Ich weiß nicht, was Sie mit Gewerbe oder Beschäftigung meinen.«
»Haben Sie einen Lebensunterhalt?«
»Ich weiß nicht, was Sie damit meinen.«
»Haben Sie einen Verdienst?«
»Ich weiß nicht, was Sie damit meinen.«
»Haben Sie eine Einkommensquelle?«

»Ich weiß nicht, was Sie damit meinen.«
»Bekommen Sie jemals Geld für geleistete Dienste?«
»Manchmal.«
»Was für Dienste leisten Sie?«
»Ich liefere manchmal Feuerholz aus.«
»Wo betreiben Sie dieses Unternehmen?«
»Wo ich kann. Wenn das Geld okay wäre, würde ich auch eine Ladung Feuerholz nach Peking bringen.«
»Wo kann man Sie erreichen, um eine Ladung Feuerholz nach Peking oder sonstwo hin zu schicken?«
»Mundpropaganda. Wenn ich irgendwo Feuerholz ablade, kommt jemand vorbei und sagt: ›He, Kumpel, wo hast du dieses Holz her? Ich könnte auch welches gebrauchen.‹ Dann schließe ich einen Handel mit ihm ab und liefere ihm das Holz.«
»Angenommen, jemand sieht Sie nicht zufällig, wie Sie Holz abladen, weiß aber, daß Sie Holz liefern, und will sich mit Ihnen in Verbindung setzen?«
»Ich habe Ihnen doch gerade gesagt, wie es funktioniert.«
»Wo kann man Sie normalerweise finden?«
»Wo ich das Holz ablade.«
»Nur dort kann man Kontakt mit Ihnen aufnehmen?«
»Ja.«
»Ich verstehe. Sie unterhalten also kein Büro, keinen Laden oder, sagen wir, ein Geschäft?«
»Ein Geschäft? Sie meinen ein ständiges Ladenlokal oder so? Nein.«
»Sind Sie Jeffrey MacDonalds Bruder?«
»Ja.«
»Und Sie sind etwa ein Jahr älter als er?«
»Etwa neunzehn Monate.«
»Und sind Sie zusammen aufgewachsen?«
»Ja, ich glaube schon. Einige Menschen behaupten wahrscheinlich, daß er etwas reifer als ich geworden ist.«
»Würden Sie uns jetzt bitte beschreiben, was für ein Familienleben Sie und Ihr Bruder führten, als Sie aufwuchsen?«
»Bei allem fälligen Respekt, ich verstehe nicht, was diese Frage mit der Situation zu tun hat, wegen der ich doch wohl hier vorgeladen wurde.«

»Erinnern Sie sich«, sagte Woerheide, »an das Gespräch, das wir vorher in einem anderen Raum führten? In dem ich Ihnen sagte, daß Ihr Bruder gefordert hat, wir sollten einen von ihm beauftragten Psychiater hier aussagen lassen? Und erinnern Sie sich, daß wir Ihnen Teile des Protokolls der Aussage Ihres Bruders vor diesem Schwurgericht zeigten, in denen er sich über die Situation Ihrer Familie geäußert hat?«

»Daran erinnere ich mich, und ich erinnere mich auch daran, daß ich Ihnen antwortete, Sie könnten alle Psychiater und Psychologen auf der Welt an Bord eines alten Truppentransporters bringen und dieses alte Kriegsschiff mitten auf den Ozean schleppen und versenken lassen, und morgen würde das Leben wie gewohnt weitergehen, und niemand würde sie vermissen. Das war die Antwort, die ich Ihnen bei diesem Gespräch in Ihrem Büro gab.«

»Ja, aber wir haben auch über die familiären Verhältnisse gesprochen, oder nicht?«

»Ja.«

»Würden Sie das Geschworenengericht bitte in den Genuß Ihrer Beobachtungen kommen lassen?«

»Ich verstehe nicht, was das mit dem Fall zu tun hat.«

»Hören Sie, ich möchte hier nicht meine Zeit verschwenden.«

»Sie haben viereinhalb Jahre verschwendet.«

»Hören Sie mir zu!«

»Ich höre.«

»Sie sind hier, um Fragen zu beantworten, und nicht, um Fragen zu stellen. Notfalls können wir einen richterlichen Beschluß . . .«

»Sie können mich fünfundzwanzig Jahre hinter Schloß und Riegel bringen. Sie können mich für hundert Jahre in den Knast bringen! Sie können mich aus dem Fenster werfen. Sie können mich auf den Gang hinauszerren und erschießen, aber erzählen Sie mir nicht, daß ich nicht hier bin, um Fragen zu stellen, Kumpel! Wenn ich eine Frage stellen will, stelle ich sie.«

»Sie sind als Zeuge hier . . .«

»Ich bin hier, weil mir ein Stück Papier befohlen hat, hierher zu kommen, das mir in New Hope in Pennsylvania zugestellt wurde, und das ist der einzige Grund. Denn wenn ich nicht gekommen wäre, wäre die Gestapo aufgetaucht, hätte mir eine Knarre vor die Nase gehalten und mich hierher geschleppt, um mich zu zwingen, Fragen zu beantworten. Und wenn ich mich weigere, die Fragen zu beantworten, legt man meinen Arsch auf Grundeis. Nicht Ihren. Das habe ich genau kapiert. Und erzählen Sie mir nicht, daß ich keine Fragen stellen darf, wenn man mir welche stellt. Und wenn Sie mir jetzt eine Frage stellen, möchte ich wissen, weshalb, bevor ich meinen Arsch in die Schußlinie bringe.«

»Ich werde die Frage noch einmal wiederholen«, sagte Woerheide.

»Sie können die Frage zehnmal wiederholen.«

»Werden Sie die Geschworenen über die zwischenmenschlichen Beziehungen in der Familie MacDonald informieren, zu dem Zeitpunkt, als Sie aufwuchsen?«

»Ich verstehe die Frage nicht.«

Woerheide hielt inne, ging zu seinem Schreibtisch zurück und setzte sich. Er beriet sich mit einem Assistenten und blätterte einen Stapel Papiere durch. Laut seufzend stand er wieder auf, mit einem anderen Blatt in der Hand.

»Erinnern Sie sich an eine Geburtstagsfeier für Ihre Mutter, die Sie im Juni 1969 geplant und organisiert haben?«

»Ja.«

»Erinnern Sie sich, ob Colette und Jeffrey MacDonald anwesend waren?«

»Ja.«

»Erinnern Sie sich, ob Penny Wells anwesend war?«

»Nein.«

»Kennen Sie Penny Wells?«

»Ja.«

»Gingen Sie zu dieser Zeit öfter mit ihr aus?«

»Zu welcher Zeit?«

»Zu der Zeit, in die die Geburtstagsfeier für Ihre Mutter fiel.«

»Das ist möglich. In all den Jahren, die ich dieses Mädchen kenne, bin ich vielleicht zehn- oder zwölfmal mit ihr ausgegangen. Zu der Zeit der Party wollte ich meiner Mutter eine Freude machen, und da mein Vater seit einiger Zeit tot war, richtete ich ihr eben die Feier aus. Wenn ich mich zu dieser Zeit mit Penny

Wells getroffen habe, dann wahrscheinlich, damit ich für die Party eine Begleiterin hatte.«

»Erinnern Sie sich, ob Ihr Bruder vorgeschlagen hat, Penny Wells zu dieser Feier einzuladen?«

»Wie ich gerade sagte, ich weiß nicht einmal, ob Penny Wells an diesem Tag überhaupt dort war. Und wie ich zuvor in Ihrem Büro sagte, ich hätte sie in dieser Nacht vögeln können und würde mich immer noch nicht erinnern, ob sie auf der Party war. Falls sie alle Geschenke öffnete oder meiner Mutter reichte, weiß ich nichts davon. Und da ich nichts mehr davon weiß, kann ich auch nicht wahrheitsgemäß sagen, ob mein Bruder mich gebeten hat oder nicht, Penny Wells zu dieser Party einzuladen.«

»Erinnern Sie sich, ob Colette auf der Party war?«

»Ja.«

»Erinnern Sie sich, ob Colette beleidigt war, weil Penny Wells auf der Party war?«

»Ich weiß nicht mehr, ob Penny Wells auf der Party war. Und da ich das nicht mehr weiß, kann ich auch nicht wissen, ob es irgendwelche Spannungen zwischen Colette und Penny gab.«

»War Colette in irgendeiner Hinsicht eifersüchtig auf Penny Wells?«

»Ich glaube nicht, daß es eine Frau gab, die Colette eifersüchtig machen konnte.«

»Wie hätte sie reagiert, wenn sie — ob nun berechtigt oder nicht — Grund zu der Annahme gehabt hätte, daß eine andere Frau eine Bedrohung ihrer Ehe darstellt?«

»Ich bin mir nicht mehr sicher, ob ich die Frage verstanden habe.«

»Na ja, wenn sie annahm, daß sich Jeff zu einer anderen Frau hingezogen fühlte, besonders zu einer, die er in der Vergangenheit gut gekannt hatte, und daß Jeff sie nun wegen dieser Frau verlassen könnte oder mit ihr eine Affäre hatte...«

»Nun ja, Sie sagen da eine ganze Menge. Der Begriff ›Bedrohung der Ehe‹ ist ziemlich schwammig. Manche Ehen sind bedroht, wenn der Mann eine Affäre hat. Ich wage aber die Behauptung, daß manche Ehen auch bedroht sind, wenn der Mann keine Affäre hat.«

»Und wie war es bei Jeff und Colette?«

»Ich glaube nicht, daß Colette eine Affäre Jeffs für eine Bedrohung ihrer Ehe gehalten hätte. Ich kann mir vielleicht vorstellen, daß Jeff eine Affäre hatte, doch dabei wären nie Gefühle im Spiel gewesen, wie er sie Colette entgegenbrachte, oder wahre Liebe.«

»Jeff war ein Mann, der von Frauen angezogen wurde und auf Frauen attraktiv wirkte?«

»Es gibt da einen alten Familienwitz. In der Schule bezahlten die Mädchen Jeff, wenn er mit ihnen tanzte — zehn Cents pro Tanz.«

»Und ich nehme an, daß Jeff von Zeit zu Zeit mit einer Reihe von Mädchen beiläufige Affären hatte?«

»Das ist eine reine Annahme. Ich war bei diesen angeblichen Affären nie dabei. Ich habe keine Filme oder Tonbandaufzeichnungen dieser Affären. Aber ich könnte mir vorstellen, daß Jeff vielleicht einige Affären hatte.«

»Na schön. Erzählen Sie uns etwas von Jeff«, sagte Woerheide. »Was für ein Mensch ist er? Was treibt ihn an?«

»Er ist sehr ehrgeizig. Und zu seinem Pech bin ich sein älterer Bruder. Und er mußte in meinem Schatten leben, ob er nun wollte oder nicht. Ich bin körperlich größer als Jeff. Wenn wir in der Schule Football spielten, war ich in den Augen meiner Eltern ein Held, auch dann, wenn wir das Spiel haushoch verloren, ich aber einen Paß gefangen hatte, und er war immer noch mein kleiner Bruder. Ich kam so einigermaßen zurecht, ohne mich zu überanstrengen, und er lernte unentwegt. Vielleicht, weil er besser als ich sein wollte. Vielleicht, weil er auf ewig in meinem Schatten leben mußte. Und vielleicht verabscheute er mich sogar ein wenig, weil ich zurecht kam, ohne immer büffeln zu müssen.«

Jay MacDonald führte aus, daß sein Bruder immer versucht habe, ihn zu übertreffen und deshalb wohl auch zu den Green Berets gegangen sei — er selbst war ›nur‹ bei den Marines gewesen — und auch Arzt geworden sei. Auf die Beziehung Jeffs zu seinem Vater angesprochen, sagte er: »Ich glaube, er verspürte einen unglaublichen Verlust, als mein Vater starb. Ich rief ihn in Chicago an und sagte: ›Jeff, ich habe schlechte Nachrichten.

Daddy ist tot.‹ Und er brach augenblicklich zusammen und weinte.

Unsere Eltern hatten sehr viel für uns Kinder getan. Mein Vater hatte zwei Jobs, damit mein Bruder aufs College gehen konnte. Und meine Mutter arbeitete, damit meine Schwester aufs College gehen konnte. Wir sprachen niemals darüber, aber irgendwann dachten wir: ›Jetzt sehen wir Licht am Ende des Tunnels. Bald können wir unseren Eltern helfen, sie finanziell unterstützen.‹ Aber wenn ein Elternteil tot ist, kann man nichts wiedergutmachen, höchstens einen größeren Grabstein kaufen.«

»Soll das heißen, daß Jeff Schuldgefühle hatte?« fragte Woerheide.

»Ich sehe nicht, was das mit der Sache zu tun haben soll. Schuld vielleicht im Sinne eines unerfüllten Wunsches oder von Enttäuschung, aber jeder vernünftige Mensch — und mein Bruder war mit Sicherheit einer — weiß, daß er nichts für den Tod seines Vaters kann.«

Woerheide fragte Jay MacDonald dann nach Freddy und Mildred Kassab. Zuerst drückte Jay seine eigene Meinung aus.

»Ich möchte hier nicht meine Zeit verschwenden, indem ich Ihnen sage, was ich von Mildred halte. Sie ist pleite, heiratet Freddy, und der behandelt sie sehr gut, setzt sie in eine Wohnung, die fünfhundert Dollar Miete pro Monat kostet und ihr nicht gut genug ist. Sie will eine für tausend Dollar. Geben Sie das Beste, was da ist. Sie lebten weit über ihre Verhältnisse.

Aber Jeff gefällt so ein Leben wohl. Unsere Eltern waren verhältnismäßig arm, Freddy und Mildred lebten in Luxus, und er wollte auch so ein Leben führen. Aber Jeff wollte nicht auf Pump leben, er wollte sich so ein Leben leisten können.

Trotzdem hat er Freddy bewundert. Ihm gefiel seine energische, entschlossene Art. Freddy hatte keinen roten Heller, aber trotzdem lebte er in großen, schönen Wohnungen und scheuchte die Leute herum.«

»Waren die Kassabs denn mit Jeff einverstanden?«

»Machen Sie Witze? Jeff würde Arzt werden. Er hätte blind, stumm und taub sein können, und Mildred wäre trotzdem mit ihm einverstanden gewesen, denn Colette heiratete ja schließlich einen Arzt. Sie dachte in rein finanziellen Begriffen.«

»Hat sich ihre Beziehung irgendwann geändert?«

»Ja, ich würde sagen, daß Jeff jeden Respekt für Freddy verloren hat, sich der Mann um 180 Grad drehte. Nicht, weil er gegen meinen Bruder ist, sondern weil er für ihn war und jetzt gegen ihn ist. Weil er jemanden opfert, den er zuvor unterstützt hat.«

»Spricht Jeff mit Ihnen darüber?«

»Wenn wir mal telefonieren, sagt er wohl so etwas in der Art wie: ›Freddy schlägt Wellen.‹ Ich meine, mein Bruder hat seine Frau und seine beiden Kinder verloren, und Freddy und Colettes Mutter glauben, sie seien die einzigen, die jemanden verloren haben. Und dabei war Colette noch nicht einmal Freddys Tochter.«

»Kommen wir zum siebzehnten Februar«, sagte Victor Woerheide. »Wann haben Sie gehört, daß Jeff im Krankenhaus und Colette tot war?«

»Ich war bei einem Freund in Queens und hörte im Radio, es habe einen Mord in North Carolina gegeben, ein Captain MacDonald sei schwer verletzt, und seine Frau und zwei Kinder seien tot.«

»Trafen Sie Vorkehrungen, nach North Carolina zu fliegen?«

»Nein. Ich traf Vorkehrungen, wieder ins Krankenhaus zu gehen.«

»Aber irgendwann sind Sie nach North Carolina geflogen?«

»Ja.«

»Blieben Sie lange dort?«

»Ich weiß nicht, wie lange wir blieben. Aber wir gingen in so einen katholischen Schrein in Fort Bragg, und drei weiße Särge standen auf dem Altar, und mein Bruder saß vor mir.

Ich weiß noch, wie er sehr, sehr langsam hereinkam. Er trug Uniform, aber er schien... kaum gehen zu können. Er schlurfte wie ein alter Mann. Mein Bruder ist ein Mann, der... er hat sich immer etwas gebrochen oder sich verletzt und sagte dann... Sie wissen schon, zwei Salztabletten, und noch eine Meile laufen. Er gab nie auf. Und er zeigte niemals Schmerz.

Aber er zeigte Schmerz, als er in diese Kirche kam. Danach

gingen wir wieder raus, wußten nicht, was wir sagen sollten und standen einfach da. Und er zitterte. Er hatte körperliche und gefühlsmäßige Schmerzen. Und ich wußte nicht, was ich sagen sollte. Zum ersten Mal in meinem Leben wußte ich nicht, was ich sagen sollte. Ich meine, ich konnte ihn nicht einmal trösten.«

»Ich will Sie jetzt nicht auf einen genauen Zeitpunkt festnageln«, sagte Victor Woerheide, »aber haben Sie irgendwann danach einmal mit Ihrem Bruder darüber gesprochen, was passiert ist?«

»Bis er von der Army angeklagt wurde, nicht. Und dann hatte ich leise Zweifel. Sie wissen schon, ich dachte, die Army kann sich doch nicht so sehr irren. Wenn Sie meinen Bruder beschuldigt, wird er es wohl getan haben.

Ich mußte mir darüber klar werden, ob mein Bruder ein Mörder war oder nicht. Ich brauchte zwei Jahre, bis ich zu dem Schluß kam, daß er keiner ist.«

»Ich nehme an, Sie haben ihn nicht direkt danach gefragt?«
»Nein.«
»Aber Sie haben mit Ihm gesprochen?«
»Ja.«
»Was hat er da gesagt?«

»Er wurde so wütend, daß ich ihm solche Fragen stellte, daß er mich anschrie und ... nein, nicht anschrie, aber mir mehr oder weniger deutlich sagte, ich solle mich um meinen eigenen Kram kümmern, und wie ich so dumm sein könnte, ihm solche Fragen zu stellen.«

»Sie sagten, Sie seien schließlich zum Schluß gekommen, daß Jeff seine Familie nicht getötet hat. Wieso?«

»Wir führten ein Ferngespräch, Monate, wenn nicht Jahre nach dem Gespräch, bei dem ich ihm diese dummen Fragen gestellt hatte. Ich weiß nicht mehr, wie wir darauf kamen, aber ich hatte danach nicht mehr die geringsten Zweifel, daß mein Bruder unschuldig war.«

»Wieso? Was hat er gesagt?«

»Es lag daran, daß er nichts gesagt hat. Er hat geweint. Er brach am Telefon zusammen.«

»Er hat geweint?«

»Ja. Es ... war wie damals, als ich ihn anrief und sagte, Daddy sei gestorben. Es war das einzige andere Mal, daß er einfach zusammenbrach. Ich wollte, daß er mich anschrie und mir sagte, ich solle die Klappe halten oder so, aber als er so zusammenbrach, wußte ich ein für alle Mal, daß er absolut unschuldig war.

Und das Peinliche daran ist, daß ich mich nicht einmal mehr an die Frage erinnere, die ich ihm gestellt habe. Aber er hätte mir nichts vormachen können. Es ist unmöglich, so etwas nur zu spielen.«

»Hat Jeff Ihnen nach der Anhörung jemals gesagt, daß er Rache nehmen wolle?«

»Er hat gesagt, er habe in North Carolina nach diesen Leuten gesucht.«

»Hat er jemals gesagt, er habe einen von ihnen gefunden?«

»Ich erinnere mich schwach, so etwas gehört zu haben. Aber ich weiß nicht mehr, ob Jeff es mir gesagt hat oder ich es woanders erfahren habe.«

»Hat er Ihnen gesagt, was er getan hat, nachdem er diese Person fand?«

»Nein.«

»Hat er Ihnen gesagt, er habe ihn zu dem Geständnis gezwungen, er sei einer der Einbrecher gewesen, und ihn danach umgebracht?«

»Nein.«

»Hätten Sie ihm geglaubt, wenn er Ihnen das gesagt hätte?«

»Das hängt von den Umständen ab. Vielleicht hätte ich es für einen Scherz gehalten.«

»Angenommen, er hat es Ihnen am Telefon gesagt?«

»Über so etwas scherzt man nicht.«

»Nein, allerdings nicht. Angenommen, er hat es Ihnen am Telefon gesagt. Angenommen, er hat gesagt, wenn Sie jemandem davon erzählen, würde er alles abstreiten. Hätten Sie es ihm geglaubt?«

»War das so?«

»Er hat es behauptet.«

»Wo ist die Leiche?«

»Sie haben meine Frage nicht beantwortet.«

»Augenblick mal. Zuerst schildern Sie eine hypothetische Situation, obwohl sie vielleicht stattgefunden haben könnte. Und jetzt fragen Sie mich nach meiner Meinung, ob...«

»Ich versuche nur herauszubekommen, was für ein Mensch Jeffrey MacDonald ist.«

»Da müssen Sie mir schon ein paar weitere Informationen geben.«

»Ich frage Sie, ob Sie ihm glauben würden, wenn er so etwas behauptet.«

»Wenn er es sagt, muß ich ihm ja glauben.«

»Und wenn er hinterher behauptet, gelogen zu haben?«

»Dann halte ich es für eine Lüge. Aber ich verstehe nicht, worauf Sie hinauswollen. Wenn Sie mich fragen, ob mein Bruder imstande ist, einen Mord zu begehen, dann sage ich, wenn seine Familie ermordet wurde, wäre er dazu imstande, den Mörder umzubringen. Wenn seine Familie nicht ermordet wurde, würde ich sagen, daß er zu einem Mord nicht imstande ist.«

»Sie haben zwei Jahre lang gezweifelt. Glauben Sie, daß er imstande war, seine Familie zu ermorden?«

»Nein.«

»Warum nicht?«

»Er ist zu ... zu klug dafür.«

»Das ist keine Frage der Moral oder Ethik? Es ist nur eine Frage, sich nicht den Strick zu drehen?«

»Ja. Er ist klug genug, um zu wissen, daß es hundert Alternativen gibt.«

»Ist er klug genug, um zu glauben, damit durchzukommen?«

»Mein Bruder ist kein Mensch, der sich in so eine Lage bringen würde.«

»Mr. MacDonald«, sagte Victor Woerheide, »wie Sie wissen, haben wir drei Tote. Wie Sie wissen, gibt es mögliche Verdächtige. Zu diesen Verdächtigen zählt auch Ihr Bruder, da er der einzige Überlebende dieser Nacht war und die einzigen Informationen darüber von ihm stammen. Seine Geschichte mag glaubwürdig sein oder auch nicht. Doch wissen Sie irgend etwas, das zu diesem Zeitpunkt ein neues Licht auf die Sache werfen könnte?«

»Wäre ich der Meinung, es würde etwas nutzen, würde ich Ihnen jetzt fünf Jahre lang oder bis in alle Ewigkeit etwas erzählen. Ich würde die Bibel vorwärts, rückwärts und seitwärts vorlesen und ein Telefonbuch zerreißen, wenn es meinem Bruder helfen würde.

Er wurde von allen Beschuldigungen freigesprochen, und es geht über meine Vorstellung, wie man ihm immer und immer wieder dieselben Fragen stellen kann. Und es geht über die Vorstellung meiner Schwester, meiner Mutter, der Ärzte, mit denen mein Bruder heute zusammenarbeitet oder in der Vergangenheit zusammengearbeitet hat, über die Vorstellung von Soldaten, die ihn kennen, von Freunden der Familie, Priestern, Rechtsanwälten und so weiter.

Mit anderen Worten, wie lange wird das noch weitergehen? Mit anderen Worten, wird, wenn man ihn beim zweiten Mal für nicht schuldig befindet, vier Jahre später wieder jemand kommen, der ihn für schuldig hält, und wird alles wieder von vorn anfangen?«

»Mr. MacDonald, es hat noch keinen Prozeß über die eigentliche Frage dieses Falles gegeben, nämlich, wer der Mörder von...«

»Sie sagen, es hat noch keinen Prozeß gegeben! Das kommt darauf an, wie man den Begriff Prozeß definiert. Aber ich bin der Meinung, daß man meinem Bruder bereits den Prozeß gemacht hat wie andere Mitglieder meiner Familie auch. Wenn das kein Prozeß war, kann ich Ihnen auch nicht erklären, was einer ist.«

»Mr. MacDonald, Sie wurden vorgeladen, um dem Schwurgericht Informationen zu geben, die zu einer Klärung der Angelegenheit führen können, insbesondere Informationen darüber, ob Ihr Bruder in den Fall verwickelt ist. Haben Sie noch etwas zu sagen?«

»Freddy stand auf der Seite meines Bruders, doch als man keinen Sündenbock fand, wandte er sich gegen ihn und benutzte seinen Einfluß in Washington, um meinem Bruder die Sache in die Schuhe zu schieben.«

»Wenn Sie der Ansicht sind, etwas richtigstellen zu müssen, was hier gesagt wurde, auch etwas über Freddy Kassab, ist jetzt die Zeit dafür.«

»Was würde das nutzen?«
»Wollen Sie etwas sagen oder nicht? Es hängt von Ihnen ab.«
»Was kann ich denn sagen?«
»Was immer Sie wollen.«
»Diese ganze Sache ist absolut unglaublich.«
»Sie haben nichts zu sagen?«
»Ich habe eine Menge zu sagen.«
»Sagen Sie es.«
»Was würde es nutzen? Wenn ich sage, daß mein Bruder unschuldig ist, hilft das mir nicht, hilft das ihm nicht...«
»Sie waren nicht dabei. Sie wissen nicht, was passiert ist. Aber sagen Sie uns trotzdem, was Sie uns sagen wollen.«
»Meinem Bruder wird übel mitgespielt.«
»Ist das alles?«
»Diese ganze Sache ist eine Farce.«
»Ist das alles?«
»Die ganze Sache stinkt von Anfang an.«
»Ist das alles?«
»Ich weiß ganz genau, wieviel Scheiße bei dieser Sache aufgetischt wurde.«
»Ist das alles?«
»Was Sie und Ihre Ermittler betrifft, stehe ich im zwanzigsten Stockwerk eines Wolkenkratzers und denke, daß Sie nur aus Scheiße bestehen, und ich wußte nicht, daß man Scheiße so hoch stapeln kann.«

Ein weiterer Armee-Psychiater, der Jeffrey MacDonald 1970 im Walter-Reed-Krankenhaus untersucht hatte, trat in den Zeugenstand.
»Wir begannen ziemlich unverfänglich«, sagte er. »Wir sprachen ein wenig über seine Kindheit, über seine Lesegewohnheiten. Er sagte, er habe immer gern gelesen, jetzt hauptsächlich Krimis. Und er sagte, er versuche nie herauszubekommen, wie das Buch ausgehe. Er versuche nicht, klüger als Sherlock Holmes zu sein. Er habe alles von James Bond, Mickey Spillane und John D. MacDonald gelesen.
Die Fallschirmspringerausbildung in Benning habe ihm gefal-

len. Er möge Herausforderungen. Die Menschen in seiner Umgebung schätzten diese Einstellung, und das sei ihm wichtig. Auch seine Frau sei stolz auf ihn gewesen, als er zu den Special Forces ging.«

»Dann ging ich etwas zurück«, sagte der Psychiater, »wandte mich meiner Meinung nach neutralen Themen zu. Ich fragte ihn nach seiner Jugendzeit, und er erzählte mir von seinem Hund, einem Collie namens Lady, der vergiftet worden sei.

Wenn ich solch ein Gespräch führe, versuche ich, keine Fragen zu stellen, sondern den Gesprächspartner von sich aus erzählen zu lassen. Ich höre mir an, was er zu sagen hat, denn es ist auch wichtig, was er von sich aus sagt, wie er es sagt, und für welche Themen er sich entscheidet.

Er erzählte mir von dem Hund und dann – von sich aus – von dem Pony, das er seinen Kindern geschenkt hatte. Er sagte, anfangs habe Colette das Pony nicht haben wollen. Aber jetzt führe sie mit ihnen hinaus zu dem Tier. Und dann änderte sich seine Stimmung dramatisch und ziemlich unerwartet. Er fing an zu weinen. Und ich sagte: ›Weshalb weinen Sie?‹

Er weinte um seine Familie. Es sei nicht richtig, das hätte nicht passieren dürfen, sie hätten nie jemandem etwas getan. Er drückte dabei starke Gefühle aus.

Dann sprach er darüber, wie wunderbar seine Frau sei – einer der nettesten Menschen, die er je kennengelernt habe, und er wache immer noch auf und denke, sie und die Kinder würden noch leben. Und er müsse ständig darum kämpfen, die Ruhe zu bewahren. Und er habe ein gewaltiges Schuldgefühl, nicht mit der Situation fertig geworden zu sein. Dann brach er wieder in Tränen aus.

An dieser Stelle fragte ich ihn, wie die Sache seiner Meinung nach ausgehen würde. Er sagte: ›Diese Anklage? Da komme ich raus. Ich habe den besten Anwalt der Welt. Und er hat den besten Klienten – einen unschuldigen.‹ Er sprach ausführlich über die Unfähigkeit der Army-Ermittler, setzte geradezu zu einer Tirade an. Und er sagte, er verstehe nicht, wieso er hier auf dieser Couch liegen müsse, und erging sich in Einzelheiten über den Fall, von denen ich jedoch keine Kenntnis hatte und die keinen großen Sinn für mich ergaben.

Also fragte ich ihn, ob er sich eine Weile ausruhen wolle. Er nahm diese Zeit, und er faßte sich wieder. Danach sprachen wir über die Gefühle, die er seiner Familie entgegenbrachte, und er erzählte mir von seinen Träumen, in denen er die Kinder schreien höre und Colette auf dem Boden liegen sehe.

Doch dann sagte er mir, seine Träume hätten sich verändert – nun habe er Alpträume von Colonel Rock, dem Mann, der die Ermittlung durchführte. Colonel Rock stünde vor ihm und sagte: ›Haben Sie es getan?‹, und er verneinte, habe aber das Gefühl, Colonel Rock könne ihn nicht verstehen, und er müsse es Colonel Rock immer wieder und immer lauter sagen.

Unter Tränen erzählt er wieder von den Träumen mit den Schreien, doch dann fuhr er fort, er habe jetzt auch schöne Träume von seiner Familie. Colette reite auf dem Pony und sähe dabei aus wie ein großes Kind. Sie liebe Überraschungen. Dann sagte er, er wolle über diese Träume nicht sprechen, wolle nicht, daß andere Leute davon erführen. Er hielte es sowieso für unzumutbar, daß alle möglichen Leute ihm Fragen über ihn und seine Frau stellten.

Nun ja, ich zeichnete das Gespräch auf, und an dieser Stelle mußte ich das Band wechseln, und er riß sich wieder zusammen. Er sagte, Frauen könnten ruhig weinen, Männer aber nicht, eine Vorstellung, die die meisten Green Berets haben.

Dann sprach er über seine sexuelle Vorgeschichte. Seine erste sexuelle Erfahrung sei ziemlich beunruhigend gewesen, und ... o ja, als Teenager hätten ihm einmal zwei Mädchen angeboten, gleichzeitig Sex mit ihm zu haben, und es hätte ihn wirklich abgestoßen. Er sagte, jetzt würde ihn das nicht mehr abstoßen, und er habe schon einmal eine Nacht mit zwei Frauen verlebt.

Ich fragte ihn nach seinem derzeitigen Sexualleben, und er sagte mir, eine Frau habe ihm angeboten, eine Beziehung zu ihm aufzunehmen, doch er habe sich geweigert, weil er das für falsch hielte.

Er sprach davon, als Kind entweder ins Bett gemacht oder masturbiert und die Bettlaken dann vor seiner Mutter versteckt zu haben. Er konnte sich tatsächlich noch daran erinnern, die Laken vor seiner Mutter versteckt zu haben.

Ich fragte ihn, ob er jemals impotent gewesen sei, und er

sagte, ja, einmal, als er mit einem sehr attraktiven, aber auch sehr fordernden Mädchen zusammen gewesen sei. Er habe sich darüber Sorgen gemacht, aber es habe wahrscheinlich daran gelegen, daß er Kalte Ente getrunken habe und zu betrunken gewesen sei, um mit dem Mädchen schlafen zu können.

Dann sprach er mit mir über seine sexuellen Beziehungen zu seiner Frau. Sie hätten drei- oder viermal die Woche Verkehr. Er fügte sofort hinzu, bei seiner Frau niemals impotent gewesen zu sein, aber in letzter Zeit sei ihr Sexleben nicht mehr so toll gewesen. Sie sei im fünften Monat schwanger gewesen, und das habe ihn gestört. Er habe kein großes Interesse mehr an Sex mit ihr gehabt.

Ich fragte ihn, ob seine Frau von seinen außerehelichen Beziehungen gewußt habe, und er verneinte; das spiele auch keine Rolle. Dann schränkte er ein, sie habe vielleicht von der Stewardeß unten in Texas gewußt, aber nie darüber gesprochen.

Dann stellte ich die übliche Standardfrage — ob er jemals homosexuelle Beziehungen gehabt habe. Er verneinte und sprach von seinen Erfahrungen mit Homosexuellen, als er in Fire Island Taxi fuhr. Er sagte, er habe sich Geld nebenbei verdient, indem er Homosexuelle zusammengebracht habe, und die Homosexuellen hätten ihn dafür bezahlt. Manchmal seien sie in weiblicher Begleitung gewesen, und nachdem er die Kerls dann zusammengebracht habe, habe er die Mädchen ausgeführt. Er sagte wörtlich: ›Zweihundert Dollar, plus Spielgefährtinnen.‹«

»Sind Sie zu einer Einschätzung über seinen Charakter und seine Persönlichkeit gekommen?« fragte Victor Woerheide den Psychiater. »Was für ein Mensch ist er?«

»Ich sehe Dr. MacDonald als Mensch, der ständig versucht, Übermenschliches zu leisten. Er ist sehr intelligent und talentiert, aber er will nur Bestleistungen bringen — ein Übermensch sein. Das stellt meines Erachtens unterschwellig einen Schutz gegen latente homosexuelle Begierden dar.

Mit homosexuellen Begierden oder Drängen meine ich nicht, daß er ein praktizierender Homosexueller ist, keineswegs. Aber er hat einen homosexuellen Trieb, den er nicht auslebt. Er ist kein Homosexueller, hat aber homosexuelle Dränge und auch gewisse psychopathische Tendenzen: deshalb hat er mir auch von seinen außerehelichen Beziehungen erzählt.

Er ist kein Mensch ohne jeden geistigen Defekt, was sein eigener Psychiater Colonel Rock weismachen wollte. In der Art: ›Dieser Mann wäre dazu nicht imstande.‹ Wir können allerdings nicht sagen, ob er die Tat begangen hat oder nicht. Aber wir lehnen sehr entschieden die Schlußfolgerung seines Psychiaters ab, daß er sie auf keinen Fall begangen haben kann.«

»Sind Sie der Ansicht«, fragte ein Geschworener, »daß es eine Bedrohung für ihn darstellt, wenn man seine Männlichkeit in Frage stellt oder herausfordert?«

»In dem Sinn, daß es Colette vielleicht nicht gefallen hat, daß er sich sexuell von ihr abwandte, als sich ihre Schwangerschaft zeigte, und sie ihm vorwarf, kein richtiger Mann zu sein und deshalb nicht mehr mit ihr schlafen zu wollen, durchaus. Dieser Mann ist ein Green Beret in schwarzen Stiefeln, und ich glaube, das wäre eine gewaltige Herausforderung für ihn.«

»Auf einem Gebiet, auf dem er besonders empfindlich ist?« fragte Victor Woerheide.

»Ja, Sir. Das ist meine Meinung.«

»Und wenn sie etwas gesagt hätte in der Art von: ›Du bist kein Mann. Laß das Kind hier schlafen und schlafe auf dem Sofa!‹ Das hätte in seinem Zustand der Erschöpfung schon ausgereicht?«

»Genau.«

»Eine Erschöpfung, die nicht nur von einer vierundzwanzigstündigen Schicht im Krankenhaus herrührte. MacDonald kam um sechs Uhr morgens nach Hause, arbeitete den ganzen Tag und spielte danach noch Basketball. Er hätte eigentlich müde sein und um elf Uhr mit seiner Frau ins Bett gehen sollen. Doch er bleibt bis zwei Uhr morgens auf und liest einen Krimi von Mickey Spillane.«

»Das ist sehr verwirrend. Als Psychiater kann ich damit nicht mehr anfangen als Sie.«

»Deutet das nicht auf irgendeinen Streß hin? Irgendeine Belastung?« fragte Woerheide.

»Sicher.«

»Und Erschöpfung und Streß machen einen Menschen besonders anfällig...«

»Dem kann ich nur zustimmen. Streß betont die jeweiligen Eigenschaften der Persönlichkeit eines Menschen. Wenn man etwas hört, was einem nicht gefällt, und normalerweise die Kontrolle behält, könnte man sie unter Erschöpfung und Streß durchaus verlieren.«

Es folgte eine weitere Frage, diesmal von einem Geschworenen. »Hat Dr. MacDonald während des Gesprächs mit Ihnen jemals gesagt, daß er Colette liebte?«

»Nein.«

»Das hat er nie gesagt?«

»Dieses Wort fiel nicht. Dieses Wort wurde nicht benutzt. Das kam mir auch bemerkenswert vor.«

Jeffrey MacDonalds Schwester sagte aus. Victor Woerheide fragte sie zuerst danach, welchen Eindruck ihr Bruder auf sie machte, als sie ihn nach den Morden im Krankenhaus besuchte.

»Er hatte ein Einzelzimmer. Als ich hereinkam, lag er im Bett und sah aus dem Fenster. Er drehte sich um, und wir beide fingen an zu weinen. Ich ging zu ihm, streichelte ihm über den Kopf und sagte so etwas Dummes wie: ›Na ja, wenigstens habt ihr eine schöne Zeit gehabt.‹

Dann kamen andere Leute herein, und wir gingen hinaus auf den Gang. Wir lachten und weinten gleichzeitig, waren völlig hysterisch.«

»Hat er Ihnen erzählt, was passiert ist?«

»Nein.«

»Er hat Ihnen nichts darüber erzählt?«

»Jemand hatte den Fernseher eingeschaltet, als wir wieder auf sein Zimmer gingen, und es waren vielleicht acht Leute darin, die alle auf den Fernseher starrten, und niemand sprach direkt über das, was passiert war.

Jeff hat nie darüber gesprochen. Meine Mutter hat nie darüber gesprochen. Freddy hat mir nie etwas erzählt. Ich wußte nur, was ich in den Zeitungen gelesen hatte.«

»Gut, aber seitdem sind über vier Jahre vergangen. Hat er Ihnen seitdem Einzelheiten über die Morde berichtet?«

»Nein. Ich habe zwar versucht, mit ihm darüber zu sprechen, aber er ...«

»... hat sich Ihnen nie offenbart?«

»Nein.«

Woerheide stellte dann Fragen über Colette.

»Ich glaube, sie hat das Leben geführt, das sie wollte. Sie wollte einen Mann haben, Kinder, Familie. Ich lebte in einer anderen Welt, ging mit zahlreichen Männern aus, und so sprachen wir kaum darüber. Sie schien mit ihrem Leben als Ehefrau zufrieden zu sein. Sie war sehr gebildet und nett, sehr menschlich und stark. Ich habe sie bewundert. Sie hatten nicht viel Geld und verbrachten nicht viel Zeit miteinander, weil Jeff schwer arbeitete, aber sie schien das immer zu akzeptieren. ›Wenn Jeff erst Arzt ist, werden wir alles haben‹, sagte sie. ›Genug Zeit und Geld. Wir werden mit fünfunddreißig Jahren haben, was die meisten Menschen ihr ganzes Leben lang nicht schaffen.‹«

»Erzählen Sie uns jetzt etwas über Jeff«, sagte Woerheide.

»Nach außen gab er sich immer sehr zuversichtlich und stark. Aber innerlich ist er sehr empfindsam. Ich habe nie erlebt, daß er brutal war. Kritisch ja, aber nicht brutal. Er war vielleicht auch etwas selbstsüchtig, weil er unbedingt in Princeton studieren wollte, was sehr viel Geld kostete, aber er sagte: ›Nein, ich arbeite hart und werde später viel verdienen, und dann werde ich Mom und Dad aushelfen.‹ Ich hätte mich vielleicht etwas schuldig gefühlt, er jedoch nicht. Er war auch immer anständig zu den Menschen und machte sie nicht runter, blieb immer sachlich. Er sagte: ›Du kannst keine zehn Berliner essen und hoffen, abzunehmen.‹ Das war eine Tatsache. Aber er hätte nie gesagt: ›Du kleines fettes Ding!‹

Und er hat nicht mit den Ellbogen gearbeitet. Er hatte — wenn man Hilfe brauchte, mit jemandem sprechen mußte — immer Zeit für einen, war nie zu beschäftigt. Er hörte zu und konnte einem meistens einen guten Rat geben.

Er kam mir sehr erwachsen vor. Ich glaube, er und Colette gingen sehr erwachsen miteinander um. In einer Ehe mit solch einem Mann wäre es für die Frau ein Leichtes, das kleine Dummchen zu spielen, doch das war bei Colette nicht der Fall. Sie hatte Lebenserfahrung, brachte immer Verständnis auf und sah die Dinge ganz klar.

Sie ergänzten einander. Sie hatten Kinder, kannten ihre Verantwortung und beschwerten sich nicht. Sie benahmen sich nicht wie Märtyrer und vermittelten den Eindruck, daß ihr anstrengendes Leben ihnen Spaß machte. Und dieses Leben würde ja nicht ewig dauern. Geld war nicht alles, und Colette war zufrieden mit ihrem Leben, weil Jeff es mit ihr teilte. Sie unternahmen viel. Er war kein Ehemann, der zu Hause nur vor dem Fernseher saß und Bier trank.«

»Hat Colette Ihnen gegenüber je angedeutet, daß es ... nun ja ... auch Streitpunkte gab?«

»Ja. Einen gab es. Mein Bruder war der Ansicht, daß Raucher nicht ganz bei Verstand seien. Wenn er von einer Party nach Hause kam, hing er immer seine Kleidung draußen zum Lüften auf, auch wenn es regnete. Wenn Colette und ich einmal eine Zigarette rauchten, mußten wir ins Badezimmer gehen und den Rauch aus dem Fenster blasen. Aber das war ... na ja, eher amüsant.«

»Kannten Sie Penny Wells?«

»Ich hatte nie großen Kontakt mit Penny, weil ich sie im Gegensatz zu Colette für ein großes Kind hielt.«

»Gab es wegen Jeff so etwas wie eine ... Rivalität zwischen Colette und Penny Wells?«

»Ich glaube nicht, denn Colettes Meinung von Penny ähnelte der meinen: Sie hätte höchstens als Playgirl des Jahres etwas getaugt.«

»Kam Ihnen nach dem 17. Februar jemals der Gedanke, Jeff könne Colette getötet haben?«

»Nein. Als ich von diesem Verdacht erfuhr, war ich schockiert. Aber dann mußte ich mich fragen, ob die Möglichkeit bestand. Ich dachte darüber nach und kam zu der Schlußfolgerung, daß nur ein Verrückter jemanden mit siebenunddreißig Messerstichen töten würde. Und Jeff war nicht verrückt. Es entspricht nicht seiner Natur, jemanden auf diese Art zu töten.«

»Halten Sie ihn zu einer Gewalttat fähig?«

»Die CID hat mich das auch gefragt, und ich habe geantwortet: ›Er geht nach Vietnam, und wenn man nach Vietnam geht, muß man die Konsequenz akzeptiert haben, vielleicht jemanden töten zu müssen. In diesem Sinn, ja, denn er war ja ein Green Beret, aber was Gewalttätigkeit betrifft... er neigte nicht zu Wutausbrüchen.«

»Warum hat er sich freiwillig zu den Special Forces gemeldet?«

»Weil es ein Abenteuer war und er zu den Besten gehören wollte.«

»Haben Sie ihn in der Dick-Cavett-Show gesehen?«

»Ja. Er rief mich vorher an, sagte mir Bescheid und bat mich, unsere Bekannten zu informieren. Mir persönlich gefiel das nicht. Ich mag es nicht, wenn man vor Millionen Zuschauern über eine Tragödie spricht. Andererseits wußte ich aber auch, daß ihn zu dieser Zeit jeder auf eine Cocktail-Party eingeladen hätte. Ich meine, sein Verfahren war wegen unzureichender Beweise eingestellt worden, was bedeutete, daß dieser Bursche seine Familie vielleicht doch getötet hatte. Als ich ihn später darauf ansprach, meinte er, es sei wichtig für ihn gewesen, auch seine Seite der Geschichte erzählen, den Leuten zeigen zu können, daß er kein Ungeheuer war. Er wollte sich dadurch von diesem Makel befreien, vielleicht doch ein Mörder zu sein.«

»Hat er Ihnen gegenüber jemals etwas davon gesagt, eigene Ermittlungen zu betreiben?«

»Ich wollte Privatdetektive anheuern, und er sagte, die würden uns nur das Fell über die Ohren ziehen. Das FBI hätte die besten Ermittler der Welt, und warum sollten wir dann noch Privatdetektive beauftragen?«

»Hat er Ihnen erzählt, er und ein paar Freunde hätten in Fayetteville selbst Ermittlungen betrieben?«

»Mir fällt nur ein... da war etwas mit einem Mädchen, das in Fayetteville mit drei Männern in einer Bar war. Es hatte eine Kerze und sagte: ›LSD ist groovy, bringt die Schweine um.‹ Aber ich hielt es für unpassend, ihn nach solchen Sachen zu fragen.«

»Und er hat Ihnen nie erzählt, er habe einen der Einbrecher gefunden?«

»Wir haben seitdem nicht mehr darüber gesprochen.«

Woerheide fragte Jeffrey MacDonalds Schwester dann, ob sie noch weitere Informationen habe, die sie für nützlich hielt.

»Ich kann Ihnen nur meine Meinung sagen«, erwiderte sie. »Und meine Meinung ist, daß er zu solch einer Gewalttat nicht fähig ist. Er ist Arzt. Er heilt Menschen, und er weiß, was Schmerzen sind. Er will den Menschen helfen.

Ich glaube, daß es bei diesem Fall sehr viele Opfer gibt. Drei wunderbare Menschen waren Opfer, und mein Bruder, meine Mutter und Mildred und Freddy Kassab sind Opfer. Und es gibt noch einige nicht so direkt betroffene Opfer wie Jay und mich, Menschen, die ihr Leben erst weiterleben können, wenn diese Sache geklärt ist.

Jeder will, daß dieses Verbrechen aufgeklärt wird. Und vielleicht können wir die Tatsache nicht akzeptieren, daß wir es nicht aufklären können. Ich glaube, mein Bruder ist eine Puppe, an deren Drähten die Ermittler nach Belieben ziehen.

Ich halte Freddy Kassab für einen netten, mitfühlenden Menschen. Aber ich glaube, daß er sein Leben einem Alptraum geopfert hat. Die Einstellung, nicht von einem vier Jahre zurückliegenden Ereignis lassen können, kommt mir sehr bizarr vor.

Und ich bin wütend, weil ich mich frage, ob allen Spuren nachgegangen wurde. Ich halte meinen Bruder für normal. Und ich glaube, diese Tat wurde von Menschen begangen, die nicht normal sind.

Ich glaube, er und Colette hatten eine sehr gesunde Beziehung. Ich halte Jeff für einfühlsam und sanft, und ich glaube, daß sich dieser Fall nicht zuletzt deshalb so lange hinzieht. Es gibt zahlreiche Möglichkeiten, mit etwas fertigzuwerden, womit eigentlich niemand fertigwerden kann. Ich... ich wünschte, er wäre selbstsüchtiger gewesen. In unserer heutigen Welt bittet niemand mehr um Hilfe, doch wenn er... sagen wir, meine Mutter oder die Kassabs um Hilfe gebeten hätte, wäre eine große Last von seinen Schultern genommen worden. Verstehen Sie, jeder glaubt, nach so einer Tragödie müsse er doch durchdrehen, und das hat er innerlich wahrscheinlich auch. Aber er zeigt es den anderen Menschen nicht. Er ist der

Meinung, daß das Leben weitergehen muß. Und niemand scheint die Tatsache akzeptieren zu können, daß ein Mensch einfach weitermachen und kämpfen und weiterleben kann.«

Der Army-Psychologe, der im August 1970 die Ergebnisse der Tests analysiert hatte, denen sich Jeffrey MacDonald im April in Philadelphia unterzogen hatte, wurde in den Zeugenstand gerufen.

Er sprach zuerst über MacDonalds Reaktionen beim Minnesota Multiphasic Personality Inventory, einem Test, der aus 566 Fragen wie ›Ich lese gern Heimwerkerzeitschriften‹, ›Mein Vater war ein guter Mensch‹ und ›Manchmal sehe ich Dinge, die andere Menschen nicht sehen‹ besteht, die man mit Ja oder Nein beantworten muß. Dieser Test gibt einen allgemeinen Überblick über die Persönlichkeit und die Einstellung der Testperson.

»Mein erster Eindruck war bemerkenswert«, sagte der Psychologe. »Dieser Test ergab nicht das geringste Anzeichen für irgendein signifikantes psychotisches oder psychopathisches Krankheitsbild.

Zweitens war die Auswertung des Tests eher bemerkenswert in bezug auf das, was ich in der Testperson nicht fand, als auf das, was ich in ihr fand. Obwohl ich fest damit gerechnet hatte, fand ich keine Angst, keine Depressionen, keine Erregung.

Nun gibt es bei diesem Test eine Reihe Fragen, die wir als ›Gültigkeitsfragen‹ bezeichnen. Sie geben uns einen allgemeinen Überblick über die Einstellung, mit der sich die betreffende Person dem Test unterzogen hat, und ermöglichen es uns, ungefähr zu sagen: Ja, dieser Test ist gültig, und wir können diese Daten benutzen; oder wir müssen vorsichtig damit sein, weil er ungültig sein könnte.

Ich ging damals von der Voraussetzung aus, daß das Material im Prinzip gültig ist. Die Erfahrung, die ich in den darauffolgenden Jahren gewonnen habe, läßt mich das jetzt bezweifeln. Ich habe heute den Vorbehalt, daß die Person, die sich diesem Test unterzog, die Fragen vielleicht so beantwortet hat, daß sie im bestmöglichen Licht erschien. Das bedeutet nicht unbedingt, daß Jeffrey MacDonald gelogen hat, weist aber zumindest darauf hin, daß er sich über die Bedeutung einiger Fragen klar war. Daher würde ich heute weitere Tests vornehmen.

Eine Person, die weiß, was in ihr vorgeht – die ihre guten und schlechten Seiten kennt und weiß, welches Verhalten unsere Gesellschaft akzeptiert und welches nicht – und sich im besten Licht darstellen möchte, würde gewisse Fragen auf eine Art beantworten, die sie als sehr ausgeglichene Person ohne besondere Eigentümlichkeiten darstellt.

Nachdem wir die Daten analysiert haben, werden sie in graphischer Form dargestellt. Das Schaubild, das wir verwenden, weist drei Linien auf. Die mittlere Linie entspricht dem, was wir für den Durchschnitt halten. Alles über der oberen und unter der unteren Linie halten wir für krankhaft.

Die Daten einer Person ohne signifikante Störungen oder Konflikte würden also zwischen der oberen und der unteren Linie liegen. Aber eine Person, die versucht, sich gut darzustellen – und dazu ist nicht jeder imstande – würde versuchen, seine Werte ebenfalls zwischen diesen beiden Linien zu postieren. Und genau dieses Muster liegt hier vor.

Mißtrauisch geworden bin ich hauptsächlich, weil die Beantwortung der ›Gültigkeitsfragen‹ ernste Zweifel an der Ehrlichkeit der Antworten eröffnet. Ginge man davon aus, daß der Test gültig ist, deutet er auf keinerlei signifikanten Krankheitszustand hin. Auffällig ist jedoch, daß die Linie, die Zorn- und Angstgefühle ausdrückt, fast völlig gerade verläuft. Aufgrund von MacDonalds Antworten ist sie in der Graphik fast nicht darstellbar.

Das bedeutet, daß er sich so dargestellt hat, als empfinde er überhaupt keinen Zorn und keine Ängste, was ich für bemerkenswert halte. Es könnte zwar so sein, aber ich halte es für ziemlich ungewöhnlich. Mehr noch, so etwas habe ich noch nie zuvor gesehen.

1970 schrieb ich in meinem Bericht: ›Die einzige Erklärung, die ich dafür anbieten kann, lautet, daß die Versuchsperson eine gewaltige Selbstbeherrschung aufbringt, so daß die Wirkung jüngster Ereignisse in seinem Leben ausgelöscht wurde.‹

Damals kam ich frisch von der Universität. Ich hatte eine

gute und grundlegende Ausbildung erhalten. Doch seitdem habe ich mich mit zahlreichen Menschen befaßt, und dabei lernt man etwas anderes als auf der Universität. Man sieht Dinge, die man vorher vielleicht nicht gesehen hat. Und heute würde ich diesen Test nicht mehr als gültig ansehen.«

Danach sprach der Psychologe über den Thematischen Apperzeptionstest, bei dem die Versuchsperson neunzehn Bilder und eine leere Karte zu sehen bekommt und sich zu jedem Bild eine Geschichte ausdenken muß.

Laut des Erfinders dieses Tests, Dr. Henry A. Murray von der Psychologischen Klinik von Harvard, der ihn Anfang der 40er Jahre entwickelt hatte, »enthüllt der TAT dem geübten Deuter dominante Triebe, Gefühle, Regungen, Komplexe und Konflikte der Persönlichkeit der Testperson, insbesonders unterschwellige, unterbewußte Tendenzen, die die Testperson nicht eingestehen will oder nicht eingestehen kann, da sie sie nicht kennt. Dabei vergißt die Testperson ihr bewußtes Ich und die Notwendigkeit, es vor den Fragen des Psychologen zu schützen, und gesteht Dinge ein, die sie bei einer direkten Frage nicht eingestanden hätte.

Bei der Analyse von MacDonalds TAT-Reaktionen fand der Psychologe Anzeichen für verschiedene innere Konflikte.

»Ein Konflikt bestand zwischen Abhängigkeit und Unabhängigkeit; weitere zwischen Sexualität — oder Lust — und unerlaubtem Geschlechtsverkehr; zwischen Zuneigung und Stärke; Feindseligkeit und Liebe. All diese Konflikte scheinen einen gemeinsamen Nenner zu haben: Machtverhältnisse. Wer hat die Kontrolle, wer beherrscht, wer wird beherrscht, wer hat Einfluß, wer hat Durchsetzungskraft?

Von der Bedeutung schien mir ebenfalls die Auffassung zu sein, die die Versuchsperson vom Leben hat. Seines Erachtens werden den Menschen Ereignisse aufgezwungen, und sie müssen darauf reagieren. Die Geschichten, die er zu den Bildern schuf, schienen auszudrücken, daß der Mensch nicht das Leben führen kann, das er führen will, sondern daß Ereignisse eintreten, mit denen er fertig werden muß. Man muß sie überwinden oder sich ihnen unterwerfen.

Die Versuchsperson ist eher reaktionsorientiert. Diese Einstellung wird zwar nicht als krankhaft betrachtet, doch solch eine Person neigt dazu, das Leben als eine Abfolge von Problemen zu sehen, die überwunden werden müssen, und neigt daher zur Verbitterung. Im Extremfall sieht sich solch eine Person als Opfer oder als Märtyrer.

Dies müßte zu einer eher zornigen Einstellung zum Leben führen, und deshalb war ich so überrascht, bei anderen Tests so wenig Zorn vorzufinden.

In meinem Bericht von 1970 habe ich auch geschrieben: ›Die Testperson scheint sich sehr mit einer Definition des Begriffs Männlichkeit und dem verwandten Thema angemessenen Verhaltens für Männer und Frauen zu befassen.‹«

Seine Analyse von MacDonalds Rorschach-Tests deutete weder auf »schizophrene noch psychopathische Gedankenprozesse« hin, aber »sowohl auf hysteroide Wesenszüge als auch auf Zwangsvorstellungen«.

»Mit hysteroid«, so der Psychologe, »meine ich die Neigung zu übersteigerten Gefühlsregungen. Was zum Beispiel eine nicht hysterische Person als Kummer empfindet, würde eine hysterische Person als Gram empfinden. Was eine nicht hysterische Person als eine Erschütterung im Leben empfindet, kann sich bei einer hysterischen oder hysteroiden Person als schweres Trauma auswirken.

Was die Zwangsvorstellungen betrifft, so meine ich damit, daß solch eine Person normalerweise sehr darauf bedacht ist, ihr Vorgehen in jeder Hinsicht zu planen und alle Möglichkeiten, alle Einzelheiten, die sich aus ihrem Handeln ergeben, vorab abzuwägen. Eine solche Person sagt nicht einfach: ›Ach was, wozu sich Sorgen machen.‹ Dieser Personentyp macht sich über *alles* Sorgen, muß alles in seine Überlegungen einbeziehen. Ihm ist unbehaglich zumute, wenn er nicht alles berücksichtigt hat.

Nun ist es ungewöhnlich, diese beiden Neigungen in ein und derselben Person vorzufinden, da wir sie ja eigentlich für gegensätzlich halten. Die hysterische Person sagt: ›Ach, zum Teufel damit, machen wir uns keine Sorgen darüber!‹ Die zwanghafte Person macht sich über jede Kleinigkeit Sorgen. Wenn wir sie in ein und derselben Person vorfinden, steht diese

Person normalerweise unter großem Streß, und es läßt sich nur schwer sagen, wie sie reagieren würde.«

»Deutet das auf einen präpsychotischen Zustand hin?«

»Ja, das kann man sagen. Und wenn solch eine Person dauerndem Streß ausgesetzt ist, kann sich schnell eine paranoide Psychose entwickeln.«

»Was ist eine paranoide Psychose?« fragte Woerheide.

»Eine paranoide Psychose tritt in zwei Ausprägungen auf. Bei beiden ist der Kranke davon überzeugt, daß seine Sicht der Realität die einzig richtige ist und jeder, der sie nicht teilt, den Bezug zur Wirklichkeit verloren hat. Bei den beiden Ausprägungen handelt es sich entweder um Verfolgungs- oder um Größenwahn. In der klassischen Ausprägung glaubt der Kranke, daß es alle auf ihn abgesehen haben, ihn sogar töten wollen. Beim Größenwahn glaubt der Kranke zum Beispiel, er sei Napoleon oder Jesus. Das sind die dramatischsten, die extremsten Ausprägungen. Es gibt alle möglichen Abstufungen dazwischen.

Bei Captain MacDonald hatte ich den Eindruck, daß er, falls sich eine Psychose bilden würde, eher zum Größenwahn neigte.«

»Ist es möglich«, fragte Victor Woerheide, »daß unter einer plötzlich auftretenden starken Streßsituation eine psychotische Phase von kurzer Dauer auftritt und dann eine Rückkehr zum präpsychotischen Zustand?«

»Ich glaube schon. Ja.«

»Und würde eine Person mit einer Neigung zum Größenwahn bei einer paranoiden Phase von kurzer Dauer wahrscheinlich eine irrationale Gewalttat begehen?«

»Ja, das wäre möglich. Sie haben den Ausdruck *wahrscheinlich* benutzt.«

»Ich hätte *möglicherweise* sagen sollen.«

»Ja, es ist möglich. Aber ich möchte hinzufügen, daß die Person, die diese Morde begangen hat, nicht unbedingt psychotisch oder psychopathisch gewesen sein muß. Das engt die Dinge zu sehr ein.«

»Bitte, erklären Sie das.«

»Nun, es ist möglich, daß ein Mensch, der ein ordentliches,

beherrschtes Leben führt, einen Punkt erreicht, an dem es zu einer Explosion kommt — zu einem Wutausbruch. Bei einigen Menschen ist die Wahrscheinlichkeit dafür größer als bei anderen. Die mir zugänglichen Daten dieses Falles lassen diese Möglichkeit zu.

Ich beziehe mich nun wieder auf das, was ich zu den Krankheitsbildern von Menschen gesagt habe, die unter Hysterie oder Zwangsneurosen leiden. Bei hysteroiden Neigungen wird der Kranke überreagieren oder Situationen dramatisieren.

Interessant in diesem Zusammenhang ist besonders, daß eine Person, die unter Zwangsneurosen leidet, nicht so leicht Zorn ausdrücken würde. Das ist meines Erachtens des Pudels Kern. Solch eine Person drückt normalerweise ihre Wut nicht aus, indem sie mit der Faust auf den Tisch schlägt oder so. Sie würde niemanden bedrohen, wäre aber trotzdem noch immer wütend. Ihr Zorn schwelt lange vor sich hin, könnte aber bei einem besonderen Anlaß ausbrechen.«

»Etwas löst eine Explosion aus?«

»Ja. Und die betreffende Person wäre dabei voller Zorn.«

»Na schön«, sagte Woerheide. »Könnten Sie sich in Hinsicht auf die Person, auf die sich diese Unterlagen beziehen, eine Situation vorstellen — ein Ereignis, einen Wortwechsel — die solch eine Explosion auslösen könnte?«

»Nun, ich bin der Ansicht, daß eins der wichtigsten Themen im Leben dieser Person mit dem Begriff ›Männlichkeit‹ umschrieben werden kann. Man könnte auch Sexualität sagen, aber sie umfaßt nicht die gesamte Bandbreite. Der Begriff Männlichkeit schließt das Sexualverhalten ein, aber auch Dinge wie Status, Macht, Einfluß, Rang, Prestige. Wollte man solch einen Menschen ernsthaft herausfordern, so ist er am verletzlichsten, was seine Männlichkeit betrifft, seine Vorstellung davon, wer er ist und wie andere Menschen ihn sehen. Und wenn man ihn dort bedrängte, könnte er tatsächlich explodieren.«

»Könnte das schon geschehen, wenn dieser Mensch mit seiner Frau einen Streit hat, und sie sagte etwas wie: ›Du bist kein richtiger Mann!‹ oder geht noch deutlicher in die Einzelheiten?«

»Wenn Ihre Frage lautet, ob das einen Wutausbruch hervorrufen könnte, würde ich sagen, ja.«

»Und könnte es einen Wutausbruch hervorrufen, den man als temporäre paranoide Psychose bezeichnen kann?«

»Das ist eine akademische Frage, und die Meinungen der Fachleute darüber gehen weit auseinander.«

»Na schön. Drücken wir es laienhaft aus. Ist diese Person unter den Umständen, die ich gerade beschrieben habe, zu einem gewalttätigen Ausbruch fähig?«

»Ich glaube schon.«

»Den sie ein paar Minuten später bedauern könnte?«

»Ja.«

»Nun, sagen wir einmal, dieser Mensch hat gerade seine Frau getötet. Würde er soweit gehen, auch seine Kinder zu töten, um den Mord an seiner Frau zu verbergen? Könnte er in eine solch extreme Wut fallen?«

»Ich kann nur Spekulationen darüber anstellen, doch ich glaube schon, daß solch eine Person in einem Anfall von Wut einen Mord begehen könnte. Und dieser Wutanfall wird nicht nur eine Minute oder so anhalten, sondern eine ganze Weile.«

»Die ganze Sache könnte in zwei oder drei Minuten erledigt sein«, sagte Woerheide. »Kann sich ein Wutanfall so lange erstrecken?«

»Auf jeden Fall. Ich kann natürlich nicht sagen, ob diese Person in ihrer Wut weitere Morde begehen würde — wie in diesem Fall an den Kindern —, könnte mir jedoch vorstellen, daß die betreffende Person zu diesem Zeitpunkt eine überwältigende, außergewöhnliche Furcht empfindet.«

»Könnte sich diese paranoide Psychose in bezug auf diesen besonderen Fall darin ausdrücken«, fragte Woerheide, »daß die betreffende Person alle Menschen, mit denen sie kurz darauf zu tun hatte, für unfähige Idioten hält, für dumme Trottel, die völlig unfähig sind und nichts richtig machen? Die Militärpolizisten, die zum Tatort kamen, die CID-Agenten, die die Ermittlung durchführten, die Sanitäter, die erste Hilfe leisteten, das Krankenhauspersonal, das ihn behandelt hat . . .«

»Ja, das könnte man so sehen. Und wenn ich mir die Ergebnisse der Tests ansehe, denen sich diese Person unterzogen hat — das heißt, wie verhielt sich die Versuchsperson in bezug auf den Psychologen und die Testsituation —, muß ich sagen, daß es mehrere Punkte gab, bei denen ich mich fragen mußte, ob dieser Mann irgendwie den Bezug zur Wirklichkeit verloren hat, ob sich irgendwelche psychotische Prozesse in ihm vollzogen. Denn den mir vorliegenden Daten zufolge war sein Verhalten einfach unangemessen. Und auch, wenn die Person keinen eindeutig psychotischen oder paranoiden Eindruck erweckte, würde ich doch sagen, daß man ihr Verhalten ›paranoiaähnlich‹ nennen kann. Damit meine ich hauptsächlich die Verachtung, die die Person dem Test und dem Psychologen entgegenbrachte.

Meiner Erfahrung zufolge tritt diese Haltung normalerweise bei Menschen auf, die schon seit langem paranoid orientiert sind. Entweder sind sie der Ansicht, von allen verfolgt zu werden, oder sie halten sich für ganz besondere Menschen.«

»Weist nicht jeder Mensch eine gewisse Paranoia auf?« fragte ein Geschworener.

»Nein«, sagte der Psychologe. »Dieser Auffassung bin ich nicht. Eine psychologische beziehungsweise psychiatrische Theorie besagt, daß jeder Mensch etwas von allem in sich birgt. Aber ich bin nicht dieser Auffassung.«

»Daraus schließe ich«, fuhr der Geschworene fort, »daß nicht jeder Mensch so in Wut geraten kann, daß er zu einer Gewalttat fähig ist?«

»Nun, theoretisch kann man sagen, daß jeder von uns wütend werden kann. Aber in der Praxis kennen wir alle sicher Menschen, die noch nie Wut gezeigt haben. Das bedeutet nicht unbedingt, daß sie sie unterdrücken. Sie haben einfach eine andere Weltsicht und steigern sich nicht in solch eine Wut. Ich vertrete nicht die Auffassung, daß wir alle so sind, aber noch nicht in solch eine Lage gekommen sind.«

Dann wurde der Psychologe, wie alle anderen Zeugen auch, gefragt, ob er noch etwas hinzuzufügen habe.

»Nun«, sagte er, »ich kann von meiner Ausbildung her nicht die Frage beantworten, ob diese Person einen Mord begangen hat oder nicht, würde jedoch die Auffassung vertreten, daß sie durchaus in einen Wutanfall geraten und dann gewalttätig werden kann. Als ich vor vier Jahren meinen Bericht schrieb, hielt ich es nicht für wahrscheinlich, daß diese Person einen Mord begangen haben könnte. Ich habe seitdem einige Erfahrungen gewonnen, die zu einer Meinungsänderung führten. Heute würde ich es eher für wahrscheinlich halten.«

Auch Jeffrey MacDonalds Mutter war vorgeladen worden.

»Mr. Woerheide«, sagte sie, »wir hatten drei Kinder, zwei Jungs und ein Mädchen, und unsere Familie orientierte sich stark am Vater. Jay war als Erstgeborener seinem Vater natürlich besonders lieb, und es mag durchaus sein, daß Jeff seinem Bruder nacheiferte. Wenn der eine Football spielte, interessierte sich der andere plötzlich auch dafür.

Als Jay dann auf der High-School war, gab es einige Probleme mit ihm. Mein Mann und ich legten Wert darauf, daß Jay aufs College ging, und er wurde auch von drei Colleges akzeptiert.« Mrs. MacDonald berichtete ausführlich über die darauffolgenden Schwierigkeiten: Jay verließ das College für ein halbes Jahr, arbeitete nebenbei, nahm dann eine Stelle als Barkeeper an, machte Schulden und nahm Drogen. Sie berichtete von der Einweisung ins Krankenhaus und dem Hilferuf an Jeff, der gerade auf Puerto Rico an einem Manöver teilnahm.

»War Jeff jemals gewalttätig?« lenkte Victor Woerheide die Befragung schließlich in andere Bahnen. »Hat er in Ihrer Gegenwart jemals jemanden geschlagen?«

»Nein. Ich meine, als Kinder hatten er und sein Bruder natürlich schon gelegentlich Streit. Aber ich glaube, Jeff verabscheut Unordnung, Chaos oder Gewalt. Er schätzt von Natur aus Schönheit, Harmonie und Frieden.«

Woerheide erkundigte sich dann nach der Beziehung zwischen Jeff und Colette.

»Wie bei jedem Ehepaar gab es sicher den einen oder anderen kleinen Streit, aber das schien nichts zu bedeuten zu haben. Sie erweckten den Eindruck, ineinander sehr verliebt zu sein.«

»Als Sie sie zum Erntedankfest 1969 besuchten, wußte Colette sicher, daß sie wieder schwanger war?«

»Offensichtlich.«

»Wie war ihre...«

»Reaktion? Sie wirkte sehr zufrieden. Aber ich war ein wenig besorgt. Ich sprach nicht mit ihr darüber, aber sie hatte ja zwei schwierige Schwangerschaften hinter sich, und sie hätte sich vielleicht noch etwas mehr Zeit lassen sollen.

Aber sie wollte immer ein Haus mit vielen Kindern, Hunden und Pferden haben. Ich meine, das war ein Traum von ihnen beiden — von einer Farm in Vermont oder so, wo sie das Leben in der Natur genießen konnten. Als ich Colette umarmte und sie fragte, wie sie sich fühle, sagte sie: ›Ich bin sehr glücklich. Ich weiß, daß allesglatt gehen wird. Wahrscheinlich ist es etwas zu früh, aber es wird alles glattgehen.‹«

»Wo haben Sie während dieses Besuchs geschlafen?«

»In Kimberlys Zimmer.«

»War es Kims Wunsch, daß Sie bei ihr im Bett schliefen?«

»Ja. Wir verstanden uns prächtig. Kim und ich, wir . . . sahen uns immer an und grinsten. Ich kann es nicht anders beschreiben, doch wenn ich auf Besuch war, hieß es immer: ›Nana, du schläfst bei mir.‹«

Bei diesen Worten verlor Dorothy MacDonald zum ersten Mal die Fassung und fing an zu weinen. Als Victor Woerheide die Befragung schließlich fortsetzte, war seine Stimme ungewöhnlich sanft.

»Gab es irgendwelche Probleme, was das Bettnässen betraf?«

»Ich glaube nicht, daß Kimberly noch ins Bett machte, bin mir aber nicht sicher. So lange war ich ja nicht dort.«

»Wann haben Sie sie zum nächsten Mal besucht?«

»Kurz vor Neujahr.«

»Wie kamen sie zurecht?«

»Auf mich wirkten sie wie immer.«

»Gab es irgendwelche Probleme oder Spannungen?«

»Falls es Spannungen gab, bekam ich nichts davon mit. Sie stritten sich nicht und unterhielten sich ganz normal. Silvester gingen wir aus essen, und ich fuhr früher zurück und löste den Babysitter ab, während sie noch tanzen gingen. Sie wirkten wie ein glücklich verheiratetes Paar, das mit Freunden feiert.«

»Haben Sie Colette jemals in der Küche geholfen?«

»Ja, natürlich. Ich habe oft den Tisch gedeckt oder Colette beim Kochen geholfen.«

»Erinnern Sie sich an einige Haushaltsgeräte? Zum Beispiel an einen Eispickel?«

»Sir, ich habe tausend Mal darüber nachgedacht, aber ich kann mich nicht daran erinnern.«

»Haben Sie jemals einen Eispickel benutzt...«

»Ich hatte keine Zeit... nein, keine Gelegenheit dazu.«

»Erinnern Sie sich, ob Jeff jemals nach einem Eispickel gesucht hat, um Eis für Drinks zu zerkleinern? Ob er in einen Schuppen hinter dem Haus ging, um dort nach einem Eispickel zu suchen?«

»Das könnte schon sein. Aber ich habe es vergessen (sic).«

»Hat Jeff bei Ihren Besuchen irgend etwas über seine Boxmannschaft gesagt?«

»Ich glaube, wir haben einmal darüber gesprochen aber... ich kann mich nicht genau entsinnen. Jeff war sehr sportlich. Er war Fallschirmspringer und spielte auch Ball.«

»Erinnern Sie sich, daß er gesagt hat, er wolle mit der Boxmannschaft eine Reise unternehmen?«

»Ja, ich entsinne mich. Darüber wurde einmal gesprochen.«

»Wissen Sie, wohin die Reise gehen sollte?«

»O je. Könnte es Rußland gewesen sein?«

»Ja, schon möglich. Hat Colette irgend etwas zu dieser geplanten Reise gesagt?«

»Ich glaube, sie hat gehofft, daß er nicht zu lange fort sein würde. Wahrscheinlich machte sie sich Sorgen darüber, daß er nur so selten zu Hause war, weil er so viel arbeitete. Aber sie verstand auch, daß er an der Reise teilnehmen wollte.«

»Hatte Colette jemals Grund zur Eifersucht?«

»Falls ja, hat sie nie mit mir darüber gesprochen. Mehr kann ich dazu nicht sagen. Vielleicht war sie eifersüchtig und wollte nicht mit ihrer Schwiegermutter darüber sprechen.«

»Ob nun berechtigt oder nicht, glaubte Colette, auf Penny Wells eifersüchtig sein zu müssen?«

»Sir, Sie fragen mich da etwas, wovon ich nie gehört habe.«

»Nun, dann präzisiere ich die Frage. Als Jay im September oder Oktober ins Krankenhaus eingeliefert wurde und Jeff bei Ihnen war... hat er da Penny Wells besucht oder Zeit mit ihr verbracht?«

»Falls ja, Sir, dann ohne mein Wissen.«

»Na schön. Haben Sie Ihren Sohn am 17. Februar oder unmittelbar darauf gefragt, was genau sich in der Wohnung zugetragen habe?«

»Nein. Darf ich Sie darauf hinweisen, daß ich die Mutter eines jungen Mannes bin, dessen Frau und Kinder ermordet worden waren, und ich ihm Trost spenden und ihm helfen wollte, diese quälende Last zu ertragen.«

»Sie sind die gesamte Woche dort geblieben?«

»Ja, Sir, aber ich war nicht ständig bei Jeff. Ich mußte mich auch um ein paar andere Dinge kümmern.«

»Was meinen Sie damit?«

»Nun, mein Sohn Jay schien einen Rückfall erlitten zu haben. Freunde hatten ihn ins Krankenhaus eingeliefert, und er bekam dort schwere Beruhigungsmittel.«

»Wie lange blieb Jay im Krankenhaus? Hat er nicht am Trauergottesdienst teilgenommen?«

»Ja, weil ein wunderbarer Freund unserer Familie, Mr. Robert Stein aus New Hope, Pennsylvania, ihn aus dem Krankenhaus holte und mit einem Firmenflugzeug zu uns brachte. Nach dem Trauergottesdienst flog er mit Jay wieder nach Hause, und ich fuhr ins Bucks County, sprach einen Tag lang mit dem Psychiater, den Mr. Stern besorgt hatte, und kehrte dann wieder nach Fort Bragg zurück.«

»Nachdem Jeffrey aus dem Krankenhaus entlassen wurde, sind Sie mit ihm verreist?«

»Ja, ich schlug vor, ein paar Tage an die Küste zu fahren, damit er sich etwas erholen könne. Und das haben wir dann auch getan. Aber bei meiner Ehre, ich habe ihm niemals Fragen gestellt. Ich konnte es nicht. Das hatten schon genug andere Leute getan.«

»Sie haben ihm keine Fragen gestellt, und er hat nicht freiwillig darüber gesprochen, richtig?«

»Ja.«

»Warum blieb Ihr Sohn nicht an der Ostküste, nachdem die Anklagen fallengelassen wurden? Ist er dort nicht verwurzelt?«

»Doch, Sir, in gewisser Hinsicht schon, aber er hat dort nur schmerzhafte Erinnerungen. Sein Vater ist tot, seine Großmutter ist tot, seine Frau und Kinder sind tot. Er konnte nicht einmal mehr in sein Haus. Dort hielt ihn nichts mehr.«

»Ist es nicht seltsam, daß er von einer Küste des Landes zur entgegengesetzten zog?«

»Sie dürfen nicht vergessen, daß er damals sehr hart gearbeitet hat, um ein neues Leben anzufangen, und er hatte sechs Monate lang eine Stellung in New York. Wenn Sie New York City kennen, wissen Sie, daß das nicht die richtige Umgebung für ihn ist. Er und Colette hatten noch nie etwas für New York übrig. Die Stadt entsprach einfach nicht ihrer Lebensweise. Als Jeff mit mir darüber sprach, ermutigte ich ihn, nach Kalifornien zu ziehen. Warum auch nicht, wenn man dort neuen Mut gewinnt, weil ständig die Sonne scheint, wenn die Menschen dort nett sind und man eine Arbeit findet, die einem gefällt?«

»Vielleicht wollte er in der Nähe bleiben, um gelegentlich die Gräber zu besuchen?«

»Ich will Ihnen etwas sagen. Nicht einmal ich besuche diese Gräber. Ich ging in den ersten Jahren regelmäßig zum Friedhof, fand aber nach einer Weile heraus... nun ja, ich habe sehr schöne Erinnerungen an die Kinder — und das schließt Colette ein, weil sie im Prinzip ja auch mein Kind war —, und ich möchte sie auch so in Erinnerung behalten. Ich habe nichts dagegen, Blumen auf das Grab zu legen, mache aber keinen Wettstreit daraus.«

»Was meinen Sie damit?«

»Mr. Woerheide, ich will hier nichts über andere Leute sagen, aber Mr. und Mrs. Kassab bringen ständig frische Blumen ans Grab, ganze Körbe, und lassen sie niemals verwelken. Sie gehen ständig auf den Friedhof, aber das kommt mir nicht ehrlich vor, und ich will Ihnen auch sagen, warum. Denn neben Colette und den Kindern liegt ihr Mann, und er hat keinen Grabstein und keine Namenstafel. Das mag jetzt grob klingen, und mir steht auch kein Urteil zu, aber das wissen sicher, daß Mildreds erster Mann Selbstmord begangen hat, und das hat sie ihm nie vergeben. Und deshalb ehrt sie seinen Namen nicht.« (Diese Behauptung war falsch. Auf Cowles Stevensons Grab steht ein Stein mit seinem Namen.)

»Bitte, lassen Sie mich das klarstellen. Ich fand es anfangs sehr schön, daß sie den Gräbern solch eine Aufmerksamkeit widmen, doch dann wurde mir klar, daß es sich dabei gewissermaßen um eine symbolische Geste handelt, als könnten sie damit mehr als die Erinnerung an die Kinder am Leben erhalten. Sie haben damit hauptsächlich um Aufmerksamkeit geheischt, haben eine Show daraus gemacht. Seitdem verbringen sie ihre Zeit auf diese Art, und seit etwa anderthalb Jahren kann ich sie einfach nicht mehr besuchen oder mich mit ihnen treffen, weil ihre Einstellung Jeff gegenüber sich dermaßen geändert hat. Entschuldigung, aber ich ziehe es vor, die Erinnerung an meine Kinder zu bewahren, anstatt Blumen auf ein Grab zu legen, auf dem schon zu viele liegen.«

»Das ist sehr interessant«, sagte Victor Woerheide. »Was glauben Sie, Mrs. MacDonald, warum die Kassabs, die Ihren Sohn ja sehr unterstützt haben, ihre Meinung über ihn plötzlich änderten?«

»Darf ich das von Anfang an erzählen?«

»Ich bitte darum.«

»Ich habe immer wieder, sowohl von Mildred als auch ihrer Schwester Helen, die Geschichte gehört, daß Mildred das jüngste und hübscheste Kind war, und ihre Eltern und älteren Schwestern haben deshalb alles für sie getan, um ihr Leben mit Freude und schönen Dingen auszufüllen. Nun gab es sehr viele Tragödien im Leben dieser Frau, doch jedesmal hat sie sie überwunden und das Beste daraus gemacht. Als ihr Mann starb, galt ihr das Mitgefühl der ganzen Familie. Also haben sie zusammengelegt und sie ein Jahr auf eine Weltreise geschickt, und als sie zurückkam, haben sie sie ein halbes Jahr in einem Hotel in New York untergebracht und freudig darüber gesprochen, daß sie Abend für Abend den besten Tisch im Speiseraum bekam, um die Aufmerksamkeit reicherer Männer auf sich zu lenken.

Das ist kein Hörensagen. Das hat man mir immer wieder erzählt. Und schließlich zog sie die Aufmerksamkeit eines gewissen Alfred Kassab auf sich, eines einigermaßen attraktiven Mannes aus wohlhabender Familie.

Ich will gar nicht abstreiten, daß sie sich wirklich zueinander hingezogen fühlten. Und als sie heirateten — und das hat man mir auch immer wieder erzählt —, tobte Freddys Mutter vor Wut und enterbte ihn. Und deshalb sprachen Mildred und Freddy ständig darüber, wie sie seine Mutter für unzurechnungsfähig erklären wollten, denn sie wollten ja den ihnen zustehenden Teil des Vermögens haben und waren auch ein sorgenfreies Leben gewöhnt.

Das mag jetzt auch etwas stark aufgetragen klingen, aber es gab Zeiten, Sir, noch vor der Tragödie, in denen ihre Zuneigung eher Jeff als Colette zu gelten schien. Mildred entschuldigte sich ständig für Colette. Ich hielt sie für ein reizendes Mädchen, aber ich war mir auch ihrer Fehler bewußt, und deshalb verstanden wir uns viel besser.

Aber ihnen schien auch viel daran gelegen zu sein, daß Jeff Arzt wurde. Ich habe das Gefühl, daß ihnen sehr daran lag, später jemanden zu haben, auf den sie sich stützen konnten. Das mag jetzt wieder sehr barsch klingen, aber ich glaube, sie haben sich entfremdet, als Jeff den Entschluß faßte, nach Kalifornien zu ziehen.

Und ich möchte auch noch hinzufügen, daß Mr. Kassab von Anfang an, vom 17. Februar an, sich nachdrücklich geäußert hat, er würde diesen Fall bis zum Ende seiner Tage verfolgen. Nun gehen wir alle unterschiedlich mit unserer Trauer und unserem Zorn um, doch ich bin der Meinung, daß er gleichzeitig seiner Frau beweisen muß, die Sache aufklären zu können. Ich glaube, sie übt Druck auf ihn aus.«

»Wann haben Sie zum ersten Mal Ihren Sohn in Kalifornien besucht?« fragte Woerheide.

»Im August des Jahres, als er dorthin zog. Und dann wieder im Februar.« (Und zwar kurz nach dem 15. Februar, an dessen Abend Freddy Kassab zwei Stunden lang versucht hatte, Dorothy MacDonald davon zu überzeugen, daß ihr Sohn des Mordes schuldig war.) »Das war für ihn — wie für uns alle — immer eine schlimme Zeit. Weihnachten und der Februar sind immer sehr schlimm.«

»Wie sieht das Leben aus, das er dort führt?«

»Nun, er arbeitet hart, und das ist die Hauptsache. Er hat viele Bekannte und gibt viele Parties. Er war schon immer ein guter Gastgeber. Er hat ein Boot. Ich habe es sehr genossen, wieder mit einem Boot auszufahren. Das gehörte früher auch zu unserem Leben.«

»Dann sind Sie der Ansicht, daß er sich gut in Kalifornien eingelebt hat?«

»Ja, und auch ich war von dem Land sehr beeindruckt. Die Sonne schien, die Leute waren nett, der Verkehr floß zügig, das Leben ist angenehm. Die Menschen dort sind sonnengebräunt, sehen gesund aus, führen ein fröhliches Leben.

Ich war deprimiert, und Kalifornien gefiel mir. Also sah ich mich dort nach einem kleinen Haus um, und mir gefällt es dort noch immer gut.«

»Nun, hat Ihr Sohn mit Ihnen über die Nacht vom 16. zum 17. Februar gesprochen, seit Sie in Kalifornien wohnen, oder denkt er nicht mehr daran und spricht über andere Dinge?«

»Wir haben darüber gesprochen, wie schmerzhaft der Verlust ist.«

»Aber hat er mit Ihnen über die Ereignisse der Nacht gesprochen, abgesehen von der Anhörung, bei der Sie anwesend waren?«

»Ich habe ihn nie danach gefragt. Das mag Ihnen vielleicht seltsam vorkommen, aber ich bin der Ansicht, daß ihm schon genug Leute Fragen gestellt haben, und ich . . .«

»Und Sie keine mehr stellen mußten, da das FBI und die CID schon alle Fragen gestellt haben?«

»Ich hatte den Eindruck, daß man ihm schon genug Fragen gestellt hat.«

»Mrs. MacDonald, haben Sie noch irgend etwas zu sagen, bevor wir schließen? Irgend etwas, das die Geschworenen wissen sollten?«

»Nein, nur, daß ich bedaure, daß ihnen diese Bürde auferlegt wurde, denn ich bin der Ansicht, daß wir schon eine Verhandlung hinter uns haben.«

»Das ist keine Bürde, Mrs. MacDonald. Drei Menschen sind tot.«

»Das weiß ich sehr wohl.«

Der Psychologe aus Philadelphia, der Jeffrey MacDonald 1970 einigen Tests unterzogen und »keine Anzeichen von Psychosen oder psychopathischen Tendenzen« gefunden hatte, wurde in den Zeugenstand gerufen. Victor Woerheide fragte ihn zuerst, wie es zu der Untersuchung gekommen sei.

»Auf ziemlich ungewöhnliche Art und Weise«, erwiderte er. »Um die Verteidigung zu unterstützen, verlangte sein Anwalt, daß Captain MacDonald von einem Psychiater in Philadelphia, mit dem ich schon mehrfach zusammengearbeitet hatte, untersucht wurde. Sinn der Untersuchung war es wohl, aufzuzeigen, daß Captain MacDonald nicht geisteskrank war. Die Natur des Verbrechens legte anscheinend nahe, daß es von einem geistig gestörten Menschen begangen worden sein mußte. Und die Verteidigung wollte aufzeigen, daß Captain MacDonald geistig gesund war.

Also bat man mich nicht, ihn auf geistige Unzurechnungsfähigkeit oder so zu untersuchen, sondern einfach darauf, ob er Spuren geistiger Defekte oder Krankheiten aufwies oder zu extremen Gewalttätigkeiten fähig war.«

»Wie viele Tage haben Sie ihn untersucht?«

»Nur einen.«

»Entsprach das Ihrer Vorstellung?«

»Ich hätte die Testperson gern mehrere Tage untersucht, aber aufgrund der Umstände — es war Eile geboten — bestand diese Möglichkeit nicht.«

»Bei einer Untersuchung, wie Sie sie vorgenommen haben, müssen Sie zuerst eine gewisse Beziehung zu der Versuchsperson herstellen?«

»Ja, und in diesem Fall lag die Schwierigkeit darin, sie zu überzeugen, daß man wirklich zu ihrer Verteidigung beitragen möchte. Ich meine damit, daß man die Versuchsperson dazu bringen muß, sich so frei und offen wie möglich auszudrücken.

In diesem Fall war das besonders schwierig, da Captain MacDonald ein sehr intellektualisierender Mensch war. Er bedachte alles im voraus, überlegte, was danach geschehen würde und welche Folgen seine Worte haben würden. Es war sein gutes Recht, sich darüber Gedanken zu machen, aber es trug nicht gerade dazu bei, daß er sich offen äußerte.

Also erklärte ich ihm ausführlich, daß unser Gespräch völlig vertraulich sei, daß ich die Informationen, die ich erhielt, nur an seinen Anwalt und dem von seinem Anwalt beauftragten Psychiater weitergeben würde, und wie wichtig es sei, daß er so offen und ehrlich wie möglich zu mir war.

Er war besorgt, weil er ständig an den Zwischenfall denken mußte und Angst hatte, daß dadurch die Testergebnisse beeinflußt werden könnten, was wiederum darauf hindeuten könnte, daß er das Verbrechen begangen habe. Ich erklärte ihm, daß das Gegenteil der Fall sein würde. Wenn er versuchte, Informationen zurückzuhalten, hätte es den Anschein, er würde dem Test ausweichen. Als ich dann zur Untersuchung überging, hatte ich den Eindruck, daß er meinen Rat befolgte. Seine Antworten erfolgten schnell und deuteten nicht darauf hin, daß er sorgfältig überlegte und vorausdachte. Mit anderen Worten, nichts wies darauf hin, daß er sich genau überlegte, was er sagte oder versuchte, sich positiv darzustellen. Statt dessen schien er offen, frei und ohne Zurückhaltung zu sprechen.«

»Können Sie uns sagen, welche allgemeinen Beobachtungen Sie über Captain MacDonald gemacht haben?«

»Mir fiel sofort auf, daß er über eine große Selbstbeherrschung verfügte. Er ist ein Mensch, der sich wegen seiner Probleme nicht an andere um Hilfe wendet, sondern die Sache selbst klärt.

Psychologisch gesehen kam er mir ziemlich naiv vor. Einige Menschen ohne Vorbildung sind in dieser Hinsicht sehr einfühlsam, lernen schnell, in psychologischen Begriffen zu denken und wissen, wie die Menschen denken und fühlen. Er gehörte nicht dazu. Obwohl er ein Medizinstudium absolviert hatte, war er nicht sehr einsichtsvoll. Er war sehr intelligent, begriff aber nicht, wie der Verstand arbeitet und die Menschen denken. Er schien auch nur eine geringe Einsicht in sein eigenes Verhalten zu haben. Und daher kam ich zur Auffassung, daß es Captain MacDonald nicht leichtfallen würde, Persönlichkeitsmerkmale zu verbergen. Er war zu naiv dazu.

Wissen Sie, wenn Sie sich mit Psychologen auskennen, und einer fragt Sie: ›Haben Sie irgendwelche Probleme?‹, dann wissen Sie, daß Sie nicht antworten sollten: ›Oh, nein, Doc. Nicht die geringsten.‹ Sie sollten sagen: ›Ja, klar, wie jeder andere auch habe ich von Zeit zu Zeit Probleme.‹ Bei ihm war das nicht der Fall.

Sobald wir mit den Tests begonnen hatten, antwortete er sehr schnell, fast impulsiv. Es gab keine Anzeichen dafür, daß er versuchte, irgend etwas zu verbergen. Im Gegenteil, seine Antworten bezogen sich teilweise eindeutig auf den Zwischenfall. Daher ging ich davon aus, daß er nicht versuchte, seine Gedanken über die Morde zu verschleiern oder sich in irgendeiner Hinsicht von seiner Unschuld zu überzeugen.

Und die allgemeinen Ergebnisse fallen völlig unter die normalen Werte. Mit anderen Worten, es liegen keine abnormalen Testergebnisse vor. Beim MMPI zum Beispiel gibt es eine Kurve, die sich dem abnormalen Wert nähert, ihn aber nicht erreicht. Aber wir alle dürften wahrscheinlich irgendeine solche Kurve haben.

Allerdings ist die Tatsache, daß alle Kurven innerhalb des Normbereichs liegen, an sich schon ungewöhnlich. Bei fast allen Menschen, die eines Gewaltverbrechens beschuldigt und von mir untersucht wurden, lagen irgendwelche Werte außerhalb des Normbereichs, auch wenn sie später für nicht schuldig befunden wurden.

Das wichtigste Ergebnis der Untersuchung schien zu sein, daß Captain MacDonald – und wenn man mit ihm spricht, will man es kaum glauben – im Prinzip ein sehr passiver Mensch mit einem starken Minderwertigkeitskomplex ist. Doch an der Oberfläche zeigt er sich als sehr kompetenter, völlig angepaßter, immer ausgeglichener und gefaßter Mensch. Im Unterbewußtsein erzeugen diese Komplexe starke Zweifel, ob er wirklich solch ein Typus ist. Es besteht also ein starker Kontrast zwischen der Art, wie er sich gibt, und dem, was unterbewußt zu Tage tritt.

Beim MMPI-Test zum Beispiel drückte die Kurve, die sich den abnormalen Werten näherte, das Verhältnis von Maskulinität und Feminität aus. Und die Kurve verläuft in die feminine Richtung, was nicht auf Homosexualität oder so hindeutet. Männer, deren Kurve in die feminine Richtung verläuft, sind normalerweise ziemlich passiv und zurückhaltend. Wenn sie wütend oder aufgeregt sind, drücken sie ihre Gefühle nicht direkt aus. Sie reagieren zum Beispiel eher sarkastisch, als einen offenen Streit zu suchen.

Ähnliche Tendenzen traten auch beim TAT-Test auf. Auch dessen Auswertung ergab, daß er sich als starker, fähiger und unabhängiger Mann darstellen will, doch seine unterschwellige Abhängigkeit verlangt, daß er sich der Billigung jener vergewissert, die Macht über ihn haben, eine Billigung, die er durch Konformität erreicht.

Einerseits haben wir hier also einen Mann, der stark, kompetent und unabhängig sein will, andererseits will er, daß jeder seine Handlungen billigt. Er macht sich wirklich Sorgen darüber, was die anderen Menschen von ihm halten. Und dieser Gegensatz sorgt dafür, daß er niemals wirklich unabhängig sein kann. Solange er in dieser Zwickmühle steckt, wird er niemals ein wirklich reifes Individuum sein.

Nun gibt es wahrscheinlich sehr viele Menschen auf der Welt, die dieser Definition zufolge keine völlig reifen Individuen sind.

Dieser Tatbestand stellt also keine Abnormität dar. Aber die Ironie an seiner Lage ist, daß er in demselben Maß, mit dem er durch seine Anpassung Zuspruch bekommt, sein Wertgefühl und seine starke maskuline Identität verliert.

Mit anderen Worten, wenn man einigermaßen einsichtsvoll ist, weiß man, daß man jedesmal, wenn man sich unterwirft und tut, was die — sagen wir einmal — Vorgesetzten verlangen, einen Teil seiner Unabhängigkeit und Integrität verliert. Wie wird man nun damit fertig? Nun, er wird damit fertig, indem er sich dieser Einsicht verschließt. Andere Menschen gehen vielleicht anders damit um; sie werden nervös oder bekommen Magengeschwüre. Captain MacDonald befaßt sich mit seinen Konflikten, indem er abstreitet, daß es sie gibt.

Wir fragen uns also, wie es Captain MacDonald möglich ist, seine Gefühle einfach zurückzudrängen. Ich werde es Ihnen sagen. Würde er sich nicht vor seinen Gefühlen abschotten, würde ihm dieser Konflikt tagaus, tagein bewußt, und er würde nicht mit ihm fertig. Daher hat er sich zu einem Menschen entwickelt, der einfach nicht in Kontakt mit seinen Gefühlen steht.

Es ist ein grundlegender Teil seiner Persönlichkeit, daß er nicht versteht, was in ihm vorgeht: er hat keine Einsicht.

In seinem Gespräch mit mir sagte er: ›Wissen Sie, es stört mich, daß all diese Leute anrufen, um mir ihr Mitgefühl auszudrücken, als wollten sie, daß ich mich an ihrer Schulter ausweine. Aber ich werde mich an keiner Schulter ausweinen.‹

Wenn man nun eines Verbrechens bezichtigt wird, sollte man diese Einstellung besser nicht haben, weil es keinen guten Eindruck macht, wenn man völlig gleichmütig ist. Aber einen Menschen mit Captain MacDonalds Persönlichkeit kann man einfach nicht dazu bringen, in Gegenwart anderer Menschen die Fassung zu verlieren. Denn das würde ja bedeuten, daß er Gefühle hat, daß er versteht, was in ihm vorgeht, und das wiederum würde alle möglichen Probleme für ihn ergeben.

Ein anderer Aspekt ist, daß Captain MacDonald im Unterbewußtsein eine nostalgische Sehnsucht nach seiner frühen Kindheit hat. Wenn man ihn über seine Kindheit sprechen hört, scheint er wirklich den Verlust dieser frühen, abhängigen, angepaßten Rolle zu bedauern.

Er weiß auch, wie man Anerkennung und Respekt gewinnt. Er war ein guter Schüler. Er war sportlich. Nun, was tut man, wenn man so ein intelligenter Musterschüler ist? Man paßt sich an. Man tut all die richtigen Dinge, um das Lob seiner Eltern und Lehrer zu bekommen. Aber was tut man, wenn man erwachsen wird? Wie wird ein Mensch, der sich als junger, erfolgreicher, intelligenter, sportlicher Schüler sieht, ein Erwachsener?

Um Ihnen das zu erklären, möchte ich auf ein Bild des TAT-Tests zurückgreifen, über das er eine Geschichte erzählen sollte. Das Bild zeigt einen Mann, der ein Seil hinaufklettert. Captain MacDonald sagte: ›Das ist ein Gymnasiast, der beim Sportunterricht unter den Augen der anderen ein Seil hinaufklettert. Großer Gott, wie soll man daraus eine Geschichte machen? Er kommt sich lächerlich vor, weil er das unter den Augen seiner Freunde machen muß.‹

Wissen Sie, als guter, junger, intelligenter, sportlicher Schüler kommt man sich nicht lächerlich vor, aber wenn man langsam erwachsen wird, schleichen sich andere Gefühle ein.

Er sagte: ›Der Junge würde die Aufmerksamkeit lieber auf andere Art auf sich ziehen, aber er muß nun mal da durch, während seine Freunde um ihn herumstehen und lachen. Danach kommt er sich immer töricht vor, aber beim nächsten Mal tut er es wieder. Er unterhält die Leute und denkt jedesmal, daß gar nicht er das ist. Er würde sich lieber mit einem Freund zusammensetzen und unterhalten, macht aber weiter, weil er Angst hat, Freunde zu verlieren.‹

Genauso steckt Captain MacDonald in der Klemme. Er kann mit dieser Situation nur umgehen, indem er diese Konformität und das Bedürfnis nach Anerkennung nicht bewußt wahrnimmt. Und solange er das schafft, kann er sich — besonders, was seine berufliche Kompetenz als Arzt betrifft, als junger Chirurg und dem daraus resultierenden Rang und Einfluß — als vollwertigen Mann sehen.«

»Welche Auswirkungen hätte das auf sein Familienleben, auf das Zusammenleben mit einer Frau und zwei Kindern?« fragte Woerheide.

»Er würde sich in die Arbeit stürzen. Zwischenmenschliche Beziehungen — besonders die mit seiner Frau und den Kindern — blieben reserviert und litten unter seinem Konflikt zwischen Unabhängigkeit und Abhängigkeit. Er hätte zum Beispiel Schwierigkeiten mit der Gleichberechtigung der Geschlechter, denn je mehr Menschen seine Autorität in Frage stellen, desto schwieriger würde es für ihn. Das ist nicht ungewöhnlich, dieses Problem haben zahlreiche Männer.

Die innigsten Freundschaften würde er wahrscheinlich mit Menschen eingehen, deren Rang und Autorität deutlichst geklärt sind. Und das ist in einer Ehe natürlich nur der Fall, wenn die Frau sich freiwillig dem Mann unterwirft. Freundliche Gefühle kann er seinen Kindern gegenüber viel leichter ausdrücken als bei seiner Frau. Und gelegentlich trat bei den Tests eine gewisse nostalgische Einstellung in bezug auf seine Kinder auf. Beim Rorschach-Test sah er auf Karte Fünf den Kopf eines kleinen Kaninchens.

›Ich sehe ein kleines Kaninchen‹, hat er gesagt. ›Etwa einen Monat, bevor es passierte, haben wir Kimmy eins geschenkt.‹

Wichtig daran ist, daß das Bild des kleinen Kaninchens die

wärmste, angenehmste Erwiderung war, die er bei den gesamten Tests gegeben hat. Aber selbst das Kaninchen schilderte er nicht so weich und angenehm, wie es möglich gewesen wäre, denn er schränkte sofort ein: ›Die Form erinnert mich an ein kleines Kaninchen. Die Ohren sind aufgestellt, und unten sehe ich Füße.‹

Er hätte zum Beispiel sagen können: ›Es sieht wie ein kleines Kaninchen aus, weil es weich und pelzig ist.‹ Das wäre eine wärmere, gefühlsbetontere Antwort gewesen, doch die hat er nicht gegeben. Nicht einmal auf dieser Ebene konnte er also seine Verteidigung ganz aufgeben. Er betonte statt dessen die harten Umrisse, die Kanten, die Form, die an ein kleines Kaninchen erinnern.

Beim Rorschach-Test zeigen wir den Versuchspersonen eine Reihe von Tintenklecksen, und sie sollen uns sagen, was sie darin sehen. Und wir bewerten den Test unter anderem auch, indem wir, sobald wir alle Karten durchgegangen sind, wieder von vorn anfangen und fragen: ›Wieso haben Sie dies oder das in den Klecksen gesehen?‹

Die Menschen sehen aus unterschiedlichen Gründen unterschiedliche Dinge. Einige sagen: ›Na ja, es hat eben diese Form‹ oder: ›Na ja, es sieht so weich und pelzig aus‹, oder: ›Na ja, ich hatte den Eindruck, daß die Kleckse sich bewegen‹, oder: ›Na ja, ich kam wegen der Farbe darauf.‹

Wenn wir den Rorschach-Test auswerten, achten wir auch darauf, inwieweit die Person Dinge wie Farbe, Struktur, Bewegung, Gestalt, Form und so weiter bewertet. Und die Häufigkeit, mit der die Person auf diese Dinge zurückgreift, läßt wiederum Schlüsse auf gewisse Tendenzen zu. Intellektuelle Menschen führen öfter den Faktor Bewegung auf, sehr gefühlsbetonte Menschen öfter den Faktor Farbe.

Dr. MacDonald nun zeigte eine viel größere Tendenz, auf Faktoren wie Bewegung und Form zurückzugreifen als zum Beispiel auf die Farbe. Das unterstützt die aus den Testergebnissen folgernde Hypothese, daß er gefühlsmäßig nicht sehr engagiert ist. Zur Bewertung des Tests trägt auch bei, ob die Versuchsperson das ganze Bild betrachtet oder eher relativ kleine, detaillierte Aspekte der Kleckse. Captain MacDonald achtete eher auf kleine Einzelheiten. Bei einem der Bilder gab er etwa zehn Antworten, und keine bezog sich auf das Bild als Ganzes. Es war eher eine zwanghafte, detaillierte, präzise, vorsichtige Annäherung an die Dinge und keine globale.

Er begegnet einem also als eine Person, die in sich gefaßt und zwanghaft ist. Er versucht, Emotionen zu vermeiden und seine Gefühle nicht zur Kenntnis zu nehmen oder zu unterdrücken. Er beschäftigt sich sehr systematisch mit Problemen, hat für alles die passende Schublade und steckt das eine Gefühl hier und das andere dort hinein. Auf diese Art überwältigen ihn die Dinge nicht. Er kann ein effektives Leben führen, besonders, indem er einen Beruf wählt, der ihn als starke Autoritätsperson erscheinen läßt und ihm hilft, vor seiner gefühlsmäßigen Verantwortung zu fliehen.

Er wird Arzt. Besser noch, er wird Chirurg, denn ein Chirurg muß sich nicht gefühlsmäßig mit Menschen befassen. Er ist Gott. Er ist die Autorität. Niemand stellt ihn in Frage. Er muß noch nicht einmal mit den Patienten sprechen, denn sie haben ja eine Anästhesie bekommen, wenn er sie operiert.

Ich glaube, wenn man eine ganze Reihe Chirurgen untersuchen würde, findet man bei den meisten von ihnen eine gefühlsmäßige Einstellung, wie sie auch Captain MacDonald aufweist. Damit will ich sagen, daß diese Charakteristiken seiner Persönlichkeit weder ungewöhnlich noch unzureichend sind. Sie machen ihn nur nicht zu einem leidenschaftlichen, liebevollen Mann oder Liebhaber. Aber es gibt sehr viele Menschen draußen in der Welt, die weder leidenschaftlich noch liebevoll sind.

Was nun jedoch seine Lebensgeschichte betrifft, so hat er — um seinem Verlangen nach Konformität und auch dem Bedürfnis nach gefühlsmäßiger Abhängigkeit von anderen Menschen nachzugeben, auch wenn er dies nicht offen eingesteht — ziemlich jung geheiratet, und zwar unter Umständen, unter denen die meisten Menschen nicht so einfach geheiratet hätten. Er gründete eine Familie und machte mit seinem Leben weiter, wobei er das Bild des strahlenden jungen Mannes bewahrte. Doch in dieser Ehe hatten sich nicht zwei schrecklich reife oder gleichwertige Menschen zusammengefunden. Sie war eher eine

Beziehung, in der er die Unterstützung und Billigung seiner Frau hatte, während er keine enge gefühlsmäßige Bindung mit ihr einging.

In vielerlei Hinsicht verabscheute und mied er die Verantwortung, die seine Vaterschaft mit sich brachte. Und er konnte sein berufliches Vorankommen als durchaus vernünftige Entschuldigung heranziehen, in die eigentliche Erziehung nicht eingreifen zu müssen. Denn wie konnte sich seine Frau beklagen, er verbringe nicht genug Zeit zu Hause, wo er doch seinen Doktortitel erwarb, hart arbeitete, um die Familie zu unterstützen, und großzügig Geschenke verteilte?

Was sagt seine Frau also? Nun, sie sagt zum Beispiel: ›Könntest du nicht etwas öfter zu Hause sein und uns etwas mehr Liebe und Zuneigung schenken, etwas mehr Zeit?‹

Da kann man nicht einfach nein sagen. Statt dessen sagt man: ›Ich muß arbeiten, ich tue das doch alles für euch.‹ Also wählte er einen Beruf, der viel Zeit beansprucht und ihn in gewisser Weise von seiner Verantwortung als Familienvater befreite.

Hoffentlich befinden sich nicht allzu viele Ärzte hier. Dieser Trick funktioniert ganz gut, wie ich hinzufügen darf.

Doch bei solchen Situationen – etwa, wenn er mit der Familie zusammen war – geriet er in Schwierigkeiten. Er brauchte die Billigung der Gesellschaft und wollte nichts tun, was in den Augen der Öffentlichkeit seiner sehr erfolgreichen Situation – Arzt, verheiratet, Familie, Kinder – abträglich war. Also steckte er in einem Dilemma. Er war nicht stark und aggressiv genug, um einen Ausweg aus dieser Lage zu finden, entweder, indem er eine engere Beziehung zu seiner Frau einging, oder indem er sich scheiden ließ. Und er konnte mit niemandem über diese Gefühle sprechen, weil er ja das autoritäre Bild von sich aufrechterhalten mußte.«

Der Psychiater zeigte ein weiteres Bild des TAT-Tests, zu dem MacDonald eine Geschichte verfaßt hatte.

»Nun sehen Sie sich dieses Bild an. Es zeigt einen Mann und eine Frau in der Kleidung der dreißiger Jahre, und der Mann wendet sich ab und sieht zur Seite, und die Frau hat die Arme um ihn gelegt. Oftmals sehen Versuchspersonen darin, daß die

Frau den Mann um etwas bittet. Und das ist seine Geschichte dazu:

›Ich versuche, seinen Gesichtsausdruck zu deuten. Das ist ein Ehepaar. Der Mann ist aufgebracht über etwas, und die Frau zeigt offensichtlich Stolz und Besorgnis über die Wut ihres Mannes und versucht, ihn zu besänftigen. Ihm gefällt es, daß sie so auf seine Besorgnis reagiert. Dadurch kann er seine Gefühle beherrschen. Sie fühlen sich beide gut. Sie zeigt ihre Besorgnis und Liebe, und er gab ihrem Wunsch nach, sich zu beruhigen. Ich vermute, es kam zu dem Zwischenfall, weil sich der Milchmann oder ihr Boß ihr gegenüber zu viel herausgenommen hat. Also wollte er sie schützen oder die anderen in ihre Schranken weisen. Sie beruhigt ihn, aber sie schätzt auch seine Zuneigung.‹

Also ist er die strenge, fordernde Autoritätsperson, und sie bittet ihn, tu's nicht, ich weiß, daß du mich beschützen willst, aber beruhige dich — sie drängt ihn, als Ehemann glücklich und erfolgreich zu sein. Aber es findet keine echte Kommunikation über seine Gefühle, Gedanken oder Vorstellungen statt. Die Menschen verhalten sich im Einklang mit den Bildern, die sie darstellen.

In vielerlei Hinsicht mag ein Mensch mit dieser Anpassungsfähigkeit eine Menge durch enge Beziehungen mit älteren Männern erreichen. Aber Captain MacDonald fürchtet gefühlsmäßige Verbindungen mit Männern wegen seiner Angst vor eigenen homosexuellen Trieben. In Wirklichkeit hat er keine starken homosexuellen Triebe, fürchtet aber, welche haben zu können.

Ich will Ihnen ein weiteres Beispiel des TAT-Tests erläutern. Auf diesem Bild liegt eine Person auf dem Boden, und eine andere steht über ihr, gebückt, die Hand ausgestreckt. Die stehende Person wird normalerweise als Mann gesehen. Die liegende Person ist nicht genau auszumachen, wird aber öfter ebenfalls für einen Mann gesehen.

Er beschreibt das Bild folgendermaßen: ›Das ist ein alter Mann und ein Junge. Sie sind beide Landstreicher, die gemeinsam tippeln. Der alte Mann tippelt seit zwei Tagen mit dem Jungen durch Texas. Der alte Mann sieht den jungen an und fühlt sich an seinen Sohn erinnert, und in dieser Nacht empfindet er für den Jungen plötzlich Zuneigung und väterliche Gefühle. Er will den Jungen berühren — seine Schulter oder sein Haar. Der Junge wird aufwachen, ihn falsch verstehen und davonlaufen, womit eine schöne Freundschaft beendet wäre. Sein Mißverständnis verhindert, daß sich eine andauernde Freundschaft entwickelt, was den alten Mann viel mehr verletzt als den Jungen.‹«

Der Psychiater, der nicht wußte, daß Jeffrey MacDonald mit fünfzehn Jahren sein Elternhaus plötzlich verlassen hatte, fuhr fort: ›Captain MacDonald identifiziert sich mit beiden Personen. Er ist der Junge, der Angst vor der Beziehung zu dem älteren Mann hat, aber auch der ältere Mann, der seine Gefühle nicht ausdrücken kann. Er sehnt sich danach, sie auszudrücken, weiß aber nicht, wie er es anstellen soll, und bleibt daher isoliert. Denn eine wichtige Rolle in seiner Vorstellung von Männlichkeit spielt die Auffassung, daß ein Mann keine Gefühle oder Schwächen zeigt. Um Hilfe zu bitten, wäre ein Eingeständnis von Unzulänglichkeit. Seine Zuversicht, die anfangs den Eindruck von Stärke zu vermitteln scheint, ist also in Wirklichkeit eine starre Verteidigungsmaßnahme, die es ihm nicht erlaubt, sich anderen Menschen zu nähern und sie um Unterstützung zu bitten, selbst dann, wenn diese Bitte berechtigt wäre.

Würde er seine Gefühle bewußter und offener äußern, würden all seine Konflikte zwischen Zweckmäßigkeit und dem Bedürfnis nach Unterstützung offen zutage treten, was wiederum neue Spannungen, Schwierigkeiten und Probleme mit sich brächte. Das kann er nicht dulden. Also hält er diese Dinge unter Verschluß. Ich entnehme den Testergebnissen zwar, daß sie vorhanden sind, aber das muß nicht bedeuten, daß er sich ihrer auch bewußt ist.

Wenn ein Mann sich Sorgen darüber macht, wie erfolgreich er ist, drückt sich dies unter anderem auch in seinem heterosexuellen Verhalten aus. Wie kommt er bei Frauen an? Und diese Frage stellte sich offensichtlich auch Captain MacDonald. Doch er mußte nicht nur sein Bild als sehr erfolgreicher Mann aufrechthalten, sondern auch noch sein Bedürfnis nach sozialer Konformität, nach Anerkennung und Lob befriedigen.

Was macht er also? Er hat eine Reihe Affären mit Frauen, die aber niemals sehr befriedigend oder erfolgreich sind. Er empfindet danach nicht nur immer ein tiefes Schuldgefühl, sondern auch Scham. Es ist ein Unterschied, ob ein kleines Kind etwas tut, was es nicht darf, von den Eltern erwischt wird, sich schämt und rot anläuft, oder ob jemand etwas Falsches tut, von dem er weiß, daß es falsch ist, und deshalb Schuld empfindet. Es ist egal, ob jemand davon weiß, innerlich empfindet man Schuld.

Sein Verhalten entstand eher aus dieser Art Scham heraus, denn ihm lag ja sehr an der Anerkennung durch andere. Er mag sich also vielleicht als eine Art Hengst darstellen, als sehr erfolgreicher Mann, der zahlreiche sexuelle Beziehungen hat, aber das ist er in Wirklichkeit gar nicht. Bei dieser Darstellung fühlt er sich selbst nicht wohl. Er ist nicht so frei, aus sich herauszugehen und ständig sexuell aggressiv zu sein.

Wissen Sie, ein in diesem Sinn völlig freier Mann kann eine Affäre nach der anderen haben, und wenn seiner Frau das nicht paßt, sagt er einfach: ›Geh doch, wenn du damit nicht einverstanden bist. Verlasse mich. Das ist dein Problem. Ich führe mein Leben, wie ich will.‹

Aber das war Captain MacDonald nicht möglich. Ein anderer Mann hätte vielleicht solche Schuldgefühle wegen einer Affäre gehabt, daß er damit aufgehört und keine neue mehr angefangen hätte. Das wäre eine andere Möglichkeit, damit umzugehen. Statt dessen hatte er Affären, war aber niemals sehr glücklich damit, konnte andererseits aber auch nicht aufhören. Denn er wollte ja ständig Lob, Zuneigung und Liebe von Frauen haben, aber auch Lob, Zuneigung und Liebe von der Gesellschaft.

Daraus resultiert ein ziemlich ungewöhnlicher Verteidigungsmechanismus — ungewöhnlich in dem Sinn, daß Psychologen die Menschen gern in schöne, kleine Schubladen einordnen möchten. Das ist ganz toll, wenn wir Lehrbücher schreiben, aber wenn wir es mit wirklichen Menschen zu tun haben, passen sie leider nicht immer in diese Schubladen hinein.

Was hat das alles mit dem eigentlichen Verbrechen zu tun? Ich glaube nicht, daß ein Psychologe aufgrund einer psychologischen Untersuchung entscheiden kann, ob jemand lügt oder nicht. Ich kann mit einigermaßener Sicherheit seine Einstellung und seine Wesensart beschreiben, ich kann erklären, warum er auf eine gegebene Situation so reagierte, wie er reagiert hat. Aber ich kann nicht sagen, ob er in einem spezifischen Punkt gelogen hat oder nicht; ich kann nicht seine Gedanken lesen.

Und ich halte es für sehr schwierig, zu sagen, wer unter welchen Umständen einen Mord begehen kann. Lassen Sie mich eine Gruppe von hundert Menschen untersuchen, und ich sage Ihnen, bei welchem von diesen hundert ein gewalttätiges Verhalten am wahrscheinlichsten ist. Aber bei einer Person kann ich es nicht vorhersagen. Da würde ich lieber auf Pferde wetten.

Was nun meine Kenntnisse von Captain MacDonalds Einstellung betrifft, so würde ich mir zwei Fragen stellen. Erstens: Welche Umstände üben den größten Streß auf ihn aus und würden ihn vielleicht dazu bringen, ein Gewaltverbrechen zu begehen? Und zweitens: Wie würde er ein Gewaltverbrechen begehen, falls er eins beginge, und wie würde er darauf reagieren?

Meine Antworten darauf würden lauten: Den höchsten Streß würde er empfinden, wenn eine Person, die im Rang nicht über und nicht unter ihm steht, sondern eine nicht klar umrissene Rolle einnimmt − wie zum Beispiel die Ehefrau − etwas sagt, das sein grundlegendes Konfliktgebiet herausfordert, sein Verständnis von Anerkennung und maskuliner Autonomie.

Wenn seine Frau also andeutet, es mangele ihm an Zuversicht oder Manneskraft, bringt sie ihn damit so sehr auf, daß eine Gewalttat seinerseits am wahrscheinlichsten ist.

Ich kann mir nicht vorstellen, daß er eine Gewalttat gegen eine Person begeht, deren Rolle klar umrissen ist. Bei Menschen, die im Rang über ihm stehen, kann er sich problemlos unterwerfen. Menschen, die im Rang klar unter ihm stehen, stellen keine solche Herausforderung beziehungsweise Belastung für ihn dar. Daher kann ich mir bei ihm keine Situation vorstellen, die ihn derart belastet, daß er seine Kinder tötet. Aber ich kann mir eine Situation vorstellen, bei der er seiner Frau gegenüber gewalttätig wird.

Ich habe kaltblütige Mörder gesehen, psychopathische Killer, die ohne jede besondere Betroffenheit getötet haben und dabei völlig ruhig blieben. Nicht, weil sie sich gegen etwas verteidigten, sondern weil sie nichts empfanden, kalt und berechnend ihrem Geschäft nachgingen und später versuchten, Beweise zu verbergen, um sich zu retten.

Und ich habe Menschen gesehen, die während eines psychotischen Schubs töteten. Und ich habe Mörder gesehen, die im Prinzip eher passive, abhängige Menschen waren, die ihre Gefühle verbargen und ähnlich empfanden wie Captain MacDonald — und wahrscheinlich einige von Ihnen.

Normalerweise handelt es sich dabei um Gattenmörder. Die große Mehrzahl der Morde wird an Ehepartnern begangen. Doch diese Mörder brechen meistens unmittelbar nach der Tat zusammen. Häufig leiden sie unter Amnesie. Sie greifen nach dem Telefon und sagen ganz ruhig: ›Ich weiß nicht, was passiert ist. Ich habe ein Messer in der Hand. Ich glaube, meine Frau — oder mein Mann — ist tot. Schicken Sie schnell die Polizei vorbei.‹ Und wenn man sie verhört, sagen sie: ›Ich weiß nicht, was passiert ist.‹ Sie haben das Ereignis völlig verdrängt. Eine in England durchgeführte Studie kam zum Ergebnis, daß in etwa sechzig Prozent aller Fälle der Mörder keinerlei Erinnerungen an den Mord hat.

Nun ist Dr. MacDonald ein Mensch mit Schubladendenken, der die Neigung zum Verdrängen und Leugnen hat, und ich bin der Auffassung, falls er solch ein Verbrechen beginge, würde er danach genauso reagieren.«

»Wie lange kann solch eine Amnesie währen?« fragte Victor Woerheide.

»Manchmal für immer. Manchmal eine beträchtliche Weile. Es kommt darauf an, wie man diese Amnesie behandelt. Und natürlich gibt es auch Menschen, die eine Amnesie vortäuschen, um Einzelheiten des Verbrechens zu verbergen.

Eins möchte ich noch klarstellen. Wenn ich gerade die Begriffe *Verdrängen* und *Leugnen* benutzt habe, meine ich damit nicht einen bewußten Versuch, etwas zu verschweigen. Ich meine damit, daß die Erinnerung für das Bewußtsein völlig blockiert ist, daß die betreffende Person selbst nichts davon weiß.

Und ich behaupte, alles spricht dafür, daß, falls Captain MacDonald ein Gewaltverbrechen begangen hat, er die Erinnerung daran verdrängen würde. Er würde die ganze Episode völlig aus seinem Verstand streichen. Mit anderen Worten, er würde nicht wissen, wie es passiert ist, und danach würde er als Arzt versuchen, die Opfer zu retten.«

»Aber ist es auch wahrscheinlich«, fragte Woerheide, »daß er, falls er die Erinnerung zeitweise verdrängt hat, sich kurz darauf der Tatsache bewußt wird, daß es Tote im Haus gibt und er mit ihrem Tod zu tun hat? Würde er sich dann als hochintelligenter Mensch mit schneller Auffassungsgabe an den Zeitschriftenartikel über den Fall Sharon Tate erinnern, den er vor kurzem gelesen hat, und versuchen, den Tatort dahingehend zu verändern, daß es aussieht, als hätten unbekannte Einbrecher in seinem Haus ein ähnliches Verbrechen begangen?«

»Nein, das ergibt keinen Sinn für mich. Wenn seine Erinnerung von den unterbewußten Motiven, über die wir gesprochen haben, verdrängt wurde, wird er kaum denken: ›Oh, ich habe es verdrängt, aber ich bin der Täter, und jetzt muß ich die Spuren verwischen.‹ Normalerweise arbeitet der menschliche Verstand nicht so. Wenn man sich nicht bewußt ist, etwas getan zu haben, versucht man kurz darauf nicht, es zu verbergen.

Außerdem war es bei ihm nicht so, daß er sich des Verlustes, den er erlitten hatte, nicht bewußt gewesen wäre, auch wenn er aufgrund seiner emotionalen Restriktionen diesen Verlust nicht mit starken Gefühlen ausdrücken kann. Er drückte mir gegenüber aus, daß er sich bewußt war, wie wenig er mit seiner Frau und Familie über seine Gefühle gesprochen hatte. Und überdies drückte er mir gegenüber aus, das Gefühl zu haben, in einer Ehe gefangen und seinen Verpflichtungen ausgeliefert gewesen zu sein.

Und er war sich der Ironie bewußt, daß der Verlust seiner Frau und Familie ihm erst klargemacht hatte, wie selten er mit ihnen über seine Gefühle gesprochen hatte, und schämte sich gleichzeitig, weil das, was geschehen war, ihn in gewisser Hinsicht mit Erleichterung ausfüllte. Und am ironischsten daran war — aus seiner Sichtweise —, daß sein Leben gerettet und seine Familie getötet wurde, weil er versagt hatte, als eine aggressive Reaktion gefordert war. Wäre er der Mann, für den er sich hielt, dann wäre die ganze Sache nicht passiert. Die Tatsache, daß er noch lebte, beruht ganz allein darauf, daß er nicht der Mann war, als den er sich immer darstellt. Wäre er der Mann, als den er sich sieht, hätte er sie verteidigt und verjagt oder wäre dabei getötet worden.«

»Habe ich Sie richtig verstanden«, fragte Victor Woerheide, »als Sie sagten, der Tod seiner Frau und Kinder habe ihm ein Gefühl der Befreiung oder Erleichterung gegeben?«

»Ja. Das war ein Teil seiner Reaktion auf das Geschehen. Ich darf hinzufügen, daß gerade dieses Eingeständnis mich davon überzeugte, daß er relativ offen und aufrichtig zu mir war.«

Als der Psychologe nach der Mittagspause in den Zeugenstand zurückkehrte, fuhr Victor Woerheide fort: »Der Mann, den Sie untersucht haben, Dr. MacDonald, hat fünf Tage lang vor diesem Geschworenengericht ausgesagt. Ich möchte Ihnen einige dieser Aussagen umreißen und Sie fragen, wie sie in das Persönlichkeitsbild passen, daß sie aufgrund Ihrer Schlußfolgerungen von ihm gezeichnet haben.

Während der Army-Anhörung und auch eine Weile danach wurde Dr. MacDonald nachdrücklich von seinen Schwiegereltern unterstützt, von Colettes Mutter und Stiefvater, den Kassabs. Nach der Anhörung gab MacDonald einige Presseerklärungen ab und trat auch im Fernsehen auf. Unter anderem sagte er dabei, er würde eine unabhängige Ermittlung durchführen, weil er mit der Arbeit der Army nicht zufrieden sei. Die Army-Ermittler seien unfähige Pfuscher, und er wolle die Menschen finden, die dieses Verbrechen begangen hatten, und sich an ihnen rächen.

Später behauptete er während eines Telefongesprächs mit seinem Schwiegervater, er habe einen der Täter gefunden und getötet. Als MacDonald aussagte, gestand er ein, so etwas gesagt zu haben. Danach schrieb er den Kassabs, er habe weitere Ermittlungen durchgeführt, reise durch das ganze Land, habe sich dabei den Arm gebrochen, und die Sache hätte ihn schon viertausend Dollar gekostet.

Er gestand ein, auch das gesagt zu haben, und fügte hinzu,

es sei alles gelogen, Kassab habe ihn durch seine Beharrlichkeit, der Sache nachzugehen, dazu gezwungen.

Wie paßt das nun in Ihr Bild von Dr. MacDonald?«

»Einen Teil davon kann ich erklären«, sagte der Psychologe, »wenn auch nicht alles. Es überrascht mich nicht, daß er mit schnellen, impulsiven, wütenden Ausbrüchen wie zum Beispiel ›Diese Idioten, diese Trottel, diese Nichtskönner!‹ auf das Geschehen reagiert hat, und das, ohne über die für ihn daraus resultierenden Konsequenzen nachzudenken.

Wäre ich Anwalt, würde ich solch einen Menschen nicht gern verteidigen, denn ich kann nie ausschließen, daß er in dem Moment, in dem ich ihn aus den Augen lasse, etwas unternimmt, das die ganze Verteidigung untergräbt, weil er davon überzeugt ist, daß nur er weiß, was nun zu tun ist. Die Einstellung, er habe recht und alle anderen seien Idioten, entspricht voll und ganz dem Bild seiner Persönlichkeit.

Es sieht ihm auch ähnlich, Rache nehmen zu wollen. ›Ich kläre die Sache. Diese Burschen sind dazu nicht imstande. Ich kann den Fall lösen.‹ Aber es sieht ihm nicht ähnlich, im Lauf der nächsten Jahre tatsächlich eine Ermittlung durchzuführen. Ich würde sagen, daß er sich zu einem schnellen, impulsiven Ausbruch hinreißen läßt, dann aber schnell seine Gefühle abschottet und sich etwas anderem zuwendet.«

»Aber würde er lügen?« fragte Woerheide. »Würde er behaupten, einen der Täter gefunden, gefoltert und getötet zu haben?«

»Das klingt wirklich nach einer sehr seltsamen Lüge. Ich muß die Sache so betrachten: Was würde einen Menschen wie Captain MacDonald dazu bringen, sich eine solche Lüge auszudenken? Wenn er behauptet, dazu von jemandem gezwungen worden zu sein, dem er Respekt entgegenbringt und den er als stärkere Autoritätsperson sieht, könnte es möglich sein.

Mit anderen Worten, ich weiß nicht, wie seine Beziehung zu seinem Schwiegervater ist, aber wenn er ihn als starke Respektsperson sieht, könnte es sein, daß er sich diese Lüge ausdachte, auch wenn er schon versuchte, sich mit ganz anderen Dingen zu beschäftigen und diese Ereignisse zu verdrängen. Das wäre sicher ein Teil des Motivs.

Diese Geschichte ist natürlich ziemlich gräßlich, und ich kann sie nicht vollständig erklären. Aber MacDonald ist ein Mensch, der gern Recht haben möchte. Er möchte selbst die Autoritätsperson sein, und wenn ihm jemand sagt, daß er etwas nicht richtig anfaßt, sehe ich das ebenfalls als Grund dafür, auch wenn er einfach nur hätte sagen müssen: ›Verschwinde, Kumpel, und laß mich damit in Ruhe.‹«

»Na schön«, sagte Woerheide. »Er gab einem Zeitungsreporter ein ausführliches Interview, das auf Band aufgenommen und in mehreren Fortsetzungen veröffentlicht wurde. Als ich ihn danach fragte, sagte er, er habe es eigentlich gar nicht geben wollen, doch seine Anwälte hätten ihn dazu gezwungen.«

»Das kann durchaus der Wahrheit entsprechen«, erwiderte der Psychologe, »doch ganz gleich, was seine Anwälte gesagt haben, hätte es Captain MacDonald mit Sicherheit große Freude bereitet, die Army dumm aussehen zu lassen. Zu zeigen, daß er Recht und sie Unrecht hatte.«

»Nach der Anhörung trat er in der Dick-Cavett-Show auf. Er war in der Nachrichtensendung von Walter Cronkite und gab zahlreiche Interviews. Er rief seine Schwester an — ein Ferngespräch —, sagte ihr, wann er auftrat, und bat sie, all seinen Bekannten Bescheid zu sagen. Als ich ihn danach fragte, antwortete er: ›Na ja, ich wollte das eigentlich gar nicht. Ich wurde dazu gezwungen. Ein gewisser Kongreßabgeordneter und Kassab haben mich dazu gedrängt.‹«

»Ich schließe daraus erneut, daß die Auftritte ihm großen Spaß bereitet haben. Das ist ein weiteres Beispiel für seine Neigung, etwas zu tun, ohne an die Folgen zu denken, wenn er sich im Recht wähnt.

Ein Mensch, der solch eine Anhörung hinter sich hat, kann auf verschiedene Art darauf reagieren.

Wenn er der festen, idealistischen Ansicht ist, von der Army schlecht behandelt worden zu sein, und mit dem ganzen System stimme etwas nicht, könnte er zu einer Art Kreuzzug antreten, um dieses System zu ändern.

Bei MacDonald sehe ich dieses Motiv nicht. Ich glaube nicht, daß er der Typ ist, der eine lange, idealistische Kampagne durchhalten würde. Er ist zu sehr mit dem Bild beschäftigt, das er abgibt. Er würde den Deckel darauf halten und die Sache auf sich beruhen lassen.

Wenn man nun ein reifer, verantwortungsvoller Mensch ist, würde man wahrscheinlich denken: Ich bin aus der Sache raus, will davon loskommen und eine Weile den toten Mann spielen. Also nicht im Wespennest herumstochern.

Ich glaube, hier liegt ein Beispiel vor, wo der Betreffende nicht in seinem Interesse gehandelt hat, sondern impulsiv auf eine Art handelte, die weder eine idealistische Veränderung der Situation anstrebt noch dazu beiträgt, die Aufmerksamkeit von sich abzulenken, damit die Dinge sich beruhigen. Es entspricht einfach seiner Selbstgefälligkeit, seinem Bedürfnis, stark und überzeugend zu erscheinen, auch wenn es zu Dingen führt, die ihm wirklich schaden können.«

»Noch ein letzter Punkt, Herr Doktor. Zur Zeit arbeitet er in der Notaufnahme eines Krankenhauses an der Westküste, hat eine sehr schöne Wohnung, einen netten Bekanntenkreis, attraktive Freundinnen. Er hat einen teuren Sportwagen, ein großes Boot. Er führt ein Leben, das sich anscheinend völlig von dem unterscheidet, das er als verheirateter Mann führte. Haben Sie einen Kommentar dazu?«

»Mir fällt auf«, antwortete der Psychologe, »daß der Lebensstil, den Sie beschreiben, vielleicht eine der wenigen möglichen Alternativen darstellt, die Captain MacDonald hat.

Er wollte Chirurg werden. Nach allem, was er durchgemacht hat, erscheint es mir sehr unwahrscheinlich, daß ein Krankenhaus ihn als Chirurg akzeptieren würde. Also wurden seine beruflichen Ziele, die er seit langem geplant hatte, völlig durcheinandergebracht.

Man kann völlig unterschiedlich darauf reagieren. Nach allem, was ich über Captain MacDonald gesagt habe, würde ich behaupten, daß er darauf reagiert, indem er abstreitet, daß seine Ziele durcheinandergebracht wurden. Indem er seine Verteidigungsmechanismen schnell wieder aufbaut und sich ein Leben einrichtet, in dem er völlig glücklich und zufrieden ist und als kompetenter Mensch erscheint.

Welche Möglichkeiten standen ihm offen? Zum Beispiel die, im freien, entspannten Südkalifornien zu leben: schöne Autos und Frauen. Es überrascht mich keineswegs, kommt mir eher konsequent vor.«

»Und da er ja die Frauen außerordentlich häufig wechselt...«

»Dieser Meinung bin ich übrigens nicht.«

»Aber da er Affären hat...«

»Ziemlich oberflächliche.«

»Aber da er nun keine Frau und Kinder mehr hat, die Forderungen an ihn stellen...«

»Genau. Er hat meines Erachtens eine sehr passende Wahl getroffen. Mit diesem Lebensstil geht es ihm zur Zeit wahrscheinlich viel besser, als hätte er wieder geheiratet.«

Als Freddy Kassab in den Zeugenstand gerufen wurde, sagte er: »Jeff war von Anfang an ein netter Junge. Er kam an den Wochenenden zu uns und mähte den Rasen. Als er und Colette wieder miteinander gingen, waren Mildred und ich sehr froh darüber. Wir mochten Jeff. Als Colette uns sagte, sie sei schwanger und wolle ihn heiraten, wollten wir es ihr ausreden, weil Jeff Medizin studieren wollte und sie erst seit zwei Jahren auf dem College war. Doch als Mrs. MacDonald mit uns sprach, sagten wir: ›Wir haben nichts dagegen. Wenn sie wirklich wollen, sollten sie ruhig heiraten.‹ Was sie auch getan haben.

Mein Glaube an seine Unschuld beruhte darauf, daß ich den Jungen kannte. Doch weder ich noch meine Frau wußten, was sich in dieser Nacht zugetragen hat. Niemand hat uns etwas gesagt. Wir gingen nur von der Voraussetzung aus, daß der Mann, wie wir ihn kannten, seiner Frau und seinen kleinen Kindern so etwas nicht hätte antun können.

Und natürlich war am schlimmsten, daß er dieses Wort mit Blut an das Kopfteil des Bettes geschrieben hat. Das ist einfach unvorstellbar. Doch wenn man die Tatsachen kennt und analysiert und feststellt, daß die ganze Geschichte erfunden ist, bleibt einem nur eine Schlußfolgerung übrig.

Wir wußten, daß Jeff eine Schwäche hat, schenkten ihr aber keine große Beachtung. Aber Tatsache ist, daß Jeff für jeden, den er kennt, Verachtung empfindet. Völlige Verachtung. Aber er bringt sie nicht offen zum Ausdruck. Er spricht erst in dem Augenblick darüber, in dem der Betreffende zur Tür hinaus ist. Das habe ich oft bei ihm erlebt. In seiner *Vorstellung* ist er den meisten Menschen überlegen. Das war das einzige an ihm, was uns nicht paßte. Aber zum Teufel damit. Wir alle haben unsere Schwächen, also haben wir sie einfach übersehen.

Aber er sagte nie jemandem seine Meinung ins Gesicht. Er hatte nie den Mut dazu. Er hat nie eine Auseinandersetzung mit mir gehabt. Und als ich ihm all das vorwarf, stellte er mich nicht zur Rede. Niemals. Und er wußte davon, denn nachdem er nach Kalifornien gezogen war, saß seine Mutter bei uns in der Küche, und ich sagte: ›Ich glaube, es gibt einiges, was du wissen müßtest.‹ Also wußte er, was ich dachte. Aber er hat mich nie angerufen und gesagt: ›Was hat das alles zu bedeuten?‹ Er schrieb mir nur ein paar Briefe, nach dem Motto: ›Mir geht es hier in Kalifornien ziemlich gut.‹«

Als Kassab am Ende seiner Aussage gefragt wurde, ob er Vermutungen habe, was den Morden vorangegangen sein könnte, sagte er: »Das liegt völlig im Dunkeln. Es ist etwas passiert, das zu einem Streit führte. Ich glaube, es kam ganz spontan. Er schlug sie, und sie hat nach ihrer Bürste gegriffen und zurückgeschlagen. Und schon das versetzte ihn in eine blinde Wut ... von einer Frau geschlagen zu werden!

Aber niemand wird es je genau wissen, denn ich versichere Ihnen, Jeff MacDonald wird es Ihnen nie verraten.«

Es gab jedoch eine Person, die zu dem Versuch bereit war, die Teile des Puzzles zusammenzusetzen: Paul Stombaugh, Chef der chemischen Abteilung des FBI-Labors, das die Beweise im Fall MacDonald erstmals 1971 zu sehen bekommen hatte.

Im Sommer 1974 hatten Victor Woerheide und Brian Murtagh erneut die am Tatort gefundenen Beweise vorgelegt und ihn um eine ausführlichere Analyse gebeten. Nachdem sie von Freddy Kassab, dem die Grabstätten von Colette, Kimberly und Kristen MacDonald gehörten, die Erlaubnis eingeholt hatten, hatte Stombaugh auch eine Exhumierung vorgenommen und vom Kopf jeder Leiche Haarproben entnommen.

Nach einer mikroskopischen Untersuchung war Stombaugh zum eindeutigen Schluß gekommen, daß das blonde Haar, das man in Colette MacDonalds zur Faust geballten Hand gefunden hatte, ohne Zweifel ihr eigenes und nicht das einer Einbrecherin gewesen war.

Am Ende der Anhörung vor dem Schwurgericht — mittlerweile schrieb man den 15. Januar 1975 — wurde Paul Stombaugh in den Zeugenstand gerufen, um über die Ergebnisse seiner Laboruntersuchungen Auskunft zu geben. Er faßte zuerst die Ergebnisse seiner Analyse aus dem Jahr 1971 zusammen:

- Jeffrey MacDonalds blaue Schlafanzugjacke wies achtundvierzig Löcher auf, die von dem Eispickel stammen konnten, den man hinter dem Haus gefunden hatte. Die Löcher waren entstanden, während die Schlafanzugjacke unbewegt dalag. Kein Loch war am Rand ausgefranst, was der Fall gewesen wäre, hätte sich der Träger der Jacke bewegt, als die Löcher entstanden. Dasselbe traf auf Löcher in Colette MacDonalds pinkfarbiger Schlafanzugjacke zu.

- Ein Teil von Colette MacDonalds Blut war auf die Schlafanzugjacke geraten, bevor sie zerrissen wurde.

- Die Schnitte in allen Kleidungsstücken außer der blauen Schlafanzugjacke stammten von dem Old-Hickory-Messer, obwohl MacDonald behauptet hatte, seiner Frau das Geneva-Forge-Messer aus der Brust gezogen zu haben.

Danach kam Stombaugh auf die Ergebnisse der ausführlicheren Untersuchungen zu sprechen, die er gerade abgeschlossen hatte.

Er hatte herausgefunden, daß einige Blutstropfen auf der Hilton-Bademaste, die man auf Colettes Leib gefunden hatte, den Umrissen des Old-Hickory-Schälmessers und des Eispickels entsprachen, was bedeutete, daß diese beiden blutverschmierten Waffen auf der Bademaste gelegen hatten und vielleicht sogar auf ihr abgewischt worden waren.

Er hatte auch herausgefunden, daß Blutflecke auf dem Bettzeug, das man zusammengeknüllt auf dem Boden des Elternschlafzimmers gefunden hatte, dem Blut an den Ärmeln von Colettes Schlafanzugjacke entsprachen und daß andere von den Händen und der nackten linken Schulter eines erwachsenen Menschen gebildet worden waren. Und dies bedeutete unausweichlich, so Stombaugh, daß jemand, der Jeffrey MacDonalds blaue Schlafanzugjacke getragen hatte (die bereits von Colettes Blut befleckt war), Colettes Leiche mit diesem Laken bedeckt, sie hochgehoben und getragen haben mußte.

Stombaugh trat aus dem Zeugenstand und ging zu einem Diaprojektor. Der Raum wurde abgedunkelt. Auf einer Leinwand erschien in fürchterlichen, kräftigen Farben ein Dia.

»Das hier ist Kristens Zimmer«, sagte Stombaugh. Seine Stimme war völlig gleichmäßig und beherrscht. »Bitte, richten Sie Ihre Aufmerksamkeit auf die Bettdecke. Es befindet sich ein großer Blutfleck darauf. Darunter, auf dem Bettlaken, befindet sich kein Blutfleck.

In den Berichten stand, daß dieser Fleck auf der Bettdecke in Kristens Zimmer von der Blutgruppe A ist – das ist Colettes Blutgruppe. Kristen hatte Blutgruppe Null, und der Rest des Blutes in diesem Zimmer, der größte Teil, entspricht der Gruppe Null.

Dieser Blutfleck nun ist nicht durch eine kleine Verletzung entstanden. Wie Sie sehen, ist es ein großer Fleck. Hier ist eine Menge Blut geflossen. Solch ein großer Blutfleck entsteht nur bei einem beträchtlichen Blutfluß.«

Das Licht ging wieder an, Stombaugh kehrte in den Zeugenstand zurück, und die bunte Bettdecke, die man ebenfalls zusammengeknüllt im Elternschlafzimmer gefunden hatte, wurde vor den Geschworenen ausgebreitet.

»Diese Decke«, fuhr Stombaugh fort, »weist einen beträchtlichen Blutfluß der Gruppe A auf. Selbst heute ist das noch genau zu sehen – ein großer Blutfleck der Gruppe A.

Wenn diese Decke nun auf dem Boden von Kristens Zimmer lag und Colettes Leiche von dem Bett gehoben wurde, auf das sie blutete, hätte sie direkt auf die Decke geblutet. Dann hätte man ihre Leiche mit diesem Bettuch bedecken können, und als die Person sie hochhob, ist sie auf das Blut auf dieser Bettdecke getreten. Wie Sie sehen, ist die Bettdecke sehr schwer, und das Blut hat sie nicht durchdrungen. Die Decke saugt das Blut vielmehr auf. Wenn er darauf trat und Colettes Leiche aus diesem Zimmer getragen hat, hätte er einen blutigen Fußabdruck hinterlassen.«

Im Saal des Geschworenengerichts herrschte kurz Stille, während die Anwesenden sich das Bild vorstellten.

»Sie haben auch Kristens Bettdecke untersucht?« fragte Victor Woerheide dann.

»Ja.«

»Die Untersuchung ergab, daß sich auf dieser Bettdecke Blut der Gruppe AB befindet, also von Kimberlys Blutgruppe. Es befindet sich auch Blut der Gruppe AB auf dem Knüppel. Können Sie erklären, wie das Blut der Gruppe AB auf diese Bettdecke geraten sein könnte?«

»Ja. Dieser Fleck ist nicht das Ergebnis einer direkten Blutung. Es fand eine Blutübertragung statt. Mit anderen Worten, ein Gegenstand, an dem sich sehr viel Blut der Gruppe AB befand, wurde auf die Decke gelegt. Das könnte durchaus dieser Knüppel gewesen sein.«

»Gut«, sagte Woerheide. »Kann man aufgrund Ihrer Untersuchungen davon ausgehen, daß im Elternschlafzimmer ein Kampf stattfand, an dem eine Person beteiligt war, die die blaue Schlafanzugjacke trug, bei dem diese Jacke zerrissen wurde? Und kann man davon ausgehen, daß Colette MacDonald, nachdem sie eine Verletzung erlitten hatte und blutete, auf dem Bett von Kristen MacDonald lag, wo sie direkt auf das Laken von Kristen MacDonalds Bett blutete?«

»Ja, Sir, und in diesem Zusammenhang möchte ich auf noch etwas hinweisen. Darf ich bitte die Schlafanzughose haben?«

Victor Woerheide nahm Colette MacDonalds Schlafanzughose aus einem Plastikbeutel und gab sie Paul Stombaugh, der sie vor den Geschworenen ausbreitete. »Colette MacDonald wurde nur oberhalb der Taille verletzt«, sagte er. »Unterhalb der Taille hat sie keine Verletzungen erlitten. Mich verwunderte, wieso ihre Schlafanzughosen vorn so blutverschmiert waren. Und laut der Laboruntersuchung handelt es sich dabei um Blut der Gruppe A, also um ihr eigenes Blut.

Es handelt sich um eine direkte Blutung und um sehr viel Blut, genau wie auf Kristens Bettlaken. Das weist aufgrund der Tatsache, daß das Bett nur neunzig Zentimeter breit ist, darauf hin, daß Colette MacDonald wahrscheinlich über das Bett und gegen die Wand gestoßen wurde und dann nach vorn fiel, wobei das Blut auf das Laken und ihre Schlafanzughose tropfte.«

Stombaugh ging zum nächsten Punkt über und holte ein großes Foto aus einem Umschlag. »Dieses Foto«, sagte er, »wurde bei der Autopsie aufgenommen und zeigt die Verletzungen an Colette MacDonalds Brustkorb. Sie weist einundzwanzig tiefe Wunden auf, die ihr mit einem Eispickel zugefügt wurden. Wenn wir uns diese Verletzungen näher ansehen, stellen wir fest, daß sich fünf in ihrem rechten und sechzehn in ihrem linken Brustkorb befinden. Wenn wir nun die Bilder von Colette betrachten, wie sie auf dem Boden gefunden wurde, stellen wir fest, daß diese blaue Schlafanzugjacke über ihr lag.«

Stombaugh faltete Jeffrey MacDonalds Schlafanzugjacke so, wie sie auf den am Tatort aufgenommenen Fotos aussah, und erklärte, daß die achtundvierzig Eispickel-Löcher darin von einundzwanzig Schlägen mit einem Eispickel stammen könnten und diese einundzwanzig Schläge mit den einundzwanzig von einem Eispickel herrührenden Verletzungen in Colettes Brust übereinstimmten — sechzehn auf der einen und fünf auf der anderen Seite —, was stark vermuten ließe, daß sie die Eispickel-Verletzungen erlitt, nachdem die blaue Schlafanzugjacke schon auf ihrer Brust gelegen hatte.

»Wir können nicht mit Sicherheit behaupten, daß es so geschehen ist«, sagte Stombaugh. »Wir weisen nur auf die Möglichkeit hin. Es könnte so gewesen sein. Die Übereinstimmung der Löcher und der Verletzungen ist verblüffend.«

»Nun, Mr. Stombaugh«, sagte Woerheide, »haben Sie aufgrund Ihrer Untersuchungen, die Sie heute hier vorgetragen haben, eine Theorie entwickelt, wie das alles zusammenpaßt? Was sich in dieser Nacht zugetragen hat?«

»Einige Einzelheiten werden wir wohl nie erfahren«, sagte Stombaugh. »Aber mir scheint, daß der Streit im Elternschlafzimmer anfing. Ich glaube, daß Dr. MacDonald seine Frau ins

Gesicht geschlagen hat, ein heftiger Schlag, der sie zu Boden warf. Das würde das Blut erklären. Wahrscheinlich hatte sie Nasenbluten, und bei dem Kampf dort geriet ihr Blut auf seine Schlafanzugjacke, bevor sie zerrissen wurde.

Kimberly könnte wach geworden sein, weil sie Schreie hörte, und ihrer Mutter zu Hilfe geeilt sein. Er könnte sie zur Seite gestoßen haben, und Colette könnte aufgestanden und in den Vorratsraum gelaufen sein, der direkt neben dem Elternschlafzimmer liegt. Dort könnte sie diesen Knüppel genommen und Jeffrey damit einen Schlag verpaßt haben, was die Prellung an seiner Stirn erklärt.

Er nahm ihr den Knüppel ab, schlug damit auf sie ein und traf wahrscheinlich – zufällig oder absichtlich – Kimberly damit am Kopf. Die Verletzung blutete, und das erklärt das Blut der Gruppe AB, das man in der Nähe des Zimmereingangs gefunden hat. Der Teppich auf der Schwelle war blutdurchtränkt, was darauf hinweist, daß hier jemand lag, der stark blutete.

Nun kommt das kleine Messer ins Spiel. Ich glaube, es lag neben dem Knüppel im Vorratsraum, und Colette nahm es und griff Jeff damit an, was den kleinen Schnitt links an seinem Unterleib erklärt. Dieser Schnitt war nicht sehr tief und scharf und könnte von diesem verhältnismäßig stumpfen Messer stammen.

Danach schlug er sie mit dem Knüppel nieder. Dann beruhigten sich die Dinge etwas, nehme ich an, denn Colette wird zweifellos das Bewußtsein verloren haben.

Ich glaube, er hob Kim auf, trug sie in ihr Bett und – aufgrund der Blutflecke der Gruppe AB an der Wand – schlug sie erneut mit dem Knüppel und tötete sie.

Colette kam wieder zu sich, lief in Kristens Zimmer, um das noch lebende Kind zu schützen, und dort schlug er wieder heftig mit dem Knüppel auf sie ein. Dort brach er ihr wahrscheinlich auch die Arme, und sie wurde gegen die Wand geworfen und muß eine Weile dort gelegen haben; das viele Blut weist darauf hin. Jeffrey MacDonald nahm nun die Bettdecke und das blaue Laken aus dem Elternschlafzimmer, trug beide in Kristens Zimmer und hob Colette hoch. Mittlerweile war seine

Schlafanzugjacke zerrissen, aber wahrscheinlich noch nicht allzusehr mit Blut verschmiert, und der Großteil des Blutes kam auf die Jacke, als er über das Bett griff, Colette hochhob und auf die Bettdecke legte.

Dann bedeckte er sie mit dem Laken und trug sie ins Elternschlafzimmer, wo sie schließlich gefunden wurde. Dabei befand sich frisches, feuchtes Blut an seinen Händen und seinem Körper.

Danach ging er wahrscheinlich in die Küche. Mittlerweile blutete der Schnitt an seinem Leib. Er zog die Gummihandschuhe an, nahm das Old-Hickory-Messer, kehrte zu den Kindern zurück und tötete sie endgültig, und ging dann mit dem Eispickel zu Colette.

Wahrscheinlich hatte er seine Schlafanzugjacke ausgezogen und über ihren Körper geworfen, nachdem er sie im Elternschlafzimmer auf den Boden gelegt hatte. Dann legte er die Badem;atte neben sie, legte beide Waffen auf die Bademgatte, nachdem er sie benutzt hatte, legte die Bademgatte danach auf die Leiche, ging zur Hintertür und warf das Messer und den Eispickel hinaus.«

»Über einige Einzelheiten«, sagte Victor Woerheide zu den Geschworenen, »können wir nur Spekulationen anstellen. Aber es scheint zweifelsfrei festzustehen, daß es einen Kampf gegeben hat. Colette war gesund und keineswegs schwächlich, und sie hat versucht, sich zu verteidigen. Es ist durchaus möglich, daß sie ihm dabei die Prellung an der Stirn und den Schnitt am Leib zugefügt hat. Alle anderen Verletzungen hat er sich wahrscheinlich selbst zugefügt.

Es steht fest, daß an dem Kampf ein Mann teilgenommen hat, der diese Schlafanzugjacke trug; daß Colette und die Mädchen ernsthafte Verletzungen davongetragen haben; daß Colette in Kristens Zimmer stark blutete; daß der Knüppel dort geschwungen wurde; daß jemand, der diese Schlafanzugjacke anhatte, Colette aus diesem Zimmer trug und dabei einen Fußabdruck hinterließ, und Sie haben Aussagen gehört, daß dieser Fußabdruck von Captain MacDonald stammt.«

»Was ist mit seiner Schlafanzughose?« fragte ein Geschworener.

»Die Hose wurde im Krankenhaus verbrannt«, gestand Woerheide ein. »Aber wenn wir sie noch hätten, würde sich ebenfalls sehr viel Blut von der Gruppe Null daran befinden.

Denn auf Kristen wurde von vorn und von hinten eingestochen, und ihre Leiche lag über der Bettkante, und es befindet sich eine Pfütze ihres Blutes auf dem Boden. Ich glaube, er saß auf dem Bett und hielt sie auf seinem Schoß fest, während er sie erstach.«

Dr. Robert Sadoff, der Psychiater, der Jeffrey MacDonald im Frühjahr 1970 in Philadelphia untersucht und bei der Anhörung ausgesagt hatte, er sei unfähig, solch ein Verbrechen zu begehen, war der letzte Psychiater, der von Woerheide befragt wurde. Nun, viereinhalb Jahre später, schien er sich seiner Meinung nicht mehr so sicher zu sein.

Woerheide hatte eine Kopie des Berichts erhalten, den Dr. Sadoff 1970 Bernie Segal zur Verfügung gestellt hatte. Versehentlich hatte er jedoch eine Kopie des ursprünglichen, nicht bearbeiteten Berichts erhalten, in dem der Psychiater Bezug auf einen Lügendetektor-Test nahm, dem sich MacDonald anscheinend unterzogen hatte. Dieser Test war überraschend ungünstig ausgefallen.

Woerheide kam zuerst darauf zu sprechen.

»Wie ich mich erinnere«, sagte der Psychiater, »hat ein Lügendetektor-Test stattgefunden. Und ehrlich gesagt hat er bei dem Test nicht gut abgeschnitten. Zumindest waren die Ergebnisse zweifelhaft, wohingegen ich damit gerechnet hatte, daß er den Test mit fliegenden Fahnen besteht.«

Da Woerheide wußte, daß ein Lügendetektor-Test auf keinen Fall vor Gericht zugelassen werden würde, ließ er es dabei bewenden. »Ihre Schlußfolgerungen, ob Dr. MacDonald zu diesem Verbrechen fähig sein würde«, fragte er statt dessen, »beruhen auf dem, was Dr. MacDonald Ihnen persönlich erzählt hat?«

»Ja.«

»Sie haben seine Geschichte akzeptiert. Sie haben die Glaubwürdigkeit seiner Geschichte nicht in Frage gestellt. Hätten Sie eine andere Schlußfolgerung gezogen, wenn Ihnen wissenschaftlich zuverlässige Informationen vorgelegen hätten, die Dr. MacDonalds Geschichte widersprochen hätten?«

»Ich hätte Dr. MacDonald dann noch einmal untersucht und ihn mit den widersprüchlichen Informationen konfrontiert, um herauszufinden, wieso sie widersprüchlich sind. Das Ergebnis dieser Untersuchung hätte dazu führen können, daß ich andere Schlußfolgerungen gezogen hätte.«

Woerheide legte Dr. Sadoff dann eine Zusammenfassung der Aussage Paul Stombaughs vor: die achtundvierzig Eispickel-Löcher in MacDonalds Schlafanzugjacke, die den einundzwanzig Eispickel-Verletzungen in der Brust seiner Frau entsprachen; der Abdruck auf der Decke, der darauf hindeutete, daß MacDonald die Leiche seiner Frau aus dem Zimmer seiner jüngeren Tochter ins Elternschlafzimmer getragen hatte. Dieser Abdruck, so fügte er hinzu, entspräche in seiner wissenschaftlichen Gültigkeit einem Fingerabdruck.

»Die Sache wird zunehmend verwirrender«, sagte der Psychiater. »Ihre Ermittlungsergebnisse beruhen auf präzisen wissenschaftlichen Daten. Die Psychiatrie ist keine so präzise Wissenschaft. Und ich weiß nicht, wie ich Ihre wissenschaftlichen Beweise einschätzen soll. Ich kann nur sagen, daß ich keine ernste psychiatrische Krankheit in ihm entdeckt habe.«

»Stellten Sie eine gewisse Unsicherheit in ihm fest, was seine maskuline Rolle betraf?«

»Das könnte man als eine... eine... Achillesferse bezeichnen. Aber vom psychologischen Standpunkt her halte ich es für sehr unwahrscheinlich, daß er dieses Verbrechen begangen haben könnte.«

»Aufgrund der Informationen, die Ihnen zur Zeit der Untersuchung zur Verfügung standen?«

»Ja, natürlich.«

»Aber wenn Ihnen zusätzliche Informationen zur Verfügung stünden, könnten Sie zu einer anderen Auffassung gelangen?«

»Ich müßte mich eingehend damit befassen. Bei den mir nun bekannten Informationen würde ich ihn erneut untersuchen. Doch angesichts des überwältigenden, wissenschaftlich orientierten Materials, das Sie präsentiert haben, bin ich mir nicht so sicher, ob ein Psychiater im Augenblick der richtige ist, mit dem Sie sprechen sollten.«

»Nun, die anderen Psychiater und Psychologen, die ihn untersucht und Tests mit ihm durchgeführt haben, haben hier über seine Persönlichkeitsmerkmale ausgesagt, und die Ergebnisse ihrer Untersuchungen stimmen größtenteils überein.

Sie alle sind zum Schluß gekommen, daß er eine Achillesferse hat — seine Männlichkeit, seine Furcht vor latenter Homosexualität. Und daß diese Achillesferse unter gewissen Umständen — etwa bei beträchtlicher Erschöpfung, bei einem Streit über das Bettnässen seiner Kinder, bei unterschiedlichen Meinungen, wie man dieses Problem lösen soll, vor allem, wenn Colette wegen dieses Problems andere um Rat fragt, zum Beispiel den Professor ihres Psychologiekurses — eine gewalttätige Reaktion auslösen könnte. Vor allem, wenn er lange nicht geschlafen hat, nicht zur selben Zeit wie seine Frau zu Bett geht und dann, als er endlich zu Bett geht, dieses Bett naß vorfindet und sich daraus ein Streit ergibt, bei dem Colette gewisse Worte benutzt. Sind Sie auch dieser Meinung?«

»Nun, ich würde sagen, wenn jemand zur falschen Zeit etwas sagt — etwa, wenn er erschöpft ist oder unter dem Einfluß von Alkohol steht ... ich würde sagen, daß er bei seiner Achillesferse vielleicht zu einem Schlag ausholen würde.«

»Und wenn er erst zu diesem Schlag ausgeholt hat, könnten die Dinge außer Kontrolle geraten?«

»Ja.«

»Es könnte ein allgemeines Chaos geben?«

»Er könnte die Beherrschung verlieren«, sagte Dr. Sadoff.

3

Am 21. Januar 1975 wurde Jeffrey MacDonald erneut nach Raleigh beordert, um vor dem Schwurgericht auszusagen. Seine feindselige, abwehrende Haltung hatte sich seit August nur verstärkt, und sein Sarkasmus und Zorn traten von Anfang an deutlich hervor.

»Wir haben hier noch ein paar ungeklärte Einzelheiten«, sagte Victor Woerheide. »Kehren wir zum April 1970 zurück, als Sie in Philadelphia von einem Psychiater und einem Psychologen untersucht wurden und sich Tests unterzogen haben. Fanden zu dieser Zeit noch andere Untersuchungen oder Tests statt?«

»Nein«, sagte MacDonald.

»Genau gefragt, haben Sie sich einem Lügendetektor-Test unterzogen?«

»Wir haben darüber gesprochen, doch die Antwort lautet nein.«

»Ich meine keinen Lügendetektor-Test, den ein Experte der Army oder ein Ermittler durchgeführt hat, sondern einen privaten Test.«

»Nein. Weitere Antworten zu diesem Thema muß ich erst mit Mr. Segal besprechen.«

»Ich verstehe«, sagte Woerheide und wechselte das Thema. »Bei Ihrer ersten Aussage hier vor diesem Gericht haben wir Sie nach verschiedenen Mädchen oder Frauen gefragt, die Sie kannten. Eine davon war Penny Wells. Über eine dieser Frauen haben wir noch nicht gesprochen. Ihr Name lautet Laura Talbot. Erinnern Sie sich an sie?«

»Nein.«

»Nun, es geht sehr weit zurück, aber erinnern Sie sich, bei der Firma Atlantic Construction gearbeitet zu haben?«

»Ja.«

»Erinnern Sie sich, wann das war?«

»Nein. Ich habe in den Sommerferien dort gearbeitet, als ich auf dem College war, glaube ich.«
»Erinnern Sie sich nun, daß es im Jahr 1964 war?«
»Nein.«
»Erinnern Sie sich, wo Sie 1964 gearbeitet haben?«
»Nein, aber ich bin sicher, Sie wissen es ganz genau.«
»Nun, hat die Erwähnung der Firma Atlantic Construction Ihrer Erinnerung in bezug auf Laura Talbot auf die Sprünge geholfen?«
»Ja. Ich glaube, sie hat als Sekretärin dort gearbeitet.«
»Oh, und wollen Sie uns sagen, was passiert ist?«
»Ich habe das Mädchen gebumst. Was soll der Aufstand? Sie war eine Sekretärin.«

Bei den Untersuchungen im FBI-Labor in Washington hatte Paul Stombaugh herausgefunden, daß der Urinfleck auf dem Bett von Jeffrey und Colette MacDonald von einer Person mit der Blutgruppe AB stammte — der Blutgruppe Kimberly MacDonalds, während Kristen die Blutgruppe Null hatte. Woerheide konfrontierte Jeffrey nun mit seiner widersprechenden Aussage, in der Mordnacht habe Kristy ins Bett gemacht.

»Was das Problem mit dem Bettnässen betrifft«, fragte Woerheide, »so hat Kimberly nicht ins Bett gemacht?«
»Nicht mehr. Sie war fünf Jahre alt.«
»Wann hat sie damit aufgehört?«
»Kimberly? Keine Ahnung. Mit etwa zwei Jahren, schätze ich.«
»Und danach stellte das kein Problem mehr dar?«
»Nein.«
»Doktor MacDonald, in Kristens Zimmer befand sich ein blutiger Fußabdruck — Ihr Fußabdruck. Können Sie uns sagen, wie das Blut an Ihren Fuß kam und wie dieser Fußabdruck in diesem Zimmer zustande kam?«
»Ich habe keine Ahnung.«
»Nun, fühlten Sie Blut unter den Füßen, als Sie in diesem Zimmer waren? War es schlüpfrig oder naß?«
»Ich habe nicht darauf geachtet. Sie hätten das natürlich.«

»Als Sie in dem Zimmer waren, war Kris ebenfalls dort?«
»Richtig.«
»War sonst noch jemand in dem Zimmer?«
»Nicht, daß ich wüßte.«
»Haben Sie die Bettdecke oder das Bettlaken aus dem Elternschlafzimmer in diesem Zimmer gesehen?«
»Nein.«
»Hatten Sie Ihre Schlafanzugjacke an, als Sie in Kris' Zimmer waren?«
»Nein.«
»Haben Sie etwas mitgenommen, als Sie Kris' Zimmer das erste Mal verließen?«
»Ich kann mich nicht daran erinnern.«
»Haben Sie etwas mitgenommen, als Sie Kris' Zimmer das zweite Mal verließen?«
»Ich glaube nicht.«
»Doktor MacDonald, die Untersuchungen ergeben, daß der Mann, von dem dieser Fußabdruck stammt, etwas getragen haben muß.«
»Welche Untersuchungen? Die der Army?«
»Uns vorliegende Untersuchungen.«
»Das ist eine sehr suspekte Information, Mr. Woerheide.«
»Sir?«
»Eine sehr suspekte Information. Diese Leute können noch nicht einmal richtig Fingerabdrücke abnehmen.«
»Die Untersuchungen haben ergeben, daß Fasern und Fäden Ihrer Schlafanzugjacke in Kris' und in Kims Zimmer gefunden wurden, unter den Betten und den Bettdecken. Können Sie uns erklären, wie sie dorthin gekommen sind?«
»Nein. Vermutlich von mir oder anderen Leuten, die in dieser Nacht im Haus waren. Wenn Sie nicht ständig beweisen wollten, daß ich es war, fielen Ihnen vielleicht selbst ein paar andere Möglichkeiten ein.«
»Nun, wir versuchen, alle Möglichkeiten in Betracht zu ziehen...«
»Sie versuchen überhaupt nichts.«
»... und hoffen, Sie würden uns helfen...«
»Nein, genauso wenig, wie Sie mir.«

Woerheide hielt inne. Er bewahrte dreißig Sekunden lang Schweigen. »Unter Kris' Fingernägeln wurden ebenfalls solche Fasern gefunden. Können Sie uns sagen, wie sie dorthin gekommen sind?«

»Nein.«

»Sie haben keine Ahnung?«

»Ich habe keine Ahnung.«

»Als man das Bettzeug entfernte, fand man einige Fasern und Fäden und Haare, und darunter befand sich auch ein Haar von Colettes Kopf, das um einen Faden ihrer Schlafanzugjacke gedreht war. Haben Sie eine Ahnung, wie es dorthin gekommen ist?«

»Nein. War das, bevor oder nachdem ich über den Boden gezerrt worden war und schon jede Menge Leute im Haus waren?«

»Wir haben es bei der Untersuchung gefunden.«

»Sie meinen, nachdem zwanzig Leute ein paar Mal rein und raus und durch das Haus gelaufen sind und jeder alles angefaßt hat, ist das das entscheidende Beweisstück?«

»Doktor MacDonald, auf dem Laken des Bettes in Kris' Zimmer fand man eine große Menge von Colettes Blut, was darauf hindeutet, daß die blutende Colette dort gelegen hat. Können Sie uns erklären, wie Colettes Blut dorthin kam?«

»Nein. Außer, es war an meinen Händen.«

»Der aus dem Zimmer führende Fußabdruck wurde auch in Colettes Blut festgehalten.«

»Ich bin mir sicher, daß ich Blut an den Füßen hatte.«

»Wie ist das Blut an Ihre Füße gekommen?«

»Von Blut auf dem Boden.«

»Die Untersuchung ergab, daß das Blut dort auf dem Boden nicht von Colette, sondern von Kristy stammt.«

»Aber ich war zuerst im Elternschlafzimmer, Mr. Woerheide.«

»Im Elternschlafzimmer ist also Colettes Blut an Ihren Fuß gekommen, und Sie haben den Fußabdruck in Kris' Zimmer hinterlassen, als Sie das Zimmer wieder *verließen*? Ist das richtig?«

»Ich weiß es nicht. Sie fragen mich nach Erklärungen, die ich

Ihnen nicht geben kann. Ich weiß es nicht. Vielleicht war es ein Laborfehler. Vielleicht haben sie dort eine falsche Blutgruppe festgestellt. Bei den Fehlern, die sie begangen haben, erscheint mir das gar nicht unwahrscheinlich.«

»Na schön. Wann fingen die Verletzungen, die Sie sich zugezogen haben, zu bluten an, Doktor MacDonald?«

»Ich habe nicht viel Blut an mir bemerkt. Ich weiß es nicht.«

»Nun, Sie hatten diese Verletzungen schon, als Sie auf dem Dielenboden lagen, nicht wahr?«

»Ja.«

»Haben Sie da auch schon geblutet?«

»Ich erinnere mich nicht. Ich nehme es an.«

»Wie stark haben Sie geblutet?«

»Ich habe es doch gerade gesagt. Anscheinend hören Sie mir nicht zu. Ich habe kein Blut gesehen. Wie kann ich da sagen, wie stark ich geblutet habe?«

»Als Sie ins Badezimmer gingen und sich im Spiegel betrachteten, sahen Sie Blut an Ihrem Körper. Haben Sie da festgestellt, daß Sie bluteten?«

»Nein. Das habe ich Ihnen schon zehn Mal gesagt.«

»Man fand Splitter von dem Knüppel im Elternschlafzimmer und in beiden Kinderzimmern, aber nicht im Wohnzimmer. Haben Sie eine Erklärung dafür?«

»Zuerst einmal, Mr. Woerheide, herrschte jede Menge Betrieb in der Diele. Unter anderem wurde ich auf einer Trage hinausgebracht. Zweitens habe ich keine Ahnung. Das kann ich nicht beantworten. Ich habe den Eindruck, daß man zuerst mit dem Knüppel auf mich einschlug und ihn dann in den anderen Zimmern benutzte.«

»Aber was bedeutet das? Colette und Kimberly schrien, als Sie aufwachten. Deshalb sind Sie aufgewacht. Und doch befanden sich zu der Zeit, als sie schrien, die vier Einbrecher bei Ihnen im Wohnzimmer und haben mit dem Knüppel auf Sie eingeschlagen. Und doch wurden Splitter des Knüppels, mit dem man auf Sie eingeschlagen hat, in den drei anderen Zimmern gefunden. Können Sie uns das irgendwie erklären?«

»Anscheinend ging jemand mit dem Knüppel in die anderen Zimmer.«

»Haben Sie im Elternschlafzimmer das Wort SCHWEIN auf dem Kopfbrett des Bettes bemerkt?«

»Nein.«

»Wie weit waren Sie von dem Kopfbrett entfernt?«

»Ich weiß es nicht genau. Ich erinnere mich nur, daß ich neben Colette kniete.«

»Nun, Fasern von Ihrer Schlafanzugjacke wurden hinter dem Kopfbrett gefunden, dort, wo die Person gestanden haben muß, die das Wort auf das Kopfbrett schrieb.«

»Hmm. Vielleicht war es einer der Mörder. Ist Ihnen das je in den Sinn gekommen?«

Unberührt von MacDonalds Sarkasmus fuhr Woerheide fort. »Eine sehr genaue Untersuchung des Wohnzimmers ergab, daß keine Fasern oder Fäden Ihrer Schlafanzugjacke in der Nähe des Sofas lagen. Aber im Elternschlafzimmer befanden sich so viele, daß man dort auch heute noch welche findet. Können sie das erklären?«

»Dort habe ich die Schlafanzugjacke ausgezogen. Ich habe sie ausgezogen und mehrmals bewegt. Der Arzt, der meine Frau untersuchte, hat ausgesagt, daß er sie bewegt hat. Das scheint mir Erklärung genug zu sein.«

»Doktor MacDonald, bei Ihrer ersten Aussage vor diesem Gericht habe ich Ihnen einige Messer und einen Eispickel gezeigt, und Sie haben gesagt, Sie erinnerten sich nicht, einen Eispickel gehabt zu haben, und auch nicht, daß sich eins dieser Messer in Ihrem Haus befand.«

»Das stimmt.«

»Zeugen haben vor diesem Schwurgericht ausgesagt, daß sie Gegenstände, bei denen es sich um genau diese zu handeln schien, vor dem 17. Februar in Ihrem Haus gesehen haben.«

»Aha. Zeugen, vier Jahre später. Das ist gut. Das ist gute Polizeiarbeit. Wieviel haben Sie ihnen bezahlt? Mehr als Ihren Grabräubern?«

»Doktor MacDonald, im Elternschlafzimmer Ihres Hauses wurden Teile eines Gummihandschuhs gefunden, und diese Teile waren vom Material her mit den Chirurgenhandschuhen identisch, die Sie unter Ihrem Küchenspülbecken aufbewahrt haben. Und in der Nähe des Schranks, in dem diese Chirurgenhandschuhe lagen, fand man Ihre Blutgruppe. Können Sie uns das erklären?«

»Nein. Ich habe bereits ausgesagt, daß ich vielleicht zu diesem Spülbecken gegangen bin. Ich habe bereits ausgesagt, daß wir solche Handschuhe im Haus hatten.«

»Haben Sie Handschuhe getragen?«

»In jener Nacht?«

»Ja.«

»Nur, als ich den Abwasch erledigte.«

»An den Teilen dieser Handschuhe fand man Blut.«

»Ich habe keine Teile von Gummihandschuhen im Elternschlafzimmer verstreut.«

»Aber wie kommt es, daß man auf dem Geschirr Fingerabdrücke gefunden hat, wenn Sie beim Spülen doch Gummihandschuhe getragen haben?«

»Keine Ahnung.«

»Ihre Fingerabdrücke.«

»Ich habe nicht behauptet, sie getragen zu haben. Sie fragen mich immer wieder, ob ich Handschuhe getragen habe. Ich sage, ich weiß es nicht. Aber es ist doch logisch, daß ich sie vielleicht angezogen habe.«

»Würde es Sie überraschen, wenn...«

»Mich überrascht nichts mehr, Mr. Woerheide.«

»Würde es Sie überraschen, wenn ich Ihnen sage, daß man aufgrund eines chemischen Prozesses Ihre Fingerabdrücke an den Teilen dieser Gummihandschuhe fand?« (Hier versuchte Woerheide anscheinend, MacDonald zu einer verfänglichen Antwort zu verleiten — man hatte solch einen chemischen Prozeß weder durchgeführt, noch war solch ein Prozeß überhaupt bekannt.)

»Nichts würde mich überraschen«, sagte MacDonald. »Ich bin sicher, daß Ihnen heutzutage alles möglich ist. Deshalb ist die ganze Sache ja auch lächerlich.«

Victor Woerheide nahm aus einem Umschlag ein Foto von Jeffrey MacDonalds blauer Schlafanzugjacke. »Hier befinden sich eine Reihe von Eispickel-Löchern. Eins, zwei, drei, vier, fünf — insgesamt befinden sich im Rücken der Jacke siebzehn Löcher. Sie wurden am Rücken nicht verletzt. Können Sie mir sagen, wie diese Löcher in die Jacke gekommen sind?«

»Wahrscheinlich, als sie um meine Arme gewickelt war.«

»Ich verstehe. Während sie um Ihre Arme gewickelt war, hat man auf Ihre Arme eingestochen. War es so?«

»Ja. Wir haben uns ausführlich darüber unterhalten, Mr. Woerheide.«

Victor Woerheide nahm die Hilton-Badematte aus einem Plastikbeutel. »Doktor MacDonald«, sagte er, »das ist eine Badematte. Ich möchte Ihnen etwas zeigen. Wenn Sie das Old Hickory-Messer nehmen und es hier auf die Matte legen, paßt es genau in den Umriß, den diese Blutflecke bilden. Und diese Flecke hier bilden einen perfekten Umriß des Eispickels. Sie haben behauptet, diese Badematte über Colettes Leiche gelegt zu haben. Ist es möglich, daß Sie dabei ein Messer und einen Eispickel in der Hand hielten?«

»Nein.«

»Wo haben Sie diese Badematte gefunden?«

»Ich habe nie behauptet, Sie gefunden zu haben, Mr. Woerheide. Mit Ihrer Hilfe habe ich mich daran erinnert, sie von dem grünen Stuhl im Schlafzimmer genommen und über Colette gelegt zu haben. Warum halten Sie sich nicht zur Abwechslung einmal an die Fakten, Mr. Woerheide?«

Victor Woerheide hielt ein Foto des blauen Bettlakens hoch, das man zusammengeknüllt auf dem Boden des Elternschlafzimmers gefunden hatte. »Beachten Sie das Blut auf dem Laken«, sagte er. »Hier befindet sich etwas von Kris' Blut, und der Rest war praktisch von Colettes Blut durchtränkt. Ihr Blut, Mr. MacDonald, fand man nicht auf dem Laken.« Woerheides tiefe Stimme wurde nun etwas lauter — wie ein starker Wind, der einen Sturm ankündigt.

»Jetzt frage ich Sie erneut: Haben Sie in jener Nacht dieses Laken angefaßt? Haben Sie irgend etwas damit angestellt?«

»Nicht, daß ich wüßte.«

Woerheide nahm weitere Fotos aus einem Umschlag.

»Doktor MacDonald«, sagte er etwas leiser. »Ich will Ihnen ein paar Fotos zeigen. Das Bild unten zeigt das Laken und das Bild oben einen Teil von Colettes Schlafanzugjacke. Ein Experte, der die beiden Beweisstücke untersucht hat, hat vor diesem Schwurgericht ausgesagt, daß das Muster von Colettes

Schlafanzugjacke und die Blutflecke von Colettes Schlafanzugjacke von Colettes Körper auf das Laken übertragen wurden, und er konnte uns sagen, wie dieses Laken über Colette gelegt wurde – ihre Körperhaltung, als das Blut von der Schlafanzugjacke auf das Laken übertragen wurde.

Derselbe Mann hat ausgesagt, daß sich an Ihrer Schlafanzugjacke Blut befand; daß es Blut von Colettes Blutgruppe war, und daß die Schlafanzugjacke zerrissen war, und daß das Muster der Blutflecke auf Ihrer Schlafanzugjacke auf dasselbe Laken übertragen wurde.

Er hat auch ausgesagt, daß Ihre Schlafanzugjacke auf der linken Seite zerrissen wurde, wodurch Ihre linke Schulter entblößt war. Und daß es Spuren gibt, die zeigen, wo von Ihrer linken Schulter Blut auf das Laken übertragen wurde. Und zwar Colettes Blut.«

Woerheides Stimme war ständig lauter geworden, füllte den Gerichtssaal aus.

Nun näherte sie sich einem Crescendo.

»Sagen Sie es uns!« verlangte er. Sein Gesicht war rot angelaufen, und er hatte die Stirn gerunzelt. Seine Worte kamen ganz gleichmäßig wie Zaunpfosten, die das Gebiet umschlossen, auf dem Jeffrey MacDonald seit fünf Jahren lebte. »Sagen-Sie-uns-wie-das-Blut-von-Ihrem-Körper-und-von-Colettes-Körper-auf-dieses-Laken-kommt!«

»Ich habe keine Ahnung! Ich habe keine Ahnung!« rief MacDonald. »Ich weiß nicht einmal, was für eine Scheiße Sie mir da vorsetzen wollen!«

»Doktor MacDonald! Haben Sie Colette von Kris' Bett gehoben, auf dem Boden von Kris' Zimmer auf die Bettdecke gelegt, sie mit diesem Laken bedeckt und dann hochgehoben und aus dem Zimmer getragen?«

»Nein, das habe ich nicht!« fauchte MacDonald zurück.

»*Und sie auf den Boden des Elternschlafzimmers gelegt?*«

»Nein, das habe ich nicht!«

»Von Ihrer Schlafanzugjacke, Doktor MacDonald, wurde zur selben Zeit Blut auf dieses Laken übertragen, als von Colettes Schlafanzug und Körper Blut auf dieses Laken übertragen wurde. Und Ihr Fußabdruck deutet darauf hin, daß Sie etwas aus diesem Zimmer getragen haben. Und der Fußabdruck wurde in Colettes Blut festgehalten.«

»Nichts davon ist geschehen, bei meiner... O Gott. Oh, würden Sie... Die Antwort auf die Frage lautet nein.«

»Na schön. Ich habe noch eine Frage«, sagte Woerheide und hielt ein anderes Foto hoch. »Das ist Colettes Brustkorb. Er weist insgesamt einundzwanzig Stichverletzungen von einem Eispickel auf, die tief in ihren Körper drangen.« Er hielt drei andere Bilder hoch. »Diese Fotos zeigen, wie Ihre Schlafanzugjacke auf Colette lag, als man sie fand. Mr. Stombaugh vom FBI konnte rekonstruieren, wie die Schlafanzugjacke gefaltet worden war.

Er stellte achtundvierzig Eispickel-Löcher in Ihrer Schlafanzugjacke fest. Und wenn man die Schlafanzugjacke so faltet, wie man sie auf Colettes Leiche fand, gingen diese Eispickel-Löcher durch Ihre Schlafanzugjacke und in Colettes Körper. *Können-Sie-uns-das-erklären*?«

»Nein, weil ich es nicht glaube. Das ist doch völliger Quatsch.«

»Sehen Sie sich das Bild an.«

»Man kann mit fünfzig Löchern in einer Schlafanzugjacke einfach alles rekonstruieren, Mr. Woerheide. Das ist doch Blödsinn. Warum hat man diese Untersuchung nicht schon vor vier Jahren durchgeführt, wenn es sich dabei um eine legitime Ermittlungstechnik handelt?«

»Haben Sie noch etwas dazu zu sagen?«

»Nein. Nur, daß Sie mich zum Mörder meiner Familie stempeln, weil ich nicht ein paar Blutflecken erklären kann.«

»Sagen Sie mir«, fuhr Woerheide fort, »ob Sie irgendwann einmal zornig auf Colette waren.«

»Ich kann mich nicht entsinnen, einmal zornig auf sie gewesen zu sein, nein. Verärgert, klar.«

»Hätte sie irgend etwas sagen können, was Sie in Wut gebracht hätte?«

»Nein.«

»Wenn sie Ihnen einen Mangel an sexueller Tüchtigkeit vorgeworfen hätte, wären Sie dann...«

»O Mann...«

».. . wären Sie dann in Wut geraten?«

»Ich kann mir nicht vorstellen, darüber jemals in Wut zu geraten.«

»Wenn Sie Ihnen unzureichende Männlichkeit vorgeworfen hätte?«

»Colette? Wenn sie mir so etwas vorgeworfen hätte?«

»Ja.«

»Nein, ich wäre nicht in Wut geraten.«

»Dann gab es an diesem Abend keinen Streit zwischen Ihnen und Colette?«

»Nicht den geringsten.«

»Und all die Beweise, die ich Ihnen aufgezählt habe, sind falsch?«

»Ich weiß nicht, was ich davon halten soll, Mr. Woerheide. Sie ergeben für mich keinen Sinn. Ich habe Ihnen nach bestem Wissen und Gewissen gesagt, was ich weiß.«

»Und soweit Sie es wissen, kam Colette nicht mit diesem Laken in Berührung?«

»Ich erinnere mich nicht, das Laken gesehen zu haben. Ich lag neben Colette.«

»Doktor MacDonald, Sie behaupten, von der Diele aus ins Elternschlafzimmer gegangen zu sein, dort Ihre Arme von der Schlafanzugjacke befreit zu haben, die Jacke zu Boden geworfen und dann über Colettes Leiche gelegt zu haben. Und offensichtlich war Colettes Leiche blutverschmiert. Und dabei könnte das Blut an die Schlafanzugjacke geraten sein.

Können Sie denn irgendwie erklären, wie ihr Blut auf die Schlafanzugjacke gekommen sein sollte, bevor Sie die Jacke auf ihre Leiche gelegt haben?«

»Wie Blut an die Jacke gekommen ist?«

»Colettes Blut.«

»Nicht, wenn es nicht von den Einbrechern darauf gekommen ist.«

»Mit anderen Worten, die Einbrecher haben Colettes Blut auf Ihre Schlafanzugjacke übertragen?«

»Das ist nur eine Hypothese.«

»Nun, ich möchte Ihnen mitteilen, über welche Informationen das Schwurgericht verfügt. Colettes Blut befand sich auf einem Teil Ihrer Schlafanzugjacke, der zerrissen wurde. Und das Blut befand sich dort, bevor die Jacke zerrissen wurde.«

»Ich habe keine Ahnung, was das bedeutet.«

»Und Sie haben auch keine Erklärung dafür?«

»Ich bin kein Kriminologe.«

»Doktor MacDonald, Sie haben immer behauptet, Kristen habe ins Bett gemacht. Kristen sei zu Colette ins Bett gegangen und habe ins Bett gemacht.«

»Richtig.«

»Eine Untersuchung des Urinflecks ergab, daß es Kimberlys Urin und nicht Kristens Urin war.«

»Kristy war in unserem Bett«, sagte MacDonald. »Gott im Himmel! Kristy war in unserem Bett. Sie hat ins Bett gemacht, und ich habe sie in ihr Bett zurückgetragen. Ihr seid doch verrückt! Ich habe Kristy zurück in ihr Bett getragen.«

»Und es war nicht . . .«

»Es war nicht Kimberly.«

»Welchen Grund haben Sie für die Behauptung, es sei Kristen und nicht Kimberly gewesen?«

MacDonald antwortete nicht, seufzte jedoch so laut, daß das Geräusch von dem Tonband des Gerichtsschreibers aufgenommen wurde, der das Protokoll verfaßte.

»Wie ich bereits sagte«, fuhr Woerheide fort, »weisen die wissenschaftlichen Laborergebnisse darauf hin . . .«

»Wissenschaftlicher Scheißdreck!«

». . . daß es Kimberlys Urin war . . .«

»*Nein*!«

»Na schön«, sagte Woerheide. »Die Beweise deuten auch darauf hin, daß Kimberly im Elternschlafzimmer verletzt wurde. Ihr Blut befindet sich auf dem Teppich und in der Nähe der Tür.«

»Das hat Mr. Shaw schon gesagt.«

»Haben Sie eine Erklärung dafür?«

»Nur die, daß das Blut von anderen dorthin übertragen wurde.«

»Na ja . . .«

»Was, wenn das Blut von ihren Waffen tropfte?«

»Na schön. Doktor MacDonald, heute morgen habe ich Sie

gefragt, ob Sie sich in Philadelphia einem Lügendetektor-Test unterzogen haben, und Sie erwiderten, Sie müßten mit Mr. Segal darüber sprechen. Da wir jetzt die Mittagspause einlegen, schlage ich vor, daß Sie das tun und uns Ihre Antwort wissen lassen.«

»Na schön. Werden wir heute fertig, Mr. Woerheide?«

»Ja.«

Jeffrey MacDonald verließ den Saal. Victor Woerheide kehrte zu seinem Schreibtisch zurück und sah einige Papiere durch. »Ich glaube, ich bin mit ihm fertig«, sagte er zu den Geschworenen. »Wir müssen ihm noch eine oder zwei kleine Fragen stellen, die aber nicht mehr besonders wichtig sind.

Ich gebe Ihnen ein Beispiel. Er lernt eine Krankenschwester kennen, ich glaube, es war unten in Texas, und sie unterhalten sich über seine Familie, und er sagt, daß er ein Problem mit seiner älteren Tochter Kimberly habe — sie leide unter Enuresis, was ein anderes Wort für Blasenschwäche oder Bettnässen ist.

Und hier behauptet er nun, er habe mit Kimmy keine Probleme gehabt, was das Bettnässen betrifft. Nun, wir könnten ihn danach fragen — die Aussage des Mädchens liegt uns vor —, aber er wird es bestimmt abstreiten. Das ist nur eins von vielen Beispielen. Auf jeden Fall habe ich neulich mit Mr. Segal gesprochen, und er hat mir gesagt, Dr. MacDonald wolle zum Skifahren in die Schweiz fliegen. Vielleicht frage ich ihn, wann er abreisen will.« Woerheide hielt inne. »Und ob er vorhat, in die Staaten zurückzukommen.«

Die Geschworenen lachten.

»Noch etwas. In seinem ersten Bericht bezieht sich der Psychiater aus Philadelphia auf einen Lügendetektor-Test, der andeutet, MacDonald könne schuldig sein, aber er wimmelt ab. Es ist möglich, daß er eine Kopie des Berichts hat. Auf jeden Fall kennt er die Identität des Experten, der den Test durchführte. Wir könnten diesen Experten vorladen.«

Da das Gericht jedoch schon seit August tagte und die Geschworenen sich anscheinend schon eine Meinung gebildet hatten, waren sie nicht begeistert von der Aussicht, weitere

Zeugen vorzuladen. Und Victor Woerheide, der seit Anfang Juni unablässig an dem Fall gearbeitet hatte, wollte nicht mehr tun, als unbedingt nötig war, um eine Verurteilung zu erreichen.

Die Verhandlung wurde mit einer Verzögerung fortgesetzt. Woerheide erklärte, daß er gerade ein Gespräch mit Bernie Segal gehabt habe. »Er kam aus einem Besprechungszimmer und bat mich, ihnen noch fünfzehn oder zwanzig Minuten länger zu geben. Ich willigte ein. Wahrscheinlich kochen sie gerade etwas aus, und MacDonald wird Ihnen eine Erklärung vorlesen.«

»Das haben wir uns schon gedacht«, sagte einer der Geschworenen und rief damit allgemeines Gelächter hervor.

Als Jeffrey MacDonald in den Zeugenstand zurückkehrte, hatte er zwei vorbereitete Erklärungen dabei. In der ersten beklagte sich Bernie Segal darüber, daß Woerheide das geschützte Verhältnis zwischen Anwalt und Klient verletzt habe, indem er MacDonald gefragt hatte, ob er sich im Frühjahr 1970 einem Lügendetektor-Test unterzogen habe.

Nachdem MacDonald sie vorgelesen hatte, fragte Woerheide ihn, ob er noch etwas zu sagen habe.

»Sie meinen, bevor wir schließen?«

»Ja.«

»Ja, ich habe einiges zu sagen«, erwiderte MacDonald. »Ich glaube, die Geschworenen sollten wissen, wie in diesem Fall ermittelt wurde. Da Sie gern auf Zeitungen zurückgreifen, Mr. Woerheide, habe ich hier einen Ausschnitt aus der *Newsday* vom Dezember 1974 über die Gräber meiner Frau und meiner Kinder. Ich möchte, daß die Geschworenen ihn sich ansehen. Er ist dafür bezeichnend, wie die Ermittlungen vom Anfang bis zum Ende geführt wurden, Mr. Woerheide.

Niemand hat den Ehemann oder den Vater gefragt, ob die Gräber geöffnet werden dürfen.

Statt dessen habt ihr Hurensöhne sechs Leichengräbern jeweils fünfzig Dollar dafür gezahlt, nichts zu verraten. Und ich möchte das zu den Beweisstücken aufnehmen lassen, weil es genau zeigt, wie der ganze gottverdammte Fall geführt wurde.«

Woerheide nahm den Zeitungsausschnitt. »Wir nehmen ihn als Beweisstück 31 auf.«

»Dann möchte ich zu Protokoll geben, daß Sie Verwandte von mir belogen und bedrängt haben, um Aussagen von ihnen zu bekommen. Ich möchte besonders darauf hinweisen, daß man meiner Schwester gesagt hat, Dr. MacDonald wäre nur einmal zusammengebrochen und habe geweint, und zwar im August, bei der Diskussion über die Anwendung von Sodium-Amytat.«

»Und wer soll das gesagt haben?« fragte Woerheide.

»Dieser Schleimer, der für Sie arbeitet«, sagte MacDonald, der Brian Murtagh meinte. »Diese kleine Schlange. Der kleine Bursche, der nicht einmal so höflich ist, sich anständig vorzustellen. Oder keine Kinderstube hat.« (Bei ihrer ersten Begegnung im August hatte Murtagh sich nach MacDonalds Meinung nicht angemessen vorgestellt.)

MacDonald hielt kurz inne.

»Ich würde gern eine Menge sagen. Aber wenn Sie damit einverstanden sind, möchte ich, um zu verhindern, daß ich wieder schreie und weine wie beim letzten Mal, die Erklärung vorlesen, die ich an Bord des Flugzeugs schrieb.

Sie entstand natürlich mit Hilfe meiner Anwälte. Ich habe sie geschrieben, aber sie haben sie bearbeitet und mir empfohlen, dieses oder jenes nicht zu sagen.«

Jeffrey MacDonald las die Erklärung vor. »Fünf lange Jahre sind vergangen, seit meine Familie ermordet wurde und mein Leben zusammenbrach. Ich habe versucht, in Kalifornien ... Sie merken schon, ich lese das vor. Ich will nicht frei sprechen, weil ich so viel zu sagen habe.«

Er fuhr fort. »Ich habe versucht, in Kalifornien ein neues Leben anzufangen. Einige Menschen — Mr. Woerheide, Colonel Pruett, mein Schwiegervater — scheinen nicht zu verstehen, wie schwer es für mich war. Sie scheinen zu glauben, weil ich aus New York fortgezogen bin, von den Gräbern fortgezogen bin, daß ich meine Familie nicht geliebt habe, sie nicht vermisse und über die Morde gelogen habe.

Das bedeutet natürlich, daß mir meine Familie schon immer gleichgültig gewesen ist. Und das führt natürlich dazu, daß ich sie getötet haben muß.

Im August habe ich hier vor diesem Gericht versucht, Ihre Fragen zu beantworten. Ich habe Ihnen alles gesagt, was ich weiß, ausgenommen einige Dinge, über die ich auf Anraten von Mr. Segal aus rechtlichen Gründen nicht sprechen soll.

Ich wünschte, ich hätte mehr Ihrer Fragen beantworten können. Ich wünschte, ich wüßte, warum es passiert ist. Und ich wünschte, ich wüßte, wer Colette, Kristy und Kimmy ermordet hat. Ich wünschte, ich könnte den Geschworenen die Antworten auf alle Fragen geben, die Mr. Woerheide seit fünf oder sechs Monaten stellt. Das sind Fragen, mit denen ich fünf Jahre lang leben mußte. Ich mußte akzeptieren, vielleicht niemals zu erfahren, was geschehen ist. Es ist nicht leicht, damit zu leben, aber es bleibt mir nichts anderes übrig.

Ich will Ihnen sagen, wie mein Leben seit dem 17. Februar aussieht. Das scheint Mr. Kassab, Mr. Woerheide und alle anderen zu stören. Sie alle scheinen zu glauben, daß ich Colette, Kimmy und Kristy einfach im Stich gelassen habe. Und das wiederum beweist, daß mir nie etwas an ihnen lag. Und sie alle scheinen zu glauben, wenn mir nie etwas an meinen Mädchen lag, dann habe ich sie vielleicht auch umgebracht.

Und dann bin ich nach Kalifornien gegangen, habe ein Auto und ein Boot gekauft und alles vergessen. Nun, das ist nicht wahr. Die Leute wollen wissen, warum ich mich nicht ständig an anderer Leute Schultern ausweine, warum ich nicht zusammenbreche. ›Ist er so kalt? Hat er keine Gefühle?‹ Würde das nicht eher zeigen, daß ich sie geliebt habe?

Fangen wir mit den Zeitungsinterviews und der Dick-Cavett-Show an. Meine Mutter, mein Bruder und meine Schwester haben mir gesagt, man hätte sie hier in aller Ausführlichkeit gefragt, warum ich diese Interviews gab, aber mit niemandem sonst, einschließlich meiner Familie, jemals über die Morde gesprochen habe.

Es hat mich niemand danach gefragt. Von mir aus werde ich nicht grundlos darüber sprechen. Und der Grund, weshalb ich in der Dick-Cavett-Show auftrat, ist, daß mich ein Kongreßabgeordneter anrief und darum bat. Und ich weiß auch, daß viele mir das nicht glauben werden.

Ich habe ein Recht auf ein anständiges Leben und darauf, diese Sache ein für allemal zu klären. Und so tat ich folgendes: Ich sprach mit der Zeitschrift *Time* und trat in der Dick-Cavett-Show auf. Sie wissen schon, ich wollte damit verhindern, den Rest meines Lebens damit verbringen zu müssen, es immer und immer wieder zu erklären. Damals dachte ich, wenn ich es jetzt einmal laut genug sage, muß ich nicht immer und immer wieder diese Fragen beantworten.

Mir fällt es nicht leicht, um Verständnis zu bitten. Jedesmal, wenn ich die Geschichte des 17. Februar erzähle... na ja... sterbe ich ein bißchen. Ich schäme mich, weil ich meiner Familie nicht helfen konnte. Aber ich habe es versucht.

Die Geschworenen sind, abgesehen von meinen Anwälten und Colonel Rock, die einzigen Menschen, die die ganze Geschichte gehört haben. Meine Anwälte haben die ganze Geschichte erst gehört, als ich vor Colonel Rock stand. Ich meine, sie haben sie niemals zuvor während eines einzigen Gesprächs in allen Einzelheiten erfahren. Im Gegensatz zu Freddy zum Beispiel spreche ich nicht ständig darüber. Ich erzähle es nicht allen Leuten. Ich habe die Geschichte niemandem erzählt. Das kommt mir ganz normal vor, und doch lassen Sie es anders erscheinen. Sie erwecken den Eindruck, es sei unnormal, daß ich nicht allen Leuten davon erzähle. Daß ich nicht sage: ›He, laßt euch erzählen, was ich 1970 in Fort Bragg erlebt habe.‹

Das bringt mich zu Freddy. Er leidet wohl, daß ich ihm nie die ganze Geschichte erzählt habe. Und das habe ich auch nicht. Und er glaubt, daß ich ihn angelogen habe, als ich ihm von diesen dummen, pathetischen Versuchen erzählte, die wirklichen Mörder zu finden.

Teils hat er recht, teils aber auch nicht. Ich habe mich nie mit ihm zusammengesetzt und ihm die ganze Geschichte erzählt. Aber im Gegensatz zu dem, was er sagt, war er über alles informiert. Wir standen in täglichem Kontakt. Er wußte genau, was ich bei der Anhörung sagte. Und dann habe ich ihm eine Kopie des Protokolls der Anhörung gegeben.

Und es ist nicht so, als — nun ja, ein paar Jahre später klingt das so, als habe er nie gewußt, was vor sich ging. Er hat jeden Tag mit mir gesprochen. Er hat die ganze Zeit über mit Bernie, den anderen Anwälten und mir gesprochen. Er wußte genau, was vor sich ging. Ich bin nur nie zu ihm gegangen, habe mich nicht mit ihm zusammengesetzt und ihm die ganze Geschichte noch einmal erzählt. Er hat mich aber auch nie darum gebeten. Meine Mutter hat nie zu mir gesagt: ›Was ist passiert?‹ Es scheint eine meiner größten Sünden zu sein, daß ich nie darüber gesprochen habe.

Freddy war mir ein guter Freund. Während der Anhörung hat er mich verteidigt. Er hat gesagt, er wäre der einzige — oder der erste — der gewußt hätte, wenn zwischen Colette und mir etwas nicht gestimmt hätte, selbst wenn wir es ihm nie gesagt hätten, weil er uns so nahe stand. Er wußte, daß wir glücklich waren.

Deshalb fiel es mir später auch so schwer, mit Freddy zu sprechen. Ich meine, er hat bei der Anhörung sehr dramatisch für mich ausgesagt. Aber damit war ich Freddy auch verpflichtet. Er erwartete von mir, daß ich mein ganzes Leben der Nacht vom 17. Februar widmete und den Rest meiner Tage als Ein-Mann-FBI auf der Suche nach den Tätern North Carolina durchforstete.

Aber das kann ich nicht. Und ich wußte, daß ich es nicht kann, und habe Freddy deshalb angelogen. Ich habe es ihm gesagt. Ich schämte mich dafür — nein, ich schäme mich jetzt, wo ich es ihm gesagt habe. Ich schäme mich, daß ich in dieser Nacht nicht gestorben bin. Ich weiß, das klingt dumm. Aber ich wollte — besonders Freddy — beweisen, daß ich mein Bestes gab. Also habe ich diese Sache erfunden. Na ja, das ist vorbei. Wir haben darüber gesprochen.«

MacDonald blätterte die Seiten seiner Erklärung durch. »Scheiße«, sagte er, »es ist doch sinnlos, so was vorzulesen. ›Es tut mir leid, daß ich Freddy davon erzählt habe.‹ Das ergibt doch keinen Sinn.«

Dennoch fuhr er fort. »Im Winter 1970/71 versuchte ich also, in New York Medizin zu praktizieren und wartete auf meine Zulassung von Yale, versuchte, mein Leben fortzuführen. Aber Sie müssen verstehen, daß es sich um ein Leben handelte, das

Colette und ich geplant hatten. Colette und ich wollten nach Yale, dort eine Farm kaufen, und ich würde als orthopädischer Chirurg arbeiten und mit den Kindern auf einer Farm wohnen.

Ich kann nicht — ich kann diesen Traum nicht ohne Colette und die Kinder weiterträumen. Also zog ich nach Kalifornien. Na und? Das ist doch kein Verbrechen.

Ich mußte einfach eine andere Richtung für mein Leben finden. Also zog ich nach Kalifornien und arbeitete dort mit einem Freund aus der Army zusammen, führte ein anderes Leben. Ich erwarte nicht, daß Brian Murtagh das versteht. Vielleicht verstehen es die Geschworenen.

Im Augenblick bin ich in Kalifornien Chefarzt der Notaufnahme. Nachdem ich im August hierher flog, machten sie mich zum Chefarzt. Tolle Sache, Sie haben mich zur Krankenhausleitung bestellt, und es hieß: ›Trotz allem mögen wir Sie noch.‹ Und ich sagte: ›Verdammt, Sie müssen mich nicht mögen.‹ Und sie sagten: ›Nein, aber Sie leisten gute Arbeit, und wir wollen Sie zum Chef der Notaufnahme machen.‹ Und das bin ich jetzt.

In der Notaufnahme gibt es viel zu tun.« MacDonalds Stimme, die bis zu diesem Augenblick fest gewesen war, begann zu zittern. »Eine Menge Autounfälle und Herzanfälle. Und Schußverletzungen... und... Stichwunden.

Ich arbeite sehr hart. Absichtlich. Ich muß arbeiten. Ich halte mich beschäftigt, komme unter Leute. Ich bin erschöpft. Ich habe eine Zwölfstundenschicht. Ich verdiene viel Geld. Ich verdiene viel Geld und gebe viel aus. Das ist auch ein Verbrechen. Ich — das klingt wirklich abgegriffen — ich mag die Notfallmedizin. Ich helfe vielen Menschen. Ich komme mir... komme mir dadurch nützlich vor.« Er hielt kurz inne und schluchzte.

»Wissen Sie«, fuhr er fort, »meine Familie konnte ich nicht retten. Und dann kommen Sie her und behaupten, jemand habe meine Schlafanzugjacke zusammengefaltet und kleine Löcher gemacht, und das beweise, daß ich Colette getötet habe.

Was kann ich dazu sagen? Diese Sache mit den anderen Frauen ist einfach... einfach absurd. Ich habe mit vielen Frauen geschlafen. Das bedeutet mir überhaupt nichts mehr und hat mir nie etwas bedeutet. Es fiel mir schon immer sehr leicht. Ich habe in Kalifornien noch kein einziges Mädchen angemacht und muß mit mindestens dreißig geschlafen haben, seit ich dort bin.

Weil ich nicht den Rest meines Lebens damit verbringe, an den Gräbern zu weinen, heißt es, ich habe meine Familie nicht geliebt. Und das bedeutet, daß ich sie getötet haben muß. Das ist nicht wahr!«

Erneut fing MacDonald an zu schluchzen.

»Das ist doch alles Quatsch. Ich habe Colette nicht getötet. Und ich habe Kimmy nicht getötet, und ich habe Kristy nicht getötet, und ich habe Colette nicht getragen, und ich habe Kimmy nicht getragen, und ich habe Kristy nicht getragen, und ich versuchte es bei ihnen mit Mund-zu-Mund-Beatmung, und ich habe sie geliebt, und ich liebe sie jetzt auch noch, und Sie können sich Ihre verdammten Beweise in den Arsch schieben!«

Drei Tage später erhoben die Geschworenen Anklage gegen Jeffrey MacDonald wegen dreifachen Mordes.

FÜNFTER TEIL

WEINEN SIE EINE TRÄNE FÜR SIE

*Wenn Sie in Zukunft eine Kerze anzünden sollten,
zünden Sie auch eine für sie an.
Und wenn Sie in Zukunft ein Gebet sprechen sollten,
sprechen Sie auch eins für sie.
Und wenn Sie in Zukunft eine Träne weinen sollten,
weinen Sie auch eine für sie.*

Aus dem Schlußplädoyer
des Stellvertretenden Staatsanwalts James L. Blackburn
beim Schwurgerichtsprozeß gegen Jeffrey MacDonald

1

Unmittelbar nach seiner Aussage flog Jeffrey MacDonald nach Kalifornien zurück. Am Freitag, den 24. Januar 1974, unternahm er mit Joy (»Die sinnlichste Frau, die ich je gesehen habe!«) eine Bootsfahrt. Als sie am Nachmittag zurückkamen, schaute seine Mutter vorbei. Die beiden Frauen plauderten im Wohnzimmer, und Jeff sah die Post durch, als es an der Tür klopfte.

Als er öffnete, standen ihm drei FBI-Beamte gegenüber. Sie erklärten ihm, das Schwurgericht habe soeben Anklage gegen ihn erhoben. Er wurde in Handschellen zum Gefängnis des Orange County gebracht; die Kaution wurde auf 500 000 Dollar festgesetzt. Eine Woche später, nach einer Anhörung, bei der über ein Dutzend Ärzte, Krankenschwestern, Nonnen und Polizisten über seine Charaktereigenschaften und beruflichen Qualitäten aussagten – er wurde mit Albert Schweitzer verglichen –, wurde sie auf 100 000 Dollar herabgesetzt, eine Summe, die Freunde und Kollegen augenblicklich aufbrachten, so daß er sein normales Leben weiterführen konnte.

Die Nonnen, die das St. Mary's Hospital führten, hielten Jeff MacDonald für einen großartigen Menschen und sahen keinen Anlaß, daß er aufgrund dieses unglücklichen Mißverständnisses seinen Beruf nicht mehr ausüben konnte. Trotz der Anklageerhebung durfte er als Leiter der Notaufnahme weiterarbeiten. Niemand, der ihn dort kannte, schien den geringsten Zweifel an ihm zu haben: Er war eine tragische Gestalt, fast heroisch in seiner Stärke und Ruhe unter Beanspruchung. Die Anklageerhebung, so glaubte man am Krankenhaus St. Mary's, sei nur ein erneuter Beweis dafür, daß sich die Justiz durch das üble Streben eines einzelnen pervertieren ließ – in diesem Fall durch Jeffs Schwiegervater Freddy Kassab.

Ein Prozeß, so sagte MacDonald allen, würde natürlich seine Unschuld beweisen, doch schon die Anklage selbst sei ungeheuerlich, ungerecht, verfassungswidrig und unsinnig.

Aus San Francisco, wo er nun Jura an der Golden Gate University lehrte, versicherte Bernie Segal seinem liebsten und berühmtesten Klienten, daß man die Anklage schnell fallenlassen würde.

Segal stellte nun mehrere Anträge. Er forderte eine Einstellung des Verfahrens aus verfassungsrechtlichen Gründen. Erstens stelle die Anklageerhebung eine doppelte Strafverfolgung dar, da MacDonald bereits von der Army von der Mordanklage freigesprochen sei. (In den Vereinigten Staaten darf niemand wegen desselben Verbrechens zweimal angeklagt werden.) Zweitens verstoße die Anklageerhebung, die fast fünf Jahre nach der ursprünglichen Anklage erfolgte, gegen MacDonalds Recht auf einen schnellen Prozeß, wie es vom Sechsten Verfassungszusatz garantiert wurde.

Der Bundesbezirksrichter Franklin T. Dupree jr. aus Raleigh, North Carolina, wies beide Anträge zurück. Im Gegensatz zu einem regulären Militärgerichtsprozeß habe die Anhörung lediglich eine ermittelnde Natur gehabt und sei daher nicht mit der Voruntersuchung vor dem Schwurgericht zu vergleichen. Und das Recht auf einen schnellen Prozeß könne erst dann gelten, wenn jemand ›angeklagt‹ worden sei, und in diesem Fall sei ›Anklage erst nach dem Spruch des Schwurgerichts erhoben worden‹.

Nachdem Richter Dupree auch einen Antrag auf Wechsel des Gerichtsorts abgelehnt hatte, berief er die Verhandlung für den 18. August 1975 ein.

Aufgrund der Anklage begann sich Jeffrey MacDonalds Leben allmählich zu verändern. Seit einigen Monaten wurde sein Verhältnis zu Joy ständig schlechter, und unter dem zusätzlichen Druck trennten sie sich, zu MacDonalds Bedauern, schließlich endgültig. »Es war eine stürmische Affäre«, sagte er. »Wir hatten genug Leidenschaft für zehn und Liebe für fünf, und um ehrlich zu sein, ich wünschte, wir hätten geheiratet. Ich glaube, wir hätten ein schönes Leben führen können.«

Am 15. August 1975, drei Tage vor Prozeßbeginn, verfügte das Berufungsgericht in Richmond, Virginia, einen Aufschub und nahm Jeffrey MacDonalds Einspruch gegen Richter Duprees Entscheidung an.

Anstatt also nach Raleigh fliegen zu müssen und wegen dreifachen Mordes vor Gericht zu stehen, konnte MacDonald in Kalifornien bleiben. Beruflich blieb er sehr aktiv; neben seiner Stellung als Leiter der Notaufnahme des Krankenhauses St. Mary's arbeitete er bei der Entwicklung eines nationalen Lehrgangs für Wiederbelebung bei Herz-Lungen-Krankheiten mit und nahm auch eine Stelle in einer Notaufnahme in Long Beach an. Auch im Privatleben tat sich einiges; ab August verabredete er sich regelmäßig mit einer Krankenschwester aus Los Angeles namens Bobbi.

»Bobbi«, sagte MacDonald, »war — und ist — ein ganz toller Rotschopf. Sie ist groß und sieht gut und gepflegt aus. Eine wirklich hübsche Frau, größer als Joy, wenn auch nicht so vollbusig, nicht annähernd so sinnlich. Aber auf jeden Fall eines der schönsten Mädchen, die ich je gesehen habe.

Unsere Beziehung entwickelte sich sehr schnell, selbst bei dem Streß, unter dem ich damals stand. Aber ich behielt die Situation unter Kontrolle; ich sagte Bobbi von Anfang an, daß ich gerade eine lange Beziehung mit einem schmerzlichen Ende hinter mir hatte, der Prozeß über mir schwebte und Heirat kein Thema für mich sei. Sie verstand das und traf sich trotzdem mit mir.«

Die Beziehung entwickelte sich sogar so gut, daß Jeffrey MacDonald im Januar 1976 gerade mit Bobbi auf Urlaub auf Hawaii war, als er einen Anruf von Bernie Segal bekam. Das Berufungsgericht hatte Richter Duprees Entscheidung, einen schnellen Prozeß zu führen, aufgehoben. Es war mit 2:1 Richterstimmen zum Schluß gekommen, daß die Anklageerhebung durch die Army ›im Prinzip einem zivilen Haftbefehl‹ entspreche. Nach Abweisung der Anklage durch die Army habe das Justizministerium — zumindest zum Teil aufgrund ›bürokratischer Gleichgültigkeit, Nachlässigkeit oder Unfähigkeit‹ — die zivile Anklageerhebung verzögert und damit MacDonalds verfassungsmäßige Rechte verletzt. Die Anklage sei abzuweisen.

Gleichgültigkeit, Nachlässigkeit oder Unfähigkeit hatte Freddy Kassab der Justiz schon zwischen 1972 und 1974 oft und nachdrücklich vorgeworfen. Nun jedoch — und das war für Kassab die bitterste, reinste Ironie — hatte das Berufungsgericht die Entscheidung aufgehoben, für die sich Kassab so fieberhaft eingesetzt hatte.

Für Jeffrey MacDonald jedoch war diese Entscheidung keineswegs bitter oder ironisch.

»Wir sind hier auf Hawaii«, sagte er, »machen einen herrlich romantischen Urlaub, liegen nur in der Sonne oder lieben uns — der Urlaub ist genauso schön wie der, den ich mit Joy auf Tahiti verbrachte —, und Bernie Segal sagte mir, daß das Berufungsgericht zu meinen Gunsten entschieden hat, daß die Sache ausgestanden war, ich gewonnen hatte.

Ich war sprachlos. Es war, als wäre ein unglaubliches Gewicht von meinen Schultern genommen worden. Ich... hm... ich lachte, aber eher vor Erleichterung als vor Freude. Freuen konnte ich mich nicht, denn die letzten sechs Jahre waren ja der reinste Alptraum gewesen. Ich verspürte keine Freude, daß ich gewonnen hatte, nur Erleichterung, daß es vorbei war. Und es war kein großer Sieg, er hätte schon 1970 kommen müssen, die ganze Sache hätte gar nicht erst passieren dürfen.

Aber ich war auf jeden Fall erleichtert, rief sofort meine Mutter an und dann jemanden im Krankenhaus. Und als ich nach Kalifornien zurückkehrte, hatte man mir eine große Feier ausgerichtet. Es war vorbei.«

Doch das Justizministerium war nicht dieser Ansicht. Nachdem der Amtsschimmel erst einmal in Bewegung gesetzt worden war, trabte er weiter. Im März legten Anwälte der Regierung Berufung gegen die Entscheidung ein, die jedoch sechs Wochen später abgelehnt wurde, womit dem Justizministerium nur noch die Möglichkeit blieb, sich an den Obersten Gerichtshof der Vereinigten Staaten zu wenden.

In diesem Jahr gedieh Jeffrey MacDonalds neue Romanze prächtig. »Bobbi«, sagte er, »war natürlich ein ganz anderer

Mensch als Colette oder Joy. Aber während sie sich *sehr* von Joy unterschied, ähnelte sie Colette doch in mancher Hinsicht. Und ich frage mich ... nein, ich glaube nicht, daß ich mich ursprünglich zu ihr hingezogen fühlte, weil sie mich an Colette erinnerte.

Bobbi war eine beunruhigend gut aussehende Frau. Sehr attraktiv, trug die richtige Kleidung, nie einen BH, hatte einen schönen Körper, war — *ist* — äußerst witzig und intelligent. Aber nachdem wir uns ineinander verliebt hatten und praktisch ein Jahr zusammen waren — in guten und schlechten Zeiten —, erinnerte sie mich immer mehr an Colette. Ich glaube, irgendwie wußte ich nicht mehr, in wen ich nun verliebt war. Liebte ich Bobbi, oder versuchte ich, Sie wissen schon, Colette neu zu schaffen?«

Am 20. Juni 1977 nahm der Oberste Gerichtshof die Berufung im Fall MacDonald an. Im Herbst ergingen Schriftsätze an das Gericht, die die Standpunkte der Parteien zusammenfaßten, und im Januar 1978 fand eine mündliche Verhandlung statt. Am 1. Mai 1978 entschied der Oberste Gerichtshof einstimmig, einem Berufungsgericht stünde es nicht zu, eine Entscheidung darüber zu treffen, ob ein schneller Prozeß gewährleistet sei oder nicht, und hob das Urteil auf.

Als MacDonald nun erneut damit rechnen mußte, angeklagt zu werden, verschlechterte sich seine Beziehung zu Bobbi. »Mir stand wieder ein Prozeß bevor, und ich mußte mich mit Bernie um die Akten kümmern und das Protokoll der Anhörung wieder durcharbeiten, und die Vergangenheit und meine Ehejahre lebten wieder auf, und ich mußte Tag und Nacht wieder an Kimmy und Kris denken. Und Bobbi erinnerte mich immer mehr an Colette: ich verwechselte immer öfter die Namen, lag des Nachts wach und hatte schreckliche Angst davor, Bobbi mit Colette anzusprechen.

Außerdem — wir waren jetzt zwei Jahre zusammen — verlangte Bobbi immer mehr. Bei Joy war es genauso gewesen. Bobbi wollte tagaus, tagein mit mir zusammen sein. Sie fühlte sich unbehaglich und wollte von mir hören, daß ich sie liebte, genau wie Joy damals. Aber ich mußte mich auf den Prozeß vorbereiten, hatte meine Arbeit und konnte ihr immer weniger Zeit widmen. Und schließlich trennten wir uns.«

Im Oktober 1978 wurde Richter Duprees Entscheidung wieder in Kraft gesetzt, und im März 1979 lehnte der Oberste Gerichtshof MacDonalds Beschwerde dagegen ab. Damit stand der Weg zu einem Prozeß offen.

Jeffrey MacDonald flog in der zweiten Juliwoche an die Ostküste. Er war zwar nicht in dem ›gefühlsmäßigen Hoch‹, das seine Freunde erhofft hatten, die ein Abendessen und eine Party organisiert hatten, um Geld für seine Verteidigung aufzutreiben, wurde aber immerhin von Candy Kramer begleitet, die im vorangegangenen Herbst Bobbis Nachfolge angetreten hatte.

»Ich war gerade dabei, mich von Bobbi zu trennen«, sagte er, »als ich eines Morgens in einem Restaurant frühstückte und Candy mit einer Freundin namens Laura hereinkam.

Sie trugen beide T-Shirts und kurze Shorts oder so und gingen an mir vorbei, und ich fragte: ›Wer, zum Teufel, ist diese unglaubliche Blondine?‹

Etwa zwei Wochen später sah ich sie in demselben Restaurant wieder, und diesmal machte der Koch uns bekannt. Und Candy sagte mir später, bei ihr sei es Liebe auf den ersten Blick gewesen. Sie war damals zwanzig Jahre alt, so ein verzogenes kalifornisches Mädchen ohne wirkliche Ziele im Leben, das noch nie richtig gearbeitet hatte und nur an die nächste Europareise oder eine tolle Party dachte. Aber sie hatte ein gutes Herz. Sie war mitfühlend und wunderschön, und ich war gern mit ihr zusammen.«

Am zweiten Wochenende des Juli 1979 wohnten Jeff und Candy im Park Lane Hotel in New York City. Sie fuhren mit dem Pferdewagen durch den Central Park. Sie speisten üppig bei Maxwell's Plum, einem Nobellokal. Sie sahen sich ein Baseball-Spiel der Yankees an. Am Montag flog Candy dann nach Kalifornien zurück, und Jeffrey MacDonald flog allein nach Raleigh, wo ihm wegen des Mordes an seiner Frau und seinen Kindern der Prozeß gemacht wurde — Morde, die vor über neun Jahren begangen worden waren.

2

Anfang Juni hatte Bernie Segal einen Brief an MacDonald geschrieben.

> Lieber Jeff,
> ich mache mir ein wenig Sorgen über die Garderobe, die Du beim Prozeß tragen wirst. Am wichtigsten ist 1., daß Du *nicht* wie ein Südkalifornier aussiehst (starke Sonnenbräune und leichte, helle Anzüge); 2., daß Du nicht ›zu leger‹ wirkst (man muß sehen, daß du ernst, belastet und sogar besorgt bist) und 3., daß Du (zumindest, was Dein Äußeres betrifft) zuverlässig und verantwortungsvoll wirkst ...

Segal machte sich auch über die Geschworenen Sorgen. Für 15 000 Dollar hatte er einen Psychologieprofessor der Duke University beauftragt, ein demographisches Profil des ›idealen Geschworenen‹ zu erstellen. Die Mitarbeiter des Professors führten über 900 Telefongespräche, bei denen sie den aufs Geratewohl ausgesuchten Teilnehmern der Untersuchung Fragen stellten wie: »Glauben Sie, daß Soldaten eher Gewaltverbrechen begehen als Zivilisten?« – »Verdienen Ärzte zuviel Geld?« – »Ist ein Mann, der eine außereheliche Affäre hat, ein schlechter Mensch?«

Die Teilnehmer wurden auch gefragt, ob sie von dem Fall gehört hatten (81% hatten) und ob sie sich eine Meinung über seine Schuld gebildet hatten (6% hielten ihn für ›mit Sicherheit schuldig‹; 29% für ›wahrscheinlich schuldig‹; 33% sagten ›wahrscheinlich nicht schuldig‹; 5% ›mit Sicherheit nicht schuldig‹; und 27% hatten keine Meinung).

Danach wurden die Teilnehmer der Untersuchung um demoskopische Angaben wie Alter, Rasse, Ausbildung, politische Einstellung, Familienstand und regelmäßiger Kirchgang gebeten. Der Professor wertete die Antworten daraufhin aus, welcher Personenkreis am meisten von der Unschuld des Beklagten überzeugt war, und entwickelte eine mathematische Formel, die es Segal ermögliche, aufgrund von Antworten auf Fragen, die er den Geschworenenkandidaten stellte, sofort festzustellen, ob der mögliche Geschworene diesem Personenkreis entsprach.

Das überraschende Ergebnis der Untersuchung, das der Professor der Duke University am Freitag vor der Geschworenenauswahl vorlegte, besagte, daß es sich bei dem idealen Geschworenen um einen konservativen Weißen von über fünfunddreißig Jahren handelte — genau der Typ Geschworener, den in den meisten Fällen auch die Anklage sucht.

»Stimmt«, bestätigte der Professor in den Büroräumen, die Segal in der Innenstadt von Raleigh gemietet hatte. »Wir wollen den typischen ›guten Bürger‹, auf den es wahrscheinlich auch der Staat abgesehen hat. Die Anklage wird nicht dahinterkommen, was wir beabsichtigen. Vielleicht hält sie Sie auch für ein wenig verrückt. Sie wissen ja, wenn Sie einen Burschen sehen, der eine amerikanische Flagge auf dem Ärmel trägt, lehnen Sie ihn normalerweise als Geschworenen ab. Hier suchen wir genau solche Leute.«

Jeffrey MacDonald, der bei dem Gespräch anwesend war, schüttelte den Kopf. »Hoffentlich sind Sie so gut wie Ihre Reputation. Alles, was Sie sagen, widerspricht dem Gefühl, das ich habe.«

»Ich weiß, ich weiß«, sagte der Professor, »und ich weiß auch, daß es um Ihr Leben und nicht um meins geht. Aber ich will Ihnen was sagen«, fuhr er fort und lächelte dabei: »Wenn ich mich irre, werde ich die Strafe zwar nicht für Sie absitzen, aber bei Ihrer Berufung kostenlos für Sie arbeiten.«

Jeffrey MacDonald starrte den Mann von der Universität an. Bernie Segal griff schnell ein und versuchte, ihn zu besänftigen. »Immer mit der Ruhe, Jeff. Es wird keine Berufung geben. Wir werden uns Geschworene aussuchen, die dich freisprechen, und dann Schadensersatzforderungen stellen.«

»Hoffentlich hast du recht«, sagte MacDonald und stand auf. »Denn ehrlich gesagt, diese Sache macht mir gewaltige Angst.«

Sobald der Klient gegangen war, konnte der Professor, ein

junger, liberaler Mann, freier sprechen. »Jeff begreift nicht«, sagte er und deutete auf seine statistischen Analysen, »daß wir auf keinen Fall meine Freunde als Geschworene akzeptieren können. Denn die halten ihn für unbedingt schuldig.«

MacDonald wohnte in einem Studentenheim der Kappa-Alpha-Bruderschaft der North Carolina State University. In diesem Haus wohnten auch MacDonalds Mutter, Bernie Segal, fünf andere Anwälte und Assistenten (darunter auch Mike Malley, der ehemalige Zimmergenosse von Princeton, nun bei einer Kanzlei in Phoenix angestellt, bei der er unbezahlten Urlaub genommen hatte, um seinem alten Freund zu helfen) und vier Mitglieder der Bruderschaft, die den Sommer über an der Uni blieben. Segal war der Meinung gewesen, hier ungestörter zu sein als in einem Hotel der Innenstadt.

Diese Unterkunft hatte Wade Smith besorgt, der örtliche Berater, den Segal engagiert hat. Smith war Seniorpartner der angesehenen Kanzlei Tharringtan, Smith und Hargrove in Raleigh, und diesen Anwalt hatte schon 1971 Allard Lowenstein empfohlen, als er allmählich zur Ansicht gelangte, daß MacDonald kein Opfer der Militärjustiz, sondern eher ein Mann war, der einen guten Strafverteidiger brauchte.

Am Samstagmorgen, dem 14. Juli, fuhren Jeffrey MacDonald und seine Mutter die sechzig Kilometer nach Chapel Hill, wo MacDonald von einem neuen Psychiater untersucht werden sollte, den Segal engagiert hatte. Robert Sadoff, der Psychiater aus Philadelphia, der MacDonald 1970 untersucht und sowohl bei der Militäranhörung als auch bei der Voruntersuchung ausgesagt hatte, war zwar zu einer erneuten Aussage bereit, doch Segal — ein Jude aus dem Nordosten — wollte nicht vor ein Geschworenengericht der Südstaaten treten, ganz gleich, wie gut die Geschworenen ausgewählt worden waren, wenn lediglich ein jüdischer Psychiater aus dem Nordosten aussagte, daß Jeffrey MacDonald auf keinen Fall seine Frau und Kinder getötet haben konnte. Er wollte diese Aussage von einem Bürger North Carolinas. In Chapel Hill hatte er an der Universität von North Carolina einen Mann von einwandfreiem Leumund gefunden, der bereit schien, nach einem Gespräch mit dem Angeklagten und dessen Mutter auszusagen.

Segal suchte am Samstagmorgen Richter Franklin Dupree auf, um mit ihm einige Anträge zu besprechen. Seine Beziehung zu dem Richter war nicht besonders gut. Seit Dupree 1975 Segals Berufung aus verfassungsrechtlichen Gründen abgelehnt hatte, hielt er den Richter sogar für seinen Feind.

»Er ist, kurz gesagt, ein Arschloch«, erklärte Segal an diesem Samstagmorgen beim Frühstück. »Ein widerlicher Mensch.«

Begleitet von Wade Smith, kehrte Segal um sechzehn Uhr in sein Büro zurück. Die Temperatur betrug 33 Grad, die Luftfeuchtigkeit 90 Prozent. Seit einer Woche herrschte in Raleigh schon diese Hitze.

Segal zog sein Anzugjackett aus (dunkle Nadelstreifen), lockerte die Krawatte, öffnete eine Dose Diätlimonade und starrte verdrossen und schweigend aus dem Fenster.

Wade Smith setzte sich neben den Schreibtisch.

»Wie ist es gelaufen?« fragte Mike Malley, der den ganzen Tag im Büro gearbeitet hatte.

»Na ja, wir haben ein paar Punkte durchgesetzt«, sagte Smith. »Nichts von großer Bedeutung, aber es ist nicht so schlecht gelaufen, wie wir befürchtet haben. Anscheinend begreift er allmählich, daß wir nicht die bösen Jungs sind. Ich habe das Gefühl, daß das Eis langsam schmilzt.«

Segal, eingehüllt in Zigarrenrauch, nahm die Füße vom Schreibtisch und drehte sich langsam mit seinem Sessel um. »Es war eine Katastrophe«, sagte er. »Wir haben heute nicht das Schwarze unter seinen Nägeln von ihm bekommen.«

Richter Dupree hatte eingewilligt, daß man die möglichen Geschworenen einzeln und nicht in Gruppen befragte – was für Segals Auswahlmethode lebenswichtig war –, doch da die Anklage keinen Einspruch dagegen erhoben hatte, hielt Segal dieses Einverständnis nicht für einen Sieg.

Weiter hatte Segal den Antrag gestellt, der Verteidigung ein kostenloses Protokoll jedes einzelnen Verhandlungstags zur Verfügung zu stellen, was normalerweise mit 1000 Dollar täglich berechnet wurde. Dupree hatte abgelehnt. Und als Segal angeführt hatte, sein Klient könne sich diese Kosten nicht leisten, während sie für die vom Steuerzahler finanzierte Anklage mit ihrem grenzenlosen Budget kein Problem darstellten, hatte der Richter erwidert, Dr. MacDonald käme ihm nicht wie ein mittelloser Beklagter vor, und er habe einen Zeitungsausschnitt vorliegen, dem zufolge auf einer ›Disco-Party‹ Geld für seine Verteidigung gesammelt worden sei.

Noch bedrohlicher erschien Segal die Ankündigung des Richters, er behielte sich vor, gewisse Anträge zuzulassen, die der Anwalt als überaus wichtig für die Verteidigung erachtete. Diese Vorbehalte schlossen einerseits Segals Ankündigung ein, er wollte auf das von der Verfassung garantierte Recht auf einen schnellen Prozeß sowie die Tatsache zu sprechen kommen, daß man in den USA wegen ein und desselben Verbrechens nur einmal angeklagt werden konnte, wie auch die Erwähnung von Helena Stoeckleys wiederholter Aussage, sie glaube, an den Morden beteiligt gewesen zu sein. (Ihr Aufenthaltsort war übrigens noch immer unbekannt.) Weitere Punkte, über die sich der Richter noch keine Meinung gebildet hatte, waren, ob die Geschworenen von Colonel Rocks Abschlußbericht, in dem er die Vorwürfe gegen MacDonald für ›falsch‹ befunden hatte, und von Dr. Sadoffs Aussage, daß MacDonald die Verbrechen nicht begangen haben konnte, erfahren durften. Der Richter sagte, er sei sich noch nicht sicher, ob er überhaupt die Aussage von Psychiatern zulassen wolle, da hier keine geistige Unzurechnungsfähigkeit zur Debatte stünde und sich widersprechende Aussagen von Gutachtern die Geschworenen nur unnötig verwirren würden. Da der Richter erst später eine Entscheidung darüber treffen wollte, durfte sich die Verteidigung in ihrem Eröffnungsplädoyer nicht darauf beziehen.

»Wie sieht denn unser Eröffnungsplädoyer aus?« fragte Mike Malley.

»Wir haben noch keins«, sagte Bernie Segal. Er sah wieder aus dem Fenster. »Vielleicht sollten wir über das Wetter sprechen.«

Kurz darauf machten sich die drei Anwälte jedoch an die Arbeit. Wie auch immer die Entscheidung des Richters ausfallen mochte, ein Eröffnungsplädoyer mußte innerhalb von einer Woche vorliegen.

Segal entschied, daß Smith das Eröffnungsplädoyer halten

solle. Die Geschworenen sollten zuerst mit einem Anwalt vom Ort konfrontiert werden. Auch wenn sie ihn nicht persönlich kannten, versprach sich Segal Vorteile davon. Der härter und schärfer sprechende und vorgehende Segal wollte erst später, besonders bei den Kreuzverhören, eingreifen.

»Zuerst müssen wir ihnen begreiflich machen, daß dieser Fall ungewöhnlich ist«, sagte Segal zu Smith. »Das Verbrechen wurde vor über neun Jahren begangen. Wir müssen ständig darauf zu sprechen kommen. Genug ist genug. Es ist zu viel Zeit verstrichen.

Dann müssen wir den familiären Hintergrund herausarbeiten. Wir haben hier einen Sechsundzwanzigjährigen, der gerade das Medizinstudium absolviert und sich den Traum seines Lebens erfüllt hat. Doch bevor er an seiner Karriere arbeitet, will er seinem Land dienen. Deshalb war er hier in Fort Bragg, mit seiner Frau — seiner Jugendfreundin. Wir müssen unbedingt erwähnen, daß er ein Stipendium bekam und hart dafür arbeiten mußte, in Princeton studieren zu dürfen. Daß er aus einer armen Familie stammt und seine Eltern schwer dafür arbeiten mußten, ihm das Studium zu ermöglichen. Wir müssen das Bild des reichen Arztes aus Südkalifornien von Anfang an zerstören.«

Wade Smith machte sich Notizen, während Segal das Szenario weiterhin ausbaute. »Er ist so gut in Princeton, daß er nach nur drei Jahren das Medizinstudium antreten darf. Er ist ein so guter Student, daß er eine der besten Assistenzarztstellen im ganzen Land bekommt. *Danach* verpflichtet er sich als Green Beret — aber nicht, weil er ein Macho-Killer ist, sondern denen helfen will, die am dringendsten Hilfe brauchen: den Jungs, die wir nach Vietnam geschickt haben.

Dann entwirfst du ein Bild des Friedens und der Ruhe, die sie in Fort Bragg genießen konnten. Führe es bis zum Weihnachtsfest aus, erzähle, wie er seinen Töchtern ein Pony schenkte. Und wenn das den Leuten nicht nahegeht, haben wir die falschen Geschworenen ausgesucht.«

Segal hielt einen Augenblick lang inne. »Du mußt auch betonen«, fuhr er dann fort, »daß sie in Fort Bragg zum ersten Mal nicht jeden Pfennig umdrehen mußten.«

»Und«, fügte Mike Malley hinzu, »daß sie zum ersten Mal in ihrer Ehe viel Zeit miteinander verbringen konnten.«

»Da bin ich mir nicht so sicher, Mike«, sagte Segal.

»Die zynische Antwort darauf lautet: ›Ja, und sie haben herausgefunden, daß es ihnen nicht gefällt.‹ Wir sollten die Finger davon lassen. Nein, wichtig ist, solange die Leute ihn als braungebrannten Arzt aus Kalifornien sehen, der jede Menge Mädchen hat und jede Menge Geld verdient, ist er schon so gut wie verurteilt.«

Wade Smith nickte. Diese Sprache verstand er. »Wir müssen ihn ganz menschlich darstellen. Dafür sorgen, daß die Geschworenen ihn in die Arme schließen wollen.«

»Genau«, sagte Segal.

»Denn wen hat der Staat schon zum Umarmen? Freddy Kassab?«

»Und vergessen wir Colette nicht«, fuhr Segal fort. »Sie wuchs auch als Persönlichkeit. Noch am letzten Abend ihres Lebens besuchte sie einen Kurs über Kinderpsychologie. Jeff blieb zu Hause und spielte mit den Kindern, brachte sie zu Bett — ein guter Vater, versteht ihr? Ein wirklich schöner Abend, wie sie schon so viele erlebt haben.

Und dann: ›Sie werden vom letzten Menschen, der sie lebend sah — der Frau, die sie zum Unterricht mitnahm —, erfahren, was Colette MacDonald von ihrem Leben, ihrem Mann, ihrer Ehe hielt.‹ Die menschlichen Einzelheiten. Die liebevolle Szene zwischen Mann und Frau, die noch ein Glas trinken, über die Ereignisse des Tages plaudern, ihre gemeinsame Zeit genießen. Dann geht sie zu Bett, er erledigt die Hausarbeit, liest noch etwas, um sich zu entspannen, sieht fern.«

Einen Augenblick lang schienen Bernie Segals Augen feucht zu werden. »Du kannst auch das Bettnässen erwähnen«, sagte er dann, »aber stelle es harmlos dar, falls die Anklage es als Motiv verwenden will. ›Und was für eine Wahl hatte er? Entweder seine schwangere Frau zu wecken, um das Bett neu zu beziehen, oder einfach auf der Couch zu schlafen, um sie nicht zu stören, ohne zu ahnen, was ihm und den Menschen, die er so liebte, in dieser Nacht zustoßen würde.‹«

Wade Smith nickte und schrieb mit. »»Sie werden von den

Einbrechern erfahren««, fuhr er nahtlos fort. »»Sie werden sie sehen. Sie werden ihnen gegenüberstehen.««

»Genau«, sagte Segal. »Aber den Kampf beschreiben wir nur kurz«

»»Und dann werden wir Ihnen beweisen, welche Fehler bei den Ermittlungen gemacht wurden.««

»»Und Sie werden erfahren««, sagte Mike Malley, »»wie Jeff im Lauf der Jahre versucht hat, sein Leben neu aufzubauen, nur, um jetzt diesen Prozeß über sich ergehen lassen zu müssen.««

»Ja, ja«, sagte Segal, erhob sich hinter seinem Schreibtisch und ging auf und ab. »Und die Tatsache, daß er nicht wieder geheiratet hat. Das ist sehr wichtig. Dann fahren wir damit fort, wie die Regierung den Fall *neun Jahre lang* am Kochen hielt — wir kommen wieder auf die neun Jahre zurück. Und es ist wirklich wichtig, die Fehler aufzuzeigen, die die Regierung begangen hat — die Fehler, die sie in die Irre geführt haben.«

»Irgendwann«, sagte Wade Smith, »werden sie erfahren, daß Jeff Freddy belogen hat. Wie wollen wir da vorgehen?«

»»Er stürzt sich in die Arbeit, um vergessen zu können««, sagte Segal. »»Aber gewisse Leute wollen nicht, daß er vergißt. Wollen nicht, daß er sich ein neues Leben aufbaut. Wollen, daß er in der Vergangenheit lebt. Wer ist dafür verantwortlich? Sein *Stief*schwiegervater, ein Fanatiker, ein Besessener namens Freddy Kassab.

Ein Mann, der jeden Abend in den Bars von Fayetteville nach den Mördern suchen wollte, der eine Aufgabe erledigen wollte, die eigentlich der Army, der CID oder dem FBI zufiel.««

»»Sie werden hören, wie Doktor MacDonald versuchte, der Falle zu entkommen, mit dieser Besessenheit leben zu müssen««, sagte Mike Malley.

»Ich glaube, *entkommen* ist kein guter Begriff«, sagte Segal.

»Na schön. Wie er versuchte, sich von dieser Besessenheit zu befreien.«

»Übrigens«, fragte Smith, »wie bezeichnen wir ihn? Als Doktor MacDonald?«

»Als Jeff«, erwiderte Segal. »Wir wollen ihn menschlich darstellen. Wir wollen, daß er für die Geschworenen einfach Jeff ist, der Bursche, den sie gern als Nachbarn hätten.«

»»Und bevor dieser Prozeß vorbei ist««, sagte Smith, »»werden Sie wissen, um was für einen Menschen es sich handelt: anständig, intelligent, schwer arbeitend... und zu Fehlern imstande wie wir alle. Doch 1970 war er nicht betrunken, hatte er keine Drogen genommen, war er nicht geisteskrank...‹«

»Am Ende müssen die Geschworenen Mitgefühl empfinden, aber wir müssen auch etwas zynisch sein und Argwohn über das Vorgehen der Anklage hervorrufen.«

»»Sehen Sie sich diesen Mann an, der solch ein monströses Verbrechen begangen haben soll««, intonierte Smith. »Und dann machen wir der Anklage Feuer unter dem Hintern. ›Die Anklage darf nicht beweisen, daß er es *vielleicht* getan hat. Sie darf nicht beweisen, daß er es getan haben *könnte*. Sie muß beweisen, über jeden Schatten des Zweifels hinaus und mit eindeutiger Sicherheit, daß er es getan *hat!*‹«

»Wir müssen betonen, wie furchtbar das Verbrechen war«, sagte Segal. »Man muß das Blut auf dem Boden sehen können. Malt den Tatort so monströs wie möglich aus. Messer, Eispickel, Knüppel. Colette — beide Arme gebrochen. Die Kinder, fünf und zwei Jahre alt, verprügelt, Stichwunden, schrecklich zugerichtet. Malt es ungeheuerlich aus, denn der Beklagte ist kein Ungeheuer. Die Geschworenen werden ihn ansehen und fragen: ›Hat *er* das getan?‹ Und das werden sie einfach nicht glauben können.«

Zehn Minuten nach Ende der Besprechung kehrten Jeffrey MacDonald und seine Mutter von Chapel Hill zurück.

»Und?«, fragte MacDonald.

»Was, und?« sagte Segal.

»Was ist passiert?«

»Nichts ist passiert.«

»Was soll das heißen, nichts ist passiert? Was ist mit unseren Anträgen? Was ist mit dem Richter?«

»Jeff, ich sage doch, nichts?«

»Na schön. Mike, was ist passiert?«

»Wie Bernie schon gesagt hat, Jeff. Nichts.«

»Na schön. Würde mir vielleicht jemand sagen, was, zum Teufel, hier vor sich geht?«

Keiner von Segals Assistenten antwortete.

»Gott im Himmel!« sagte MacDonald. »Ich bezahle elf verdammte Anwälte, und keiner von ihnen will mir sagen, was los ist.« Er hielt inne und sah sich um. Noch immer sagte niemand etwas.

»Ah, ich verstehe«, fuhr MacDonald fort. »Das ist ein Scherz. Wie bei einer Überraschungsparty. Gleich wird mir jemand sagen, daß der Richter den Fall abgewiesen hat. Es ist alles vorbei. Verfahren eingestellt. Ich kann nach Hause fliegen. Gleich kommt der Champagner.«

»Nein, Jeff«, sagte Segal. »Ich fürchte, der Champagner muß noch ein paar Wochen warten.« Dann führte er MacDonald in sein privates Büro und brachte ihm die schlechten Nachrichten über die Entscheidungen des Richters bei. Danach sagte er ihm gleich, daß Wade Smith das Eröffnungsplädoyer halten würde.

»Was, nicht du?« sagte MacDonald. »Du hast neuneinhalb Jahre für die Vorbereitungen Zeit gehabt, und jetzt sagst du mir zwei Tage vor Prozeßbeginn, daß du nicht einmal das Eröffnungsplädoyer hältst?«

Segal erklärte ihm seine Gründe.

»Ja, klar«, sagte MacDonald. »Spar dir den Rest, den kenne ich schon: Wenn er Scheiße baut, arbeitet er bei der Berufung umsonst für mich.«

Segals lautes Gelächter brach die Spannung. »Jeff, geh nach Hause, mach einen Dauerlauf, trink ein Bier. Und glaub mir: es wird keine Berufung geben.«

Jeffrey MacDonald blieb am Abend lange auf und sah sich im Fernsehen *Saturday Night Life* an.

Die Auswahl der Geschworenen nahm drei Tage in Anspruch. Sieben Männer, fünf Frauen, alle bis auf einen weiß, alle bis auf einen (denselben) mit College-Ausbildung. Die Hälfte von ihnen war älter als vierzig Jahre. Unter ihnen befanden sich zwei Buchhalter, ein Drogist, der Sohn eines Prominentenarztes aus Raleigh, ein ehemaliger Sergeant der Green Berets aus Fort Bragg, ein ehemaliger Beamter der Polizei von North Carolina und eine Frau, deren Sohn während des Semesters im selben Kappa-Alpha-Heim wohnte.

Irgendwann während des Prozesses sagte Jeffrey MacDonald: »Jedesmal, wenn Bernie einen Geschworenen akzeptierte, hatte ich das Gefühl, ein weiterer Nagel würde in meinen Sarg gehämmert.« Doch Segal und der Psychologe von der Duke University waren mit der Zusammensetzung der Geschworenen überaus zufrieden. »Nimm zum Beispiel den ehemaligen Autobahn-Polizisten«, erklärte Segal. »Die Anklage wollte ihn, weil er ein Cop war. Aber wir wollen ihn aus einem besseren Grund: weil wir aufzeigen werden, daß die Beweise in diesem Fall so fürchterlich verpfuscht wurden, daß kein anständiger Cop etwas damit zu tun haben will.«

Und sogar MacDonald war erleichtert, daß sich ein ehemaliger Green Beret unter den Geschworenen befand.

Freddy und Mildred Kassab saßen während der Auswahl der Jury im Gerichtssaal, ebenso wie Jeffrey MacDonalds Mutter (wenngleich sie voneinander keine Kenntnis nahmen). Kassab hatte einen Grundriß der Wohnung 544 Castle Drive dabei. Seine Frau saß neben ihm und sah stumm geradeaus. Gelegentlich legte Freddy den Arm um sie oder streichelte ihre Schulter.

Keine zehn Meter von den Kassabs entfernt – nach all den Jahren, die er fast fünftausend Kilometer von ihnen getrennt war –, saß Jeffrey MacDonald. Er trug, wie Segal es empfohlen hatte, einen konservativen, gut geschnittenen Anzug.

Als am Ende des dritten Tages die zwölf Geschworenen (und vier Ersatzleute) ausgewählt worden waren, ging MacDonald, eine Aktentasche in der Hand, durch den Gang in der Mitte zur Hintertür. Freddy Kassab sprach in der Lobby gerade mit Reportern; zufällig erreichte MacDonald die Tür zur selben Zeit wie Mildred Kassab. Zum ersten Mal seit über acht Jahren trafen sich ihre Blicke. MacDonald sah sofort zur Seite. Sie sagten nichts. Mildreds Blick, in dem sowohl gewaltiger Schmerz als auch unbändiger Haß schimmerten, folgte ihm zur Tür.

3

Victor Woerheide war im Oktober 1975 nach einem Herzschlag tot zusammengebrochen, als er in einem Geschäft eine Flasche Tabasco-Sauce kaufen wollte. Das Justizministerium hatte James L. Blackburn, einen Stellvertretenden Staatsanwalt aus Raleigh, zum Ankläger bestimmt.

Blackburn war ein kleiner, herzlicher, unauffälliger Mann mit silbergrauem Haar, in dessen offenem, jungenhaftem Gesicht Weisheit und Unschuld zu verschmelzen schienen. Wie Wade Smith stammte er aus North Carolina. Er hatte nicht den Ruf eines blutdürstigen Anklägers, der Schlagzeilen machen wollte, sondern eines stillen Mannes, der eine traurige, aber unvermeidliche Aufgabe zu erfüllen hatte.

Sogar Bernie Segal, der sowohl für Richter Dupree — der übrigens fünfundsechzig Jahre alt war und aus Fuquay-Varina in North Carolina stammte — als auch für Brian Murtagh eine grenzenlose Verachtung empfand, mußte eingestehen, daß Blackburn ein anständiger Mensch war. Blackburn war vierunddreißig Jahre alt, hatte einen zwei Jahre alten Sohn namens Jeffrey und eine zwei Monate alte Tochter. Das war sein erster Mordfall als Ankläger.

Vier Wochen lang legte die Anklage ihre Beweise vor. Obwohl Blackburn von Brian Murtagh mit all dessen Kenntnissen über den Fall unterstützt wurde, wirkte er anfangs zögerlich und teilweise verwirrt. Nach der ersten Woche meldete eine Presseagentur sogar, der Fall gegen MacDonald habe ›einen schlechten Anfang‹ genommen.

Die Aussagen waren teilweise abscheulich anzuhören, besonders die der Pathologen, deren Autopsiebefunde anhand von Dias der Leichen erläutert wurden, die die Schwere der Verletzungen verdeutlichen sollten. Ein Großteil der Beweise war technischer Natur, und Segal versuchte, sie mit abwechselnd dröhnender und sarkastischer Stimme Stück für Stück auseinanderzunehmen.

Genau wie im Jahre 1970 wurde jeder Patzer der Ermittlungen aufgedeckt. Die Geschworenen erfuhren — genau wie damals Colonel Rock —, daß der Blumentopf von einem Militärpolizisten aufgestellt worden war, man Jeffrey MacDonalds Brieftasche unter den Augen der Militärpolizei gestohlen hatte, der Lieutenant versäumt hatte, nach der Frau in den Schatten suchen zu lassen, die Mülltonnen entleert worden waren, die *Esquire*-Ausgabe gelesen und die Toilette abgespült worden war, man den Kindern nie Fingerabdrücke abgenommen hatte, andere Fingerabdrücke unabsichtlich zerstört worden waren, man Jeffrey MacDonalds Schlafanzughose verbrannt hatte, MacDonald selbst im Krankenhaus verhört worden war, als er unter schweren Beruhigungsmitteln stand, und daß eine ›Haarprobe‹ MacDonalds in Wirklichkeit von einem Pony stammte.

Neuneinhalb Jahre später hatte Bernie Segal noch nichts verlernt. »Sie benahmen sich wie eine Herde Elefanten in einem Porzellanladen«, sagte er über die Militärpolizisten und wies nachdrücklich darauf hin, daß man aufgrund einer derartig verpfuschten Spurensicherung keine Schlußfolgerungen ziehen dürfe.

Während dieser Phase des Prozesses war die Verteidigung überaus zuversichtlich. »Ich sehe es an ihren Gesichtern«, sagte Wade Smith. »Die Geschworenen können nicht glauben, daß Jeff der Prozeß gemacht wird.« Oder: »Ein wunderbarer Tag, wir haben nur Punkte gesammelt.« Oder: »Das wird nicht so schwer werden, wie wir es befürchtet haben.«

Selbst MacDonald wurde so zuversichtlich, daß er der Presse wieder Interviews gewährte. Er sei sich bewußt, sagte er zu einem Reporter, daß manche Menschen seinen anscheinenden Mangel an Gefühlen störend fänden. »Zweifellos«, sagte er, »wäre es besser für mich, wenn ich so mitgenommen wäre, daß ich mich kaum in den Gerichtssaal schleppen könnte. Aber die Geschworenen werden bei meiner Aussage erkennen, wie ich wirklich bin.«

Dennoch fiel einem anderen Gesprächspartner auf, daß Mac-

Donald »die meisten Antworten, selbst, wenn man ihn nach seinen Gefühlen fragte, nüchtern gab, fast kalt, als spreche er über einen ganz anderen Menschen.

Nur, wenn er über das Militär sprach, zeigte er Spuren wirklicher Gefühle, und dabei handelte es sich stets um Zorn. Ein »kompetenter Vorgesetzter«, so MacDonald, hätte es gar nicht erst zu einer Voruntersuchung kommen lassen, geschweige denn zum Prozeß. »Natürlich bin ich verbittert«, sagte er. »Einige Leute wollen auf meinem Fall ihre Karriere aufbauen. Aber eines Tages muß die Wahrheit herauskommen. Sie können nicht ewig lügen.« MacDonald sagte, er könne sich »eine Verurteilung nicht vorstellen«. »Das wäre das Ende einer Horrorstory, wie es sich nur Alfred Hitchcock ausdenken kann.«

Für einige Beobachter gab es jedoch Anzeichen, daß es keineswegs so gut um MacDonald stand, wie es den Anschein hatte. Die Geschworenen nahmen die Beweisführung der Anklage zwar anscheinend unbewegt hin, doch Richter Franklin Duprees Gesicht brachte immer wieder Abscheu zum Ausdruck. Und Bernie Segals Kreuzverhöre betrachtete er mit deutlichem Mißfallen. Und wenn sogar beiläufige Zuschauer offen über den Gesichtsausdruck des Richters sprachen, schien damit auf jeden Fall klar, daß er den Geschworenen zeigen wollte, wo seine Sympathien lagen, und vielleicht sogar andeutete, wo die ihren zu liegen hätten.

Doch nicht nur seine Körpersprache schien Jeffrey MacDonald den Weg in die Freiheit zu verbauen. Seine Entscheidungen bei zahlreichen wichtigen Beweisanträgen trugen dazu bei, den Verlauf des Prozesses zu verschärfen. Er erlaubte zum Beispiel (trotz Bernie Segals scharfer Einwände), daß ausführlich aus der *Esquire*-Ausgabe vom März 1970 vorgelesen wurde. Segal führte an, daß wahrscheinlich jeder Amerikaner von den Sharon-Tate-Morden gehört habe und nicht in Frage stehe, daß MacDonald ein intelligenter, belesener Mann sei, der wisse, was in der Welt vor sich gehe, doch Richter Dupree folgte dem Antrag der Anklage.

Segals bitterster und wichtigster Kampf um die Zulassung

von Beweismitteln zu dieser Phase des Prozesses galt jedoch Paul Stombaughs Untersuchungsergebnissen in bezug auf die blaue Schlafanzugjacke. Segal führte an, daß Stombaugh die Untersuchung nicht von sich aus durchgeführt habe, sondern auf Anweisung der Anklage, die damit einen bestimmten Beweis erbringen wollte. »Wie kann man achtundvierzig Löcher in die Schlafanzugjacke machen, die zu den einundzwanzig Löchern in Mrs. MacDonalds Brustkorb passen?« fragte er. Und daß Stombaugh dabei nicht die Eispickel-Löcher in Colettes rosafarbener Schlafanzugjacke berücksichtigt habe, sei ein ›fataler Fehler‹, da der Eispickel offensichtlich auch dieses Kleidungsstück durchlöchert haben mußte, wenn er in ihren Brustkorb eingedrungen war.

Ein zweiter Fehler in der Argumentation, so Segal, sei die Tatsache, daß nicht bewiesen werden könne, daß man die blaue Schlafanzugjacke am Tatort genauso gefaltet vorgefunden habe, wie sie später der FBI-Techniker gefaltet habe.

Jim Blackburn hielt dagegen, daß Stombaugh die Jacke ›so ähnlich‹ gefaltet habe, wie man sie auf den am Tatort aufgenommenen Fotos sehe. Woraufhin Segal explodierte: »Bei der Voruntersuchung hat Stombaugh gesagt, er habe die Jacke *genauso* wie auf den Fotos gefaltet. Diesen Ausdruck hat er benutzt − *genauso!*«

Blackburn ignorierte den Ausbruch und erklärte Richter Dupree ruhig, wieso die Anklage die Schlafanzugjacke für ein wichtiges Beweisstück halte: Man hatte drei verschiedene Blutgruppen darauf gefunden, hauptsächlich jedoch die Gruppe A, Colettes Blut; zumindest ein Teil dieses Blutes habe sich auf der Jacke befunden, bevor sie zerrissen wurde; MacDonald habe gesagt, er habe sie auf die Brust seiner Frau gelegt; die Jacke weise achtundvierzig Löcher auf; Ärzte hätten ausgesagt, MacDonald habe keine Eispickel-Verletzungen gehabt; Colette habe jedoch einundzwanzig Eispickel-Verletzungen davongetragen; ein Pathologe habe ausgesagt, daß man ihr diese Verletzungen zugefügt habe, während ihr Körper unbewegt dalag; und die Art der Löcher in der Jacke weise darauf hin, daß es bei der Jacke genauso gewesen sei. »Wie sind diese Löcher also in die Jacke gekommen«, sagte Blackburn, »falls sich der Angeklagte an diesem Abend nicht mit einer Schlafanzugjacke mit achtundvierzig Löchern darin schlafengelegt hat?«

Colettes rosafarbene Schlafanzugjacke, so Blackburn, sei bei der Rekonstruktion nicht berücksichtigt worden, weil sie nicht wichtig sei. Natürlich hätten sich Löcher in Colettes Schlafanzugjacke befunden; sie habe sie ja getragen, als man mit dem Eispickel auf sie eingestochen habe. Stombaughs Untersuchungen hätten nur der Frage gegolten, ob die Eispickel-Löcher in der blauen Schlafanzugjacke entstanden seien, nachdem Jeffrey MacDonald sie über die Leiche seiner Frau gelegt habe.

»Denn wenn wir dies beweisen können«, sagte Blackburn, »können wir auch beweisen, daß seine Geschichte nicht stimmen kann.«

Richter Dupree willigte ein, den Zeugen aufrufen zu lassen.

Nicht so tolerant war er jedoch, was Colonel Rocks Bericht über die Anhörung aus dem Jahr 1970 betraf — den Bericht, der zum Schluß kam, die Vorwürfe gegen MacDonald seien falsch.

»Ich mache mir Sorgen über die Verwirrung, die bei den Geschworenen entstehen könnte, wenn man diesen Beweis zuläßt«, sagte er. »Werden die Geschworenen nicht sagen: ›Wie kann jemand bei der Army unschuldig und vor diesem Gericht schuldig sein?‹«

Genau aus diesem Grund wollte Segal unbedingt, daß Rocks Abschlußbericht als Beweis zugelassen wurde. Richter Dupree führte jedoch auf, daß über die Frage, ob die Anhörung der Army als Anklageerhebung gelte, schon (negativ für die Verteidigung) entschieden sei und die Entscheidung aus dem Jahr 1970 keinen Einfluß auf die Entscheidung des Schwurgerichts im Jahr 1979 haben dürfe.

Einen noch schwereren Schlag mußte die Verteidigung hinnehmen, als Dupree entschied, keinerlei psychiatrische Gutachten als Beweismittel zuzulassen. Im Juli hatte Bernie Segal für MacDonald einen Termin bei einem Hypnotiseur in Beverly Hills arrangiert. Die gesamte Sitzung von sechs Stunden war auf Video aufgenommen worden. Segal hatte eine Fassung von neunzig Minuten daraus zusammengeschnitten und gehofft, sie den Geschworenen vorführen zu können.

Dieses Band hatte er bereits einem Psychiater der University of North Carolina vorgeführt. Der Psychiater hatte MacDonald untersucht und einen Bericht von vierundzwanzig Seiten verfaßt, den er mit den Worten beendete:

> Auf der Grundlage meiner Erfahrung als Psychiater und Kriminologe und meiner Erfahrungen und Forschungen über gewalttätiges Verhalten komme ich zum Schluß, daß nur eine äußerst schwache Möglichkeit besteht, eine Person wie Dr. MacDonald könne solch ein Verbrechen begehen. Mit Sicherheit ist nicht bekannt, daß ein Mensch mit der Persönlichkeitsstruktur, wie Dr. MacDonald sie aufweist, jemals ein solches Verbrechen begangen hat.

Segal wollte sowohl die Gutachten des Psychiaters aus Chapel Hill als auch Dr. Sadoffs aus Philadelphia vorlegen, die beide betonten, wie unwahrscheinlich es sei, daß MacDonald seine Familie ermordet habe, und dann den Geschworenen das Videoband vorführen, auf dem MacDonald *unter Hypnose* noch einmal die Nacht des Verbrechens *durchlebte*.

Auf dem Band gab MacDonald eine viel genauere Beschreibung der Einbrecher als je zuvor. Er beschrieb den Farbigen als Mann mit großem, eckigem Gesicht mit ›Babyspeck‹ an den Wangen, mit kurzem, verfilztem Haar, breiter Nase, dicken Lippen, hellbraunen Haaren und dickem Hals.

Der größere der beiden Weißen war stämmig und muskulös, hatte ein ›großes‹ Gesicht, eine hohe Stirn, kurzes, hellbraunes Haar und ›den muskulösen Hals eines Gewichthebers‹. Seine Augen waren ›leer‹, doch er sah trotzdem ›gut aus‹. ›Ein gepflegter Mann‹, sagte MacDonald, mit einem ›starken Kinn‹ und einem Grübchen darauf. Er hatte eine hellbraune Windjacke und ein Kreuz (etwa fünf Zentimeter lang) an einer ›schönen Kette‹ um den Hals getragen.

Der kleinere Weiße war italienischer Abstammung mit fettigem Haar und schlechter Haut. Sein Gesicht war birnenförmig, er hatte einen ›bleistiftdünnen Schnurrbart‹ und ›Augen wie ein Wiesel‹, ein schwaches Kinn und einen speckigen Hals. Er trug ein graues Sweatshirt mit Taschen vorn und sah ›verbraucht aus, wie ein Drogensüchtiger‹.

Auch die Frau habe ›schlecht ausgesehen‹, mit einem ›spitzen Kinn‹ und ›langen, struppigen, ungekämmten Haaren‹. Ihr Gesicht war ›mandelförmig‹, sie hatte einen Pickel auf der Nase und eine ›hohle, monotone Stimme‹ mit einem ›unangenehmen, mittelhohen Tonfall‹. Ihr Schlapphut habe einen Durchmesser von ›vierzig bis fünfzig Zentimetern‹ gehabt.

Auf dem Videoband durchlebte MacDonald den Überfall von neuem. »*Was habt ihr hier zu suchen?*« schrie er die Einbrecher an. »*Was, zum Teufel, geht hier vor? Was habt ihr hier zu suchen? Was macht ihr Arschlöcher in meinem Haus? Verschwindet, ihr Arschlöcher!*« Dann hörte er, wie seine Tochter »*Daddy, Daddy, Daddy, Daddy, Daddy!*« schrie, und er rief: »*Kimmy, ich helfe dir!*«

Er setzte seinen Bericht fort: »*Ich versuche, sie zurückzustoßen. Sie zerren mich an der Schlafanzugjacke zum Ende der Couch. Ich kann... ich kann mich nicht bewegen. Ich kann die Arme nicht bewegen. Ich kann nichts tun. Ich versuche noch immer, die verdammte Jacke von meinen Füßen zu treten! Ich... ich... ich... kann nichts tun! Meine Hände sind nicht frei. Ich kann nichts tun... Sie schlagen mich gegen die Brust. Mein Kopf tut weh... Ich halte eine Hand fest. Ich sah eine Klinge. Der verdammte Schmerz stammt nicht von einem Schlag — ich bekam einen Stich ab... Die verdammte Schlafanzugjacke ist um meine Arme geschlungen. Ich bekomme die Arme nicht frei! Scheiße! Jemand schlägt mich mit einem Knüppel. Ich weiß nicht, was ich tun soll. Ich bekomme die Arme nicht frei! Scheiße! Ich muß die Arme freibekommen! Ich muß sie von mir fernhalten. ›LSD ist groovy... Bringt das Schwein um!‹ Das ist alles, was ich höre. Keine Geräusche. ›LSD ist groovy... Bringt das Schwein um.‹ Sie wollen mich töten! Ich kann nicht mehr durchhalten. Ich kann nicht mehr durchhalten! Ich kann es nicht! Scheiße! Ich rutsche nach vorn. Ich sehe ein Knie — ein nacktes Knie. Meine Arme! Sie sind so schwer. Ich kann sie nicht heben. Ich kann sie nicht heben...*«

Danach berichtet er mit so verzweifelter, schmerzerfüllter

Stimme, daß sogar der Psychiater zu weinen anfing, was geschah, nachdem er das Bewußtsein zurückerlangt hatte. Er versuchte bei Colette eine Mund-zu-Mund-Beatmung (»*Die Luft kommt aus ihrer Brust! Es klappt nicht!*«), beschrieb er Kimberly in ihrem Bett (»*Auch sie ist voller Blut. Sie ist mein kleines Mädchen. Sie sieht komisch aus. Sie sieht tot aus.*«) und dann Kristen (»*Kristy, dir geht es doch gut... Sie sieht bleich aus. Sie sieht... sieht nicht gut aus. Ich glaube, sie atmet nicht.*«)

Schließlich beschrieb er, wie er durch das Haus ging, zuerst zu Colette zurückkehrte und die Schlafanzugjacke hochhob, die er auf ihre Brust gelegt hatte. »*Ich nehme sie in den Arm. Ich sage ihr... die Kinder seien in Ordnung. Ich knie neben ihr. Ich will sehen, ob ihre Brust wirklich so schlimm aussieht, wie ich zuerst dachte. Ich hebe die Schlafanzugjacke hoch. Ich will noch einmal nach den Kindern sehen. Ich muß nach Kimmy sehen. Kimmy ist mein kleines Mädchen. Ich muß nach ihr sehen... Kimmy ist ganz schlaff. Kimmy sieht schrecklich aus. Ich hebe sie hoch. Meine linke Hand ist unter ihrer Schulter. Ich hebe sie hoch. Mein rechter Arm ist unter ihrem Hals. Ich gebe Kimmy Mund-zu-Mund-Beatmung. Es fühlt sich nicht richtig an. Die Luft entweicht. Ich kann ihr nicht helfen! Ich suche nach ihrem Puls. Ich finde keinen Puls. Ich nehme ihr Bettzeug. Und lege es auf sie. Und sehe nach Kristy. Ich muß nach Kristy sehen. Kristy muß in Ordnung sein...*«

Das Band machte einen überwältigenden Eindruck, besonders auf jemanden, der mit den Fakten im Fall gegen MacDonald nicht vertraut war. »Wenn er schuldig ist«, sagte der Psychiater, »hat er einen Oscar verdient.«

Doch zu Bernie Segals gewaltigem Verdruß durften die Geschworenen das Band nicht sehen. Sie durften nicht einmal die Gutachten Dr. Sadoffs oder des Psychiaters aus North Carolina hören, denn Richter Dupree hielt solche Aussagen für irrelevant, da es bei dem Fall nicht um geistige Unzurechnungsfähigkeit gehe. Außerdem sei zu befürchten, daß die Psychiater der Verteidigung und der Anklage einander widersprechen und solche Gutachten den Prozeß nur unnötig verzögern würden.

In der vierten Prozeßwoche sagte dann der FBI-Laborant Paul Stombaugh aus. Im Gegensatz zu der Voruntersuchung, bei der er ermutigt worden war, Theorien von sich zu geben, mußte er sich diesmal jedoch strikt an die Fakten halten.

Dennoch wurde seine Aussage von vielen Beobachtern des Falles für die gehalten, die MacDonald am meisten schadete. Stombaugh informierte die Geschworenen darüber, daß
— die Schnitte in den Schlafanzügen von Colette, Kimberly und Kristen MacDonald von dem scharfen Old-Hickory-Messer und nicht von dem stumpfen, gebogenen Geneva-Forge-Messer stammten;
— die Schnitte in Jeffrey MacDonalds zerrissener blauer Schlafanzugjacke von dem Geneva-Forge-Messer stammten;
— kein Schnitt in MacDonalds Schlafanzugjacke mit der Wunde übereinstimmte, die Jeffrey MacDonalds rechten Lungenflügel durchbohrt hatte;
— die Schlafanzugjacke am linken vorderen Saum und linken Ärmel gerissen war, was darauf hindeutete, daß sie von jemandem zerrissen worden war, der vor Jeffrey MacDonald gestanden hatte, als er sich umgedreht hatte, und nicht — wie er es den Ermittlern erzählt hatte — daß die Jacke entweder über seinen Rücken gezogen worden war, während er mit Einbrechern kämpfte, oder er sie selbst zerrissen hatte, um seine Handgelenke zu befreien, als er das Elternschlafzimmer betreten hatte;
— die Schlafanzugjacke an wenigstens vier Stellen mit Colette MacDonalds Blut befleckt worden war, *bevor* sie zerrissen wurde;
— die achtundvierzig Löcher in der Schlafanzugjacke völlig rund waren, mit keinen Ausfransungen an den Rändern, was darauf hindeutete, daß die Löcher entstanden, als die Jacke unbewegt irgendwo lag und nicht, während MacDonald versuchte, damit einen eispickelschwingenden Einbrecher abzuwehren;
— die Blutflecken auf der Hilton-Badematte mit dem Umriß und der Größe des Old-Hickory-Messers und des Eispickels übereinstimmten, was darauf hindeutete, daß jemand sie auf die Matte gelegt oder versucht hatte, sie an der Matte abzuwischen, bevor er sie zur Hintertür hinauswarf;

— Blutflecken auf dem Bettzeug, das man auf dem Boden des Elternschlafzimmers gefunden hatte, Abdrücken entsprachen, die von den blutigen Ärmeln und Aufschlägen sowohl von Jeffreys als auch von Colettes Schlafanzugjacken stammten, was darauf hindeutete, daß Personen, die diese Kleidungsstücke getragen hatten, in direkten Kontakt mit dem Bettzeug gekommen waren, als die Kleidungsstücke noch naß vor Blut waren;
— das Bettzeug auch blutige Handabdrücke und den blutigen Abdruck einer nackten menschlichen Schulter aufwies;
— die Schlafanzugjacke, »wenn man sie annähernd so faltete, wie sie auf den Fotos zu sehen war, die am Tatort vom Oberkörper der Leiche aufgenommen wurden«, an der Oberfläche einundzwanzig Eispickel-Löcher aufwies, die mit den einundzwanzig Eispickel-Löchern in Colette MacDonalds Brustkorb — sechzehn auf der linken und fünf auf der rechten Seite — übereinstimmten; und daß es möglich war, wenn man die Jacke auf diese Art faltete, alle achtundvierzig Löcher in ihr mit einundzwanzig Schlägen eines Eispickels zu erzeugen — denselben Schlägen, die Verletzungen in Colettes Oberkörper hervorgerufen hatten.

Verständlicherweise nahm Bernie Segal Stombaughs Aussage nicht einfach so hin. Bei einer Pressekonferenz, die er einberief, noch bevor er mit dem Kreuzverhör begann, nannte er Stombaughs Schlußfolgerungen ›schockierend‹ und ›völlig unbegründet‹, ›das gewaltigste Märchen, das ich je gehört habe‹.«

Richter Dupree zeigte sich ungehalten über Segals Ausbruch, besonders, als Segal sich am darauffolgenden Morgen bei ihm beschwerte, die Anklae widme Stombaughs Aussage zu viel Zeit und wolle durch die ständigen Wiederholungen und die Benutzung von Tabellen und Fotos, die Stombaughs Aussage illustrierten, bei den Geschworenen den unberechtigten Eindruck erwecken, die Aussage habe eine wissenschaftliche Gültigkeit, die die Verteidigung bestritt. »Die Anklage hat zehn Fotos zu den Beweisstücken aufnehmen lassen«, sagte er zu Richter Dupree, »und zeigt den Geschworenen nun immer wieder Ausschnitte derselben Bilder. Sie wiederholt sich. Dagegen erhebe ich Einspruch. Das ist irreführend. Irgendwo muß man eine Grenze ziehen.«

»Nun, Mr. Segal«, antwortete Dupree, »ich bemühe mich, beide Seiten gleich zu behandeln. Ich gebe beiden Seiten die Zeit, die sie benötigt. Sie haben gestern fünfundvierzig Minuten lang versucht, diesen Zeugen unglaubwürdig erscheinen zu lassen. Und dann haben Sie anscheinend eine Pressekonferenz gegeben, auf der Sie ihm Mangel an Erfahrung vorgeworfen haben. Heute morgen berichteten die Zeitungen auf den Titelseiten darüber.

Ich erhebe keine Einwände dagegen, doch wie ich gesagt habe, möchte ich beiden Seiten die Gelegenheit geben, den Fall zu präsentieren, wie sie es für richtig halten. Und was Interviews betrifft, die Anwälte der Presse geben — und das sage ich zu Ihnen beiden —, sind natürlich beide Seiten davon überzeugt, im Recht zu sein, und für mich spiegeln solche Interviews nur eine gewisse Schwäche wider. Was die Geschworenen betrifft, so hoffe ich, daß sie sich an ihren Eid halten und keine Zeitungen lesen. Doch es besteht natürlich immer die Möglichkeit, daß sie trotzdem Zeitungen lesen, und daher gehen solche Interviews meines Erachtens bis hart an die Grenze Ihrer beruflichen Verantwortung, beiden Seiten einen fairen Prozeß zu ermöglichen.«

Als Segal dann jedoch sein Kreuzverhör begann, setzte er erneut zu einem heftigen Angriff auf Stombaughs Glaubwürdigkeit an. Er hatte sich Stombaughs Unterlagen vom Furman College kommen lassen und fragte Stombaugh, ob er je einen Physik-Kurs belegt habe. Stombaugh bejahte.

»Und das war der Kurs, in dem Sie die zweitschlechteste Zensur bekommen haben, nicht wahr, Mr. Stombaugh?« rief Segal.

Als die Vertreter der Anklage lautstark Einspruch erhoben, wies Richter Dupree die Geschworenen an, Segals Bemerkung nicht zu berücksichtigen.

»Euer Ehren«, sagte Segal, zum Richter gewandt, »dieser Mann wurde als eine Art Pseudo-Experte entlarvt. Ich möchte herausfinden...«

»Einspruch!« rief Brian Murtagh.

»Ich will herausfinden, ob er von seiner Ausbildung her überhaupt solche Aussagen machen darf.«

Richter Dupree rief Segal und Murtagh zu sich, erteilte Segal einen Verweis, mahnte ihn, auf weitere Ausbrüche zu verzichten und wies die Geschworenen erneut an, die Bemerkung nicht zu berücksichtigen. Segal setzte das Kreuzverhör jedoch erbittert, sarkastisch fort. Er konzentrierte sich auf Stombaughs Aussage, daß einer der Blutflecken auf der Bettdecke von einer nackten menschlichen Schulter stammen könnte, und fragte Stombaugh: »Haben nicht fast alle Menschen feine Härchen auf der Schulter?«

»Das ist richtig.«

»Haben Sie irgendwelche Haare auf dem Fleck gefunden?«

»Nein, Sir.«

»Haben Sie danach gesucht?«

»Ja, Sir.«

»Wie haben Sie danach gesucht?«

»Mit einem Vergrößerungsglas.«

»Ah«, sagte Segal, trat einen Schritt zurück und hob den Blick in spöttischem Erstaunen zur Decke. »Also mit einem wissenschaftlichen Instrument.«

»Einspruch!« rief Jim Blackburn.

»Na schön«, sagte Segal scharf, mit einem Blick zu Blackburn. »Ein Vergrößerungsglas ist kein wissenschaftliches Instrument.«

»Einspruch!«

»Die Geschworenen«, sagte Richter Dupree müde, »werden die Bemerkung über das Vergrößerungsglas nicht beachten.«

Danach wandte sich Segal den Blutflecken auf dem Bettlaken zu, die laut Stombaugh von den Aufschlägen der Schlafanzugjacke stammten. »Sie haben die Aufschläge neben das Bettzeug gelegt«, sagte er scharf, »und sie dann verglichen?«

»Ich habe etwas mehr als nur das getan, Sir. Ich habe die Flecke lange studiert.«

»Studiert?«

»Studiert, verglichen, untersucht. Ein direkter Vergleich, um die Stelle auf dem Aufschlag zu finden, die mit diesem Fleck übereinstimmt.«

»Studiert«, sagte Segal verächtlich. »Wie haben Sie sie ›studiert‹? Indem Sie sie betrachtet haben?«

»Indem ich sie betrachtet habe«, stimmte Stombaugh zu.

»Wie haben Sie sie verglichen? Indem Sie sie angesehen haben?«

»Ja, Sir. Ein direkter Vergleich.«

Segal hob plötzlich die Stimme. »Jedes einzelne Ihrer Worte läuft darauf hinaus, daß Sie sie nur *angesehen* haben. Ist das richtig, Mr. Stombaugh?«

»Das ist richtig.«

»Wenn die Geschworenen diesen Beweisstücken dieselbe Aufmerksamkeit schenken, werden sie genau das tun können, was Sie getan haben. Ist das richtig, Mr. Stombaugh?«

»Vielleicht.«

»Sie haben keine geheime wissenschaftliche Methode angewandt, von der die Geschworenen nichts wissen? Von der Sie uns nichts gesagt haben?«

»Nein, Sir.«

»Sie haben sie nur angesehen!« rief Segal. *»Das ist Ihre wissenschaftliche Methode! Sie haben sie nur angesehen!«*

Das entsprach natürlich keineswegs dem, was Victor Woerheide während der Voruntersuchung gesagt hatte: daß die Stoffuntersuchung in ihrer wissenschaftlichen Gültigkeit einer Fingerabdruckanalyse gleichkäme. Doch die Geschworenen wußten nicht, was Victor Woerheide vor vier Jahren gesagt hatte. Sie interessierten sich nur dafür, ob die Flecken auf dem Bettlaken von den blutverschmierten Aufschlägen von Jeffrey und Colette MacDonalds Schlafanzugjacken zu stammen schienen.

Gegen Ende des Kreuzverhörs kam Segal auf die zusammengefaltete Schlafanzugjacke zu sprechen. »Sie haben uns gestern gesagt, Mr. Stombaugh, daß bei Ihrer kleinen Demonstration gestern die Schlafanzugjacke nicht genauso zusammengefaltet wurde, wie man sie auf Mrs. MacDonalds Leiche gefunden hat. Ist das richtig?«

»Nein, Sir. Wir haben sie so zusammengefaltet, daß ...«

»Haben Sie das gestern gesagt oder nicht?« unterbrach Segal scharf. »Danach können Sie weitere Erklärungen hinzufügen.«

Die Anklage erhob Einspruch, und der Richter rief beide Parteien zu sich. Er forderte Segal auf, die Frage noch einmal zu stellen und den Zeugen aussprechen zu lassen.

»Erinnere ich mich richtig«, fuhr Segal fort, »daß Sie uns gestern gesagt haben, Sie hätten die Schlafanzugjacke bei Ihrer Demonstration nicht genauso gefaltet, wie sie auf den Fotos zu sehen ist?«

»Wir haben sie so genau wie möglich gefaltet.«

»Mehr können Sie nicht darüber sagen, wie Sie die Jacke bei Ihrer Demonstration gefaltet haben?«

»Und als wir sie so gefaltet haben, stellten wir einundzwanzig Löcher in ihr fest.«

»Bevor wir zu den Löchern kommen, möchte ich gern wissen, ob Sie sie so zusammengefaltet haben, wie man sie auf Mrs. MacDonalds Leiche fand.«

»Ja, Sir. So genau, wie es uns möglich war.«

»So genau wie es Ihnen möglich war — kommt es dem Original ziemlich nahe?«

»Ich glaube schon.«

»Mehr wollen Sie dazu nicht sagen — nur, daß Sie glauben, daß es dem Original ziemlich nahe kommt?«

»Wir haben unser Bestes dabei gegeben.«

»Dann erklären Sie uns jetzt bitte, inwieweit sich Ihre Demonstration von den Fotos unterscheidet.«

»Mr. Segal, ich habe Ihre Frage — die Sie mir immer und immer wieder gestellt haben — so gut wie möglich beantwortet. Wir haben die Jacke so zusammengefaltet, wie sie auf den Fotos zu sehen ist. Wir fanden einundzwanzig Löcher in ihrer Oberfläche. Die Frage lautete: Kann man diese einundzwanzig Löcher in Einklang mit den achtundvierzig Löchern bringen? Ist das möglich? Und wir ...«

»Haben Sie den Geschworenen nicht einfach nur aufgezeigt, Mr. Stombaugh«, unterbrach Segal, »daß man eine Jacke mit allen möglichen achtundvierzig Löchern so zusammenfalten kann, daß sich einundzwanzig ergeben? Das ist kein wissenschaftliches Experiment! Haben Sie ihnen das je gesagt?«

»Einspruch!« sagte Brian Murtagh.

»Einspruch stattgegeben«, sagte Richter Dupree.

Aller stattgegebenen Einsprüche zum Trotz war Jeffrey MacDonald sehr zufrieden, als Segal das Kreuzverhör beendet hatte. »Wegen Stombaugh bin ich hier«, sagte er später. »Wegen ihm und Brian Murtagh. Und Bernie hat ihn am Boden zerstört. Wenn der Richter auch nur etwas Mumm hätte, hätte er den ganzen Fall jetzt schon abgewiesen.«

Segals Zorn galt eher dem Richter, doch er konnte auch Brian Murtagh nicht ausstehen. Schon am Anfang des Prozesses hatte Dupree die Erbitterung bemerkt, die zwischen den beiden Männern herrschte, und sie beide gemahnt, ihre Abneigung gegeneinander nicht so deutlich zu zeigen. »Ich werde nicht dulden, daß der Prozeß in einem Klima der Feindseligkeit geführt wird«, sagte er. »Wir werden ihn in aller Ruhe führen. Ich möchte vermeiden, einen Vertreter der Verteidigung vor den Geschworenen und seinem Klienten zu rügen. Doch wenn das unumgänglich ist, um die Ordnung aufrechtzuerhalten und diesen Prozeß anständig durchzuführen, werde ich es tun.«

Nach diesem Tadel schien Segal — zumindest für ein paar Tage — seine Abscheu für Murtagh besser unter Kontrolle zu halten, zumindest im Gerichtssaal. Doch als Dupree immer und immer wieder gegen ihn entschied und seine Erbitterung und Frustration wuchsen, äußerte er sich in der Öffentlichkeit sehr abfällig über Brian Murtagh. Bei einer Überraschungsparty im Kappa-Alpha-Haus — Segal feierte seinen neunundvierzigsten Geburtstag — bestand ein Geschenk in einem vergrößerten Foto von Brian Murtagh und einem Set Wurfpfeile. Nacheinander warfen die Mitglieder der Verteidigung Pfeile auf das Bild. Jeffrey MacDonald landete einen direkten Treffer, und die Anwälte und ihre Assistenten applaudierten und lachten. MacDonald kam es dabei nicht in den Sinn, daß es unter diesen Umständen für ihn unpassend sein mochte, mit einem spitzen Gegenstand auch nur auf das Foto eines Menschen zu werfen.

MacDonalds gute Laune wäre jedoch getrübt worden, hätte er von den Bemerkungen gewußt, die ein von der Verteidigung als Gutachter engagierter Kriminologe von sich gab, nachdem er von Paul Stombaughs Untersuchungsergebnissen erfahren hatte.

»Das sind sehr überzeugende Beweise«, sagte der Experte zu Segal. »Jetzt verstehe ich, wieso sie Anklage erhoben haben.«

Segal versuchte abzuwiegeln und führte weitschweifig aus, daß nicht einmal die Theorie der Anklage erklären könne, wieso MacDonald seine Schlafanzugjacke über die Brust seiner Frau gelegt habe, *bevor* er mit dem Eispickel auf sie einstach.

Der Kriminologe schüttelte nur den Kopf. »Das ist wie ein Fingerabdruck, Bernie. Großer Gott! Das sind sehr überzeugende Indizien. Bernie, ich bin kein Anwalt, aber ich würde Ihnen raten, schon mal Material für die Berufung zu sammeln.«

Trotz Segals rührigen Einsprüchen besuchten die Geschworenen den Tatort, 544 Castle Drive. An einem sehr heißen und sonnigen Morgen im August — einem Tag, der sich völlig vom 17. Februar 1970 unterschied — schritten die zwölf ernsten Männer und Frauen (und die vier Ersatzleute) stumm durch die Wohnung, in der Colette, Kimberly und Kristen MacDonald zu Tode geprügelt und gestochen worden waren.

Jeffrey MacDonald, der trotz der Hitze einen dunklen Nadelstreifenanzug trug, betrat zum ersten Mal die Wohnung, seit man ihn vor neuneinhalb Jahren auf einer Liege dort hinausgetragen hatte. Er war mitgekommen, weil Bernie Segal den Geschworenen zeigen wollte, daß MacDonald von keinerlei Schuldgefühlen daran gehindert wurde, zum Tatort zurückzukehren.

Nach der Tatortbesichtigung stand er draußen mit Segal und Wade Smith zusammen. Vielleicht hundert Schaulustige hatten sich hinter den Barrikaden versammelt, die die Militärpolizei errichtet hatte. Als die Geschworenen in den Bus stiegen, der sie nach Raleigh zurückbringen würde, und MacDonald in Wade Smiths Geländewagen einsteigen wollte, wurde er plötzlich von aufgeregten Hausfrauen und lächelnden Kindern bedrängt, die ihm Ermutigungen zuriefen. Einige Kinder liefen sogar zu ihm, um ihm die Hand zu schütteln.

Wie ein Baseball-Spieler, der auf dem Weg aus dem Stadion Autogramme gibt, ging MacDonald langsam zu dem Wagen. Zum ersten Mal seit neuneinhalb Jahren hatte er auf dem Castle

Drive wieder einen körperlichen Kontakt mit einem Kind gehabt. Es sei schön gewesen, sagte er, als er im Wagen saß. Als sie davonfuhren, winkten die Kinder ihm nach.

Im Gerichtssaal spielte die Anklage das Tonband des Verhörs vom 6. April 1970 vor. Danach stand für mehr als nur einen Geschworenen die Schuldfrage fest.

»Bis ich dieses Band hörte«, sagte eine Geschworene später, »hatte ich keinen Zweifel an seiner Unschuld. Die ganzen Beweise waren einfach zu verwirrend. Aber als ich ihn *hörte*, änderte sich meine Einstellung. Ich sah alles mit ganz anderen Augen. Seine Stimme hatte so etwas an sich ... ein Zögern. Er klang ganz einfach nicht wie ein Mensch, der die Wahrheit sagt. Außerdem konnte ich mir nicht vorstellen, daß sich jemand, der gerade seine Frau verloren hatte, darüber beschwerte, daß in den Küchenschubladen die reinste Unordnung herrschte.«

»Es lag eine gewisse Arroganz in seiner Stimme«, sagte ein anderer Geschworener. »Ich hätte unter denselben Umständen ganz anders reagiert und fragte mich nun, was für ein Mensch er wirklich war. Nachdem ich das Band gehört hatte, glaubte ich, daß er es getan haben *könnte*. Und nachdem man das erst einmal glaubt, ist es − bei all den Beweisen, die die Anklage hatte − kein großer Schritt zu der Annahme, daß er es getan *hat*.«

Und dann kam der Tag, an dem Mildred Kassab aussagte. Eine Zeitlang war sie an jedem Verhandlungstag anwesend; dann hatte der Richter bestimmt, daß alle, die später als Zeugen aufgerufen werden würden, vor ihrer Aussage die Verhandlung nicht verfolgen dürften. Danach hatte sich Mildred in der kleinen Wohnung ganz in der Nähe des Gerichtsgebäudes aufgehalten, die Freddy für die Dauer des Prozesses gemietet hatte. Dort führte sie auch ihr ›Tagebuch‹ weiter, mit dem sie Jahre zuvor angefangen hatte, und zwang alle Erinnerungen, auch die schlimmsten, an die Oberfläche, um sich auf ihre Aussage vorzubereiten.

Als Bernie Segal sie dann während seines Kreuzverhörs

fragte, ob sie nicht, was den Mord an ihrer Tochter beträfe, irgendwie ›voreingenommen‹ sei, antwortete sie: »Natürlich. Wären Sie das nicht?« Und sie sagte auch: »Ich habe sechs Jahre der Schwangerschaften auf mich genommen, um Colette zu bekommen. Jetzt kann ich auch neun Jahre auf mich nehmen, um zu erfahren, wer sie getötet hat.«

Genau wie Mildred Kassab durfte auch Jeffrey MacDonalds Mutter vor ihrer Aussage der Verhandlung nicht beiwohnen. Sie machte sich im Alpha-Kappa-Haus nützlich, fuhr ihren Sohn zum Gericht, brachte seine Anzüge zur Reinigung, unterstützte Segals Assistenten in dem Büro in der Innenstadt und machte Einkäufe. Die neuneinhalb Jahre der Sorgen und Furcht hatten sie schmal werden lassen, doch ihre Energie und Herzlichkeit blieben ungebrochen.

Als sie schließlich aussagte, beeindruckte sie alle durch ihre Wärme und ihren Mut. Kein Zeuge — er selbst eingeschlossen — tat mehr für Jeffrey MacDonalds Sache als sie. Ein Geschworener sagte nach der Urteilsverkündung sogar: »Ich glaube, sie hat viele Geschworenen mit ihren Worten über die Liebe beeinflußt, die zwischen Jeff und Colette herrschte. Nach ihrer Aussage hatte sich meine Meinung geändert.«

Neben Dorothy MacDonald ließ Segal über ein Dutzend weitere Leumundszeugen aussagen. Sie beschrieben Jeffrey MacDonald gleichlautend als friedlichen, wahrheitsliebenden, ehrenvollen Mann, der nicht nur seine Frau und Kinder hingebungsvoll geliebt hatte, sondern auch ein erfahrener und leidenschaftlicher Arzt in der Notaufnahme des St. Mary's Hospital in Long Beach war.

Jim Blackburn versuchte nicht, ihre Aussagen in Zweifel zu ziehen. Den meisten Leumundszeugen stellte er nur eine einzige Frage: Waren Sie zwischen Mitternacht und vier Uhr morgens des 17. Februar 1970 in der Wohnung 544 Castle Drive?

Nach jeder verneinenden Antwort nickte Blackburn höflich, wandte sich ab und sagte: »Keine weiteren Fragen, Euer Ehren.«

Segal rief auch einen ›Überraschungszeugen‹ auf — einen Mann aus Roanoke, Virginia, der im Februar 1970 keine hundert Meter vom Castle Drive entfernt gewohnt hatte und nun, neuneinhalb Jahre später, aussagte, er habe um Mitternacht des 16. Februar, während er in seiner Wohnung ein Modellflugzeug zusammenbaute (nachdem er vor kurzem von seiner Dienstzeit als Hubschrauberpilot in Vietnam zurückgekehrt war), zwei weiße Männer und eine weiße Frau mit langem blondem Haar, die alle Kerzen mit sich trugen, an seinem Hauseingang vorbei in Richtung Castle Drive gehen sehen.

So faszinierend seine Geschichte auch war, sie wäre von beträchtlich größerem Nutzen gewesen, wenn er sie den Ermittlern schon am 17. Februar 1970 erzählt hätte, anstatt damit neuneinhalb Jahre zu warten. Der Zeuge, dessen Name James Milne war, sagte, er habe seine Beobachtung zuvor nicht erwähnt, weil ihn niemand danach gefragt habe.

Die Anklage schien sich über diesen Zeugen, über dessen Aussage die Medien ausführlich berichteten, keine ungebührlichen Sorgen zu machen. »Ich bestreite nicht, daß es diese drei Personen gibt«, versetzte Brian Murtagh. »Vielleicht kamen sie gerade vom Kirchenchor nach Hause.«

Es war klar, was er damit meinte. Der Fall gegen MacDonald beruhte weiterhin darauf, was man in der Wohnung gefunden, und nicht darauf, wen man draußen gesehen hatte.

Um dagegen vorzugehen, rief Segal eine Reihe erfahrener Kriminologen als Zeugen auf. Der wichtigste davon war John Thornton, ein ruhiger, bärtiger, Pfeife rauchender Professor an der University of California in Berkeley. Die Verteidigung bezeichnete Thornton in der Presse als ›unser Stombaugh‹, doch auf dem Zeugenstand verhalf er der Verteidigung zu einer Schlappe und Segals Erzfeind Brian Murtagh zu einem der glanzvollsten Auftritte.

Wie erwartet widersprach Thornton Paul Stombaughs Auffassung, die Blutflecke auf dem im Elternschlafzimmer gefundenen Bettlaken stammten entweder von Händen oder einer menschlichen Schulter. Völlig unerwartet gestand er jedoch ein, daß es sich bei den anderen Abdrücken *eindeutig* um die von Jeffrey oder Colette MacDonalds Schlafanzugaufschlägen handelte.

Bernie Segal versuchte, den Reportern zu erklären, daß diese Aussage nicht so ungünstig sei, wie es den Anschein habe. »Niemand kann beweisen, wann diese Abdrücke entstanden«, sagte er. »Sie gehören einfach zu den bedeutungslosen Fakten, die es in einem so komplizierten Fall immer gibt.«

Thorntons wichtigste Aussage war, Stombaugh gehe mit seiner Annahme falsch, die Abwesenheit von Rissen oder Ausfransungen an den Rändern der achtundvierzig Löcher in der Schlafanzugjacke deute darauf hin, daß die Jacke unbewegt dagelegen habe, als die Löcher entstanden seien. Um diese Aussage zu bekräftigen, erläuterte er die Ergebnisse eines Experiments, das er durchgeführt hatte. Er hatte Stoff von derselben Zusammensetzung — 65 Prozent Polyester und 35 Prozent Baumwolle — wie die Schlafanzugjacke auf einem elastischen Material befestigt und mit einem Eispickel durchstochen, während ein Assistent den Stoff hin und her gezerrt hatte. Die dabei entstandenen Löcher waren völlig rund und wiesen keine Ausfransungen an den Rändern auf.

Brian Murtagh nahm Thornton ins Kreuzverhör und fragte ihn, welches ›elastische Material‹ Thornton bei seinem Experiment benutzt habe.

»Schinken«, sagte Thornton.

Murtagh hatte weder das schauspielerische Talent noch die Prozeßerfahrung, um Erstaunen so gut wie Bernie Segal vortäuschen zu können. Seine Verblüffung war echt.

»Schinken?« fragte er. »Sie haben ein Stück *Schinken* genommen? Wie auf einem Butterbrot?«

Schinken, so Thornton, käme dem menschlichen Körper am ähnlichsten, wenn es darum ging, einen Schlag zu absorbieren.

»Schinken!« wiederholte Murtagh und ging kopfschüttelnd zu seinem Tisch zurück. Einige Geschworene lächelten oder kicherten sogar.

Es waren natürlich keine Schinkenscheiben, sondern ein ganzer Schinken gewesen. Aber Schinken ist Schinken, und ganz gleich, welchen aufrechten und ernsthaften Eindruck John Thornton machte — und sein Leumund war makellos, seine Intelligenz stand außer Frage, und seine Reputation war hervorragend —, von diesem Augenblick an stellten sich die Geschworenen vor, wie dieser bärtige Kalifornier mit ernstem Gesicht ein »wissenschaftliches Experiment« durchführte, indem er ein Stück Stoff an einem Schinken befestigte. Und dieses Bild war kaum geeignet, mehr als nur einen leichten Schatten auf die eindeutige und ausführliche Aussage Paul Stombaughs zu werfen.

An seinem Schreibtisch öffnete Murtagh eine Aktentasche und holte eine blaue Schlafanzugjacke heraus. Es war nicht die Jeffrey MacDonalds, sondern eine andere mit dem gleichen Farbton und dem gleichen Material wie die, die MacDonald in der Mordnacht getragen hatte. Wortlos zog Murtagh seine Anzugjacke aus, und schlang die Schlafanzugjacke um seine Handgelenke.

Er stand direkt vor den Geschworenen. Mit fast katzenähnlicher Gewandtheit ergriff Jim Blackburn, der während des gesamten Kreuzverhörs geschwiegen hatte, den Eispickel, der vor neuneinhalb Jahren als Tatwaffe gedient hatte. Bevor Bernie Segal Einspruch erheben konnte, schlug Blackburn mit dem Eispickel auf Murtagh ein, der die Schläge mit Hilfe der Schlafanzugjacke abwehrte. Das heißt, alle bis auf einen. Dieser eine Schlag verletzte ihn leicht am rechten Arm.

Nun sprang Bernie Segal auf. »Brauchen Sie einen Arzt, Mr. Murtagh?« sagte er und deutete auf Jeffrey MacDonald. Murtagh lehnte das Angebot zwar ab, doch eine Sekretärin wurde losgeschickt, einen Erste-Hilfe-Kasten zu holen.

Als das Gelächter im Gerichtssaal verklungen war, hielt Murtagh die Schlafanzugjacke hoch. Viele der Löcher waren lange, schmale und ausgefranste Risse – und nicht völlig kreisrund.

Brian Murtagh hatte damit zweierlei aufgezeigt. Erstens, daß keine sauberen, runden Löcher entstanden, wenn man mit einer um die Handgelenke geschlungenen Schlafanzugjacke Schläge mit einem Eispickel abwehrte. Und zweitens war es selbst bei einer kurzen, zurückhaltenden Vorführung im Gerichtssaal nicht ohne Verletzungen abgelaufen.

Er fragte die Geschworenen, wieso Jeffrey MacDonald nicht verletzt worden war, als er angeblich versuchte, Einbrecher im Mordrausch damit abzuwehren, obwohl die Jacke doch achtundvierzig Löcher davongetragen hatte.

John Thornton nannte diese Demonstration ›lächerlich‹, doch John Thornton war kein Geschworener.

Bernie Segal hielt nun die Zeit für gekommen, einen wirklichen ›Überraschungszeugen‹ zu präsentieren. Helena Stoeckley hatte ihn — und Jeffrey MacDonald — 1970 schon einmal gerettet. Vielleicht war dies nun wieder möglich.

Segal lud zuerst die Eltern der Stoeckley vor. Danach stellte Richter Dupree einen Haftbefehl gegen die Stoeckley selbst aus, weil sie als Hauptzeugin in einem Mordprozeß gesucht wurde.

Die Eltern der Stoeckley kamen nach Raleigh und sagten aus, sie wüßten nicht, wo sich ihre Tochter aufhalte. Sie hätten sie zum letzten Mal Anfang Juni gesehen, als sie von einem Drogenrehabilitationszentrum in Columbia, South Carolina, für einen kurzen Abstecher nach Fayetteville gekommen sei. Danach habe sie in die Kleinstadt Walhalla in South California ziehen wollen, zu einem Mann, den sie im Drogenrehabilitationszentrum kennengelernt hatte. »Ich kenne ihre Adresse nicht«, sagte ihre Mutter, »und will sie auch gar nicht kennen.«

In einem privaten Gespräch mit den Anwälten der Verteidigung sagte die Mutter, Helena habe einen Schlaganfall gehabt. »Sie hat sich die Gallenblase entfernen lassen, hat drei Leberbiopsien gehabt, hustet seit Jahren Blut und hat Blut im Stuhl. Sie ist ein körperliches und geistiges Wrack. Wenn Sie sie finden, wird sie mit Sicherheit reden — aber nur Unsinn.«

Offensichtlich war der Verteidigung nicht damit gedient, Helena Stoeckleys Mutter in den Zeugenstand zu rufen, doch Bernie Segal hatte eine Reihe weiterer Zeugen vorgeladen, deren Aussagen vielleicht nützlicher sein würden: Den Wäschereifahrer William Posey, Jane Zillioux und einen weiteren Nachbarn der Stoeckleys namens Red Underhill, Jim Gaddis von der Polizei Nashville und den Lügendetektor-Techniker, der 1971 den Test ausgewertet hatte, sowie Prince Edward Beasley, der nun im Ruhestand war und bereitwillig aussagte, Helena Stoeckley habe ihm vor neuneinhalb Jahren gesagt, sie glaube, sich zur Tatzeit am Tatort aufgehalten zu haben.

Dann teilte das Gericht mit, man habe die Stoeckley gefunden: Sie habe sich in der Nähe von Walhalla, South Carolina, in einem Wohnwagen versteckt gehalten und werde bereits von Bundesbeamten nach Raleigh gebracht.

Um vier Minuten vor zehn am Donnerstag, den 16. August 1979, genau einen Monat nach dem Beginn des Prozesses gegen Jeffrey MacDonald und auf den Tag genau neuneinhalb Jahre nach dem 16. Februar 1970, betrat Helena Stoeckley in Begleitung eines US-Marshals das kleine Büro im achten Stock des Gerichtsgebäudes in Raleigh, in dem Bernie Segal auf sie wartete, in der Hoffnung, sie zu einem Geständnis überreden zu können.

Sie war ordentlich gekleidet, aber stark übergewichtig, und ihre Augen waren stumpf. Sie sprach mit leiser, fast gefühlloser Stimme. Den linken Arm trug sie in Gips; sie hatte ihn sich vierzehn Tage zuvor bei einem Streit gebrochen, bei dem es um Drogen ging. Ihr Verlobter, Ernest Davis, den sie in dem Drogenrehabilitationszentrum in Columbia kennengelernt hatte, schritt währenddessen barfuß, ungewaschen und unrasiert in dem Gang vor dem Büro auf und ab.

Segal sprach so leise und sanft, als schliefe Helena, und er wolle nicht das Risiko eingehen, sie zu wecken. Doch seine Worte waren sehr eindringlich. Diese Frau, so vermutete er, konnte Jeffrey MacDonalds Unschuld beweisen und zum größten Triumph seiner, Segals, Karriere beitragen.

Er hatte Fotos vom Tatort dabei und legte sie vor der Stoeckley auf den Tisch. Das erste Bild zeigte einen Teil der Küche; an der Wand hing ein Kalender.

»Sehen Sie diesen Kalender, Helena?« sagte er leise. »Er hängt seit neun Jahren dort und wartet darauf, daß uns jemand erzählt, welches Ende diese Geschichte genommen hat.«

Die Stoeckley sah das Bild an. Ihr Gesichtsausdruck änderte sich nicht. »Ich kann Ihnen nicht helfen«, sagte sie tonlos. »Ich war nicht in diesem Haus. Ich habe nichts damit zu tun.«

Bernie Segal schüttelte den Kopf. »Nein, Helena. Damit kommen Sie nicht mehr durch. Wir müssen der Sache ein Ende machen. Ich meine es ernst, Helena. Sie *waren* in diesem Haus.

Ich weiß es, und Sie wissen es. Sprechen wir darüber. Quälen Sie sich doch nicht mehr.«

Sie sah ausdruckslos zu Boden und schüttelte den Kopf. »Ich weiß nicht, was Sie meinen. Ich war nie in diesem Haus.«

»Helena«, sagte Segal, »glauben Sie mir, wenn Sie mir jetzt sagen, was passiert ist, mache ich es kurz und schmerzlos. Erleichtern Sie Ihr Gewissen. Und Ihnen wird nichts passieren, die Verjährungsfrist ist abgelaufen. Wir können es zu einem Ende bringen, Helena. Sie müssen nur mit mir sprechen.«

Zum ersten Mal sah die Stoeckley den Anwalt an. »Ich kann Ihnen nicht helfen«, sagte sie. »Ich kann Ihnen nichts erzählen, woran ich mich nicht erinnere.«

Fast zwei Stunden lang bedrängte Segal sie, doch sie hörte ihm nur zu, sah ihn kalt an und schwieg.

»Helena, ich habe sechs Zeugen, denen Sie bereits alles erzählt haben!« sagte er schließlich. »Ich werde sie in den Zeugenstand rufen, und sie werden den Geschworenen berichten, was Sie ihnen gesagt haben. Und dann rufe ich Sie in den Zeugenstand. Sie haben die Wahl.«

»Ich kann Ihnen nicht helfen.«

»Helena, erinnern Sie sich, was Sie Jane Zillioux erzählt haben? ›Das Blut ... Das Blut ... Ich erinnere mich an das Blut an meinen Händen!‹«

Sie schüttelte den Kopf. »Ich erinnere mich nicht, das je gesagt zu haben.«

»Weshalb sollte Jane Zillioux lügen?«

»Das habe ich nicht behauptet. Ich erinnere mich nur nicht mehr daran, das gesagt zu haben.« Ihre Stimme klang noch immer leblos; nicht einmal Bedauern schimmerte durch. »Wissen Sie, wie viele Drogen ich seitdem genommen habe? Ich werde nichts sagen, woran ich mich nicht mehr erinnere. Außerdem«, fuhr sie fort, »wieso wissen Sie, daß er unschuldig ist?«

Segal zeigte ihr ein Foto von Kimberly, das bei der Autopsie aufgenommen worden war. Ein Bild, das ihren Schädelbruch und das Stück vom Wangenknochen zeigte, das durch die Haut ragte.

»Dieses Mädchen war sein Fleisch und Blut, Helena. Welcher Vater könnte das seinem eigenen Kind antun?«

»Jemand, der Drogen genommen hat. Nicht LSD. Vielleicht Speed. Hat man einen Bluttest bei ihm gemacht?«

»Ja, Helena. Mehrere. Keine Drogen, kein Alkohol.« Er zeigte ihr dann Bilder von Colette und Kristen.

»Nur einer, der verrückt ist oder Drogen genommen hat, kann so etwas getan haben«, sagte die Stoeckley. »Ich wäre dazu nicht fähig.«

»Helena, es verlangt niemand, daß Sie sagen, Sie hätten es getan. Sie werden nicht einmal angeklagt. Sie müssen nur sagen, daß Sie dabei waren, die Kerze gehalten und ›LSD ist groovy!‹ gesagt haben. Sie erinnern sich nicht, jemandem etwas getan zu haben. Dann sind Sie zur Hintertür hinausgelaufen.« Er zeigte ihr ein anderes Bild von Kimberly. »Sehen Sie sich das an«, sagte er. »Wie lange soll ihr Vater noch auf der Anklagebank sitzen? Sie haben die Macht, dem ein Ende zu bereiten, Helena. Sofort. Ansonsten werde ich Sie in den Zeugenstand rufen.«

»Wenn ich mich erinnern könnte«, erwiderte sie, »würde ich es sagen.«

Segal ging in den Nebenraum, in dem seine anderen Zeugen warteten. Einen nach dem anderen holte er sie herein, wie Geister der Vergangenheit, und ließ sie wiederholen, was Helena Stoeckley Jahre zuvor zu ihnen gesagt hatte. Beasley, Gaddis, die Zillioux, Underhill, Brisentine (den Lügendetektor-Experten) und schließlich ihren ehemaligen Nachbarn Posey.

Es war sinnlos. Sie begrüßte sie, fragte, wie es ihnen ergangen sei, doch immer, wenn die Sprache auf den Fall MacDonald kam, sagte sie: »Ich erinnere mich nicht daran.«

Segal mußte seine Niederlage eingestehen. Keine Schlagzeilen, keine aufsehenerregenden Nachrichten im Fernsehen. Nur eine apathische Zeugin, die sich an nichts erinnerte. Nun – zu spät – erkannte Segal, daß es besser für seine Sache gewesen wäre, wenn man sie nie gefunden hätte.

Segal kehrte in den Gerichtssaal zurück, um den Richter zu informieren, daß er seine Befragung der Zeugin abgeschlossen habe und sie aufrufen wolle, während Helena Stoeckley in dem kleinen Büro wartete. Sie kaute langsam an einem Sandwich und blätterte das Album mit den Fotos vom Tatort und der Autopsie durch, als sehe sie sich eine Filmzeitschrift an.

Im Zeugenstand, unter Eid, stritt Helena Stoeckley ab, jemals für geisteskrank befunden oder in eine Geistesheilanstalt eingewiesen worden zu sein, was natürlich nicht der Wahrheit entsprach. Sie war 1971 in einem Universitätskrankenhaus in North Carolina untersucht und behandelt worden; der Befund lautete auf paranoide Schizophrenie mit Wahnvorstellungen und Halluzinationen.

Nach allgemeinen Angaben über ihre Schulzeit und Ausbildung erklärte die Stoeckley, Anfang 1970 sechs bis sieben Mal pro Tag intravenös Heroin und flüssiges Opium genommen, täglich Marihuana und Haschisch geraucht, ›beinahe täglich‹ LSD und ›etwa zweimal die Woche‹ Meskalin sowie Barbiturate und ›Engelsstaub‹ genommen zu haben. Am Montagabend habe sie nach Meskalin-Konsum ihre Wohnung betreten, doch sie erinnere sich an nichts mehr, bis sie dann gegen halb fünf oder fünf Uhr morgens in Begleitung von ›zwei oder drei‹ Soldaten aus Fort Bragg in ihre Wohnung zurückgekehrt sei. Sie könne sich weder an den Besitzer des Wagens noch an die anderen Insassen erinnern, auch nicht daran, daß sie irgendwem erzählt habe, wo sie sich zu dieser Zeit aufgehalten hatte. »Ich habe der CID nur gesagt, daß ich nicht mehr wußte, wo ich war.«

Das war natürlich keineswegs die verblüffende Aussage, auf die Bernie Segal gehofft hatte. Segal verlor weiteren Grund unter den Füßen, als die Stoeckley im Kreuzverhör aussagte, sie habe ihre blonde Perücke am Abend des 16. Februar nicht getragen, weil sie Greg – der ihr das Meskalin gab – nicht gefiel. Weiter behauptete sie, niemals die Wohnung 544 Castle Drive betreten und Jeffrey MacDonald zum ersten Mal an diesem Morgen im Gerichtssaal gesehen zu haben.

Als Blackburn das Kreuzverhör fortsetze, verstärkte sich der Eindruck, daß es sich bei Helena Stoeckley eher um eine Zeugin der Anklage als um eine der Verteidigung handelte. »Haben Sie nach bestem Wissen den Morden an der Familie MacDonald beigewohnt?« fragte er sie ganz ruhig.

»Nein, Sir.«

»Was empfinden Sie für Kinder?«

»Ich liebe Kinder.«

»Haben Sie, nach Ihrem Wissen, Colette MacDonald getötet?«

»Nein, Sir.«

»Und Kristen?«

»Nein, Sir.«

»Und Kimberly?«

»Nein, Sir.«

»Wissen Sie, wer es getan hat?«

»Nein, Sir.«

»Erinnern Sie sich, jemals in der Wohnung der MacDonalds gewesen zu ein und eine Kerze in der Hand gehabt zu haben?«

»Nein, Sir.«

Sie sagte auch, die Nacht vom 16. zum 17. Februar 1970 sei bei weitem nicht die einzige, an die sie sich nicht mehr erinnern könne. Bei ihrem damaligen Drogenkonsum schien es sich dabei um ihre glaubwürdigste Aussage an diesem Tag zu handeln.

So frustriert Bernie Segal auch sein mochte, er wußte, daß die Geschworenen nun so schnell wie möglich die Aussagen der Zeugen hören mußten, denen die Stoeckley eine andere Geschichte erzählt hatte — ein letzter, verzweifelter Versuch, den Geist der bösen Hippies zu beschwören. Die Anklage hatte jedoch nicht die Absicht, diesem Aufmarsch der Zeugen ruhig zuzusehen. Brian Murtagh vertrat die Auffassung, aufgrund ihres Drogenkonsums seien Helena Stoeckleys Aussagen per se unglaubwürdig; außerdem sei es möglich, daß sie unter Halluzinationen gelitten habe. Bei den Aussagen von Bernie Segals Zeugen handele es sich in allen Fällen um Hörensagen; er beantragte, sie nicht vor Gericht zuzulassen.

Um sechzehn Uhr am Freitagnachmittag, der letzten Stunde des letzten Tages der fünften Prozeßwoche, erklärte Richter Dupree, er werde seine Entscheidung darüber am kommenden Montag um zehn Uhr mitteilen.

Helena Stoeckley verbrachte das Wochenende in Raleigh. Bernie Segal hoffte, ihre Anwesenheit doch noch zu seinem Vorteil ausnutzen zu können, und mietete in einem Hotel ein Zimmer für sie und ihren Verlobten.

Am Sonntagmorgen erhielt Segal einen Anruf von der Hotelmanagerin: Jemand habe gerade versucht, Helena Stoeckley im Swimmingpool zu ertränken. Segal schickte augenblicklich eine Assistentin – eine Anwältin aus San Francisco namens Wendy Rouder – zum Hotel.

Wendy Rouder erfuhr, daß Helenas Verlobter, Ernie Davis, sie untergetaucht hatte. Sie hatte ein blaues Auge; sie behauptete, als sie gestern zu einem Getränkeautomaten gegangen sei, sei ein völlig Fremder gekommen und habe sie geschlagen.

Wendy Rouder vermutete jedoch, daß Ernie Davis ihr auch das blaue Auge verpaßt hatte, und fragte sie unter vier Augen, ob sie wolle, daß Ernie Davis ging. Die Stoeckley bejahte sofort und packte seine Sachen (und alle Hotelaschenbecher, die sie fand) in einen Koffer. Sie bat die Anwältin, bei ihr zu bleiben. Davis bekam zwanzig Dollar für ein Busticket, doch die Rouder ließ die Stoeckley kurz mit Davis allein, damit sie ihm selbst sagen konnte, daß er hier nicht mehr erwünscht sei. Zehn Minuten später wurde die Tür aufgerissen, und Davis lief, den Koffer schwingend, hinaus.

Die Anwältin fand Helena Stoeckley im Badezimmer. Sie hatte heftiges Nasenbluten, behauptete jedoch, Davis habe sie nicht geschlagen, sie sei einfach gegen eine Tür gelaufen.

Wendy Rouder verbrachte den Nachmittag mit ihr auf dem Hotelzimmer. Als das Nasenbluten allmählich aufhörte, unterhielten sich die beiden Frauen; die Stoeckley erzählte, daß sie einst eine hervorragende Singstimme gehabt hatte und, wäre der Schlaganfall nicht gewesen, vielleicht Opernsängerin geworden wäre.

Schließlich erstarb das Gespräch. Dann sagte die Stoeckley plötzlich: »Ich glaube, ich war in dieser Nacht vielleicht doch da.«

»Wie kommen Sie darauf?« fragte Wendy Rouder.

»Ich weiß es nicht.« Eine weitere Pause. »Das Schaukelpferd«, sagte die Stoeckley dann. »Das Schaukelpferd in Kristens Zimmer.« Als sie auf einem der Fotos vom Tatort das Schaukelpferd sah, blitzte in ihr eine Erinnerung (oder eine Phantasievorstellung?) auf, in der sie auf dem Pferd saß, aber nicht damit schaukeln konnte, weil »die Räder zerbrochen waren und es nicht mehr rollte«. (Das Schaukelpferd hatte in Wirklichkeit keine Räder, sondern Kufen gehabt.)

Dann, nach einer weiteren Pause, fügte sie hinzu: »Wissen Sie... Kristen. Kristen Jean. Diese Bilder. Als ich diese Bilder sah, wußte ich, daß ich sie schon mal irgendwo gesehen hatte.«

Wendy Rouder unterhielt sich den ganzen Nachmittag über mit der Stoeckley und machte sich Notizen. Einmal fragte sie, ob die Stoeckley noch Schuldgefühle wegen ihrer Rolle bei dieser Sache habe.

»Natürlich«, erwiderte die Stoeckley. »Was glauben Sie, weshalb ich diese verdammten Drogen genommen habe?«

»Wenn MacDonald verurteilt werden sollte«, sagte die Rouder, »können Sie dann mit dieser Schuld leben?«

»Das glaube ich nicht.«

»Können Sie sich denn nicht irgendwie von diesen Schuldgefühlen befreien?«

»Vielleicht mit Sodium-Penthathol oder Hypnose oder so«, sagte die Stoeckley.

Das Gespräch wurde unterbrochen, als die Geschäftsführerin des Hotels kam und ihnen mitteilte, daß die Stoeckley hier nicht länger willkommen sei.

Man fand in einem Hilton in der Nähe ein Zimmer für sie. Als Helena Stoeckley und Wendy Router später zu dem anderen Hotel fuhren, sagte die Stoeckley erneut: »Ich glaube noch immer, daß ich in jener Nacht in dem Haus war.«

»Helena, ist das ein Gefühl oder eine Erinnerung?« fragte die Rouder.

»Eine Erinnerung«, sagte die Stoeckley. »Ich erinnere mich, wie ich neben dem Sofa stand und eine Kerze in der Hand hielt. Aber es tropfte nicht Wachs hinunter, sondern Blut.«

Pünktlich wie immer schritt Richter Dupree am Montag morgen in den Gerichtssaal und bat augenblicklich Vertreter beider Seiten zu sich.

»Seit Freitagnachmittag«, sagte er, »habe ich ausführlich über die Frage nachgedacht, ob Aussagen der Zeugin Stoeckley durch andere Zeugen vorgetragen werden dürfen — Aussagen, die außerhalb des Gerichts bekanntgemacht wurden. Ich habe entschieden«, fuhr er fort, »diese Aussagen nicht zuzulassen. Sie sind nicht glaubwürdig. Die Zeugin stand, als sie diese Aussagen machte, unter schweren Drogen und litt eventuell sogar unter Halluzinationen. Das hat sie unter Eid selbst ausgesagt. Ich bin der Ansicht, daß diese auf Hörensagen beruhenden Aussagen die Geschworenen irreführen und den Prozeß unnötig verzögern würden.

Mr. Segal, ich darf Ihnen sagen, daß mir diese Entscheidung nicht leichtgefallen ist. Ich habe ausführlich darüber nachgedacht, vor allem in der Hinsicht, dem Beklagten nicht eine Möglichkeit zu seiner Verteidigung zu nehmen. Ich bin mir bewußt, daß ich das Risiko einer Berufung wegen eines Prozeßfehlers eingehe, sollte ich mich in diesem Punkt geirrt haben, werde meine Entscheidung jedoch zu vertreten wissen.«

Trotz Richter Duprees Entscheidung klammerte sich Bernie Segal an einen letzten Strohhalm: die Ereignisse des vergangenen Wochenendes und Helena Stoeckleys neueste Bekenntnisse. Die Stoeckley hatte nicht nur einen Tag nach den Morden behauptet, in sie verwickelt zu sein, sondern ebenfalls *innerhalb der letzten vierundzwanzig Stunden*. Die Geschworenen mußten von Wendy Rouder über die Aussagen der Stoeckley erfahren, insbesonders über ihre Angst, wahrheitsgemäß im Zeugenstand auszusagen.

»Ich möchte das Gericht bitten«, sagte Segal, »die Umstände zu betrachten, unter denen diese neuesten Aussagen gemacht wurden. Nichts deutet auf Hysterie oder Drogenmißbrauch hin. Diese Aussagen wurden lediglich gemacht, weil sie das Gewissen der Person schwer belasten.

Miß Stoeckley hat diese Aussagen freiwillig gemacht. Wenn

sie sie vor Gericht wiederholt, können die Geschworenen viel besser entscheiden, welchen Stellenwert sie haben. *Also laßt uns hören, was Helena Stoeckley gesagt hat.*«

Diesmal antwortete Jim Blackburn darauf und wiederholte, daß »Aussagen von Helena Stoeckley nicht glaubwürdig sind. Und ich möchte bezweifeln, Euer Ehren, daß man sie als ›vernünftig‹ bezeichnen kann. Sie hat gesagt, daß von der Kerze nicht Wachs, sondern Blut tropfte. Und von einer Kerze tropft natürlich kein Blut.«

»Ich weiß nicht«, sagte Richter Dupree. »Bei Helena Stoeckley vielleicht doch. Ich bleibe bei der Ansicht«, fuhr er fort, »daß diese Frau eine der tragischsten Gestalten ist, die jemals bei einem Prozeß vor mir erschien. Sie ist äußerst paranoid, und was sie hier vor Gericht sagt, oder was sie Zeugen sagt oder Anwältinnen in einem Hotelzimmer, ist meines Erachtens einfach nicht glaubwürdig.

Ach ja, Mr. Segal, ich bin froh, daß Sie die Sprache darauf bringen, denn ich habe es Ihnen noch nicht gesagt − ich habe es einfach vergessen −, aber Helena Stoeckley rief mich am Samstagabend zweimal an, sagte mir, sie habe eine Todesangst vor Bernhard Segal, dem Anwalt der Verteidigung, und bat um einen Rechtsbeistand.

Ich glaube, die Geschworenen können sich nun ein klares Bild von dieser Zeugin machen, auch ohne Ihre sechs Zeugen vom Freitag oder ihre neue Zeugin von heute − oder einen ganzen Bus voller Zeugen, die Sie noch beibringen wollen.

Ich lasse diese Aussage nicht zu. Die Geschworenen sollen hereinkommen.«

Und so konzentrierte sich nun, in der sechsten Prozeßwoche, die Aufmerksamkeit auf den Beklagten selbst.

4

Am Abend vor seiner Aussage absolvierte Jeffrey MacDonald wie üblich einen Achtkilometerlauf. Als er zurückkam, warteten Bernie Segal und Wade Smith schon auf ihn. Für Segal war dieser Abend der wichtigste der vergangenen neun Jahre — der Abend, an dem er Jeffrey MacDonald auf seine Aussage vorbereitete.

Segal umriß die Taktik, die er anwenden sollte. »Jeff, ich weiß, es wird äußerst schmerzlich für dich, aber ich will, daß die Geschworenen morgen die Opfer kennenlernen. Ich werde Colette, Kimmy und Kristy als lebende, atmende Menschen in diesen Gerichtssaal bringen. Ich habe die Fotos, Jeff. Deine Mutter gab sie mir. Fotos von den Mädchen, wie sie sich zu Halloween verkleidet haben. Ein Bild von Kimmy auf deinem Schoß. Ein Bild der Mädchen und dir mit dem Pony. Ein Bild von Colette auf dem Hof.

Ich werde diese Bilder morgen zeigen, Jeff. Ich will nicht nur, daß die Geschworenen sie sehen, auch du wirst sie dir ansehen. Und dann werde ich einige Bilder vom Tatort zeigen. Aufnahmen von dem, was du in den ersten Augenblicken nach den Morden gesehen hast. Bilder, die du seit neun Jahren vergessen willst.«

»Ist ja toll, Bernie«, sagte MacDonald sarkastisch. »Gott im Himmel! Warum heuerst du nicht gleich vier Leute an, die mit Knüppeln und Eispickeln auf mich losgehen?«

»Hör mir zu, Jeff. Du bist der Klient. Dein Leben, nicht meins, steht auf dem Spiel. Wenn du es wirklich nicht willst, verzichte ich darauf. Aber ich brauche diese Bilder. Ich will, daß die Geschworenen deine Familie sehen. Ich will, daß sie *Menschen* sehen, nicht nur Fasern und Haare und Blutflecke.

Dieser Fall, Jeff, ist einzigartig. Normalerweise will die Verteidigung, daß die Geschworenen die Opfer vergessen. Sie sollen sie ignorieren. Hier müssen wir genau andersherum vorgehen. Wir wollen, daß sie nur einen Gedanken haben: ›*Dieser Mann soll das diesen Menschen angetan haben?*‹«

»Bernie, sechs Wochen lang sagst du mir, die Anklage habe nicht das Schwarze unter den Nägeln, und jetzt klingt es auf einmal so, als müßte ich meine Unschuld beweisen.«

»Nein, nein«, sagte Segal. »Versteh mich nicht falsch. Wir werden gewinnen. Die Anklage hat nichts gegen dich in der Hand. Daran hat sich nichts geändert. Aber ich will nicht, daß ein störrischer Geschworener uns zwingt, die ganze Sache noch einmal durchzumachen.«

»Welchen meinst du?« fragte MacDonald. »Den ehemaligen Bullen mit diesem fiesen Blick oder den Buchhalter mit den Altersflecken auf den Händen, der mich seit sechs Wochen ansieht, als sei er ein Mitglied des Ku Klux Klan und ich ein Nigger, den er gerade erwischt hat, wie er seine Tochter belästigt hat? Oder meinst du diese Frau in der ersten Reihe, die Blackburn anschmachtet, als hoffe sie darauf, daß er ihr gleich einen Heiratsantrag macht?«

»Jeff, Jeff«, sagte Segal. »Wir haben genau die Geschworenen bekommen, die wir haben wollten. Unser System hat funktioniert. Daran besteht nicht die geringste Frage. Ich verstehe, daß du jetzt zappelig wirst. Es waren sechs lange Wochen. Aber bitte ziehe unser Vorgehen jetzt nicht in Zweifel. Es wird nichts nutzen und die nächsten paar Tage nur noch schwerer machen.«

»Was meinst du mit *jetzt*? Ich habe es von Anfang an gesagt. Du hast keine Geschworenen ausgesucht, sondern zwölf Nägel für meinen Sarg.«

»Hör zu, Jeff. Wir sind nicht hier, um über die Geschworenen zu sprechen. Wir sind hier, um darüber zu sprechen, was du morgen sagen sollst, und wie du es sagen sollst. Und genau dieses Verhalten, das du gerade zeigst — dieser Sarkasmus, diese Verbitterung, diese spitzen Bemerkungen —, das dürfen die Geschworenen nie sehen.

Also verschaff dir heute Abend Luft. Das ist in Ordnung. Laß es an uns aus. Aber nicht auf dem Zeugenstand, wenn Blackburn dich ins Kreuzverhör nimmt. Du mußt nicht Laurence Olivier sein. Du mußt ihnen nichts vorspielen. Sei einfach du selbst, und alles ist gut. Aber ich will, daß du an Blackburn vorbeisiehst. Sieh die Geschworenen an. Ihnen erzählst du das alles, nicht ihm.«

»Blackburn«, murmelte MacDonald. »Das ist doch ein Schwächling. Der hat doch keinen Mumm.«

»Hör zu, Jeff«, sagte Segal. »Bei der Vorverhandlung warst du kurz angebunden, ungehalten, chauvinistisch, sarkastisch und herablassend gegenüber Frauen. Hier mußt du dich in Bescheidenheit üben. Wenn die Geschworenen sehen, daß du auf Blackburn wütend wirst, glauben sie vielleicht auch, daß du auf deine Kinder wütend warst, und diesen Eindruck wollen wir vermeiden.«

»Und was, wenn er mich fragt, warum ich zu den Green Berets ging? Soll ich ihm sagen: ›Weil ich gern Menschen mit einer Klaviersaite umbringe?‹«

»Nein, Jeff«, sagte Segal geduldig. »Ich will nicht, daß du von Klaviersaiten sprichst.«

»Und wenn er mich fragt, ob ich homosexuelle Neigungen habe? ›Tja, Mr. Blackburn, mir ist schon aufgefallen, daß Sie einen schönen kleinen Arsch haben.‹«

»Jeff, hör mir bitte zu!« sagte Segal. »Ein letztes Mal in deinem Leben mußt du Geduld mit einem Staatsanwalt haben, der nie erfahren hat, was es bedeutet, Frau und Kinder zu verlieren. Wir wissen, daß es schmerzlich für dich sein wird. Aber aus dem Schmerz darf kein Zorn werden. Konzentriere dich nur auf die Geschworenen. Vergiß Blackburn. Vergiß Freddy. Vergiß, daß Murtagh dich nervt.«

»Murtagh ist schwul. Ich verabscheue ihn.«

»Ja, Jeff, aber wir wollen nicht, daß das alle im Gerichtssaal mitbekommen. Du kannst es dir nicht leisten, arrogant zu wirken.«

»Oder wie ein mordlüsterner Psychopath, schätze ich.«

»Jeff, genau das ist bei der Voruntersuchung passiert. Die Geschworenen haben kein Mitgefühl für jemandem, der ständig boshaft und gereizt reagiert. Auf diese Art hat dich Woerheide bei der Voruntersuchung reingelegt.«

»Woerheide! Dieser Nazi!«

»Na schön, Jeff, belassen wir es dabei. Ich kenne dich seit

neun Jahren und weiß, daß du viel klüger bist, als du dich jetzt gibst. Erinnere dich nur daran, daß es unter den Geschworenen Menschen gibt, die dich mögen und nur darauf warten, dir helfen zu können. Und morgen gibst du ihnen die Munition dafür. Aber ich warne dich, ich werde dich nach deinen Gefühlen fragen. Du wirst im Zeugenstand hilflos schluchzen. Ich werde dir Bilder zeigen, die du nie sehen wolltest, und ich werde dir jede Frage stellen, die du nie beantworten wolltest. Danach werden dir die Geschworenen aus der Hand fressen. Und ich will, daß du im Zeugenstand genauso klingst wie der Mensch, der du auch bist. Dadurch wirst du glaubwürdig. Mit offener Verbitterung erreichst du nichts. Der Rest deines Lebens hängt davon ab, daß du morgen nicht großkotzig reagierst.«

»Na schön«, sagte MacDonald und erhob sich. »Ich weiß den Rat zu schätzen. Aber ich will dir auch einen Rat geben.«

»Und welchen?« fragte Segal.

»Sei zurückhaltend mit dem Pony, Bernie. Wenn die Geschworenen nach all diesen Leumundszeugen noch viel über das Pony hören, werden sie in die Luft gehen.«

Am Donnerstag, dem 23. August 1979, trat Jeffrey MacDonald um eine Minute nach zehn in den Zeugenstand. Seit neuneinhalb Jahren hatte er immer wieder seine Geschichte erzählt — der Militärpolizei in den frühen Morgenstunden des 17. Februar 1970 in seiner Wohnung, Krankenwagenfahrern, Ärzten und Sanitätern im Womack Hospital, Ron Harrison, der CID und dem FBI später an diesem Morgen, seiner Mutter und Freddy und Mildred Kassab an diesem Nachmittag, Grebner, Shaw und Ivory im CID-Hauptquartier am 6. April 1970, später in diesem Monat dem Psychiater in Philadelphia, in diesem Sommer dem Reporter von *Newsday*, den Army-Psychiatern im Walter Reed-Krankenhaus, Colonel Rock bei der Militäranhörung, Dick Cavett und einem landesweiten Fernsehpublikum kurz nach seinem Abschied von der Army, Pruett und Kearns im Februar und März 1971, insgesamt sechs Tage lang bei der Voruntersuchung im August 1974 und Januar 1975, Anfang Juli im Büro eines Hypnotiseurs in Beverly Hills —, doch nun erzählte er sie zum ersten Mal unter Eid vor der Öffentlichkeit, und diesmal würde sich entscheiden, ob er den Rest seines Lebens als freier Mann oder im Gefängnis verbringen würde.

»Doktor MacDonald«, begann Bernie Segal, »wo wohnen Sie, bitte?«

»In Huntington Beach, Kalifornien.«

»Doktor MacDonald«, sagte Segal leise, »sind Sie zur Zeit verheiratet?«

»Nein«, sagte MacDonald, biß sich auf die Lippe und erweckte den Eindruck, jeden Augenblick weinen zu müssen.

»Weshalb sind Sie nicht verheiratet?«

Nun begann MacDonald tatsächlich zu schluchzen. »Ich kann meine Frau und Kinder nicht vergessen«, antwortete er schließlich.

»Denken Sie noch immer an Ihre Familie, obwohl sie schon über neun Jahre tot ist?«

»Jeden Tag«, schluchzte er.

Segals Tonfall und Verhalten entsprachen dem eines Bestattungsunternehmers, der eine trauernde Witwe vom Friedhof führt. »Darf ich fragen, Mr. MacDonald«, sagte er, wobei es ihm peinlich zu sein schien, diese Frage überhaupt stellen zu müssen, »wie Ihre stärksten Erinnerungen an Ihre Frau Colette aussehen?«

Jeffrey MacDonald, der das alles schon sooft durchgemacht hatte, mußte sich zwingen, es noch ein weiteres Mal durchzumachen. Er rieb sich die Augen, als wolle er Tränen wegwischen, und sah sich hilflos im Gerichtssaal um, als hoffe er darauf, es käme jemand, der ihm die Antwort ersparen würde. Dann schluchzte er wieder. Sein Verhalten unterschied sich völlig von dem, das er in dem Gericht in Raleigh an den Tag gelegt hatte, als er am Ende seiner Aussage bei der Voruntersuchung Victor Woerheide gesagt hatte, er solle sich seine verdammten Beweise in den Arsch stecken.

»Entschuldigung«, sagte MacDonald, nachdem er die Fassung zurückgewonnen hatte. »Colette war so schön, intelligent und warmherzig. Sie war eine tolle Mutter und Frau.«

»Darf ich Sie fragen, Doktor MacDonald, was Ihre stärksten Erinnerungen an Ihre Tochter Kimberly sind?«

»Sie war schön und klug«, sagte MacDonald. »Sie war sehr neugierig und außergewöhnlich intelligent, glaube ich – und sehr liebevoll.«

»Und Ihre Erinnerungen an Ihre Tochter Kristen?«

»Na ja, sie war die hübscheste von uns. Sie war ein kleiner Feuerball. Sie war sehr wild, aber auch sehr liebevoll.«

Er schlug die Hände vors Gesicht, und seine Schultern hoben sich, als er wieder zu schluchzen anfing. Mehr hätte Bernie Segal nicht verlangen können.

»Was haben Sie und Ihre Familie – also alle vier, auch die Kinder – gemeinsam unternommen?«

»Wir lebten zusammen«, sagte MacDonald. »Wir haben fast alles gemeinsam gemacht. Wir hatten ein schönes Leben. Wir waren Freunde. Colette und ich zogen die Kinder gemeinsam groß.«

So ging es fast fünf Stunden lang weiter, die drei Pausen nicht eingerechnet. Segal ließ MacDonald Valentinskarten vorlesen, die er von seiner Frau und den Kindern bekommen hatte, und zeigte MacDonald und den Geschworenen eine Reihe vergrößerter Fotos und bat ihn, jedes zu beschreiben. »Das sind Colette und ich am Hochzeitstag ... Das ist Kristy, so um die achtzehn Monate alt ... Das sind Kimmy und ich im Kinderzoo von Chicago ...« Und schließlich, nach zahlreichen weiteren Fotos: »Das sind Colette, Kim und Kristy. Das war Weihnachten. Meine Familie.«

»Wann wurde dieses Foto aufgenommen?« fragte Segal.

»1969.«

»Das letzte Weihnachtsfest, daß Sie und Ihre Familie gemeinsam verbrachten?«

»Ja.«

»Zum Abschluß möchte ich Ihnen dieses Foto zeigen. Beschreiben Sie es uns bitte.«

»Das sind Kim und Kris.«

»Tragen die Mädchen auf dem Bild Kostüme, Doktor MacDonald?« fragte Segal. Auch er schien seine Stimme kaum noch unter Kontrolle zu haben.

Der schon wieder schluchzende MacDonald konnte nicht antworten, brachte nur ein Nicken zustande.

»Wurde das Foto zu Halloween 1969 aufgenommen?«
»Ja.«
»Was für eine Verkleidung trägt Kristen MacDonald?«
»Ein Clownskostüm, aus einem Schlafanzug gemacht.«
»Aus demselben Schlafanzug, den sie in der Nacht des 17. Februar 1970 trug?«
»Es sieht so aus.«
»Und Ihre Tochter Kimberly trägt ein Nachthemd?«
Unfähig zu sprechen, nickte MacDonald erneut.
»Würden Sie uns bitte sagen, was oben auf dem Nachthemd steht?«
»Kleiner Engel«, sagte MacDonald, und dann fingen er, Segal und einige andere Anwesende im Gerichtssaal, der bis auf den letzten Platz besetzt war, offen zu weinen an.

Unter denen, die nicht weinten, waren Freddy und Mildred Kassab, die in der ersten Reihe saßen. Mit einem sardonischen Grinsen schüttelte Kassab den Kopf und murmelte so laut »*Heuchler!*«, daß man es noch auf der anderen Seite des Ganges hören konnte.

Im Lauf des Vormittags sagte MacDonald aus, Colette sei ›begeistert‹ gewesen, daß er sich zur Army meldete, er habe gehofft, daß das dritte Kind ein Junge würde, und Colette habe die Reise mit der Boxmannschaft nach Rußland als Ehre und Privileg angesehen. Segal fragte ihn nicht nach den offensichtlichen Diskrepanzen zwischen seiner Schilderung der Ereignisse am 17. Februar und den Spuren, die man in der Wohnung gefunden hatte, sondern stellte heraus, daß MacDonald sich »nicht genau« an die Ereignisse erinnern könne. »Es ist alles sehr verschwommen und verwirrend«, sagte sein Klient. »Meine Erinnerung ist bestenfalls verschwommen.«

Dann zeigte Segal Fotos vom Tatort.

MacDonald identifizierte beide Töchter, und Segal fragte ihn, was er getan habe, als er zum zweiten Mal in Kristens Zimmer gegangen war. »Ich habe ihren Kopf getätschelt und ihr gesagt, es sei alles in Ordnung«, sagte MacDonald schluchzend.

»Verzeihung«, sagte Segal, »aber ich habe nicht verstanden, was Sie zu ihr gesagt haben.«

»Er hat gesagt, es sei alles in Ordnung!« warf Franklin Dupree scharf ein und musterte Segal mit offensichtlichem Abscheu.

Später bat Segal seinen Klienten, zu beschreiben, welchen Verlauf sein Leben genommen habe, nachdem die Beschuldigungen gegen ihn fallengelassen worden waren und er seinen ehrenvollen Abschied von der Army genommen hatte. MacDonald beschrieb die Zeit an der Ostküste, erklärte, weshalb er nach Kalifornien gezogen war — »Um von Freddy wegzukommen. Eine neue Umgebung. Nicht so viele Leute, die um mein Wohlergehen besorgt waren und mich ständig mit Fragen bombardierten« —, und sprach über sein neues Leben dort. »Ich habe mir eine kleine Eigentumswohnung und ein Boot gekauft und arbeite ziemlich hart«, schloß er.

»Wie viele Stunden die Woche arbeiten Sie?«
»Achtzig... siebzig oder achtzig.«
»Warum arbeiten Sie soviel, Mr. MacDonald?«
»Es kam mir einfacher vor. Die Arbeit tut mir gut.«
»Einfacher als was?«
»Als dazusitzen und zu grübeln.«
»Worüber?«
»Über meine Familie.«

Bernie Segal ließ einen Augenblick verstreichen und ging dann zu einem Tisch, auf dem die Tatwerkzeuge lagen: der Knüppel, die beiden Messer und der Eispickel. »Sehen Sie sich diese Waffen bitte an und beantworten Sie dann meine Fragen«, sagte er.

Er las den ersten Abschnitt der Anklage vor, der ihm vorwarf, seine Frau mit diesen Waffen getötet zu haben. Dann sah er Jeffrey MacDonald an. »Haben Sie Ihre Frau erstochen? Haben Sie Ihre Frau zu Tode geprügelt?«

»Nein.«
»Mit diesen oder anderen Waffen?«
»Ich habe Colette nie etwas getan.«

Segal las den zweiten Abschnitt vor und sah MacDonald wieder an. »Haben Sie Ihre Tochter Kimberly K. MacDonald getötet?«

»Nein. Ich habe Kimberly nie etwas angetan.«

Daraufhin las Segal den dritten Abschnitt vor. Zum dritten Mal traf sein Blick den seines Klienten. »Haben Sie Ihre Tochter Kristen J. MacDonald getötet?«

»Nein.«

Segal atmete tief durch, trat zum Zeugenstand und gab Jeffrey MacDonald ein Blatt Papier. »Zum Abschluß, Doktor MacDonald, möchte ich, daß Sie uns einen Brief mit Datum vom 26. August 1969 vorlesen, den Ihre Frau Ihnen von Patchogue, Long Island, nach Columbus, Georgia, geschickt hat.«

Mit stockender, zitternder Stimme las MacDonald den letzten Brief vor, den ihm Colette je geschrieben hatte. »Sonntag abend. Lieber Jeff, was für einen Unterschied macht ein Tag — oder auch nur ein paar Minuten —, besonders, wenn du mich vom Tiefpunkt meiner Verzweiflung erlöst und mir wieder ein Leben voller Glück und Liebe schenkst. Vielen Dank, mein Schatz.

Für den Fall, daß du gleich wieder aus einem Flugzeug springst und Stoff für angenehme Tagträume brauchst, hier ein paar meiner liebsten:

1. Erinnere dich an den Abend, als du im Winter nach Skidmore kamst und im Rip Van Dam wohntest.

2. Der Abend, als wir von Paul und Kathy nach Hause kamen und noch etwas in der Stadt essen wollten und zu Manana gingen. Das ist einer meiner Lieblingsabende, weil wir da eindeutig auf derselben Wellenlänge waren.

3. Als du in Princeton warst, hast du für mich eine Kurzgeschichte geschrieben, ›Der eiskalte Bursche und das warmherzige Mädchen‹. Erinnerst du dich überhaupt noch daran? Ich schon. Sie war wunderschön.

4. Der letzte Silvesterabend — was für ein absolutes Zusammengehörigkeitsgefühl!

5. Wie wir Zwiebeln und Pfeffer für den Champagner-Brunch geschnitten haben — und dann natürlich der Brunch selbst.

6. Als du zum ersten Mal nach Skidmore kamst und wir im Wald ein Picknick hatten.

Vier Küsse, Colette.«

Mit zitternden Händen ließ Jeffrey MacDonald den Brief sinken. Er sah fünf Jahre älter als vor fünf Stunden aus. Er begann laut zu schluchzen, und dabei füllten sich auch Bernie Segals Augen mit Tränen. Drei Geschworene weinten offen, und überall im Gerichtsraum waren die Geräusche schluchzender und weinender Menschen zu hören, nur nicht vorn rechts in der ersten Reihe, wo Freddy und Mildred Kassab saßen und MacDonald reglos musterten. Die lange Stille wurde schließlich von Freddy Kassabs kurzem, sardonischem Gelächter durchbrochen.

Dann vertagte Richter Dupree die Verhandlung bis zum nächsten Morgen.

5

Jim Blackburn wußte ganz genau, daß er sich bei seinem Kreuzverhör nicht darauf konzentrieren durfte, ob Jeffrey MacDonald nun ein guter Mensch war oder nicht, oder ob er mehr oder weniger für seine Mitmenschen getan hatte als Freddy Kassab. Allein die sorgfältige Analyse der Indizien hatte Blackburn überzeugt, daß MacDonald ohne jeden Zweifel schuldig war. Und diese Indizien, die trotz Bernie Segals Versuchen, sie in Mißkredit zu bringen, noch Bestand hatten, schienen ihm am besten geeignet, die Geschworenen von MacDonalds Schuld zu überzeugen.

Je mehr sich die Geschworenen von diesen Indizien abwandten, desto eher würden sich berechtigte Zweifel an McDonalds Schuld einschleichen. Jim Blackburn würde bei seinem Kreuzverhör also nicht versuchen, Jeffrey MacDonalds Charakter schlechtzumachen, er wollte ihn nicht wegen Meineids oder Ehebruchs verurteilt sehen, oder weil er Freddy Kassab angelogen hatte; er wollte, daß MacDonald wegen Mordes verurteilt wurde.

Trotz aller Warnungen — und obwohl seine gesamte Zukunft davon abhing — gelang es Jeffrey MacDonald nicht, die sarkastische Verbitterung zu beherrschen, die so tief in ihm saß. Selbst auf Jim Blackburns vorsichtige, zurückhaltende Fragen — und in dieser Hinsicht war Blackburn das genaue Gegenstück von Victor Woerheide — reagierte er mit schneidenden, scharfen Antworten. Dieser empfindliche, feindselige Zeuge, der so leicht aufzubringen war, erinnerte kaum noch an den gebrochenen, traurigen, trauernden Überlebenden, der am Tag zuvor die Geschworenen zum Weinen gebracht hatte. Obwohl Jeffrey MacDonald neuneinhalb Jahre Zeit gehabt hatte, sich auf seine Aussage vorzubereiten, schien er einfach nicht umhin zu können, genau das Verhalten an den Tag zu legen, das ihm am meisten schadete.

»Ist das die Schlafanzugjacke, die Sie an diesem Abend getragen haben?« fragte Jim Blackburn und hielt das Kleidungsstück hoch, zerrissen und durchlöchert, die Blutflecken jetzt zu einem rostigen Braun verblichen.

»Wenn Sie es sagen.«

»Ist das nicht die Schlafanzugjacke, die Sie getragen haben?«

»Ich weiß es nicht.«

»Haben Sie sie schon einmal gesehen?«

»Klar.«

»Hat man Ihnen diese Jacke bei der Voruntersuchung gezeigt?«

»Ich glaube schon.«

»Hat man Sie damals gefragt, ob das dieselbe Jacke sei?«

»Man hat mir ähnliche Fragen gestellt wie Sie gerade.«

»Nun, hat man Sie gefragt, ob das die Schlafanzugjacke war, die Sie an diesem Abend getragen haben, oder nicht?«

»Bestimmt. Ich erinnere mich nicht mehr an die Frage, aber irgendwann muß man sie mir gestellt haben.«

»Was haben Sie darauf geantwortet?«

»Das es wahrscheinlich meine Schlafanzugjacke ist.«

»Als Sie am Abend des 16. zu Bett gingen, war sie noch nicht zerrissen?«

»Ich glaube nicht.«

»Aber bestimmt nicht in diesem Zustand?«

»Nein.«

»War Blut darauf, als Sie an diesem Abend zu Bett gingen?«

»Nicht, daß ich wüßte.«

»Waren irgendwelche Löcher darin?«

»Nicht, daß ich wüßte.«

»Wissen Sie, wo die Jacke zerrissen wurde?«

»Nein.«

»Haben Sie sie zerrissen?«

»Vielleicht.«

»Erinnern Sie sich, gehört zu haben, wie sie zerrissen wurde?«

»Nein, ich erinnere mich nicht daran.«

»Wie sind die Löcher in die Schlafanzugjacke gekommen?«

»Von den Einbrechern.«

»Wo befand sich die Jacke, als die Löcher hereinkamen?«

»Nach meiner Erinnerung war sie um meine Handgelenke geschlungen.«

»Was haben Sie mit der Jacke gemacht?«

»Schläge abgewehrt — versucht, meine Hände freizubekommen.«

»Sie wissen nicht, ob sie über Ihren Kopf gezogen wurde?«

»Nein.«

»Aber die Jacke befand sich um Ihre Handgelenke, und Sie haben damit die Schläge der Einbrecher abgewehrt?«

»Das ist richtig.«

»War die Jacke zwischen Ihren Händen?«

»Ein Teil davon muß zwischen meinen Händen gewesen sein, denn meine Hände berührten sich nicht.«

»Und alle achtundvierzig Löcher kamen zu dieser Zeit in diese Schlafanzugjacke?«

»Davon muß ich ausgehen, ja.«

»Können Sie uns sagen, warum es sich um kreisförmige, runde Löcher handelt und nicht um Risse?«

»Ob *ich* Ihnen das sagen kann?«

»Ja, Sir.«

»Ich habe Schläge abgewehrt, die von vorn kamen, und hielt dagegen. Ich sehe keinen Grund, warum das Gewebe zerrissen sein und keine runden Löcher haben sollte. Es war überhaupt nicht wie bei Ihrer Demonstration hier.«

»Doktor MacDonald. Sie haben an den Händen, Handgelenken oder Unterarmen keine Eispickel-Verletzungen davongetragen, oder?«

»Nicht, daß ich wüßte. Warum, kann ich nicht sagen.«

»Nun, Sie haben die Jacke schließlich von den Handgelenken bekommen und zu Boden geworfen, aber Sie wissen nicht mehr, wo das war?«

»Das stimmt.«

»Sie erinnern sich auch dabei nicht, gehört zu haben, wie die Jacke zerriß, oder?«

»Mr. Blackburn, ich habe nicht auf solche Geräusche geachtet. Ich sah meine Frau blutüberströmt vor mir.«

»Das verstehe ich natürlich. Ich frage Sie nur, ob Sie gehört haben, wie die Jacke zerriß.«

»Nein«, sagte MacDonald eindeutig ungehalten, »Ich habe derartige Geräusche nicht gehört.«

»Sie haben das Messer in der Brust Ihrer Frau gesehen?«

»Ja.«

»Haben Sie das Messer abgewischt?«

»Ich erinnere mich absolut nicht mehr daran.«

»Wissen Sie, ob das Messer blutig war, als sie es aus der Brust Ihrer Frau zogen?«

»Ich erinnere mich absolut nicht mehr daran. Ich habe das Messer in der Brust meiner Frau gesehen und herausgezogen.«

»Also könnte es blutig gewesen sein oder auch nicht?«

»Nun, da es in ihrer Brust steckte, gehe ich davon aus, daß es blutverschmiert war.«

»Nun, wieso war kein oder kaum Blut an dem Messer, als man es fand?«

»Ich habe keine Ahnung.«

»Doktor MacDonald, können Sie mir sagen, wieso zwei Fäden — zwei Fäden, die sich bei mikroskopischer Untersuchung als identisch mit Fäden Ihrer Schlafanzugjacke erwiesen haben — auf dem Knüppel sichergestellt wurden, den man draußen hinter dem Haus fand, während Sie doch ausgesagt haben, das Haus nicht verlassen zu haben?«

»Nein.«

»Hat Colette auf Ihre Schlafanzugjacke geblutet, bevor sie zerrissen wurde?«

»Meines Wissens nicht.«

»Haben Sie mit Colette gekämpft, und hat sie Ihre Schlafanzugjacke am V-förmigen Halsausschnitt zerrissen?«

»Nein.«

»Haben Sie mit Colette gekämpft, als Sie die Schlafanzugjacke trugen?«

»Ich habe überhaupt nicht mit Colette gekämpft.«

»Haben Sie in jener Nacht Chirurgenhandschuhe getragen?«

»Nein.«

»Warum haben Sie Ihre Schlafanzugjacke auf Colettes Brust gelegt?«

»Ich glaube, ich habe versucht, meine Frau zu behandeln... sie zu bedecken.«

»Wegen eines möglichen Schocks?«

»Es war wohl ein Versuch, irgend etwas zu tun. Ich kann nicht genau erklären, warum ich die Jacke auf sie gelegt habe.«

»Haben Sie an diesem Abend das Bettlaken und die Bettdecke berührt, die Sie auf dem Foto hinter Ihnen sehen?«

»Ich erinnere mich nicht daran.«

»Haben Sie nun, oder haben Sie nicht?«

»Ich weiß es nicht mehr.«

»Doktor MacDonald, haben Sie eine Erklärung dafür, wieso sich ein Abdruck des rechten Aufschlags Ihrer blauen Schlafanzugjacke darauf befindet?«

»Nein.«

»Haben Sie eine Erklärung dafür, daß sich an diesem Bettzeug ein Faden Ihrer blauen Schlafanzugjacke befand, der sich um ein Haar Ihrer Frau Colette gewickelt hatte, an dem sich Blut befand?«

»Nein.«

»Haben Sie eine Erklärung dafür, wieso man Gummi- oder Latexstücke in dem Bettzeug auf dem Boden fand?«

»Ich habe keine.«

»Haben Sie eine Erklärung dafür, wieso jemand, der einen Handschuh trug, mit dieser Hand das Wort SCHWEIN auf das Kopfteil des Bettes schrieb, in dem Ihre Frau schlief?«

»Ich habe keine Erklärung dafür.«

»Doktor MacDonald, haben Sie eine Erklärung dafür, wieso sich auf dem Bettlaken im Elternschlafzimmer fünfzehn purpurne Baumwollfäden fanden, die sich bei mikroskopischer Untersuchung als identisch mit denen in Ihrer blauen Schlafanzugjacke erwiesen, außerdem sieben blaue Polyester-Baumwoll-Fäden, auch identisch mit den Fäden Ihrer blauen Schlafanzugjacke?«

Nun erhob sich Bernie Segal. »Euer Ehren«, sagte er, »Ich glaube nicht, daß der Angeklagte die Sache der Staatsanwaltschaft erklären muß. Dagegen erhebe ich Einspruch. Es läuft darauf hinaus, daß der Angeklagte seine Unschuld zu beweisen hat.«

»Einspruch abgelehnt«, sagte Richter Dupree.

»Darf ich Euer Ehren dann bitten, für die angemessene Unterrichtung über die Beweislast zu sorgen, damit deutlich wird, was der Angeklagte zu tun hat und was nicht? Ich bitte zu diesem Zeitpunkt um diese Unterrichtung.«

Der Richter wandte sich den Geschworenen zu. »Wie Sie bereits unterrichtet wurden, muß die Anklage über jeden Zweifel hinaus beweisen, daß der Angeklagte die Verbrechen begangen hat, die man ihm vorwirft. Mr. Blackburn, setzen Sie Ihr Kreuzverhör fort.«

»Doktor MacDonald, soll ich die Frage wiederholen?« sagte Blackburn.

»Nein.«

»Wie lautet Ihre Antwort?«

»Handelt es sich um das Laken, das Mr. Ivory in einen Plastikbeutel gesteckt hat?«

»Nein, Sir.«

»Von welchem Laken sprechen wir dann?«

»Von dem, das auf dem Bett gefunden wurde.«

»Ich habe keine Antwort darauf.«

»Haben Sie eine Erklärung dafür, daß man im Elternschlafzimmer insgesamt sechzig oder mehr purpurne Baumwollfäden, achtzehn blaue Polyesterfäden und einen blauschwarzen Faden fand, die sich bei einer mikroskopischen Untersuchung als identisch mit denen Ihrer blauen Schlafanzugjacke erwiesen haben?«

»Abgesehen davon, daß man diese Fäden und Fasern nicht mit der Schlafanzughose verglichen hat, nein.«

»Haben Sie eine Erklärung dafür, daß man im Wohnzimmer keinen einzigen Faden aus Ihrer Schlafanzugjacke gefunden hat?«

»Ich würde davon ausgehen, daß man mir die Jacke nicht am Rücken zerrissen, sondern über den Kopf gezogen hat.«

»Erinnern Sie sich, daß man sie Ihnen über den Kopf gezogen hat?«

»Nein. Ich erinnere mich auch nicht daran, daß sie zerrissen wurde.«

»Na schön. Als Sie das Elternschlafzimmer und Colette verließen, gingen Sie zuerst in Kimberlys Zimmer?«

»Ja.«

»Trugen Sie da noch die Schlafanzugjacke?«

»Ich erinnere mich nicht genau.«

»Was haben Sie getan? Haben Sie sich nur vorgebeugt und sie von Mund zu Mund beatmet, oder haben Sie sie untersucht?«

»Ich erinnere mich nicht genau.«

»Sie sind nicht aufs Bett zu ihr gegangen?«

»*Aufs Bett zu ihr gegangen?*«

»Jawohl.«

»Nein.«

»Wie erklären Sie sich dann, daß man auf Kimberlys Bettlaken, aber auch unter dem Laken und an dem Kissen an der Wand vierzehn purpurne Baumwollfäden und etwa fünf blaue Polyesterfäden fand, die sich bei einer mikroskopischen Untersuchung als identisch mit denen Ihrer blauen Schlafanzugjacke erwiesen haben?«

»Ich kann mir vorstellen, daß diese Fäden an den Haaren meiner Arme hingen und irgendwann abgefallen sind. Diese Erklärung erscheint mir logisch.«

»Haben Sie eine Erklärung dafür, Doktor MacDonald, daß man Blut der Gruppe AB, der Gruppe Ihrer Tochter Kimberly, an der blauen Schlafanzugjacke fand, obwohl Sie diese Jacke nicht getragen haben, als Sie nach Kimberly sahen?«

»Eine reine Mutmaßung.«

»Ist das Ihre Antwort?«

»Eine reine Mutmaßung, die jeder von uns treffen kann.«

»Verstehe ich recht, daß die Erklärung, die Sie dafür hätten, eine reine Mutmaßung ist?«

»Ja.«

»Haben Sie eine Erklärung dafür, daß man einen purpurnen Baumwollfaden und einen blauen Polyesterfaden, die sich bei einer mikroskopischen Untersuchung als identisch mit denen Ihrer blauen Schlafanzugjacke erwiesen haben, auf dem Bett im Zimmer Ihrer Tochter Kristen fand?«

»Wieder nur eine Mutmaßung.«

»Doktor MacDonald, haben Sie eine Erklärung dafür, daß man Splitter von dem Knüppel dort auf dem Tisch in den Zimmern von Kimberly und Kristen gefunden hat?«

»Ob *ich* eine Erklärung dafür habe?«

»Ja, Sir.«

»Nur die offensichtliche.«

»Also die Erklärung, daß jemand in diesem Zimmer mit diesem Knüppel auf sie eingeschlagen hat?«

»Richtig.«

»Man hat in Kristens Zimmer Blut der Gruppe Null – das ist Colettes Blutgruppe – an der Wand über Kristens Bett gefunden. Außerdem fand man Blut der Gruppe Null auf Kristens Bettdecke. Haben Sie eine Erklärung dafür, wie es dorthin gelangt ist?«

»Wenn man von der weit hergeholten Vermutung ausgeht, daß die CID das Blut richtig identifiziert hat, nicht.«

»Wissen Sie, welche Blutgruppe Ihre Frau hatte?«

»A.«

»Wissen Sie, welche Blutgruppe Kimberly hatte?«

»Man hat es uns hier mehrmals gesagt.«

»Haben Sie das 1970 gewußt?«

»Nein.«

»Wußten Sie, welche Blutgruppe Kristen hatte?«

»Nein, ich glaube nicht. Ich kannte von keinem von uns die Blutgruppe.«

»Doktor MacDonald, das gesamte Blut in Kristens Zimmer mit Ausnahme des Fußabdruckes stammt von der Gruppe Null, Kristens Gruppe. Dieser Abdruck Ihres Fußes, der aus dem Zimmer hinausführt, wurde in Blut der Gruppe A festgehalten – Colettes Blutgruppe. Haben Sie eine Erklärung dafür?«

»Nun, ich stimme Ihnen wahrscheinlich zu, daß der Fußabdruck von mir stammt, da ich ja im Zimmer war. Was die Blutgruppen betrifft, so habe ich – vorausgesetzt, die CID hat die Blutgruppen korrekt festgestellt – keine Erklärung dafür.«

In der Mittagspause redeten Bernie Segal und Wade Smith auf MacDonald ein wie Trainer zwischen den Runden auf einen Profiboxer. »Ein allgemeiner Tonfall ist sehr gut«, versicherte Segal ihm. »Aber pinkel der CID nicht mehr ans Bein. Und achte auf deinen Gesichtsausdruck – er wird schlechter. Ich weiß, daß du es leid bist, ihm den wohlerzogenen Jungen vorzuspielen, aber du mußt wachsam bleiben und weniger Gefühle enthüllen. Die Geschworenen achten auch auf deine Körpersprache.«

»Blackburn steht auf verlorenem Posten«, sagte Smith. »Heute nachmittag wird er verzweifeln. Er weiß, daß er nur noch anderthalb Stunden hat, um den Fall zu gewinnen. Du liegst vorn, weit vorn.«

»Genau wie bei einem Boxkampf«, sagte Segal. »Du bist in der elften von fünfzehn Runden und führst nach Punkten. Mach's wie Muhammed Ali — tänzle rückwärts. Halt dich fern von ihm. Gestern haben wir unsere Herzen ausgeschüttet. Heute wollen wir dich nach neuneinhalb Jahren nur müde sehen. Keinen Zorn, keinen Sarkasmus, aber auch keine Tränen mehr. Die wären nach gestern fehl am Platz.«

»Doktor MacDonald«, nahm Jim Blackburn den Faden wieder auf, »vor der Mittagspause habe ich Sie nach dem Fußabdruck und dem Blut in Kristens Zimmer gefragt. Können Sie uns erklären, woher das Blut der Gruppe A stammt?«

»Ich habe keine Ahnung.« MacDonald wirkte nun offen feindselig.

»Doktor MacDonald, haben Sie das Bettzeug aus dem Elternschlafzimmer vom Boden aufgehoben und Colette daraufgelegt? Sind Sie auf das blutige Bettzeug getreten und haben Sie Colette hochgehoben und aus diesem Zimmer getragen?«

»Nein.«

»Doktor MacDonald, erkennen Sie diese Hilton-Badematte dort?«

»Ja.«

»Sie hatten so eine Hilton-Badematte?« Blackburns höfliche Südstaaten-Manieren standen in deutlichem Gegensatz zu MacDonalds Verdrossenheit.

»Offensichtlich.«

»Erinnern Sie sich, wo sich die Matte in der Mordnacht befand?«

»Nein.«

»Haben Sie sie auf Colette gelegt?«
»Ich erinnere mich nicht daran.«
»Könnten Sie es getan haben?«
»Durchaus.«
»Haben Sie eine Erklärung dafür, wieso das Blut an dem Old-Hickory-Messer und dem Eispickel, die man vor dem Haus fand, an dieser Badematte abgewischt wurde?«
»Das werden wohl die Einbrecher getan haben.«
»Doktor MacDonald, am Waschbecken im Badezimmer wurde Blut der Gruppe B gefunden, Ihrer Gruppe. Haben Sie eine Erklärung dafür?«
»Nein.«
»Doktor MacDonald, haben Sie sich irgendwann in der Nähe des Waschbeckens im Badezimmer mit einem Skalpell oder einem ähnlichen Gegenstand selbst eine Verletzung zugefügt?«
»Nein.«
»In dem Teil des Wohnzimmers, in dem es angeblich zum Kampf mit den Einbrechern kam, wurde kein Blut der Gruppe B – Ihrer Gruppe – gefunden, obwohl Sie dort angeblich eine Stichverletzung davongetragen haben. Haben Sie eine Erklärung dafür?«
»Nur die offensichtliche. Die Wunde hat nicht stark geblutet.«
»Sie haben eine Stichwunde davongetragen, und die Verletzung hat nicht stark geblutet. Sie sind Ihrer Aussage zufolge in fünf andere Zimmer des Hauses und dann erst ins Badezimmer gegangen. Dennoch fand man im Waschbecken Blut der Gruppe B. Haben Sie eine Erklärung dafür?«
»Euer Ehren, ich erhebe Einspruch gegen die Fragestellung«, sagte Bernie Segal. »Sie ist zu verwirrend.«
»Abgelehnt«, sagte Richter Dupree.
»Ob ich eine Erklärung dafür habe, wieso man Blut der Gruppe B am Waschbecken gefunden hat?« sagte MacDonald mit etwas schärferer Stimme. »Ist das die Frage?«
»Wenn Sie wollen, stelle ich sie erneut«, sagte Blackburn.
»Bitte.«
»Sie haben Blut der Gruppe B. Im Wohnzimmer wurde kein Blut der Gruppe B gefunden, da die Verletzung nicht stark

geblutet hat, wie Sie selbst gesagt haben. Sie sind in fünf andere Zimmer und dann erst ins Badezimmer gegangen, und dort hat man Blut der Gruppe B im Waschbecken gefunden. Haben Sie eine Erklärung dafür?«

»Nun, als ich mich dort untersuchte, stellte ich fest, daß ich eine Brustverletzung hatte. Das ist die einzige Antwort, die ich Ihnen geben kann.«

»Doktor MacDonald, an den Telefonen sowohl im Elternschlafzimmer als auch in der Küche hat man nicht genug Blut gefunden, um die Gruppe feststellen zu können. Sie haben von beiden Apparaten aus gesprochen. Haben Sie eine Erklärung dafür, wieso man kein Blut an ihnen gefunden hat?«

»Nein. Meine Hände waren blutverschmiert. Ich habe das Telefon benutzt. Ich habe keine Erklärung dafür, daß man kein Blut gefunden hat.«

»Doktor MacDonald, ich möchte Ihnen noch einmal die blaue Schlafanzugjacke zeigen. Es befinden sich etwa siebzehn Löcher im Rücken dieser Jacke, doch Sie haben an Ihrem Rücken keinerlei Verletzungen davongetragen. Haben Sie eine Erklärung dafür?«

»Ja. Ich habe am Rücken keine Verletzungen davongetragen, weil man mich von vorn angegriffen hat.«

»Haben Sie dann eine Erklärung dafür, wie diese Löcher in den Rücken der Schlafanzugjacke gekommen sind?«

»Nur die, daß ich Schläge damit abgewehrt habe, als sie um meine Handgelenke geschlungen war.«

»Und bei dieser Antwort bleiben Sie, auch wenn ich Ihnen sage, daß man über dreißig weitere Löcher in diesem Teil der Jacke gefunden hat?«

»Ja.«

»Doktor MacDonald, Colette MacDonald trug zahlreiche Stich- und Schlagverletzungen davon, Kristen mehrere Stichwunden und Kimberly mehrere Stich- und Schlagverletzungen. Sie hingegen haben keine ernsthaften Verletzungen davongetragen und sind offensichtlich noch am Leben. Haben Sie eine Erklärung dafür?«

»Euer Ehren«, rief Bernie Segal, »ich erhebe Einspruch!«

»Einspruch stattgegeben«, sagte Richter Dupree.

»Doktor MacDonald«, fuhr Blackburn fort, noch immer leise, fast entschuldigend sprechend, »bei der FBI-Rekonstruktion hat sich ergeben, daß man die blaue Schlafanzugjacke so zusammenfalten kann, daß die achtundvierzig Löcher darin mit den einundzwanzig Stichwunden in Colettes Brust übereinstimmen. Haben Sie eine Erklärung dafür?«
»Nein.«
»Euer Ehren«, sagte Blackburn und wandte sich von MacDonald ab, »damit ist das Kreuzverhör der Anklage abgeschlossen.«

Nach dem Verhandlungstag strahlten Bernie Segal und Wade Smith vor Freude. »Er hat dich mit Popcorn gesteinigt«, sagte Smith schadenfroh.
MacDonald nickte. »Wie ich es dir gesagt habe, Blackburn ist ein Schlappschwanz. Ich glaube, er hatte wirklich Angst vor mir.«

6

Als Jim Blackburn am Morgen des 28. August sein Schlußplädoyer hielt (nachdem Brian Murtagh eine Stunde und fünfundvierzig Minuten lang die Indizienbeweise und ihre Bedeutung ganz genau erklärt hatte), begann er damit, auf die Unterschiede zwischen den Verletzungen hinzuweisen, die einerseits Jeffrey MacDonald und andererseits seine Familienmitglieder davongetragen hatten. Wie während der gesamten sieben Wochen des Prozesses kündete sein Tonfall eher von Leid denn von Zorn.

Aber er stellte klar, worauf es ihm ankam: Colettes Arme waren gebrochen worden, als sie versuchte, sich gegen die Knüppelschläge zu verteidigen; sie hatte einen Schädelbruch und zahlreiche Messerstiche — und zwar von dem Old-Hickory-Messer und nicht dem Geneva-Forge-Messer, das laut McDonald in ihrer Brust gesteckt hatte — und einundzwanzig Stiche von dem Eispickel in die Brust davongetragen.

»Und die fünfjährige Kimberly MacDonald«, sagte Blackburn leise, »wurde ebenfalls mit diesem Knüppel geschlagen. Er hat ihr den Schädel gebrochen — die Schädelbasis. Sie haben dieses einfach schreckliche Bild von ihrem Hinterkopf gesehen, der an sechs bis acht Stellen gebrochen war. Auch ihre Nase war gebrochen.«

Die Geschworenen und Zuschauer merkten, daß es Jim Blackburn schwerfiel, über solch eine böse, tragische Sache sprechen zu müssen; doch sie merkten auch, daß sein Pflichtgefühl — eine moralische wie auch gesetzliche Verpflichtung — ihn dazu zwang. Und so erinnerte er sie erneut an die Stichwunden in Kimberlys Hals und die Messer- und Eispickelverletzungen in der Brust der zwei Jahre alten Kristen.

»Sie wurde als einzige nicht mit dem Knüppel geschlagen«, sagte Blackburn, »doch jemand hob mindestens dreiunddreißigmal die Hand und senkte sie mit einem Messer und einen Eispickel darin in ihrem Körper.

Wie Sie sich erinnern, hatte sie auch einige Schnitte in den Fingern. Einer war besonders lang, ein Schnitt, wie man ihn sich zuzieht, wenn man sich verteidigen will. Sie wissen, was das bedeutet, meine Damen und Herren? Bevor Kristen MacDonald starb, wußte sie ... wußte sie, was passieren würde, und versuchte, sich zu wehren.«

Die Blicke mehrerer Geschworener glitten schnell von Blackburn zu Jeffrey MacDonald und wieder zurück.

Blackburn faßte die Aussage der Ärzte zusammen, die MacDonald im Womack Hospital untersucht und behandelt hatten, und erinnerte die Geschworenen, daß der Angeklagte nur eine Prellung auf der linken Stirn, Kratzer an der linken Brust, zwei so oberflächliche Messerschnitte, daß sie nicht einmal genäht werden mußten, und die Verletzung an der rechten Brustseite davongetragen hatte, die den Pneumothorax verursacht hatte.

»Nun können wir den ganzen Tag darüber streiten, ob ein Pneumothorax lebensgefährlich ist oder nicht«, sagte er. »Aber er hat nur eine einzige schwere Verletzung erlitten, und keine einzige Eispickel-Wunde.

Nun behaupte ich nicht, daß der Beklagte des Mordes an seiner Familie schuldig ist, weil er selbst überlebt hat. Das wäre kein ausreichender Beweis. Aber es bleibt die Frage offen, warum er nicht schlimmer verletzt wurde.

Und ich möchte Ihnen noch einige andere Fragen stellen, meine Damen und Herren. Warum haben die Einbrecher den Angeklagten nicht getötet, wenn sie einen besonderen Groll gegen ihn hegten? Warum haben sie nicht alle Anwesenden getötet, wenn es ihnen um reine Zerstörung ging? Warum haben sie ein zweieinhalbjähriges und ein fünfjähriges Mädchen getötet und den Erwachsenen, der sie identifizieren konnte, nicht? Warum haben die Einbrecher den Angeklagten am Leben gelassen?«

Blackburn konzentrierte sich dann auf die Schlafanzugjacke. »Meine Damen und Herren, laut Paul Stombaughs Aussage befinden sich achtundvierzig Löcher in dieser Jacke. Wieso wurde der Beklagte *bei einem Kampf auf Leben und Tod* nicht an den Händen, Armen und Handgelenken verletzt, als er mit Hilfe dieser Jacke die Eispickel-Schläge abwehrte?

Alle Indizien weisen darauf hin, meine Damen und Herren, daß es in jener Nacht in der Wohnung wirklich einen Kampf auf Leben und Tod gab. Es waren wenigstens zwei Weiße in diesen Kampf verwickelt, aber kein Farbiger. Ein weißer Mann und eine weiße Frau. Die weiße Frau war Colette MacDonald. Einige von Jeffrey MacDonalds Verletzungen kann ihm durchaus seine Frau Colette zugefügt haben. Wir wissen, daß sie gekämpft hat, bevor sie starb. Sie hat sich heftig gewehrt. Man bricht sich nicht beide Arme, wenn man ruhig dasteht und sich töten läßt.

Meine Damen und Herren, die Verteidigung des Angeklagten ist etwa folgendermaßen aufgebaut: ›Ich erzähle eine Geschichte, und ihr müßt mir vertrauen. Ich sage die Wahrheit. Ich habe meine Familie geliebt. Ich habe Colette geliebt. Ich habe Kimberly und Kristen geliebt. Vertraut mir. Ich hätte das nicht tun können. Es gab zahlreiche Leumundsaussagen. Auch diese Zeugen waren der Meinung, daß ich so etwas nicht tun könnte. Und weil ich nicht der Typ dafür bin, war ich es also auch nicht.‹

Meine Damen und Herren, wenn wir Sie mit unseren Beweisen überzeugen können, daß er es getan *hat*, müssen wir Ihnen nicht aufzeigen, daß er ein Mensch ist, der es getan haben *könnte*.

Der andere Teil der Verteidigung besteht aus Angriff. Angriffe auf die Kassabs, die CID, das Justizministerium und sogar gegen den Ankläger der Regierung. Doch damit will die Verteidigung nur Verwirrung stiften.

Meine Damen und Herren, wenn wir Ihnen beweisen können, daß sich MacDonalds Fuß im Blut der Gruppe A abgedruckt hat, wenn wir Ihnen beweisen, daß Colettes Blut auf der Schlafanzugjacke war, bevor und nicht nachdem sie zerrissen wurde, dann spielt es keine Rolle, ob morgens um vier Uhr vor der Wohnung 544 Castle Drive fünftausend Hippies gerufen haben: ›LSD ist groovy! Tötet die Schweine!‹

Meine Damen und Herren, allem Anschein nach ist der Angeklagte ein hervorragender Arzt. Das wird niemand bezweifeln. 1970 hatten er und seine Frau einen Traum, den Traum von einer Farm in Connecticut mit fünf Kindern, Katzen, Hunden und Pferden. Auch die Kinder hatten einen Traum. Sie wollten aufwachsen. Sie wollten leben. Sie bekamen diese Chance nicht. Aber der Angeklagte bekam sie. Und ich kann mir nicht vorstellen, daß der Angeklagte seine Karriere aufgeben wollte.

Wenn wir recht haben, wenn der Angeklagte seine Familie ermordet hat, dann denken Sie doch bitte einen Augenblick lang darüber nach, was er auf dem Zeugenstand tun würde, um sein Leben und seine Karriere zu retten. Denken Sie daran, meine Damen und Herren, wenn Sie Ihr Urteil über die Aussagen und Glaubwürdigkeit aller Zeugen abgeben, und auch über die Untersuchungen, die Paul Stombaugh und andere vorgenommen haben. Ich kann nur sagen, daß *Beweise* nicht lügen können. Aber *Menschen* können und tun es.«

Es folgte eine fünfzehnminütige Frühstückspause, während der Jeffrey MacDonald in den Büroräumen der Verteidigung Ungeduld darüber äußerte, daß Blackburn soviel Zeit für seine absurden Argumente verschwendete. Nach MacDonalds Ansicht würde der Höhepunkt des Prozesses aus Bernie Segals Schlußplädoyer bestehen, einer Ansprache von drei Stunden, die vielleicht einen Ausgleich für die letzten neuneinhalb Jahre darstellen würde. Bernie Segal wollte nicht nur die Beweise der Anklage Stück für Stück auseinandernehmen, sondern auch all das sagen, was MacDonald selbst so gern gesagt hätte — ein paar passende Worte über engstirnige, machtgierige Bürokraten, die einem großen, leidenschaftlichen Arzt fast ein Jahrzehnt des unnötigen Leidens aufgebürdet und ihm damit die Möglichkeit genommen hatten, sich von dem tragischsten Verlust zu erholen, den ein Mensch erleiden kann.

Als Blackburn jedoch um elf Uhr mit seinem Plädoyer fortfuhr, wurde ersichtlich, daß er nicht beabsichtigte, die restlichen Morgenstunden mit müßigem Geschwätz auszufüllen.

»Meine Damen und Herren«, begann er, »wenn Sie alle Aussagen und Untersuchungsergebnisse der letzten sieben Wochen zusammenfassen, bleiben Ihnen zwei Dinge, auf denen Ihre Entscheidung beruhen muß.

Zum einen haben wir die Geschichte des Angeklagten und seine Glaubwürdigkeit. Wenn Sie sie für wahr halten, wenn Sie alles glauben, was er gesagt hat, dann ist Ihre Aufgabe relativ einfach. Sie werden ihn freisprechen müssen.

Wenn Sie andererseits jedoch seine Geschichte mit den Beweisen vergleichen und feststellen, daß etwas nicht stimmt, keinen Sinn ergibt, dann haben Sie eine etwas schwierigere Aufgabe zu bewältigen, und es wird vielleicht etwas länger dauern. Sie müssen sich für die eine oder die andere Seite entscheiden, denn die Geschichte des Beklagten und die Beweise in diesem Fall widersprechen sich völlig.

Meine Damen und Herren, ich will keineswegs behaupten, die Beweislast läge beim Angeklagten. Sie liegt und bleibt bei uns. Doch erinnern Sie sich an das Kreuzverhör. Wir haben unsere Beweise genannt und den Beklagten gefragt, ob er Erklärungen dafür habe. Er muß uns keine Erklärung geben, doch glauben Sie nicht — wenn es um einen Prozeß geht, der über sein gesamtes zukünftiges Leben entscheidet —, daß er sie uns geben würde, wenn er könnte, um offensichtliche Widersprüche auszuräumen? Wenn Sie, meine Damen und Herren, im Zeugenstand sitzen würden, und ich würde Ihnen Fragen stellen, wie ich sie Dr. MacDonald gestellt habe, und Sie hätten eine Antwort darauf, würden Sie dann nicht sagen: ›Mr. Blackburn, Sie sind ein Trottel. Hier ist die Antwort. Zack!‹?

Was ist mit dem Blut — dem Blut der Gruppe A, das sich auf der Schlafanzugjacke befand, bevor sie zerrissen wurde? Haben Zeugen der Verteidigung ausgesagt, es habe sich kein Blut auf der Jacke befunden, bevor sie zerrissen wurde? Haben Sie das gehört? Nein, das haben Sie nicht gehört. Alle Indizien deuten darauf hin, daß die Jacke zerrissen wurde, bevor und nicht nachdem sie auf Collette MacDonalds Brust gelegt wurde. Und was bedeutet das?

Das bedeutet, meine Damen und Herren, daß Colette Mac-Donalds Blut auf diese Jacke geriet, bevor sie zerrissen wurde. Wir baten den Angeklagten um eine Erklärung. Glauben Sie nicht, daß er uns diese Erklärung gegeben hätte, wenn es eine gäbe?

Wir wissen sogar, daß Kimberlys Blut von der Gruppe AB

auf der Schlafanzugjacke war. Wie ist es darauf gekommen? Nun, wenn wir der Geschichte des Angeklagten Glauben schenken, hat er die Jacke ausgezogen und auf Colettes Brust gelegt und erst danach nach Kimberly gesehen. Er kam erst mit Kimberly in Berührung, nachdem er die Jacke ausgezogen hatte.

Wir wissen zumindest, daß die Jacke auf Colettes Brust lag. Das ist einer der wenigen Punkte, bei denen die Verteidigung und die Anklage übereinstimmen. Der Beklagte hat ausgesagt, er sei verwirrt gewesen und habe die Jacke vielleicht auf Colettes Brust gelegt, um sie vor einem Schock zu schützen. Wir hingegen glauben, daß er die Jacke auf Colettes Brust gelegt hat, weil sich schon Blut der Gruppe A darauf befand und er eine vernünftige Erklärung dafür brauchte.

Wie sind die Fasern und Fäden der Schlafanzugjacke auf Kimberlys Bett gekommen? Vierzehn Stück, wo er die Jacke doch schon längst ausgezogen hatte? Wir haben den Angeklagten danach gefragt, und er sagte, vielleicht hätten die Fasern an seinen Armen geklebt. Wir hingegen meinen, daß sie von der blauen Schlafanzugjacke selbst stammen, als Kimberly von MacDonald in ihr Zimmer zurückgetragen und in das Bett gelegt wurde. Dabei hat er die Jacke noch getragen.

Was ist mit Kristen? Wir wissen, daß man mindestens einen Faden von der Schlafanzugjacke und einen Splitter von dem Knüppel in ihrem Zimmer gefunden hat. Wir wissen, daß sich Blut der Gruppe A an der Wand befand. Wir wissen, daß jemand mit der Blutgruppe A direkt und in großen Mengen auf die Bettdecke geblutet hat. Wir wissen, meine Damen und Herren, daß Colette MacDonald keine Verletzungen an den Beinen hatte, und doch befand sich eine Menge Blut — ihr eigenes Blut — an der Schlafanzughose. Wie ist es dorthin gekommen?

Die Beweise verraten uns, daß es dorthin kam, weil der Mörder diesen Knüppel nahm. Nachdem Colette MacDonald dann in Kristens Zimmer gegangen war, schlug der Mörder sie dort erneut mit dem Knüppel, und sie fiel gegen die Wand und nach vorn und blutete auf die Schlafanzughose.«

Blackburn hielt inne und schritt langsam durch den Gerichtssaal auf und ab. »Meine Damen und Herren«, sagte er, »wir haben eine Menge über Abdrücke von Stoffen und Körperteilen auf dem Bettlaken gehört. Wie sind sie dorthin gekommen? Ein Stoffabdruck stimmt mit dem rechten Aufschlag der blauen Schlafanzugjacke des Angeklagten überein. Was hatte der Angeklagte dazu zu sagen? Er konnte sich nicht erinnern, mit diesem Laken in Berührung gekommen zu sein.

Aber in der Mitte dieses Lakens befindet sich eine große Menge Blut der Gruppe A. Dort befinden sich zwei Abdrücke, die mit den Armen von Colettes rosafarbener Schlafanzugjacke übereinstimmen. Und ein Abdruck vom Aufschlag — dem rechten — der blauen Schlafanzugjacke MacDonalds. Was für eine Erklärung gibt es dafür?

Und dann der Fußabdruck. Der Angeklagte gibt sogar zu, daß es sich dabei wahrscheinlich um seinen Fußabdruck handelt. Die angeblichen Einbrecher waren nicht barfuß. Der linke Fußabdruck im Blut der Gruppe A weist aus Kristens Zimmer. Wie entstand er? Und wie kamen die Abdrücke der Bekleidungsstücke auf das Laken?

Alles weist darauf hin, daß Colette MacDonald in Kristens Zimmer mit dem Knüppel zu Boden geschlagen wurde. Der Angeklagte holte daraufhin die Bettdecke und das blaue Laken aus dem Elternschlafzimmer in Kristens Zimmer, legte Colette darauf, hob sie hoch und trug sie ins Elternschlafzimmer zurück. Und dabei trat er, ohne es zu wissen, in Blut, das nicht von Kristen stammte, und erzeugte diesen Fußabdruck.«

Blackburn warf einen Blick auf seine handschriftlichen Notizen. »Wir wissen«, fuhr er fort, »daß Latexstücke im Elternschlafzimmer gefunden wurden. An einigen befand sich Blut der Gruppe A. Wie sind sie dorthin gekommen? Der Angeklagte hatte keine Erklärung dafür.

Wir wissen, daß jemand das Wort SCHWEIN mit Blut der Gruppe A auf das Kopfteil von Colette MacDonalds Bett schrieb. Dort wurde ein blauer Faden von der Schlafanzugjacke gefunden. Wir wissen, daß die im Elternschlafzimmer gefundenen Teile von Chirurgenhandschuhen zu solchen passen, die wir woanders im Haus gefunden haben.

Und ist es nicht interessant, meine Damen und Herren, daß Blutstropfen der Gruppe B — der Gruppe des Angeklagten — in der Küche gefunden wurden, in der Nähe des Schrankes, in der er Chirurgenhandschuhe aufbewahrte? Seiner Geschichte zufolge war die Küche der dreizehnte Zwischenhalt auf seinen Runden durch das Haus. Blutstropfen beim dreizehnten Halt, aber beim ersten, wo er seiner Geschichte zufolge verletzt wurde, keine.

Meine Damen und Herren, alle Beweise deuten darauf hin, daß sich der Angeklagte mit seinen medizinischen Kenntnissen und Fähigkeiten — der wußte, daß die Militärpolizei bald eintreffen würde — im Badezimmer eine — nicht alle, aber eine — Verletzung zufügte. Daher stammt das Blut der Gruppe B in der Küche, und deshalb hat er vorher nicht geblutet.

Aber, meine Damen und Herren, am wichtigsten sind diese beiden Beweisstücke.« Blackburn hob den Knüppel und die Schlafanzugjacke hoch. »Warum sie so wichtig sind? Nun, der Angeklagte behauptet, diesen Knüppel vor dem 6. April niemals gesehen zu haben, und war nicht der Meinung, dies sei der Knüppel, mit dem man ihn geschlagen hat. Den Knüppel, die Messer und den Eispickel fand man draußen vor der Hintertür. Der Angeklagte hat das Haus nicht verlassen, ging aber zu dieser Tür. Am Knüppel fand man Blut der Gruppen A und AB und zwei kleine blaue Fäden von seiner Schlafanzugjacke.

Das klingt eigentlich nebensächlich, bis man genau darüber nachdenkt. Wie sind das Blut und die Fäden an den Knüppel gekommen? Wenn er ihn niemals angefaßt, niemals gesehen hat, wenn er die Schlafanzugjacke erst auszog, nachdem sich dieser Knüppel bereits draußen befand, wie sind die Fäden dann an den Knüppel gekommen?

Es gibt jedoch eine Erklärung, und die lautet, daß dieser Knüppel erst hinausgeworfen wurde, *nachdem* Fäden von der Jacke und Blut vom Boden daran gelangten.

Meine Damen und Herren, ich habe Ihnen jetzt ausführlich all diese Beweise erläutert. Aber was haben sie zu bedeuten? Wie ist es zu den Morden gekommen?

Wir wissen, daß der Angeklagte ein guter Arzt war. Wir wissen, daß seine Familie ihn geliebt hat. Wir wissen das von den Valentinskarten. Wir wissen von dem Brief, den er im Zeugenstand vorgelesen hat, daß Colette ihn sehr geliebt hat.

Doch wir wissen auch, daß der Angeklagte seiner Frau

untreu war. Wir wissen, daß er am Wochenende zuvor gearbeitet hat; er war vielleicht müde. Wir wissen, daß Kristen ins Bett der Eltern kam. Wir wissen, daß er seiner Geschichte zufolge an jenem Abend spät zu Bett ging und das Bett naß vorfand.

Ich will nicht behaupten, daß es nur wegen dieses Vorfalls zum Streit kam. Aber alle Beweise deuten darauf hin, daß es im Elternschlafzimmer zwischen Colette und dem Angeklagten zum Streit kam. Wir wissen, daß Colette eine Prellung davontrug. Vielleicht wurde sie geschlagen.

Sie haben die Worte ›Daddy, Daddy, Daddy, Daddy!‹ gehört. Ich glaube, daß diese Worte gesprochen wurden, aber nicht aus Angst vor Einbrechern. Die Beweise deuten daraufhin, daß sie gesprochen wurden, als Kimberly ins Elternschlafzimmer kam und sah, was sich zwischen ihrem Vater und ihrer Mutter abspielte. Wir wissen, daß sie dort war. Wir wissen es, weil ihr Blut auf dem Bettlaken, dem Boden und in der Diele gefunden wurde.

Die Beweise deuten darauf hin, daß Colette beim Versuch, sich zu retten oder zu wehren, das alte Geneva-Forge-Messer nahm und den Angeklagten damit vielleicht verletzte. Und der Angeklagte — er war vielleicht wütend und erschöpft — verlor für einen kurzen, tragischen Augenblick die Kontrolle, holte diesen Knüppel und schlug damit auf Kimberly und seine Frau ein.

Sie haben die Worte ›Jeff, Jeff, Jeff, warum tun sie mir das an?‹ gehört. Bedenken Sie, wie ähnlich sie dem Satz ›Jeff, Jeff, Jeff, warum *tust du* mir das an?‹ klingen.

Nachdem der Angeklagte Kimberly geschlagen hatte, trug er sie in ihr Zimmer zurück und schlug sie dort erneut. Colette lief in ihr Zimmer hinüber, um sie zu beschützen; und dort schlug der Angeklagte sie erneut und trug sie dann ins Elternschlafzimmer zurück.

Damit waren die Dinge natürlich einfach zu weit gegangen. Sie ließen sich nicht mehr reparieren.

Der Angeklagte fand ein Old-Hickory-Schälmesser und versetzte Colette MacDonald damit sechzehn Stiche und Kimberly mindestens acht bis zehn Stiche in den Hals.

Erinnern Sie sich an die *Esquire*-Ausgabe und den Artikel

über die Manson-Morde darin. Verschiedene Täter hatten verschiedene Waffen benutzt. Und so holte der Angeklagte einen Eispickel und stach damit erneut auf Kristen ein.

Sie erinnern sich an die Aussage des CID-Agenten, der den Angeklagten am Morgen nach der Tat im Krankenhaus verhörte. Als es um Kristen ging, sprach der Angeklagte auf einmal unzusammenhängend und verworren. Es fiel ihm schwer, über Kristen zu sprechen. Vielleicht, weil er bei ihr am kaltblütigsten vorgegangen war — bei einem hilflosen, kleinen Mädchen. Kimberly und Colette hatte er geschlagen, als er wütend war, Kristen nicht.« Blackburn hielt einen Augenblick lang inne, damit die Geschworenen darüber nachdenken konnten.

»Nun, so etwas wie einen perfekten Mord gibt es nicht«, fuhr er dann fort. »Die Schlafanzugjacke lag wahrscheinlich bereits auf Colettes Brust. Und der Angeklagte dachte einfach nicht mehr daran und begann den schrecklichen Fehler, mit dem Eispickel auf Colette einzustechen, während die blaue Schlafanzugjacke über ihr lag, und so sind die Löcher hineingekommen.

Er wußte damals nicht, daß das FBI vier Jahre später feststellen würde, daß achtundvierzig Löcher einundzwanzig entsprechen können.

Dann wischte er die Waffen — das Old-Hickory-Messer und den Eispickel — an der Bademalte ab. Wischen irrationale und unter Drogen stehende Menschen Waffen ab und werfen sie dann draußen fort, damit die Ermittler sie finden können?

Warum hat er behauptet, das Geneva-Forge-Messer aus Colettes Brust gezogen zu haben, obwohl Paul Stombaugh ausgesagt hat, dieses Messer sei zu stumpf und habe keine der Schnitte an ihrer Kleidung erzeugt? Bedenken Sie, er hat gesagt: ›Vergessen Sie nicht, daß ich das Messer aus ihrer Brust gezogen habe.‹ Er hat das getan, weil er nicht wußte, was sich auf dem Messer befand und er eine Erklärung haben mußte, wieso es sich dort befand — er hat vergessen, es ebenfalls hinauszuwerfen.

Mit diesem Geneva-Messer wurde niemand getötet. Warum befand sich kein Blut an dem Messer, wenn er es aus ihrer Brust gezogen hat? Weil es nie in dieser Brust steckte — der Angeklagte wurde damit am Arm verletzt.

Dann hat er die Chirurgenhandschuhe übergezogen und das Wort SCHWEIN auf das Kopfteil des Bettes geschrieben. Er hat sich die Verletzung beigebracht, eine Geschichte ausgedacht, die Militärpolizei angerufen und sich neben seine Frau gelegt, um auf sie zu warten.«

Erneut hielt Jim Blackburn inne, und als er fortfuhr, war seine Stimme noch weicher als zuvor. Er ging zu den Geschworenen hinüber und sah sie direkt an. »Wie Sie wissen«, sagte er, »hat der Beklagte zahlreiche Leunmundszeugen aufgebracht, und ich bin mir sicher, würde man Sie eines Verbrechens beschuldigen, hätten Sie das ebenfalls getan.« Er beugte sich vor, und seine Stimme war nun nur noch ein Flüstern. »Aber vergessen Sie nicht, daß das vielleicht größte aller Verbrechen vor 2000 Jahren begangen wurde. Und am Abend vor dem Verrat an Jesus Christus hätte Judas Ischariot zwölf der besten Leumundszeugen aufbringen können, die diese Welt jemals gekannt hat, und diese Zeugen hätten behauptet, er hätte niemals solch einen Verrat begehen können. Aber er hat es getan.«

Nun ruhte der Blick eines jeden Anwesenden im Gerichtssaal auf ihm, und jedes Ohr lauschte auf seine nächsten Worte. »Meine Damen und Herren«, sagte er, »wenn Sie in Zukunft, nachdem dieser Fall abgeschlossen ist, noch einmal an ihn denken sollten, bitte ich Sie, sich auch an Colette, Kimberly und Kristen zu erinnern.

Sie sind jetzt seit fast zehn Jahren tot. Das sind etwa 3400 oder 3500 Tage und Nächte, die Sie erlebt haben und ich erlebt habe und der Angeklagte erlebt hat, aber die drei Opfer nicht. Sie hätten sie auch gern erlebt.

Und wenn Sie in Zukunft ein Gebet sagen, schließen Sie sie mit ein. Wenn Sie eine Kerze anzünden, zünden Sie auch eine für sie an. Und wenn Sie in Zukunft eine Träne weinen sollten, weinen Sie auch eine für sie.«

Die Traurigkeit in seiner Stimme, die Traurigkeit im Saal hatte ein Gewicht, das neuneinhalb Jahre der Trauer und Schmerzen aller Beteiligten auszudrücken schien, aller Menschen, die Jeffrey MacDonalds schwangere Frau und kleinen Töchter gekannt hatten.

»Wir erbitten im Namen der Anklage nichts«, fuhr Blackburn

fort. »Aber wir erbitten im Namen der Gerechtigkeit und Wahrheit alles.

Meine Damen und Herren, dies alles ist schrecklich tragisch und schrecklich traurig, denn Sie haben Mrs. Kassab gesehen, und Sie haben Mrs. MacDonald gesehen, und es ist traurig für sie beide — sie beide waren die Großmütter, und nicht nur eine — und es ist traurig für den Angeklagten.

Aber am traurigsten ist es für die, die mit dem höchsten Preis bezahlen mußten — mit ihrem Leben.

Und so bitten wir Sie, meine Damen und Herren, den Angeklagten für schuldig zu befinden, Colette erschlagen und erstochen zu haben, Kimberly erschlagen und erstochen zu haben und — worin vielleicht seine größte Schuld liegt — die kleine Kristen erstochen zu haben.

Sie erinnern sich — Sie haben ihn bestimmt schon oft gehört, den Satz aus dem dritten Kapitel des Propheten Salomo. ›Ein jegliches hat seine Zeit, und alles Vornehmen unter dem Himmel hat seine Stunde. Geboren werden und sterben...‹

Gott hat bestimmt nicht beabsichtigt, daß Colette, Kimberly und Kristen MacDonald am 17. Februar 1970 sterben sollten.

Es ist an der Zeit, meine Damen und Herren. Es ist schon lange an der Zeit. Es ist an der Zeit, daß jemand für Gerechtigkeit und Wahrheit spricht und diesen Mann für schuldig erklärt.«

7

Am Abend zuvor hatte Bernie Segal sein Schlußplädoyer vorbereitet. Selbst in privatem Rahmen beharrte er, daß die Geschworenen MacDonald für schuldig sprechen würden, wenn er kein Plädoyer hielt, doch er hatte über neun Jahre darauf gewartet, sich von der Wut und den Frustrationen zu befreien, die er wegen seines berühmtesten Klienten empfand, und er hatte nicht die Absicht, diesen Augenblick verstreichen zu lassen.

In den letzten Tagen hatte der Prozeß nicht nur die Aufmerksamkeit der örtlichen Presse, sondern auch der überregionalen Presse wie *Newsday*, *The Washington Post*, *The New York Times* und der *Los Angeles Times* und der Fernsehsender und der Nachrichtenmagazine gewonnen. Zu Segals Schrecken und Jeffrey MacDonalds Erstaunen und Abscheu hatte *People* gerade einen Artikel über Freddy Kassab und seine lange Suche nach Gerechtigkeit abgedruckt. Ein Foto zeigte Kassab zwischen Gesetzesbüchern, und er sah darauf aus, als sei er gerade als neues Mitglied an den Obersten Gerichtshof berufen worden. Unter dem Foto stand ein Zitat: ›Wenn die Gerichte dieses Landes keine Gerechtigkeit walten lassen, werde ich dafür sorgen.‹

Segal hatte sich entschlossen, die beiden ersten der drei Stunden und fünfzehn Minuten, die das Gericht der Verteidigung für das Schlußplädoyer zugestanden hatte, über die Widersprüche der Beweisführung der Anklage zu sprechen. Danach sollte Wade Smith im jovialsten Tonfall erzählen, was für ein wunderbarer Mensch Jeffrey MacDonald sei, wie sehr er seine Familie geliebt habe und wie undenkbar es sei, daß er das ihm vorgeworfene Verbrechen begangen habe.

Smith wäre durchaus imstande gewesen, in einer Stunde

Redezeit den Geschworenen aus Raleigh nahezubringen, daß er sie alle seit dem Kindergarten kannte und mochte und ein Mr. Blackburn ihres Vertrauens vielleicht doch nicht so würdig war wie der Anwalt aus ihrer Stadt.

Danach wollte Segal weitere fünfzehn Minuten lang Feuer und Schwefel regnen lassen — die CID, das FBI, Victor Woerheide und Brian Murtagh angreifen, bis die Geschworenen überzeugt waren (so hoffte er), daß die Anklage gegen einen so anständigen und edlen Menschen völlig ungerechtfertigt war und sie mit Freuden Jeffrey MacDonalds langem Alptraum ein glückliches Ende bereiten würden.

Doch es sollte anders kommen. Obwohl Bernie Segal eine Armbanduhr trug, kam er während seines Schlußplädoyers so in Schwung, daß er keinen Blick darauf warf, bis Franklin Dupree mit dem Kugelschreiber auf sein Pult klopfte und ihn erinnerte: »Sie haben drei Stunden und fünfzehn Minuten und bereits drei Stunden und zehn Minuten davon verbraucht.«

Nachdem Segal zwei Stunden lang — manchmal unzusammenhängend, oftmals schmähend und sich ständig wiederholend — gewütet hatte, sah sich Wade Smith plötzlich vor der vielleicht schwierigsten Entscheidung seiner Laufbahn als Anwalt. Sollte er den Tisch der Verteidigung verlassen und Segal zuflüstern, daß er seine Zeit überschritten hatte, *obwohl er noch nicht einmal auf die wichtigsten Punkte zu sprechen gekommen war, auf die er in seinem Plädoyer eingehen wollte* — oder sollte er, da er ja letztendlich nur einer von mehreren Assistenten Segals war, wie dieser ihm auch von Anfang an klargemacht hatte, einfach sitzen bleiben und die Natur ihren Lauf nehmen lassen?

Jeffrey MacDonald, sein Klient, saß neben ihm. Hätte MacDonald es ihm aufgetragen, hätte Smith in der Tat den langen und peinlichen Weg durch den Gerichtssaal angetreten, um dem Hauptverteidiger zu sagen, daß die letzte Chance zu einem Freispruch in dem endlosen Strom seiner Worte unterging. Doch MacDonald wand sich zwar gelegentlich unbehaglich auf seinem Stuhl — wie auch einige Geschworene und alle anderen im Gerichtssaal außer Segal —, erteilte solch eine Anweisung jedoch nicht.

Von Anfang an, als Segal verbittert und sarkastisch zu den Geschworenen sagte: »Ja, meine Damen und Herren, es hat eine Tragödie gegeben, doch über die wirkliche Tragödie in diesem Fall haben wir noch nicht gesprochen!« — wobei es sich Segal zufolge nicht um die Morde an Colette, Kimberly und Kristen handelte, sondern um die nachfolgende ›Zerstörung‹ von Jeffrey MacDonalds Leben durch das amerikanische Rechtssystem —, hatte er nur zu wilden Rundumschlägen ausgeholt, bis schließlich der Eindruck entstand, er sei der Ankläger, und das Justizministerium stünde hier vor Gericht. Selbst nach drei Stunden und zehn Minuten war Segal noch nicht auf Helena Stoeckley zu sprechen gekommen. Er mußte sie in die vier Minuten zwängen, die ihm nach dem Klopfen mit dem Kugelschreiber noch blieben, womit Wade Smith genau sechzig Sekunden und keine sechzig Minuten mehr übrigblieben, um die Geschworenen davon zu überzeugen, daß Jeffrey MacDonald ein so anständiger Mann war, daß er seine Frau und Kinder einfach nicht getötet haben konnte, ganz gleich, was die Beweise aufzuzeigen schienen.

Richter Dupree vertagte die Verhandlung kurz, und Smith ging zu Jim Blackburn hinüber, um mit ihm zu verhandeln, wie zwei alte Bekannte miteinander verhandeln können, die wissen, daß sie beide noch in derselben Stadt leben und praktizieren werden, wenn Bernie Segal, Jeffrey MacDonald und alle fremden Reporter sie schon längst verlassen hatten.

Um die Chance auszuschließen, daß Richter Dupree Smith seine gesamte Stunde doch noch gewährte, erklärte sich Blackburn, dem noch vierzig Minuten für ein letztes Wort blieben, bereit, Wade Smith zehn Minuten davon abzugeben.

Smith konnte nicht mehr viel tun, um den Schaden zu reparieren, doch er versuchte es nach Kräften. »Horchen Sie einmal einen Augenblick in sich hinein«, sagte er zu den Geschworenen. »Was fühlen Sie? Warum ist es passiert? Fragen Sie sich, *warum* Jeff das getan haben sollte. Welchen Grund hätte er gehabt?

Die Anklage ist nicht verpflichtet, Ihnen ein Motiv zu nennen. Das verlangt das Gesetz nicht. Aber es gibt ein Naturgesetz, ein Gesetz, das wir alle kennen. Und wir fühlen, daß wir zur Anklage sagen können: ›Nennt uns den Grund. Sagt uns, *warum* dieser Mann seine Familie zerstören wollte.‹

Denken Sie an die Fotos, die Sie von Jeff und der Familie gesehen haben, von Jeff mit den Kindern, Colette mit den Kindern. Es ergibt keinen Sinn. Es ist unglaublich. Wissen Sie nicht, daß Jeffrey MacDonald seine Kinder niemals hätte töten können? Bleibt da nicht ein begründeter Zweifel?

Wenn Sie sich die Autopsie-Fotos dieser kleinen Kinder ansehen, müssen Sie sich fragen, was jemanden dazu veranlassen könnte, ein Messer zu heben und sie zu töten — nicht nur, sie zu töten, sondern sie zu verstümmeln, Stoß um Stoß um Stoß. Es kann einfach nicht wahr sein.«

Wade Smith hielt inne. Er sah zu Jeffrey MacDonald hinüber, der mit gesenktem Blick dort saß, die Hände auf dem Tisch gefaltet. Smith drehte sich wieder zu den Geschworenen um.

»Er braucht Frieden«, sagte Wade Smith ruhig. »Er hat ihn seit langer Zeit nicht mehr gehabt. Sie als Geschworene können ihm zum ersten Mal seit langen, langen Jahren seinen Frieden zurückgeben.«

Monate später sagte einer der Geschworenen: »Ich weiß nicht, ich weiß nicht. Wir wollten ihm ja glauben. Wirklich. Wenn Wade Smith vielleicht etwas länger gesprochen hätte . . .«

Aber er konnte nicht länger sprechen, und danach war noch einmal Jim Blackburn an der Reihe. Er sprach die letzten zwanzig Minuten. »Wissen Sie«, sagte er, »als ich Wade zuhörte, wie er von einem Motiv sprach, und wie unglaublich das alles sei — und es *ist* unglaublich, daß ein erfolgreicher Mensch seine Familie tötet und ein Vater seine Hand im Zorn hebt, während seine Kinder ›Daddy‹ rufen —, da mußte ich unwillkürlich an das denken, was ich heute morgen gesagt habe.

Wir gehen nicht davon aus, daß Dr. MacDonald seine Familie tötete, weil Kristen ins Bett gemacht hat. Meine Damen und

Herren, wir gehen davon aus, daß der Angeklagte seine Familie tötete, weil die Ereignisse sich überschlugen.

In Ihrem Leben hat es bestimmt schon mal einen Augenblick gegeben, in dem Sie wütend auf jemanden waren und die Hand hoben, um ihn zu schlagen — vielleicht ihr eigenes Kind. Aber Sie hätten niemals... nun ja... weitergemacht. Sie haben rechtzeitig aufgehört.

Angenommen, es ist spät am Abend oder früh am Morgen, und Sie sind erschöpft, und alles läuft einfach quer, und Sie heben die Hand, und bevor Sie es noch bedauern können, haben Sie etwas getan, was Sie nicht mehr ändern können. Alles andere in diesem Fall, meine Damen und Herren, ergab sich aus diesem Augenblick.

Ich behaupte nicht, daß der Angeklagte immer ein schlechter Mensch war. Ich behaupte nicht, daß er in den letzten neun Jahren ein schlechter Mensch war. Aber ich behaupte, daß in den frühen Morgenstunden des 17. Februar die Zeit in der Wohnung der MacDonalds für einen kurzen Augenblick stillstand und etwas geschah, das diese tragischen Ereignisse auslöste und den Tod der Kinder unumgänglich machte, wollte der Angeklagte selbst überleben.

Mr. Segal hat uns heute nachmittag erneut angegriffen — uns, die CID, Stombaugh. Alle, die etwas mit der Anklage zu tun haben. Er sagte, unser Fall sei auf Sand gebaut. Ich jedoch behaupte, meine Damen und Herren, daß der einzige Sand in diesem Fall der ist, den die Verteidigung ihnen vielleicht in die Augen streuen will, damit Sie die Wahrheit nicht mehr sehen.

Wade Smith hat vor einer Minute ausgedrückt, was Sie im Inneren empfinden. Aber was empfanden Sie, als der Angeklagte nicht einmal versuchte, das Unerklärliche zu erklären? Als man ihm Fragen stellte, und er keine Antworten gab?

Mr. Segal sagte zuvor, die Indizien würden nichts bedeuten. Es handelte sich nur um das Gefasel der Anklage. Ich sage Ihnen hingegen, daß diese Indizien einfach *alles* erklären. Die Tatsache, daß bei einundzwanzig Hieben durch eine Schlafanzugjacke achtundvierzig Löcher entstehen können, die wiederum mit den einundzwanzig Löchern in der Brust des Opfers übereinstimmen, ist eine Tatsache von einzigartiger Bedeutung, die mir ohne den Schatten eines begründeten Zweifels beweist, daß Jeffrey MacDonald seine Frau Colette getötet hat, und von dort aus ist es nur ein kurzer Schritt zu den Kindern.

Das ist ein schwieriger Fall, nicht wegen der Beweislage, sondern wegen der Menschen, die darin verwickelt sind — die Kassabs, die den Rest ihres Lebens darunter leiden werden, ganz gleich, wie Ihr Urteil ausfallen wird. Mrs. MacDonald, die den Rest ihres Lebens darunter leiden wird, ganz gleich, wie Ihr Urteil ausfallen wird; ihre Freunde und wohl auch der Angeklagte selbst.

Die größte Tragik dieses Falles liegt jedoch in den letzten Augenblicken im Leben von Colette, Kimberly und Kristen — als sie begriffen, daß sie sterben würden, und zum ersten und letzten Mal begriffen, *wer* sie töten würde.

Man kann es sich nicht vorstellen. Leumundszeugen haben ausgesagt, er hätte es nicht tun können, doch, meine Damen und Herren, wir glauben, daß er es tat.

Eine gewaltige Verantwortung lastet auf Ihnen. Sie müssen entscheiden, wie die Beweislage aussieht. Sie müssen ein Urteil fällen. So gern wir es nicht glauben möchten, wir sind der Ansicht, daß er sich des dreifachen Mordes schuldig gemacht hat, und ich bitte Sie, zu diesem Urteil zu kommen.«

Blackburn hielt kurz inne. »Wade Smith hat gesagt, daß Sie die Macht haben, dem Angeklagten Frieden zu geben«, fuhr er dann fort. »Nun, ganz gleich, welchen Spruch Sie fällen werden, meine Damen und Herren, ob nun unschuldig oder schuldig — Sie haben nicht die Macht, diesem Angeklagten Frieden zu geben.«

Und dann, wie ein Mensch, der zum letzten Mal ans Bett eines sterbenden Verwandten trat, drehte sich Jim Blackburn langsam von den Geschworenen um und kehrte zu seinem Platz zurück.

Die sieben Prozeßwochen hatten von allen Beteiligten ihren Tribut gefordert, doch für viele Geschworene war der Sommer des Jahres 1979 geradezu traumatisch. Sie mußten die Entscheidung treffen, ob ein Mann, gegen den seit fast zehn Jahren ermittelt wurde, auf freien Fuß kam, oder ob er den Rest seines Lebens hinter Gittern verbringen mußte. Und sieben Wochen lang war das Wissen, daß sie eines Tages diese Entscheidung würden treffen müssen, fast wie ein bösartiger Tumor in ihnen gewachsen.

Der ehemalige Staatspolizist wurde seit Wochen des Nachts wach, weil er ein Baby schreien hörte — obwohl gar kein Baby im Haus war. Wenn er in der Dunkelheit erwachte, fragte er seine neben ihm liegende Frau, ob sie die Schreie auch gehört habe. Das war natürlich nicht der Fall.

Ein anderer Geschworener, der siebenundzwanzig Jahre alte Drogist, selbst Vater eines zweieinhalb Jahre alten Sohns, konnte in der Nacht vor Beginn der Beratung überhaupt nicht schlafen. Kurz nach ein Uhr morgens war er auf Zehenspitzen ins Zimmer seines Sohns gegangen und hatte den schlafenden Jungen lange betrachtet. »Die Vorstellung, ein Vater könnte sein Kind dreizehnmal ins Herz stechen...« sagte er später. »Es war fast zu schwer, damit fertig zu werden.«

Fast. Am Tag nach der Urteilsverkündung stand in einem Leitartikel der *Raleigh Times*: »Am schwierigsten fiel es den Geschworenen, die instinktive Ablehnung der Vorstellung zu überwinden, ein gebildeter, anscheinend zivilisierter Mann wie Dr. MacDonald, der eher heilte und Leben rettete, als sie zu nehmen, könnte diese entsetzliche Tat begangen haben.«

Und, wie es ein anderer Geschworener ausdrückte: »Dr. MacDonald tat uns allen leid. Wir wollten ihn nicht verurteilen.«

An diesem Abend gab es eine Party, genau wie am Abend vor dem ersten Prozeßtag. Wie am ersten Abend wurde nur mäßig Bier und Wein getrunken, und es herrschte ein Geist der Kameraderie, aber auch eine gewisse Spannung: die Anwesenden hatten alle hart gearbeitet, doch ganz gleich, wie das Urteil lautete, am nächsten Tag würden sie auseinandergehen, und ein Kapitel ihres Lebens war abgeschlossen.

Am nächsten Tag herrschte gegen sechzehn Uhr Hochbetrieb in den Büros der Verteidigung. Jeffrey MacDonalds Sekretärin, die von Kalifornien eingeflogen war, reservierte telefonisch ein Hotelzimmer für MacDonald und Candy Kramer in New York. Einige Anwälte unterhielten sich über die Presseerklärung, die sie nach der Urteilsverkündung geben wollten, und ob sie Raleigh mit einem Charterflugzeug oder mit einer Linienmaschine verlassen sollten.

Man unterhielt sich auch darüber, ob MacDonald den Gerichtssaal in einer kugelsicheren Weste betreten sollte, für den Fall, daß Freddy Kassab im Augenblick seiner größten und letzten Verbitterung die ›Gerechtigkeit‹ ausüben wollte, von der er so lange gesprochen hatte.

Nur Wade Smith hielt sich von den anderen fern. Er hatte schon viele Prozesse geführt und wußte nur allzu gut, wann ein großer verlorenging.

Nach nur sechseinhalb Stunden der Beratung hatten die Geschworenen ein Urteil gefällt. Man fand sich im Gerichtssaal ein, und Richter Dupree nickte einem Gerichtsdiener zu, der die Tür öffnete, die zu dem Zimmer führte, in dem sich die Geschworenen beraten hatten.

Als erster Geschworener kam der ehemalige Green Beret heraus. Er hielt den Kopf gesenkt und weinte. Ihm folgte die Frau, deren Sohn Mitglied von Alpha Kappa war. Auch sie weinte.

Nach einer scheinbar langen Pause — die jedoch nur zehn oder fünfzehn Sekunden währte — kam der dritte Geschworene hinaus. Es hätte keine Rolle gespielt, wenn diese Pause eine Stunde gewährt hätte. Nicht nur Jeffrey MacDonald und Bernie Segal und Wade Smith und MacDonalds Mutter, sondern auch Jim Blackburn und Brian Murtagh und Freddy und Mildred Kassab, die in der ersten Reihe saßen, wußten, was kommen würde. Ein ehemaliger Green Beret, der gerade einen anderen Green Beret vom Vorwurf des dreifachen Mordes freigesprochen hat, betritt den Gerichtssaal nicht mit Tränen in den Augen.

MacDonald wurde des Mordes zweiten Grades an Colette und Kimberly und des Mordes ersten Grades — da die Geschworenen annahmen, er habe diese Tat bewußt ausgeführt, um seine Geschichte zu decken — an Kristen für schuldig befunden.

MacDonalds Mutter eilte hinaus. Der ehemalige Polizist gab mit trockenen Augen und gefühlloser Stimme das Urteil der Geschworenen bekannt.

Dupree fragte den Angeklagten, ob er etwas zu sagen habe. MacDonald erhob sich. Er trug seinen besten Nadelstreifenanzug. Jeffrey MacDonald: Beliebtester Mitschüler, Princeton, Medizinstudium, die Green Berets, die Jugendfreundin, die beiden kleinen Töchter, die Farm in Connecticut, die Karriere als Arzt, sogar das Boot, der Sportwagen und die Eigentumswohnung und Candy Kramer — das alles war, soweit es ihn betraf, nur noch Staub und Asche.

Er sagte nur zwei Sätze, mit lauter, wenn auch etwas heiserer Stimme: »Sir, ich bin unschuldig. Ich glaube nicht, daß das Gericht alle Beweise gehört hat.«

Richter Dupree verurteilte ihn zu drei lebenslänglichen Haftstrafen, die nacheinander anzutreten seien, nicht zeitgleich. Es war die härteste Strafe, die er aussprechen konnte, da die Todesstrafe unter Bundesrecht nicht zugelassen war.

Dann kam ein US-Marshal, und Jeffrey MacDonald, dessen Gesicht nicht mehr Gefühle verriet als die Oberfläche eines Gletschers, streckte die Hände aus, um sich Handschellen anlegen zu lassen.

Bernie Segal stellte sofort den Antrag, MacDonald auf Kaution zu entlassen, doch Franklin T. Dupree lehnte ab. In Handschellen wurde er durch eine Hintertür hinausgeführt — eine Tür, durch die er noch nie zuvor gegangen war. Er sah nicht zurück. Hätte er zurückgeblickt, hätte er gesehen, wie Freddy und Mildred Kassab schweigend nebeneinander saßen und ihm nachsahen, bis er hinter der Tür verschwand.

SCHLUSS

BIN ICH GEWANDELT IN EITELKEIT

*Bin ich gewandelt in Eitelkeit,
oder hat mein Fuß geeilet zum Betrug?
So wäge man mich auf rechter Waage,
so wird Gott erfahren meine Unschuld.*

Hiob 31, 5—6

1

Von Anfang an hatte ich wohl vermutet, daß mehr hinter dem Fall gegen MacDonald stecken mußte, als er mir bei unserer ersten Begegnung gesagt hatte. Das Justizministerium versucht nicht, neuneinhalb Jahre nach dem Verbrechen einen Mann wegen Mordes zu belangen, nur weil sein Schwiegervater wütend auf ihn ist. Doch als ich zum Prozeß nach Raleigh flog, war ich von seiner Unschuld genauso überzeugt, wie man es von den Geschworenen erwartete. Als die Wochen verstrichen, wuchsen jedoch meine Zweifel.

Da waren die Fasern und Blutflecken und der Fußabdruck und natürlich die blaue Schlafanzugjacke, deren achtundvierzig Löcher mit den einundzwanzig in Colettes Brust übereinstimmten. All das war neu für mich, und es beunruhigte mich, während ich MacDonald in den Gerichtssaal begleitete oder mit ihm durch die Stadt schlenderte.

Und es stimmte, er war 1970 nicht schwer verletzt worden. Diese dreiundzwanzig Stichwunden, auf die er sich in der Dick-Cavett-Show bezogen hatte, hatte es nie gegeben. Eine Prellung an der Stirn, zwei oberflächliche Schnittverletzungen von einem Messer, ein paar Kratzer (und das war, lange bevor ich erfuhr, daß man unter einem Fingernagel Colettes ein Stück Haut gefunden hatte) und ein sauberer, glatter Stich zwischen zwei Rippen, gerade tief genug, um einen Lungenflügel teilweise kollabieren zu lassen – das war alles, was er im Kampf um sein Leben und das seiner Frau und der Kinder davongetragen hatte. (»Entweder lügt er«, sagte Franz Joseph Grebner 1970, nachdem er von den wenigen Verletzungen erfahren hatte, »oder er ist ein großer Feigling.«)

Ich hatte mittlerweile die Bilder von seiner Frau und seinen Kindern gesehen. Ich hatte sie zu oft gesehen. Ich hatte Bilder gesehen, die am Tatort gemacht wurden, und ich hatte Bilder von der Autopsie gesehen, nachdem das Blut abgewaschen worden war. Der Riß in Kimberlys Schädel sah aus wie eine Luftaufnahme vom Grand Canyon. Sie war fünf Jahre alt gewesen. Kristen war zweieinhalb Jahre alt gewesen. Sie hatte über dreißig Stiche in Brust und Rücken davongetragen. Ich hatte Dias gesehen, die die Löcher in ihrem Herzen zeigten.

Und Colette — die schwangere Colette, die Jugendfreundin: Der Schädel gebrochen, beide Arme gebrochen, als sie sie hob, um die Schläge abzuwehren, und Stiche in der Brust, nicht einer, wie bei ihrem Mann, sondern Dutzende, sowohl von einem Messer als auch von einem Eispickel, Waffen, die bis zum Heft in sie hineingestoßen waren.

Jeffrey MacDonald war nicht einmal genäht worden. Im Krankenhaus waren seine Lebenszeichen normal gewesen, während der Fotograf der CID die Wohnung verlassen mußte, weil er sich übergeben mußte.

Ich schlief nicht gut in Raleigh. Gegen Ende des Prozesses wurde es immer schlimmer, besonders, nachdem Helena Stoeckley ausgesagt hatte. Es lag nicht so sehr an dem, was sie gesagt oder nicht gesagt hatte — es lag daran, daß Jeffrey MacDonald auf ihre Anwesenheit nicht die geringste Reaktion zeigte.

Falls seine Geschichte der Wahrheit entsprach, handelte es sich bei ihr um die Frau, die an den Morden an seiner Familie beteiligt gewesen war, und neuneinhalb Jahre später saß sie nun sechs Meter von ihm entfernt im Gerichtssaal. Doch zeigte er weder Zorn, noch Leid, nicht einmal Neugier. Er war auf den Richter zornig, weil er nicht zuließ, daß ›die Zeugin Stoeckley‹ aussagte; und er war auf Briant Murtagh, auf Paul Stombaugh und Mildred Kassab wütend. Doch der Frau, die — wie er behauptete — seine Familie getötet hatte, brachte er keine Gefühle entgegen.

Zwei Tage nach dem Urteilsspruch besuchte ich ihn mit seiner Mutter und Candy Kramer in der Bundesstrafanstalt von Butner, North Carolina, wo er festgehalten wurde, bis entschieden war, wo er seine Strafe verbüßen sollte.

Im Besucherraum, der einer Imbißbude an einer Bushaltestelle ähnelte, umarmte McDonald in seiner formlosen, grauen Gefängniskleidung zuerst seine Mutter, dann Candy Kramer, dann mich. Candy hatte Zeitungsausschnitte mitgebracht, und er las sie alle durch und sah sich dann noch einmal die Fotos an. Die *New York Times* hatte zum ersten Mal ein Foto von ihm auf der Titelseite gebracht. Als wir gingen, gab er die Ausschnitte seiner Mutter zur Aufbewahrung.

Wenn wir beweisen können, daß er es getan hat, müssen wir nicht beweisen, daß er es getan haben könnte, hatte Jim Blackburn gesagt.

Sie hatten bewiesen, daß er es getan hatte. Seine Mutter, Candy Kramer oder seine Freunde aus Südkalifornien hatten sie nicht überzeugt, doch seine Mutter, Candy Kramer oder seine Freunde aus Südkalifornien hatten − im Gegensatz zu den Geschworenen − auch nicht jedem Verhandlungstag beigewohnt.

Für Blackburn und die Geschworenen war es nun vorbei. Aber nicht für mich. Nach allem, was ich den Sommer über erfahren hatte, fühlte ich nun, daß ich noch mehr erfahren mußte.

Als ich das Gefängnis verließ, konnte ich das Urteil der Geschworenen nicht einfach akzeptieren. Ich mußte erfahren, was für ein Mensch Jeffrey MacDonald wirklich war.

Am nächsten Tag flog ich nach Hause, und ein Tag später traf ein Brief von ihm ein. MacDonald hatte ihn noch vor meinem Besuch geschrieben − am Morgen des 30. August 1970, dem Morgen nach der Urteilsverkündung.

Stunde Null + 18

Ich muß Ihnen schreiben, damit ich nicht verrückt werde. Ich stehe in meiner Zelle − bei Einzelhaft sind keine Stühle erlaubt. Ich versuche zu ergründen, was, zum Teufel, passiert ist. Als der Sprecher der Geschworenen das Urteil verkündete, drehte sich der Raum um mich, und den Rest hörte ich nicht mehr. Ich erinnere mich nur noch an den Ausdruck auf den Gesichtern der Geschworenen −

als bäten sie mich um Vergebung. Ich verstehe nicht, wie es passieren konnte — 12 normale Menschen hörten einen Großteil der Beweise (nicht alle natürlich) und kauften der Anklage diesen Scheiß ab. Haben wir die falschen Geschworenen ausgewählt??? Ich glaube schon — es waren einfach so politisch rechte Mittelklasseleute, daß sie nicht glauben konnten, die Regierung würde Beweise fälschen oder manipulieren und eine Phantasieanklage aufbauen, weil die bösartige Mildred Kassab gesagt hat: »Irgend etwas in diesem Haus stimmt nicht.«
Ich bin jetzt ein Strafgefangener. Verurteilt wegen Mordes an *meiner* Familie. In den letzten drei Monaten mußte ich sooft an Colette und Kimmy und Kristy denken, als schrieben wir 1970. Damals war ich so taub vor Trauer, daß ich nichts mitbekam. Die Nacht des 6. April 1970 war brutal — aber an so einen Schmerz erinnere ich mich nicht.
Die verdammten Wände rücken näher. Dann und wann kommt ein Wärter oder ein Psychiater und fragt mich, wie es mir geht. Jemand mit meiner Stimme antwortet: »Gut — ich nehme mir nur einen Tag nach dem anderen vor.« Aber ich will sagen: »Ich werde verrückt. Ich versuche, eine *Sekunde* nach der anderen durchzuhalten.«
Warum, zum Teufel, bin ich in Einzelhaft? Zu meinem eigenen Schutz, sagt mir der Wärter, damit sich die übrigen Insassen nicht den ›schnellen Burschen von der Westküste‹ vorknöpfen. Ich will wirklich nichts mit den anderen Insassen zu tun haben, aber wenn ich nicht bald eine größere Zelle bekomme und mich bewegen kann, drehe ich noch durch.
Die letzte Nacht war die längste überhaupt. Zwölf Stunden lang leuchtete der Wärter alle fünfzehn Minuten mit einer Taschenlampe durch das Zellenfenster (damit ich keinen Selbstmord begehe). Jedesmal, wenn ich gerade einschlief, machte der Lichtschein mich wieder wach. Wie, zum Teufel, soll ich mich denn umbringen? Zu den Mahlzeiten bekomme ich nur Plastiklöffel, der Wächter sitzt direkt vor meiner Zelle und sieht alle 15 Minuten nach.

Ich will Bernie sprechen, weil ich ihn mag und er wahrscheinlich furchtbar geknickt ist und hören will, daß er keine Schuld trägt. Ich will meine Mutter sehen, weil es ihr dann besser gehen wird (und mir wohl auch). Ich möchte auch meine besten Freunde sehen – zu denen Sie (hoffe ich) auch gehören. Aber wenn ich an meine engen Freunde denke, weine ich nur. Ich fühle mich durch das Urteil beschmutzt und schäme mich. Bei Bernie und Mom habe ich dieses Gefühl seltsamerweise nicht, aber ich könnte Ihnen heute wohl nicht in die Augen sehen oder die Hand schütteln – ich weiß, daß ich weinen würde. Und ich weiß nicht, was ich Ihnen sagen soll, nur, daß es sich um einen Justizirrtum handelt und Sie das hoffentlich wissen und noch mein Freund sind.

Jeffrey MacDonald blieb sechs Tage lang in Butner in Einzelhaft, und jeden Tag schrieb er mir einen Brief, manchmal sogar mehrere. Dann wurde er in die Bundesstrafanstalt Terminal Island in Kalifornien verlegt, trotz ihres furchtbaren Namens – ›Terminal‹ bedeutet soviel wie Endstation, Tod – eine moderne Anstalt (und alles andere als ein Hochsicherheitsgefängnis) in der Nähe von Long Beach, knappe fünfzehn Minuten vom St. Mary's Hospital und keine halbe Stunde von Huntington Beach entfernt. Von den über fünfhundert Insassen war er der einzige, der eine lebenslange Haftstrafe absolvierte.

Auf dem Weg dorthin schrieb er mir einen Brief, in dem er mir (unter anderem) seine Unzufriedenheit mit seinen Anwälten mitteilte: »Diese verdammten Anwälte stellen einem all ihre Unkosten in Rechnung, verlieren einen narrensicheren Fall, machen einem derweil alle möglichen Versprechungen und wissen überhaupt nicht, was sie tun.«

Mittlerweile hatte Richter Dupree einen zweiten, schriftlichen Antrag, MacDonald auf Kaution freizulassen, abgelehnt: »Es trifft zwar zu, daß der Angeklagte im Berufsleben steht und bislang alle Auflagen des Gerichts befolgt hat, doch die Situation hat sich grundlegend geändert. Als hochqualifizierter Arzt hätte der Angeklagte wahrscheinlich keine Schwierigkeiten, eine Anstellung in einem der vielen Länder der Erde zu finden, die mit den Vereinigten Staaten kein Auslieferungsabkommen haben, und die Versuchung, in einem anderen Land Zuflucht zu suchen, ist mit Sicherheit sehr groß.«

MacDonalds Verlegung nach Terminal Island war eine wahre Odyssee. Über Atlanta wurde er nach Texarkana gebracht, wo er zehn Tage blieb, dann ging es über El Reno in Oklahoma nach El Paso in Texas. Am 27. September traf er schließlich in Ketten in Long Beach ein. Zwei Tage später schrieb er mir aus Terminal Island: »Anständiges Essen, keine Schikane von den Wachen und nur sanfte Gewalt. Immer noch ein Gefängnis, aber erträglich.« Und er fuhr fort: »Ich bin hier eine Berühmtheit. Die Presse will mich sprechen. Und die Unterstützung der Öffentlichkeit ist wirklich phänomenal. Ich bekomme noch immer Briefe von Leuten, die das Urteil ungeheuerlich finden. Und das Krankenhaus steht hinter mir — ich habe meinen Job noch . . .«

Am 5. Oktober 1979 stellte Bernie Segal beim Berufungsgericht in Richmond den Antrag, Richter Duprees Kautionsentscheidung aufzuheben. Am 12. Oktober — MacDonalds sechsunddreißigstem Geburtstag — charterten Freunde und Kollegen ein Flugzeug, das über das Gefängnis flog und ein Transparent hinter sich herzog: HAPPY BIRTHDAY ROCK, wobei ›Rock‹ der Spitzname war, den er wegen seiner unerschütterlichen Ruhe unter Streß in der Notaufnahme bekommen hatte.

Am 6. November fand die mündliche Verhandlung vor dem Berufungsgericht statt. Zehn Tage später wurde das Urteil verkündet: die Berufung war abgelehnt worden. Eine Woche darauf flog ich nach Kalifornien.

2

»Bei allen orthodoxen Psychosen«, schrieb Hervey Cleckley in *The Mask of Sanity* (›Die Maske der Vernunft‹), »liegt eine mehr oder weniger offensichtliche Veränderung des Gedankenprozesses oder eines anderen Persönlichkeitsmerkmals vor. Beim Psychopathen stellt man dies nicht fest. Der Beobachter sieht eine überzeugende Maske der Vernunft. Alle äußerlichen Merkmale dieser Maske sind intakt; sie kann nicht durchdrungen werden ... Eine Untersuchung enthüllt nicht nur eine gewöhnliche zweidimensionale Maske, sondern das anscheinend stabile Relief einer normalen Persönlichkeit. Der Beobachter findet verbale Ausdrücke und Mienenspiel, Stimmlagen und alle anderen Zeichen, die er als Gefühle ansieht, die er von sich selbst kennt und von denen er daher annimmt, daß sie auch in anderen Menschen vorhanden sind.

Nur bei einer sehr genauen Beobachtung und Einschätzung, die auf zahlreichen kleinen Eindrücken basiert, entsteht die Überzeugung, daß wir es bei solch einer Person trotz des intakten Gedankengangs und den normalen Gefühlsbekundungen nicht mit einem vollständigen Menschen, sondern mit einer ausgeklügelt konstruierten Reflexmaschine zu tun haben, die die menschliche Persönlichkeit perfekt nachahmen kann.

So perfekt ist diese Nachahmung eines vollständigen, normalen Menschen, daß niemand, der die Person medizinisch untersucht, mit wissenschaftlichen oder objektiven Begriffen erklären kann, warum oder in welcher Hinsicht sie kein echter Mensch ist. Und doch stellt sich schließlich das Wissen oder Empfinden ein, daß sie kein echter Mensch ist, weil sie niemals die Wirklichkeit im Sinn einer vollständigen, gesunden Lebenserfahrung wahrgenommen hat.«

In den letzten Jahren hat sich die Psychiatrie immer häufiger mit einem Zustand beschäftigt, der als ›pathologischer Narzißmus‹ bekannt ist. In seinem Buch *The Culture of Narcissism* (1978, ›Die Kultur des Narzißmus‹) hat Christopher Lasch einige der Wesenszüge beschrieben, die mit dieser geistigen Störung in Zusammenhang gebracht werden: »Eine Pseudo-Selbsteinsicht, kalkulierte Freundlichkeit, Nervosität, Abhängigkeit von der gefühlsmäßigen Wärme anderer Menschen in Verbindung mit einer Angst vor Abhängigkeiten, das Gefühl innerer Leere und grenzenlose unterdrückte Wut.« In der Tat, so Lasch, bestünde die Persönlichkeit des krankhaften Narzißten »zum größten Teil aus Verteidigungsmechanismen gegen diese Wut«.

›Wegen der Intensität dieser Wut‹ nicht imstande, ›seine Aggressionen einzugestehen, Schuld zu empfinden oder ... um verlorene Objekte seiner Liebe trauern zu können‹, neigt der pathologische Narziß ›zwar eher zur sexuellen Promiskuität als zur Unterdrückung‹, sucht gleichzeitig aber ›enge Beziehungen zu vermeiden, da sie intensive Gefühle des Zorns auslösen können.‹

Statt dessen versucht er, ›diesen Zorn und Neid mit Wunschvorstellungen von Wohlstand, Schönheit und Allmacht zu kompensieren‹.

Auf dem Flughafen von Los Angeles mietete ich einen Wagen und fuhr nach Long Beach, ins St. Mary's Hospital. Jeffrey MacDonalds Sekretärin gab mir den Schlüssel für seine Eigentumswohnung; sie lag nicht nur kaum eine halbe Fahrstunde vom Gefängnis entfernt, dort hatte ich auch Zugang zu den Tausenden Seiten Material über den Fall, das Jeffrey MacDonald im Lauf der Jahre gesammelt hatte und mir für mein Buch zur Verfügung stellen wollte. Seine Wohnung war ganz komfortabel, sobald man sich erst einmal an die zahlreichen Spiegel gewöhnt hatte.

MacDonalds Freunde bezahlten die Raten für das Boot, den Sportwagen und die Wohnung selbst weiter, damit alles auf ihn wartete, wenn er zurückkam. Sie alle waren der Ansicht —

denn er hatte es ihnen ja oft genug versichert —, daß es sich dabei höchstens um ein paar Monate handeln könnte. Obwohl der Kautionsantrag abgelehnt worden war, war MacDonald überzeugt, daß das Berufungsgericht die Anklage entweder ganz fallenlassen würde, weil sein Recht auf einen schnellen Prozeß nicht gewährleistet gewesen war, oder doch zumindest eine neue Verhandlung ansetzen würde, da Richter Dupree befangen gewesen war und nicht alle Zeugen zugelassen hatte.

Mehrere Tage lang sah ich MacDonalds Akten durch, Karton für Karton, Ordner um Ordner. Er hatte natürlich das vollständige Protokoll der Anhörung vor dem Militärgericht und Abschriften aller Zeugenaussagen der Voruntersuchung. Aufgrund der Durchsicht dieses umfangreichen Materials erfuhr ich zahlreiche Einzelheiten, die vor Gericht nicht zur Sprache gekommen waren.

Ich fand zum Beispiel eine Notiz, daß MacDonald am Montag, dem 16. Februar 1970, einen Arzt namens Sampson im Lumberten Hospital angerufen und sich um eine weitere Stelle beworben hatte, und zwar zusätzlich zu der täglichen Nachtschicht im Cape Fear Valley Hospital in Fayetteville und den Wochenendschichten im hundert Kilometer entfernten Hamlet Hospital. Dieser dritte Nebenjob schien kaum mit seiner Aussage übereinzustimmen, in den Monaten in Fort Bragg habe die Familie wieder zusammengefunden, weil ›wir Zeit hatten und ich nicht müde war und nicht zur Arbeit eilen mußte‹.

Ich fand auch eine Notiz über einen Anruf des Trainers der Boxmannschaft von Fort Bragg. »Sie brauchen einen Arzt, der das Team auf eine einmonatige Reise nach Rußland begleitet. Ich nahm sofort an. Sowohl Colette als auch ich waren sehr glücklich darüber.«

Seltsam fand ich auch die folgende Bemerkung: »Ich halte es für möglich, daß ›sie‹ (die Einbrecherin) ein Mann mit langem Haar war. Die CID hat mich nie gefragt, ob es sich möglicherweise um einen Mann handeln könnte.«

Nachmittags fuhr ich nach Terminal Island und unterhielt mich jeweils zwei, drei Stunden mit MacDonald. Er sprach von der langen, quälenden Fahrt im Gefangenenbus hierher, von dem Bösen, das er in Menschen wie Dupree, Murtagh und den

Kassabs personifiziert sah, von Bernie Segals Schlußplädoyer und darüber, daß die Geschworenen nicht wenigstens einen begründeten Zweifel gefunden hätten, kam jedoch niemals mit der Sprache heraus und fragte mich, was ich davon hielt. Für ihn schien festzustehen, daß ich von seiner Unschuld überzeugt war. Eine direkte Frage hätte das Risiko mit sich gebracht, eine Antwort zu bekommen, die ihm nicht gefiel.

Ich fand in den Unterlagen — ein Ordner mit der Aufschrift ›Buch‹ — einen Brief des Autors Joseph Wambaugh. MacDonald hatte ihn knapp zwei Monate nach der Anklageerhebung angeschrieben und gefragt, ob er nicht ein Buch über den Fall schreiben wolle. Die Antwort lautete:

> Sie müssen verstehen, daß ich nicht *Ihre* Geschichte schreiben würde. Es würde *meine* Geschichte sein. Genau wie *Tod im Zwiebelfeld* meine Geschichte und *Kaltblütig* Truman Capotes Geschichte war. In beiden Fällen wurden Verträge aufgesetzt, die uns bevollmächtigten, lebende Personen so zu interpretieren, porträtieren und charakterisieren, wie wir es für richtig hielten, wobei wir lediglich der Wahrheit verpflichtet waren, wie *wir*, und nicht wie *sie* sie sahen.
> Damit hätten Sie keine gesetzlichen Ansprüche, wenn Ihnen mein Porträt von Ihnen nicht gefällt. Stellen wir uns eine weitere häßliche Möglichkeit vor: was, wenn ich, nachdem ich monatelang recherchiert, Dutzende von Leuten interviewt, stundenlang den Prozeß verfolgt habe, nicht an Ihre Unschuld glaube?
> Ich argwöhne, daß Sie einen Schriftsteller suchen, der *Ihre* Geschichte erzählt, und Ihre Version könnte durchaus der Wahrheit entsprechen, wie ich Sie sehe. Aber Sie hätten *keine* Garantie dafür, nicht bei mir. Sie hätten absolut *keinen* Einfluß auf das Buch, würden es nicht einmal vor dem Erscheinen lesen können ...

Am nächsten Tag hatte MacDonald eine Kopie von Wambaughs Brief mit einer kurzen Notiz darauf an Bernie Segal geschickt: »Klingt interessant. Was glauben Sie? Er wirkt sehr arrogant, doch wenn er das Buch schreibt, würde es bestimmt ein Bestseller. Bitte so schnell wie möglich antworten.«

Wambaugh hatte das Buch natürlich nicht geschrieben, obwohl er bis ins Jahr 1979 mit MacDonald und Segal verhandelt hatte. Nun schrieb ich es. Und genau wie bei Wambaugh hatte MacDonald nicht den geringsten Einfluß darauf. Und die ›häßliche Möglichkeit‹, auf die Wambaugh sich bezog, war nun Wirklichkeit geworden.

Der Psychoanalytiker Otto Kernberg hat sich intensiv mit der narzißtischen Persönlichkeit beschäftigt und zahlreiche seiner Untersuchungsergebnisse 1975 in einem Buch mit dem Titel *Borderline Conditions and Panthological Narcissism* (›Grenzfälle und pathologischer Narzißmus‹) veröffentlicht.

»An der Oberfläche«, so Kernberg, zeigen pathologische Narzißten »nicht unbedingt ein ernsthaft gestörtes Verhalten; einige von ihnen funktionieren sozial sogar sehr gut.« Viele besitzen »die Fähigkeit zu aktiver, dauerhafter Arbeit auf einigen Gebieten, die es ihnen teilweise erlauben, ihren Ehrgeiz nach Größe zu verwirklichen und die Bewunderung und Zustimmung anderer Menschen zu bekommen«.

Kernberg beobachtet einen »seltsam anscheinenden Gegensatz zwischen der überschätzten Selbstsicht und dem Drang nach Beifall von anderen. Wenn narzißtische Persönlichkeiten eine objektiv wichtige Position einnehmen, umgeben sie sich vorzugsweise mit Bewunderern, für die sie sich interessieren, solange die Bewunderung neu ist. Abgesehen vom Beifall von anderen oder ihren größenwahnsinnigen Phantasien haben sie nur sehr wenig Freude am Leben, und sie fühlen sich ruhelos und gelangweilt, wenn der äußere Glanz verbleicht und keine neuen Quellen ihre Selbsteinschätzung nähren.«

Kernberg führt die wichtigsten Wesensmerkmale von Narzißten auf: »Größenwahn, extremer Egoismus und eine bemerkenswerte Abwesenheit von Interesse und Mitgefühl für andere

Menschen, obwohl sie so versessen darauf sind, Bewunderung und Zustimmung zu erhalten... Sie glauben, das Recht zu haben, andere ohne Schuldgefühle zu beherrschen und auszubeuten. Hinter einer oft charmanten, engagierten Oberfläche stellt man Kälte und Skrupellosigkeit fest. Diesen Patienten mangelt es nicht nur an Gefühlstiefe, sondern auch an dem Verständnis komplizierter Gefühle bei anderen Menschen.«

Kernberg stellt fest, daß »der pathologische Narziß andere Menschen für prinzipiell unehrlich und unzuverlässig hält. Die größte Angst dieser Patienten ist es, von irgend jemandem abhängig zu sein, denn Abhängigkeit ist gleichbedeutend mit Haß und Neid und setzt sie der Gefahr aus, selbst ausgebeutet und schlecht behandelt zu werden.«

Solche Menschen erleben jedoch »einen bemerkenswert intensiven Neid auf andere Menschen, die anscheinend Dinge haben, die sie nicht haben, oder einfach ihr Leben zu genießen scheinen«.

Solch eine »abwertende Selbstsicherheit stellt man besonders bei narzißtischen Patienten fest, die einerseits in der Welt der Berühmten und Reichen und andererseits in der des wertlosen ›Mittelmaßes‹ leben. Solche Patienten haben Angst davor, nicht zu den Großen, Reichen und Mächtigen, sondern zum ›Mittelmaß‹ zu gehören, womit sie wertlos und verachtenswert meinen und nicht mittelmäßig im normalen Sinn des Begriffes.

Narzißtische Patienten«, fährt Kernberg fort, »besitzen einen überwältigenden Drang, sich groß und wichtig vorzukommen, um das Gefühl der Wertlosigkeit zu überwinden. Unter dieser Dichotomie liegt ein tieferes Bild der Beziehung zu äußerlichen Objekten, genauer gesagt zu dem, gegen das der Patient all diese anderen krankhaften Strukturen aufgebaut hat. Es ist das Bild eines erzürnten, leeren Ichs – der hungrige Wolf, der töten, fressen und überleben muß –, voll ohnmächtigen Zorns gegen seine Frustrationen und Angst vor der Welt, ohne Nahrung und Liebe, das so haß- und rachsüchtig wie der Patient selbst erscheint.«

Kernberg zitiert den Fall eines Patienten, »der sich in eine Frau verliebte, die er für sehr schön, begabt und warmherzig hielt; sie bot alle Aussichten für eine sehr befriedigende Beziehung. Er wurde sich kurz darüber bewußt, wie sehr er sie dafür haßte, daß sie so perfekt war. Sie heirateten, doch danach langweilte er sich mit ihr, und sie wurde ihm völlig gleichgültig. Danach entwickelte der Patient allmählich einen starken Haß auf sie, weil sie all das hatte, was er nicht zu haben glaubte.«

Kernberg stellte fest, daß das ›hochmütige, arrogante und herrschsüchtige Verhalten — besonders die forderndem und ausbeutendem Beziehungen, die diese Patienten zu Frauen entwickeln — eine Verteidigung gegen die Projektion des Zorns ist‹.

In den meisten Fällen ›schützen die Verteidigungsstrukturen des narzißtischen Wesens den Patienten vor der Intensität seines Zorns‹. Und aufgrund der ›oberflächlich glatten und effektiven sozialen Anpassung‹ des Narzißten ›stellen die ernsten Störungen in seinen inneren Beziehungen zu anderen Menschen eine große Überraschung dar‹.

Kernberg hat beobachtet, daß ›die Verwandlung der zuvor glatten, zumeist indifferenten, anscheinend kontrollierten narzißtischen Persönlichkeit in eine Person, deren Wut offen zutage tritt, sehr plötzlich kommen kann‹. Er stellt auch fest, daß ›aggressive Ausbrüche vorkommen, besonders, wenn sich der Narzißt den Menschen, gegen die sich seine Wut richtet, überlegen vorkommt oder glaubt, sie zu beherrschen‹.

Eines Abends gab mir MacDonald in Terminal Island einen Brief, den er von seinem Bruder erhalten hatte.

> Auch auf das Risiko hin, Deine ewige Freundschaft zu verlieren, muß ich Dich geradeheraus fragen, ob Du Deine Frau & Töchter getötet hast, und wenn Du die Frage nicht beantworten willst, auch gut, aber die Frage nagt schon seit 1971 in mir, und ich denke, das allein schon, daß ich die Frage gestellt habe, entlastet meine Gedanken. Ich werde natürlich sofort Deinen Respekt verlieren, es überhaupt zu wagen, diese Frage zu stellen, aber da Du glaubst, daß ich ein mentales Problem habe, ist die Frage vielleicht ein Weg, mich selbst von einer Last zu befreien, denn sie hat mich beschäftigt.
> (Ich muß annehmen, daß die Antwort lautet: »Nein, ich

habe weder meine Frau noch eine meiner Töchter getötet«, und wenn das der Fall ist, dann kann ich mich beruhigt zurücklehnen, aber dann ist das Problem: Warum bist Du dort? Wenn Du nicht schuldig bist, gehörst Du nicht ins Gefängnis. Wenn Du nicht ins Gefängnis gehörst und doch da bist, ist etwas oberfaul. Wenn etwas oberfaul ist, was & warum & wie können wir die Situation beheben?) Es tut mir leid, daß ich überhaupt diese Frage aufwerfe, aber seit 1970 habe ich Fragen von vielen Leuten beantworten müssen, & ich habe sie immer gefragt: »Hast du ihn (nämlich Dich) denn mal gefragt, ob er seine Frau und/oder die Töchter getötet hat?« und niemand hat je gesagt, daß er dich gefragt hat, deshalb, falls mich jemand wieder fragen sollte, will ich sagen können, ja, ich habe ihn gefragt, und er hat gesagt:
a) Ja
b) Nein
c) Verweigerung der Aussage
d) Anderes
e)   (da kannst du was hinschreiben).

Jay hatte einen frankierten, selbstadressierten Umschlag für die Rückantwort beigelegt, aber Jeff sagte mir, er hätte natürlich nicht die Absicht, eine Antwort zu geben. Lachend sagte er, dies sei ein weiterer Beweis dafür, wie geistig gestört sein Bruder immer noch wäre.

In der Wohnung stieß ich auf einen Artikel eines Psychiaters aus Philadelphia namens Melvin S. Heller aus dem Jahre 1968. Nichts deutete darauf hin, warum MacDonald diesen Artikel so lange aufbewahrt hatte, doch gewisse Passagen kamen mir nicht ganz unbedeutend vor.

»Gewalt übt man auf eine kontrollierte, maßvolle Art aus«, schrieb Dr. Heller, »oder in einem unbeherrschten, blinden Wutanfall, bei dem die instinktive Entladung primitiver aggressiver Impulse vorherrschend ist.« Später machte der Arzt auf die ›geniale Begabung des Menschen zur Täuschung‹ aufmerksam und führte aus: »Da der Mensch stets zu unangemessener und unerwarteter Gewalt bereit ist, besonders, wenn er sie hinter der Tarnung eines Lächelns und von Schmeicheleien verbirgt, kann man nur vorhersagen, ob ein Mensch unter Umständen gefährlich werden könnte, wenn man über eine kritische Urteilskraft, medizinische Erfahrung und eine genaue Kenntnis der betreffenden Person und seines Milieus verfügt...«

Dann fand ich ein Dokument, das mir Bernie Segal während des Prozesses nicht gezeigt hatte: den Bericht von Psychiatern der Anklage aufgrund der Untersuchung Dr. MacDonalds im August. Obwohl Richter Dupree beim Prozeß keine psychiatrischen Gutachten zugelassen hatte, hatte er sich darauf bezogen, als er den Kautionsantrag ablehnte. Dieses Gutachten, so hatte er in seiner Begründung geschrieben, »weist darauf hin, daß der Angeklagte Wesenszüge aufweist, die einerseits dafür sprechen, daß er das ihm vorgeworfene Verbrechen begangen hat, andererseits, daß seine Schilderung des Tathergangs nicht glaubwürdig ist«.

Der Bericht, der von dem untersuchenden Psychologen Hirsch Lazaar Silvermann aus South Orange, New Jersey, verfaßt war, beschrieb MacDonald als einen Menschen, »der hinsichtlich seiner Männlichkeit unglücklich verwirrt ist. Seine Gedankenprozesse werden von beträchtlichen Minderwertigkeitsgefühlen bestimmt, die er größtenteils bewußt und absichtlich durch eine Fassade der Anmaßung verbirgt, die er mit Männlichkeit verwechselt.

Er scheint zu keinen tieferen Gefühlen fähig zu sein und aus Erfahrungen nicht lernen zu können. Er setzt asoziale Handlungen mit Unreinheit gleich. Es fehlt ihm an Schuldbewußtsein, sein Gewissen scheint nicht stark ausgeprägt zu sein, und er scheint zu engen oder kooperativen Beziehungen zu Frauen unfähig zu sein.

Anscheinend mied, ja verabscheute er sogar die Verantwortung, Ehemann und Vater von weiblichen Kindern zu sein. Er sah seine Vaterschaft als bedrohend und möglicherweise destruktiv an.

Es ist möglich, daß er auf Dinge, die er aus seinem Gedächtnis streichen und mit denen er sein Gewissen nicht belasten will, mit Amnesie reagiert. Seine Glaubwürdigkeit läßt sehr zu wünschen übrig. Bei den Tests stellte sich heraus, daß er pathologisch und impulsiv reagiert sowie feminine Wesenszüge und verborgenen Zorn aufweist. Er empfindet Verachtung für Menschen, von denen er sich unterscheidet, und reagiert mit Zorn, wenn seine Person in Frage gestellt wird, in welcher Hinsicht auch immer.

Er befaßt sich mit Konflikten, indem er leugnet, daß es sie gibt. Er hat keinen Zugang zu seinen Gefühlen und ist im Prinzip nicht mit sich selbst zufrieden. Das Autoritätsbild, das er von sich hat, ist das eines Machos.

Er weist eine entweder offene oder unterdrückte Sexualität auf, die von Egoismus oder Verfolgungswahn bestimmt wird. Er befaßt sich mit irrelevanten Details und ist nicht imstande, sich mit der Wirklichkeit zu befassen. Er biegt die Umstände nach seinem Gutdünken hin, sucht Aufmerksamkeit und Lob und verdrängt die Wahrheit.

Die Auswertung des Rorschach-Tests deutete auf eine latente Homosexualität am Rand der homosexuellen Panik hin; die unterdrückten weiblichen Inhalte seiner Projektionen deuten mehr als nur auf die Möglichkeit der Homosexualität hin, ob nun latent oder offen.«

Die Zusammenfassung lautete: »Man kann Dr. MacDonald als Psychopath ansehen, der unter Druck zu Gewalt neigt, starke weibische Tendenzen aufweist und unter Druck feindselig reagiert. Er hat auch eine – wenn auch unklare – Angst davor, was er mit seinen Händen tun soll. Dr. MacDonald bedarf einer langfristigen psychotherapeutischen oder psychiatrischen Behandlung.«

Kernberg stellte fest, daß ein narzißtischer Patient einen ›intensiven Haß auf das und intensive Furcht vor dem Bild einer gefährlichen, aggressiven Mutter empfindet‹, eine Furcht, die ›eine Projektion seiner eigenen Aggression darstellt, verbunden mit dem Zorn, der durch die Frustration durch die Mutter verursacht wird‹.

Das ›ideale Bild des Narzißten von sich selbst‹, so Kernberg, ›ist ein Phantasiegebilde, das ihn vor den gefürchteten Beziehungen zu allen anderen Menschen schützt und ebenfalls das hilflose Verlangen und die Liebe zu einer idealen Mutter birgt, die zu seiner Rettung herbeieilt‹.

Sollte solch eine ›gefürchtete Beziehung‹ (wie zum Beispiel eine Ehe) zustande kommen, würde der komplizierte Verteidigungsmechanismus, der in der Psyche des krankhaften Narzißten entstanden ist, unter ernsten Druck geraten, da, wie Christopher Lasch feststellt, solch ein Mensch eine weibliche Person, ›ob nun Kind oder Frau, Gattin oder Mutter, als Ungeheuer sieht, das Männer in Streifen schneidet oder sie ganz verschluckt.‹

Daher erzeugt laut Lasch ›die Angst vor der verzehrenden Mutter der prä-ödipalen Phantasievorstellung eine allgemeine Furcht vor Frauen‹, und diese Furcht ›enthüllt sich in engem Zusammenhang vor den verzehrenden eigenen Begierden... als grenzenloser Zorn gegen das weibliche Geschlecht‹.

Am Nachmittag des 6. April 1970 hatten Gerbner, Ivory und Shaw MacDonald nach einem weißen Frotteebademantel gefragt, an dessem Saum man Grashalme gefunden hatte — als habe ihn jemand draußen getragen, der vielleicht kurz hinausgegangen war, um ein Schälmesser und einen Eispickel unter einen Busch zu werfen, als das Gras noch naß war.

»Haben Sie diesen Frotteebademantel irgendwann am Abend angezogen?«

»Nein.«

»Haben Sie ihn jemals draußen getragen?«

»Na ja, vielleicht, um die Zeitung hereinzuholen oder so, aber genau erinnere ich mich nicht daran. Manchmal... na ja, zogen die Kinder ihn an und spielten draußen, aber dagegen hatten wir nichts, und meine Mutter — meine Mutter, das ist ein Freudscher Versprecher — meine Frau rief sie dann wieder ins Haus, damit sie ihn auszogen.«

Ein Freudscher Versprecher. Der sich vielleicht gar nicht so sehr von anderen unterbewußten Irrtümern unterschied, die er bei dem Verhör am 6. April begangen hatte, als er zum Beispiel ›Bett‹ anstatt ›Sofa‹ gesagt hatte, als er beschrieb, wo der Kampf mit den Einbrechern stattgefunden hatte.

An meinem letzten Tag in der Eigentumswohnung fand ich weitere handschriftliche Aufzeichnungen Jeffrey MacDonalds unter der Überschrift ›Aktivitäten — Montag, 16. Feb., 17.30 Uhr — Dienstag, 17. Februar, im Krankenhaus‹.

Sie gehörten zu der detaillierten Schilderung, die MacDonald auf Ersuchen seines Militäranwalts anfertigte, nachdem man ihm an 6. April mitgeteilt hatte, daß er als Verdächtiger unter Arrest stand. Bei der Voruntersuchung hatte er Victor Woerheide gesagt, er habe die Ereignisse niedergeschrieben, weil es zu schmerzlich für ihn sei, darüber zu sprechen. Und es handele sich dabei um die vollständigste und genaueste Schilderung der Mordnacht, die er jemals verfaßt habe.

Er hatte sie allerdings weder Woerheide noch den Geschworenen der Voruntersuchung noch irgendeinem Ermittler zugänglich gemacht. Er hatte sie seinen Anwälten gegeben — damals hatte er noch nicht gewußt, welche Beweise gegen ihn vorlagen — und nach der Anhörung vor dem Militärgericht tief unter anderen Akten vergraben.

Während die warme Spätnovembersonne durch die Glasschiebetüren fiel, begann ich zu lesen:

> Wir aßen gemeinsam gegen 17 Uhr 45 (alle 4). Es ist möglich, daß ich dabei eine Diätpille nahm. Ich hatte ein Gewichtskontrollprogrammm für meine Einheit ausgearbeitet und meinen Namen ganz oben auf die Liste gesetzt, um die anderen zur Teilnahme zu ermutigen. Ich hatte in den letzten 3—4 Wochen 12—15 Pfund verloren, wobei ich zur Unterstützung 3—5 Kapseln Eskatrol Spansule (15 mg. Dextroamphetamin) (›Speed‹) und 7,5 mg. Prochlorperazin (Compazin) nahm, um die Wirkung des Speed (Reizbarkeit) auszugleichen. Ich wollte auch abnehmen, weil ich mit der Boxmannschaft trainierte und der Trainer es mir empfohlen hatte. Auf jeden Fall könnte ich

die Pille aus zwei Gründen genommen haben: 1., um am Abend weniger zu essen, da ich abends am meisten ›nasche‹, und 2., um nach dem Essen wach zu bleiben, da ich auf die Kinder aufpassen mußte. Falls ich die Pille nahm, hat es jedenfalls nicht geklappt, denn ich glaube, nachdem ich Kristy ins Bett brachte, schlief ich von halb acht bis acht auf dem Boden.
Die CID weiß nichts von der möglichen Diätpille. Wenn ich sie nahm, ist es möglich, daß sich bei der Urinprobe am Dienstag um 11 Uhr 30 noch Spuren davon finden. Wir müssen feststellen, was in der Pille war und ob sich in meiner Urinprobe Spuren finden, die sich von der normalen Adrenalinproduktion des Körpers unterscheiden, die ja bei der Aufregung durch den Überfall etc. zugenommen hat. Im Augenblick weiß ich nicht genau, ob es möglich ist, Dextroamphetamine aus Pillen im Blut und Urin nachzuweisen. Ich glaube, ich habe der CID gesagt, daß ich normalerweise nur Aspirin, Erkältungstabletten und Tetrazyclin nehme (ein Antibiotikum).
... Dr. Henry Ashton, der jetzt in Salt Lake City, Utah, lebt, war vor meiner Ankunft im September 1969 der Stabschirurg. Wenn er sich daran erinnert, könnte er aussagen, daß er die Flasche Eskatrol (nur ein paar Pillen davon fehlten) im Schreibtisch zurückgelassen hat, als ich hier einzog. Wenn nötig, können wir mit dem hiesigen Vertreter von Smith Kline & French Kontakt aufnehmen, der bezeugen kann, daß ich nie eine weitere große Flasche Eskatrol bekommen habe. Er hat mir für mein Gewichtsproblemprogramm ein paar kleine Probeflaschen gegeben. Colette hat auch Diätpillen genommen (bevor sie schwanger wurde). Ich glaube, ich habe sie alle weggeworfen, weil sie sie nervös machten, aber im Medizinschrank könnte noch eine alte Flasche gelegen haben ...

Nachdem Franz Joseph Grebner einen Bericht des Labors in Fort Gordon erhalten hatte, demzufolge eine Analyse von Jeffrey MacDonalds Blutprobe – die man ihm am 17. Februar um 11 Uhr 40 abnahm – ergeben hatte, daß sich ›keine gefährlichen Drogen oder Rauschmittel‹ nachweisen ließen, gingen er und alle nachfolgenden Ermittler mit einiger Berechtigung einfach davon aus, daß Jeffrey MacDonalds Medikamentenkonsum bei den Morden keine Rolle gespielt hatte.

Eine Durchsicht der Laborberichte, die ich daraufhin in Fort Gordon vornahm, ergab jedoch, daß man Jeffrey MacDonalds Blutprobe gar nicht erst auf Amphetamine untersucht hatte. Der betreffende Chemiker hatte weder die Anweisung erhalten, nach Amphetaminen zu suchen, noch hätte er die nötigen Geräte dafür gehabt. 1970 wurden diese Medikamente häufig verschrieben und nicht nur von Menschen genommen, die ihren Appetit zügeln wollten, sondern auch z. B. von Studenten, Lastwagenfahrern — und Ärzten — die lange wachbleiben mußten. 1970 hielt man Amphetamine noch nicht für ›gefährliche Drogen‹.

Zehn Jahre später waren die möglichen Gefahren von Eskatrol jedoch bekannt. In ihrem Fachbuch *Pills That Don't Work* (›Pillen, die nichts bewirken‹, einem Ratgeber für Patienten und Ärzte) beschreiben Dr. Sidney M. Wolfe und Christopher M. Coley das Medikament als ›nicht nur unwirksam, sondern auch gefährlich. Eine Kombination aus Aufputsch- und Beruhigungsmitteln zu nehmen, die beide für sich schon gefährlich sind, bringt zwangsläufig Probleme mit sich.‹ Als mögliche Nebenwirkungen werden aufgeführt ›Schlaflosigkeit, Unruhe, Nervosität und Benommenheit‹. Die Autoren führen auch auf, daß ›größere Dosen Psychosen (Wahnsinn) hervorrufen können‹.

Eskatrol wird noch genauer im *Physicians' Desk Reference* (einem ärztlichen Standardnachschlagewerk) beschrieben: ›Amphetamine verleiten zum Mißbrauch. Aufgrund ihrer Eigenschaft, kurzfristig Appetitlosigkeit herbeizuführen, und ihrer schnellen Toleranzentwicklung sollte man sie bei Gewichtsreduktionsmaßnahmen nur mit äußerster Vorsicht und über einen beschränkten Zeitraum anwenden.‹

Seinen eigenen Unterlagen zufolge — den Unterlagen, um die Victor Woerheide ihn gebeten, doch die er den Geschworenen der Voruntersuchung vorenthalten hatte; den Unterlagen, die seit 1970, als MacDonald erfahren hatte, daß die CID keine

Amphetamine in seinem Blut festgestellt hatte, ganz unten in der Schublade lagen — hatte MacDonald in den drei bis vier Wochen vor den Morden zwölf bis fünfzehn Pfund verloren.

Das war eine Menge für einen sechsundzwanzigjährigen Green Beret, der sowieso schon körperlich fit und gerade von einer Fallschirmspringerausbildung in Fort Benning zurückgekehrt war. Das Boxen konnte diese Gewichtsreduktion nicht verursacht haben: Er hatte zum letzten Mal über drei Wochen vor den Morden mit der Boxmannschaft trainiert. Auch konnte eine gelegentliche Stunde Basketball an einem verregneten Nachmittag solch einen Gewichtsverlust nicht herbeiführen. Und es gab keine Anzeichen dafür, daß MacDonald eine normale Diät durchgeführt hatte. (Er hatte am Valentinstag mit Ron Harrison noch Gebäck gegessen und zwei Abende später mit seiner Frau einen süßen Likör getrunken, und am Hamlet Hospital schätzte er so sehr, daß die Schwestern ihm zum Frühstück immer ein Steak servierten.)

Und ›drei bis fünf‹ Kapseln Eskatrol Spansule in drei bis vier Wochen hätten solch einen Gewichtsverlust nicht herbeiführen können — drei bis fünf pro Tag aber durchaus. Dieser Konsum hätte eine Reihe Nebenwirkungen herbeiführen können, dem *Physicians' Desk Reference* zufolge ›Schlaflosigkeit, Anspannung und Erregbarkeit, Hyperaktivität, Verwirrung, Reizbarkeit, Halluzinationen, Panik‹ und ›schwerste Psychosen‹. Weiter führt das Handbuch aus: ›Kardiovaskulare Reaktionen können Frösteln, Blässe oder — Kopfschmerzen verursachen‹ — Symptome, die Jeffrey MacDonald unmittelbar nach den Morden allesamt aufwies.

Und nicht nur die Amphetamine können gefährlich sein. Das *Physicians' Desk Reference* führt auf, daß Prochlorperazin — die Sedativ-Komponente im Spansule — ›Erregung, Unruhe und das Wiederaufleben psychotischer Prozesse‹ verursachen kann.

Man sollte die Tabletten vormittags einnehmen, niemals am Nachmittag oder Abend, um Schlaflosigkeit zu vermeiden. Doch Jeffrey MacDonald, ein erfahrener Arzt, hielt sich nicht an diese Anweisung. Wie viele Appetitzügler er wirklich genommen hat, wird wohl immer ein dunkles Geheimnis bleiben, doch wenn die ›drei bis fünf‹ eine tägliche Dosis waren, hätten sie durchaus im Verlauf von drei bis vier Wochen eine chronische Amphetaminpsychose verursachen können; MacDonald wies jedenfalls zahlreiche Symptome dieses Krankheitsbilds auf. (Als er nach den Morden ins Krankenhaus eingeliefert wurde, zeigte er auch Symptome, die bei plötzlicher Absetzung hoher Dosen dieses Medikaments auftreten, z. B., wie im Krankenbericht aufgeführt, ›äußerste Erschöpfung und Niedergeschlagenheit‹.)

Das Kapitel über Amphetamine in *Disposition of Toxic Drugs and Chemicals in Man* (›Verteilung toxischer Medikamente und Chemikalien im Menschen‹) von Randall C. Baselt führt auf, daß ›chronische Einnahme mit Gewichtsverlust, Halluzinationen und paranoiden Psychosen‹ einhergeht.

Dr. Jerome H. Jaffee, Professor für Psychiatrie an der Universität von Connecticut, schreibt in einem anderen Standardwerk, daß der Benutzer von Aphetaminen ›hyperaktiv ist und während einer toxischen Episode sogar unter Verfolgungswahn geraten kann. Bei einem von Aphetaminen ausgelösten voll entwickelten toxischen Syndrom treten lebhafte Halluzinationen auf.‹ (Man fragt sich unwillkürlich, ob diese Halluzinationen nicht einen Überfall von drei bewaffneten Hippies und einem Mädchen mit langen blonden Haaren einschließen, das eine Kerze in der Hand hält und ›Acid ist groovy — tötet die Schweine!‹ ruft.

Laut Dr. Jaffee können toxische Psychosen 36 bis 48 Stunden nach der Einnahme einer einzigen großen Dosis auftreten; bei dafür empfänglichen Menschen genügen bereits 55 bis 75 Milligramm Dextroamphetamin. ›Mit einer genügend hohen Dosis kann man wahrscheinlich bei jedem Menschen eine Psychose auslösen.‹

Andere Psychopharmakologen führen aus, daß bei Menschen, die Amphetaminmißbrauch betreiben, Wutausbrüche nicht ungewöhnlich sind, besonders, wenn man während des Mißbrauchs unter Schlafmangel, Streß und besonders einer psychologischen Instabilität leidet, wie es bei einer narzißtischen Persönlichkeitsstörung natürlich der Fall ist. Falls Jeffrey MacDonald täglich drei bis fünf Kapseln Eskatrol Spansule genommen hat, dürfte seine Dextroamphetamindosis 75 Milligramm betragen haben — mehr als genug, um eine Amphetaminpsychose auszulösen.

Dr. Ross J. Baldessarini, Professor für Psychiatrie an der Harvard Medical School, führt aus, daß Stoffe wie Prochlorperazin unangenehme Nebenwirkungen wie einen starken Bewegungsdrang haben. Diesen Bewegungsdrang wies Jeffrey MacDonald auch unmittelbar nach seiner Einlieferung ins Womack Hospital auf, bis Merrill Bronstein ihm intravenös Vistaril, Nembutal und Demerol verabreichte.

Als Colette MacDonald an diesem kalten regnerischen Februarabend zu ihrem Psychologiekurs fuhr, war ihr Mann — dessen Blässe, Erschöpfung und Persönlichkeitsveränderungen in den Wochen unmittelbar vor den Morden sogar den Nachbarn aufgefallen waren — nach seiner 24-Stunden-Schicht in der Notaufnahme und einem vollen Tag im Büro so erschöpft gewesen, daß er einzuschlafen drohte, ohne seine jüngere Tochter zu Bett zu bringen. Dieser Zustand war so außergewöhnlich für ihn, daß Colette sogar ihrer Freundin, die sie zum Kurs mitnahm, davon erzählte.

Doch nach ihrer Rückkehr war er mit ihr aufgeblieben. Sie hatten ferngesehen und ein Glas Cointreau getrunken. Und nachdem sie ins Bett gegangen war, blieb er — der jedes sexuelle Interesse an ihr verloren hatte, nachdem sich ihre Schwangerschaft bemerkbar machte; zu den Nebenwirkungen von Dextroamphetaminen gehören auch Impotenz und Libidoschwankungen — noch bis zwei Uhr morgens auf, sah sich die Johnny-Carson-Show an und las den Krimi von Mickey Spillane aus.

Selbst danach wollte er noch nicht zu Bett gehen. Statt dessen hatte er angeblich um zwei Uhr morgens Gummihandschuhe übergezogen, um das Geschirr zu spülen. Und das trotz seiner vorherigen Erschöpfung und der Tatsache, daß er um sieben Uhr wieder aufstehen mußte und ihn ein weiterer anstrengender Dienst im Büro erwartete.

Und er hatte gerade in drei Wochen fünfzehn Pfund verloren

und arbeitete einen Plan aus, der es ihm ermöglichen sollte, einen Teil des Winters und Frühjahrs in der Nähe von New York City zu verbringen, wo seine alte (oder vielleicht gar nicht so alte) Freundin Penny Wells wohnte, während sich die schwangere Colette um die beiden Töchter und das Pony kümmern und glauben sollte, er sei in Rußland.

Und das alles nach einem Herbst, der nicht nur die unerwartete Schwangerschaft mit sich gebracht hatte, sondern auch den unerwarteten Zusammenbruch seines älteren Bruders (nach Amphetamin-Mißbrauchs) und einen gewissen Rangverlust, nachdem sein Idol, Colonel Kingston, nach Vietnam versetzt worden war.

Er hatte in drei Wochen fünfzehn Pfund mit Hilfe eines Medikaments abgenommen, das Wahnsinn hervorrufen kann. Er litt unter kurzfristiger körperlicher Erschöpfung und langfristigem Streß. Im Prinzip stand er unentwegt unter – finanziellem, intellektuellem und psychologischem – Streß, seit Colette schwanger geworden war und er sie heiraten und von Princeton abgehen und Medizin studieren mußte. Die Verpflichtung bei den Green Berets hatte ihm nur kurzfristig Erleichterung verschafft.

Und vielleicht litt er schon seit frühester Kindheit an den Auswirkungen der Anstrengungen, den ›grenzenlosen Zorn‹ zu unterdrücken, den er auf ›Kind und Frau, Ehefrau oder Mutter ... das weibliche Geschlecht‹ verspürte.

Und vielleicht hatten sich an diesem Montagabend im Februar, als die Amphetamine seinen Zorn anschwellen ließen und Colette, die schwangere Colette, die einige neue Einblicke in Persönlichkeitsstrukturen und Verhaltensmuster gewonnen hatte – und die vielleicht sogar versuchte, ihm *sein* Verhalten zu erklären –, vielleicht hatten sich an diesem Abend seine Verteidigungsmechanismen zum ersten und letzten Mal als unzureichend erwiesen?

Liegt der Gedanke nicht nahe, daß in diesem einen Augenblick – wodurch er auch ausgelöst worden sein mochte – die kritische Masse erreicht wurde, eine Spaltung oder Entladung erfolgte und um 3 Uhr 40 am Morgen des 17. Februar 1970 die darauf erfolgende Explosion des Zorns nicht nur Jeffrey Mac-

Donalds Frau und Töchter auslöschte, sondern alles vernichtete, was er aus seinem Leben machen wollte?

Vielleicht. Doch man hatte seinen Fußabdruck in Blut auf dem Boden gefunden, und an dem Knüppel vor dem Haus befanden sich blaue Fäden, und seine Frau — die bereits tot oder doch dem Tode sehr nahe war — war einundzwanzigmal mit einem Eispickel in die Brust gestochen worden, nachdem seine blaue Schlafanzugjacke über sie gelegt worden war. Und als er sich anschickte, den ersten Bericht über die Ereignisse dieser Nacht zu schreiben — nun wissend, daß man ihn für den Hauptverdächtigen hielt —, hatte er es für nötig erachtet, die Einnahme eines Medikaments, von dem bekannt ist, daß es eine psychotische Wut auslösen kann, erstmals zu erwähnen.

3

Obwohl Jeffrey MacDonald es während der Voruntersuchung
— unter Eid! — abgestritten hatte, hatte er sich im April 1970
anscheinend einem Lügendetektor-Test unterzogen. Dr. Sadoff
hatte sich darauf bezogen und eingestanden, daß MacDonald
›nicht mit fliegenden Fahnen‹ bestanden hatte.

Ich erkundigte mich schriftlich bei MacDonald danach. Er
bestätigte auf einem Tonband, sich dem Test unterzogen zu
haben, weil Bernie Segal große Hoffnungen in einen positiven
Lügendetektor-Test setzte. Der erste Techniker »stellte jedoch
Fragen wie ein Staatsanwalt. Er war mit dem Ergebnis nicht
zufrieden. Ich kenne dieses Ergebnis nicht einmal, aber es
bewies nicht schlüssig meine Unschuld, und Bernie ... äh ...
feuerte ihn.«

Bernie Segal engagierte einen anderen Fachmann, Cleve
Backster, doch der Test, den er durchführte, verlief noch unbefriedigender. Schon während des Tests schlug Backster vor,
MacDonald sollte sich auf geistige Unzurechnungsfähigkeit
berufen.

Als ich Cleve Backster bat, mir das Ergebnis des Lügendetektor-Tests zur Verfügung zu stellen, teilte er mir mit, er dürfe dies
nur mit einer schriftlichen Einwilligung Jeffrey MacDonalds.
Als ich MacDonald um diese Einwilligung bat, lehnte er ab.

Allerdings konnte ich auch ohne die Hilfe eines Lügendetektors
feststellen, daß einiges auf den zahlreichen Tonbändern, die Jeffrey MacDonald mir schickte, nicht der Wahrheit entsprach,
zum Beispiel, daß er ›zwei oder drei‹ Wochen, nachdem er aus
dem Krankenhaus entlassen wurde, dem Trainer der Boxmannschaft mitteilte, er könne an der Reise nach Rußland nicht teilnehmen. Weder erinnert sich der Trainer daran, noch war solch
eine Reise je geplant.

Ich fragte MacDonald auch nach der Begegnung mit Penny Wells im November 1969 auf dem Bahnhof. Zuerst stritt er – wie unter Eid – ab, daß solch eine Begegnung stattgefunden hatte, danach gestand er ein, daß sie sich vielleicht doch zufällig begegnet waren. »Diese sogenannte Umarmung war nur ein Küßchen zwischen zwei alten Freunden.«

Ebenfalls hatte die Episode auf der Rennbahn von Saratoga niemals stattgefunden; zum angegebenen Zeitpunkt hatte die Rennbahn gar nicht geöffnet. Und während der ›fünfzehn Tage‹ zwischen dem Abschluß seines Jahres als Assistenzarzt und seinem Dienstantritt in Fort Sam Houston hatte es keinen Urlaub auf einer Insel gegeben; die MacDonalds waren während dieser Zeit von Bergenfield nach Patchogue umgezogen. Auch gab es kein Schäferstündchen auf dem Sofa im Wohnzimmer der Kassabs; die Kassabs waren erst im darauffolgenden Jahr nach New York City gezogen, und Colette war zu dieser Zeit noch mit Dean Chamberlain liiert. Also kann auch die gesamte lebhafte Erinnerung an die ersten Tage in Princeton, den ersten Brief von Colette und die Fahrt mit schweißnassen Händen nach Skidmore nicht der Wahrheit entsprechen.

Ich war natürlich nicht der einzige, dem er Geschichten erzählte, die nicht stimmten. Weder hatte er sich auf der HighSchool viermal die Nase gebrochen, noch war er der erste Absolvent der Patchogue High School, der an einer Eliteuniversität der Ivy League studierte – wie er Dr. Sadoff gegenüber behauptet hatte. Und auch Bob Stern erzählte er 1970 (genau wie drei Monate später Freddy Kassab), er habe bereits einen der Einbrecher aufgespürt und getötet.

Allmählich erfuhr ich von anderen Quellen Dinge über Jeffrey MacDonald, die nicht einmal die Ermittler herausgefunden hatten.

Zum Beispiel war er im Sommer 1971 in Wirklichkeit zweimal nach Kalifornien gereist. Beim ersten Mal mit dem Flugzeug, als Penny Wells ihn am Flughafen abgeholt hatte. Doch es hatte eine zweite Reise gegeben, mit dem Auto, bei der er von einem sechzehnjährigen Mädchen begleitet worden war, der Tochter von Freunden der Familie aus Long Island, deren Eltern glaubten, es würde eine bereichernde Erfahrung für sie sein, in

Begleitung des netten Mannes zu reisen, den sie schon so lange kannten und der sich nun von der kürzlich erlittenen Tragödie erholte.

Den ganzen Weg über, von New York bis nach Kalifornien, hatte Jeffrey MacDonald sexuelle Beziehungen mit dem sechzehnjährigen Mädchen gehabt.

Ich erfuhr auch, daß MacDonald kurz nach dem Umzug nach Huntington Beach Besuch von einer engen Freundin seiner Mutter bekommen hatte, von einer Frau, die er von Kindheit an kannte. Sie hatte ihren zehnjährigen Sohn mitgebracht und mehrere Wochen bei ihm gewohnt.

Jeffrey MacDonald war mit der Freundin seiner Mutter sexuell intim geworden. Er hatte mir bei einem meiner Besuche in Terminal Island davon erzählt; später machte ich die Frau ausfindig, und sie bestätigte die Geschichte, wenngleich sie alles andere als erfreut war, daß MacDonald mir die Affäre verraten hatte.

Ich fragte sie, wieso sie die Beziehung beendet habe. Ihre Antwort überraschte mich. Nicht etwa, weil ihr die Situation etwa unangenehm gewesen wäre oder sie zum Ende des Sommers wieder nach Hause gemußt hätte. Nein, sie war wegen zweier Zwischenfälle, die im Zusammenhang mit ihrem Sohn standen, vorzeitig abgereist.

Beim ersten Zwischenfall hatte MacDonald sich über das Benehmen ihres Sohnes in der Wohnung geärgert, ihn nach draußen getragen, mit den Füßen über den Rand des Docks gehalten und gedroht, ihn kopfüber ins Wasser zu werfen. Beim zweiten Mal waren sie, Jeff und ihr Sohn mit dem Boot ausgefahren, und der Junge hatte erneut etwas getan, worüber MacDonald sich ärgerte. MacDonald habe den Jungen gepackt und ihm, mit noch wütenderer und bedrohlicherer Stimme, angedroht, ihm nach der Rückkehr den Schädel am Dock einzuschlagen.

Schließlich sprach ich dann auch mit dem Jungen, der mittlerweile schon studierte, und er bestätigte diese Schilderung. »Meine Eltern waren geschieden, und ich habe meinen Vater kaum gesehen. Jeff war damals nicht nur ein Freund oder großer Bruder, er war Gott für mich.«

Bei dem ersten Zwischenfall habe MacDonald ihn vielleicht nur etwas zu hart angefaßt, »aber der zweite war fürchterlich. Er warf mich vom Boot ins Wasser, und ich war sogar erleichtert, daß er mir nicht mehr angetan hatte.

Ich werde niemals den Blick in seinen Augen vergessen. Es loderte ein wildes Feuer darin, und er brüllte mich an. Und seit diesem Augenblick auf dem Boot war ich überzeugt, daß er schuldig war. Schon allein, weil ich dieses Feuer in seinen Augen gesehen hatte. Ich hatte riesige Angst vor ihm und sagte meiner Mutter, daß ich sofort nach Hause wollte. Und wir reisten dann auch augenblicklich ab.«

4

Am 27. November 1979 legten Jeffrey MacDonalds Anwälte Berufung gegen das Urteil ein. Als Begründung führten sie erneut an, MacDonald sei das verfassungsmäßige Recht auf einen schnellen Prozeß verweigert worden. Außerdem warfen sie Richter Dupree Verfahrensfehler vor, hauptsächlich die Entscheidung, keine Aussagen von Zeugen zuzulassen, mit denen Helena Stoeckley über ihre mögliche Verwicklung in die Morde gesprochen hatte.

Die mündliche Verhandlung fand im Februar 1980 vor dem dreiköpfigen Gremium des Berufungsgerichts von Richmond, Virginia, statt. Von ausschlaggebender Bedeutung war die Frage des ›schnellen‹ Prozesses. Über Jahre hinweg hatte Rechtsunsicherheit bestanden, wie dieser Bestandteil des Sechsten Verfassungszusatzes aufzufassen sei. 1972 hatte der Oberste Gerichtshof jedoch vier Bewertungskriterien erlassen: Dauer des Verzugs, Grund für den Verzug, Wahrung der Rechte des Angeklagten und, ob der Angeklagte durch den Verzug einen Schaden erlitten hatte.

Am 29. Juli 1980 gelangte das Vierte Berufungsgericht mit einer Entscheidung von zwei Stimmen gegen eine zu der Auffassung, daß MacDonalds verfassungsmäßiges Recht auf einen schnellen Prozeß in der Tat verletzt worden war, und zwar in solch einem Ausmaß, daß das Urteil der Geschworenen aufzuheben, die dreimal lebenslängliche Haftstrafe auszusetzen und die ursprüngliche Klage abzuweisen sei.

In der Urteilsbegründung stellte Richter Francis D. Murnaghan fest: »Während wir die Richtigkeit des Urteils der Geschworenen nicht bewerten können und werden und ... die erforderliche richterliche Entscheidung besonders schwierig war, schlägt die Waagschale doch eindeutig zugunsten des Angeklagten aus.« Murnaghan warf dem Justizministerium in bezug auf die zweijährige Verzögerung zwischen dem Abschluß der CID-Ermittlungen im Juni 1972 und dem Einberufen einer Vorverhandlung im Jahr 1974 ›eine abgestumpfte und gleichgültige Einstellung‹ vor; damit seien die ersten drei vom Obersten Gerichtshof erlassenen Kriterien eindeutig verletzt. Nun käme es darauf an, ob MacDonald ein Schaden entstanden sei, und auf diese Frage gäbe die Prozeßaussage von Helena Stoeckley eine eindeutige Antwort:

»Hätte die Stoeckley ausgesagt, wie man es erwarten konnte, wäre der Schaden für die Anklage unkalkulierbar groß gewesen. Es gibt zahlreiche mögliche Gründe, warum die Stoeckley nicht so ausgesagt hat. Doch der wichtigste Grund, den sie unter Eid angab, war Gedächtnisschwäche. Die unentschuldbare Verzögerung von über zwei Jahren kann nicht als mögliche — ja sogar wahrscheinliche — Ursache dieses Gedächtnisschwundes ausgeschlossen werden.«

Obwohl er Helena Stoeckleys Gedächtnis mit einer ›nicht festgeschraubten Glühbirne‹ verglich, die brennt und dann wieder aussetzt, war für Murnaghan die Tatsache ausschlaggebend, »daß mit dem Verlauf der Zeit die Erinnerungen im allgemeinen schwächer werden«. Also war dem Angeklagten durch die ›grundlose Verzögerung‹ ein beträchtlicher Schaden entstanden, so daß seine verfassungsmäßigen Rechte nicht mehr gewahrt waren. Während die Entscheidung, die Klage gegen MacDonald abzuweisen, ›durch das schreckliche Verbrechen und die Tatsache, daß ein Geschworenengericht MacDonald nach einem langwierigen Prozeß für schuldig befunden hat, erschwert wurde‹, sei die ›Verletzung fundamentaler verfassungsmäßiger Rechte mit Rücksicht auf zukünftige Generationen‹ nicht zu dulden.

Diese Auffassung wurde nicht einstimmig getroffen. Richter James M. Sprouse stimmte ihr zu, während sein Kollege Albert V. Bryan sie heftig ablehnte:

»(MacDonalds) Schuld und geistige Gesundheit wurden vom Geschworenengericht zweifelsfrei festgestellt. Nichtsdestotrotz spricht ihn dieser Gerichtshof für immer von diesem schrecklichen Vergehen frei und gibt als ausschließlichen Grund dafür schockierenderweise die Unfähigkeit der Regierung an, schneller Anklage zu erheben.«

Richter Bryan gestand ein, daß die Regierung zu tadeln sei, weil sie erst mit zwei Jahren Verzögerung Anklage erhoben hatte, führte aber gleichzeitig aus, daß »nichts in den Protokollen (darauf hinweist), daß die Stoeckley ausgesagt hätte, hätte das Justizministerium schneller Anklage erhoben. Die Stoeckley erklärt in ihrer Aussage, ihre Unfähigkeit, sich an die Ereignisse des 17. Februar 1970 zu erinnern, resultiere aus dem Konsum einer beträchtlichen Menge Drogen; in keiner Hinsicht deutet sie an, die Zeit habe ihre Erinnerung getrübt.«

Doch der Mehrheitsentscheid war ausschlaggebend, und als die Entscheidung am späten Vormittag verkündet wurde, knallten in der Notaufnahme des St. Mary's Hospital die Sektkorken.

Genauso zufrieden, wenn auch nicht überschwenglich erfreut, reagierte Jeffrey MacDonalds Mutter: »Ich kann nur Gott danken, daß es in diesem Land noch einige intelligente Menschen gibt – jemanden, der aus dem Chaos Gerechtigkeit erzeugen kann«, sagte sie. »Es waren zehn lange Jahre, und ich bin noch immer wütend und verbittert. Wir haben sehr gelitten, und ich freue mich zwar, bedaure aber auch, daß sein Name nicht völlig reingewaschen wurde.«

Fünftausend Kilometer entfernt, nannte Freddy Kassab die Entscheidung eine ›Travestie‹ und erklärte: »Ich stehe zu dem, was ich vor fünf Jahren gesagt habe. Wenn die Gerichte dieses Landes keine Gerechtigkeit walten lassen, werde ich es tun.«

Das Justizministerium kündigte an, Berufung gegen dieses Urteil einlegen zu wollen, doch am 22. August – einundfünfzig Wochen nach seiner Verurteilung – wurde Jeffrey MacDonald auf Kaution freigelassen.

Er kehrte in seine Wohnung am 16052 Mariner Drive zurück, wo sein Wagen, Boot und Whirlpool auf ihn warteten – sowie Candy Kramer und seine Mutter.

Noch vor der Einreichung der Berufung hatten Freunde MacDonalds einen Privatdetektiv aus Los Angeles angeheuert, Ted Gunderson, der den Fall untersuchen sollte. Der ehemalige FBI-Agent, der nach achtundzwanzig Dienstjahren als Chef der

Zweigstelle Los Angeles seinen Abschied genommen und gute Verbindungen zur Politik und Filmindustrie hatte, begann sofort mit der Arbeit und ließ sich auch von dem Berufungsurteil nicht bremsen. Am Tag der Urteilsverkündung erklärte er der Presse: »Wir wollen nicht, daß Jeff wegen eines Formfehlers freigelassen wird. Wir werden seine Unschuld beweisen.«

In Zusammenarbeit mit Prince Edward Beasley, dem im Ruhestand lebenden Polizisten aus Fayetteville, hatte er am 1. Mai Helena Stoeckley in Greenville, Ohio, ausgemacht. Man sicherte ihr zu, sie in jeder Hinsicht zu unterstützen, wenn sie nur mit ihnen zusammenarbeitete. Zuerst lehnte sie ab, doch im Oktober erklärte sie sich bereit, nach Kalifornien zu kommen und die Sache mit Gunderson zu besprechen. Nachdem Gunderson ihr versichert hatte, ihr zu helfen, einen neuen Wohnort und Job zu finden und ein neues Leben zu beginnen, unterzeichnete die Stoeckley am 25. Oktober eine Erklärung, in der sie eingestand, daß sie und fünf Freunde — Bruce Fowler, Greg Mitchell, Don Harris, Dwight Smith und Allen Mazerolle — alles Mitglieder eines Satanskults, von denen Fowler und Mitchell während der Neuermittlung 1971 mit Hilfe eines Lügendetektors verhört und für unverdächtig befunden worden waren — in den frühen Morgenstunden des 17. Februar 1970 in die Wohnung 544 Castle Drive eingebrochen waren und Jeffrey MacDonalds Frau und Kinder ermordet hatten, weil sich MacDonald geweigert hatte, heroinabhängige Mitglieder des Kults mit Methadon zu versorgen.

Am 18. Dezember kam das zehnköpfige Vierte Berufungsgericht bei der Beratung, ob das vorinstanzliche Urteil aufzuheben sei, zu einer Entscheidung von fünf zu fünf Stimmen. Damit war MacDonalds erfolgreiche Berufung erst einmal rechtskräftig.

Ein frohlockender Bernie Segal teilte der Presse mit, daß die Abstimmung »ein langerwartetes Weihnachtsgeschenk für Dr. MacDonald« sei. Ted Gunderson übergab einer Zeitung in Fayetteville eine Kopie von Helena Stoeckleys Geständnis und erklärte auf einer Pressekonferenz in Los Angeles: »Sie hat die

Namen aller Beteiligten und Einzelheiten des Verbrechens genannt. Es war ein satanistischer Sex-und-Drogen-Kult und eine Tat nach dem Vorbild der Manson-Morde.« Gunderson fügte hinzu, daß die Gruppe sich ›The Black Cult‹ nannte, noch immer aktiv war und ›mindestens dreizehn Morde‹ begangen habe.

An der Ostküste wiederholte Freddy Kassab: »Wenn die Gerichte keine Gerechtigkeit walten lassen, werde ich es tun. Ich werde lediglich die Entscheidung des Obersten Gerichtshofs abwarten. Aber auf keinen Fall lasse ich ihn frei herumlaufen.«

Kurz vor Weihnachten besprach MacDonald ein Tonband und schickte es mir:

»Ich sitze gerade draußen beim Boot, trinke ein Bier und versuche, die feine Linie zwischen einer dunklen Zelle und dem Leben im sonnigen Kalifornien zu ziehen. Ich fühle mich noch nicht gut, aber etwas besser als vor ein paar Tagen.

Candy und ich kommen gut zurecht. Wir haben wohl eine ziemlich harte Zeit hinter uns. Unser Problem ist, daß wir uns in verschiedenen Stadien unseres Lebens befinden. Ich bin siebenunddreißig Jahre alt und kämpfe um einen neuen Platz an der Sonne und ein Einkommen und die Wiedereingliederung ins Leben oder was auch immer, und Candy steht mit vierundzwanzig Jahren in der Blüte einer fast unverdorbenen Jugend und Schönheit.

Es fällt mir nicht leicht, ihr das begreiflich zu machen, aber in letzter Zeit läuft es etwas besser, wahrscheinlich, weil ich mich allmählich auch etwas besser fühle. Sie hat ihre eigene Wohnung, und das nimmt einen Teil der Spannung, die zwischen uns herrschte, weil ich im Augenblick kein Verlangen habe, den Vater oder Beschützer zu spielen. Ich bin zu sehr damit beschäftigt, die vergangenen Jahre zu verarbeiten, um ihr zu helfen ... na ja ... erwachsen zu werden.

So unvereinbar es klingt und mir auch vorkommt, ich soll an allen jährlichen Wohltätigkeitsveranstaltungen für die Polizisten von Los Angeles teilnehmen, die jetzt um Weihnachten herum stattfinden. In den letzten vier Wochen war ich schon auf dreien.

Die erste, eine Cocktail-Party, fand in der Bar von Dennis Harrah statt, dem Stürmer der Rams, der mit seinen zwei Metern und 160 Pfund aufpaßte, daß sich keine zwanzigjährigen Blondinen ohne Einladung einschlichen. Ich fühlte mich furchtbar unwohl dort, und erfreulich war nur, daß mich der Stellvertretende Direktor des Los Angeles Grand Prix bat, bei dem Rennen nächstes Jahr wieder als Arzt zu fungieren.

Dann gingen Candy und ich zu der Weihnachtsfeier für Ehrenmitglieder der Polizeivereinigung, und es wurden fünf neue Ehrenmitglieder auf Lebenszeit ernannt, ich als erster, weil ich einem Polizisten, der einen Bauchschuß abbekommen hatte und in einem anderen Krankenhaus falsch behandelt worden war, das Leben gerettet hatte. Das zweite Ehrenmitglied war Whitey Littlefield, der mal Frank Sinatras Manager war, und die drei anderen waren wichtige Geschäftsleute hier aus der Gegend.

Dann waren wir noch auf Whitey Littlefields Geburtstagsparty. Es war wirklich sehr seltsam, gerade aus Terminal Island zu kommen und dann als Ehrengast auf ein großes Dinner des Polizeiwohltätigkeitsvereins zu gehen.

Hoffentlich können Sie mich noch verstehen — gerade fliegt ein Hubschrauber der Nationalwache über mein Haus. He, was... (Er ruft:) *Hey, Babe!* (Tonband wird ausgeschaltet.)«

»Entschuldigen Sie die Unterbrechung. Gerade kam ein hübsches junges Ding vorbei, um mir guten Tag zu sagen. Mein Gott, sie sah wirklich toll aus. Sie joggt von der Uni an meinem Haus vorbei. Eine ziemliche Strecke, so etwa zehn Kilometer...«

Im März 1981 legte das Justizministerium beim Obersten Gerichtshof Berufung gegen das Urteil des Vierten Berufungsgerichts ein. Jeffrey MacDonald meldete sich weiterhin einmal die Woche bei seinem Bewährungshelfer. Bis auf eine Reise nach Las Vegas, wo er als Medizinischer Direktor des vom Spielcasino Caesa's Palace ausgerichteten Grand Prix fungierte, befolgte er die Kautionsauflagen und verließ den Staat Kalifornien nicht.

Im Mai schickte er mir ein weiteres Tonband, auf dem er mir Mitteilung vom Tode eines Freundes, Mike Jenkins, machte, eines ehemaligen Green Berets, der bei einem Fallschirmsprung ums Leben gekommen war. Er teilte mir auf dem Band auch noch mit, daß er eine andere Frau kennengelernt und sich von Candy getrennt habe.

Am 26. Mai 1981 erklärte der Oberste Gerichtshof, die Berufung anzunehmen und verweigerte Jeffrey MacDonald damit — zumindest befristet — die völlige und endgültige Freiheit.

Am 30. Juli schrieb Helena Stoeckley einen Brief an Ted Gunderson:

> »Meines Erachtens haben Sie mich in den letzten Monaten wie eine Schachfigur hin- und hergeschoben. Außerdem haben Sie mich zu dem sogenannten ›Geständnis‹ gezwungen und mir falsche Hoffnungen und leere Versprechungen gemacht... Als ich einwilligte, mit Ihnen zusammenzuarbeiten, habe ich Ihnen eine so gute Zusammenfassung der fraglichen Nacht gegeben, wie es mir möglich war. Doch Sie haben alle meine Aussagen verzerrt wiedergegeben und gegen mich benutzt, wie es Ihnen paßte.«

Im November berichtete die Universitätszeitschrift *Princeton Alumni Weekly* über die Absolventen des Jahrgangs 1965 unter anderem:

> »Sandra O'Connor begann ihre Amtszeit als Mitglied des Obersten Gerichtshofs, während noch zwei Fälle offenstehen, die von besonderem Interesse für uns sind. Beim ersten handelt es sich um die Klage der Universität, über den Zutritt zum Campus entscheiden zu dürfen. Beim zweiten handelt es sich um den Fall gegen *Jeff MacDonald*. Eine niedrigere Instanz hat das Urteil gegen ihn aufgehoben, da sein Recht auf einen zügigen Prozeß nicht gewährleistet war. Hoffen wir in beiden Fällen auf gute Nachrichten!«

Am 8. Dezember fand die mündliche Verhandlung vor dem Obersten Gerichtshof statt. Jeffrey MacDonald flog dazu nach Washington und erklärte Reportern gegenüber: »Ich führe diesen Kampf seit meinem 26. Lebensjahr. Der Vietnamkrieg kam und ging, und die Regierung verfolgt mich noch immer. Ich habe all meine Gefühle und den größten Teil meines Geldes für diesen Kampf verbraucht. Ich kämpfe seit zwölf Jahren und habe keine Gefühle mehr.

Brian Murtagh will mich trotz der Beweise hinter Gitter bringen. Er ist ein Berserker, der Steuergelder verschwendet, um mir das anzutun. Ich bin das Opfer eines amoklaufenden Bürokraten. Das nagt an einem. Man hat mir vier oder fünf Mal gesagt, alles sei vorbei. Ich kann es nicht mehr ertragen.«

Danach kehrte er nach Kalifornien zurück, kaufte für 200 000 Dollar eine Eigentumswohnung im Skigebiet Mammoth Mountain und tauschte seinen Citroën-Maserati gegen einen Jaguar ein.

Er traf sich mittlerweile mit einer einundzwanzigjährigen Studentin der Long Beach State University. Ihr Name war Randi Dee Markwith, und sie war, so MacDonald, ›die erste Person, in deren Gegenwart ich mich seit Colette hervorragend fühle‹.

Er hatte sie kennengelernt, als sie freiwillig im St. Mary's Hospital arbeitete. »Es war an dem Tag, nach dem ich seine Vorlesung über Traumata besucht hatte«, erzählte sie einer Zeitung in Long Beach. »Ich traf ihn auf dem Gang und sagte: ›Hi, Dr. MacDonald.‹ Er lächelte und sagte: ›Hi, Randi.‹ Ich konnte es nicht glauben. Er kannte meinen Namen! Mein Herz machte einen Satz, und ich lief rot an und suchte nach Worten. Wahrscheinlich habe ich etwas Dummes gesagt...«

Trotz des Altersunterschiedes und der ungewissen Zukunft, die MacDonald erwartete, blühte die Romanze schnell auf. »Es war seltsam«, sagte Randi Dee, »aber von Anfang an knisterte es.«

Im März entschlossen sie sich zu heiraten. »Ich schleppte ihn in einen Laden und kaufte ein paar Modemagazine, und er half mir bei der Auswahl des Brautkleides. Dann stellten wir die Gästeliste zusammen. Ich las die Namen aus seinem Adreßbuch vor, und er sagte ja oder nein.

Wir entschlossen uns, in Newport Beach eine große Hochzeit zu feiern. Und wir wollen zwei Kinder haben. Jeff liebt Kinder.«

Am Abend des 24. März 1982 lud MacDonald vierundzwanzig Freunde nach einem Sektempfang zu Hause in sein Lieblingsrestaurant ein. Es war in jeder Hinsicht ein wunderbarer Abend. Vor dem ersten Gang hielt er eine kurze Rede. ›Obwohl einige Wolken am Horizont‹ drohten, hätten er und Randi sich entschlossen, ›ja zueinander, zur Liebe, zum Leben zu sagen‹. Dann gab er formell ihre Verlobung bekannt.

Am 31. März 1982 kam der Oberste Gerichtshof mit sechs zu drei Stimmen zur Auffassung, Jeffrey MacDonalds verfassungsmäßiges Recht auf eine zügige Verhandlung sei nicht verletzt worden.

Richter Warren Burger erklärte: »Das im sechsten Verfassungszusatz verbürgte Recht auf einen schnellen Prozeß ... soll verhindern, daß ein Angeklagter vor Prozeßbeginn lange in Haft sitzt und unter der Einschränkung seiner Rechte, die bei einer Entlassung auf Kaution gegeben ist, und den Unannehmlichkeiten, die eine Haft und ein drohender Prozeß mit sich bringen, zu leiden hat.«

Nach Auffassung des Gerichts fiel der Zeitraum von 1972 bis 1974 nicht darunter, da die Army die ursprünglichen Vorwürfe fallengelassen und MacDonald keinen Prozeß zu erwarten hatte. »Da das Verfahren vor dem Militärgericht eingestellt war«, so Burger in seiner schriftlichen Begründung, »konnte MacDonald seinen Angelegenheiten nachgehen, seinen Beruf ausüben und sein Leben führen, als wäre niemals eine Anklage erhoben worden.«

In einer Fußnote sprach Burger das Justizministerium von den erhobenen Vorwürfen frei und stellte klar, daß es angesichts der Schwere des Verbrechens und der gesellschaftlichen Stellung des Angeklagten sogar verpflichtet gewesen war, eine gründliche Ermittlung zu führen. Weiter betonte der Richter, daß die Entscheidung des Obersten Gerichtshofs in keiner Hinsicht von der Tatsache beeinflußt worden war, daß MacDonald von den Geschworenen für schuldig befunden worden war.

Innerhalb von einer Stunde nach der Bekanntgabe des Urteils hob Richter Franklin T. Dupree die Kautionsgewährung auf, und Bundesbeamte fuhren zum 16052 Mariner Drive und führten MacDonald unter den Blicken einer benommenen und weinenden Randi Dee Markwith ab.

Während der Verhaftung stellten sie einen .44er Magnum, den durchschlagskräftigsten Revolver, der in den USA hergestellt wird, und eine Schachtel Munition im Nachttisch neben seinem Bett sicher. Der Besitz einer solchen Waffe stellte einen Verstoß gegen die Kautionsauflagen dar, doch da MacDonald zu drei aufeinanderfolgenden lebenslänglichen Haftstrafen verurteilt worden war, wurde keine Anklage erhoben. Vielleicht waren Freddy Kassabs wiederholte Drohungen, ›Gerechtigkeit walten zu lassen‹, doch nicht auf taube Ohren gefallen.

MacDonald war noch keine Woche in Haft, als er mir schrieb, er habe in der *Los Angeles Times* gelesen, Robert Redford suche nach neuen Stoffen, und vorschlug, man könne ihm die Rolle MacDonalds in einer Verfilmung der Geschichte andienen.

Im Juni fand vor dem Berufungsgericht die mündliche Verhandlung über die weiteren Punkte von MacDonalds Berufung statt.

Am 12. Juli schrieb mir MacDonald: »Habe trotz eines verstauchten Knöchels (Football) das 3-Meilen-Rennen zum Unabhängigkeitstag gewonnen. Lief ein tolles taktisches Rennen und trickste diesen 22jährigen Indianer aus. Gewann 6 Cokes und eine Trophäe. Zeit: 19 Minuten 51 Sekunden.«

Vier Tage später schrieb er mir, er habe gerade das Protokoll der mündlichen Berufungsverhandlung vom Juni gelesen. »Keine Frage — wir haben gewonnen. Die einzige Frage lautet, ob es einen neuen Prozeß gibt oder die Anklage aufgehoben wird.«

Am 16. August entschied dasselbe dreiköpfige Richtergremium, das bei der Frage des zügigen Prozesses zugunsten MacDonalds entschieden hatte, jedoch einstimmig, daß bei der Schwurgerichtsverhandlung keine Verfahrensfehler begangen worden waren und die Verurteilung rechtskräftig war. Richter

Murnaghan war zwar der Meinung, daß »Jeffrey MacDonald einen faireren Prozeß bekommen hätte, hätte man Helena Stoeckleys Aussage zugelassen«, schloß sich jedoch der Mehrheitsmeinung an.

Randi Dee Markwith blieb vorerst im Mariner Drive wohnen und schickte mir am 31. August einen — mit ›Mrs. Randi MacDonald‹ unterzeichneten — Brief:
»Jeff hat mich gebeten, Ihnen unseren Briefverkehr zu schicken, damit Sie besser verstehen, wie sehr Jeff und ich uns lieben. In der Anlage finden sie auch einen von Jeff ausgearbeiteten Vertrag, der uns sehr viel bedeutet und den wir oft lesen.«
Dieser ›Vertrag‹ vom 12. April 1982 in Jeffrey MacDonalds Handschrift — derselben Hand, die vor zwölf Jahren die Notiz über Eskatrol verfaßt hatte, derselben Hand, von der die Geschworenen glaubten, daß sie das Wort SCHWEIN auf das Kopfteil ihres gemeinsamen Ehebettes geschrieben hatte — stellte eine Art inoffizielles Ehegelöbnis dar, in dem Jeffrey Robert MacDonald und Randi Dee sich Treue und Liebe versprachen.

Nach der Entscheidung des Berufungsgerichts wurde MacDonald von Terminal Island in das Hochsicherheitsgefängnis von Lompoc, Kalifornien, verlegt. Kurz darauf stattete ihm Randi Dee Marktwith, die mittlerweile bei den Pacific Southwest Airlines als Stewardess arbeitete, einen Besuch ab und erklärte ihm, die Verlobung sei gelöst. Sie zog aus der Wohnung aus, und MacDonalds Mutter entfernte seine persönlichen Besitztümer aus dem Apartment und bot es zum Verkauf an. Auch die Eigentumswohnung im Mammoth-Mountain-Skigebiet und das Boot und der Jaguar wurden verkauft.

Nach sechs Wochen in Lompoc wurde MacDonald in die Bundesstrafanstalt von Bastrop in Texas verlegt, in der er den Rest seiner Haftstrafe absitzen sollte.

Er entließ Bernie Segal und heuerte einen neuen Anwalt aus Santa Monica sowie einen neuen Privatdetektiv aus New York City an.

Nachdem Helena Stoeckley ihr Geständnis widerrufen hatte, gestand sie erneut vor laufenden Kameras in der Fernsehsendung *Jack Anderson Confidental*. MacDonald drängte daraufhin seinen neuen Anwalt, beim Präsidenten einen Antrag auf Begnadigung zu stellen, und schlug vor, entweder Jack Anderson, der dem Fall positiv gegenüberzustehen schien, oder der neue Gouverneur von Kalifornien, George Deukmejian, ein Freund Whitey Littefields und ebenfalls Ehrenmitglied der Long Beach Police Officers Association, sollten sich an Präsident Reagan wenden.

Während sich der neue Anwalt noch mit dem Fall vertraut machte und eine Reise nach North Carolina vorbereitete, schrieb MacDonald ihm einen weiteren Brief, in dem er seine Unschuld beteuerte, seine Situation im Gefängnis beschrieb und zum Schluß kam: »Der Oberste Gerichtshof sollte einen neuen Prozeß zulassen, wird es aber wahrscheinlich nicht, so daß meine einzige Hoffnung ein neuer Prozeß wegen ›neuer‹ Beweise ist. Wir müssen diese Beweise auftreiben und einen neuen Prozeß erzwingen.«

Am Montag, dem 10. Januar 1983, kam der Oberste Gerichtshof zur Auffassung, daß es bei MacDonalds Prozeß keine Verfahrensfehler gegeben hatte, und wies die Berufung ab. Damit war nach zwölf Jahren, zehn Monaten und vierundzwanzig Tagen die rechtliche Seite des Falls Jeffrey MacDonald endgültig und in höchster Instanz abgeschlossen.

Drei Tage später, am Nachmittag des 13. Januar, wurde die Leiche Helena Stoeckleys auf dem Sofa in einer Wohnung gefunden, die sie in Seneca, South Carolina, gemietet hatte. Die Leiche, die ein Handwerker fand, der in der Wohnung Rohre verlegen wollte, befand sich in einem Stadium des Zerfalls, der darauf schließen ließ, daß die Stoeckley schon seit einigen Tagen tot war. Ihr sieben Monate alter Sohn — hervorgegangen aus der Ehe mit Ernie Davis, der zum Zeitpunkt ihres Todes eine fünfzehnjährige Haftstrafe wegen Vergewaltigung verbüßte —, lag dem Tode nahe in einer Krippe neben dem Sofa.

MacDonald kam ihr Tod ›höchst verdächtig‹ vor, doch die

Autopsie ergab, daß die Stoeckley eines natürlichen Todes gestorben war, an einer Lungenentzündung, verursacht durch eine Leberzirrhose mit einer Hepatitis.

Der Verwalter des Gebäudes, in dem sie gewohnt hatte, sagte aus: »Sie hat uns schon vor ein paar Wochen gesagt, sie und das Baby hätten eine Lungenentzündung. Und sie hatten nichts zu essen. Einmal hat sie mir gesagt, sie hätte seit fünf Tagen nur Brote mit Erdnußbutter zu essen gehabt.«

Aus seiner Zelle in Greenville, South Carolina, behauptete Ernie Davis, der Tod seiner Frau sei die – zumindest indirekte – Folge von ›Belästigungen‹ der Privatdetektive, die Jeffrey MacDonald engagiert hatte.

»Helena war für sie wie eine Puppe«, sagte er. »Diese Leute zogen an ihren Fäden und machten mit ihr, was sie wollten. Sie haben ihr gesagt, sie hätten mit Leuten gesprochen, die sie mit den Morden in Zusammenhang bringen könnten, und sie würde im Gefängnis enden, wenn sie kein Geständnis ablegte. Ein anderes Mal versprachen sie ihr eine Rolle in einem Film, wenn alles vorbei war. Sie setzten ihr Dinge in den Kopf, die ganz einfach nicht wahr waren, und ließen sie sie in ihren Geständnissen wiederholen. Helena wußte, daß alles gelogen war, doch sie gab schließlich auf. Sie hat immer wieder gesagt, wenn sie ihnen nicht erzählte, was sie hören wollten, würden sie sie nur noch mehr belästigen.«

Sowohl Ted Gunderson (der literarischen Agenten die Geschichte anbot, wie er die MacDonald-Morde ›gelöst‹ hatte) als auch Prince Edward Beasley (der mit einem ehemaligen Reporter aus Fayetteville die Vereinbarung getroffen hatte, daß sie beide und die Stoeckley sich die Einnahmen aus einem Buch und gegebenenfalls auch aus einem Film teilen würden, die auf der Annahme basieren sollten, daß der Stoeckley-Kult für die Morde verantwortlich war), wiesen die von Ernie Davis erhobenen Beschuldigungen scharf zurück.

»Helena hat all ihre Aussagen freiwillig gemacht«, erklärte Gunderson. »Der einzige, der sie belästigt hat, war Ernie. Und sie hat uns immerhin vierzehn oder fünfzehn unterschriebene Geständnisse gegeben.«

Jack Anderson veröffentlichte, ohne die Autopsieergebnisse

zu berücksichtigen, in der *Washington Post* einen Artikel mit der Schlagzeile ›Neue Beweise für MacDonalds Unschuld‹, in dem er schrieb: »Mein Stab hat zahlreiche Beweise entdeckt, die die Unschuld des Arztes bestätigen.« (Wobei er allerdings nicht bekanntgab, um welche Beweise es sich handelte.) Anderson veröffentlichte einen zweiten Artikel mit der Schlagzeile: ›Verdächtiger Tod einer Prozeßzeugin‹. Darin schrieb er: »Vor kurzem trat eine tragische junge Frau namens Helena Stoeckley aus den Schatten, um einen Mann davor zu bewahren, den Rest seines Lebens im Gefängnis verbringen zu müssen. Sie erzählte meinen Mitarbeitern eine Geschichte, die ihr nichts als Kummer und Drohungen eingebracht hatte. Vergangenen Monat wurde sie in ihrem Versteck in South Carolina tot aufgefunden.« Der Artikel deutete an, Mitglieder von Helena Stoeckleys Hexenkult seien für ihren Tod verantwortlich, erklärte jedoch nicht, wie solch ein Kult ein abtrünniges Mitglied mit Hilfe einer Lungenentzündung und Leberzirrhose zum Schweigen gebracht hatte.

Ermutigt durch diese neue Unterstützung und — wie er einem Reporter aus Los Angeles erzählte — ›über 6500 Briefe, alle bis auf vielleicht ein Dutzend sehr positiv‹, schwor sich Jeffrey MacDonald, den Kampf fortzusetzen.

Als Gunderson auf Pressekonferenzen erklärte, der Stoeckley-Kult bedrohe nun auch ihn, heuerte MacDonald neue Privatdetektive an. Er kündigte an, im April 1983 sei sein neuer Anwalt mit einem ›wasserdichten Fall‹ vor Gericht, der seine Unschuld beweisen würde. Mittlerweile versuchte er sich im Gefängnis fit zu halten. (›Zu viele Kohlenhydrate‹, sagte er.)

Kurz darauf schätzte MacDonald jedoch, daß seine Anwälte erst im Sommer vor Gericht gehen konnten, obwohl ›wir die Leute (kennen), die in jener Nacht im Haus waren, und sie bald ausfindig gemacht haben werden‹. Später erklärte er, es würde wohl Herbst werden.

Die Männer, die die Stoeckley genannt hatte, wurden schließlich gefunden, allerdings nicht von MacDonalds Privatdetektiven, sondern von FBI-Agenten und einem Reporter aus Fayetteville namens Steve Huettel. Mit der Ausnahme von Greg Mitchell, der im Juni 1982 an Leberzersetzung gestorben war (und dessen Beteiligung an den Morden 1971 von der CID und zehn Jahre später vom FBI ausgeschlossen worden war), stritten alle ab, etwas über die Morde zu wissen.

Einer nannte die Geschichte der Stoeckley ›völlig verrückt‹ und ›das Verrückteste, was ich je gehört habe‹. Ein anderer bezeichnete sie als ›die Fieberphantasien einer Verrückten‹. Diese beiden waren, wie auch Mitchell, 1971 von der CID und 1981 und 1982 vom FBI unter die Lupe genommen worden; beide Untersuchungen hatten ergeben, daß sie nicht an der Tat beteiligt gewesen waren.

Die Schlüsselfigur im ›Geständnis‹ der Stoeckley — die sie zuvor nicht namentlich genannt hatte — war Allen Mazzerolle, den man in einer Kleinstadt in Maine aufspürte. Auch er konnte beweisen, nichts mit der Sache zu tun zu haben: Er war am 28. Januar 1970 wegen des Besitzes und Transports von LSD festgenommen worden und erst am 10. März aus dem Gefängnis entlassen worden, womit er sich wohl kaum am 17. Februar am Tatort befunden haben konnte.

»Lächerlich«, sagte Mazzerolle zu den Anschuldigungen, die die Stoeckley gegen ihn erhoben hatte. »Sie war die Informantin, die mich beim Rauschgiftdezernat verpfiffen hat.«

MacDonald wollte jedoch noch immer nicht eingestehen, daß es vorbei war. »‹The Rock› wird nicht zerbröckeln«, schrieb er einem Bewunderer. Und bei einem Telefongespräch sagte er mir, er sei ›zu achtzig Prozent überzeugt‹, daß das Justizministerium Mazzerolles Akte gefälscht hatte, um die Stoeckley in Mißkredit zu bringen. »Ich glaube, daß es in den nächsten Monaten den entscheidenden Durchbruch geben wird. Die Fakten sprechen für mich. Diesmal werden wir gewinnen.«

Und einem Reporter aus Long Beach, der ihn Anfang 1983 in Batrop interviewte, sagte er: »Ich habe noch immer dieselben Alpträume, ich höre Colettes Stimme und den Lärm im Haus ... Ich sehe noch immer das Blut. Ich wache noch immer erschöpft und in kaltem Schweiß gebadet auf.«

Solange MacDonald noch über finanzielle Mittel verfügt, wird es natürlich immer Anwälte und Privatdetektive, neue ›Zeugen‹

und ›Spuren‹ geben. Und diese Mittel wird es zweifellos noch lange geben: Keineswegs geringe Beiträge bringt der übriggebliebene harte Kern von Menschen auf, die Jeffrey MacDonald felsenfest glauben, die dem Prozeß nicht beigewohnt und die Akten nicht gelesen haben, und die von seiner funkelnden Persönlichkeit noch immer fasziniert sind (obwohl sein Haar allmählich ergraut und er nur noch ›ein hageres Bild seines alten Ichs ist‹, wie es ein Besucher formulierte).

»Er wird seine Schuld niemals akzeptieren«, sagte Brian Murtagh kurz nach der letzten Entscheidung des Obersten Gerichtshofs in diesem Fall. »Er wird niemals einfach nur hinter Gittern sitzen. Man ist versucht zu sagen: ›Das Ende. Das war es. Schluß und aus.‹ Aber nein. Er wird den Fall niemals auf sich beruhen lassen.«

5

Aber für mich ist er abgeschlossen. Ich bin am Ende angelangt. Ich bin den verschlungenen Pfaden so gut wie möglich gefolgt, und sie haben mich zu Orten geführt, die ich eigentlich niemals betreten wollte.

Zum Beispiel an einem heißen Samstag im August, als ich in Begleitung zweier Kriminologen, die als Sachverständige der Verteidigung angestellt waren, die Wohnung 544 Castle Drive betrat.

Ich blieb fünf Stunden lang in der feuchten, unordentlichen, verstaubten Wohnung. Hauptsächlich erregten Kleinigkeiten meine Aufmerksamkeit.

Auf dem Boden der Eßecke lag eine kleine Holzfigur aus einem Fisher-Price-Baukasten, etwa so groß wie mein Daumen.

In Kristens Zimmer lagen unter dem Bett einige Golden Books, Puppen und Bilder, die sie vor neuneinhalb Jahren mit den Fingern gemalt hatte. Im Boden befand sich ein großes, rechteckiges Loch: dort hatte man den blutigen Fußabdruck ihres Vaters entfernt.

In Kimberleys Zimmer lag noch eine weiße Strumpfhose mit einem Loch an den Zehen. Ihre Matratze war noch mit verblichenem Blut befleckt.

Im Elternschlafzimmer am Ende des Gangs lagen noch Holzsplitter auf dem blutbefleckten Teppich, und auf dem Fensterbrett stand ein schon lange eingegangener Weihnachtsstern, der Topf mit rotem Stanniol umwickelt — eine Erinnerung an das Weihnachtsfest 1969.

Colettes beiger BH, den sie am Abend des 16. Februar 1970 ausgezogen hatte, lag noch auf dem grünen Stuhl neben dem Bett. Der Telefonhörer, von der Spurensicherung eingeschwärzt, um ihm Fingerabdrücke zu entnehmen, hing an der Schnur.

Im Dielenbadezimmer hingen drei Zahnbürsten an einem

Wandhalter, und neben dem Waschbecken lag eine zusammengerollte Tube Zahnpasta.

In der Küche hing ein Kalender, auf dem Termine eingetragen waren:

15. Februar: Jeff ER. In Colettes Handschrift.

16. Februar: Psychol.

17. Februar: Ron zum Abendessen. Lieutenant Harrison hatte an diesem Abend woanders gegessen.

Neben dem Spülbecken stand ein Gestell, in dem nach neuneinhalb Jahren noch Geschirr stand: drei Teller, zwei Tassen und verkehrt herum, damit sie schneller trockneten, zwei Likörgläser. Daneben eine Flasche Geschirrspülmittel, wie so viele andere Gegenstände in diesem Haus ebenfalls schwarz vom Fingerabdruckpulver.

Auf der Küchentheke stand eine nicht geöffnete Dose Diät-Pepsi. In einem Schrank befanden sich eine Tüte Weingummis, eine Dose Ananas in Scheiben und viele, viele Dosensuppen der Firma Campbell's.

Schließlich wurde ich mir eines Geräusches bewußt. Ein leises Summen, das vom Kühlschrank stammte. Der CID-Agent, der uns an diesem Morgen die Wohnung aufgeschlossen hatte, hatte gesagt, daß man den Kühlschrank nie ausgeschaltet hatte. Alle sechs Wochen kam ein Militärpolizist, um ihn abzutauen. Ich öffnete die Kühlschranktür. Seit neuneinhalb Jahren befanden sich zwei Dosen darin: eine mit Preiselbeersauce und eine mit Ginger-Ale.

Die Tiefkühltruhe war jedoch wohl gefüllt: eine halbvolle Tüte Pommes frites, ein Karton Erdbeereis, ebenfalls noch halb voll, eine noch nicht angebrochene Packung Schokostreusel, ein Karton Regenbogenforellen, zwei Pfund Hamburger-Fleisch (zu 53 Cents das Pfund) und abgepackte Schweinskoteletten, vom Zellophan noch luftdicht versiegelt.

Ich schloß die Tür wieder. Das Summen des Kühlschranks schien lauter zu werden. Mittlerweile hatte ich jegliche Lust verloren, weitere Schranktüren zu öffnen, unter den Betten nachzusehen oder eine Liste der persönlichen Gegenstände zu erstellen.

Ich wollte kein Lametta vom Weihnachtsbaum auf dem

Wohnzimmerteppich finden — und keine Fäden von einer blauen Schlafanzugjacke.

In dieser Nacht träumte ich zum ersten und einzigen Mal von Colette. In diesem Traum befand sie sich im Zeugenstand, sah durch den Gerichtssaal zu ihrem Mann hinüber und rief: »*Jeff, Jeff, was wollen sie noch von uns?! Was sollen wir denn noch tun?*«

Am nächsten Tag erzählte ich MacDonald von dem Traum. Er sonnte sich auf dem Rasen und las die Sonntagszeitungen, die natürlich über die Prozeßentscheidung berichteten.

Als ich fertig war, sah er mich an, als hätte ich ihm gerade gesagt, daß es in Maine regnete. Dann erwähnte er, daß die Yankees ihr Spiel gestern abend gewonnen hätten.

Monate nach dem Prozeß suchte ich Paul Stombaugh in seinem Büro in Greenville, South Carolina auf — einem Büro, das mit Notizbüchern, Diagrammen und Fotos vollgestopft war, die allesamt etwas mit dem Fall MacDonald zu tun hatten. Er zeigte mir ein Bild, das ich noch nie zuvor gesehen hatte. Man hatte es am Morgen des 17. Februar im Elternschlafzimmer der Wohnung aufgenommen. Es zeigte einen Koffer, der auf dem Boden lag. Überall um den Koffer herum war Blut, auf dem Koffer selbst jedoch kein einziger Spritzer. Stombaugh zufolge bedeutete das, daß man den Koffer erst nach dem ganzen Blutvergießen dorthin gelegt hatte, in die Nähe des Schranks, in der sich Jeffrey MacDonalds Garderobe befand. Stombaugh sah es damit als erwiesen an, daß MacDonald also zumindest einen Augenblick lang, bevor er sich die Brustverletzung zufügte, die einen Lungenflügel teilweise kollabieren ließ, fliehen wollte.

Viele Monate nach dem Schuldspruch beschäftigte sich Stombaugh noch immer mit seinem Szenario, als wäre es zu seinem Hobby geworden wie mit Rubiks Zauberwürfel. Er war aber nur einer von vielen, die von dem Fall besessen waren.

Ich sah auch zu viele Fotos, die ich nie hatte sehen wollen. Ich wachte zu oft in den frühen Morgenstunden auf, mußte an die Wohnung 544 Castle Drive und den 17. Februar 1970 denken und wußte, daß ich in dieser Nacht keinen Schlaf mehr finden würde.

Und ich habe Kontakt mit Menschen aufrechterhalten, mit denen ich eigentlich nichts mehr zu tun haben will. Ich denke da besonders an Jeffrey MacDonalds Mutter. Lange nachdem ich das Schlimmste über ihren Sohn wußte — lange nachdem ich es zu Papier gebracht hatte —, rief ich sie an und fragte sie nach seiner Reise nach Texas im zweiten Jahr auf der High-School. Das war eine der Kleinigkeiten, die weiterhin an mir nagten, weil ich einfach keine Erklärung dafür fand. Wie Stombaugh in seinem Büro war wohl auch ich ein Besessener geworden.

Auf jeden Fall versicherte sie mir — wie ich es zuvor schon geahnt hatte —, daß seinem Aufbruch keine Familienkrise vorangegangen sei. Er habe vielmehr eine *ausgelöst.* Sie habe die Sache positiv gesehen — ihr Sohn konnte ›neue Erfahrungen‹ gewinnen —, während sein Vater nicht so begeistert gewesen sei. »Wenn er lieber bei anderen Menschen wohnt als bei seiner Familie«, soll er gesagt haben, »dann haben wir ihn verloren.« Jeffs viermonatiger Aufenthalt in Texas sei für seinen Vater der Brennpunkt seines Zorns und Selbstmitleid gewesen. »Doch er war zu stolz, um Jeff gegenüber jemals solche Gefühle zu zeigen«, sagte Dorothy MacDonald.

Wir führten dieses Gespräch im April 1983, drei Monate, nachdem der Oberste Gerichtshof Jeffrey MacDonalds letzte Berufung abgewiesen hatte. Doch seine Mutter war noch immer, wie auch er selbst, sehr optimistisch: Die jüngsten Entwicklungen seien ›sehr positiv‹ gewesen, die Ermittlungen an der Ostküste kämen ›gut voran‹. Sie würden sich demnächst an den Kongreß wenden, und sogar Astrologen hätten sie in letzter Zeit informiert, daß sie ›positive Schwingungen‹ empfängt.

Ich wollte ihr wirklich nicht mehr zuhören, und es gab zuviel, das ich nicht sagen konnte: zum Beispiel, daß ich wußte, daß ihr Sohn seine Frau und Kinder getötet hatte. Und auch, daß Freddy Kassab mir einmal erzählt hatte, wie sie damals bei der Anhörung im Jahr 1970 zu ihm gesagt hatte: »Fred, wie kannst du nur so sicher sein, daß er unschuldig ist?«

Also machte ich mir nur Notizen, während sie sagte: »Im Augenblick komme ich mir vor wie durch die Mangel gedreht. Das Leben war ungewöhnlich schwierig. Ich behaupte nicht, daß alles, was ich als Mutter tat, richtig war. Aber glauben Sie mir, bitte, ich wollte nie jemandem Leid bereiten.«

Ich war auch bei Freddy und Mildred Kassab in Long Island. Ihr neues Haus ist viel kleiner als das, in dem sie 1970 wohnten. Es hat keinen Swimmingpool, und auf dem Hinterhof befindet sich nur ein kleines Rosenbeet, um das sich Mildred an schönen Tagen hingebungsvoll kümmert.

Die Quality Egg Company, bei der Freddy Kassab arbeitet, war nach Dayton in New Jersey umgezogen, und die Woche über wohnt Kassab allein in einem kleine Apartment dort. Anfang 1983 war er 62 Jahre alt, übergewichtig und litt an einem Emphysem.

Sie sprachen stundenlang mit mir und zeigten mir Bilder, Briefe und Tagebücher. Anfangs kam ich mir vor – besonders, als ich die Briefe und Tagebücher las –, wie sich wohl Brian Murtagh vorgekommen war, als er im September 1974 an dem Grab stand und darauf wartete, daß die Exhumierung begann: solch eine Verletzung der Privatsphäre ließ sich durch nichts rechtfertigen.

Doch dann akzeptierte ich die Tatsache, daß mein Weg mich hierher geführt hatte und ich hier verweilen mußte. Und letztendlich empfand ich schlicht und einfach Leid, als ich die Worte las, die vor so langer Zeit ein Mädchen, das damals nicht viel älter war, als meine beiden Töchter heute waren, mit solch naiver Aufregung geschrieben hatte.

Zum Beispiel 1957, als Colette in der neunten Klasse war:

»27. Dezember. Heute abend gab Judy eine tolle Party. Jeff und ich hatten eine herrliche Zeit. Überall im Zimmer hingen Mistelzweige, aber allzuoft gab ich nicht nach. Wenn ich daran denke, wie er mich ansah, bevor er mich küßte, flippe ich einfach aus.«

Später, auf der High-School, schrieb sie, daß »Jeff mir gesagt hat, daß er mich liebt. Ich versuchte, ihn zu überzeugen, daß das nicht stimmt, weil ich glaube, daß so etwas bei ihm nie lange anhält.«

Und am Ende dieses langen, schmerzlichen Wochenendes zeigten die Kassabs mir die letzte schriftliche Mitteilung, die sie von Colette bekommen hatten. Es war eine Weihnachtspostkarte aus Fort Bragg. Unter den gedruckten Text hatte sie geschrieben: »Bis bald – Liebe, Jeff & Colette. P. S. Die Hosen für Jeff bitte nicht in Größe 34, sondern 36 – er setzt Gewicht an, will es aber nicht zugeben!«

Das war natürlich, bevor er seine zweite Stelle angenommen hatte und mit der Boxmannschaft trainierte. Und bevor er anfing, Eskatrol zu nehmen.

Im Herbst 1980 besuchte ich MacDonald, während er auf Kaution in Freiheit war. Wir grillten, und MacDonald stellte fest, daß die Messer nicht scharf genug waren. Er nahm sich eins nach dem anderen aus dem Schrank und schärfte jede Klinge gekonnt und mit sicheren Bewegungen an einem Schleifstein.

Zwei Wochen später schickte er mir zwei Fotoalben mit Bildern seiner Kinder. Neben den Fotos mit Anmerkungen in Colettes Handschrift enthielten die Alben auch Haarlocken der Kinder und den ersten Milchzahn, der Kimberly ausfiel. Das war am 13. November 1969 gewesen.

MacDonald schickte mir die Alben unaufgefordert wie auch Hunderte Fanbriefe, die er im Lauf der Jahre erhalten hatte. Warum, weiß ich nicht. Ich bin mir auch nicht sicher, was ich damit tun soll. Vielleicht werde ich sie aufbewahren.

Nach den Bestimmungen des Bundesgesetzes kann Jeffrey MacDonald, obwohl er zu drei nacheinander zu verbüßenden lebenslänglichen Haftstrafen verurteilt wurde, am 5. April 1991 einen Antrag auf Begnadigung stellen. Dann wird er siebenundvierzig Jahre alt sein. Die Alben gehören ihm. Ich kann mir nicht vorstellen, daß er im Gefängnis Verwendung für sie hat, doch sollte er entlassen werden, will er sie vielleicht als Souvenirs zurückhaben.

Jeffrey MacDonalds Stimme

Was für ein Sinn steckt dahinter? Es ist verrückt. John Lennon wird erschossen. Es... es... ist sinnlos. Ich bete zu keinem ›anderen Gott‹. Äh... ich meine einen Gott in einer anderen Welt. Ich glaube an das Leben hier. Der Mensch hat die Fähigkeit, sich seine eigene Umgebung zu schaffen, auch wenn... äh... gewisse natürliche und unnatürliche Katastrophen darin vorkommen.

Aber es muß doch noch etwas anderes geben. Es kann doch nicht sein, daß das Leben aus einer Reihe Tragödien und Travestien und Verrücktheiten besteht. Dieses Land ist plemplem und weiß es nicht einmal. Ich habe versucht, für dieses Land zu kämpfen. Sie wollten mich nicht kämpfen lassen. Sie hielten mich in Fort Bragg fest, während ich doch in Vietnam sein sollte. Weil ich mich als Green Beret verpflichtet habe. Aber sie haben keine Green Berets nach Vietnam geschickt, sondern Panzer, die ganze Dörfer niederrollten.

Ich meine... die ganze Sache ist doch verrückt. Großer Gott, das Leben muß doch noch einen anderen Sinn haben als diesen, als diese verrückte Episode, die mich anscheinend nicht mehr loslassen will.

Aber ich werde auch ein paar gute Dinge aufführen, damit Sie nicht mit diesem Schlußwort dastehen. Die schönen Jahre waren die auf der High-School. Princeton war toll: Ich war wieder mit Colette zusammen, die Fahrten nach Skidmore und zurück, unsere Nächte in dem Hotel in Saratoga Springs, als sie in meinen Armen lag, ihre Briefe und dieses Gefühl der anschwellenden Liebe, dieses unglaubliche, unbeschreibliche Gefühl, wenn man mit ihr zusammen ist und sie sehen will und darauf wartet, daß man nach Hause kommt. Und wie ich ihr und Kimmy und Kristy zum ersten Mal das Pony zeigte. Das sind die schönsten Dinge, an die man sich erinnert. Die schönsten überhaupt.

Aber ich sollte Ihnen wohl auch von den Enttäuschungen erzählen, die das Leben für mich bereitgehalten hat. Es gibt drei, an die ich mich auf Anhieb erinnere. Jeder erlebt wohl eine Menge kleine Enttäuschungen, aber das waren wohl die drei größten, eine ganz schreckliche und zwei nicht ganz so schlimme.

Die erste ist natürlich, daß ich nicht imstande war, meine Familie am 17. Februar zu beschützen. Ich möchte nicht gern darüber sprechen, aber das war sicher die größte Enttäuschung in meinem Leben, und, ob es mir nun gefällt oder nicht, ich muß damit leben, und hätte ich sie beschützen können, dann würden wir alle vier — eigentlich alle fünf — jetzt ein unglaublich tolles Leben führen. Colette und ich wären noch wie verrückt verliebt ineinander und würden von unserer Farm in Connecticut gelegentlich nach New York fahren, um dort ins Theater zu gehen.

Die beiden anderen Enttäuschungen sind bei weitem nicht so wichtig. Ich will hier keine Nebensächlichkeiten aufführen — wie zum Beispiel, ich wünschte, ich hätte gelernt, Klarinette oder Saxophon zu spielen. Nein, es sind schon wichtige Dinge, die mir immer wieder durch den Kopf gehen.

Ich wünschte, ich hätte meinen akademischen Grad auf Princeton erworben. Das klingt zwar etwas lächerlich, aber irgendwie wünsche ich es mir doch. Vielleicht, daß ich noch ein Jahr länger dort geblieben wäre oder irgendwann dorthin zurückgekehrt wäre. Aber unter den gegebenen Umständen war das nicht möglich. Es war eine finanzielle und teilweise gefühlsmäßige Entscheidung; schließlich waren wir ja bald eine Familie. Aber ich wünschte doch, ich hätte meinen Abschluß von Princeton. Ich weiß, das klingt materialistisch und vielleicht sogar etwas überzogen, aber es ist die Wahrheit.

Und das andere ist... na ja, auf eine seltsam und vielleicht auch perverse Weise wünschte ich mir, ich hätte in Vietnam gedient. Nicht, weil ich die Erfahrung eines Krieges machen wollte, aber ich glaube, diese Erfahrung, die unsere Generation durchgemacht hat, ist so traumatisch und wichtig und hat das Land wahrscheinlich für die nächsten zwanzig Jahre geformt, und ich glaube wirklich... hm... es gehörte zum Erwachsenwerden, in der Army zu sein, seinen Teil dazu beizutragen, seine Last zu tragen, so daß ich nichts dagegen gehabt hätte, nach Vietnam zu gehen. Nicht, weil ich für den Krieg war, doch ich hätte stolz gedient und mein Bestes gegeben.

Ich war kein Kriegstreiber, aber ich wünsche mir doch irgendwie, daß ich meine zwölf Monate dort hätte ableisten können. Dann hätte ich gewissermaßen zu jedem sagen können: »Du bist ein Arschloch, weil du für diesen nächsten Krieg bist!« Oder umgekehrt.

Ich glaube, meine Sicht ist relativ begrenzt, weil ich eben nicht im Krieg war. Wohingegen viele, die dort drüben in Vietnam waren, ihre Aufgabe erfüllt haben und nun sagen können, was sie wollen. Sie können sich mit reinem Gewissen eine klare Meinung bilden, ob sie für oder gegen einen Krieg sind.

Ich weiß, daß meine Sicht der Dinge vielleicht zu patriotisch ist, aber ich wünsche mir wirklich, ich hätte meinem Land auf einem Schlachtfeld anstatt in Fort Bragg dienen können.

Natürlich spielt auch der Gedanke eine Rolle, daß dann Colette, Kim, Kris und... äh... unser kleiner Junge — wie Sie wissen, war Colette mit einem Jungen schwanger — vielleicht noch bei mir wären. Wenn ich zwölf Monate in Vietnam gedient hätte, wäre ich vielleicht im Castle Drive in der halben Stunde, oder wie lange es dauerte, mit den vier Einbrechern fertig geworden.

Ich denke noch immer an diese Nacht. Ich erinnere mich, daß Colette spät dran war und aus dem Haus stürmte und ich mich schon um die Kinder kümmerte und das Geschirr wegräumte — nein, nicht wegräumte, aber in die Küche trug — und Colette etwas davon sagte, daß wir keine Milch mehr hätten und sie welche mitbringen wollte. Und... äh... es war kalt, und es regnete, und Colette lief zum Wagen.

Als sie dann am Abend von ihrem Kurs zurückkam — vielleicht rede ich es mir nur ein, aber ich glaube wirklich, daß wir uns danach nur über Nebensächlichkeiten unterhielten. Es ist möglich — *möglich* —, daß Colette dann erwähnte, in ihrem Kinderpsychologie-Kurs darüber gesprochen zu haben, daß

Kristy ins Bett machte und ich geantwortet habe: »Oh, und was hat der Professor gesagt?«

Ich weiß es wieder! Mir fällt das Gespräch wieder ein! Wir *haben* uns darüber unterhalten — ich bin mir nur nicht sicher, ob es an diesem Abend war. Aber Colette lächelte, und... und dann fügte ich hinzu: »Ich wette, er hat genau das gesagt, was ich auch sage.« Und Colette lächelte und sagte: »Du Stromer, du hast auch immer recht.«

Ansonsten kann ich mich nicht an das Gespräch erinnern, weiß ich nur noch, daß Colette müde war. Hm, sie sah toll aus, und ich... na ja, ich war wirklich... wir verstanden uns damals so gut wie nie zuvor, und ich wollte sie wegen ihrer Schwangerschaft aufheitern und sagte wahrscheinlich sogar... na ja, wie gut sie aussehe, und sie sagte: »Ach, ich bin gerade aus dem Regen gekommen und sehe überhaupt nicht gut aus.« Sie redete sich immer etwas ein.

Auf jeden Fall zog sie ihren Schlafanzug an, weil sie im Regen naß geworden war, und wir saßen auf dem... äh... äh... Sofa und... äh... ich las noch etwas, und wir unterhielten uns über nichts Besonderes. Und wir saßen nebeneinander auf dem Sofa, und dann trank sie gegen elf ihren Likör, und wir sahen uns die Nachrichten und Johnny Carson an, und dann sagte sie, sie sei etwas müde, und ging ins Bett.

Und das letzte, was wir je gemeinsam machten, war, daß ich ihr einen Gutenachtkuß gab, und dann ging sie die Diele entlang zum Schlafzimmer.

Auf Fotos sah sie nie so hübsch aus, wie sie wirklich war. Aus irgendeinem Grund war Colette nicht fotogen, obwohl sie eine sehr schöne Knochenstruktur und eine hübsche Nase hatte. Ich bekam nie heraus, warum sie nicht fotogen war, denn sie war eine wunderschöne braunäugige Blondine, die... äh... nicht die tollste Taille hatte und etwas magere Beine, aber für mich war sie unglaublich schön.

Colette war keine Frau, bei der jedes Gespräch verstummte, wenn sie ein Zimmer betrat. Das war nicht ihr Stil. Aber sie war eine Frau, die um so hübscher wurde, je länger man sie betrachtete. Und sie strahlte eine unglaubliche Wärme aus. Ihre großen, braunen, leuchtenden Augen bekamen eine neue Bedeutung, und das kleine Lächeln, wenn sie einen Witz machte oder zynisch oder komisch war oder... na ja, ihre Augen funkelten, und sie zeigte dieses kleine Lächeln, und es war wunderschön. Ich kann sie nur mit Meryl Streep vergleichen. Die erinnert mich sehr an Colette, hat auch so eine stille Schönheit an sich.

Colette war für mich sanft und weiblich und wunderschön mit ihren großen, braunen Augen, sehr intelligent, mit einem leisen Sinn für Humor, nicht sehr aggressiv, eine großartige Frau. Ohne Frage die tollste Frau, die ich jemals kennengelernt habe. Ich sehe sie noch immer als Inbegriff der Weiblichkeit.

Ein Unglücksgebild.

Ein Nachwort

Ich möchte Ihnen etwas erzählen, worüber ich bislang noch nicht gesprochen habe.

Damals im Winter 1980, dem ersten Winter nach der Verurteilung, als ich noch im Westen von New Jersey wohnte und Tag und Nacht wie ein Besessener arbeitete, um eine Antwort auf die quälenden Fragen zu finden — war er es wirklich? Und wenn ja, *wieso hat er es getan?* —, wachte ich einmal mitten in der Nacht auf, weil meine Nase lief.

Ich hatte kein Taschentuch, war müde, und es war kalt, und ich wollte nicht unbedingt aufstehen und durch das dunkle Haus ins Badezimmer gehen, also wischte ich mir die Nase einfach mit dem Handrücken ab. Aber sie lief weiter, und so gab ich schließlich auf, erhob mich, schlurfte ins Badezimmer, tastete herum, fand Kleenex-Tücher, putzte mir die Nase und trat ans Waschbecken, um mir die Hände zu waschen.

Als ich das Licht einschaltete und in den Spiegel schaute, sah ich, daß meine Nase nicht lief, sondern blutete, und meine Hände blutverschmiert waren, wie ich nun hier am Becken meines Dielenbadezimmers stand. Und dann fiel mir ein, was für einen Tag wir hatten, und ich lief ins Schlafzimmer zurück, um auf die Uhr zu sehen; es war halb vier morgens am 17. Februar 1980 — auf die Minute waren zehn Jahre vergangen, seit Jeffrey MacDonald in Fort Bragg in *seinem* Badezimmer gestanden hatte, mit dem Blut seiner Frau und Kinder an den Händen. Diese Nacht fand ich keinen Schlaf mehr, und als drei Stunden und vier Tassen Kaffee später endlich die frostige Dämmerung den Februarhimmel erhellte, dachte ich ernsthaft darüber nach, das gesamte Projekt aufzugeben, das später zu *Die Unschuld des Mörders* wurde.

Ich erzähle Ihnen diese Geschichte, damit Sie sich eine Vorstellung davon machen können, wie tief ich in die Sache verstrickt war, und damit Sie verstehen, daß es eher Wunschdenken als eine Tatsache war, als ich am Anfang des letzten Kapitels dieses Buches schrieb: ›Aber für mich ist er abgeschlossen. Ich bin am Ende angelangt‹.

Ich wollte wirklich, daß es vorbei war, will es noch immer. Aber mittlerweile habe ich akzeptiert, daß es für mich noch nicht vorbei ist – und auch für keinen anderen, dessen Leben in Berührung mit den tragischen MacDonald-Morden kam oder in den fünfzehn Jahren, in denen er darum kämpfte, der Strafe für seine Verbrechen zu entgehen, mit der verführerischen und destruktiven Persönlichkeit Jeffrey MacDonalds.

Selbst heute, während ich dieses Nachwort schreibe, versuchen MacDonalds Anwälte, in Richmond Berufung gegen das Urteil einzulegen, mit der Begründung, daß Richter Franklin T. Dupree im letzten März einen Verfahrensfehler beging, als er MacDonalds Antrag auf einen neuen Prozeß ablehnte, einen Antrag, der auf der angeblichen Entdeckung ›neuer Beweise‹ basiert.

Da die Entscheidung des Berufungsgerichts noch aussteht – das allerdings Richter Duprees Verhalten während des Prozesses ausdrücklich gelobt hat und aufgrund der Beweise den Schuldspruch für gerechtfertigt hält, Faktoren, die eine Neuaufnahme des Verfahrens höchst unwahrscheinlich erscheinen lassen –, stellt, rechtlich gesehen, Richter Duprees 110seitige Bewertung des Falles, die im März 1985 veröffentlicht wurde, das letzte Wort dar.

Nachdem Richter Dupree alle Anträge MacDonalds mit erschöpfender Gründlichkeit verworfen hat, schreibt er darin:

»Fast neun Jahre sind zwischen den Morden und dem Prozeßbeginn verstrichen. Beide Parteien haben die Gelegenheit gehabt, vor dem Prozeß den Tatort zu besichtigen und eine Beweiskette zu entwickeln, die sie schließlich während eines fast sieben Wochen dauernden Prozesses präsentiert haben...

Seit dem Prozeß sind nun über fünf Jahre verstrichen, weitere Ermittlungen wurden durchgeführt weitere Beweise präsentiert, doch das Ergebnis ist dasselbe. Dieses Gericht konnte nicht zur Auffassung kommen, daß die Regierung vor, während oder nach dem Prozeß irgendwelche Beweise unterdrückt hat, die MacDonald entlastet hätten. Der Fall fand in der Öffentlichkeit ein erstaunliches Interesse. Helena Stoeckley (und andere) wurden hineingezogen und haben über fast anderthalb Jahrzehnte hinweg ihre Scharaden getrieben. Ihre ›Geständnisse‹ erwiesen sich als unglaubwürdig, und... selbst wenn man die Regierung aufrufen würde, ihre Beweise in einem neuen Prozeß zu präsentieren und MacDonald seine neuen Beweise ebenfalls einem zweiten Schwurgericht vorstellen könnte, würden die Geschworenen fast unausweichlich zu der Schlußfolgerung kommen, daß er für diese schrecklichen Verbrechen verantwortlich ist.«

Und so erscheint es fast sicher, daß nach über fünfzehn Jahren der Prozeß gegen Jeffrey MacDonald endgültig abgeschlossen ist. Doch das bedeutet nicht, daß alles vorbei ist. Ich denke an Brian Murtaghs Worte aus dem Jahr 1983. »Er wird seine Schuld niemals akzeptieren. Er wird niemals einfach nur hinter Gittern sitzen und den Fall auf sich beruhen lassen.«
In der Tat hat MacDonald in den Jahren seit der Veröffentlichung der amerikanischen Ausgabe dieses Buches keineswegs geschwiegen. Er hat Interviews gegeben, Klagen eingereicht, ein monatlich erscheinendes ›*Newsletter*‹, ein Nachrichtenblatt über seinen Fall, herausgegeben und um Stiftungen für seinen ›Verteidigungsfonds‹ ersucht. Er wirkt genauso besessen von der Reaktion der Öffentlichkeit auf dieses Buch und die danach entstandene Fernseh-Miniserie bei NBC wie von den Versuchen, gegen seine Verurteilung anzugehen. Es hat fast den Anschein, als habe das Buch und der Film dieselbe düstere Bedeutung für ihn wie die Morde und der Schuldspruch des Geschworenengerichts. Und so stand auch in der Einleitung eines seiner letzten Interviews zu lesen: »Während der letzten fünfzehn Jahre hat es in Jeffrey MacDonalds Leben drei Ereignisse gegeben, die er als verheerend beschreibt.« Das erste waren die Morde, das zweite war seine Verurteilung, das dritte die Veröffentlichung dieses Buches. Daß er diese drei Ereignisse in ihrer Bedeutung gleichsetzt, könnte einem seltsam vor-

kommen, wenn man vergißt, was für ein Mensch MacDonald ist.

Der Philosoph David Kelley veröffentlichte in der Augustausgabe 1985 des *Harper's* einen Beitrag über ein vor kurzem erschienenes Buch von Samuel Yochelson und Stanton Samenow, die fünfzehn Jahre lang an einer Studie über Häftlinge in einer psychiatrischen Strafanstalt in Washington, D.C., gearbeitet haben, um die Verbindungen zwischen Verbrechen und Psychopathie zu ergründen. Ein Großteil ihrer Feststellung läßt sich in gewissem Rahmen mit der früheren Vermutung in Einklang bringen, MacDonald habe eine unterdrückte Wut gehegt und sei ein pathologischer Narzißt gewesen, habe also unter einer psychopathischen Krankheit gelitten.

Die größte Furcht der von Yochelson und Samenow befragten Patienten galt dem, was sie als den ›Nullpunkt‹ bezeichneten. Kelley schreibt dazu: »Dieses Gefühl der völligen und grundlegenden Wertlosigkeit haben alle Patienten wahrgenommen, und zwar intensiv und über längere Zeiträume hinweg. Sie schützten sich dagegen durch eine Art Größenwahn, indem sie sich als Übermenschen vorstellten, als Helden, die große Ziele mit unkonventionellen Mitteln verwirklichen können. Ihre hauptsächliche Methode, diese Selbstvorstellung zu bewahren, bestand darin, Kontrolle über andere Menschen auszuüben. Indem der Psychopath anderen seinen Willen aufzwingt, sie durch Lügen und Betrügereien manipuliert, spielt er der Gesellschaft eine Macht vor, die er nicht feststellen kann, wenn er in sich hineinblickt.«

Den Versuch, ›durch Lügen und Betrügereien‹ zu manipulieren, hatte – wie mir in der Rückschau nun klar wurde – MacDonald auch bei mir unternommen. Das Erscheinen des Buches war der eindeutige Beweis, daß es ihm nicht gelungen war. Daß dies eine viel heftigere Erwiderung hervorrief als die normale Enttäuschung oder den normalen Zorn eines Menschen, der feststellen muß, daß ein Buch über ihn nicht den erhofften Zweck hat, scheint mir ein eindeutiger Hinweis auf MacDonalds Geisteszustand zu sein.

Wie schreibt doch David Kelley: »Alles, was einen Kontrollverlust mit sich zu bringen scheint, droht den Patienten auf den

Nullpunkt zu bringen. Laut Samenow stellt ›die Möglichkeit, nicht der Rudelführer zu sein, nicht das gewünschte Ziel zu erreichen, eine große Bedrohung für den Kriminellen dar, fast als stünde sein Leben auf dem Spiel. Aus seinem Standpunkt wird *das Durchlöchern des aufgeblähten Bildes, das er von sich gemacht hat, zum psychologischen Totschlag.*« (Hervorhebung vom Verfasser.)

Kelley fährt fort: »Jeder, der versucht, den Fall Jeffrey MacDonald zu verstehen, wird diese Beobachtung beklemmend finden.«

Damit bezieht er sich natürlich auf Colettes wachsendes Verstehen, von MacDonalds Persönlichkeit und die Möglichkeit, daß ihre neuen Kenntnisse sie dazu brachten, ihn auf eine Art zu konfrontieren, die ihn befürchten ließ, daß das ›aufgeblähte Bild, das er von sich gemacht hat‹, bedroht wurde. Und so glaubte er in einem psychologischen — aber sehr realen — Sinn, *daß sein Leben auf dem Spiel stand*, und tötete sie. Und wie ausreichend und schmerzlich aufgezeigt wurde, tötete er im selben Wutausbruch und dessen Nachwirkungen auch seine Töchter.

Doch Kelleys Beobachtung erklärt auch hinlänglich das Ausmaß von MacDonalds Zorn gegen dieses Buch und mich, den Verfasser. Denn was hat *Die Unschuld des Mörders* tatsächlich bewerkstelligt? Bewiesen, daß MacDonald seine Familie getötet hat? Das hat die Anklage beim Prozeß schon getan. Der Schuldspruch der Geschworenen und nicht die Veröffentlichung dieses Buches hat ihn hinter Gitter gebracht. Nein, MacDonald ist heute nicht einfach wütend darüber, daß ich mit dem Schuldspruch übereinstimme. Es liegt vielmehr daran — wie er es wahrnimmt und in demselben oben erwähnten Zeitungsinterview ausdrückte —, daß ich ihn als ›Person mit latenten homosexuellen Neigungen‹ dargestellt habe.

Zahlreiche Briefe, die ich nach der Veröffentlichung dieses Buches erhalten habe, widersprechen dem allerdings. Die Frage seiner Sexualität scheint nur für ihn von Belang zu sein, aber nicht für die Leser des Buches und bestimmt nicht für mich; und die Schreiber dieser Briefe drücken hauptsächlich Trauer, Verwirrung und Abscheu aus. Bei allem Mitgefühl für das tragische Schicksal von Colette, Kimberly und Kristen empfinden sie auch so etwas wie Mitgefühl für MacDonald selbst; für einen Mann, der so viel hätte erreichen können, der so viel hätte geben können, der so viel hätte tun können, hätte er nicht an dieser geheimnisvollen und unergründlichen Schwäche gelitten.

Damit sehe ich ihn keineswegs einfach als ›Schurken‹ oder ›abscheulichen Menschen‹. Weder die meisten Leser meines Buches noch ich, sondern er selbst greift auf solch eine Charakterisierung zurück und benutzt sie dann, um seinem Zorn Nahrung zu geben. Meines Erachtens bieten die Beobachtungen von Menschen wie Kelley, Samenow und Yochelson wichtige Einblicke in die Gründe dafür: Ich habe das Bild, das er von sich gemacht hat, durchlöchert, enthüllt, daß er kein Übermensch und nicht sehr heldenhaft ist, und durch die Veröffentlichung des Buches eine Art psychologischen Totschlag begangen.

Doch Jeffrey MacDonald ist natürlich nicht tot, weder psychisch noch physisch. Nicht er, sondern seine Frau und Töchter sind die Opfer eines Totschlags. MacDonald lebt weiter — und wird weiterhin gegen das wüten und toben, was er als die monumentale Unfairneß eines Systems sieht (zu dem jetzt auch ich gehöre), das ihm seine übermenschlichen Eigenschaften abstreitet und, wie jeden anderen Normalsterblichen, für ein so grauenhaftes Verbrechen bestraft.

Er lebt in der Nähe von Austin, Texas, in der Bundesstrafanstalt Bastrop. Menschen, die ihn besuchten, haben mir versichert, daß die Zustände dort wesentlich angenehmer sind als in vielen anderen Gefängnissen, in denen ein Mann seine Haftstrafe verbüßen muß, der eine schwangere Frau und zwei kleine Mädchen getötet hat. Dort gibt es einen Sportplatz, auf dem er von Zeit zu Zeit Softball spielt, und seine Einzelzelle verfügt über eine Klimaanlage, die ihn vor der trockenen Hitze von Texas schützt.

In den letzten Ausgaben seines ›Newsletters‹ ist er auf den Titelseiten abgebildet — in der Tat ist er auf allen Ausgaben, die ich davon gesehen habe, auf der Titelseite abgebildet —, wie er in einer sauber gebügelten Gefängnisuniform unter einem schattigen Baum auf dem Gefängnishof sitzt und verkniffen lächelt. Er beharrt weiterhin — und er wird wohl auf ewig beharren —, daß der Sieg direkt um die Ecke liegt. Nur noch ein ›neuer Zeuge‹, eine ›neue Spur‹, ein ›neuer Beweis‹, und mit einem Mal werden sämtliche Fakten, die man in fünfzehn Jahren mühsam zusammengetragen hat, hinweggefegt, und er wird sauber und rein, strahlend und unbefleckt aus seiner Verbannung zurückkehren.

Das wird natürlich nicht geschehen. Wahrheit bleibt Wahrheit, und man kann sie nicht wegdiskutieren. Und Schuld bleibt Schuld, und sie wird auch nicht verschwinden — ganz gleich, wie oft oder beharrlich man sie bestreitet. Und solange ihm noch jemand zuhört, wird Jeffrey MacDonald sie bestreiten.

Von all meinen Büchern bin ich auf dieses am stolzesten. Ich bin dankbar, daß ich die Wahrheit erfahren und letztendlich auch akzeptieren durfte, ganz gleich, wie schmerzlich sie war. Ich bin auch dankbar für die Freundschaften, die sich während der Jahre meiner Arbeit an diesem Projekt entwickelt haben — Jahre, die nicht mit der Erstausgabe dieses Buches endeten.

Am dankbarsten bin ich Freddy und Mildred Kassab, die heute in New Jersey wohnen, wo Freddy noch immer für die Quality Egg Company arbeitet, und die ihren Kampf fortsetzen werden, um zu gewährleisten, daß Jeffrey MacDonald nicht begnadigt wird, sobald er seinen ersten Antrag auf Begnadigung stellen kann — am 5. April 1991. Dank schulde ich auch Brian Murtagh, der heute nicht mehr für das Justizministerium arbeitet, sondern als Stellvertretender Staatsanwalt in Washington, D.C. — und der weiterhin jedes rechtliche Scharmützel, das im Fall MacDonald ausgefochten werden muß, mit derselben Leidenschaft und Hingabe ausficht, die er seit fünfzehn Jahren in seinem Beruf an den Tag legt. Und Jim Blackburn, der jetzt in einer privaten Kanzlei in Raleigh arbeitet und häufig als möglicher Kandidat für ein bedeutendes politisches Amt genannt wird. Die nüchterne Beredtsamkeit seiner Zusammenfassung 1979 vor den Geschworenen bleibt deutlich im Gedächtnis haften.

Mit ihnen und mit Dutzenden anderer Menschen, die von dieser Tragödie berührt wurden, teile ich das Wissen, daß es für keinen von uns jemals vorbei sein wird, solange wir leben.

Joe McGinniss

Band 13 327
Joan Barthel

Tod in Kalifornien
Deutsche
Erstveröffentlichung

Stellen Sie sich vor, Sie sind 31 Jahre alt, blond und atemberaubend hübsch. Sie sind die Verlobte eines erfolgreichen amerikanischen Werbeagenten, bei dem die Schauspielerprominenz ein- und ausgeht. Sie verbringen mit ihm ein Wochenende auf dem Lande. Mitten in der Nacht werden Sie durch unheimliche Geräusche wach. Ihr Verlobter ist ermordet worden. Und der Mörder bedroht Sie. Später will er Ihr Liebhaber werden – und das Schlimmste von allem: Sie müssen sich eingestehen, daß er eine schreckliche Faszination auf Sie ausübt ...
Ein Alptraum? Nur ein weiterer Kriminalroman? Leider nein. Es ist bittere Realität, was sich da abgespielt hat unter der warmen Sonne Kaliforniens.

Sie erhalten diesen Band
im Buchhandel, bei Ihrem
Zeitschriftenhändler sowie
im Bahnhofsbuchhandel.